本项成果得到中国语言资源保护工程和华中师范大学语言与语言教育研究中心、中国语言文学国家"双一流"建设学科的资助

中国语言资源集 湖北

汪国胜 主编

口头文化卷 一

中国社会科学出版社

审图号：鄂审字〔2023〕第 033、034 号

图书在版编目（CIP）数据

中国语言资源集．湖北．口头文化卷：全四册/汪国胜主编．—北京：中国社会科学出版社，2023.12

ISBN 978-7-5227-2967-1

Ⅰ.①中…　Ⅱ.①汪…　Ⅲ.①西南官话—方言研究—湖北　Ⅳ.①H17

中国国家版本馆 CIP 数据核字（2024）第 035403 号

出 版 人	赵剑英
责任编辑	张　林
责任校对	张慧群
责任印制	戴　宽

出　　版	中国社会科学出版社
社　　址	北京鼓楼西大街甲 158 号
邮　　编	100720
网　　址	http://www.csspw.cn
发 行 部	010-84083685
门 市 部	010-84029450
经　　销	新华书店及其他书店
印刷装订	北京君升印刷有限公司
版　　次	2023 年 12 月第 1 版
印　　次	2023 年 12 月第 1 次印刷
开　　本	787×1092　1/16
印　　张	87.25
字　　数	1673 千字
定　　价	699.00 元（全四册）

凡购买中国社会科学出版社图书，如有质量问题请与本社营销中心联系调换
电话：010-84083683
版权所有　侵权必究

中国语言资源保护工程

中国语言资源集·湖北 组委会

主 任

周 静

副主任

黎 虹　彭南生

委 员

（按姓氏音序排列）

戴 明　段 锐　黄国斌　黄 俭　欧阳建平　周建卫　曾 彦

教育部语言文字信息管理司
湖 北 省 教 育 厅　　指导

中国语言资源保护研究中心　统筹

中国语言资源保护工程

中国语言资源集·湖北 编委会

主 编
汪国胜

副主编
王宏佳

编 委
（按姓氏音序排列）

陈 洁	陈 秀	付开平	蒋 静	黎立夏	李爱国	李华平
刘 群	马婷婷	阮桂君	盛银花	孙和平	汪国胜	王 进
王桂亮	王宏佳	王琼子	王求是	项 菊	熊 英	熊一民
徐 红	徐 英	杨 琳	袁海霞	张 磊	张 义	张道俊
张亚明	赵爱武	周卫华	朱 芸	祝 敏	宗 丽	

秘 书
朱 芸　王莹莹

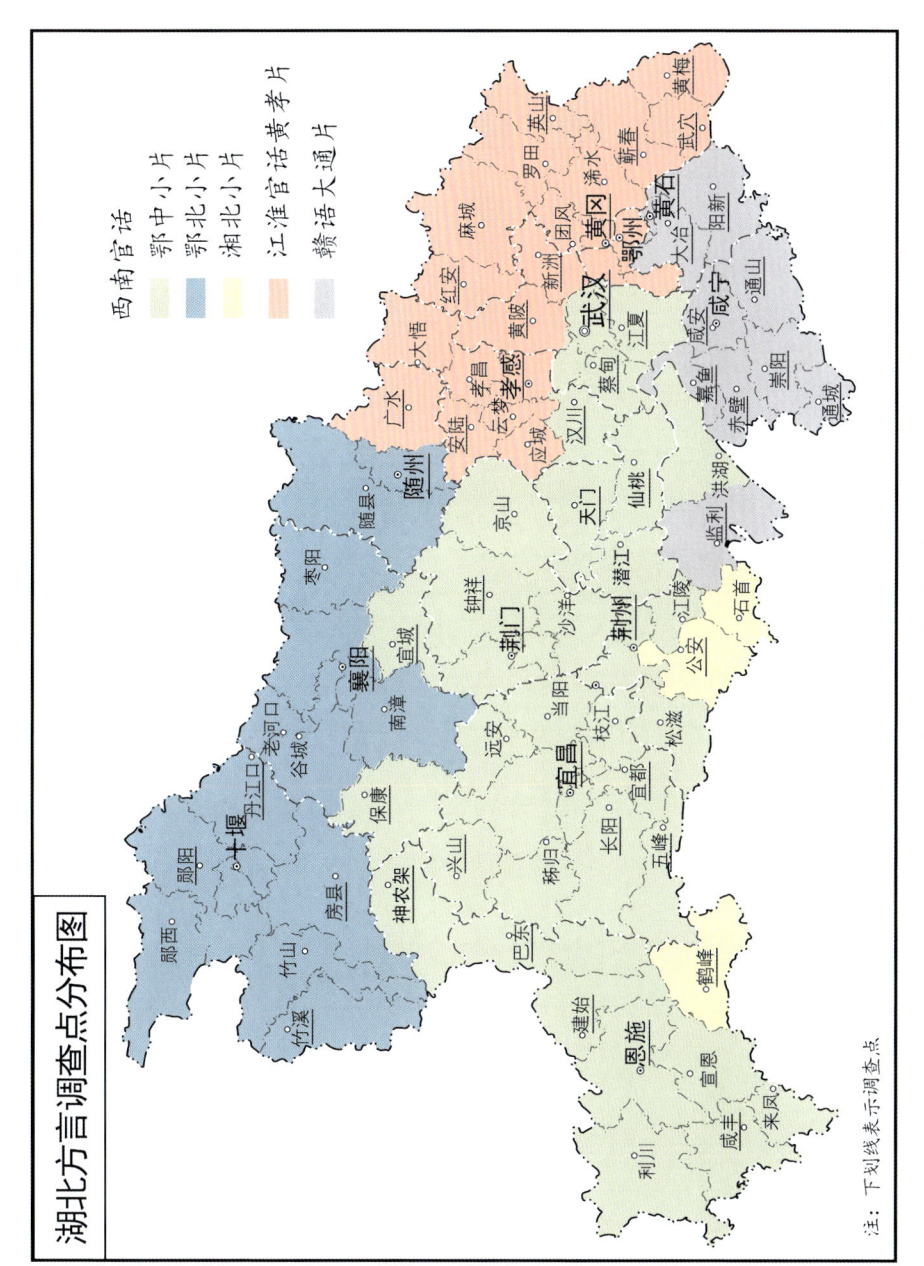

湖北方言调查点分布图

总　序

　　教育部、国家语言文字工作委员会于2015年5月发布《教育部 国家语委关于启动中国语言资源保护工程的通知》(教语信〔2015〕2号)，启动中国语言资源保护工程(以下简称"语保工程")，在全国范围开展以语言资源调查、保存、展示和开发利用等为核心的各项工作。

　　在教育部、国家语委统一领导下，经各地行政主管部门、专业机构、专家学者和社会各界人士共同努力，至2019年底，语保工程超额完成总体规划的调查任务。调查范围涵盖包括港澳台在内的全国所有省份和123个语种及其主要方言。汇聚语言和方言原始语料文件数据1000多万条，其中音视频数据各500多万条，总物理容量达100TB，建成世界上最大规模的语言资源库和展示平台。

　　语保工程所获得的第一手原始语料具有原创性、抢救性、可比性和唯一性，是无价之宝，亟待开展科学系统的整理加工和开发应用，使之发挥应有的重要作用。编写《中国语言资源集(分省)》(以下简称"资源集")是其中的一项重要工作。

　　早在2016年，教育部语言文字信息管理司(以下简称"语信司")就委托中国语言资源保护研究中心(以下简称"语保中心")编写了《中国语言资源集(分省)编写出版规范(试行)》。2017年1月，语信司印发《关于推进中国语言资源集编写的通知》(教语信司函〔2017〕6号)，要求"各地按照工程总体要求和本地区进展情况，在资金筹措、成果设计等方面早设计、早谋划、早实施，积极推进分省资源集编写出版工作"，"努力在第一个'百年'到来之际，打造标志性的精品成果"。2018年5月，又印发了《关于启动中国语言资源集(分省)编写出版试点工作的通知》(教语信司函〔2018〕27号)，部署在北京、上海、山西等地率先开展资源集编写出版试点工作，并明确"中国语言资源集(分省)编写出版工作将于2019年在全国范围内全面铺开"。2019年3月，教育部办公厅印发《关于部署中国语言资源保护工程2019年度汉语方言调查及中国语言资源集编制工作的通知》(教语信厅函〔2019〕2号)，要求"在试点基础上，在全国范围内开展资源集编制工作"。

　　为科学有效开展资源集编写工作，语信司和语保中心通过试点、工作会、研讨会等形式，广泛收集意见建议，不断完善工作方案和编写规范。语信司于2019年7月印发了修订后的《中国语言资源集（分省）实施方案》和《中国语言资源集（分省）编写出版规范》（教语信司函〔2019〕30号）。按规定，资源集收入本地区所有调查点的全部字词句语料，并列表对照排列。该方案和规范既对全国作出统一要求，保证了一致性和可比性，也兼顾各地具体情况，保持了一定的灵活性。

各省（区、市）语言文字管理部门高度重视本地区资源集的编写出版工作，在组织领导、管理监督和经费保障等方面做了大量工作，给予大力支持。各位主编认真负责，严格要求，专家团队团结合作，协同作战，保证了资源集的高水准和高质量。我们有信心期待《中国语言资源集》将成为继《中国语言文化典藏》《中国濒危语言志》之后语保工程的又一重大标志性成果。

语保工程最重要的成果就是语言资源数据。各省（区、市）的语言资源按照国家统一规划规范汇集出版，这在我国历史上尚属首次。而资源集所收调查点数之多，材料之全面丰富，编排之统一规范，在全世界范围内亦未见出其右者。从历史的眼光来看，本系列资源集的出版无疑具有重大意义和宝贵价值。我本人作为语保工程首席专家，在此谨向多年来奋战在语保工作战线上的各位领导和专家学者致以崇高的敬意！

曹志耘

2020年10月5日

前　言

　　语言是民族的标志,是文化的载体;文化是民族的根脉,是国家的象征。党和国家高度重视文化的建设和语言的地位。强国必须强语,强语助力强国。这一理念反映了当今世界语言与国家的密切关系。

　　语言是国家的重要资源,方言是地方文化的丰富宝藏。随着普通话的推广,特别是改革开放以来,人际交往的频繁,语言生活的活跃,城镇化进程的加快,给方言带来了深刻的影响,使得方言的变化越来越快,有的处于一种濒危状态。方言不像地下矿藏,可以永久保存;如不加以抢救,及时调查,记录存档,科学保护,将会成为永远消失的历史,造成无法弥补的损失。正是基于这一严峻的现实,教育部和国家语委于2015年启动了"中国语言资源保护工程"(以下简称"语保工程"),在全国范围内开展了对汉语方言和民族语言的调查、保存、展示和开发利用。这是一项史无前例的功在当代、利在千秋的宏伟工程。

　　湖北地处我国中部,处于汉语南北方言(官话和非官话)的交汇过渡地带,语言状况相当复杂。根据目前学界关于汉语方言的分区,湖北境内分布有赣语(鄂东南)和属于官话系统的江淮官话(鄂东北)及西南官话(其他地区)。就境内的赣语来说,相邻市县之间有的难以通话,可见内部差异之大。所以历来受到学界的关注和重视。20世纪80年代,日本著名语言学家桥本万太郎先生就曾调查过鄂东南方言,北京大学中文系的方言调查实习,经常以鄂东南方言作为调查对象。由此可见湖北方言地位的特殊和价值的重要。借助语保工程,通过实地调查,可以有效地将当今湖北方言记录存档,并进行科学的开发利用,使之得到传承和发展。

　　对于湖北方言,迄今为止有三次大规模的调查。第一次是1936年春,在中央研究院史语所的组织下,赵元任、丁声树、杨时逢、吴宗济、董同龢等先生开展了对湖北方言大规模的调查,调查结果整理成《湖北方言调查报告》,1948年由商务印书馆(上海)出版。《报告》包括分地报告和综合报告。分地报告详列了全省64个方言点的语音材料;综合报告包含各地字音比较、常用词比较、湖北方言的分区,以及66幅方言地图。《报告》将湖北方言分为4区,即第一区(西南官话)、第二区

（楚语）、第三区（赣语）、第四区（介乎一二区之间）。它是我国第一部对湖北方言进行详细描写的著作，也是我国语言学史上的一部经典著作，为省区范围内进行大规模的方言调查提供了一个成功的范本。

第二次是由湖北省教育厅组织的全省范围的汉语方言普查。1957年开始，1958年底完成，参加调查的是武汉大学、华中师范学院（现华中师范大学）、武汉师范学院（现湖北大学）等高校的教师，共调查了74个市县的方言，调查结果整理成《湖北方言概况》，1960年内部油印。该书将湖北方言分为西南官话、楚语、鄂南3区，对各区的语音特点进行了详细分析，简要介绍了词汇、语法的主要特点，并绘制了38幅方言地图，反映了20世纪50年代湖北方言的基本面貌。

第三次是语保工程对湖北方言的调查。这次调查以高校为单位，组建了10支调查团队，30多位教师参与，按照语保工程的统一规范进行。由国家语委立项，共调查了50个市县，调查内容包括1000个单字、1200条词语、50个语法例句和20分钟的口头文化材料。这次调查虽说是概略性的，但跟前两次重在语音的调查相比，调查的内容更全面，调查的手段更科学。此外，由华中师范大学语言与语言教育研究中心立项，我们又调查了30个市县，实现了湖北方言调查的全覆盖。这次调查的成果反映当今湖北方言的现时样态。

本书是第三次调查国家语委立项的50个方言点调查成果的汇编。这项成果无论是对湖北方言的保护和传承，对湖北方言、方言史和汉语史以及语言（方言）接触等问题的研究，还是对湖北地域文化的开发、和谐语言生活的建构，都有着积极的意义。本书由华中师范大学语言与语言教育研究中心筹资出版，希望它能成为一份有价值的历史文献。

汪国胜

2023年7月1日

《中国语言资源集·湖北》
口头文化卷目录

总序	(1)
前言	(3)
概述	(1)
武汉市	(3)
武汉	(3)
一　歌谣	(3)
二　规定故事	(8)
三　其他故事	(14)
四　自选条目	(27)
蔡甸	(39)
一　歌谣	(39)
二　规定故事	(45)
三　其他故事	(51)
四　自选条目	(71)
江夏	(79)
一　歌谣	(79)
二　规定故事	(82)
三　其他故事	(89)
四　自选条目	(95)

黄陂 (100)
    一 歌谣 (100)
    二 规定故事 (104)
    三 其他故事 (109)
    四 自选条目 (125)

新洲 (131)
    一 歌谣 (131)
    二 规定故事 (135)
    三 其他故事 (140)
    四 自选条目 (169)

孝感市 (176)

孝感 (176)
    一 歌谣 (176)
    二 规定故事 (179)
    三 其他故事 (184)
    四 自选条目 (196)

汉川 (202)
    一 歌谣 (202)
    二 规定故事 (203)
    三 其他故事 (208)
    四 自选条目 (222)

安陆 (223)
    一 歌谣 (223)
    二 规定故事 (225)
    三 其他故事 (231)
    四 自选条目 (240)

荆州市 (246)

荆州 (246)
    一 歌谣 (246)
    二 规定故事 (250)
    三 其他故事 (254)
    四 自选条目 (261)

公安 (267)

一	歌谣	(267)
二	规定故事	(268)
三	其他故事	(271)
四	自选条目	(275)

监利 ··· (288)

一	歌谣	(288)
二	规定故事	(294)
三	其他故事	(302)
四	自选条目	(316)

仙桃市 ··· (327)

仙桃 ··· (327)

一	歌谣	(327)
二	规定故事	(328)
三	其他故事	(332)
四	自选条目	(343)

天门市 ··· (353)

天门 ··· (353)

一	歌谣	(353)
二	规定故事	(355)
三	其他故事	(361)
四	自选条目	(375)

荆门市 ··· (380)

荆门 ··· (380)

一	歌谣	(380)
二	规定故事	(383)
三	其他故事	(389)
四	自选条目	(394)

钟祥 ··· (401)

一	歌谣	(401)
二	规定故事	(403)
三	其他故事	(408)
四	自选条目	(417)

宜昌市 ··· (425)

宜昌 ··· (425)
　　一　歌谣 ··· (425)
　　二　规定故事 ··· (432)
　　三　其他故事 ··· (435)
　　四　自选条目 ··· (445)
兴山 ··· (446)
　　一　歌谣 ··· (446)
　　二　规定故事 ··· (452)
　　三　其他故事 ··· (458)
　　四　自选条目 ··· (494)
长阳 ··· (496)
　　一　歌谣 ··· (496)
　　二　规定故事 ··· (500)
　　三　其他故事 ··· (507)
　　四　自选条目 ··· (535)
五峰 ··· (539)
　　一　歌谣 ··· (539)
　　二　规定故事 ··· (542)
　　三　其他故事 ··· (548)
　　四　自选条目 ··· (577)
宜都 ··· (580)
　　一　歌谣 ··· (580)
　　二　规定故事 ··· (585)
　　三　其他故事 ··· (590)
　　四　自选条目 ··· (609)

恩施州 ·· (618)
恩施 ··· (618)
　　一　歌谣 ··· (618)
　　二　规定故事 ··· (622)
　　三　其他故事 ··· (626)
　　四　自选条目 ··· (629)
咸丰 ··· (637)
　　一　歌谣 ··· (637)

二　规定故事 …………………………………………………………（641）
　　三　其他故事 …………………………………………………………（650）
　　四　自选条目 …………………………………………………………（664）
建始 ………………………………………………………………………（669）
　　一　歌谣 ………………………………………………………………（669）
　　二　规定故事 …………………………………………………………（673）
　　三　其他故事 …………………………………………………………（678）
　　四　自选条目 …………………………………………………………（686）
巴东 ………………………………………………………………………（697）
　　一　歌谣 ………………………………………………………………（697）
　　二　规定故事 …………………………………………………………（702）
　　三　其他故事 …………………………………………………………（707）
　　四　自选条目 …………………………………………………………（715）
鹤峰 ………………………………………………………………………（726）
　　一　歌谣 ………………………………………………………………（726）
　　二　规定故事 …………………………………………………………（727）
　　三　其他故事 …………………………………………………………（730）
　　四　自选条目 …………………………………………………………（730）

襄阳市 …………………………………………………………………（733）

襄阳 ………………………………………………………………………（733）
　　一　歌谣 ………………………………………………………………（733）
　　二　规定故事 …………………………………………………………（737）
　　三　其他故事 …………………………………………………………（741）
　　四　自选条目 …………………………………………………………（755）
宜城 ………………………………………………………………………（759）
　　一　歌谣 ………………………………………………………………（759）
　　二　规定故事 …………………………………………………………（763）
　　三　其他故事 …………………………………………………………（766）
　　四　自选条目 …………………………………………………………（783）
保康 ………………………………………………………………………（789）
　　一　歌谣 ………………………………………………………………（789）
　　二　规定故事 …………………………………………………………（793）
　　三　其他故事 …………………………………………………………（797）

四　自选条目···(809)

十堰市···(816)
　　丹江口···(816)
　　　　一　歌谣···(816)
　　　　二　规定故事···(819)
　　　　三　其他故事···(824)
　　　　四　自选条目···(824)
　　郧阳···(826)
　　　　一　歌谣···(826)
　　　　二　规定故事···(839)
　　　　三　其他故事···(846)
　　　　四　自选条目···(846)
　　房县···(849)
　　　　一　歌谣···(849)
　　　　二　规定故事···(850)
　　　　三　其他故事···(858)
　　　　四　自选条目···(858)
　　竹溪···(861)
　　　　一　歌谣···(861)
　　　　二　规定故事···(862)
　　　　三　其他故事···(867)
　　　　四　自选条目···(867)

神农架林区···(869)
　　神农架···(869)
　　　　一　歌谣···(869)
　　　　二　规定故事···(870)
　　　　三　其他故事···(873)
　　　　四　自选条目···(884)

随州市···(887)
　　随州···(887)
　　　　一　歌谣···(887)
　　　　二　规定故事···(892)
　　　　三　其他故事···(898)

四　自选条目 ·· (910)
广水 ··· (935)
　　一　歌谣 ·· (935)
　　二　规定故事 ·· (936)
　　三　其他故事 ·· (940)
　　四　自选条目 ·· (955)

黄冈市 ·· (960)
黄冈 ··· (960)
　　一　歌谣 ·· (960)
　　二　规定故事 ·· (962)
　　三　其他故事 ·· (966)
　　四　自选条目 ·· (976)
红安 ··· (983)
　　一　歌谣 ·· (983)
　　二　规定故事 ·· (986)
　　三　其他故事 ·· (990)
　　四　自选条目 ······································· (1001)
英山 ·· (1005)
　　一　歌谣 ··· (1005)
　　二　规定故事 ······································· (1009)
　　三　其他故事 ······································· (1015)
　　四　自选条目 ······································· (1025)
蕲春 ·· (1030)
　　一　歌谣 ··· (1030)
　　二　规定故事 ······································· (1033)
　　三　其他故事 ······································· (1042)
　　四　自选条目 ······································· (1054)
武穴 ·· (1057)
　　一　歌谣 ··· (1057)
　　二　规定故事 ······································· (1064)
　　三　其他故事 ······································· (1067)
　　四　自选条目 ······································· (1071)
黄梅 ·· (1073)

一　歌谣 …………………………………………………………………………（1073）
　　二　规定故事 ……………………………………………………………………（1077）
　　三　其他故事 ……………………………………………………………………（1081）
　　四　自选条目 ……………………………………………………………………（1087）
黄石市 ………………………………………………………………………………（1093）
　黄石 …………………………………………………………………………………（1093）
　　一　歌谣 …………………………………………………………………………（1093）
　　二　规定故事 ……………………………………………………………………（1094）
　　三　其他故事 ……………………………………………………………………（1098）
　　四　自选条目 ……………………………………………………………………（1111）
　大冶 …………………………………………………………………………………（1119）
　　一　歌谣 …………………………………………………………………………（1119）
　　二　规定故事 ……………………………………………………………………（1122）
　　三　其他故事 ……………………………………………………………………（1127）
　　四　自选条目 ……………………………………………………………………（1135）
　阳新 …………………………………………………………………………………（1138）
　　一　歌谣 …………………………………………………………………………（1138）
　　二　规定故事 ……………………………………………………………………（1142）
　　三　其他故事 ……………………………………………………………………（1147）
　　四　自选条目 ……………………………………………………………………（1167）
咸宁市 ………………………………………………………………………………（1176）
　咸宁 …………………………………………………………………………………（1176）
　　一　歌谣 …………………………………………………………………………（1176）
　　二　规定故事 ……………………………………………………………………（1180）
　　三　其他故事 ……………………………………………………………………（1186）
　　四　自选条目 ……………………………………………………………………（1190）
　通山 …………………………………………………………………………………（1196）
　　一　歌谣 …………………………………………………………………………（1196）
　　二　规定故事 ……………………………………………………………………（1199）
　　三　其他故事 ……………………………………………………………………（1203）
　　四　自选条目 ……………………………………………………………………（1207）
　通城 …………………………………………………………………………………（1221）
　　一　歌谣 …………………………………………………………………………（1221）

二　规定故事 …………………………………………………………（1229）
三　其他故事 …………………………………………………………（1237）
四　自选条目 …………………………………………………………（1241）
崇阳 ……………………………………………………………………（1250）
一　歌谣 ………………………………………………………………（1250）
二　规定故事 …………………………………………………………（1251）
三　其他故事 …………………………………………………………（1255）
四　自选条目 …………………………………………………………（1267）
嘉鱼 ……………………………………………………………………（1269）
一　歌谣 ………………………………………………………………（1269）
二　规定故事 …………………………………………………………（1274）
三　其他故事 …………………………………………………………（1279）
四　自选条目 …………………………………………………………（1287）
赤壁 ……………………………………………………………………（1290）
一　歌谣 ………………………………………………………………（1290）
二　规定故事 …………………………………………………………（1293）
三　其他故事 …………………………………………………………（1303）
四　自选条目 …………………………………………………………（1308）
参考文献 ………………………………………………………………（1310）
附录 ……………………………………………………………………（1333）
一　湖北方言调查项目子课题信息 …………………………………（1333）
二　湖北方言调查项目工作剪影 ……………………………………（1355）
后记 ……………………………………………………………………（1368）

概 述

本卷以中国语言资源保护工程湖北项目的调查数据为依据，全面描写和反映了50个方言点的口头文化面貌，包括：歌谣（若干）、规定故事（1个）、其他故事（若干）、自选条目（若干），各方言点根据实际情况有所取舍。

根据湖北省人民政府网站2020年最新公布的"行政区划"，先列地级市，再列调查点，本卷50个方言点的名称及顺序如下：

武汉市：01 武汉　02 蔡甸　03 江夏　04 黄陂　05 新洲

孝感市：06 孝感　07 汉川　08 安陆

荆州市：09 荆州　10 公安　11 监利

仙桃市：12 仙桃

天门市：13 天门

荆门市：14 荆门　15 钟祥

宜昌市：16 宜昌　17 兴山　18 长阳　19 五峰　20 宜都

恩施州：21 恩施　22 咸丰　23 建始　24 巴东　25 鹤峰

襄阳市：26 襄阳　27 宜城　28 保康

十堰市：29 丹江口　30 郧阳　31 房县　32 竹溪

神农架林区：33 神农架

随州市：34 随州　35 广水

黄冈市：36 黄冈　37 红安　38 英山　39 蕲春　40 武穴　41 黄梅

黄石市：42 黄石　43 大冶　44 阳新

咸宁市：45 咸宁　46 通山　47 通城　48 崇阳　49 嘉鱼　50 赤壁

每个方言点的语料根据《中国语言资源调查手册　汉语方言》"陆　口头文化"的内容逐条罗列。每条包括方言、音标、意译等内容。方言说法在前，音标在后（用方括号标记），格式为：音标采用云龙国际音标的"IPAPANNEW"字体，五号，调值采用宋体五号上标。音标中不出现单引号、双引号，右括号前一字符位置不出现任何标点，其他位置的标点与方言保持一致。各条目中，重要的方言词语首次出现，在音标后做简要的注释（在本条目中再次出现一般不再注释），格式为：宋体六号，不同词语用句号隔开。如咸宁口头文化"0003 歌谣"：

有得菜嗛，[mo⁴⁴ tɛ⁵⁵ tsʰa²¹³ iɛ²¹³]有得：没有。嗛：下饭

每一条目的意译集中放在该条目的最后，另起一行，并用"意译"标示。所有条目按句分行。口头文化条目中有些戏曲、民歌等，由于演唱环境嘈杂，演唱时单字的声调与方言单字调差别较大，这些条目一般只记录音节中的声母和韵母，不记声调，音节之间用空格隔开。

尽可能采用学术界公认的本字，如表示"摔倒"义的"跢"；表示"站立"义的"徛"；表示"蹲"义的"跍"；表示"动物幼崽（包括人）"义的"伢"；表示"雄性兽类"义的"牯"。不使用大众习用的训读字，如"冇没"不记作"冒"，"冇得没有"，不记作"冒得"。对于本字不确定的词语，为使文本具有可读性，本卷语料不采用缺字符"□"，也不使用训读字，而是尽可能采用同音字，并在右上角用"="标示，大批量采用的同音字，如"迥"表示"这"或"那"，则省略"="不标。有些字繁简体有区别，或没有简体的，本卷语料酌情区分，如结构助词"的"，江淮官话黄孝片和赣语大通片，一般读如[ko]，就记作"箇"，西南官话一般读如[ti]，就记作"的"；有些字没有适当的简体，如对公鸡等进行阉割，本卷记作"鐬"。

各方言点的有关说法保持一致，如"么事""么什"统一记作"么什"，视为"什么"的同素异序构词；"茅司""茅厕"统一记作"茅厕"；相当于动态助词"着"，记作"看倒""站倒""找不倒 不清楚、不明白"，而不记作"看到""站到""找不到"。对于自选条目歇后语中的谐音现象，一般采用字面上的字在前，谐音的字在后的方式进行标注，意译部分与之保持一致，字面意义不明确或者言外之意不容易被理解时，在后面补充说明。如：

黄陂到孝感——县（现）过县（现）。[xuaŋ¹³ pʰi²¹ tao²⁵ ɕiao²⁵ kan⁴²——ɕian²⁵ ko²⁵ ɕian²⁵]

意译：黄陂到孝感——县(现)过县(现)，通常是指当面交易，现钱现货。

方言说法尽可能与录音语料一致，对于发音人的口误，一般如实记录，并用逗号与后文隔开。语流中成系统的，在当地方言中较普遍的失音或吞音现象，如实记录，如"了"，有的方言读成[a]或[iao]，不遵从单字的声韵调。

为便于对照，本卷语料沿用语保工程调查手册中的编号，即：0001 歌谣—0020 歌谣；0021 牛郎和织女；0022 其他故事—0030 其他故事；0031 自选条目—0100 自选条目。由于各点语料多寡不同，可能存在编号不连续的现象。有些内容不合时宜，编入本卷时做了删除，后续条目按顺序重新编号。

武 汉 市

武 汉

一 歌谣

0001 歌谣

摆摆手,家家走。[pai⁴² pai⁴² sou⁴², tɕia⁵⁵ tɕia⁵⁵ tsou⁴²] 家家:姥姥,外婆
搭洋船,下汉口。[ta²¹ iaŋ¹³ tsʰuan²¹, ɕia²⁵ xan²⁵ kʰou⁴²]
吃鸡蛋,喝米酒,[tɕʰi²¹ tɕi⁴⁴ tan²⁵, xo²¹³ mi³³ tɕiou⁴²]
买对粑粑往转走。[mai³³ tei²⁵ pa⁴⁴ pa⁵⁵ uaŋ⁴² tsuan⁴² tsou⁴²] 粑粑:平锅清水贴的米粑

意译:摇摇手,去姥姥家。搭机动船,到了汉口。吃了鸡蛋,喝了米酒,买了一对米粑回家了。

0002 歌谣

骑马嘟嘟骑,上街买糖吃。[tɕʰi¹³ ma⁴² tu⁴⁴ tu⁵⁵ tɕʰi²¹³, saŋ²⁵ kai⁵⁵ mai⁴² tʰaŋ²¹³ tɕʰi²¹³]
吃了还要吃,屁屁来不及。[tɕʰi¹³ liao⁰ xai²¹³ iao²⁵ tɕʰi²¹³, pa³³ pa⁰ lai²¹ pu⁰ tɕi²¹³] 屁屁:屎;大便

意译:嘟嘟地骑着马,上街去买糖吃。吃了还想要吃,撑得上厕所拉大便都来不及。

0003 歌谣

虫虫飞,虫虫走,[tsʰoŋ¹³ tsʰoŋ⁰ fei⁵⁵, tsʰoŋ¹³ tsʰoŋ⁰ tsou⁴²]
虫虫莫咬伢伢的手。[tsʰoŋ²¹ tsʰoŋ⁰ mo²¹³ ŋao⁴² ŋa²¹ ŋa⁰ ti⁰ sou⁴²] 莫:别。伢:小孩

意译:虫虫飞,虫虫走,虫虫别咬宝宝的手。

0004 歌谣

背驮驮,换酒喝;[pei⁵⁵ tʰo²¹³ tʰo⁰, xuan²⁵ tɕiou⁴² xo⁵⁵]

酒冷了，换茶喝；[tɕiou⁴² len⁴² liao⁰, xuan²⁵ tsʰa²¹³ xo⁵⁵]
茶冷了，换尿喝。[tsʰa²¹³ len⁴² liao⁰, xuan²⁵ sei⁵⁵ xo⁵⁵]
意译：背着驮着（小孩），换酒喝；酒冷了，换茶喝；茶冷了，换尿喝。

0005 歌谣
骑竹马，走人家。[tɕʰi³³ tsou²¹³ ma⁴², tsou⁴² len²¹³ ka⁵⁵]
走到半路接家家。[tsou⁴² tao⁰ pan²⁵ lou²⁵ tɕie²¹ tɕia⁴⁵ tɕia⁰] 家家：姥姥，外婆
家家家家屋里坐，[tɕia⁴⁵ tɕia⁰ tɕia⁴⁵ tɕia⁰ u²¹³ li⁰ tso²⁵]
我跟家家炟粑粑。[o³³ ken⁵⁵ tɕia⁴⁵ tɕia⁰ tʰa²¹ pa⁴⁵ pa⁰] 跟：给。炟粑粑：用平锅清水煎米粑
意译：骑着竹马，去走亲戚。走到半路接姥姥。姥姥姥姥你家里坐，我给姥姥煎米粑。

0006 歌谣
妖精妖精得了妖精病，[iao⁵⁵ tɕin⁵⁵ iao⁵⁵ tɕin⁵⁵ te²¹³ liao⁰ iao⁵⁵ tɕin⁵⁵ pin²⁵]
请来了妖精医生来看病。[tɕʰin⁴² lai²¹ liao⁰ iao⁵⁵ tɕin⁵⁵ i⁴⁴ sen⁵⁵ lai²¹ kʰan²⁵ pin²⁵]
妖精医生说，冇得病。[iao⁵⁵ tɕin⁵⁵ i⁴⁴ sen⁵⁵ so²¹³, mao²⁵ te⁰ pin²⁵] 冇：没有
咕噜咕噜锤，[ku⁵⁵ lu⁵⁵ ku⁵⁵ lu⁵⁵ tsʰuei²¹]
咕噜咕噜叉，[ku⁵⁵ lu⁵⁵ ku⁵⁵ lu⁵⁵ tsʰa⁵⁵]
咕噜咕噜三娘娘管金叉。[ku⁵⁵ lu⁵⁵ ku⁵⁵ lu⁵⁵ san⁵⁵ liaŋ²¹ liaŋ⁰ kuan⁴² tɕin⁵⁵ tsʰa⁵⁵]
意译：妩媚的女人得了女人的病，请来了漂亮女医生来看病。女医生说，没有病。咕噜咕噜（配合手臂抬起握拳在胸前轮转的动作）锤，咕噜咕噜叉，咕噜咕噜三根指头管两根指头（用动作比划来决定输赢）。

0007 歌谣
来一个，吃馍馍。[lai²¹³ i¹³ ko²¹³, tɕʰi²¹ mo²¹³ mo⁰] 馍馍：馒头
不要我来，打闹台。[pu²¹³ iao⁰ o⁴² lai²¹, ta⁴² lao²¹³ tʰai²¹] 打闹台：捣乱，惹祸
意译：来一个，吃馒头。不要我来，就捣乱。

0008 歌谣
天上呜呜神呢，[tʰian⁵⁵ saŋ⁰ u⁵⁵ u⁵⁵ sen²¹³ le⁰] 神：表程度高的后缀
地上甩麻绳呢。[ti²⁵ saŋ⁰ suai⁴² ma²¹ sen²¹³ le⁰]
麻绳甩不动哦，[ma²¹ sen¹³ suai⁴² pu²¹³ toŋ²⁵ e⁰]
不来就滚蛋呢。[pu¹³ lai²¹ tɕiou²⁵ kuen⁴² tan²⁵ le⁰]

意译：天上呜呜地响呀，地上甩麻绳呀。麻绳甩不动哦，不来就滚蛋呀。

0009 歌谣

黑白彩色电视机，双缸洗衣机。[xe²¹ pe²¹³ tsʰai⁴² se²¹³ tian²⁵ sʅ²⁵ tɕi⁵⁵, suaŋ⁵⁵ kaŋ⁵⁵ ɕi⁴² i⁵⁵ tɕi⁵⁵]

《射雕英雄传》，不来就滚蛋。[se²⁵ tiao⁵⁵ in⁵⁵ ɕioŋ²¹ tsuan²⁵, pu²¹ lai¹³ tɕiou²⁵ kuen⁴² tan²⁵]

意译：黑白彩色电视机，双缸洗衣机。《射雕英雄传》，不来就滚蛋。

0010 歌谣

好哭佬，卖灯草，[xao²⁵ kʰu²¹³ lao⁴², mai²⁵ ten⁵⁵ tsʰao⁴²]

卖到河里狗子咬。[mai²⁵ tao⁰ xo²¹³ li⁰ kou⁴² tsʅ⁰ ŋao⁴²]

狗子狗子你莫咬，[kou³³ tsʅ⁰ kou³³ tsʅ⁰ li⁴² mo²⁵ ŋao⁴²] 莫：别

我把钱你去过早。[o³³ pa⁴² tɕʰian²¹³ li⁴² kʰɯ²⁵ ko²⁵ tsao⁴²] 把：给。过早：吃早饭

意译：好哭佬，去卖灯草，卖到河里被狗咬。小狗小狗你别咬，我给你钱，你去吃早饭。

0011 歌谣

姐姐姐姐你莫生气，[tɕie³³ tɕie⁰ tɕie³³ tɕie⁰ li⁴² mo²¹ sen⁵⁵ tɕʰi²⁵] 莫：别

今天我请你去看戏。[tɕin⁴⁴ tʰian⁵⁵ o³³ tɕʰin⁴² li³³ kʰɯ²⁵ kʰan²⁵ ɕi²⁵]

我坐板凳你坐地，[o³³ tso²⁵ pan⁴² ten²⁵ li³³ tso²⁵ ti²⁵]

我吃香蕉你吃皮。[o³³ tɕʰi²¹³ ɕiaŋ⁴⁴ tɕiao⁵⁵ li³³ tɕʰi²¹ pʰi²¹³]

意译：姐姐姐姐你别生气，今天我请你去看戏。我坐板凳你坐地，我吃香蕉你吃皮。

0012 歌谣

左看右看，看不完武汉；[tso³³ kʰan²⁵ iou²⁵ kʰan²⁵, kʰan²⁵ pu⁰ uan²¹ u³³ xan²⁵]

紧走慢走，走不出汉口；[tɕin³³ tsou²⁵ man²⁵ tsou³³, tsou³³ pu²¹ tɕʰy²¹ xan²⁵ kʰou⁴²]

七绕八绕，绕不出中山大道。[tɕʰi²¹³ lao²⁵ pa²¹³ lao²⁵, lao²⁵ pu⁰ tɕʰy²¹ tsoŋ⁴⁴ san⁵⁵ ta²⁵ tao²⁵]

意译：左看右看，看不完武汉；紧走慢走，走不出汉口；七绕八绕，绕不出中山大道。

0013 歌谣

癞痢拿花桥哦，[la²¹³li⁰la²¹³xua⁵⁵tɕʰiao²¹³e⁰]

抱到花树摇哦。[pao²⁵tao⁰xua⁵⁵ɕy²⁵iao²¹³e⁰]

心里想开花哦，[ɕin⁵⁵li⁰ɕiaŋ³³kʰai⁴⁴xua⁵⁵e⁰]

头上冇得毛哦。[tʰou²¹³saŋ⁰mao²⁵te⁰mao²¹³e⁰] 冇：没有

撅几个洞，插几根毛，[tɕye⁵⁵tɕi⁴²ke⁰toŋ²⁵，tsʰa²¹tɕi³³ken⁵⁵mao²¹³] 撅：戳

癞痢喜得满街跑。[la²¹³li⁰ɕi³³te⁰man⁴⁴kai⁵⁵pʰao²¹³] 喜：高兴

意译：长癞痢的人拿花桥哦，抱着花树摇哦。心里想开花哦，头上没有毛哦。戳几个洞，插几根毛，长癞痢的人高兴得满街跑。

0014 歌谣

胖子胖，打麻将，[pʰaŋ²⁵tsʅ⁰pʰaŋ²⁵，ta⁴²ma²¹³tɕiaŋ²⁵]

该我的钱，不还账。[kai⁵⁵o⁴²ti⁰tɕʰian²¹，pu¹³xuan²¹³tsaŋ²⁵] 该：欠

左一棒，右一棒，[tso³³i²¹paŋ²⁵，iou²⁵i²¹³paŋ²⁵]

打得胖子不敢犟。[ta⁴²te⁰pʰaŋ²⁵tsʅ⁰pu¹³kan⁴²tɕiaŋ²⁵]

意译：胖子胖，打麻将，欠我的钱，不还账。左一棒，右一棒，打得胖子不敢争辩。

0015 歌谣

三八妇女节哟，男的真造孽哟。[san⁵⁵pa²¹fu²⁵y⁴²tɕie²¹³yo⁰，lan¹³ti⁰tsen⁵⁵tsao²⁵ie²⁵yo⁰] 造孽：可怜

女的看电影呢，男的做清洁哟。[y³³ti⁰kʰan²⁵tian²⁵in⁴²le⁰，lan¹³ti⁰tsou²⁵tɕʰin⁵⁵tɕie²¹³yo⁰]

意译：三八妇女节呀，男的真可怜呀。女的看电影哪，男的大扫除呀。

0016 歌谣

你妈的个鬼，烧开水。[li³³ma⁵⁵ti⁰ke⁰kuei⁴²，sao⁵⁵kʰai⁵⁵suei⁴²]

提得个篮子，瘪得个嘴。[tʰi¹³ti⁰ke⁰lan²¹³tsʅ⁰，pie⁴²ti⁰ke⁰tsei⁴²]

意译：你妈的个鬼，烧开水。提着个篮子，瘪着个嘴。

0017 歌谣

乡里伢，喝糖茶，[ɕiaŋ⁵⁵li⁰ŋa²¹³，xo²¹³tʰaŋ¹³tsʰa²¹] 伢：小孩

打臭屁，屙蛤蟆。[ta⁴² tsʰou²⁵ pʰi²⁵，o⁵⁵ kʰe²¹³ ma⁰]打：放。屙：拉

意译：农村的小孩，喝糖水，放臭屁，拉出来的是青蛙样的屎坨。

0018 歌谣

一个伢的爹，拉包车。[i²¹³ ke⁰ ŋa²¹³ ti⁰ tie⁵⁵，la⁵⁵ pao⁴⁴ tsʰe⁵⁵]伢：小孩。包车：黄包车，洋车

拉到巷子口，解小手。[la⁴⁵ tao⁰ xaŋ²⁵ tsʅ⁰ kʰou⁴²，kai⁴² ɕiao⁴² sou⁴²]解小手：小便

警察看见了，三拳头。[tɕin³³ tsʰa²¹ kʰan²⁵ tɕian²⁵ liao⁰，san⁵⁵ tsʰuan²¹³ tʰou⁰]

意译：一个小孩的爸爸，拉洋车。拉到胡同口，解小便。警察看见了，打他三拳头。

0019 歌谣

一个伢的妈，真邋遢。[i¹³ ke⁰ ŋa²¹³ ti⁰ ma⁵⁵，tsen⁵⁵ la⁴⁴ kua⁵⁵]伢：小孩。邋遢：邋遢，脏

洗脚的水，炟粑粑。[ɕi³³ tɕyo⁴² ti⁰ suei⁴²，tʰa²¹ pa⁵⁵ pa⁰]炟粑粑：用平锅清水煎米粑

身上的圪子搓麻花。[sen⁵⁵ saŋ⁰ ti⁰ ke²¹³ tsʅ⁰ tsʰo⁵⁵ ma²¹³ xua⁵⁵]圪子：污垢

意译：一个孩子的妈，真邋遢。洗脚的水，煎米粑。身上的污垢可以搓麻花。

0020 歌谣

一摸光，二摸财，[i²¹ mo⁵⁵ kuaŋ⁵⁵，u²⁵ mo⁵⁵ tsʰai²¹]

三摸四摸打起来。[san⁴⁴ mo⁵⁵ sʅ²⁵ mo⁵⁵ ta⁴² tɕʰi⁴² lai²¹]

张打铁，李打铁，[tsaŋ⁵⁵ ta⁴² tʰie²¹，li⁴² ta⁴² tʰie²¹]

打把剪子送姐姐。[ta⁴² pa⁴² tɕian⁴² tsʅ⁰ soŋ²⁵ tɕie⁴² tɕie⁰]

姐姐留我歇，我不歇，[tɕie⁴² tɕie⁰ liou²¹³ o⁴² ɕie²¹，o⁴² pu²¹³ ɕie²¹]

我要回去泡茶叶。[o³³ iao²⁵ xuei²¹³ kʰɯ²⁵ pʰao²⁵ tsʰa²¹³ ie²¹]

茶也香，酒也香，[tsʰa²¹³ ie⁴² ɕiaŋ⁵⁵，tɕiou³³ ie⁴² ɕiaŋ⁵⁵]

十个鸡蛋打过了江。[sʅ²¹ ko²⁵ tɕi⁵⁵ tan²⁵ ta⁴² ko²⁵ liao⁰ tɕiaŋ⁵⁵]

江这边，放大炮；[tɕiaŋ⁵⁵ tse²⁵ pian⁵⁵，faŋ²⁵ ta²⁵ pʰao²⁵]

江那边，放小炮。[tɕiaŋ⁵⁵ la²⁵ pian⁵⁵，faŋ²⁵ ɕiao⁴² pʰao²⁵]

姑娘姑娘你莫哭，[ku⁵⁵ liaŋ⁰ ku⁵⁵ liaŋ⁰ li⁴² mo²¹³ kʰu²¹]莫：别

还有三天到你的屋；[xai²¹³ iou⁴² san⁵⁵ tʰian⁵⁵ tao²⁵ li⁴² ti⁰ u²¹]

姑娘姑娘你莫笑，[ku⁵⁵ liaŋ⁰ ku⁵⁵ liaŋ⁰ li³³ mo²¹³ ɕiao²⁵]

还有三天到你的庙。[xai²¹³ iou⁴² san⁵⁵ tʰian⁵⁵ tao²⁵ li⁴² ti⁰ miao²⁵]

庙里一对大白鹅,[miao²⁵ li⁰ i²¹³ tei²⁵ ta²⁵ pe²¹³ o²¹]

一下飞到个杨家河。[i²¹³ xa²⁵ fei⁵⁵ tao⁰ ke⁰ iaŋ²¹³ tɕia⁵⁵ xo²¹]

杨家河里姑娘多,[iaŋ²¹³ tɕia⁵⁵ xo²¹³ li⁰ ku⁵⁵ liaŋ⁰ to⁵⁵]

打起鼓来会唱歌。[ta⁴² tɕʰi⁰ ku³³ lai²¹ xuei²⁵ tsʰaŋ²⁵ ko⁵⁵]

吃我的饭,跶我的锅,[tɕʰi²¹³ o³³ ti⁰ fan²⁵, ta²¹³ o³³ ti⁰ ko⁵⁵] 跶:摔

她们不是好家伙,[tʰa⁵⁵ men⁰ pu²¹ sʅ²⁵ xao⁴² tɕia⁵⁵ xo⁰]

她们不是好—家—伙。[tʰa⁵⁵ men⁰ pu²¹ sʅ²⁵ xao⁴²—tɕia⁵⁵—xo⁰]

意译:一摸光,二摸财,三摸四摸打起来。张打铁,李打铁,打把剪刀送姐姐。姐姐留我歇,我不歇,我要回去泡茶叶。茶也香,酒也香,十个鸡蛋打过了江。江这边,放大炮;江那边,放小炮。姑娘姑娘你别哭,还有三天到你的家;姑娘姑娘你别笑,还有三天到你的庙。庙里一对大白鹅,一下飞到了杨家河。杨家河里姑娘多,打起鼓来会唱歌。吃我的饭,摔我的锅,她们不是好人,她们不是好人啊。

二 规定故事

0021 牛郎和织女

嗯,正么昝,[en⁰, tse²⁵ me⁰ tsan³³] 正么昝:现在

我跟尔[您家]们,讲个,[o³³ ken⁵⁵ n̩³³ lia²¹ men⁰, tɕiaŋ⁴² ke⁰] 尔[您家]:您

《牛郎织女》的故事。[liou²¹ laŋ¹³ tsʅ²¹³ y⁴² ti⁰ ku²⁵ sʅ⁰]

说那个古时候啊,[so²¹ la²⁵ ke⁰ ku⁴² sʅ²¹³ xou²⁵ a⁰]

有一个半伢子儿伢,[iou³³ i²¹³ ke⁰ pan²⁵ tsʰao²⁵ tsʅ⁰ ɯ¹³ tsʅ⁰ ŋa²¹³] 半伢子:少年。儿伢:男孩

蛮造孽。[man²¹³ tsao²⁵ ie²¹] 蛮:很。造孽:可怜

他屋里的老头老娘咧,[tʰa⁵⁵ u²¹³ li⁰ ti⁰ lao³³ tʰou⁰ lao³³ liaŋ²¹³ lie⁰] 老头老娘:父母

蛮早就走了,[man²¹³ tsao⁴² tɕiou²⁵ tsou⁴² liao⁰]

他尔[您家]一个人咧,[tan²¹³ n̩³³ lia²¹ i²¹³ ko⁰ len²¹³ lie⁰]

就跟他屋里的一头老牛,[tɕiou²⁵ ken⁵⁵ tʰa⁵⁵ u²¹³ li⁰ ti⁰ i²¹³ tʰou²¹ lao³³ liou²¹³]

相依为命,啊,[ɕiaŋ⁴⁴ i⁵⁵ uei²¹³ min²⁵, a⁰]

成天就帮别个打工咧,[tsʰen²¹³ tʰian⁵⁵ tɕiou²⁵ paŋ⁵⁵ pie²¹³ ke⁰ ta³³ koŋ⁵⁵ lie⁰]

种田咧,啊,蛮辛苦。[tsoŋ²⁵ tʰian²¹³ lie⁰, a⁰, man²¹³ ɕin⁵⁵ kʰu⁴²]

哪晓得这个老牛哇,[la³³ ɕiao⁴² te⁰ le²⁵ ke⁰ lao⁴² liou²¹³ ua⁰] 晓得:知道

他是天上的金牛星下凡。[tʰa⁵⁵ sʅ²⁵ tʰian⁵⁵ saŋ⁰ ti⁰ tɕin⁵⁵ liou²¹ ɕin⁵⁵ ɕia²⁵ fan²¹]

他看到这个伢子伢咧，[tʰa⁵⁵ kʰan²⁵ tao⁰ le²⁵ ke⁰ tsʰao²⁵ tsʅ⁰ ŋa²¹³ lie⁰]

嗯，蛮可怜他，[en⁰, man²¹³ kʰo³³ lian²¹ tʰa⁵⁵]

就想跟他帮个忙，[tɕiou²⁵ ɕiaŋ⁴² ken⁵⁵ tʰa⁵⁵ paŋ⁵⁵ ke⁰ maŋ²¹³]

让他成个家，啊。[laŋ²⁵ tʰa⁵⁵ tsʰen¹³ ke⁰ tɕia⁵⁵, a⁰]

有一天咧，[iou³³ i²¹ tʰian⁵⁵ lie⁰]

他晓得天上的仙女啊，啊，[tʰa⁵⁵ ɕiao⁴² te²¹ tʰian⁵⁵ saŋ⁰ ti⁰ ɕian⁵⁵ ly⁴² a⁰, a⁰]

第二天要偷偷地到人间下凡。[ti²⁵ ɯ²⁵ tʰian⁵⁵ iao⁰ tʰou⁵⁵ tʰou⁵⁵ ti⁰ tao²⁵ len²¹³ tɕian⁵⁵ ɕia²⁵ fan²¹³]

刚好咧，到这个伢子伢的，[kaŋ⁵⁵ xao⁴² lie⁰, tao²⁵ le²⁵ ke⁰ tsʰao²⁵ tsʅ⁰ ŋa²¹³ ti⁰]

那个村子的旁边的那个东山角下，[la²⁵ ke⁰ tsʰen⁵⁵ tsʅ⁰ ti⁰ pʰaŋ²¹³ pian⁵⁵ ti⁰ la²⁵ ke⁰ toŋ⁵⁵ san⁵⁵ ko²¹³ xa⁰]

那个堰塘屎里去洗澡。[la²⁵ ke⁰ ian²⁵ tʰaŋ²¹ tou²⁵ li⁰ kʰɯ²⁵ ɕi³³ tsao⁴²] 屎里：里边

到晚上，他就托梦那个伢子伢。[tao²⁵ uan⁴² saŋ⁰, tʰa⁵⁵ tɕiou²⁵ tʰo²¹³ moŋ²⁵ la²⁵ ke⁰ tsʰao²⁵ tsʅ⁰ ŋa²¹]

那伢子伢睡的糊里糊涂的啊，[la²⁵ tsʰao²⁵ tsʅ⁰ ŋa²¹³ suei²⁵ ti⁰ xu²¹³ li⁰ xu²¹ tʰou¹³ ti⁰ a⁰]

嗯呀啊，哦，[en⁰ ia⁰ a⁰, o⁰]

有仙女，[iou⁴² ɕian⁵⁵ ly⁴²]

到我们那个山角下来洗澡哇，[tao²⁵ o³³ men⁰ la²⁵ ke⁰ san⁵⁵ ko²¹³ xa⁰ lai²¹ ɕi³³ tsao⁴² ua⁰]

未必真有这个事？欸。[uei²⁵ pi²¹ tsen⁵⁵ iou⁴² le²⁵ ke⁰ sʅ²⁵? e⁰]

那老牛还说了的啊，[la²⁵ lao³³ liou²¹³ xai²¹ so¹³ liao⁰ ti⁰ a⁰]

啊呃，你莫尽看咧，[a⁰ e⁰, li³³ mo²¹ tɕin⁴² kʰan²⁵ lie⁰] 莫：别。尽：一直。

你随便到那里如果看到了，[li³³ sei²¹³ pian²⁵ tao²⁵ la²⁵ li⁰ y¹³ ko⁴² kʰan²⁵ tao⁰ liao⁰]

你就赶快抓一件衣服就跑，[li³³ tɕiou²⁵ kan³³ kʰuai²⁵ tsua⁵⁵ i²¹³ tɕian²⁵ i⁵⁵ fu⁰ tɕiou²⁵ pʰao²¹³]

你抓的哪个的衣服，[li³³ tsua⁵⁵ ti⁰ la³³ ke⁰ ti⁰ i⁵⁵ fu⁰]

欸，那个仙女啊，就要跟你成亲。[e⁰, la²⁵ ke⁰ ɕian⁵⁵ ly⁴² a⁰, tɕiou²⁵ iao²⁵ ken⁵⁵ li³³ tsʰen²¹ tɕʰin⁵⁵]

这个伢子伢睡哩糊里糊涂的啊，[tse²⁵ ke⁰ tsʰao²⁵ tsʅ⁰ ŋa²¹³ suei²⁵ li⁰ xu²¹³ li⁰ xu²¹ tʰou¹³ ti⁰ a⁰]

心想，这个梦屎里哪是真的是假的，[ɕin⁵⁵ ɕiaŋ⁴², tse²⁵ ke⁰ moŋ²⁵ tou¹⁰ li⁰ la³³ sʅ²⁵ tsen⁵⁵ ti⁰ sʅ²⁵ tɕia⁴² ti⁰]

啊，他晓得？是吧。[a⁰，tʰa⁵⁵ ɕiao⁴² te⁰？ sʅ²⁵ pa⁰]

他第二天一早晨咧，[tʰa⁵⁵ ti²⁵ u²⁵ tʰian⁵⁵ i²¹³ tsao⁴² tsʰen³³ lie⁰]

反正有的无的，他去看下子。[fan⁴² tsen²⁵ iou⁴² ti⁰ u²¹³ ti⁰，tʰa⁵⁵ kʰɯ²⁵ kʰan²⁵ xa⁰ tsʅ⁰]

哪晓得一看哪，还真的一群，啊，[la³³ ɕiao⁴² te⁰ i²¹³ kʰan²⁵ la⁰，xai²¹ tsen⁵⁵ ti⁰ i²¹ tɕʰyn¹³，a⁰]

天上的仙女在那里洗澡。[tʰien⁵⁵ saŋ⁰ ti⁰ ɕian⁵⁵ ly⁴² tai²⁵ la²⁵ li⁰ ɕi³³ tsao⁴²]

那他哪敢看咧，[la²⁵ tʰa⁵⁵ la³³ kan⁴² kʰan²⁵ lie⁰]

他就到抓到一件衣服就跑了。[tʰa⁵⁵ tɕiou²⁵ tao⁰ tsua⁵⁵ tao⁰ i²¹³ tɕian²⁵ i⁵⁵ fu⁰ tɕiou²⁵ pʰao²¹³ liao⁰] 就到：顺便

抓的一件粉红色的衣服啊，是吧，嗨，[tsua⁵⁵ ti⁰ i²¹³ tɕian²⁵ fen⁴² xoŋ²¹ se¹³ ti⁰ i⁵⁵ fu⁰ a⁰，sʅ²⁵ pa⁰，xe⁰]

那个粉红色的衣服，[le²⁵ ke⁰ fen⁴² xoŋ²¹ se¹³ ti⁰ i⁵⁵ fu⁰]

恰恰是那个，[tɕʰia²⁵ tɕʰia²⁵ sʅ²⁵ la²⁵ ke⁰]

最漂亮的七仙女的衣服。[tsuei²⁵ pʰiao²⁵ liaŋ⁰ ti⁰ tɕʰi²¹³ ɕian⁵⁵ ly⁴² ti⁰ i⁵⁵ fu⁰]

到了晚上咧，欸，[tao²⁵ a⁰ uan⁴² saŋ⁰ lie⁰，e⁰]

这个仙女，[le²¹ ke⁰ ɕian⁵⁵ ly⁴²]

就跑到他屋里来敲了门。[tɕiou²⁵ pʰao²¹ tao²⁵ tʰa⁵⁵ u²¹ li⁰ lai²¹ kʰao⁵⁵ a⁰ men²¹³]

嗨，那尔[您家]们想咧，是吧，[xe⁰，la²⁵ n̩³³ lia²¹ men⁰ ɕian⁴² lie⁰，sʅ²⁵ pa⁰]

正好他们就成亲了咧。[tsen²⁵ xao⁴² tʰa⁵⁵ men⁰ tɕiou⁰ tsʰen²¹ tɕʰin⁵⁵ liao⁰ lie⁰]

这个老话说的有哇，[tse²⁵ ke⁰ lao³³ xua²⁵ so²¹ te⁰ iou⁴² ua⁰]

天上一天，地下十年。[tʰian⁵⁵ saŋ⁰ i²¹³ tʰian⁵⁵，ti²⁵ xa⁰ sʅ²¹³ lian²¹]

那天上刚过了几个时辰咧，[la²⁵ tʰian⁵⁵ saŋ⁰ kaŋ⁵⁵ ko²⁵ liao⁰ tɕi⁴² ke⁰ sʅ²¹ tsʰen¹³ lie⁰]

玉皇大帝呀，发现七仙女不见了。[y²⁵ xuaŋ²¹ ta²⁵ ti²⁵ ia⁰，fa²¹³ ɕian²⁵ tɕʰi²¹³ ɕian⁵⁵ ly⁴² pu²¹ tɕian²⁵ liao⁰]

那还了得，[la²⁵ xai²¹³ liao³³ te⁰]

你偷偷地下凡到人间。[li⁴² tʰou⁴⁴ tʰou⁵⁵ ti⁰ ɕia²⁵ fan²¹ tao²⁵ len¹³ tɕian⁵⁵]

那马上，[la²⁵ ma³³ saŋ²⁵]

他就派天兵天将去捉拿她。[tʰa⁵⁵ tɕiou²⁵ pʰai²⁵ tʰian⁴⁴ pin⁵⁵ tʰian⁵⁵ tɕiaŋ²⁵ kʰɯ²⁵ tso²¹ la¹³ tʰa⁵⁵]

我们说吵，天上一天，地下十年，[o³³ men⁰ so²¹³ sa⁰，tʰian⁵⁵ saŋ⁰ i²¹³ tʰian⁵⁵，ti²⁵ xa⁰ sʅ²¹³ lian²¹]

那天上刚几个时辰，[la²⁵ tʰian⁵⁵ saŋ⁰ kaŋ⁵⁵ tɕi³³ ke⁰ sʅ²¹³ tsʰen²¹]

那地下过了几长时间啊，[la²⁵ ti²⁵ xa⁰ ko²⁵ liao⁰ tɕi³³ tsʰaŋ²¹ sɿ²¹ tɕian⁵⁵ a⁰]
地下过了三年。[ti²⁵ xa⁰ ko²⁵ liao⁰ san⁵⁵ lian²¹]
嘿嘿，这小两口子生了一儿一女，[xe⁰ xe⁰，le²⁵ ɕiao³³ liaŋ³³ kʰou⁴² tsɿ⁰ sen⁵⁵ liao⁰ i²¹ ɯ¹³ i²¹³ ly⁴²]
呃，小日子过得蛮快活。[e⁰，ɕiao³³ ɯ²¹³ tsɿ⁰ ko²⁵ te⁰ man²¹³ kʰuai²⁵ xo²¹]
那正说到啊，[la²⁵ tsen²⁵ so²¹³ tao²¹³ a⁰]
天兵天将驾到了，[tʰian⁴⁴ pin⁵⁵ tʰian⁵⁵ tɕiaŋ²⁵ tɕia²⁵ tao²⁵ liao⁰]
又是刮风，又是下雨，[iou²⁵ sɿ²¹ kua²¹³ foŋ⁵⁵，iou²⁵ sɿ²² ɕia²¹ y⁴²]
又是扯霍，又是打雷。[iou²⁵ sɿ²² tsʰe²¹ xo²¹³，iou²⁵ sɿ²² ta⁴² lei²¹] 扯霍：闪电
等得一阵暴雨过后哇，[ten⁴² te⁰ i²¹³ tsen²⁵ pao²⁵ y⁴² ko²⁵ xou²⁵ ua⁰]
哦，个七仙女，[o⁰，ke⁰ tɕʰi²¹³ ɕian⁵⁵ ly⁴²]
被天兵天将捉走了。[pei²⁵ tʰian⁴⁴ pin⁵⁵ tʰian⁵⁵ tɕiaŋ²⁵ tso²¹³ tsou⁴² liao⁰]
那尔[您家]想啊，[la²⁵ n̩³³ lia²¹ ɕiaŋ⁴² a⁰]
那一儿一女两个小伢，[la²⁵ i²¹ ɯ¹³ i²¹³ ly⁴² liaŋ³³ ke⁰ ɕiao⁴² ŋa²¹]
两三岁大，[liaŋ⁴² san⁵⁵ sei²⁵ ta²⁵]
那不是哭爹喊娘啊，啊，[la²⁵ pu²⁵ sɿ²⁵ kʰu²¹³ tie⁵⁵ xan⁴² liaŋ²¹³ ŋa⁰，a⁰]
那也蛮造孽唦！[la²⁵ ie⁴² man²¹³ tsao²⁵ ie²¹³ sa⁰]
正在这个时候咧，[tsen²⁵ tsai²⁵ tse²⁵ ke⁰ sɿ²¹ xou²⁵ lie⁰]
那个老牛开口说人话了，[la²⁵ ke⁰ lao³³ liou²¹ kʰai⁵⁵ kʰou⁴² so²¹ len²¹³ xua²⁵ liao⁰]
他说："莫急莫急，牛郎，[tʰa⁵⁵ so²¹：mo²¹ tɕi¹³ mo²¹ tɕi¹³，liou²¹ laŋ¹³] 莫：别
这，你，我的这个两个角啊，[le²⁵，li⁴²，o³³ ti⁰ le²⁵ ke⁰ liaŋ⁴² ke⁰ ko²¹³ a⁰]
可以变两个箩筐，[kʰo³³ i⁴² pian²¹³ liaŋ³³ ke⁰ lo²¹³ kʰuaŋ⁰]
你把两个伢咧，带到咧，[li³³ pa⁴² liaŋ³³ ke⁰ ŋa²¹³ lie⁰，tai²⁵ tao⁰ lie⁰]
就可以追他们去了。"[tɕiou²⁵ kʰo³³ i⁴² tsuei⁵⁵ tʰa⁵⁵ men⁰ kʰɯ²⁵ liao⁰]
话冇说完哪，[xua²⁵ mao¹³ so²¹ uan¹³ la⁰] 冇：没有
两个角就落了地，[liaŋ³³ ke⁰ ko²¹³ tɕiou²⁵ lo²¹³ liao⁰ ti²⁵]
就倒就变成两个角、箩筐。[tɕiou²⁵ tao⁰ tɕiou²⁵ pian²⁵ tsʰen²¹³ liaŋ⁴² ke⁰ ko²¹³、lo²¹³ kʰuaŋ⁰]
呃，这个牛郎啊，慌急火燎的，[e⁰，le²⁵ ke⁰ liou²¹ laŋ¹³ a⁰，xuaŋ⁵⁵ tɕi²¹³ xo³³ liao⁴² ti⁰]
就把两个伢放到两个箩筐屎里，[tɕiou²⁵ pa⁴² liaŋ³³ ke⁰ ŋa²¹³ faŋ²⁵ tao⁰ liaŋ³³ ke⁰ lo²¹³ kʰuaŋ⁰ tou²⁵ li⁰]
刚一放进去，[kaŋ⁵⁵ i²¹ faŋ²⁵ tɕin²⁵ kʰɯ²⁵]

箩筐就飞起来了，［lo²¹³ kʰuaŋ⁰ tɕiou²⁵ fei⁵⁵ tɕʰi⁴² lai²¹³ liao⁰］

他也腾云驾雾，［tʰa⁵⁵ ie⁴² tʰen²¹ yn¹³ tɕia²⁵ u²⁵］

就倒就去追了。［tɕiou²⁵ tao⁰ tɕiou²⁵ kʰɯ²⁵ tsuei⁵⁵ liao⁰］

你想你一个人间凡人，是吧，［li³³ ɕiaŋ⁴² li³³ i²¹³ ke⁰ len²¹³ tɕian⁵⁵ fan²¹ len¹³，sɿ²⁵ pa⁰］

哪会腾云驾雾咧，［la³³ xuei²⁵ tʰen²¹ yn¹³ tɕia²⁵ u²⁵ lie⁰］

更何况前头是天兵天将，［ken²⁵ xo²¹ kʰuaŋ²⁵ tɕʰian²¹³ tʰou⁰ sɿ²⁵ tʰian⁴⁴ pin⁵⁵ tʰian⁵⁵ tɕiaŋ²⁵］

那跑得几快呀！［la²⁵ pʰao²¹³ te⁰ tɕi³³ kʰuai²⁵ ia⁰］ 几：多么，很

眼看要追到的时候欸，［ian³³ kʰan²⁵ iao²⁵ tsuei⁵⁵ tao⁰ ti⁰ sɿ²¹³ xou²⁵ e⁰］

王母娘娘赶到了。［uaŋ²¹³ moŋ⁴² liaŋ²¹³ liaŋ⁰ kan⁴² tao²⁵ liao⁰］

她一看，那还了得，［tʰa⁵⁵ i²¹³ kʰan²⁵，la²⁵ xai²¹ liao⁴² te²¹³］

就倒把个金钗一拔，一划，［tɕiou²⁵ tao⁰ pa⁴² ke⁰ tɕin⁵⁵ tsʰai⁵⁵ i²¹ pa¹³，i²¹³ xua²⁵］

一条天河，［i²¹ tʰiao¹³ tʰian⁵⁵ xo²¹］

就隔得两个人中间了。［tɕiou²⁵ ke²¹³ te⁰ liaŋ⁴² ke⁰ len²¹ tsoŋ⁴⁴ tɕian⁵⁵ liao⁰］

那一下子啊，这个牛郎啊，［la²⁵ i²¹³ xa²⁵ tsɿ⁰ a⁰，le²⁵ ke⁰ liou²¹ laŋ¹³ a⁰］

隔河相望啊！［ke²¹ xo¹³ ɕiaŋ⁵⁵ uaŋ²⁵ a⁰］

这一望就是一年，嗯。［tse²⁵ i²¹³ uaŋ⁵⁵ tɕiou²⁵ sɿ²⁵ i²¹ lian¹³，en⁰］

这个喜鹊咧，［le²⁵ ke⁰ ɕi³³ tɕʰyo²¹ lie⁰］

天上飞的那些喜鹊啊，嗯，［tʰian⁵⁵ saŋ⁰ fei⁵⁵ ti⁰ la²⁵ ɕie⁵⁵ ɕi³³ tɕʰyo²¹ a⁰，en⁰］

也对这两口子啊，嗯，蛮喜欢，［ie³³ tei²⁵ tse²⁵ liaŋ³³ kʰou⁴² tsɿ⁰ a⁰，en⁰，man²¹³ ɕi⁴² xuan⁰］

看到他们蛮造孽，这样，［kʰan²⁵ tao⁰ tʰa⁵⁵ men⁰ man²¹³ tsao²⁵ ie²¹，le²⁵ iaŋ⁰］

他们就成群结队的啊，［tʰa⁵⁵ men⁰ tɕiou²⁵ tsʰen²¹ tɕʰyn¹³ tɕie²¹³ tei²⁵ ti⁰ a⁰］

就飞这个天河边下，是吧，［tɕiou²⁵ fei⁵⁵ le²⁵ ke⁰ tʰian⁵⁵ xo²¹ pien⁵⁵ xa⁰，sɿ²⁵ pa⁰］ 边下：边上

一个衔到一个的尾巴，［i²¹³ ke⁰ ɕian²¹³ tao⁰ i¹³ ke⁰ ti⁰ uei³³ pa⁰］

搭成了一个鹊桥，［ta²¹ tsʰen¹³ liao⁰ i²¹³ ke⁰ tɕʰyo²¹³ tɕʰiao²¹³］

啊，让牛郎咧，［a⁰，laŋ²¹ liou²¹ laŋ¹³ lie⁰］

走上这个鹊桥，［tsou³³ saŋ⁰ le²⁵ ke⁰ tɕʰyo²¹ tɕʰiao¹³］

在天河高头咧，［tsai²⁵ tʰian⁵⁵ xo²¹ kao⁵⁵ tʰou⁰ lie⁰］ 高头：上面

跟对岸的织女会了一面。［ken⁵⁵ tei²⁵ ŋan²⁵ ti⁰ tsɿ²¹³ ly⁴² xuei²⁵ a⁰ i²¹ mian²⁵］

从那以后，［tsʰoŋ²¹ la²⁵ i⁴² xou²⁵］

每年的农历的七月初七,[mei³³lian²¹ti⁰loŋ²¹li¹³ti⁰tɕʰi²¹ye¹³tsʰou⁵⁵tɕʰi²¹³]
那看不到喜鹊咧,[la²⁵kʰan²⁵pu²¹tao⁰ɕi³³tɕʰyo²¹le⁰]
那喜鹊都跑到哪里去了,[la²⁵ɕi³³tɕʰyo²¹tou⁵⁵pʰao²¹³tao⁰la⁴²li⁰kʰɯ²⁵liao⁰]
全部跑到天河高头,[tɕʰyan²¹pu²⁵pʰao²¹³tao⁰tʰian⁵⁵xo²¹kao⁵⁵tʰou⁰]
去搭桥去了。[kʰɯ²⁵ta²¹tɕʰiao¹³kʰɯ²⁵liao⁰]
所以我们中国老话屡里,[so³³i⁴²o³³men⁰tsoŋ⁵⁵ko²¹lao³³xua²⁵tou²⁵li⁰]
有一句话哟,[iou⁴²i²¹³tɕy²⁵xua²⁵sa⁰]
那鹊桥会、鹊桥会,[la²⁵tɕʰyo²¹tɕʰiao¹³xuei²⁵、tɕʰyo²¹tɕʰiao¹³xuei²⁵]
哪个会啊,[la⁴²ke⁰xuei²⁵a⁰]
两个相爱的情人相会哟,是吧,[liaŋ³³ke⁰ɕiaŋ⁵⁵ŋai²¹³ti⁰tɕʰin²¹³len⁰ɕiaŋ⁵⁵xuei²⁵sa⁰,sɿ²⁵pa⁰]
就是从这里来的,啊。[tɕiou²⁵sɿ²⁵tsʰoŋ²¹tse²⁵li⁰lai²¹³ti⁰,a⁰]
所以牛郎织女的故事咧,[so³³i⁴²liou²¹laŋ¹³tsɿ²¹³ly⁴²ti⁰ku²⁵sɿ²⁵lie⁰]
也就深入人心,[ie⁴²tɕiou²⁵sen⁵⁵y²¹len²¹³ɕin⁵⁵]
啊,流传民间,[a⁰,liou²¹tsʰuan¹³min²¹³tɕian⁵⁵]
直到今天。[tsɿ²¹³tao²⁵tɕin⁵⁵tʰian⁵⁵]
嗨,今天我的故事就讲完了。[xe⁰,tɕin⁵⁵tʰian⁵⁵o³³ti⁰ku²⁵sɿ²⁵tɕiou²⁵tɕiaŋ⁴²uan²¹³liao⁰]

意译:嗯,现在,我跟您各位讲个《牛郎织女》的故事。

说那个古时候啊,有一个半大男孩儿,很可怜。他家里的爸爸妈妈呢,很早就去世了,他一个人呢,就跟家里的一头老牛,相依为命,成天就帮别人打工呀,种田呀,很辛苦。

哪知道这个老牛啊,他是天上的金牛星下凡。他看到这个男孩儿呢,挺可怜他,就想给他帮个忙,让他成个家。有一天呢,他知道天上的仙女啊,第二天要偷偷地到人间下凡。刚好呢,到这个男孩儿的村子旁边东山角下的水塘里去洗澡。到晚上,他就托梦给那个男孩儿。那男孩儿睡的糊里糊涂的啊,哦,有仙女到我们那个山角下来洗澡哇,是不是真有这个事?那老牛还说啊,你别老看啊,你到那里如果看到了,就赶快抓一件衣服就跑,你抓的谁的衣服,那个仙女啊,就要跟你成亲。这个男孩儿睡的糊里糊涂的,心想,这个梦是真的是假的啊?

他第二天一早想,管他有没有,去看一下。哪知道一看哪,还真的有一群天上的仙女在那里洗澡。他哪敢仔细看呢,他随手抓到一件衣服就跑了。他抓的是一件粉红色的衣服,粉红色的衣服恰恰是最漂亮的七仙女的衣服。到了晚上,那个仙女,就跑到他家来敲门,那您各位想吧,正好他们就成亲了呀。

老话说，天上一天，地下十年。天上刚过了几个小时呢，玉皇大帝呀，发现七仙女不见了。那还了得，你偷偷地下凡到人间。马上，他就派天兵天将去捉拿她。我们说了，天上一天，地下十年，那天上刚几个小时，那地下过了多长时间呢，地下过了三年。这小两口子生了一儿一女，小日子过得很愉快幸福。说到这里啊，天兵天将到了，又是刮风，又是下雨，又是闪电，又是打雷。等到一阵暴雨过后啊，七仙女被天兵天将抓走了。

您各位想啊，那一儿一女两个小孩儿，两三岁大，哭爹喊娘，那也真是可怜啊！正在这个时候呢，老牛开口说人话了，他说："别急别急，牛郎，我的这两个角啊，可以变成两个箩筐，你把两个孩子带着呀，就可以追他们去了。"话还没说完，老牛的两个角就掉在地上，马上就变成了两个箩筐。这个牛郎啊，赶忙就把两个孩子放到两个箩筐里，刚一放进去，箩筐就飞起来了，他也腾云驾雾去追了。你想一个人间凡人，哪会腾云驾雾呢，更何况前头是天兵天将，那跑得多快呀！眼看要追到的时候呢，王母娘娘赶到了。她一看，这还了得，顺手把金钗一拔，一划，一条天河，就隔在两个人中间了。这一下啊，牛郎啊，只能隔河相望啊！这一望就是一年。

天上飞的那些喜鹊呀，也很喜欢这两口子，看到他们很可怜，就成群结队地飞到天河边，一个衔着一个的尾巴，搭成了一座鹊桥，让牛郎走上这个鹊桥，在天河上呢，跟对岸的织女会了一面。从那以后，每年的农历七月初七，是看不到喜鹊的，那喜鹊都跑到哪里去了呢，全跑到天河上搭桥去了。所以我们中国老话里有一句话呀，就是那个鹊桥会，是两个相爱的情人相会呀，就是从这里来的。所以牛郎织女的故事呢，也就深入人心，流传民间，直到今天。

嗨，今天我的故事就讲完了。

三 其他故事

0022 其他故事

正昝，在这里讲的是，[tsen²⁵ tsan⁴²，tai²⁵ le²⁵ li⁰ tɕiaŋ³³ ti⁰ sʅ²⁵]正昝：现在
《取水楼》的故事。[tɕʰy³³ suei⁴² lou²¹³ ti⁰ ku²⁵ sʅ²⁵]

在汉口新华路体育场附近，[tai²⁵ xan²⁵ kʰou⁴² ɕin⁵⁵ xua²¹ lou²⁵ tʰi³³ yo²¹ tsʰaŋ²¹³ fu²⁵ tɕin²⁵]

有一个地方名字叫"取水楼"。[iou³³ i²¹³ ke⁰ ti²⁵ faŋ⁵⁵，min²¹³ tsʅ⁰ tɕiao²⁵ tɕʰy³³ suei⁴² lou²¹]

相传，蛮久以前，[ɕiaŋ⁵⁵ tsʰuan²¹，man²¹³ tɕiou³³ i⁴² tɕʰian²¹³]蛮：很

住老取水楼这一带的居民,〔tɕy²⁵ lao⁴² tɕʰy³³ suei⁰ lou²¹³ tse²⁵ i²¹ tai⁰ ti⁰ tɕy⁵⁵ min²¹〕
吃水蛮难。〔tɕʰi¹³ suei⁴² man²¹ nan¹³〕吃水：喝水

因为冇得钱挖井,〔in⁵⁵ uei²¹³ mao²⁵ te⁰ tɕʰian²¹³ ua⁵⁵ tɕin⁴²〕冇得：没有

冇得法,〔mao²⁵ te⁰ fa²¹〕

只能到当地的一个财主屋里,〔tsʅ²¹³ len²¹ tao²⁵ taŋ⁴⁴ ti²⁵ ti⁰ i²¹³ ke⁰ tsʰai²¹³ tɕy⁴² u²¹³ li⁰〕

去买井水吃。〔kʰɯ²⁵ mai⁴² tɕin³³ suei⁴² tɕʰi²¹〕

这个财主有个姑娘,〔tse¹³ ke⁰ tsʰai²¹³ tɕy⁴² iou³³ ke⁰ ku⁴⁵ liaŋ⁰〕

人长得特别俏皮,〔len²¹³ tsaŋ³³ te⁰ tʰe¹³ pie⁰ tɕʰiao²⁵ pʰi⁰〕俏皮：漂亮

心地也蛮善良,〔ɕin⁴⁴ ti²⁵ ie³³ man²¹ san²⁵ liaŋ⁰〕

经常闷斯怀的垄些钱,〔tɕin⁵⁵ tsʰaŋ²¹³ men²⁵ sʅ⁰ xuai²¹³ ti⁰ tsou²¹ ɕie⁵⁵ tɕʰian²¹³〕闷斯怀的：暗地里。垄：塞

给这些穷人花。〔ke⁴² le¹³ ɕie⁵⁵ tɕʰioŋ²¹³ len²¹ xua⁵⁵〕

她经常看到一个书生,〔tʰa⁴⁴ tɕin⁵⁵ tsʰaŋ²¹ kʰan²⁵ tao⁰ i²¹ ko²⁵ ɕy⁴⁴ sen⁵⁵〕

前来帮汲水的老人打水,〔tɕʰian¹³ lai²¹ paŋ⁵⁵ tɕi²¹³ suei⁴² ti⁰ lao³³ len²¹ ta³³ suei⁴²〕

这个书生的脉子啊,〔tse¹³ ke⁰ ɕy⁴⁴ sen⁵⁵ ti⁰ me²¹³ tsʅ⁰ a⁰〕脉子：脸庞，长相

长得特别正,〔tsaŋ³³ te⁰ tʰe²¹ pie¹³ tsen²⁵〕

慢慢地,〔man²⁵ man²⁵ ti⁰〕

小姐对这个书生有点动心。〔ɕiao³³ tɕie⁴² tei²⁵ tse²¹ ke⁰ ɕy⁴⁴ sen⁵⁵ iou⁴² tie⁴² toŋ²⁵ ɕin⁵⁵〕

书生的父母都已经过世了,〔ɕy⁴⁴ sen⁵⁵ ti⁰ fu²⁵ moŋ⁴² tou⁰ i³³ tɕin⁰ ko²⁵ sʅ²⁵ liao⁰〕

就剩他一个人在那里埋头读书,〔tɕiou²⁵ sen²⁵ tʰa⁵⁵ i²¹ ko²⁵ len²¹ tsai²⁵ la²⁵ li⁰ mai¹³ tʰou²¹ tou¹³ ɕy⁵⁵〕

蛮挖得。〔man²¹³ ua²¹³ te⁰〕挖得：肯出力，刻苦

小姐打听到这些情况后,〔ɕiao³³ tɕie⁴² ta³³ tʰin⁵⁵ tao⁰ tse²⁵ ɕie⁵⁵ tɕʰin²¹ kʰuaŋ²⁵ xou²⁵〕

对他越怕是倾心。〔tei²⁵ tʰa⁵⁵ ye²¹³ pʰa²⁵ sʅ²⁵ tɕʰyn⁴² ɕin⁵⁵〕越怕：越发

于是叫书生到她屋里去提亲。〔y²¹ sʅ²⁵ tɕiao²⁵ ɕy⁴⁴ sen⁵⁵ tao²⁵ tʰa⁵⁵ u²¹ li⁰ kʰɯ²⁵ tʰi²¹ tɕʰin⁵⁵〕

哪晓得财主嫌他穷,〔la³³ ɕiao³³ te⁰ tsʰai¹³ tɕy⁴² ɕian²¹ tʰa⁵⁵ tɕʰioŋ²¹³〕

不答应这门亲事。〔pu²¹ ta¹³ in⁰ tse²⁵ men⁰ tɕʰin⁴⁴ sʅ²⁵〕

冇得法,〔mao²⁵ te⁰ fa²¹³〕

小姐又只好闷斯怀的,〔ɕiao³³ tɕie⁴² iou²⁵ tsʅ¹³ xao⁴² men²⁵ sʅ⁰ xuai²¹³ ti⁰〕

垄些钱哪,〔tsou²¹³ ɕie⁵⁵ tɕʰian²¹ la⁰〕

么什的,〔mo³³ sʅ⁵⁵ ti⁰〕么什：什么

来打书生的掇和。〔lai²¹ ta³³ ɕy⁴⁴ sen⁵⁵ ti⁰ tsʰou⁴⁵ xo⁰〕打……掇和：帮……的忙

就在书生，[tɕiou²⁵ tsai²⁵ ɕy⁴⁴ sen⁵⁵]
到京城赶考的那段时间里，[tao²⁵ tɕin⁵⁵ tsʰen²¹ kan³³ kʰao⁴² ti⁰ la²⁵ tan²⁵ sʅ²¹ tɕian⁵⁵ li⁰]
财主把姑娘许配给了一个，[tsʰai²¹³ tɕy⁴² pa³³ ku⁵⁵ liaŋ⁰ ɕy³³ pʰei²⁵ ke³³ liao⁰ i²¹³ ke⁰]
有钱有势游手好闲的公子哥。[iou³³ tɕʰian²¹ iou⁴² sʅ²⁵ iou²¹³ sou⁴² xao²⁵ ɕian²¹ ti⁰ koŋ⁵⁵ tsʅ⁰ ko⁵⁵]

迎亲那天，[in²¹³ tɕʰin⁵⁵ la²⁵ tʰian⁵⁵]
小姐在手巾高头，[ɕiao³³ tɕie⁴² tai²⁵ sou⁴² tɕin⁵⁵ kao⁵⁵ tʰou⁰] 高头：上面
写了份遗书后，[ɕie³³ liao⁰ fen²⁵ i²¹ ɕy⁵⁵ xou²⁵]
就倒投井自尽了。[tɕiou²⁵ tao⁰ tʰou¹³ tɕin⁴² tsʅ²⁵ tɕin²⁵ liao⁰] 就倒：接着，顺着
书生中了榜，[ɕy⁴⁴ sen⁵⁵ tsoŋ²⁵ liao⁰ paŋ⁴²]
考了，考中了进、进士，[kʰao³³ liao⁰，kʰao³³ tsoŋ²⁵ liao⁰ tɕin²⁵、tɕin²⁵ sʅ²⁵]
皇帝恩准他回老家做县令。[xuan²¹³ ti²⁵ en⁵⁵ tɕyn⁴² tʰa⁵⁵ xuei²¹ lao⁴⁴ tɕia⁵⁵ tsou²⁵ ɕian²⁵ lin²⁵]

回到老家后，[xuei²¹ tao⁰ lao³³ tɕia⁵⁵ xou²⁵]
书生听到小姐，[ɕy⁴⁴ sen⁵⁵ tʰin⁵⁵ tao⁰ ɕiao³³ tɕie⁴²]
为了他们两个人的爱情，[uei²¹³ liao⁰ tʰa⁵⁵ men⁰ liaŋ³³ ke⁰ len²¹ ti⁰ ŋai²⁵ tɕʰin²¹]
不甘屈从这门亲事，[pu²¹ kan⁵⁵ tɕʰy²¹³ tsʰoŋ²¹ tse²⁵ men⁰ tɕʰin⁴⁴ sʅ²⁵]
而投井的事情时，[ɚ²¹³ tʰou¹³ tɕin⁴² ti⁰ sʅ²⁵ tɕʰin²¹ sʅ⁰]
是伤心地铆起大哭了一场。[sʅ²⁵ saŋ⁴⁴ ɕin⁵⁵ ti⁰ mao⁴² tɕʰi⁰ ta²⁵ kʰu²¹ liao⁰ i²¹³ tsʰaŋ²¹] 铆起：使劲地

接下来，[tɕie²¹³ ɕia⁰ lai²¹]
书生上任后做的第一件事情咧，[ɕy⁴⁴ sen⁵⁵ saŋ²⁵ len²⁵ xou²⁵ tsou²⁵ ti⁰ ti²⁵ i²¹³ tɕian²⁵ sʅ²⁵ tɕʰin²¹ lie⁰]
就是预支出自己的工资，[tɕiou²⁵ sʅ²⁵ y²⁵ tsʅ⁵⁵ tɕʰy²¹ tsʅ²⁵ tɕi⁴² ti⁰ koŋ⁴⁴ tsʅ⁵⁵]
找人去挖了一个蛮大的塘子，[tsao³³ len²¹ kʰɯ²⁵ ua⁵⁵ liao⁰ i²¹ ke⁰ man²¹³ ta²⁵ ti⁰ tʰaŋ²¹³ tsʅ⁰]
方便居民们生活用水。[faŋ⁵⁵ pian²⁵ tɕy⁵⁵ min²¹ men⁰ sen⁵⁵ xo²¹ ioŋ²⁵ suei⁴²]
因为县令姓白，[in⁵⁵ uei²¹ ɕian²⁵ lin²⁵ ɕin²⁵ pe²¹³]
大家就跟这个水塘起了个名字，[ta²⁵ tɕia⁵⁵ tɕiou²⁵ ken⁵⁵ le¹³ ke⁰ suei⁴² tʰaŋ²¹³ tɕʰi³³ liao⁰ ke⁰ min²¹³ tsʅ²⁵]
叫白水湖，[tɕiao²⁵ pe²¹³ suei⁴² xu²¹³]
以表达对他的感激之情。[i³³ piao³³ ta²¹ tei²⁵ tʰa⁵⁵ ti⁰ kan⁴² tɕi²¹ tsʅ⁵⁵ tɕʰin²¹]
接下来，县令，[tɕie²¹³ ɕia⁰ lai²¹，ɕian²⁵ lin²⁵]

又在小姐自尽的水井旁边，[iou²⁵ tai²⁵ ɕiao³³ tɕie⁴² tsʅ²⁵ tɕin²⁵ tiº suei³³ tɕin⁴² pʰaŋ²¹ pian⁵⁵]

盖了一栋蛮俏皮的房子，[kai²⁵ liaoº i²¹³ toŋ²⁵ man²¹ tɕʰiao²⁵ pʰi²¹ tiº faŋ²¹³ tsʅº] 俏皮：漂亮

还跟房子起了个名字叫：[xai²¹³ ken⁵⁵ faŋ²¹³ tsʅº tɕʰi⁴² liaoº keº min²¹³ tsʅ²⁵ tɕiao²⁵] 跟：给

取—水—楼，[tɕʰy⁴²—suei⁴²—lou²¹³]

以表达自己对小姐的赞美，[i³³ piao³³ ta²¹ tsʅ²⁵ tɕi⁴² tei²⁵ ɕiao³³ tɕie⁴² tiº tsan²⁵ mei⁴²]

和怀念之情。[xo²¹³ xuai²¹ lian²⁵ tsʅ⁵⁵ tɕʰin²¹]

到正昝，取水楼，[tao²⁵ tsen²⁵ tsanº，tɕʰy³³ suei⁴² lou²¹³]

早就不晓得跑到哪里去了，[tsao³³ tɕiou⁵⁵ pu²¹ ɕiao³³ teº pʰao²¹ tao²⁵ la³³ li⁰ kʰu²⁵ liaoº]

但，"取水楼"这个地名，[tan²⁵，tɕʰy³³ suei⁴² lou²¹³ tse²⁵ keº ti²⁵ min²¹]

倒是一直沿用到正么昝。[tao²⁵ sʅ²⁵ i¹³ tsʅ²¹ ian²¹³ ioŋ²⁵ taoº tsen²⁵ menº tsan⁴²] 正么昝：现在

意译：现在，在这里讲的是《取水楼》的故事。

在汉口新华路体育场附近，有一个地方名字叫"取水楼"。相传，很久以前，住老取水楼这一带的居民，吃水很困难。因为没有钱挖井，没办法，只能到当地一个财主家里，去买井水吃。这个财主有个女儿，人长得特别漂亮，心地也很善良，经常偷偷地塞些钱，给这些穷人花。

她经常看到一个书生前来帮汲水的老人打水，这个书生的长相啊，长得特别英俊，慢慢地，小姐对这个书生有点动心。书生的父母都已经过世了，就剩他一个人埋头读书，很刻苦。

小姐打听到这些情况后，对他更是倾心，于是叫书生到她家里去提亲。哪知道财主嫌他穷，不答应这门亲事。没办法，小姐又只好暗地里塞些钱哪、什么的，来解决书生的困难。就在书生到京城赶考的那段时间里，财主把姑娘许配给了一个有钱有势游手好闲的公子哥。迎亲那天，小姐在手绢上写了份遗书后就投井自尽了。

书生中了榜，考中了进士，皇帝恩准他回老家做县令。回到老家后，书生听到小姐为了他们两个人的爱情不甘屈从而投井的事情时，伤心地大哭了一场。接下来，书生上任后做的第一件事情呢，就是预支出自己的工资，找人挖了一个很大的水塘，方便居民们生活用水。

因为县令姓白，大家就给这个水塘起了个名字叫白水湖，以表达对他的感激之情。

接下来，县令又在小姐自尽的水井旁边盖了一栋特别漂亮的房子，还给房子起了个名字叫"取水楼"。现在，取水楼早就不知道到哪里去了，但"取水楼"这个地名倒是一直沿用到现在。

0023 其他故事

正昝讲的这个故事的名字，[tsen²⁵ tsan⁰ tɕiaŋ⁴² ti⁰ tse²⁵ ke⁰ ku²⁵ sʅ⁰ ti⁰ min²¹³ tsʅ²⁵]正昝：现在

叫《自相矛盾》。[tɕiao²⁵ tsʅ²⁵ ɕiaŋ⁵⁵ mao²¹³ ten²⁵]

从前，有个楚国的商人，[tsʰoŋ²¹ tɕʰian²¹³，iou⁴² ko²⁵ tsʰou⁴² ko²¹ ti⁰ saŋ⁵⁵ len²¹]

自己生产盾牌和长矛，[tsʅ²⁵ tɕi⁴² sen⁵⁵ tsʰan⁴² ten²⁵ pʰai²¹ xo²¹³ tsʰaŋ²¹ mao¹³]

自己拿到市场上面去销售。[tsʅ²⁵ tɕi⁴² la²¹ tao⁰ sʅ²⁵ tsʰaŋ⁴² saŋ²⁵ mian²⁵ kʰɯ²⁵ ɕiao⁵⁵ sou²⁵]

一天，他在集贸市场，[i²¹ tʰian⁵⁵，tʰa⁵⁵ tai²⁵ tɕi²¹ mao²⁵ sʅ²⁵ tsʰan⁴²]

带倒自己生产的，[tai²⁵ tao⁰ tsʅ²⁵ tɕi⁴² sen⁵⁵ tsʰan⁴² ti⁰]倒：着

盾牌和长矛销售。[ten²⁵ pʰai²¹ xo¹³ tsʰaŋ²¹ mao¹³ ɕiao⁵⁵ sou²⁵]

首先，他举起手中的盾牌，[sou³³ ɕian⁵⁵，tʰa⁵⁵ tɕy³³ tɕʰi⁴² sou³³ tsoŋ⁵⁵ ti⁰ ten²⁵ pʰai²¹]

对倒大家在那里卖杠说，[tei²⁵ tao⁰ ta²⁵ tɕia⁵⁵ tai²⁵ la²⁵ li⁰ mai²⁵ kaŋ²⁵ so²¹]卖杠：卖弄

我的盾牌最硬足，最硬足了，[o³³ ti⁰ ten²⁵ pʰai²¹³ tsei²⁵ ŋen²⁵ tsou⁰，tsei²⁵ ŋen²⁵ tsou⁰ liao⁰]硬足：坚硬，坚固

随你么矛都杵不穿它；[sei²¹³ li⁴² mo³³ mao²¹³ tou⁵⁵ tɕʰy⁵⁵ pu⁰ tsʰuan⁵⁵ tʰa⁰]随：无论。么：什么。杵：戳，捅

过了一下，[ko²⁵ liao⁰ i¹³ xa⁰]一下：一会儿

他又举起手中的长矛，[tʰa⁵⁵ iou²⁵ tɕy³³ tɕʰi⁴² sou³³ tsoŋ⁵⁵ ti⁰ tsʰaŋ²¹ mao²¹³]

对倒人群大声的吆喝，[tei²⁵ tao⁰ len²¹ tɕʰyn¹³ ta²⁵ sen⁵⁵ ti⁰ iao⁵⁵ xo⁰]

我做的长矛最尖了，[o³³ tsou⁰ ti⁰ tsʰaŋ²¹ mao¹³ tsei²⁵ tɕian⁵⁵ liao⁰]

再也冇得比它尖的了，[tsai²⁵ ie⁴² mao²⁵ te²¹³ pi³³ tʰa⁵⁵ tɕian⁵⁵ ti⁰ liao⁰]冇得：没有

随你几硬足的矛（盾），[sei²¹³ li⁴² tɕi³³ ŋen²⁵ tsou⁰ ti⁰ mao²¹³]几：多么

我都可以把它杵穿。[o³³ tou⁵⁵ kʰo³³ i⁴² pa²¹ tʰa⁵⁵ tɕʰy⁴⁴ tsʰuan⁵⁵]

冇过一下，[mao²⁵ ko²⁵ i¹³ xa⁰]冇：没，没有

人群里头有个人撩他说，[len²¹ tɕʰyn¹³ li³³ tʰou⁰ iou³³ ke⁰ len²¹ liao²¹³ tʰa⁵⁵ so²¹]撩：逗，撩拨

那这样咧，[la²⁵ tse²⁵ iaŋ⁰ lie⁰]

你就用你自己的长矛，[li³³ tɕiou²⁵ ioŋ²⁵ li³³ tsʅ²⁵ tɕi⁴² ti⁰ tsʰaŋ²¹ mao²¹³]

来杵你自己的盾牌，[lai²¹³ tɕʰy⁵⁵ li³³ tsʅ²⁵ tɕi⁴² ti⁰ ten²⁵ pʰai²¹]

看是杵得穿还是杵不穿，[kʰan²⁵ sʅ²⁵ tɕʰy⁵⁵ te⁰ tsʰuan⁵⁵ xai²¹³ sʅ²⁵ tɕʰy⁵⁵ pu⁰ tsʰuan⁵⁵]

让我们看下子。[laŋ²⁵ o³³ men⁰ kʰan²⁵ xa⁰ tsʅ⁰] 看下子：看一下

这一问把他问得目眍了的，[tse²⁵ i²¹³ uen²⁵ pa³³ tʰa⁵⁵ uen²⁵ te⁰ moŋ²⁵ tsa⁴² liao⁰ ti⁰] 目眍：目瞪口呆

冇得办法回答，[mao²⁵ te⁰ pan²⁵ fa²¹ xuei²¹³ ta²¹]

两个脸嘞，像猴子屁股，[liaŋ³³ ke⁰ lian³³ le⁰，tɕʰiaŋ²⁵ xou²¹³ tsʅ⁰ pʰi²⁵ ku⁰]

站在那里出挺。[tsan²⁵ tai²⁵ la²⁵ li⁰ tɕʰy²¹³ tʰin⁴²] 出挺：出丑，出洋相

因此，[in⁵⁵ tsʰʅ⁴²]

后人，把这种，[xou²⁵ len²¹³，pa⁴² tse²⁵ tsoŋ⁴²]

做事团不了头，[tsou²⁵ sʅ²⁵ tʰan²¹³ pu⁰ liao⁴² tʰou²¹³] 团不了头：前后对不上，不合逻辑

说话容不得场的情况，[so²¹ xua²⁵ ioŋ²¹³ pu¹³ te⁰ tsʰaŋ⁴² ti⁰ tɕʰin²¹³ kʰuaŋ²⁵] 容不得场：和现场实际情况不相符

叫自相矛盾。[tɕiao²⁵ tsʅ²⁵ ɕiaŋ⁵⁵ mao²¹³ ten²⁵]

意译：现在讲的这个故事的名字叫《自相矛盾》。

从前，有个楚国的商人，自己生产盾牌和长矛。一天，他在集贸市场带着自己生产的盾牌和长矛销售。

首先，他举起手中的盾牌，对着大家吹牛说，我的盾牌最坚固了，不管什么矛都刺不穿它；过了一会儿，他又举起手中的长矛，对着人群大声地吆喝，我做的长矛最尖利了，再也没有比它尖利的了，不论你多坚固的盾，我都可以把它刺穿。没过多长时间，人群里有个人逗他说，那这样吧，你就用你自己的长矛来刺你自己的盾牌，看刺不刺得穿，让我们看一下。这一问把他问得呆在那里，哑口无言，脸红得像猴子屁股，站在那里出洋相。因此，后人把这种做事前后对不上不能圆满收场，说话和现场实际情况不相符，不符合逻辑，就叫自相矛盾。

0024 其他故事

今天跟各位讲一个故事，[tɕin⁴⁴ tʰian⁵⁵ ken⁵⁵ ko²¹ uei²⁵ tɕiaŋ⁴² i²¹³ ke⁰ ku²⁵ sʅ²⁵] 跟：给

那就是《武汉东湖的由来》。[la²⁵ tɕiou²⁵ sʅ²⁵ u⁴² xan²⁵ toŋ⁵⁵ xu²¹³ ti⁰ iou²¹ lai¹³]

传说呀，[tsʰuan²¹ so¹³ ia⁰]

南海观世音菩萨，[lan²¹³ xai⁴² kuaŋ⁵⁵ sʅ²⁵ in⁵⁵ pʰu²¹³ sa⁰]

从西天佛祖那里，[tsʰoŋ²¹³ ɕi⁴⁴ tʰian⁵⁵ fo²¹³ tsou⁴² la²⁵ li⁰]

回普陀山的时候，[xuei²¹³ pʰu³³ tʰo²¹ san⁵⁵ ti⁰ sʅ²¹ xou²⁵]

途经武汉，[tʰou²¹³ tɕin⁵⁵ u³³ xan²⁵]

偶然间看到武汉的下空，[ou³³ lan²¹ tɕian⁵⁵ kʰan²⁵ tao⁰ u³³ xan²⁵ ti⁰ ɕia²⁵ kʰoŋ⁵⁵]

草长莺飞，[tsʰao⁴² tsaŋ⁴² in⁵⁵ fei⁵⁵]

景色特别地漂亮。[tɕin³³ se²¹ tʰe²⁵ pie²¹³ ti⁰ pʰiao²⁵ liaŋ⁰]

观音菩萨心情大好，[kuan⁴⁴ in⁵⁵ pʰu²¹³ sa⁰ ɕin⁵⁵ tɕʰin²¹ ta²⁵ xao⁴²]

就要在这里停留。[tɕiou²⁵ iao²⁵ tsai²⁵ tse²⁵ li⁰ tʰin²¹³ liou²¹]

身边的玉女也跟她一起，[sen⁴⁴ pian⁵⁵ ti⁰ y²⁵ ly⁴² ie³³ ken⁵⁵ tʰa⁵⁵ i²¹³ tɕʰi⁴²]

观赏这人间的美景。[kuan⁵⁵ saŋ⁴² tse²⁵ len²¹³ tɕian⁵⁵ ti⁰ mei⁴² tɕin⁴²]

看倒看倒，一不小心，[kʰan²⁵ tao⁰ kʰan²⁵ tao⁰, i¹³ pu²¹ ɕiao³³ ɕin⁵⁵] 倒：着

把手中的玉镜掉到了人间。[pa⁴² sou³³ tsoŋ⁵⁵ ti⁰ y²⁵ tɕin²⁵ tiao²⁵ tao⁰ liao⁰ len²¹ tɕian⁵⁵]

观音菩萨就带倒金童玉女，[kuan⁴⁴ in⁵⁵ pʰu²¹³ sa⁰ tɕiou²⁵ tai²⁵ tao⁰ tɕin⁵⁵ tʰoŋ²¹ y²⁵ ly⁴²]

下到了凡间找镜子，[ɕia²⁵ tao⁰ liao⁰ fan²¹³ tɕian⁵⁵ tsao⁴² tɕin²⁵ tsɿ⁰]

结果发现，这个镜子，[tɕie²¹³ ko⁴² fa²¹³ ɕian²⁵, tse²⁵ ke⁰ tɕin²⁵ tsɿ⁰]

落到地上变成了一汪池水，[lo²¹ tao⁰ ti²⁵ saŋ⁰ pian²⁵ tsʰen²¹ liao⁰ i²¹³ uaŋ⁵⁵ tsʰɿ²¹³ suei⁴²]

就是现在的东湖。[tɕiou²⁵ sɿ⁰ ɕian²⁵ tsai²⁵ ti⁰ toŋ⁵⁵ xu²¹³]

镜框子也跶成了蛮多段，[tɕin²⁵ tɕʰiaŋ⁵⁵ tsɿ⁰ ie⁴² ta²¹ tsʰen¹³ liao⁰ man²¹³ to⁵⁵ tan²⁵] 跶：摔。蛮：很

变成了东湖旁边的山峰。[pian²⁵ tsʰen²¹ liao⁰ toŋ⁵⁵ xu²¹ pʰaŋ²¹³ pian⁵⁵ ti⁰ san⁴⁴ foŋ⁵⁵]

观音菩萨看到这里山水美丽，[kuan⁴⁴ in⁵⁵ pʰu²¹³ sa⁰ kʰan²⁵ tao⁰ tse²⁵ li⁰ san⁵⁵ suei⁴² mei⁴² li²⁵]

而且还造福了周围的群众，[ɚ²¹³ tɕʰie⁴² xai²¹ tsao²⁵ fu²¹ liao⁰ tsou⁵⁵ uei²¹³ ti⁰ tɕʰyn²¹³ tsoŋ²⁵]

也就不责怪玉女，[ie³³ tɕiou²⁵ pu²¹³ tse²¹ kuai²⁵ y²⁵ ly⁴²]

带倒她回南海去了。[tai²⁵ tao⁰ tʰa⁵⁵ xuei²¹ lan²¹³ xai⁴² kʰɯ²⁵ liao⁰]

意译：今天跟各位讲一个故事，那就是《武汉东湖的由来》。

传说呀，南海观世音菩萨，从西天佛祖那里回普陀山的时候，途经武汉，偶然间看到武汉的下空，草长莺飞，景色特别地漂亮。

观音菩萨心情大好，就在这里停留。身边的玉女也跟她一起，观赏这人间的美景。看着看着，一不小心，把手中的玉镜掉到了人间。观音菩萨就带着金童玉女，下到了凡间找镜子，结果发现镜子落到地上，变成了一汪池水，就是现在的东湖。镜框子也摔成了很多段，变成了东湖旁边的山峰。

观音菩萨看到这里山水美丽，而且还造福了周围的群众，也就不责怪玉女，带着她回南海去了。

0025 其他故事

跟大家讲一个传说，[ken⁵⁵ ta²⁵ tɕia⁵⁵ tɕiaŋ⁴² i²¹³ ke⁰ tsʰuan²¹³ so²¹]

那就是关于，[la²⁵tɕiou²⁵sʅ²⁵kuan⁵⁵y²¹]

武汉东湖和磨山的由来。[u³³xan²⁵toŋ⁵⁵xu²¹xo²¹³mo²⁵san⁵⁵ti⁰iou¹³lai²¹]

传说，东湖是龙三太子身上，[tsʰuan²¹so²¹³，toŋ⁵⁵xu²¹³sʅ²⁵loŋ²¹³san⁵⁵tʰai²⁵tsʅ⁴² sen⁵⁵saŋ⁰]

佩戴的一块美玉落在地下变的。[pʰei²⁵tai²⁵ti⁰i²¹kʰuai⁴²mei³³y²⁵lo²¹tai⁰ti²⁵xa⁰ pian²⁵ti⁰]

龙三太子有一块宝玉，[loŋ²¹san⁵⁵tʰai²⁵tsʅ⁰iou⁴²i²¹³kʰuai⁴²pao⁴²y²⁵]

特别地大，特别地漂亮。[tʰe²¹³pie²¹ti⁰ta²⁵，tʰe²¹³pie²¹ti⁰pʰiao²⁵liaŋ⁰]

这个太子啊，[tse²⁵ke⁰tʰai²⁵tsʅ⁰a⁰]

天天带倒身上舍不得取下来。[tʰian⁴⁴tʰian⁵⁵tai²⁵tao⁰sen⁵⁵saŋ⁰se⁴²pu⁰te²¹tɕʰy⁴² ɕia²⁵lai²¹] 倒：在

有一天，[iou⁴²i²¹tʰian⁵⁵]

太子路过了武昌城东郊的上空，[tʰai²⁵tsʅ⁰lou²⁵ko²⁵liao⁰u³³tsʰan⁵⁵tsʰen²¹toŋ⁴⁴ tɕiao⁵⁵ti⁰saŋ²⁵kʰoŋ⁵⁵]

结果这一块宝玉，[tɕie¹³ko⁴²tse²⁵i¹³kʰuai⁴²pao⁴²y²⁵]

一不小心，[i²¹pu¹³ɕiao³³ɕin⁵⁵]

从腰高头掉了下来，[tsʰoŋ²¹iao⁵⁵kao⁵⁵tʰou⁰tiao²⁵liao⁰ɕia²⁵lai²¹] 高头：上面

变成了湖泊，[pian²⁵tsʰen²¹liao⁰xu²¹³pʰo⁵⁵]

系这块宝玉的绳子变成了湖湾。[tɕi²⁵le²⁵kʰuai⁴²pao⁴²y²⁵ti⁰sen²¹³tsʅ⁰pian²⁵tsʰen²¹ liao⁰xu²¹³uan⁵⁵]

龙太子呀，[loŋ²¹³tʰai²⁵tsʅ⁰ia⁰]

非常舍不得他的这一块宝玉，[fei⁵⁵tsʰaŋ²¹se⁴²pu⁰te²¹tʰa⁵⁵ti⁰le²⁵i²¹kʰuai⁴²pao⁴² y²⁵]

于是，他就下到了凡间，[y²¹³sʅ²⁵，tʰa⁵⁵tɕiou²⁵ɕia²⁵tao⁰liao⁰fan²¹³tɕian⁵⁵]

来到了这个湖的旁边，[lai²¹³tao²⁵liao⁰le²¹ke⁰xu²¹³ti⁰pʰaŋ²¹pian⁵⁵]

坐在边下，[tso²⁵tai⁰pian⁵⁵xa⁰]

天天看他的这一块宝玉，[tʰian⁴⁴tʰian⁵⁵kʰan²⁵tʰa⁵⁵ti⁰tse²⁵i¹³kʰuai⁴²pao⁴²y²⁵]

就变成了一座山峰，[tɕiou²⁵pian²⁵tsʰen²¹liao⁰i²¹tso²⁵san⁴⁴foŋ⁵⁵]

这个龙头就是现在的磨山，[tse²⁵ke⁰loŋ¹³tʰou²¹tɕiou²⁵sʅ²⁵ɕian²⁵tsai²⁵ti⁰mo²⁵san⁵⁵]

所以，磨山也有龙头山的美称，[so³³i⁴²，mo²⁵san⁵⁵ie³³iou⁴²loŋ²¹tʰou¹³san⁵⁵ti⁰mei³³ tsʰen⁵⁵]

这，就是关于东湖和磨山的由来。[tse²⁵，tɕiou²⁵sʅ²⁵kuan⁵⁵y²¹toŋ⁵⁵xu²¹xo²¹mo²⁵ san⁵⁵ti⁰iou¹³lai²¹]

意译：给大家讲一个传说，那就是关于武汉东湖和磨山的由来。

传说东湖是龙三太子身上佩戴的一块美玉落在地下变的。龙三太子有一块宝玉，特别大，特别漂亮。太子呢，天天带在身上舍不得取下来。有一天，太子路过武昌城东郊上空的时候，这一块宝玉一不小心从腰上掉了下来，变成了湖泊，系这块宝玉的绳子变成了湖湾。

龙太子呀，非常舍不得他的这一块宝玉，于是他就下到凡间来到了这个湖的旁边，坐在湖边上天天看他的这一块宝玉，就变成了一座山峰，这个龙头就是现在的磨山，所以磨山也有龙头山的美称。

这就是关于东湖和磨山的由来。

0026 其他故事

正咎，我跟尔[您家]们讲个，[tsen²⁵ tsan⁰, o³³ ken⁵⁵ n̩³³ lia²¹ men⁰ tɕiaŋ⁴² ke⁰] 正咎：现在。尔[您家]：您

《热干面的故事》。[le²¹ kan⁵⁵ mian²⁵ ti⁰ ku²⁵ sɿ²⁵]

要说起我们武汉哪，[iao²⁵ so²¹³ tɕhi⁴² o³³ men⁰ u³³ xan²⁵ la⁰]

对过早那是特别地讲究，[tei²⁵ ko²⁵ tsao⁴² la²⁵ sɿ²⁵ the²¹³ pie²¹ ti⁰ tɕiaŋ⁴² tɕiou²⁵] 过早：吃早餐

啊，么什面窝嘞，油条呃，[a⁰, mo³³ sɿ⁵⁵ mian²⁵ o⁵⁵ le⁰, iou²¹³ thiao²¹ e⁰] 么什：什么

欢喜坨呃，豆浆呃，[xuan⁵⁵ ɕi⁴² tho²¹³ e⁰, tou²⁵ tɕiaŋ⁵⁵ e⁰] 欢喜坨：油炸的麻团

啊，是应有尽有。[a⁰, sɿ²⁵ in²⁵ iou⁴² tɕin²⁵ iou⁴²]

但是武汉人嘞，[tan²⁵ sɿ²⁵ u³³ xan²⁵ len²¹ le⁰]

特别爱吃一个，[the²¹³ pie²¹ ŋai²⁵ tɕhi²¹³ i²¹ ke⁰]

叫热干面的这个食品。[tɕiao²⁵ le²¹³ kan⁵⁵ mian²⁵ ti⁰ tse²¹ ke⁰ sɿ²¹³ phin⁴²]

这个面咧，[tse²¹ ke⁰ mian²⁵ lie⁰]

呃，你想要么味口，[e⁰, li³³ ɕiaŋ⁴² iao²⁵ mo³³ uei²⁵ khou⁴²] 么：什么

就自己加拌一些佐料，[tɕiou²⁵ tsɿ²⁵ tɕi⁴² tɕia⁵⁵ pan²⁵ i²¹³ ɕie⁵⁵ tso²¹³ liao²⁵]

啊，那个面就有么特色。[a⁰, la²⁵ ke⁰ mian²⁵ tɕiou²⁵ iou⁴² mo⁴² the²¹³ se²¹]

我们正咎嘞，[o³³ men⁰ tsen²⁵ tsan⁰ le⁰]

如果想到这个热干面啊，[y²¹³ ko⁴² ɕiaŋ⁴² tao²⁵ tse²¹ ke⁰ le²¹³ kan⁵⁵ mian²⁵ a⁰]

那个涎就直滴，[la²¹ ke⁰ ɕian²¹³ tɕiou²⁵ tsɿ²¹³ ti²¹³]

啊，如果出差在外地啊，啊，[a⁰, y¹³ ko⁴² tɕhy²¹³ tshai⁵⁵ tai²⁵ uai²⁵ ti²⁵ a⁰, a⁰]

回到武汉啊，[xuei²¹³ tao²⁵ u³³ xan²⁵ a⁰]

首先想起，[sou³³ ɕian⁵⁵ ɕiaŋ⁴² tɕhi⁰]

就要去吃一碗热干面。[tɕiou²⁵ iao²⁵ kʰɯ²⁵ tɕʰi²¹ i¹³ uan⁴² le²¹ kan⁵⁵ mian²⁵]

那说这个热干面咧,[la²⁵ so²¹³ tse²¹ ke⁰ le²¹³ kan⁵⁵ mian²⁵ lie⁰]

哼,那我们还要真要感谢,[xeŋ⁰, la²⁵ o³³ men⁰ xai²¹³ iao²⁵ tsen⁵⁵ iao²⁵ kan⁴² ɕie²⁵]

一个叫李包的个男的。[i²¹³ ke⁰ tɕiao²⁵ li³³ pao⁵⁵ ti⁰ ke⁰ lan²¹³ ti⁰]

这个李包啊,[tse²⁵ ke⁰ li³³ pao⁵⁵ a⁰]

大概在六十多年前咧,[ta²⁵ kai²⁵ tsai²⁵ lou²¹³ sʅ²¹ to⁵⁵ lian²¹ tɕʰian²¹³ lie⁵⁵]

住在武汉的那个长堤街。[tɕy²⁵ tai⁰ u³³ xan²⁵ ti⁰ la²¹ ke⁰ tsʰaŋ²¹ tʰi¹³ kai⁵⁵]

武汉这个城市嘞,[u³³ xan²⁵ tse²¹ ke⁰ tsʰen²¹³ sʅ²⁵ le⁰]

它热天嘞,热得要死,[tʰa⁵⁵ le²¹³ tʰian⁵⁵ le⁰, le²¹³ te⁰ iao²⁵ sʅ⁴²] 热天:夏天

冷天嘞,就冷得跳脚,啊。[len³³ tʰian⁵⁵ le⁰, tɕiou²⁵ len³³ te⁰ tʰiao²⁵ tɕyo²¹³, a⁰] 冷天:冬天

在武汉市要是从事这个,[tai²⁵ u³³ xan²⁵ sʅ²⁵ iao²⁵ sʅ²⁵ tsʰoŋ²¹³ sʅ²⁵ le²¹ ke⁰]

卖这个么什,[mai²⁵ le²¹ ke⁰ mo³³ sʅ⁵⁵]

早餐行业这样的一些人嘞,[tsao³³ tsʰan⁵⁵ xaŋ²¹³ ie²⁵ tse²⁵ iaŋ²⁵ ti⁰ i²¹ ɕie⁵⁵ len²¹³ le⁰]

就特别地辛苦。[tɕiou²⁵ tʰe²¹³ pie²¹ ti⁰ ɕin⁵⁵ kʰu⁴²]

说这一天嘞,[so²¹ tse²⁵ i²¹ tʰian⁵⁵ le⁰]

天特别地热,[tʰian⁵⁵ tʰe²¹³ pie²¹ ti⁰ le²¹³]

这个李包啊,[tse²¹ ke⁰ li³³ pao⁵⁵ a⁰]

他看到自己的那个,[tʰa⁵⁵ kʰan²⁵ tao⁰ tsʅ²⁵ tɕi⁴² ti⁰ la²¹ ke⁰]

簸箕屡里没有卖完的,[po²⁵ tɕi⁰ tou²⁵ li⁰ mei²¹³ iou⁴² mai²⁵ uan²¹³ ti⁰] 屡里:里面

那些生面条啊,[la²⁵ ɕie⁵⁵ sen⁵⁵ mian²⁵ tʰiao²¹³ a⁰]

啊,天热得马上要馊了,[a⁰, tʰian⁵⁵ le²¹³ te⁰ ma³³ saŋ²⁵ iao²⁵ sou⁵⁵ liao⁰]

啊,这,这心里就呃,蛮着急呀,[a⁰, tse²⁵, tse²⁵ ɕin⁵⁵ li⁴² tɕiou⁰ e⁰, man¹³ tso²¹ tɕi²¹³ ia⁰] 蛮:很

尔[您家]们想下子看,[n̩³³ lia²¹ men⁰ ɕiaŋ⁴² xa⁰ tsʅ⁰ kʰan²⁵]

做小生意的人,啊,[tsou²⁵ ɕiao⁴² sen⁵⁵ i²⁵ ti⁰ len²¹³, a⁰]

这个热干面,[le²¹ ke⁰ le²¹ kan⁵⁵ mian²⁵]

热干面要是馊了的话,[le²¹ kan⁵⁵ mian²⁵ iao²⁵ sʅ²⁵ sou⁵⁵ liao⁰ ti⁰ xua²⁵]

那它不就浪费了,啊,[la²⁵ tʰa⁵⁵ pu²¹ tɕiou²⁵ laŋ²⁵ fei²⁵ liao⁰, a⁰]

当时嘞,[taŋ⁵⁵ sʅ²¹³ le⁰]

他突然想到,欸,[tʰa⁵⁵ tʰou²¹ lan¹³ ɕiaŋ⁴² tao⁰, ei⁰]

有些东西热一下子,[iou³³ ɕie⁵⁵ toŋ⁵⁵ ɕi⁰ le²¹³ i²¹ xa²⁵ tsʅ⁰]

放倒不动它,[faŋ²⁵ tao⁰ pu²¹ toŋ²⁵ tʰa⁵⁵]

那不是它可以不馊吗，[la²⁵ pu²¹ sɿ²⁵ tʰa⁵⁵ kʰo³³ i⁴² pu²¹³ sou⁵⁵ ma⁰]

如果，他反正死马当做活马医呀，[y²¹³ ko⁴²，tʰa⁵⁵ fan⁴² tsen²⁵ sɿ³³ ma⁴² taŋ⁵⁵ tso⁰ xo²¹³ ma⁴² i⁵⁵ ia⁰]

就叫他老婆烧了一锅开水，[tɕiou²⁵ tɕiao²⁵ tʰa⁵⁵ lao³³ pʰo²¹ sao⁵⁵ iao⁰ i²¹ ko⁵⁵ kʰai⁵⁵ suei⁴²]

把那些，[pa⁴² la²⁵ ɕie⁵⁵]

冇卖完的那些生面条咧，[mao²⁵ mai²⁵ uan²¹³ ti⁰ la²⁵ ɕie⁵⁵ sen⁵⁵ mian²⁵ tʰiao²¹³ lie⁰] 冇：没有

就放在个开水㲿里焊了两下，[tɕiou²⁵ faŋ²⁵ tai⁰ ke⁰ kʰai⁵⁵ suei⁴² tou²⁵ li⁰ tʰa²¹³ liao⁰ liaŋ³³ xa²⁵]

咧呃，他晓得，[lie⁰ e⁰，tʰa⁵⁵ ɕiao⁴² te²¹³]

这个面如果煮得太烂咧，[le²¹ ke⁰ mian²⁵ y²¹³ ko⁴² tɕy³³ te⁰ tʰai²⁵ lan²⁵ lie⁰]

它就稀了，[tʰa⁵⁵ tɕiou²⁵ ɕi⁵⁵ liao⁰]

稀了溏了就不好吃了，[ɕi⁵⁵ liao⁰ tʰaŋ⁵⁵ liao⁰ tɕiou²⁵ pu²¹ xao⁴² tɕʰi²¹³ liao⁰]

他大概煮了个半生不熟的时候咧，[tʰa⁵⁵ ta²⁵ kai²⁵ tɕy⁴² liao⁰ ke⁰ pan²⁵ sen⁵⁵ pu²¹ sou¹³ ti⁰ sɿ²¹ xou²⁵ lie⁰]

他就把它捞起来，啊，[tʰa⁵⁵ tɕiou²⁵ pa⁴² tʰa⁵⁵ lao⁵⁵ tɕʰi⁴² lai⁰，a⁰]

就用那个筷子啊，想把它抖散，[tɕiou²⁵ ioŋ²⁵ la²⁵ ke⁰ kʰuai²⁵ tsʅ⁰ a⁰，ɕiaŋ³³ pa⁴² tʰa⁵⁵ tou³³ san⁴²]

哪晓得忙中出错，[la³³ ɕiao⁴² te²¹ maŋ²¹³ tsoŋ⁵⁵ tɕʰy²¹³ tsʰo²⁵]

他一下子把旁边，[tʰa⁵⁵ i²¹³ xa²⁵ tsʅ⁰ pa⁴² pʰaŋ²¹³ pian⁵⁵]

那个当佐料的那个油碗哪，[la²⁵ ke⁰ taŋ⁵⁵ tso²¹³ liao⁰ ti⁰ la²⁵ ke⁰ iou²¹³ uan⁴² la⁰]

一下碰翻了，[i²¹³ xa²⁵ pʰoŋ²⁵ fan⁵⁵ liao⁰]

那半碗麻油啊，[la²⁵ pan²⁵ uan⁴² ma²¹ iou¹³ a⁰]

一下子就泼到个案板高头，[i²¹³ xa²⁵ tsʅ⁰ tɕiou²⁵ pʰo²¹³ tao⁰ ke⁰ ŋan²⁵ pan⁴² kao⁵⁵ tʰou⁰]

高头：上面

尔[您家]们想下子看，啊，[n̩³³ lia²¹ men⁰ ɕiaŋ⁴² xa²⁵ tsʅ⁰ kʰan²⁵，a⁰]

尽以前哪，[tɕin³³ i⁴² tɕʰian²¹³ la⁰] 尽：在……（时间）

那个油是个几干贵的东西啊，[la²¹ ke⁰ iou²¹³ sʅ²⁵ ke⁰ tɕi⁴² kan⁵⁵ kuei²⁵ ti⁰ toŋ⁵⁵ ɕi⁰ a⁰]

几：多么。干贵：宝贵

是吧，所以他干脆索性，[sʅ²⁵ pa⁰，so³³ i⁴² tʰa⁵⁵ kan⁵⁵ tsʰei⁵⁵ so⁴² ɕin²⁵]

就把那些刚煮熟的那些面，[tɕiou²⁵ pa⁴² la²⁵ ɕie⁵⁵ kaŋ⁵⁵ tɕy⁴² sou²¹³ ti⁰ la²⁵ ɕie⁵⁵ mian²⁵]

就倒把个麻酱，[tɕiou²⁵ tao²⁵ pa⁴² ke⁰ ma²¹³ tɕiaŋ²⁵] 就倒：就着。麻酱：芝麻酱

那个，把那个芝麻油就和了一下子，[la²⁵ ke⁰，pa⁴² la²⁵ ke⁰ tsʅ⁵⁵ ma⁰ iou²¹³ tɕiou²⁵ xo⁵⁵ liao⁰ i²¹³ xa²⁵ tsʅ⁰]

啊，一拌，[a⁰，i²¹³ pan²⁵]

拌了以后，反正总是凉拌，[pan²⁵ liao⁰ i³³ xou²⁵，fan⁴² tsen²⁵ tsoŋ⁴² sʅ²⁵ liaŋ²¹ pan²⁵]

就丢在那里就没有管，[tɕiou²⁵ tiou⁵⁵ tai²⁵ la²⁵ li⁰ tɕiou²⁵ mei²¹³ iou³³ kuan⁴²]

哪晓得，第二天早上起来呀，[la³³ ɕiao⁴² te²¹³，ti²⁵ ɯ²⁵ tʰian⁵⁵ tsao⁴² saŋ⁰ tɕʰi⁴² lai²¹³ ia⁰]

嘿嘿，那个面还真变了味，[xe⁵⁵ xe⁰，la²¹ ke⁰ mian²⁵ xai²¹ tsen⁵⁵ pian²⁵ iao⁰ uei²⁵]

那不是变馊了啊，[la²⁵ pu²¹ sʅ²⁵ pian²⁵ sou⁵⁵ liao⁰ a⁰]

是变得越来越香喷喷了，[sʅ²⁵ pian²⁵ te⁰ ye²¹³ lai²¹ ye²¹³ ɕiaŋ⁵⁵ pʰen⁵⁵ pʰen⁵⁵ liao⁰]

尔[您家]们想下子看，[n̩³³ lia²¹ men⁰ ɕiaŋ³³ xa⁰ tsʅ⁰ kʰan²⁵]

那是麻油咵，[la²⁵ sʅ²⁵ ma²¹³ iou²¹ sa⁰]

哪晓得，个面碰到个麻油以后啊，[la³³ ɕiao⁴² te⁰，ke²¹ mian²⁵ pʰoŋ²⁵ tao²⁵ ke⁰ ma²¹³ iou²¹ i³³ xou²⁵ a⁰]

它还越来越有弹性了，是吧，[tʰa⁵⁵ xai²¹ ye²¹³ lai²¹ ye²¹³ iou⁴² tʰan²¹³ ɕin²⁵ liao⁰，sʅ²⁵ pa⁰]

第二天一早晨进来的买面的人嘞，[ti²⁵ ɯ²⁵ tʰian⁵⁵ i²¹³ tsao³³ sen²¹ tɕin²⁵ lai²¹ mai⁴² mian²⁵ ti⁰ len²¹³ le⁰]

他干脆就不卖那个生面了，[tʰa⁵⁵ kan⁵⁵ tsʰei²⁵ tɕiou²⁵ pu²¹³ mai²⁵ la²¹ ke⁰ sen⁵⁵ mian²⁵ liao⁰]

他就倒把那个面咧，[tʰa⁵⁵ tɕiou²⁵ tao⁰ pa⁴² la²¹ ke⁰ mian²⁵ lie⁰]

就在那个开水锅里，[tɕiou²⁵ tai²⁵ la²¹ ke⁰ kʰai⁵⁵ suei⁴² ko⁵⁵ li⁰]

炟一下子就捞出来，[tʰa²¹³ i²¹ xa²⁵ tsʅ⁰ tɕiou²⁵ lao⁰ tɕʰy²¹ lai⁰]

添到碗里，啊。[tʰian⁵⁵ tao⁰ uan⁴² li⁰，a⁰]

然后咧，就把那个不带汤额，[lan²¹ xou²⁵ lie⁰，tɕiou²⁵ pa⁴² la²¹ ke⁰ pu²¹³ tai²⁵ tʰaŋ⁵⁵ e⁰]

呃，不带水的这个面啊，[e⁰，pu²¹³ tai²⁵ suei⁴² ti⁰ le²¹ ke⁰ mian²⁵ a⁰]

加他平常卖凉粉的一些佐料，[tɕia⁵⁵ tʰa⁵⁵ pʰin²¹ tsʰaŋ¹³ mai²⁵ liaŋ²¹³ fen⁴² ti⁰ i¹³ ɕie⁵⁵ tso²¹³ liao²⁵]

么芝麻酱呃，葱花呃，[mo⁴² tsʅ⁵⁵ ma²¹ tɕiaŋ²⁵ e⁰，tsʰoŋ⁴⁴ xua⁵⁵ e⁰]

么什萝卜丁呃，这些东西，[mo³³ sʅ⁰ lo²¹³ pu⁰ tin⁵⁵ e⁰，le²⁵ ɕie⁵⁵ toŋ⁵⁵ ɕi⁰]

尔[您家]们想下子啊，[n̩³³ lia²¹ men⁰ ɕiaŋ⁴² xa²⁵ tsʅ⁰ a⁰]

那个冷的那个佐料碰上个热干面，[la²¹ ke⁰ len⁴² ti⁰ la²¹ ke⁰ tso²¹ liao²⁵ pʰoŋ²⁵ saŋ⁰ ke⁰ le²¹ kan⁵⁵ mian²⁵]

那一下子散发出来那个香味呀，[la²⁵i²¹³xa⁰tsʅ⁰san²⁵fa²¹tɕy¹³lai²¹la²¹ke⁰ɕiaŋ⁵⁵uei²⁵ia⁰]

那更加令人，啊，涎水直流的。[la²⁵ken²⁵tɕia⁵⁵lin²⁵len²¹³，a⁴²，ɕian²¹³suei⁴²tsʅ²¹liou¹³ti⁰]

随着这个，啊，[sei²¹³tsE⁰tse²⁵ke⁰，a⁰]

我们正昝生活环境越来越好了，[o³³men⁰tsen²⁵tsan⁰sen⁵⁵xo²¹xuan²¹³tɕin⁰ye²¹³lai²¹ye²¹³xao⁴²liao⁰]

各种各样的这种食材嘞，[ko²¹³tsoŋ⁴²ko²¹³iaŋ²⁵ti⁰tse²⁵tsoŋ⁴²sʅ²¹tsʰai²¹³le⁰]

也越来越丰富了，[ie⁴²ye²¹lai¹³ye²¹foŋ⁵⁵fu²⁵liao⁰]

正么昝有么什海鲜热干面嘞，[tsen²⁵me⁰tsan⁰iou⁴²mo³³sʅ⁰xai³³ɕian⁵⁵le²¹kan⁵⁵mian²⁵le⁰]

牛肉热干面嘞，[liou¹³lou²¹le²¹kan⁵⁵mian²⁵le⁰]

嘿，你说了这多，其实说来说去，[xe⁰，li³³so²¹³iao⁰tse²⁵to⁵⁵，tɕʰi²¹sʅ¹³so²¹lai¹³so²¹kʰɯ²⁵]

那我啊，[la²⁵o³³a⁰]

还是喜欢吃那个原味热干面，[xai²¹³sʅ²⁵ɕi⁴²xuan⁰tɕʰi²¹³la²¹ke⁰yan²¹³uei²⁵le²¹kan⁵⁵mian²⁵]

就是一点芝麻酱加上葱花，[tɕiou²⁵sʅ²⁵i²¹³tian⁴²tsʅ⁵⁵ma⁰tɕiaŋ²⁵tɕia⁵⁵saŋ²⁵tsʰoŋ⁴⁴xua⁵⁵]

啊，加上萝卜丁，[a⁰，tɕia⁵⁵saŋ²⁵lo²¹³pu⁰tin⁵⁵]

欸，就蛮能够引起人的食欲。[ei⁴²，tɕiou²⁵man²¹³len¹³kou²⁵in⁴²tɕʰi⁴²len²¹³ti⁰sʅ²¹³y²⁵]

意译：现在，我跟您各位讲个热干面的故事。

要说起我们武汉哪，对吃早饭是特别地讲究。什么面窝呀、油条呀、欢喜坨呀、豆浆呀，是应有尽有。但是武汉人呢，特别爱吃一种叫"热干面"的食品。这个面呢，你吃的时候呀，想要什么口味，就自己加拌一些佐料，那个面就有什么特色。我们现在呀，如果想到这个热干面，口水就会情不自禁地流出来。如果出差在外地啊，回到武汉首先想到的就是要去吃一碗热干面。

说这个热干面呀，我们还真要感谢一个叫李包的男人。这个李包啊，大概在六十多年前呢，住在武汉的长堤街。武汉这个城市呀，它夏天呢热得要死，冬天呢就冷得跳脚。在武汉市要是从事卖早餐这样行业的人呢，就特别地辛苦。

这一天呢，天特别地热，这个李包啊，他看到自己簸箕里没有卖完的那些生面条马上要馊了，心里就很着急啊！您想一下，做小生意的人，这个面条要是馊了的话，那它不就浪费了。当时呢，他突然想到，欸，有些东西热一下子，放着不动它，不就可以不馊吗？他反正死马当做活马医呀，就叫老婆烧了一锅开水，把那些没有卖完的生面条呀，放在开水里烫了两下，他知道，面如果煮得太烂啊，它就软了，软了溏了就不好吃了，大概煮了个半生不熟的时候呢，他就把它捞起来，再用筷子把它抖散，哪知道忙中出错，他一下子把旁边的油碗碰翻了，那半碗麻油啊，一下子就泼到了案板上。您各位想一下，以前那个年代麻油是多么金贵的东西啊！所以他索性就把那些刚煮熟的面，顺手倒到麻油上和了一下，一拌，拌了以后丢在那里没有管。哪知道，第二天早上起来呀，嘿嘿，那个面还真变了味，不是变馊了哦，是变的越来越香喷喷了。您各位想一下，那是麻油呀！而且，面碰到麻油以后啊，它还越来越有弹性了。

第二天一早晨，进来买面的人呢，他干脆就不卖生面了，就把那个和了麻油的半熟的面，在开水锅里烫一下子就捞出来，添到碗里。然后呢，就把不带水的热干面啊，加上他平常卖凉粉的一些佐料，什么芝麻酱呃、葱花呃、萝卜丁呃，这些东西。您想啊，那个冷的佐料碰上个热干面，那一下子散发出来那个香味呀，那真令人流口水啊！

我们现在生活越来越好了，各种各样的食材也越来越丰富了。现在还有海鲜热干面呀、牛肉热干面呀，嘿，其实说来说去呀，我啊，还是喜欢吃那个原味热干面，就是一点芝麻酱加上葱花，啊，加上萝卜丁，欸，就很能引起人的食欲。

四 自选条目

0031 自选条目
叫花子做月子——随么什冇得。[kao^{25} xua^{55} tsʅ^0 tsou^{25} ye^{213} tsʅ^0——sei^{213} mo^{33} sʅ^0 mao^{25} te^0] 随：随便，不管。么什：什么。冇得：没有

意译：叫花子做月子——不管什么都没有。

0032 自选条目
猫子掉了爪子——扒不得。[mao^{45} tsʅ^0 tiao^{25} liao^0 tɕya^{42} tsʅ^0——pa^{45} pu^0 te^0]

意译：猫的爪子掉了——扒（巴）不得（求之不得）。

0033 自选条目
茅厕里荡桨——撬屎（死）。[mao^{13} sʅ^0 li^0 tʰaŋ^{25} tɕiaŋ^{42}——tɕʰiao^{55} sʅ^{42}] 荡桨：划船

意译：厕所里划船——撬屎（找死）。

0034 自选条目

集家嘴的划子——擂倒荡。［tɕi¹³tɕia⁵⁵tsei⁴²ti⁰xua²¹³tsʅ⁰——lei²¹tao⁰tʰaŋ²⁵］擂倒：紧跟、挨着

意译：集家嘴的小船——挤挤挨挨地划。

0035 自选条目

刷子掉了毛——下是板眼。［ɕya²¹³tsʅ⁰tiao²⁵liao⁰mao²¹³——xa²⁵sʅ⁰pan³³ian⁰］下：都。板眼：办法，本事

意译：刷子掉了毛——都是板眼（心眼多，办法多）。

0036 自选条目

黄陂到孝感——县（现）过县（现）。［xuaŋ¹³pʰi²¹tao²⁵ɕiao²⁵kan⁴²——ɕian²⁵ko²⁵ɕian²⁵］

意译：黄陂到孝感——县过县（指当面交易，现钱现货）。

0037 自选条目

非洲伢的爸爸跳高——黑（吓）老子一跳呃！［fei⁵⁵tsou⁵⁵ŋa²¹ti⁰pa²¹³pa⁰tʰiao²⁵kao⁵⁵——xe¹³lao³³tsʅ⁰i²¹tʰiao²⁵e⁰］伢：小孩

意译：非洲小孩的爸爸跳高——黑（吓）老子一跳呀！

0038 自选条目

红薯断了根——苕脱了节。［xoŋ²¹³ɕy⁴²tan²⁵liao⁰ken⁵⁵——sao²¹tʰo¹³liao⁰tɕie²¹³］苕：傻

意译：红薯断了根——傻脱了节（很傻）。

0039 自选条目

虾子掉进了夜壶——尿弹（谈）。［ɕia⁴⁵tsʅ⁰tiao²⁵tɕin²⁵liao⁰ie²⁵xu²¹——sei⁵⁵tʰan²¹³］

意译：虾掉进了夜壶——在尿里弹（空谈）。

0040 自选条目

阎王殿的粑粑——鬼做。［ian¹³uaŋ²¹tian²⁵ti⁰pa⁴⁵pa⁰——kuei⁴²tsou²⁵］粑粑：米粑

意译：阎王殿的米粑——鬼做的（故作姿态）。

0041 自选条目

大字不出头呃，两边挂绣球呃；[ta²⁵ tsʅ²⁵ pu²¹ tɕʰy¹³ tʰou²¹³ e⁰，liaŋ⁴⁴ pian⁵⁵ kua²⁵ ɕiou²⁵ tɕʰiou²¹³ e⁰]

三天不吃饭呢，饿得团团转呢。[san⁵⁵ tʰian⁵⁵ pu²¹ tɕʰi²¹ fan²⁵ le⁰，o²⁵ te⁰ tʰan¹³ tʰan¹³ tɕyan²⁵ le⁰]

意译：大字不出头呀，两边挂绣球呀；三天不吃饭呀，饿得团团转呀。

0042 自选条目

穿得像油子，冻得像猴子。[tɕʰyan⁴⁵ te⁰ tɕʰiaŋ²⁵ iou²¹³ tsʅ⁰，toŋ²⁵ te⁰ tɕʰiaŋ²⁵ xou²¹³ tsʅ⁰] 油子：穿着时髦

意译：穿着轻薄时髦，冷得像猴子（蜷缩发抖）。

0043 自选条目

天上九头鸟呃，地下湖北佬呃。[tʰian⁴⁴ saŋ²⁵ tɕiou⁴² tʰou²¹ liao³³ e⁰，ti²⁵ xa²⁵ xu²¹³ pe³³ lao³³ e⁰]

意译：天上有九头鸟，地上有湖北人（湖北人头脑聪明）。

0044 自选条目

尖黄陂，绞孝感，[tɕian⁵⁵ xuaŋ²¹ pʰi²¹³，tɕiao⁴² ɕiao²⁵ kan⁴²]

又尖（奸）又绞（狡）是汉川。[iou²⁵ tɕian⁵⁵ iou²⁵ tɕiao⁴² sʅ²⁵ xan²⁵ tɕʰyan⁵⁵]

意译：黄陂人做的斗笠是尖的，孝感人做的斗笠是绞边的，汉川人做的斗笠既是尖的，又是绞边的（后讹变为对各地民风的评价）。

0045 自选条目

讨人嫌，气管炎，[tʰao⁴² len²¹ ɕian²¹³，tɕʰi²⁵ kuan⁴² ian²¹³] 讨人嫌：惹人嫌弃

你妈炒菜不把盐。[li³³ ma⁵⁵ tsʰao³³ tsʰai²⁵ pu²¹³ pa⁴² ian²¹³] 把：放

意译：惹人嫌弃，气管炎（妻管严），你妈炒菜不放盐。

0046 自选条目

一胭穷，二胭富，[i¹³ lo²¹ tɕʰioŋ²¹³，ɯ²⁵ lo²¹ fu²⁵] 胭：手指肚上圆形的指纹

三胭四胭开当铺，[san⁵⁵ lo²¹ sʅ²⁵ lo²¹ kʰai⁵⁵ taŋ²⁵ pʰu²⁵]

五胭六胭驾盐船，[u³³ lo²¹ lou²¹³ lo²¹ tɕia²⁵ ian²¹³ tɕʰyan²¹]

七胭八胭讨牢饭，[tɕʰi¹³ lo²¹ pa¹³ lo²¹ tʰao⁴² lao²¹³ fan⁰]

九胭十胭做大官。[tɕiou³³ lo²¹ sɿ¹³ lo²¹ tsou²⁵ ta²⁵ kuan⁵⁵]

意译：一胭穷，二胭富，三胭四胭开当铺，五胭六胭开盐船，七胭八胭讨牢饭，九胭十胭做大官。

0047 自选条目

又是龙船又是会，[iou²⁵ sɿ²⁵ loŋ²¹ tɕʰyan¹³ iou²⁵ sɿ²⁵ xuei²⁵]

又是孙子做满月，[iou²⁵ sɿ²⁵ sen⁵⁵ tsɿ⁰ tsou²⁵ man⁴² ye²¹³]

又是爹爹的八十岁。[iou²⁵ sɿ²⁵ tie⁵⁵ tie⁰ ti⁰ pa²¹ sɿ¹³ sei²⁵]

意译：又是龙船又是会，又是孙子的满月宴，又是爷爷的八十岁（好事都碰到一起了）。

0048 自选条目

吃了我的欢喜坨，[tɕʰi²¹³ liao⁰ o³³ ti⁰ xuan⁵⁵ ɕi⁴² tʰo²¹³] 欢喜坨：油炸麻团

你到晚上睡不着；[li³³ tao²⁵ uan⁴² saŋ⁰ ɕyei²⁵ pu²¹ tso²¹³]

吃了我的老鼠药，[tɕʰi²¹³ liao⁰ o³³ ti⁰ lao³³ ɕy⁴² yo²¹³]

你就跑也跑不脱。[li³³ tɕiou²⁵ pʰao²¹³ ie⁴² pʰao²¹³ pu²¹ tʰo²¹³]

意译：吃了我的炸麻团，你到晚上睡不着；吃了我的老鼠药，你就跑也跑不掉。

0049 自选条目

我正么昝，[o³³ tsen²⁵ men⁰ tsan⁴²] 正么昝：现在

跟尔[您家]们打个谜语嘞。[ken⁵⁵ n̩³³ lia²¹ men⁰ ta³³ ke⁰ mei²⁵ y⁴² le⁰] 尔[您家]：您

呃，说的是："六月天穿棉袄"，[e⁰, so²¹³ ti⁰ sɿ²⁵: lou¹³ ye²¹ tʰian⁵⁵ tsʰuan⁵⁵ mian²¹³ ŋao⁴²]

晓不晓得啊？[ɕiao³³ pu⁰ ɕiao³³ te⁰ a⁰]

谜底是："捂汗（武汉）"。[mi¹³ ti³³ sɿ²⁵: u⁴² xan²⁵]

意译：我现在给您各位猜个谜语吧。说的是"六月天穿棉袄"，知道吗？谜底是"捂汗（武汉）"

0050 自选条目

再跟尔[您家]们出一个，[tsai²⁵ ken⁵⁵ n̩³³ lia²¹ men⁰ tɕʰy²¹³ i²¹ ko²⁵]

"苕儿子参军"，[sao²¹³ ɚ²¹ tsɿ⁰ tsʰan⁴⁴ tɕyn⁵⁵] 苕：傻

打一个地名，[ta³³i¹³ke⁰ti²⁵min²¹]

尔[您家]们晓不晓得啊？[n̩³³lia²¹men⁰ɕiao³³pu⁰ɕiao³³te⁰a⁰]

"哈儿兵（哈尔滨）"。[xa⁵⁵ɚ²¹pin⁵⁵]

意译：再给您各位出一个（谜语），"傻儿子参军"，打一个地名，您各位知不知道？"哈儿兵（哈尔滨）"。

0051 自选条目

再跟尔[您家]们出一个嘞，[tsai²⁵ken⁵⁵n̩³³lia²¹men⁰tɕʰy²¹i²¹ke⁰le⁰]

"千只脚，万只脚，[tɕʰian⁵⁵tsʅ⁵⁵tɕyo²¹³，uan²⁵tsʅ⁵⁵tɕyo²¹³]

不用放在腰子角"[pu²¹ioŋ²⁵faŋ²⁵tai²⁵iao⁵⁵tsʅ⁰ko²¹³]

打一个日常用品，[ta³³i²¹³ke⁰ɯ²¹³tsʰaŋ²⁵ioŋ²⁵pʰin⁴²]

尔[您家]们晓得是么什啊？[n̩³³lia²¹men⁰ɕiao⁴²te²¹sʅ²⁵mo³³sʅ²⁵a⁰] 么什：什么

"筶帚"咑！[tʰiao²¹³tɕy⁰sa⁰]

意译：再跟您各位出一个吧，"千只脚万只脚，不用放在角落里"打一个日常用品，您各位知道是什么东西吗？"筶帚"呀！

0052 自选条目

打个谜要尔[您家]想，[ta⁴²ke⁰mei²⁵iao²⁵n̩³³lia²¹men⁰ɕiaŋ⁴²]

打个谜要尔[您家]猜，[ta⁴²ke⁰mei²⁵iao²⁵n̩³³lia²¹men⁰tsʰai⁵⁵]

"把你吊到房梁上"，[pa⁴²li⁴²tiao²⁵tao²⁵faŋ²¹liaŋ¹³saŋ²⁵]

尔[您家]们晓得是么什啊？[n̩³³lia²¹men⁰ɕiao⁴²te⁰sʅ²⁵mo⁴²sʅ²⁵a⁰] 么什：什么

"坱尘！"[iaŋ²¹³tsʰen²¹] 坱尘：灰尘

意译：打个谜要您想，打个谜要您猜，"把你吊到房梁上"，您各位知道是什么吗？灰尘。

0053 自选条目

一点一横长，一撇到汉阳，[i¹³tian⁴²i¹³xuen²¹tsʰaŋ²¹³，i¹³pʰie²¹³tao²⁵xan²⁵iaŋ²¹³]

汉阳转个弯，回去吃早饭。[xan²⁵iaŋ²⁵tsuan⁴²ke⁰uan⁵⁵，xuei²¹³kʰɯ⁰tɕʰi²¹tsao³³fan²⁵]

尔[您家]们晓得是个么字啊？[n̩³³lia²¹men⁰ɕiao⁴²te²¹sʅ²⁵ke⁰mo⁴²tsʅ²⁵a⁰]

"方"，方方正正的"方"。[faŋ⁵⁵，faŋ⁵⁵faŋ⁵⁵tsen²⁵tsen²⁵ti⁰faŋ⁵⁵]

意译：一点一横长，一撇到汉阳，汉阳转个弯，回去吃早饭。您各位知道是个什么字吗？"方"，方方正正的"方"。

0054 自选条目

再让尔[您家]们猜一个动作：[tsai²⁵ laŋ²⁵ n̩³³ lia²¹ men⁰ tsʰai⁵⁵ i²¹ ke⁰ toŋ²⁵ tso⁰]
"你望倒我，我望倒你；[li³³ uaŋ²⁵ tao⁰ o⁴², o³³ uaŋ²⁵ tao⁰ li⁴²]
你再望我，我揪死你"。[li³³ tsai²⁵ uaŋ²⁵ o⁴², o³³ tɕiou⁵⁵ sŋ⁴² li⁴²]
尔[您家]们晓得是么什啊？[n̩³³ lia²¹ men⁰ ɕiao⁴² te⁰ sŋ²⁵ mo⁴² sŋ⁰ a⁰] 么什：什么
"照镜子"。[tsao²⁵ tɕin²⁵ tsŋ⁰]
意译：再让您各位猜一个动作："你看着我，我看着你；你再看我，我揪死你"。您各位知道是什么吗？"照镜子"。

0055 自选条目

再让尔[您家]们猜个字：[tsai²⁵ laŋ²⁵ n̩³³ lia²¹ men⁰ tsʰai⁵⁵ ke⁰ tsŋ²⁵]
"一个大，一个小；[i²¹³ ke⁰ ta²⁵, i²¹³ ke⁰ ɕiao⁴²]
一个跑，一个跳；[i²¹³ ke⁰ pʰao²¹³, i²¹³ ke⁰ tʰiao²⁵]
一个吃人，一个吃草"。[i²¹³ ke⁰ tɕʰi²¹ len¹³, i²¹³ ke⁰ tɕʰi¹³ tsʰao⁴²]
尔[您家]们晓得是个么字啊？[n̩³³ lia²¹ men⁰ ɕiao³³ te⁰ sŋ²⁵ ke⁰ mo⁴² tsŋ²⁵ a⁰]
风骚的"骚"。[foŋ⁵⁵ sao⁵⁵ ti⁰ sao⁵⁵]
意译：再让您各位猜个字："一个大，一个小；一个跑，一个跳；一个吃人，一个吃草"。您各位知道是个什么字吗？风骚的"骚"。

0056 自选条目

苕头二脑的！[sao²¹³ tʰou²¹ ɯ²⁵ lao⁴² ti⁰] 苕：傻
意译：傻了巴几的！

0057 自选条目

个板马的！[ke⁰ pan⁴² ma⁴² ti⁰]
意译：他妈的！

0058 自选条目

个婊子养的！[ke⁰ piao⁴² tsŋ⁰ iaŋ⁴² ti⁰]
意译：婊子养的！

0059 自选条目

个狗日的！[ke⁰ kou⁴² ɯ²¹³ ti⁰]

意译：这个狗东西！

0060 自选条目

个埝匣子的！[ke⁰tsou²¹ɕia¹³tsʅ⁰ti⁰] 埝：塞。匣子：简陋的小棺材

意译：这个不得好死的！

0061 自选条目

个埝挖壳的！[ke⁰tsou²¹ua⁵⁵kʰo⁰ti⁰] 挖壳：粗陋的壳子，喻指简陋的棺材

意译：这个不得好死的！

0062 自选条目

妈了个胯子！[ma⁴²le⁰ke⁰kʰua⁴²tsʅ⁰] 胯子：大腿

意译：妈了个屄的！

0063 自选条目

个抱胆姆妈的！[ke⁰pao²⁵tan⁴²m̩⁴²ma⁰ti⁰]

意译：他妈的！

0064 自选条目

恭喜尔[您家]越来越仙健嘞！[koŋ⁵⁵ɕi⁴²n̩³³lia²¹ye¹³lai²¹ye¹³ɕian⁵⁵tɕian⁴²le⁰] 仙健：老人健康

意译：恭喜您老人家越来越健康啊！

0065 自选条目

恭喜尔[您家]的伢狗头狗脑嘞！[koŋ⁵⁵ɕi⁴²n̩³³lia²¹ti⁰ŋa²¹³kou³³tʰou²¹kou³³lao⁴²le⁰]

伢：小孩

意译：恭喜您的孩子健康成长啊！

0066 自选条目

猪来穷，狗来富，[tɕy⁵⁵lai²¹tɕʰioŋ²¹³，kou⁴²lai²¹fu²⁵]

猫子来了开当铺。[mao⁵⁵tsʅ⁰lai²¹³liao⁰kʰai⁵⁵taŋ²⁵pʰu²⁵]

意译：（你家）猪来了穷，狗来了富，猫来了开当铺。

0067 自选条目

"翘了辫子，裹了脚，鼻子朝天，走了"，[tɕʰiao²⁵a⁰pian²⁵tsɿ⁰，ko⁴²a⁰tɕyo²¹³，pi²¹³tsɿ⁰tsʰao²¹tʰian⁵⁵，tsou⁴²liao⁰]

这些，都是指"死了人"的意思。[tse²⁵ɕie⁵⁵，tou⁵⁵sɿ²⁵tsɿ⁴²sɿ⁴²liao⁰len²¹³ti⁰i²⁵sɿ⁰]

意译："翘了辫子，裹了脚，鼻子朝天，走了"，这些都是"死了人"的意思。

0068 自选条目

"卖粉的，粉帮"，[mai²⁵fen⁴²ti⁰，fen³³paŋ⁵⁵]卖粉的：妓女

特指那些从事妓女行业的人。[tʰe²¹³tsɿ⁴²la²⁵ɕie⁵⁵tsʰoŋ²¹³sɿ²⁵tɕi²⁵ly⁴²xaŋ²¹ie¹³ti⁰len²¹]

意译："卖粉的，粉帮"，特指那些从事妓女行业的人。

0069 自选条目

"溜冰，溜果子，吸货"，[liou⁴⁴pin⁵⁵，liou⁵⁵ko⁴²tsɿ⁰，ɕi²¹xo²⁵]冰、果子、货：毒品

特指那些吸毒人员。[tʰe²¹³tsɿ⁴²la²⁵ɕie⁵⁵ɕi²¹tou¹³len²¹³yan²¹³]

意译："溜冰，溜果子，吸货"，特指那些吸毒人员。

0070 自选条目

"韵泡子，韵味"，[yn²⁵pʰao⁵⁵tsɿ⁰，yn²⁵uei²¹³]

过去是指，[ko²⁵tɕʰy²⁵sɿ²⁵tsɿ⁴²]

旧社会抽大烟，是一种享受，[tɕiou²⁵se²⁵xuei²⁵tsʰou⁵⁵ta²⁵ian⁵⁵，sɿ²⁵i¹³tsoŋ⁴²ɕiaŋ³³sou²⁵]

现在特指"自我陶醉"。[ɕian²⁵tsai²⁵tʰe¹³tsɿ⁴²tsɿ²⁵o³³tʰao²¹³tsei²⁵]

意译："韵泡子，韵味"，原来指旧社会抽大烟，是一种享受，现在特指"自我陶醉"。

0071 自选条目

"挖地脑壳"，特指摆地摊。[ua²¹ti²⁵lao⁴²kʰo²¹³，tʰe²¹³tsɿ⁴²pai⁴²ti²⁵tʰan⁵⁵]

意译："挖地脑壳"，特指摆地摊（做小生意）。

0072 自选条目

"撮虾子"，[tsʰo²¹ ɕia⁵⁵ tsʅ⁰]

指干点私活，赚点小钱。[tsʅ⁴² kan²⁵ tian⁴² sʅ⁵⁵ xo²¹，tɕyan²⁵ tian⁴² ɕiao³³ tɕʰian²¹]

意译："撮虾子"，指干点私活，赚点小钱。

0073 自选条目

"起篓子"，指发了点小财。[tɕʰi³³ lou⁴² tsʅ⁰，tsʅ⁴² fa²¹ liao⁰ tian⁴² ɕiao³³ tsʰai²¹³]

意译："起篓子"，指发了点小财。

0074 自选条目

"麻木"，指人力三轮车；[ma²¹³ moŋ⁰，tsʅ⁴² len¹³ li²¹ san⁵⁵ len²¹ tsʰe⁵⁵]

后来有了机动的，[xou²⁵ lai²¹³ iou⁴² liao⁰ tɕi⁵⁵ toŋ²⁵ ti⁰]

称"电麻木"。[tsʰen⁵⁵ tian²⁵ ma²¹³ moŋ⁰]

意译："麻木"，指人力三轮车；后来有了机动的，称"电麻木"。

0075 自选条目

"戳腐乳"，指"搬弄是非"的意思。[tsʰo²¹³ fu³³ y²¹，tsʅ⁴² pan⁵⁵ loŋ²⁵ sʅ²⁵ fei⁵⁵ ti⁰ i²⁵ sʅ⁰]

意译："戳腐乳"，是"搬弄是非"的意思。

0076 自选条目

"蓝精灵"，[lan²¹ tɕin⁵⁵ lin²¹³]

指过去的老版一百块钱。[tsʅ⁴² ko²⁵ tɕʰy²⁵ ti⁰ lao⁴² pan⁴² i¹³ pe²¹ kʰuai⁴² tɕʰian²¹]

意译："蓝精灵"，指过去老版的一百块钱。

0077 自选条目

"打断了，打跛了"，[ta⁴² tan²⁵ liao⁰，ta³³ po⁴² liao⁰]

现在特指打牌的时候输光了。[ɕian²⁵ tsai²⁵ tʰe²¹³ tsʅ⁴² ta⁴² pʰai²¹ ti⁰ sʅ²¹ xou²⁵ ɕy⁵⁵ kuaŋ⁵⁵ liao⁰]

意译："打断了，打跛了"，现在特指打牌的时候输光了。

0078 自选条目

"六角亭"，特指武汉精神病院。[lou²⁵ ko²¹ tʰin²¹³，tʰe²¹³ tsʅ⁴² u³³ xan²⁵ tɕin⁵⁵ sen²¹ pin²⁵ yan²⁵]

意译:"六角亭",特指武汉精神病院。

0079 自选条目

"滑一脚,带一脚",[xua²¹³ i²¹ tɕyo¹³, tai²⁵ i²¹ tɕyo¹³]

特指就近停车。[tʰe²¹³ tsʅ⁴² tɕiou²⁵ tɕin²⁵ tʰin²¹ tsʰe⁵⁵]

意译:"滑一脚,带一脚",是请求司机就近停车(以便下车)。

0080 自选条目

"皮姅,情况",[pʰi²¹³ pʰan²⁵, tɕʰin²¹³ kʰuaŋ²⁵]

特指婚外不正当的男女关系。[tʰe²¹³ tsʅ⁴² xuen⁵⁵ uai²⁵ pu²¹ tsen²⁵ taŋ⁵⁵ ti⁰ lan¹³ ly⁴² kuan⁵⁵ ɕi⁰]

意译:"皮姅,情况",特指婚外不正当的男女关系。

0081 自选条目

"弯管子",特指武汉人说出的,[uan⁵⁵ kuan⁴² tsʅ⁰, tʰe²¹³ tsʅ⁴² u³³ xan²⁵ len²¹ so¹³ tɕʰy²¹ ti⁰]

不标准的普通话。[pu²¹ piao⁵⁵ tɕyn⁴² ti⁰ pʰu³³ tʰoŋ⁵⁵ xua²⁵]

意译:"弯管子",特指武汉人说出的不标准的普通话。

0082 自选条目

糯米饧糖,越拉越长。[lo²⁵ mi⁴² ɕin²¹ tʰaŋ¹³, ye²¹ la⁵⁵ ye²¹ tsʰaŋ²¹³]

拉到汉口,扯到汉阳。[la⁵⁵ tao⁰ xan²⁵ kʰou⁴², tsʰe⁴² tao⁰ xan²⁵ iaŋ²¹³]

意译:糯米糖稀,越拉越长。拉到汉口,扯到汉阳。

0083 自选条目

官兵捉强盗,[kuan⁴⁴ pin⁵⁵ tso²¹³ tɕʰiaŋ²¹³ tao²⁵]

不来跟我翘。[pu²¹ lai¹³ ken⁵⁵ o⁴² tɕʰiao²⁵] 翘:一边去

意译:(来玩)"官兵捉来强盗"(的游戏),不来就一边去。

0084 自选条目

点点窝窝,鼻子揪揪;[tian⁴² tian⁴² o⁵⁵ o⁵⁵, pi²¹³ tsʅ⁰ tɕiou⁵⁵ tɕiou⁵⁵]

猫子吃饭,狗子唱歌;[mao⁵⁵ tsʅ⁰ tɕʰi²¹ fan²⁵, kou⁴² tsʅ⁰ tsʰaŋ²⁵ ko⁵⁵]

唱的么歌，唱的棉花董大哥。[tsʰaŋ²⁵ ti⁰ mo³³ ko⁵⁵，tsʰaŋ²⁵ ti⁰ mian²¹ xua⁵⁵ toŋ⁴² ta²⁵ ko⁵⁵] 么：什么

意译：（手指）点点窝窝，揪揪鼻子；小猫吃饭，小狗唱歌；唱的啥歌，唱的棉花董大哥。

0085 自选条目
三岁的伢，会栽葱，[san⁵⁵ sei²⁵ ti⁰ ŋa²¹，xuei²⁵ tsai⁵⁵ tsʰoŋ⁵⁵] 伢：小孩
一栽栽到路当中；[i²¹ tsai⁵⁵ tsai⁵⁵ tao⁰ lou²⁵ taŋ⁴⁴ tsoŋ⁵⁵]
路过的人，莫摘手，[lou²⁵ ko²⁵ ti⁰ len²¹，mo²¹ tsʰʅ⁵⁵ sou⁴²] 莫：别。摘：伸
尽它开花结石榴。[tɕin⁴² tʰa⁵⁵ kʰai⁵⁵ xua⁵⁵ tɕie¹³ sʅ²¹³ liou²¹] 尽：让

意译：三岁的孩子，会栽葱，一栽栽到路当中；路过的人，别伸手，让它开花结石榴。

0086 自选条目
新姑娘，睡竹床。[ɕin⁵⁵ ku⁵⁵ liaŋ²¹³，suei²⁵ tsou¹³ tsʰuaŋ²¹] 新姑娘：新娘子
竹床高，硬了腰；[tsou¹³ tsʰuaŋ²¹ kao⁵⁵，ŋen⁴² liao⁰ iao⁵⁵] 硬：硌
竹床低，岔了气。[tsou¹³ tsʰuaŋ²¹ ti⁵⁵，tsʰa⁴² liao⁰ tɕʰi²⁵]

意译：新娘子，睡竹床。竹床高，硌了腰；竹床低，岔了气。

0087 自选条目
鸡子鸡子你莫怪，[tɕi⁵⁵ tsʅ⁰ tɕi⁵⁵ tsʅ⁰ li³³ mo²¹ kuai²⁵] 莫：别
你是人间一盘菜。[li³³ sʅ²⁵ len²¹ tɕian⁵⁵ i²¹ pʰan¹³ tsʰai²⁵]
今生多把好事做，[tɕin⁵⁵ sen⁵⁵ to⁵⁵ pa⁴² xao³³ sʅ²¹ tsou²⁵]
来生托个人胎来。[lai²¹ sen⁵⁵ tʰo²¹ ke⁰ len²¹ tʰai⁵⁵ lai²¹³]

意译：鸡呀鸡呀你别怪，你是人间一盘菜。今生多把好事做，来生投个人胎来。

0088 自选条目
黑皮牙膏，一挤一飙。[xe²¹ pʰi¹³ ia²¹ kao⁵⁵，i¹³ tɕi⁴² i²¹ piao⁵⁵]

意译：黑皮的牙膏，挤一下就往外飙一下。

0089 自选条目
城门城门鸡蛋糕，[tsʰen²¹ men¹³ tsʰen²¹ men¹³ tɕi⁵⁵ tan²⁵ kao⁵⁵]

三十绿豆糕。［san⁵⁵ sʅ²¹ lou²¹ tou²⁵ kao⁵⁵］

吃稀饭，嚓辣椒，［tɕʰi²¹ ɕi⁵⁵ fan²⁵，ian²⁵ la²¹ tɕiao⁵⁵］嚓：下饭

走到门口跶一跤。［tsou⁴² tao⁰ men¹³ kʰou⁴² ta²¹ i¹³ kao⁵⁵］跶：摔

意译：城门城门鸡蛋糕，三十绿豆糕。吃稀饭，就着辣椒吃，走到门口摔一跤。

0090 自选条目

洋糖——发糕！洋糖——发糕！［iaŋ²¹³ tʰaŋ²¹ fa²¹³ kao⁵⁵！iaŋ²¹³ tʰaŋ²¹ fa²¹³ kao⁵⁵］

意译：（叫卖）洋糖——发糕！洋糖——发糕！

0091 自选条目

磨剪子，铲刀！磨剪子，铲刀！［mo²¹³ tɕian⁴² tsʅ⁰，tsʰan³³ tao⁵⁵！mo²¹³ tɕian⁴² tsʅ⁰，tsʰan³³ tao⁵⁵］

意译：磨剪子嘞！戗菜刀！磨剪子嘞！戗菜刀！

0092 自选条目

修理脚盆——打箍呃！［ɕiou⁵⁵ li⁰ tɕyo¹³ pʰen²¹——ta³³ kʰu⁵⁵ e⁰］打箍：围箍子

修理脚盆——打箍呃！［ɕiou⁵⁵ li⁰ tɕyo¹³ pʰen²¹——ta³³ kʰu⁵⁵ e⁰］

意译：修理木盆——围箍子呃！修理木盆——围箍子呃！

0093 自选条目

修理——绷子藤床！［ɕiou⁵⁵ li⁴²——poŋ⁵⁵ tsʅ⁰ tʰen²¹³ tsʰuaŋ²¹］

修理——绷子藤床！［ɕiou⁵⁵ li⁴²——poŋ⁵⁵ tsʅ⁰ tʰen²¹³ tsʰuaŋ²¹］

意译：修理——绷子藤床！修理——绷子藤床！

0094 自选条目

修理洋伞！修理洋伞！［ɕiou⁵⁵ li³³ iaŋ²¹³ san⁴²！ɕiou⁵⁵ li³³ iaŋ²¹³ san⁴²］

意译：修理洋伞！修理洋伞！

0095 自选条目

炸米泡呃！炸米泡呃！［tsa²⁵ mi³³ pʰao⁵⁵ e⁰！tsa²⁵ mi³³ pʰao⁵⁵ e⁰］

意译：爆米花哟！爆米花哟！

蔡 甸

一 歌谣

0001 歌谣

一麻子跑，[i²⁴ma²¹tsʅ⁰pʰao²¹³]

二麻子撵，[u⁵⁵ma²¹tsʅ⁰ȵien³³⁴] 撵：追

三麻子捡了三分钱，[san¹⁵ma²¹tsʅ⁰tɕien³³ȵiao⁰san¹³fen¹⁵tɕʰien²¹³]

四麻子买，[sʅ⁵⁵ma²¹tsʅ⁰mai³³⁴]

五麻子吃，[u³³ma²¹tsʅ⁰tɕʰi³²⁴]

六麻子忺倒涎直滴，[lou²⁴ma²¹tsʅ⁰tɕʰien⁵⁵tao⁰ɕien²¹tsʅ²⁴ti³²⁴] 忺：馋

七麻子捡了个手榴弹，[tɕʰi³²⁴ma²¹³tsʅ⁰tɕien³³ȵiao⁰ko⁰sou³³ȵiou²¹tan⁵⁵]

炸死了八麻子八千八百八十万，[tsa⁵⁵sʅ³³ȵiao⁰pa³²⁴ma²¹tsʅ⁰pa³²tɕʰien¹⁵pa²⁴pe³²⁴pa³²⁴sʅ²¹uan⁵⁵]

九麻子回去报长官，[tɕiou³³ma²¹tsʅ⁰xuei¹³kʰu⁵⁵pao⁵⁵tsaŋ³³⁴kuan¹⁵]

十麻子回去挨扁担。[sʅ¹³ma²¹tsʅ⁰xuei²¹³kʰu⁵⁵ŋai²¹pien³³tan⁵⁵]

意译：一麻子跑，二麻子追，三麻子捡了三分钱，四麻子买，五麻子吃，六麻子馋得流口水，七麻子捡了个手榴弹，炸死了八麻子八千八百八十万，九麻子回去报长官，十麻子回去挨扁担。

0002 歌谣

低骨头，[ti¹⁵ku³³tʰou⁰]

仰骨头，[iaŋ²¹³ku³³tʰou⁰]

七斤黄鳝八斤头。[tɕʰi³²⁴tɕin¹⁵xuan²¹³san⁰pa³²⁴tɕin¹⁵tʰou²¹³]

大锅里煮，[ta⁵⁵ko¹⁵ȵi⁰tɕy³³]

小锅里揉，[ɕiao³³ko¹⁵ȵi⁰lou²¹³] 揉：在锅里翻炒

揉也揉不熟，[lou²¹ie³³lou²¹pu³²⁴sou²¹³]

咯叽咯叽咯叽咯叽……[ke⁵⁵tɕi⁰ke⁵⁵tɕi⁰ke⁵⁵tɕi⁰ke⁵⁵tɕi⁰]

意译：低骨头，仰骨头，七斤黄鳝八斤头。大锅里煮，小锅里翻炒，炒也炒不熟，咯叽咯叽咯叽咯叽……

0003 歌谣

好哭佬，[xao⁵⁵kʰu³²⁴lao³¹]

卖灯草，[mai⁵⁵ten¹⁵tsʰao³¹]

卖到河里狗子咬。[mai⁵⁵tao⁰xo²¹³ni⁰kou³³tsʅ⁰ŋao³¹]

狗子狗子你莫咬，[kou³³tsʅ⁰kou³³tsʅ⁰ni³³mo³²⁴ŋao³¹] 莫：别

买根油饺你过早。[mai³³⁴ken¹⁵iou²¹³tɕiao³¹ni³³ko⁵⁵tsao³¹] 油饺：油条

意译：好哭佬，卖灯草，卖到河里被狗咬。小狗小狗你别咬，买根油条给你当早饭。

0004 歌谣

丫头丫，[ia¹⁵tʰou⁰ia¹⁵]

卖黄瓜；[mai⁵⁵xuaŋ²¹³kua¹⁵]

黄瓜苦，[xuaŋ²¹³kua¹⁵kʰu³³⁴]

卖萝卜；[mai⁵⁵lo²¹³pu⁰]

萝卜辣，[lo²¹³pu⁰la³²⁴]

吹喇叭。[tɕʰyei¹⁵la³³⁴pa⁰]

喇叭吹倒咕咕叫，[la³³⁴pa⁰tɕʰyei¹⁵tao⁰ku¹⁵ku⁰tɕiao⁵⁵]

养的儿子戴山帽，[iaŋ³³⁴ti⁰ɯ²¹³tsʅ⁰tai⁵⁵san¹⁵mao⁵⁵]

山帽戴倒几十年，[san¹⁵mao⁵⁵tai⁵⁵tao⁰tɕi³³⁴sʅ²¹³nien²¹³]

还不还我的盘脚钱。[xai²¹³pu³²⁴xuan²¹³o³³⁴ti⁰pʰan²¹³tɕiao³²⁴tɕʰien²¹³]

意译：丫头丫，卖黄瓜；黄瓜苦，卖萝卜；萝卜辣，吹喇叭。喇叭吹得呜呜叫，养的儿子戴山帽，山帽戴了几十年，还不还我的盘缠钱。

0005 歌谣

童哥童哥牵梭罗，[tʰuŋ²¹³ko¹⁵tʰuŋ²¹³ko¹⁵tɕʰien¹⁵so¹⁵lo⁰]

扁担划子接哥哥。[pien³³tan⁰xua²¹³tsʅ⁰tɕie³²⁴ko¹⁵ko⁰] 划子：小船

一把桨，两把桨，[i³²⁴pa³³⁴tɕiaŋ³³⁴，nian³³pa³¹tɕiaŋ³³⁴]

一荡荡倒个三和尚。[i³²⁴tʰaŋ⁵⁵tʰaŋ⁵⁵tao⁰ko⁰san¹⁵xo²¹³tsʰaŋ⁰] 荡：划

三和尚的人马多，[san¹⁵xo²¹³tsʰaŋ⁰ti⁰len²¹ma³³⁴to¹⁵]

吃我的饭，跶我的锅，[tɕʰi³²⁴o³³⁴ti⁰fan⁵⁵，ta³²⁴o³³⁴ti⁰ko¹⁵] 跶：摔

提倒胯子甩上坡。[tʰi²¹³tao⁰kʰua³³⁴tsʅ⁰ɕyai³³⁴saŋ⁵⁵pʰo¹⁵] 胯子：大腿

甩甩，铁龙拐；[ɕyai³³⁴ɕyai³³⁴，tʰie³²⁴luŋ²¹³kuai³³⁴]

铁铁，包老爷；[tʰie³²⁴tʰie³²⁴，pao¹⁵lao³³⁴ie²¹³]

包包，红大胡椒；[pao¹⁵pao¹⁵，xuŋ²¹³ta⁵⁵xu²¹³tɕiao¹⁵]

红红，赵子龙；[xuŋ²¹³xuŋ²¹³，tsao⁵⁵tsʅ³³⁴luŋ²¹³]

照照，照花轿；[tsao⁵⁵ tsao⁵⁵, tsao⁵⁵ xua¹⁵ tɕiao⁵⁵]
花花，弹棉花；[xua¹⁵ xua¹⁵, tʰan²¹³ mien²¹³ xua¹⁵]
弹到半夜里唿姆妈，[tʰan²¹³ tao⁰ pan⁵⁵ ie⁵⁵ n̩⁰ ŋaŋ¹⁵ m̩³³⁴ ma⁰] 唿：叫，喊。姆妈：妈妈
姆妈不打门，[m̩³³⁴ ma⁰ pu³²⁴ ta³³⁴ men²¹³]
花子屁屁淅淅神。[xua¹⁵ tsɿ⁰ pa³³⁴ pa⁰ ɕi¹⁵ ɕi¹⁵ sen²¹³] 屁屁：大便。神：表程度高的后缀
花子买糖吃，[xua¹⁵ tsɿ⁰ mai³³⁴ tʰaŋ²¹³ tɕʰi³²⁴]
不把老娘吃；[pu³²⁴ pa³³⁴ lao³³ nian²¹³ tɕʰi³²⁴] 把：给
老娘杀鸡吃，[lao³³ nian²¹³ sa³²⁴ tɕi¹⁵ tɕʰi³²⁴]
不把花儿吃；[pu³²⁴ pa³³⁴ xua¹⁵ ɯ²¹ tɕʰi³²⁴]
花儿在渣滓窖里捡骨头吃。[xua¹⁵ ɯ²¹ tai⁵⁵ tsa¹⁵ tsɿ³³⁴ kao⁵⁵ n̩⁰ tɕien³³⁴ ku³²⁴ tʰou⁰ tɕʰi³²⁴]

渣滓窖：垃圾堆

意译：童哥童哥牵梭罗，扁担小船接哥哥。一把桨，两把桨，一趟趟着个三和尚。三和尚的人马多，吃我的饭，摔我的锅，提着腿脚甩上坡。甩甩，铁龙拐；铁铁，包老爷；包包，红大辣椒；红红，赵子龙；照照，照花轿；花花，弹棉花；弹到半夜里叫妈妈，妈妈不开门，花子稀屎憋不住。花子买糖吃，不给妈妈吃；妈妈杀鸡吃，不给花子吃；花子在垃圾堆里捡骨头吃。

0006 歌谣

摇毛毛，睡觉觉。[iao²¹³ mao²¹³ mao⁰, ɕyei⁵⁵ tɕiao⁴⁴ tɕiao⁵⁵] 毛毛：宝宝
妈妈田里赶猫猫，[ma¹⁵ ma⁰ tʰien²¹³ n̩⁰ kan³³⁴ mao¹⁵ mao⁰]
爸爸赚钱买油糕，[pa³³⁴ pa⁰ tɕyan⁵⁵ tɕʰien²¹³ mai³³⁴ iou²¹³ kao¹⁵]
伢伢吃了长肉膘。[ŋa²¹³ ŋa⁰ tɕʰi³²⁴ niao⁰ tsaŋ³³⁴ lou²¹³ piao⁰] 伢伢：小孩

意译：摇宝宝，睡觉觉。妈妈田里赶猫猫，爸爸赚钱买油糕，宝宝吃了长肉膘。

0007 歌谣

我嘞，正么晢呢，[o³³ le⁰, tsen⁵⁵ men⁰ tsan³³ nie⁰] 正么晢：现在
说个倒倒说的话。[ɕyæ³²⁴ ko⁰ tao⁵⁵ tao⁰ ɕyæ³²⁴ ti⁰ xua⁵⁵] 倒倒：倒着
倒唱歌，顺唱歌，[tao⁵⁵ tsʰaŋ⁵⁵ ko¹⁵, ɕyn⁵⁵ tsʰaŋ⁵⁵ ko¹⁵]
河里石头滚上坡。[xo²¹³ n̩⁰ sɿ²¹³ tʰou⁰ kuen³³⁴ saŋ⁵⁵ pʰo¹⁵]
我从我的家婆的门前过啊，[o³³ tsʰuŋ²¹ o³³ ti⁰ tɕia¹⁵ pʰo²¹³ ti⁰ men²¹ tɕʰien²¹³ ko⁵⁵ a⁰] 家婆：外婆
看到我的舅爷摇家婆。[kʰan⁵⁵ tao⁰ o³³ ti⁰ tɕiou⁵⁵ ie²¹ iao²¹³ tɕia¹⁵ pʰo²¹] 舅爷：舅舅

我的姆妈出嫁啊，我抬荷，[o³³ ti⁰ m̩³³⁴ ma⁰ tɕy³²⁴ tɕia⁵⁵ a⁰，o³³ tʰai²¹³ xo²¹] 姆妈：母亲。抬荷：抬嫁妆，干杂事

我的爸爸结婚哪，我打锣。[o³³ ti⁰ pa³²⁴ pa⁰ tɕie³²⁴ xuen¹⁵ la⁰，o³³ ta³³⁴ lo²¹³]

意译：我呢，现在呀，说个倒着说的话。倒唱歌，顺唱歌，河里石头滚上坡。我从我外婆家的门前过，看到我的舅舅摇外婆。我的母亲出嫁我抬嫁妆，我的父亲结婚我敲锣鼓。

0008 歌谣

好，我咧，[xao³¹，o³³ n̠ie⁰]

再说一个倒倒说的话啊。[tsai⁵⁵ ɕyæ³² i³²⁴ ko⁰ tao⁵⁵ tao⁰ ɕyæ³² ti⁰ xua⁵⁵ a⁰]

麻喷细雨是满天的星，[ma²¹³ fen⁵⁵ ɕi⁵⁵ y³³⁴ ʂ⁵⁵ man³³⁴ tʰien¹⁵ ti⁰ ɕin¹⁵] 麻喷细雨：毛毛雨

开水锅里结了凌冰，[kʰai¹⁵ ɕyei³³⁴ ko¹⁵ n̠i⁰ tɕie³²⁴ n̠iao⁰ n̠in¹⁵ pin¹⁵] 凌冰：冰

哑巴读报聋子听，[ia⁵⁵ pa⁰ tou²¹³ pao⁵⁵ luŋ¹⁵ tsɿ⁰ tʰin¹⁵]

跛子赛跑得了冠军。[po³³ tsɿ⁰ sai⁵⁵ pʰao²¹³ tiæ³²⁴ n̠iao⁰ kuan⁵⁵ tɕyn¹⁵]

意译：好，我呢，再说一个倒着说的话啊。下着小雨有满天的星，开水锅里结了冰，哑巴读报给聋子听，瘸子赛跑得了冠军。

0009 歌谣

采莲船嘞，哟哟！[tsʰai³³ n̠ien²¹ tɕʰyan²¹³ mie⁰，yo⁰ yo⁰]

两头翘哦，呀呼嘿！[n̠iaŋ³³⁴ tʰou²¹ tɕʰiao⁵⁵ o⁰，ia²¹³ xu⁰ xei⁰]

今天大家嘞，呀哇子哟！[tɕin¹⁵ tʰien¹⁵ ta⁵⁵ tɕia¹⁵ mie⁰，ia³²⁴ ua⁵⁵ tsɿ⁰ yo⁰]

欢聚一堂呃，划着。[xuan¹⁵ tɕy⁴⁴ i³²⁴ tʰaŋ¹³ e⁰，xua²¹³ tso⁰]

今天大家嘞，呀哇子哟！[tɕin¹³ tʰien¹⁵ ta⁵⁵ tɕia¹⁵ mie⁰，ia³²⁴ ua⁵⁵ tsɿ⁰ yo⁰]

欢聚一堂呃，划着。[xuan¹⁵ tɕy⁴⁴ i³²⁴ tʰaŋ¹³ e⁰，xua²¹³ tso⁰]

调查方言嘞，哟哟！[tiao⁵⁵ tsʰa²¹³ faŋ¹³ ien²¹³ mie⁰，yo⁰ yo⁰]

真是好哦，呀呼嘿！[tsen¹⁵ sɿ⁴⁴ xao³³⁴ e⁰，ia²¹³ xu⁰ xei⁰]

既利民嘞，呀哇子哟！[tɕi⁵⁵ n̠i⁵⁵ min²¹³ mie⁰，ia³²⁴ ua⁵⁵ tsɿ⁰ yo⁰]

又利国喽，划着。[iou⁵⁵ n̠i⁵⁵ kuæ²¹³ lo⁰，xua²¹³ tso⁰]

既利民嘞，呀哇子哟！[tɕi⁵⁵ n̠i⁵⁵ min²¹³ mie⁰，ia³²⁴ ua⁵⁵ tsɿ⁰ yo⁰]

又利国喽，划着。[iou⁵⁵ n̠i⁵⁵ kuæ²¹³ lo⁰，xua²¹³ tso⁰]

调查组嘞，哟哟！[tiao⁵⁵ tsʰa²¹³ tsou³³⁴ mie⁰，yo⁰ yo⁰]

真不错嘞，呀呼嘿！[tsen¹⁵ pu³²⁴ tsʰo⁴⁴ le⁰，ia²¹³ xu⁰ xei⁰]

办事情嘞,呀哇子哟![pan⁵⁵ sʅ⁵⁵ tɕhin²¹³ le⁰, ia³²⁴ ua⁵⁵ tsʅ⁰ yo⁰]
真是行嘞,划着。[tsen¹⁵ sʅ⁵⁵ ɕin²¹³ le⁰, xua²¹³ tso⁰]
办事情嚜,呀哇子哟![pan⁵⁵ sʅ⁵⁵ tɕhin²¹³ mie⁰, ia³²⁴ ua⁵⁵ tsʅ⁰ yo⁰]
真是行嘞,划着。[tsen¹⁵ sʅ⁵⁵ ɕin²¹³ le⁰, xua²¹³ tso⁰]
老师们嚜,哟哟![lao³¹ sʅ¹⁵ men⁰ mie⁰, yo⁰ yo⁰]
真辛苦哦,呀呼嘿![tsen¹⁵ ɕin¹⁵ khu³³⁴ o⁰, ia²¹³ xu⁰ xei⁰]
又调查嚜,呀哇子哟![iou⁵⁵ tiao⁵⁵ tsha²¹³ mie⁰, ia³²⁴ ua⁵⁵ tsʅ⁰ yo⁰]
还上课喽,划着。[xai²¹³ saŋ⁵⁵ kho⁵⁵ lo⁰, xua²¹³ tso⁰]
又调查嚜,呀哇子哟![iou⁵⁵ tiao⁵⁵ tsha²¹³ mie⁰, ia³²⁴ ua⁵⁵ tsʅ⁰ yo⁰]
还上课喽,划着。[xai²¹³ saŋ⁵⁵ kho⁵⁵ lo⁰, xua²¹³ tso⁰]
同学们嚜,哟哟![thuŋ²¹ ɕyo²¹³ men⁰ mie⁰, yo⁰ yo⁰]
工作认真嘞,呀呼嘿![kuŋ¹³ tso⁵⁵ len⁵⁵ tsen¹⁵ le⁰, ia²¹³ xu⁰ xei⁰]
能吃苦嚜,呀哇子哟![len²¹ tɕhi³²⁴ khu³³⁴ mie⁰, ia³²⁴ ua⁵⁵ tsʅ⁰ yo⁰]
有前途哦,划着。[iou³³⁴ tɕhien²¹ thou²¹³ o⁰, xua²¹³ tso⁰]
能吃苦嚜,呀哇子哟![len²¹ tɕhi³²⁴ khu³³⁴ mie⁰, ia³²⁴ ua⁵⁵ tsʅ⁰ yo⁰]
有前途哦,划着。[iou³³⁴ tɕhien²¹ thou²¹³ o⁰, xua²¹³ tso⁰]
采莲船嚜,哟哟![tshai³¹ nien²¹³ tɕyan²¹³ mie⁰, yo⁰ yo⁰]
要靠岸嘞,呀呼嘿![iao⁵⁵ khao⁴⁴ ŋan⁵⁵ le⁰, ia²¹³ xu⁰ xei⁰]
划了这家嚜,呀哇子哟![xua²¹³ niao⁰ tse⁵⁵ tɕia¹⁵ mie⁰, ia³²⁴ ua⁵⁵ tsʅ⁰ yo⁰]
到那家嘞,划着。[tao⁵⁵ la⁵⁵ tɕia¹⁵ le⁰, xua²¹³ tso⁰]
划了这家嚜,呀哇子哟![xua²¹³ niao⁰ tse⁵⁵ tɕia¹⁵ mie⁰, ia³²⁴ ua⁵⁵ tsʅ⁰ yo⁰]
到那家嘞,划着。[tao⁵⁵ la⁵⁵ tɕia¹⁵ le⁰, xua²¹³ tso⁰]

意译:采莲船哪,两头翘,今天大家呀,欢聚一堂!调查方言哪,真是好,既利民哪,又利国!调查组呀,真不错,办事情啊,真是行!老师们哪,很辛苦,要上课呀,又要调查!同学们哪,工作认真,能吃苦呀,有前途!采莲船哪,要靠岸,划了这家呀,到那家(衬词略)!

0010 歌谣
说起手哇,就起手哇,[so³²⁴ tɕhi³³ sou³³⁴ ua⁰, tɕiou⁵⁵ tɕhi³³ sou³³⁴ ua⁰] 起手:开始干
哟—喂—呀,哟呵嘚![yo³³—uei⁵⁵—ia⁰, yo³³ xo²¹³ te⁰]
请那个站拢来,哟呵呵,[tɕhin³³⁴ la⁵⁵ ke⁰ tsan⁵⁵ luŋ³³⁴ lai²¹³, yo³³ xe⁰ xe⁰]
嗦啦子嗦呵,嘿嘿![so²¹³ la⁰ tsʅ⁰ so¹³ xo²¹, xei⁵⁵ xei⁵⁵]
十二人嘞,一条心哪,[sʅ³²⁴ ɯ⁵⁵ len²¹³ le⁰, i³²⁴ thiao²¹ ɕin¹⁵ la⁰]

哟—喂—呀，哟呵嘚！[yo³³—uei⁵⁵—ia⁰，yo³³xo²¹³te⁰]
硪儿就抬起来呀，哈哈，[o¹³ɯ²¹tsou⁵⁵tʰai²¹³tɕʰi³³⁴lai²¹³ia⁰，xa²¹xa⁰]
嗦啦子嗦呵，嘿呀嘿！[so²¹³la⁰tsʅ⁰so¹³xo²¹，xei⁵⁵ia⁰xei⁵⁵]
同志们哪，加把劲哪，[tʰuŋ²¹³tsʅ⁵⁵men⁰la⁰，tɕia¹⁵pa³³⁴tɕin⁵⁵la⁰]
哟—喂—呀，哟呵嘚！[yo³³—uei⁵⁵—ia⁰，yo³³xo²¹³te⁰]
膀子就要甩起，哟呵呵，[paŋ³³⁴tsʅ⁰tsou⁵⁵iao⁵⁵ɕyai³³tɕʰi³³⁴，yo³³xe⁰xe⁰]
嗦啦子嗦呵，嘿嘿！[so²¹³la⁰tsʅ⁰so¹³xo²¹，xei⁵⁵xei⁰]
抬得高啊，落得平哪，[tʰai²¹³te⁰kao¹⁵a⁰，lo³²⁴te⁰pʰin²¹³la⁰]
哟—喂—呀，哟呵嘚！[yo³³—uei⁵⁵—ia⁰，yo³³xo²¹³te⁰]
打得嘞像鱼鳞哪，哈哈，[ta³³⁴te⁰le⁰ɕiaŋ⁵⁵y¹³ȵin²¹la⁰，xa²¹xa⁰]
嗦啦子嗦呵，嘿呀嘿！[so²¹³la⁰tsʅ⁰so¹³xo²¹，xei⁵⁵ia⁰xei⁵⁵]
使劲地打啦，着力地打啦，[sʅ³³⁴tɕin⁵⁵ti⁰ta³³⁴la⁰，tso²¹³ȵi⁵⁵ti⁰ta³³⁴la⁰]
哟—喂—呀，哟呵嘚！[yo³³—uei⁵⁵—ia⁰，yo³³xo²¹³te⁰]
打出了水平来，哟呵呵，[ta³³⁴tɕʰy³²⁴le⁰ɕyei³³pʰin²¹lai²¹³，yo³³xe⁰xe⁰]
嗦啦子嗦呵，嘿呀嘿！[so²¹³la⁰tsʅ⁰so¹³xo²¹，xei⁵⁵ia⁰xei⁵⁵]
百年那个大计呀，[piæ²⁴ȵien²¹la⁵⁵ke⁰ta⁵⁵tɕi⁴⁴ia⁰]
哟—喂—呀，哟呵嘚！[yo³³—uei⁵⁵—ia⁰，yo³³xo²¹³te⁰]
质量就第一呀，哈哈，[tsʅ³²ȵiaŋ⁵⁵tsou⁵⁵ti⁵⁵i³²⁴ia⁰，xa²¹xa⁰]
嗦啦子嗦呵，嘿呀嘿！[so²¹³la⁰tsʅ⁰so¹³xo²¹，xei⁵⁵ia⁰xei⁵⁵]
同志们嘞，要齐心哪，[tʰuŋ²¹³tsʅ⁴⁴men⁰le⁰，iao⁵⁵tɕʰi²¹³ɕin¹⁵la⁰]
哟—喂—呀，哟呵嘚！[yo³³—uei⁵⁵—ia⁰，yo³³xo²¹³te⁰]
继续地往下打嘞，[tɕi⁵⁵sou³²⁴ti⁰uaŋ³³⁴ɕia⁴⁴ta³³⁴le⁰]
嗦啦子嗦呵，嘿嘿！[so²¹³la⁰tsʅ⁰so¹³xo²¹，xei⁵⁵xei⁰]
哪位那个同志呀，[la³³uei⁴⁴la⁵⁵ke⁰tʰuŋ²¹³tsʅ⁴⁴a⁰]
哟—喂—呀，哟呵嘚！[yo³³—uei⁵⁵—ia⁰，yo³³xo²¹³te⁰]
接倒就唱下文哪，哈哈，[tɕie³²⁴tao⁰tsou⁵⁵tsʰaŋ⁵⁵ɕia⁵⁵uen²¹³la⁰，xa²¹xa⁰]
嗦啦子嗦呵，嘿呀嘿！[so²¹³la⁰tsʅ⁰so¹³xo²¹，xei⁵⁵ia⁰xei⁵⁵]
完了。[uan²¹³ȵiao⁰]

意译：说干就干哪，请那边的人站过来，十二个人要齐心协力呀，硪子就抬起来！同志们要加把劲哪，甩起膀子加油干，打得像鱼鳞哪，打出高水平！百年大计呀，质量第一，大家要齐心协力呀，继续努力往下打！哪位同志呀，接着唱下文。完了。（呼词略）

二　规定故事

0021 牛郎和织女

好，我咧，讲个故事啊。[xao³³，o³³ ɲie⁰，tɕiaŋ³³⁴ ko⁰ ku⁵⁵ sʅ⁵⁵ a⁰]

就是说讲牛郎啊，[tɕiou⁵⁵ sʅ⁵⁵ ɕyæ³²⁴ tɕiaŋ³³⁴ ɲiou²¹ laŋ²¹³ ŋa⁰]

与织女的故事。[y³³⁴ tsʅ²⁴ y³³⁴ ti⁰ ku⁴⁴ sʅ⁵⁵]

往日啊，有一个小儿子伢，[uaŋ³³⁴ ɯ⁵⁵ ŋa⁰，iou³³⁴ i³²⁴ ko⁰ ɕiao³³⁴ ɯ²¹³ tsʅ⁰ ŋa²¹³] 伢：小孩

他的爸爸咧，和他的姆妈咧，[tʰa¹⁵ ti⁰ pa³³⁴ pa⁰ ɲie⁰，xo²¹³ tʰa¹⁵ ti⁰ m̩³³⁴ ma⁰ ɲie⁰]

都死了，蛮造孽啦，屋里。[tou¹⁵ sʅ³³⁴ ɲiao⁰，man²¹³ tsao⁵⁵ ie²¹³ læ⁰，u³²⁴ ɲi⁰] 蛮：很。造孽：可怜

屋里咧，就剩下一头老牛，[u³²⁴ ɲi⁰ ɲie⁰，tɕiou⁵⁵ sen⁵⁵ ɕia⁵⁵ i³²⁴ tʰou²¹³ lao³³⁴ ɲiou²¹³]

人们咧，塆里人咧，[len²¹³ min²¹³ ɲie⁰，uan¹⁵ ɲi⁰ len²¹³ ɲie⁰] 塆：村

都叫他牛郎。[tʰou¹⁵ tɕiao⁵⁵ tʰa¹⁵ ɲiou²¹ laŋ²¹³]

这个儿子伢咧，[tse⁵⁵ ko⁰ ɯ²¹³ tsʅ⁰ ŋa²¹³ ɲie⁰]

靠屋里一头老牛咧，[kʰao⁵⁵ u³²⁴ ɲi⁰ i³²⁴ tʰou²¹³ lao³³⁴ ɲiou²¹³ ɲie⁰]

跟人家耕地为生，[ken¹⁵ len²¹³ ka⁰ ken¹⁵ ti⁵⁵ uei²¹³ sen¹⁵]

他咧，与这个老牛啊，[tʰa¹⁵ ɲie⁰，y²¹³ tse⁵⁵ ko⁰ lao²¹³ ɲiou²¹³ a⁰]

是相依为命，[sʅ⁵⁵ ɕiaŋ¹⁵ i¹⁵ uei²¹³ min⁵⁵]

就是蛮好。[tɕiou⁵⁵ sʅ⁵⁵ man²¹³ xao³³⁴]

就是只有这个牛嚛，[tɕiou⁵⁵ sʅ³²⁴ tsʅ³²⁴ iou³³⁴ tse⁵⁵ ko⁰ iou²¹³ mie⁰]

只有、只有做这个牛的指望。[tsʅ³²⁴ iou³³⁴、tsʅ³²⁴ iou³³⁴ tso²¹³ tse⁵⁵ ko⁰ iou²¹³ ti⁰ tsʅ³³⁴ uaŋ⁵⁵]

其实咧，这个老牛啊，[tɕʰi²¹ sʅ³³⁴ ɲie⁰，tse⁵⁵ ko⁰ lao³³⁴ ɲiou²¹³ a⁰]

老牛是天上的一个神仙。[lao³³⁴ iou²¹³ sʅ⁵⁵ tʰien¹⁵ saŋ⁵⁵ ti⁰ i³²⁴ ko⁰ sen²¹³ ɕien⁰]

它咧，这个神仙咧，[tʰa¹⁵ ɲie⁰，tse⁵⁵ ko⁰ sen²¹³ ɕien⁰ ɲie⁰]

不晓得几喜欢这个牛郎啊。[pu³²⁴ ɕiao³³⁴ te³²⁴ tɕi³³⁴ ɕi³³⁴ xuan¹⁵ tse⁵⁵ ko⁰ ɲiou²¹ laŋ²¹³ ŋa⁰] 几：多么

他咧，说这个牛郎啊，[tʰa¹⁵ ɲie⁰，ɕyæ³²⁴ tse⁵⁵ ko⁰ ɲiou²¹ laŋ²¹³ ŋa⁰]

这个伢咧，蛮勤劳蛮善良，[tse⁵⁵ ko⁰ ŋa²¹³ ɲie⁰，man²¹³ tɕʰin²¹ lao²¹³ man²¹³ san⁵⁵ ɲiaŋ²¹³]

蛮乐于助人，[man²¹³ lo³²⁴ y³³⁴ tsou⁵⁵ len²¹³]

他咧，想咧，[tʰa¹⁵ ɲie⁰，ɕiaŋ³³⁴ ɲie⁰]

跟他说个媳妇，成个家。[ken⁵⁵ tʰa¹⁵ ɕyæ³²⁴ ko⁰ ɕi³²⁴ fu⁰，tsʰen²¹³ ko⁰ tɕia¹⁵]

有一天咧，这个神仙哪，[iou³³⁴ i³²⁴ tʰien¹⁵ ɲie⁰，tse⁵⁵ ko⁰ sen²¹³ ɕien⁰ la⁰]

这个老牛神仙，[tse⁵⁵ ko⁰ lao³³⁴ ɲiou²¹³ sen²¹³ ɕien⁰]

它是个神仙哨，[tʰa¹⁵ sɿ⁵⁵ ko⁰ sen²¹³ ɕien⁰ sa⁰]

是晓得那个天上的神仙姑娘们哪，[sɿ⁵⁵ ɕiao³³⁴ te⁰ le⁴⁴ ko⁰ tʰien¹⁵ saŋ⁵⁵ ti⁰ sen²¹³ ɕien⁰ ku¹⁵ ɲiaŋ²¹³ men⁰ la⁰]

都要到那个，村边下的个，[tʰou³³⁴ iao⁵⁵ tao⁵⁵ le⁵⁵ ko⁰，tsʰen¹⁵ pien¹⁵ xa⁰ ti⁰ ko⁰]

山脚屦下的个湖里啊，[san¹⁵ tɕyo³²⁴ to²¹³ xa⁰ ti⁰ ko⁰ xu²¹³ ɲi⁰ a⁰] 屦下：底下

去玩水。[kʰi⁵⁵ uan¹³ ɕyei³³⁴]

它咧，像啊告信他咧，[tʰa¹⁵ ɲie⁰，tɕʰiaŋ⁵⁵ a⁰ kao⁵⁵ ɕin⁵⁵ tʰa¹⁵ ɲie⁰] 像啊：怎样。告信：告诉

没得法，[mei²¹³ te⁰ fa³²⁴] 没得：没有

不能够当倒他说话咧，[pu³²⁴ len²¹³ kou⁵⁵ taŋ¹⁵ tao⁰ tʰa¹⁵ ɕyæ³²⁴ xua⁵⁵ ɲie⁰]

只有跟牛郎咧，托个梦，[tsɿ³²⁴ iou³³⁴ ken¹⁵ ɲiou²¹ laŋ²¹³ ɲie⁰，tʰo¹⁵ ko⁰ muŋ⁵⁵]

叫他第二天早晨咧，[tɕiao⁵⁵ tʰa¹⁵ ti⁵⁵ w⁵⁵ tʰien¹⁵ tsao³³⁴ tsʰen²¹³ ɲie⁰]

到湖边下去。[tao⁵⁵ xu²¹³ pien¹⁵ xa⁰ kʰi⁵⁵] 边下：边上

就那个仙女们哪，[tɕiou⁵⁵ la⁵⁵ ko⁰ ɕien¹⁵ y³³⁴ men⁰ la⁰]

神仙们洗澡的时候咧，[sen²¹³ ɕien⁰ men⁰ ɕi³³⁴ tsao³³⁴ ti⁰ sɿ²¹³ xou⁰ ɲie⁰]

把她的那个，把她啊，[pa³³⁴ tʰa¹⁵ ti⁰ la⁵⁵ ko⁰，pa³³⁴ tʰa¹⁵ a⁰]

挂倒树枝高头的个红衣服啊，[kua⁵⁵ tao⁰ ɕy⁵⁵ tsɿ⁰ kao¹⁵ tʰou⁰ ti⁰ ko⁰ xuŋ²¹³ i¹⁵ fu³²⁴ a⁰] 高头：上面

跟她拿起走。[ken¹⁵ tʰa¹⁵ la²¹ tɕʰi³³⁴ tsou³³⁴] 跟：给

那个牛郎咧，[le⁵⁵ ko⁰ ɲiou²¹ laŋ²¹³ ɲie⁰]

他就还是不相信，[tʰa¹⁵ tsou⁵⁵ xai²¹³ sɿ⁵⁵ pu³²⁴ ɕiaŋ¹³ ɕin⁵⁵]

就半信半疑地就，[tsou⁵⁵ pan⁴⁴ ɕin⁵⁵ pan⁴⁴ i²¹³ ti⁰ tsou⁵⁵]

跑到那个山上去一瞄啊，[pʰao²¹³ tao⁰ la⁵⁵ ko⁰ san¹⁵ saŋ⁵⁵ kʰi⁵⁵ i³²⁴ miao¹⁵ a⁰] 瞄：看

真的有那种的，[tsen¹⁵ ti⁰ iou³³⁴ la⁵⁵ tsuŋ³³⁴ ti⁰]

有神仙在那里洗澡。[iou³³⁴ sen²¹³ ɕien¹⁵ tai⁵⁵ la⁵⁵ ti⁰ ɕi³³ tsao³³⁴]

他咧，想到第二，头天做了梦的，[tʰa¹⁵ ɲie⁰，ɕiaŋ³³⁴ tao⁰ ti⁵⁵ ɯ⁵⁵，tʰou²¹³ tʰien¹⁵ tso⁵⁵ a⁰ muŋ⁵⁵ ti⁰]

他就真的把个衣服，[tʰa¹⁵ tsou⁵⁵ tsen¹⁵ ti⁰ pa³³⁴ ko⁰ i¹⁵ fu²¹³]

就搂倒就往屋里跑，[tsou⁵⁵ lou¹⁵ tao⁰ tsou⁵⁵ uaŋ²¹³ u³²⁴ ɲi⁰ pʰao²¹³]

跑回去了。[pʰao²¹³ xuei²¹ kʰi⁵⁵ ɲiao⁰]

跑回去咧，[pʰao²¹³ xuei²¹ kʰi⁵⁵ ȵie⁰]

哟，这个抢走衣服的那个神仙咧，[yo¹⁵, tse⁵⁵ ko⁰ tɕʰiaŋ³³ tsou³³⁴ i¹⁵ fu²¹³ ti⁰ le⁵⁵ ko⁰ sen²¹³ ɕien¹⁵ ȵie⁰]

神仙姑娘咧，就是织女。[sen²¹³ ɕien¹⁵ ku¹⁵ ȵiaŋ²¹³ ȵie⁰, tɕiou⁵⁵ sʅ⁴⁴ tsʅ²⁴ y³³⁴]

那天晚上咧，她又没得衣服咧，[la⁵⁵ tʰien¹⁵ uan³³⁴ saŋ⁵⁵ ȵie⁰, tʰa¹⁵ iou⁵⁵ mei⁵⁵ te⁰ i¹⁵ fu²¹³ ȵie⁰]

只有就跑到牛郎的去咧，[tsʅ³²⁴ iou³³⁴ tsou⁰ pʰao²¹³ tao⁰ ȵiou²¹ laŋ²¹³ ti⁰ kʰi⁵⁵ ȵie⁰]

门口咧，去敲门。[men²¹³ kʰou³³⁴ ȵie⁰, kʰi⁵⁵ kʰao¹³ men²¹³]

把他的门就敲开了。[pa³³⁴ tʰa¹⁵ ti⁰ men²¹³ tsou⁵⁵ kʰao¹⁵ kʰai¹⁵ ȵiao⁰]

两个人咧，真的就成了，[ȵiaŋ³³⁴ ko⁰ len²¹³ ȵie⁰, tsen¹⁵ ti⁰ tsou⁵⁵ tsʰen²¹³ ȵiao⁰]

蛮亲热蛮亲热的夫妻。[man²¹³ tɕʰin¹³ læ³²⁴ man²¹³ tɕʰin¹³ læ³²⁴ ti⁰ fu¹⁵ tɕʰi¹⁵]

时间咧，过得蛮快啊，[sʅ³²⁴ tɕien¹⁵ ȵie⁰, ko⁵⁵ te⁰ man²¹³ kʰuai⁵⁵ a⁰]

一转眼咧，就三年就过去了。[i³²⁴ tɕyan³³ ien³³⁴ ȵie⁰, tɕiou⁵⁵ san¹⁵ ȵien¹⁵ tsou⁵⁵ ko⁵⁵ kʰi⁵⁵ ȵiao⁰]

他们咧，生了两个伢，[tʰa¹⁵ men⁰ ȵie⁰, sen¹⁵ ȵiao⁰ ȵiaŋ³³⁴ ko⁰ ŋa²¹³]

就一个儿子伢，一个姑娘伢，[tsou⁵⁵ i³²⁴ ko⁰ ɯ³²⁴ tsʅ⁰ ŋa²¹³, i³²⁴ ko⁰ ku¹⁵ ȵiaŋ²¹³ ŋa²¹³]

他的一家人咧，四口之家咧，[tʰa¹⁵ ti⁰ i³²⁴ tɕia¹⁵ len²¹³ ȵie⁰, sʅ⁵⁵ kʰou³³⁴ tsʅ¹⁵ tɕia¹⁵ ȵie⁰]

过得蛮开心。[ko⁵⁵ te⁰ man²¹³ kʰai¹³ ɕin¹⁵]

哟，有一天咧，[yo²¹³, iou³³⁴ i³²⁴ tʰien¹⁵ ȵie⁰]

那个织女啊，[le⁵⁵ ko⁰ tsʅ²⁴ y³³⁴ a⁰]

亲自到凡间来的事情咧，[tɕʰin¹⁵ tsʅ⁵⁵ tao⁵⁵ fan²¹³ tɕien¹⁵ lai²¹³ ti⁰ sʅ⁵⁵ tɕʰin²¹³ ȵie⁰]

被玉皇大帝晓得了。[pei⁵⁵ y⁵⁵ xuaŋ²¹³ ta⁴⁴ ti⁰ ɕiao³³⁴ te⁰ ȵiao⁰]

有一天咧，天上呃，[iou³³⁴ i³²⁴ tʰien¹⁵ ȵie⁰, tʰien¹⁵ saŋ⁵⁵ e¹⁵]

又是打雷啊，[iou⁵⁵ sʅ⁵⁵ ta³³⁴ lei²¹³ a⁰]

又是摄霍，[iou⁵⁵ sʅ⁵⁵ se²⁴ xo³³⁴] 摄霍：闪电

又是落雨咧，[iou⁵⁵ sʅ⁵⁵ lo³²⁴ y³³⁴ ȵie⁰]

又是起大风。[iou⁵⁵ sʅ⁵⁵ tɕʰi³³⁴ ta⁵⁵ fuŋ¹⁵] 起：刮

过一下咧，[ko⁵⁵ i³² xa⁰ ȵie⁰]

织女咧，突然地就不见了。[tsʅ²⁴ y³³⁴ ȵie⁰, tʰou³²⁴ lan²¹³ ti⁰ tsou⁵⁵ pu³²⁴ tɕien⁵⁵ ȵiao⁰]

不见了咧，[pu³²⁴ tɕien⁵⁵ ȵiao⁰ ȵie⁰]

两个伢咧，瞎哭瞎闹咧，[ȵiaŋ³³⁴ ko⁰ ŋa²¹³ ȵie⁰, ɕia³² kʰu³²⁴ ɕia³²⁴ lao⁵⁵ ȵie⁰] 瞎：使劲地

要找他的、找他的妈妈。[iao⁵⁵ tsao³³⁴ tʰa¹⁵ ti⁰、tsao³³⁴ tʰa¹⁵ ti⁰ ma¹⁵ ma⁰]

正么昝咧，牛郎像啊办咧，［tsen⁵⁵mæ³³⁴tsan³³⁴ȵie⁰，ȵiou²¹laŋ²¹³tɕʰiaŋ⁵⁵a⁰pan⁵⁵ȵie⁰］正么昝：现在

急得不晓像啊好，［tɕi³²⁴te⁰pu³²⁴ɕiao³³⁴tɕʰiaŋ⁵⁵a⁰xao³³⁴］

就着急咧。［tɕiou⁵⁵tso²⁴tɕi³²⁴ȵie⁰］

这个时候咧，［tse⁵⁵ko⁰sʅ²¹³xou⁰ȵie⁰］

那个老牛咧，［la⁵⁵ko⁰lao³³⁴ȵiou²¹³ȵie⁰］

看得心里去不得，［kʰan⁵⁵te⁰ɕin¹⁵ȵi⁰kʰi⁵⁵pu⁰te³²⁴］去不得：过不去

它咧，开口说话了，［tʰa¹⁵ȵie⁰，kʰai¹⁵kʰou¹⁵ɕyæ³²xua⁵⁵ȵiao⁰］

它说："你莫难得过，［tʰa¹⁵ɕyæ³²⁴：ȵi³³⁴mo³²⁴lan²¹³te⁰ko⁵⁵］

把我的个角啊，拿下来，［pa³³⁴o³³ti⁰ko⁰ko³²⁴a⁰，la²¹³ɕia⁵⁵lai²¹³］

变个两个箩筐啊，［pien⁵⁵ko⁰ȵiaŋ³³⁴ko⁰lo²¹³kʰuaŋ¹⁵a⁰］

把你的两个伢装倒屡里，［pa³³⁴ȵi³³⁴ti⁰ȵiaŋ³³⁴ko⁰ŋa²¹³tɕyan¹⁵tao⁰tou⁵⁵ti⁰］屡里：里面

就可以到天上去找你的织女，［tɕiou⁵⁵kʰo³³⁴i³³⁴tao⁵⁵tʰien¹⁵saŋ⁵⁵kʰi⁵⁵tsao³³⁴ȵi³³⁴ti⁰tsʅ²⁴y³³⁴］

找你的妻子。"［tsao³³⁴ȵi³³⁴ti⁰tɕʰi¹⁵tsʅ⁰］

牛郎正在着急的时候咧，［ȵiou²¹laŋ²¹³tsen⁴⁴tsai⁵⁵tso²⁴tɕi³²⁴ti⁰sʅ²¹³xou⁵⁵ȵie⁰］，

又感到蛮奇怪。［iou⁵⁵kan³³⁴tao⁵⁵man²¹³tɕʰi²¹³kuai⁵⁵］

尽牛郎一瞄啊，［tɕin³³⁴ȵiou²¹laŋ²¹³i³²⁴miao¹⁵a⁰］尽：等，让

哦，牛角真的掉到地下来了，［o¹⁵，ȵiou²¹³ko³²⁴tsen¹⁵ti⁰tiao⁵⁵tao⁰ti⁵⁵xa⁵⁵lai²¹³ȵiao⁰］

真的变成两个箩筐。［tsen¹⁵ti⁰pien⁵⁵tsʰen²¹³ȵiaŋ³³⁴ko⁰lo²¹³tɕʰiaŋ¹⁵］

牛郎就把两个伢咧，［ȵiou²¹laŋ²¹³tsou⁵⁵pa³³⁴ȵiaŋ³³⁴ko⁰ŋa²¹³ȵie⁰］

放到箩筐里，［faŋ⁵⁵tao⁰lo²¹³kʰuaŋ¹⁵ȵi⁰］

用扁担咧，挑起来。［yŋ⁵⁵pien³³⁴tan⁵⁵ȵie⁰，tʰiao¹⁵tɕʰi³³⁴lai²¹³］

哟，只觉得哪，一阵风啊，［yo¹⁵，tsʅ³²⁴tɕyo³²⁴te⁰la⁰，i³²⁴tsen⁵⁵fuŋ¹⁵ŋa⁰］

清风吹过来啊，［tɕʰin¹⁵fuŋ¹⁵tɕʰyei¹⁵ko⁵⁵lai²¹³a⁰］

箩筐呃，像长翅膀地飞。［lo²¹³kʰuaŋ¹⁵e⁰，tɕʰiaŋ⁵⁵tsaŋ²¹³tsʅ⁵⁵paŋ³¹ti⁰fei¹⁵］

他的、您家的，［tʰa¹⁵ti⁰、n̩³³ȵia⁰ti⁰］

牛郎和两个伢咧，［ȵiou²¹laŋ²¹³xo²¹³ȵiaŋ³³⁴ko⁰ŋa²¹³ȵie⁰］

在天上飞呀飞呀，［tsai⁵⁵tʰien¹⁵saŋ⁵⁵fei¹⁵ia⁰fei¹⁵ia⁰］

哟嗬，马上就要追到了，［yo¹⁵xo⁰，ma³³⁴saŋ⁵⁵tsou⁵⁵iao⁵⁵tɕyei¹⁵tao⁰ȵiao⁰］

好像一下就要赶到织女。［xao³³⁴ɕiaŋ⁵⁵i³²⁴xa⁵⁵tsou¹⁵iao⁴⁴kan³³⁴tao⁵⁵tsʅ²⁴y³³⁴］

正么昝咧，［tsen⁵⁵mæ³³⁴tsan³³⁴ȵie⁰］

又被那个王母娘娘晓得了，[iou⁵⁵ pei⁵⁵ le⁵⁵ ko⁰ uaŋ²¹³ muŋ³³⁴ ȵiaŋ²¹³ ȵiaŋ²¹³ ɕiao³³⁴ te⁰ ȵiao⁰]

王母娘娘还坏些，[uaŋ²¹³ muŋ³³⁴ ȵiaŋ²¹³ ȵiaŋ²¹³ xai²¹³ kuai³³⁴ ɕie⁰]

她把她头上的一个金钗呀，[tʰa¹⁵ pa³³⁴ tʰa¹⁵ tʰou²¹³ saŋ⁵⁵ ti⁰ i³²⁴ ko⁰ tɕin¹³ tsʰai¹⁵ ia⁰]

拿下来一划，那个当中咧，[la²¹³ ɕia⁵⁵ lai²¹³ i³²⁴ xua⁵⁵，la⁵⁵ ko⁰ taŋ¹³ tsuŋ¹⁵ ȵie⁰]

在他们，牛郎和织女当中咧，[tsai⁵⁵ tʰa¹⁵ men⁰，ȵiou²¹ laŋ²¹³ xo²¹³ tsʅ²⁴ y³³⁴ taŋ¹³ tsuŋ¹⁵ ȵie⁰]

中间咧，隔开了，变成一条，[tsuŋ¹³ tɕien¹⁵ ȵie⁰，ke³²⁴ kʰai¹⁵ ȵiao⁰，pien⁵⁵ tsʰen²¹³ i²⁴ tʰiao²¹³]

蛮宽蛮宽的一条河，[man²¹³ kʰuan¹⁵ man²¹³ kʰuan¹⁵ ti⁰ i²⁴ tʰiao²¹³ xo²¹³]

望不到边，[uaŋ⁵⁵ pu⁰ tao⁵⁵ pien¹⁵]

把他们两个人咧，隔开了。[pa³³⁴ tʰa¹⁵ men⁰ ȵiaŋ³³⁴ ko⁰ len²¹³ ȵie⁰，ke³²⁴ kʰai¹⁵ ȵiao⁰]

这时候咧，天上的喜鹊啊，[tse⁵⁵ sʅ²¹³ xou⁰ ȵie⁰，tʰien¹⁵ saŋ⁵⁵ ti⁰ ɕi³³⁴ tɕʰyo³²⁴ a⁰]

就是我们这个当地说是"鸦鹊"，[tɕiou⁵⁵ sʅ⁵⁵ o³³ men⁰ tse⁵⁵ ko⁰ taŋ¹⁵ ti⁵⁵ ɕyæ³²⁴ sʅ⁵⁵ ia¹⁵ tɕʰyo³²⁴]

喜鹊的话，[ɕi³³⁴ tɕʰyo³²⁴ ti⁰ xua⁵⁵]

就同情牛郎和织女的遭遇。[tɕiou⁵⁵ tʰuŋ²¹ tɕʰin²¹³ ȵiou²¹ laŋ²¹³ xo²¹³ tsʅ²⁴ y³³⁴ ti⁰ tsao¹⁵ y⁵⁵]

每年的阴历啊，七月初七，[mei³³⁴ ȵien⁰ ti⁰ in¹⁵ ȵi⁵⁵ a⁰，tɕʰi³²⁴ ye³²⁴ tsʰou¹⁵ tɕʰi³²⁴]

就蛮多蛮多的鹊子啊，[tɕiou⁵⁵ man²¹³ to¹⁵ man²¹³ to¹⁵ ti⁰ tɕʰyo³²⁴ tsʅ⁰ a⁰]

喜鹊、鸦鹊都飞到天上去了，[ɕi³³⁴ tɕʰyo³²⁴、ia¹⁵ tɕʰyo³²⁴ tʰou¹⁵ fei¹⁵ tao⁵⁵ tʰien¹⁵ saŋ⁵⁵ kʰi⁵⁵ ȵiao⁰]

一个咧，挨一个，[i³²⁴ ko⁰ ȵie⁰，ŋai¹⁵ i³²⁴ ko⁰]

一个叼一个啊，[i³²⁴ ko⁰ tiao¹⁵ i³²⁴ ko⁰ a⁰]

它们把尾巴叼倒就搭成了一座，[tʰa¹⁵ men⁰ pa³³⁴ uei³³⁴ pa⁰ tiao¹⁵ tao⁵⁵ tsou⁰ ta³²⁴ tsʰen²¹³ ȵiao⁰ i³²⁴ tso⁵⁵]

一座蛮长蛮长的一个鹊桥咧，[i³²⁴ tso⁵⁵ man²¹³ tsʰaŋ²¹³ man²¹³ tsʰaŋ²¹³ ti⁰ i³²⁴ ko⁰ tɕʰyo³²⁴ tɕʰiao²¹³ ȵie⁰]

就让牛郎和织女团聚。[tɕiou⁵⁵ laŋ⁵⁵ ȵiou²¹ laŋ²¹³ xo²¹³ tsʅ²⁴ y³³⁴ tʰan²¹³ tɕy⁵⁵]

这个话咧，在我们这个人，[tse⁵⁵ ko⁰ xua⁵⁵ ȵie⁰，tai⁵⁵ o³³ men⁰ le⁵⁵ ko⁰ len²¹³]

现都流传咧，[ɕien⁵⁵ tou¹⁵ ȵiou²¹ tɕʰyan²¹³ ȵie⁰]

流传得蛮那个啊，蛮神秘，[ȵiou²¹ tɕʰyan²¹³ te⁰ man²¹³ la⁵⁵ ko⁰ a⁰，man²¹³ sen²¹³ mi³²⁴]

就是说啦，[tɕiou³³ sɿ⁵⁵ ɕyæ³²⁴ la⁰]

每年的阴历七月初七啊，[mei³³⁴ ɲien²¹³ ti⁰ in¹⁵ ɲi⁵⁵ tɕʰi³²⁴ ye³²⁴ tsʰou¹⁵ tɕʰi³²⁴ a⁰]

就是要躲到那个丝瓜地里去看，[tɕiou⁴⁴ sɿ⁵⁵ iao³²⁴ to³³⁴ tao⁰ la⁵⁵ ko⁰ sɿ¹³ kua¹⁵ ti⁵⁵ ɲi⁰ kʰi⁵⁵ kʰan⁵⁵]

去看他们两个人，[kʰi⁵⁵ kʰan⁵⁵ tʰa¹⁵ men⁰ ɲian³³⁴ ko⁰ len²¹³]

看牛郎和织女会面。[kʰan⁵⁵ ɲiou²¹ laŋ²¹³ xo²¹³ tsɿ²⁴ y³³⁴ xuei⁵⁵ mien⁵⁵]

就是说还有福气能看到，[tɕiou⁴⁴ sɿ⁵⁵ ɕyæ³²⁴ xai²¹³ iou³³⁴ fu³²⁴ tɕʰi⁵⁵ len²¹³ kʰan⁵⁵ tao³³⁴]

没得福气的人都看不到。[mei¹⁵ te⁰ fu³²⁴ tɕʰi⁵⁵ ti⁰ len²¹³ tou¹⁵ kʰan⁵⁵ pu³²⁴ tao³³⁴]

天上咧，一边就是一颗亮，[tʰien¹⁵ saŋ⁵⁵ ɲie⁰，i³²⁴ pien¹⁵ tɕiou⁴⁴ sɿ⁵⁵ i³²⁴ kʰo¹⁵ ɲiaŋ⁵⁵]

一边就是一颗亮星，[i³²⁴ pien¹⁵ tɕiou⁴⁴ sɿ⁵⁵ i³²⁴ kʰo¹⁵ ɲiaŋ⁵⁵ ɕin¹⁵]

两个就稍微暗一点的星。[ɲiaŋ³³⁴ ko⁰ tɕiou⁴⁴ sao¹⁵ uei²¹³ ŋan⁵⁵ i³²⁴ tien³³⁴ ti⁰ ɕin¹⁵]

一颗亮星两个暗一点，[i³²⁴ kʰo¹⁵ ɲiaŋ⁵⁵ ɕin¹⁵ ɲiaŋ³³⁴ ko⁰ ŋan⁵⁵ i³²⁴ tien³³⁴]

就是牛郎和织女，[tɕiou⁴⁴ sɿ⁵⁵ ɲiou²¹ laŋ²¹³ xo²¹³ tsɿ²⁴ y³³⁴]

就是牛郎和他两个伢。[tɕiou⁴⁴ sɿ⁵⁵ ɲiou²¹ laŋ²¹³ xo²¹³ tʰa¹⁵ ti⁰ ɲiaŋ³³⁴ ko⁰ ŋa²¹³]

你要躲倒丝瓜地里看咧，[ɲi³³⁴ iao⁵⁵ to³³⁴ tao⁵⁵ sɿ¹⁵ kua¹⁵ ti⁵⁵ ɲi⁰ kʰan⁵⁵ ɲie⁰]

那个星咧，[la⁵⁵ ko⁰ ɕin¹⁵ ɲie⁰]

慢慢地就走到一坨去了，[man⁴⁴ man⁵⁵ ti⁰ tɕiou⁴⁴ tsou³³⁴ tao⁵⁵ i³²⁴ tʰo²¹³ kʰi⁵⁵ ɲiao⁰] 坨：块

他们就团聚了。[tʰa¹⁵ men⁰ tse⁵⁵ tʰan²¹³ tɕy⁵⁵ ɲiao⁰]

这都是一种传说。[tse⁵⁵ tʰou¹⁵ sɿ⁵⁵ i³²⁴ tsuŋ³³⁴ tɕʰyan²¹³ ɕyæ³²⁴]

讲完了。[tɕiaŋ³³⁴ uan²¹³ ɲiao⁰]

意译：好，我呢，讲个故事啊，《牛郎与织女》的故事。

很早以前啊，有一个男孩儿，他的爸爸和他妈妈都死了，很可怜。家里呢，就剩下一头老牛，村里的人呢，都叫他牛郎。这个牛郎呀，靠家里一头老牛给人家耕地为生，他与这头老牛啊，是相依为命，生活就指望这头牛了。其实呢，这头老牛啊，是天上的一个神仙。它呢，很喜欢这个牛郎，他说这个牛郎啊，特勤劳特善良，特乐于助人，他就想啊，给他说个媳妇，成个家。

有一天呢，这个老牛是神仙，知道那个天上的神仙姑娘们哪，都要到村边山脚底下的湖里去洗澡。它想，怎么告诉牛郎呢，又不能当着他说话，只有给牛郎呢，托个梦，叫他第二天早晨呢，到湖边去，趁仙女们洗澡的时候哪，把她挂在树枝上的红衣服拿走。那个牛郎呢，他半信半疑地跑到那个山上去一看啊，真的有仙女在那里洗澡。他想到头天做的梦，他就真的把仙女的衣服搂着往回跑，跑

回家了。哟，这个被抢走衣服的神仙姑娘呢，就是织女。那天晚上呀，她就跑到牛郎家去敲门，两个人哪，真的就成了很亲热的夫妻。

时间呢，过得很快啊，一转眼呢，三年就过去了。他们呀，生了两个孩子，一个儿子，一个女儿。他们一家四口呢，过得非常开心。唉，织女到凡间来的事情呢，被玉皇大帝知道了。有一天呢，天上呀，又是打雷啊，又是闪电，又是下大雨呀，又是刮大风。过一会儿，织女突然地就不见了。两个孩子呀，大哭大闹，要找他们的妈妈。现在牛郎怎么办呢，他急得真不知道咋办好。

这个时候呀，那个老牛呢，看得心里很难过，它呢，开口说话了，它说："你别伤心，把我的角啊，拿下来，变成两个箩筐啊，把你的两个小孩儿装在里面，就可以到天上去找你的织女啦。"牛郎感到很奇怪。他一看哪，哦，牛角真的掉到地下来了，真的变成了两个箩筐。牛郎就把两个小孩哪，放到箩筐里，用扁担挑起来。哟，只觉得呀，一阵轻风吹过来，箩筐呢，像长了翅膀似的飞起来。牛郎和两个孩子在天上飞呀飞呀，眼看就要追上织女了，结果呢，又被王母娘娘知道了。

王母娘娘更坏，她把头上的一个金钗呀，拿下来在牛郎和织女当中一划，中间呢，隔开了，变成了一条宽宽的河流，一眼望不到边，把他们两个人呢，隔开了。这时候呀，天上的喜鹊啊，我们当地说是"鸦鹊"，同情牛郎和织女的遭遇。每年阴历的七月初七，就有很多喜鹊都飞到天上去了，一个挨一个，一个叼着一个的尾巴，就搭成了一座很长很长的一个鹊桥，让牛郎和织女团聚。

这个故事呢，在我们这里都流传得很神秘，说每年的阴历七月初七啊，就要躲到丝瓜地里去看，看牛郎和织女会面。还说是有福气的人才能看到，没福气的人看不到。天上呢，一边就是一颗亮，是织女；另一边就是一颗亮星，两颗稍微暗一点的星，就是牛郎和他的两个孩子。你要是躲在丝瓜地里看呢，那些星呢，慢慢地就走到一块儿去了，他们就团聚了。

这都是一种传说。讲完了。

三　其他故事

0022 其他故事

在我们蔡甸区啊，[tsai⁵⁵ o³³ men⁰ tsʰai⁵⁵ tien⁵⁵ tɕy¹⁵ a⁰]

有一个很流传、很流行的故事，[iou³³⁴ i³²⁴ ke⁵⁵ xen³³⁴ ɲiou²¹³ tɕʰyan²¹³、xen³³⁴ ɲiou²¹³ ɕin²¹³ ti⁰ ku⁵⁵ sɿ⁵⁵]

它的故事名字叫：[tʰa¹⁵ ti⁰ ku⁵⁵ sɿ⁵⁵ min²¹³ tsɿ⁰ tɕiao⁵⁵]

《高山流水，知音故里》。[kao¹⁵ san¹⁵ ȵiou²¹³ ɕyei³³⁴，tsɿ¹⁵ in¹⁵ ku⁵⁵ ȵi³³⁴]

在我们蔡甸区咧，[tsai⁵⁵ o³³ men⁰ tsʰai⁵⁵ tien⁵⁵ tɕʰy¹⁵ ȵie⁰]

马鞍山南麓，[ma³³⁴ ŋan¹⁵ san¹⁵ lan²¹³ lou⁵⁵]

凤凰咀的密林深处，[fuŋ⁵⁵ xuaŋ²¹³ tsei³³⁴ ti⁰ mi³²⁴ ȵin²¹³ sen¹⁵ tɕʰy⁵⁵]

有一座历史很悠久、很悠久的，[iou³³⁴ i³²⁴ tso⁵⁵ ȵi³²⁴ sɿ³³⁴ xen³³⁴ iou¹⁵ tɕiou³³⁴、xen³³⁴ iou¹⁵ tɕiou³³⁴ ti⁰]

叫"楚隐贤钟子期墓"，[tɕiao⁵⁵ tsʰou³³⁴ in³³⁴ ɕien²¹³ tsuŋ¹⁵ tsɿ³³⁴ tɕʰi¹⁵ muŋ⁵⁵]

和古香古色的知音亭。[xo²¹³ ku³³⁴ ɕiaŋ¹⁵ ku³³⁴ siæ³²⁴ ti⁰ tsɿ¹⁵ in¹⁵ tʰin²¹³]

当你走近这座古墓，[taŋ¹⁵ ȵi³³⁴ tsou³³⁴ tɕin⁵⁵ tse⁵⁵ tso⁵⁵ ku³³⁴ muŋ⁵⁵]

凭吊古贤哪，[pʰin²¹³ tiao⁵⁵ ku³³⁴ ɕien²¹³ la⁰]

会使你突然生起敬意。[xuei⁵⁵ sɿ³³⁴ ȵi³³⁴ tʰou²¹³ lan²¹³ sen¹⁵ tɕʰi³³⁴ tɕin⁵⁵ i⁵⁵]

观看这碑亭，阅读碑文，[kuan¹⁵ kʰan¹⁵ tse⁵⁵ pei¹⁵ tʰin²¹³，ye³²⁴ tou²¹³ pei¹⁵ uen²¹³]

你的耳边仿佛响起、回荡着，[ȵi³³⁴ ti⁰ ɯ³³⁴ pien¹⁵ faŋ³³⁴ fu²¹³ ɕiaŋ³³⁴ tɕʰi³³⁴、xuei²¹³ taŋ⁵⁵ tso²¹³]

高山流水美妙的琴声哪！[kao¹⁵ san¹⁵ ȵiou²¹³ ɕyei³³⁴ mei³³⁴ miao⁵⁵ ti⁰ tɕʰin²¹³ sen¹⁵ la⁰]

钟子期咧，他是出生在战国，[tsuŋ¹⁵ tsɿ³³⁴ tɕʰi¹⁵ ȵie⁰，tʰa¹⁵ sɿ⁵⁵ tɕʰy³²⁴ sen¹⁵ tsai tsan⁵⁵ kuæ³²⁴]

春秋战国时期，[tɕʰyn¹⁵ tɕʰiou¹⁵ tsan⁵⁵ kuæ³²⁴ sɿ²¹³ tɕʰi⁰]

是楚国的隐贤。[sɿ⁵⁵ tsʰou³³⁴ kuæ³²⁴ ti⁰ in³³⁴ ɕien²¹³]

钟子期从小就聪明、孝顺，[tsuŋ¹⁵ tsɿ³³⁴ tɕʰi¹⁵ tsʰuŋ²¹³ ɕiao³³⁴ tɕiou⁵⁵ tsʰuŋ¹⁵ min²¹³、ɕiao⁵⁵ ɕyn⁵⁵]

因受起，[in¹⁵ sou⁵⁵ tɕʰi³³⁴] 受起：受到

他的父亲的长期教诲和影响，[tʰa¹⁵ ti⁰ fu⁵⁵ tɕʰin¹⁵ ti⁰ tsʰaŋ²¹³ tɕʰi¹⁵ tɕiao⁵⁵ xuei³³⁴ xo²¹³ in³³⁴ ɕiaŋ³³⁴]

欸，对，对音乐咧，的理解咧，[ei⁰，tei⁵⁵，tei⁵⁵ in¹⁵ yo³²⁴ ȵie⁰，ti⁰ ȵi³³⁴ kai³³⁴ ȵie⁰]

有着特别的悟性，[iou³³⁴ tso⁰ tʰiæ³²⁴ pie²¹³ ti⁰ u⁵⁵ ɕin⁵⁵]

就是说对音乐啊，[tɕiou⁵⁵ sɿ¹⁵ ɕyæ³²⁴ tei⁵⁵ in¹⁵ yo³²⁴ a⁰]

他有一种特别的悟性，[tʰa¹⁵ iou³³⁴ i³²⁴ tsuŋ³³⁴ tʰe³²⁴ pie²¹³ ti⁰ u⁵⁵ ɕin⁵⁵]

就是说样式一点他就晓得了，[tɕiou⁵⁵ sɿ⁵⁵ ɕyæ³²⁴ iaŋ⁵⁵ sɿ¹⁵ i³²⁴ tien³³⁴ tʰa¹⁵ tɕiou⁵⁵ ɕiao³³⁴ te⁰ ȵiao⁰]

就是现在说的口语的话。[tɕiou⁵⁵ sɿ⁵⁵ ɕien⁵⁵ tsai⁵⁵ ɕyæ³²⁴ ti⁰ kʰou³³⁴ y³³⁴ ti⁰ xua⁵⁵]

随着年龄的增长，[sei²¹³ tso⁰ ȵien²¹³ ȵin²¹³ ti⁰ tsen¹⁵ tsaŋ³³⁴]

他成了一名樵夫。[tʰa¹⁵ tsʰen²¹³ ȵiao⁰ i³²⁴ min²¹³ tɕʰiao²¹³ fu¹⁵]

樵夫是做么什的，［tɕʰiao²¹³ fu⁰ sʅ⁵⁵ tsou⁵⁵ mo³³⁴ sʅ⁵⁵ ti⁰］么什：什么
现在就叫砍柴的。［ɕien³³⁴ tsai⁵⁵ tɕiou⁵⁵ tɕiao⁵⁵ kʰan³³⁴ tsʰai²¹³ ti⁰］
他每天咧，［tʰa¹⁵ mei³³⁴ tʰien¹⁵ ȵie⁰］
就是一条扁担，一把镰刀，［tsou⁵⁵ sʅ⁵⁵ i³²⁴ tʰiao²¹³ pien³³⁴ tan¹⁵，i³²⁴ pa³³⁴ ȵien²¹³ tao¹⁵］
往返于这个自家的屋里，［uaŋ³³⁴ fan³³⁴ y²¹³ tse⁵⁵ ke⁰ tsʅ⁵⁵ ka⁰ ti⁰ u³²⁴ ti⁰］自家：自己
和与，这个马鞍山之间，［xo²¹³ y³³⁴，tse⁵⁵ ke⁰ ma³³⁴ ŋan¹⁵ san¹⁵ tsʅ¹⁵ tɕien¹⁵］
就是这一块，就是砍柴。［tsou⁵⁵ sʅ⁵⁵ tse⁵⁵ i³²⁴ kʰuæ³³⁴，tsou⁵⁵ sʅ⁵⁵ kʰan³³⁴ tsʰai²¹³］
一是为了减轻父母的这个负担，［i³²⁴ sʅ⁵⁵ uei⁵⁵ ȵiao⁰ tɕien³³⁴ tɕʰin¹⁵ fu⁵⁵ muŋ³³⁴ ti⁰ tse⁵⁵ ke⁰ fu⁵⁵ tan⁰］
养家度日，养家糊口；［iaŋ³³⁴ tɕia¹⁵ tou⁵⁵ ɯ³²⁴，iaŋ³³⁴ tɕia¹⁵ xu²¹³ kʰou³³⁴］
同时咧，是为了照顾那个，［tʰuŋ²¹³ sʅ²¹³ ȵie⁰，sʅ⁵⁵ uei²¹³ ȵiao⁰ tsao⁵⁵ ku⁵⁵ le⁵⁵ ke⁰］
左邻右舍的那些孤寡老人，［tso³³⁴ ȵin²¹³ iou⁵⁵ sæ⁵⁵ ti⁰ la⁵⁵ ɕie¹⁵ ku¹⁵ kua³³⁴ lao³³⁴ len²¹³］
欸，有他们关照，［e⁰，iou³³⁴ tʰa¹⁵ men⁰ kuan¹⁵ tsao⁵⁵］
等于说，关照着他们，［ten³³⁴ y²¹³ ɕyæ³²⁴，kuan¹⁵ tsao⁵⁵ tso⁰ tʰa¹⁵ men⁰］
使他们咧，［sʅ³³⁴ tʰa¹⁵ men⁰ ȵie⁰］
可以这个更好地哎，安度晚年。［kʰo³³⁴ i³³⁴ tse⁵⁵ ke⁰ ken⁵⁵ xao³³⁴ ti⁰ ai⁰，ŋan¹⁵ tou⁵⁵ uan³³⁴ ȵien²¹³］
有么样的三病两痛，［iou³³⁴ mo³³⁴ iaŋ⁵⁵ ti⁰ san¹⁵ pin⁵⁵ ȵiaŋ³³⁴ tʰuŋ⁵⁵］么样：什么样
他都可以，等于说，［tʰa¹⁵ tʰou¹⁵ kʰo³³⁴ i³³⁴，ten³³⁴ y²¹³ ɕyæ³²⁴］
自己在他能所能及的情况下，［tsʅ⁵⁵ tɕi³³⁴ tsai⁵⁵ tʰa¹⁵ len²¹³ so⁰ len²¹³ tɕi³²⁴ ti⁰ tɕʰin²¹³ kʰuaŋ⁵⁵ ɕia⁵⁵］
可以关照一下。［kʰo³³⁴ i³³⁴ kuan¹⁵ tsao⁵⁵ i³²⁴ xa⁰］
所以咧，［so³³⁴ i³³⁴ ȵie⁰］
他在集贤村哪，［tʰa¹⁵ tsai⁵⁵ tɕi³²⁴ ɕien²¹³ tsʰen¹⁵ la⁰］
他是出了名的好人，［tʰa¹⁵ sʅ⁵⁵ tɕʰy³²⁴ ȵiao⁰ min²¹³ ti⁰ xao³³⁴ len²¹³］
哎，在那些村民当中咧，［ai⁰，tsai⁵⁵ la⁵⁵ ɕie¹⁵ tsʰen¹⁵ min²¹³ taŋ¹⁵ tsuŋ¹⁵ ȵie⁰］
留下了很好很好的那个口碑。［ȵiou²¹³ ɕia⁵⁵ ȵiao⁰ xen³³⁴ xao³³⁴ xen³³⁴ xao³³⁴ ti⁰ la⁵⁵ ke⁰ kʰou³³⁴ pei¹⁵］
钟子期咧，在这个当中咧，［tsuŋ¹⁵ tsʅ³³⁴ tɕʰi¹⁵ ȵie⁰，tai⁵⁵ tse⁵⁵ ke⁰ taŋ¹⁵ tsuŋ¹⁵ ȵie⁰］
所以别个大家都喜欢他。［so³³⁴ i³³⁴ pie²¹³ ke⁰ ta⁵⁵ tɕia¹⁵ tʰou¹⁵ ɕi³³⁴ xuan⁰ tʰa¹⁵］
有一年哪，［iou³³⁴ i³²⁴ ȵien²¹³ la⁰］
晋国大夫俞伯牙，［tɕin⁵⁵ kuæ³²⁴ ta⁵⁵ fu⁰ y²¹³ po³²⁴ ia²¹³］
他出使到楚国去。［tʰa¹⁵ tɕʰy³²⁴ sʅ³³⁴ tao⁵⁵ tsʰou³³⁴ kuæ³²⁴ kʰɯ⁵⁵］

往日哩，又没得车咧，是吧，[uan³³⁴ ɯ⁵⁵ n̠i⁰, iou⁵⁵ mei²¹³ tiæ⁰ tsʰe¹⁵ n̠ie⁰, sɿ⁵⁵ pa⁰]

他就一路水路，[tʰa¹⁵ tsou⁵⁵ i³²⁴ lou⁵⁵ ɕyei³³⁴ lou⁵⁵]

他就只有沿着水路，[tʰa¹⁵ tsou⁵⁵ tsɿ³²⁴ iou³³⁴ ien²¹³ tao⁰ ɕyei³³⁴ lou⁵⁵]

乘船急行。[tsʰen²¹³ tɕʰyan²¹³ tɕi³²⁴ ɕin²¹³]

在一日的快天黑了的时候，[tsai⁵⁵ i³²⁴ ɯ⁵⁵ ti⁰ kʰuai⁵⁵ tʰien¹⁵ xe³²⁴ n̠iao⁰ ti⁰ sɿ²¹³ xou⁵⁵]

当船行到我们这个汉水，[taŋ¹⁵ tɕʰyan²¹³ ɕin²¹³ tao⁵⁵ o³³ men⁰ tse⁵⁵ ke⁰ xan⁵⁵ ɕyei³³⁴]

行至马鞍山山下的时候啊，[ɕin²¹³ tsɿ⁵⁵ ma³³⁴ ŋan¹⁵ san¹⁵ san¹⁵ ɕia⁵⁵ ti⁰ sɿ²¹³ xou⁵⁵ ŋa⁰]

突然一场大风，[tʰou²¹³ lan²¹³ i³²⁴ tsʰaŋ³³⁴ ta⁵⁵ fuŋ¹⁵]

一场大雨，欸，下起来了。[i³²⁴ tsʰaŋ³³⁴ ta⁵⁵ y³³⁴, ei⁰, ɕia⁵⁵ tɕʰi³³⁴ lai²¹³ n̠iao⁰]

俞伯牙为了避雨，[y²¹³ po²¹³ ia²¹³ uei²¹³ n̠iao⁰ pi⁵⁵ y³³⁴]

是不是啊，为了躲避雨啊，[sɿ⁵⁵ pu³²⁴ sɿ⁵⁵ a⁰, uei⁵⁵ n̠iao⁰ to³³⁴ pi⁵⁵ y³³⁴ a⁰]

使雨停了后，等于说，[sɿ³³⁴ y³³⁴ tʰin²¹³ n̠iao⁰ xou⁵⁵, ten³³⁴ y²¹³ ɕyæ³²⁴]

他就停在那个山厦下在，[tʰa¹⁵ tsou⁵⁵ tʰin²¹³ tai⁵⁵ la⁵⁵ ke⁰ san¹⁵ to³²⁴ xa⁰ tai¹] 厦下：下面

它雨停了后哩，[tʰa¹⁵ y³³⁴ tʰin²¹³ n̠iao⁰ xou⁵⁵ n̠i⁰]

他就随身，他又没得么事咧，[tʰa¹⁵ tsou⁵⁵ sei²¹³ sen¹⁵, tʰa¹⁵ iou⁵⁵ mei²¹³ te⁰ mo³³⁴ sɿ⁰ le⁰] 么：什么

天道又晚了，是吧，[tʰien¹⁵ tao⁰ iou⁵⁵ uan³³⁴ n̠iao⁰, sɿ⁵⁵ pa⁰] 天道：天色

他就随身哪，[tʰa¹⁵ tsou⁵⁵ sei²¹³ sen¹⁵ la⁰]

取出他随带的这个瑶琴，[tɕy³³⁴ tɕʰy³²⁴ tʰa¹⁵ sei¹⁵ tai⁵⁵ ti⁰ tse⁵⁵ ke⁰ iao³³⁴ tɕʰin²¹³]

面对着前面的高山流水呀，[mien⁵⁵ tei⁵⁵ tso⁰ tɕʰien²¹³ mien⁵⁵ ti⁰ kao¹⁵ san¹⁵ n̠iou²¹³ ɕyei³³⁴ ia⁰]

他尽情地弹奏起来，[tʰa¹⁵ tɕin⁵⁵ tɕʰin²¹³ ti⁰ tʰan²¹³ tsou⁵⁵ tɕʰi³³⁴ lai²¹³]

使悠扬的琴声，[sɿ³³⁴ iou¹⁵ iaŋ²¹³ ti⁰ tɕʰin²¹³ sen¹⁵]

伴着雨后的春风啊，[pan⁵⁵ tso⁰ y³³⁴ xou⁵⁵ ti⁰ tɕʰyn¹⁵ fuŋ¹⁵ ŋa⁰]

传到了正在马鞍山上砍柴的，[tɕʰyan²¹³ tao⁵⁵ n̠iao⁰ tsen⁵⁵ tai⁵⁵ ma³³⁴ ŋan¹⁵ san¹⁵ saŋ⁰ kʰan³³⁴ tsʰai²¹³ ti⁰]

钟子期的耳朵。[tsuŋ¹⁵ tsɿ³³⁴ tɕʰi¹⁵ ti⁰ ɯ³³⁴ tuŋ⁰]

这个钟子期哩，[tse⁵⁵ ke⁰ tsuŋ¹⁵ tsɿ³³⁴ tɕʰi¹⁵ n̠i⁰]

他因为从小就酷爱音乐，[tʰa¹⁵ in¹⁵ uei²¹³ tsʰuŋ²¹³ ɕiao³³⁴ tsou⁵⁵ kʰu⁵⁵ ŋai⁵⁵ in¹⁵ yo³²⁴]

所以哩，他就沿倒琴声，[so³³⁴ i³³⁴ n̠i⁰, tʰa¹⁵ tɕiou⁵⁵ ien²¹³ tao⁰ tɕʰin²¹³ sen¹⁵]

来到了这个汉水边，[lai²¹³ tao⁵⁵ n̠iao⁰ tse⁵⁵ ke⁰ xan⁵⁵ ɕyei³³⁴ pien¹⁵]

哎！躲在那个树后头静听。[ai⁰! to³³⁴ tsai⁵⁵ la⁵⁵ ke⁰ ɕy⁵⁵ xou⁵⁵ tʰou⁰ tɕin⁵⁵ tʰin¹⁵]

他就慢慢地听，也不做声，[tʰa¹⁵ tsou⁵⁵ man⁵⁵ man⁰ ti⁰ tʰin¹⁵, ie³³⁴ pu³²⁴ tsou⁵⁵ sen¹⁵]

并伴随着那个琴声的节奏，[pin⁵⁵ pan⁵⁵ sei²¹³ tso⁰ la⁵⁵ ke⁰ tɕʰin²¹³ sen¹⁵ ti⁰ tɕie²¹³ tsou⁵⁵]

轻重的缓急，[tɕʰin¹⁵ tsuŋ⁵⁵ ti⁰ xuan³³⁴ tɕi³²⁴]

不停地点头击掌，陶醉其中。[pu³²⁴ tʰin²¹³ ti⁰ tien³³⁴ tʰou²¹³ tɕi³²⁴ tsaŋ³³⁴, tʰao²¹³ tsei⁵⁵ tɕʰi²¹³ tsuŋ¹⁵]

突然，琴弦断了。[tʰou²¹³ lan²¹³, tɕʰin²¹³ ɕien²¹³ tan⁵⁵ ɲiao⁰]

俞伯牙哩，顿感，顿时感到蹊跷，[y²¹³ po²¹³ ia²¹³ ɲi⁰, ten⁵⁵ kan³³⁴, ten⁵⁵ sɿ²¹³ kan³³⁴ tao tɕʰi¹⁵ tɕʰiao³³⁴]

这么板眼哩，啊？[tse⁵⁵ mo³³⁴ pan³³⁴ ien³³⁴ ɲie⁰, a⁰] 么板眼：怎么回事

我这弹得好好的，这个，[o³³ tse⁵⁵ tʰan²¹³ tæ⁰ xao³³⁴ xao⁰ ti⁰, tse⁵⁵ ke⁰]

那个琴弦怎么突然断了哩？[le⁵⁵ ke⁰ tɕʰin²¹³ ɕien²¹³ tsen²¹³ mo⁵⁵ tʰou²¹³ lan²¹³ tan⁵⁵ ɲiao⁰ ɲi⁰]

是不是啊，所以他就观望四周，[sɿ⁵⁵ pu³²⁴ sɿ⁵⁵ a⁰, so³³⁴ i³³⁴ tʰa¹⁵ tsou⁵⁵ kuan¹⁵ uaŋ¹⁵ sɿ⁵⁵ tsou¹⁵]

隐隐觉得附近有人在听他的，[in³³⁴ in⁰ tɕyo³²⁴ te⁰ fu⁵⁵ tɕin⁵⁵ iou³³⁴ len²¹³ tsai⁵⁵ tʰin¹⁵ tʰa¹⁵ ti⁰]

琴的演奏。[tɕʰin²¹³ ti⁰ ien³³⁴ tsou⁵⁵]

于是哩，他立身起来向岸上搜寻，[y²¹³ sɿ⁵⁵ ɲi⁰, tʰa¹⁵ ɲi³²⁴ sen¹⁵ tɕʰi³³⁴ lai²¹³ ɕiaŋ⁵⁵ ŋan⁵⁵ saŋ⁰ sou¹⁵ ɕyn²¹³]

就上岸哪，去找他，找这个人，[tsou⁵⁵ saŋ⁵⁵ ŋan⁵⁵ la⁰, kʰɯ⁵⁵ tsao³³⁴ tʰa¹⁵, tsao³³⁴ tse⁵⁵ ke⁰ len²¹³]

所以哩，发现了躲在后、[so³³⁴ i³³⁴ ɲi⁰, fa³²⁴ ɕien⁵⁵ ɲiao⁰ to³³⁴ tsai⁵⁵ xou⁵⁵]

树后头的钟子期。[ɕy⁵⁵ xou⁵⁵ tʰou⁰ ti⁰ tsuŋ¹⁵ tsɿ³³⁴ tɕʰi¹⁵]

俞伯牙哩，望着眼前的，[y²¹³ po²¹³ ia²¹³ ɲi⁰, uaŋ⁵⁵ tso⁰ ien³³⁴ tɕʰien²¹³ ti⁰]

樵夫打扮的钟子期呀，[tɕʰiao²¹³ fu¹⁵ ta³³⁴ pan⁵⁵ ti⁰ tsuŋ¹⁵ tsɿ³³⁴ tɕʰi¹⁵ ia⁰]

俞伯牙就问道：[y²¹³ po²¹³ ia²¹³ tɕiou⁵⁵ uen⁵⁵ tao⁰]

"不知尊居何处？" [pu³²⁴ tsɿ¹⁵ tsen¹⁵ tɕy¹⁵ xo²¹³ tɕʰy⁵⁵]

钟子期就说，哎，[tsuŋ¹⁵ tsɿ³³⁴ tɕʰi¹⁵ tsou⁵⁵ ɕyæ³²⁴, ai⁰]

离此处不远的马鞍山集贤村。[ɲi²¹³ tsʰɿ³³⁴ tɕʰy⁵⁵ pu³²⁴ yan³³⁴ ti⁰ ma³³⁴ ŋan¹⁵ san¹⁵ tɕi³²⁴ ɕien²¹³ tsʰen¹⁵]

是啊，随后哩，[sɿ⁵⁵ a⁰, sei²¹³ xou⁰ ɲi⁰]

俞伯牙哩，[y²¹³ po²¹³ ia³²⁴ ɲi⁰]

就又弹奏了一，[tɕiou⁵⁵ iou⁵⁵ tʰan²¹³ tsou⁵⁵ ɲiao⁰ i³²⁴]

一首"高山流水"曲，[i³²⁴ sou³³⁴ kao¹⁵ san¹⁵ ȵiou²¹³ ɕyei³³⁴ tɕʰy³³⁴]

问其可知道这个当中的意思啊？[uen⁵⁵ tɕʰi²¹³ kʰo³³⁴ tsʅ¹⁵ tao⁰ tse⁵⁵ ke⁰ taŋ¹⁵ tsuŋ¹⁵ ti⁰ i⁵⁵ sʅ⁰ a⁰]

钟子期说啦：[tsuŋ¹⁵ tsʅ³³⁴ tɕʰi¹⁵ ɕyæ³²⁴ la⁰]

"善哉善哉，峨峨兮若泰山，[san⁵⁵ tsai¹⁵ san⁵⁵ tsai⁰, o²¹³ o²¹³ ɕi¹⁵ yo³²⁴ tʰai⁵⁵ san¹⁵]

荡荡兮若江河。"[taŋ⁵⁵ taŋ⁵⁵ ɕi¹⁵ yo³²⁴ tɕiaŋ¹⁵ xo²¹³]

听完钟子期的回答，[tʰin¹⁵ uan²¹³ tsuŋ¹⁵ tsʅ³³⁴ tɕʰi¹⁵ ti⁰ xuei²¹³ ta⁰]

俞伯牙喜不胜收哇，[y²¹³ po²¹³ ia²¹³ ɕi³³⁴ pu³³⁴ sen⁵⁵ sou¹⁵ ua⁰]

喜得不得了，[ɕi⁵⁵ te⁰ pu³²⁴ te⁰ ȵiao³³⁴] 喜：高兴

顿觉得相见恨晚啊，[ten⁵⁵ tɕyo²¹³ te⁰ ɕiaŋ¹⁵ tɕien⁵⁵ xen⁵⁵ uan³³⁴ la⁰]

两个人由此结下了莫逆之交，[ȵiaŋ³³⁴ ke⁰ len²¹³ iou²¹³ tsʰʅ³³⁴ tɕie³²⁴ ɕia⁵⁵ ȵiao⁰ mo³²⁴ i⁵⁵ tsʅ¹⁵ tɕiao¹⁵]

并且哩，[pin⁵⁵ tɕʰie³³⁴ ȵi⁰]

他们相约第二年再来此地相会，[tʰa¹⁵ men⁰ ɕiaŋ¹⁵ yo³²⁴ ti⁵⁵ ɯ⁵⁵ ȵien²¹³ tsai⁵⁵ lai²¹³ tsʰʅ³³⁴ ti⁵⁵ ɕiaŋ¹⁵ xuei⁵⁵]

重叙他们这个知音之情。[tsʰuŋ²¹³ ɕy⁵⁵ tʰa¹⁵ men⁰ tse⁵⁵ ke⁰ tsʅ¹⁵ in¹⁵ tsʅ¹⁵ tɕʰin²¹³]

哪晓得哩，[la⁵⁵ ɕiao³³⁴ te⁰ ȵi⁰]

钟子期回去了以后突然重病，[tsuŋ¹⁵ tsʅ³³⁴ tɕʰi¹⁵ xuei²¹³ kʰɯ⁵⁵ ȵiao⁰ i³³⁴ xou⁵⁵ tʰou²¹³ lan²¹³ tsuŋ⁵⁵ pin⁵⁵]

哎，抱着遗憾而亡，死了。[ai⁰, pao⁵⁵ tso⁰ i²¹³ xan⁵⁵ ɯ²¹³ uaŋ²¹³, sʅ³³⁴ ȵiao⁰]

所以哩，到来到第二年的时候，[so³³⁴ i³³⁴ ȵie⁰, tao⁵⁵ lai²¹³ tao⁰ ti⁵⁵ ɯ⁵⁵ ȵien²¹³ ti⁰ sʅ²¹³ xou⁵⁵]

俞伯牙哩，[y²¹³ po²¹³ ia²¹³ ȵi⁰]

这个如期来到了这个地方，[tse⁵⁵ ke⁰ y²¹³ tɕʰi¹⁵ lai²¹³ tao⁰ ȵiao⁰ tse⁵⁵ ke⁰ ti⁵⁵ faŋ¹⁵]

就等钟子期啊，前来。[tɕiou⁵⁵ ten³³⁴ tsuŋ¹⁵ tsʅ³³⁴ tɕʰi¹⁵ a⁰, tɕʰien²¹³ lai²¹³]

尽等哩，就等不到，[tɕin³³⁴ ten³³⁴ ȵi⁰, tsou⁵⁵ ten³³⁴ pu³²⁴ tao⁰] 尽：一直

这是，是么板眼哩？[tse⁵⁵ sʅ⁵⁵, sʅ⁵⁵ mo³³⁴ pan³³⁴ ien³³⁴ ȵi⁰]

最后没得法，[tsei⁵⁵ xou⁵⁵ mei²¹³ te⁰ fa³²⁴]

便，便携带他的那个琴，[pien⁵⁵, pien⁵⁵ ɕie²¹³ tai⁵⁵ tʰa¹⁵ ti⁰ la⁵⁵ ke⁰ tɕʰin²¹³]

找到了这个马鞍山的集贤村，[tsao³³⁴ tao⁵⁵ ȵiao⁰ tse⁵⁵ ke⁰ ma³³⁴ ŋan¹⁵ san¹⁵ ti⁰ tɕi³²⁴ ɕien²¹³ tsʰen¹⁵]

的钟子期的屋里。[ti⁰ tsuŋ¹⁵ tsʅ³³⁴ tɕʰi¹⁵ ti⁰ u³²⁴ ȵi⁰]

最后哩，问他的父亲，[tsei⁵⁵ xou⁵⁵ ȵie⁰, uen⁵⁵ tʰa¹⁵ ti⁰ fu⁵⁵ tɕʰin¹⁵]

得知钟子期哩，病死了，[te²¹³tsʅ¹⁵tsuŋ¹⁵tsʅ³³⁴tɕʰi¹⁵n̠i⁰，pin⁵⁵sʅ³³⁴n̠iao⁰]

他顿时觉得哩，[tʰa¹⁵ten⁵⁵sʅ²¹³tɕyo³²⁴te⁰le⁰]

五雷啊，轰顶啊，是不是啊！[u³³⁴lei²¹³ia⁰，xuŋ¹⁵tin³³⁴la⁰，sʅ⁵⁵pu³²⁴sʅ⁵⁵a⁰]

当即哩，[taŋ¹⁵tɕi³²⁴n̠i⁰]

就请他的钟子期的父亲哪，[tɕiou⁵⁵tɕʰin³³⁴tʰa¹⁵ti⁰tsuŋ¹⁵tsʅ³³⁴tɕʰi¹⁵ti⁰fu⁵⁵tɕʰin¹⁵la⁰]

将他哩，带到了钟子期的坟头。[tɕiaŋ¹⁵tʰa¹⁵n̠ie⁰，tai⁵⁵tao⁵⁵n̠iao⁰tsuŋ¹⁵tsʅ³³⁴tɕʰi¹⁵ti⁰fen²¹³tʰou⁰]

他跪到哇，坟前是长跪不起啊，[tʰa¹⁵kuei⁵⁵tao⁰ua⁰，fen²¹³tɕʰien²¹³sʅ⁵⁵tsʰaŋ²¹³kuei⁵⁵pu³²⁴tɕʰi³³⁴ia⁰]

哭诉知音难觅之情哪。[kʰu³²⁴sou⁵⁵tsʅ¹⁵in¹⁵lan²¹³mi⁵⁵tsʅ¹⁵tɕʰin²¹³la⁰]

随后，就取出了瑶琴，[sei²¹³xou⁰，tsou⁵⁵tɕʰy³³⁴tɕʰy³²⁴n̠iao⁰iao²¹³tɕʰin²¹³]

在钟子期的坟头弹奏了一曲后，[tsai⁵⁵tsuŋ¹⁵tsʅ³³⁴tɕʰi¹⁵ti⁰fen²¹³tʰou⁰tʰan²¹³tsou⁵⁵n̠iao⁰i³²⁴tɕʰy³³⁴xou⁵⁵]

并将琴摔碎，[pin⁵⁵tɕiaŋ¹⁵tɕʰin²¹³ɕyai¹⁵sei⁵⁵]

把个琴哪，打碎了，[pa³³⁴ke⁰tɕʰin²¹³la⁰，ta³²⁴sei⁵⁵n̠iao⁰]

以谢知音哪。[i²¹³ɕie⁵⁵tsʅ¹⁵in¹⁵la⁰]

由此哩，[iou²¹³tsʰʅ³³⁴n̠i⁰]

便诞生了一段，脍炙人口，[pien⁵⁵tan⁵⁵sen¹⁵n̠iao⁰i³²⁴tan⁵⁵，xuei⁵⁵tsʅ⁵⁵len²¹³kʰou³³⁴]

千古流传至今的，[tɕʰien¹⁵ku³³⁴n̠iou²¹³tɕʰyan²¹³tsʅ⁵⁵tɕin¹⁵ti⁰]

俞伯牙摔琴谢知音的动人故事。[y²¹³po²¹³ia²¹³ɕyai³³⁴tɕʰin²¹³ɕie⁵⁵tsʅ¹⁵in¹⁵ti⁰tuŋ⁵⁵len²¹³ku⁵⁵sʅ⁰]

这个故事一直流传到，[tse⁵⁵ke⁰ku⁵⁵sʅ⁰i³²⁴tsʅ²¹³n̠iou²¹³tɕʰyan²¹³tao⁵⁵]

我们全国啊，[o³³men⁰tɕʰyan²¹³kuæ³²⁴a⁰]

是大家基本上是家喻户晓。[sʅ⁵⁵ta⁵⁵tɕia¹⁵tɕi¹⁵pen³³⁴saŋ⁵⁵sʅ⁵⁵tɕia¹⁵y⁵⁵xu⁵⁵ɕiao³³⁴]

这个故事至今在我耳边哪，[tse⁵⁵ke⁰ku⁵⁵sʅ⁵⁵tsʅ⁵⁵tɕin¹⁵tai⁵⁵o³³ɯ³³⁴pien¹⁵la⁰]

一直回荡。[i³²⁴tsʅ²¹³xuei²¹³taŋ⁵⁵]

意译：在我们蔡甸区啊，有一个流传很广的故事，故事名字叫《高山流水，知音故里》。

在我们蔡甸区呢，马鞍山南麓凤凰咀的密林深处，有一座历史悠久的遗迹，叫"楚隐贤钟子期墓"，还有古香古色的知音亭。当你走近这座古墓，凭吊古贤哪，会使你突然心生敬意。观看这碑亭，阅读碑文，你的耳边仿佛回荡着高山流水美妙的琴声。

钟子期呢，是生活在春秋战国时期楚国的隐贤。他从小就聪明、孝顺，因受他父亲的长期教诲和影响，对音乐的理解，有着特别的悟性。随着年龄的增长，他成了一名樵夫。樵夫是干什么的？现在就叫砍柴的。他每天呢，就是一条扁担，一把镰刀，往返于家里与马鞍山之间砍柴。一是为了减轻父母的负担，养家糊口；同时呢，也是为了照顾左邻右舍的那些孤寡老人，关照他们，他们有什么病痛之类的，他都可以在他力所能及的情况下进行帮助。他在集贤村哪，是出了名的好人，在村民当中留下了很好的口碑，大家都喜欢他。

晋国大夫俞伯牙，他出使到楚国去。早先没有车辆，他就走水路，沿着水路，乘船急行。在一天快天黑了的时候，当船行到我们这个汉水边，马鞍山山下的时候啊，突然来了一场大风，一场大雨下起来了。俞伯牙为了避雨，就停在那个山底下。雨停了后呢，天晚了，他随身没带什么，就拿出他随身带的瑶琴，面对着高山流水啊，他尽情地弹奏起来，使悠扬的琴声伴着雨后的春风啊，传到了正在马鞍山上砍柴的钟子期耳朵里。

钟子期因为从小就酷爱音乐，所以沿琴声来到了汉水边，躲在树后头静听，他就慢慢地听，细细地品，也不吭声，伴随着琴声的节奏，轻重的缓急，不停地点头击掌陶醉其中。突然，琴弦断了，俞伯牙呢，顿时感到蹊跷，这是怎么回事呀，我这弹得好好的，这个琴弦怎么突然断了呢？他观望四周，隐隐觉得附近有人在听他的演奏。于是，他站起身，向岸上搜寻，去找这个人。这样，就发现了躲在树后头的钟子期。俞伯牙望着眼前樵夫打扮的钟子期呀，俞伯牙就问道："不知尊居何处？"钟子期就说，在离此处不远的马鞍山集贤村。随后呢，俞伯牙就又弹奏了一首"高山流水"曲，问其可知道这个当中的意思啊。钟子期说："善哉善哉，峨峨兮若泰山，荡荡兮若江河。"听完钟子期的回答，俞伯牙喜出望外，顿觉相见恨晚，两个人由此结下了莫逆之交，并且呢，他们相约第二年再来此地相会，重叙他们的知音之情。

哪知道呢，钟子期回去了以后突然得了重病，抱憾而去。到第二年的时候，俞伯牙按约定期限来到这里，就等钟子期前来，结果他没等到。他想，是什么原因钟子期还没来呢？最后没办法，便携带着他的那个琴，找到了马鞍山集贤村钟子期的家里，问他的父亲。得知钟子期病死了，他顿时觉得五雷轰顶，就请钟子期的父亲哪，将他带到了钟子期的坟前。他在坟前长跪不起，哭诉知音难觅之情。随后，俞伯牙取出了瑶琴，在钟子期的坟头弹奏了一曲后，将琴摔碎，以谢知音。

由此呢，便诞生了一段脍炙人口、千古流传的俞伯牙摔琴谢知音的动人故事。这个故事一直流传到全国啊，基本上是家喻户晓。这个故事至今在我耳边哪，一直回荡。

0023 其他故事

我咧，讲一个啊，[o³³ ȵie⁰，tɕiaŋ³³⁴ i³²⁴ ke⁰ a⁰]

一个《箍匠跟财主》的故事。[i³²⁴ ke⁰ kʰu¹⁵ tɕiaŋ⁵⁵ ken¹⁵ tsʰai²¹³ tɕy³³⁴ ti⁰ ku⁵⁵ sʅ⁵⁵] 箍匠：修理木桶的工匠。跟：和

一个箍匠跟财主的故事咧，[i³²⁴ ke⁰ kʰu¹⁵ tɕiaŋ⁵⁵ ken¹⁵ tsʰai²¹³ tɕy³³⁴ ti⁰ ku⁵⁵ sʅ⁵⁵ ȵie⁰]

就是往日的故事啊。[tɕiou⁵⁵ sʅ⁵⁵ uaŋ³³⁴ ɯ⁵⁵ ti⁰ ku⁵⁵ sʅ⁵⁵ a⁰]

就是说李庄啊，有个财主，[tɕiou⁵⁵ sʅ⁵⁵ ɕyæ³²⁴ ȵi³³⁴ tɕyaŋ¹⁵ ŋa⁰，iou³³⁴ ke⁰ tsʰai²¹³ tɕy³³⁴]

财主咧，他的，他就有两个儿子。[tsʰai²¹³ tɕy³³⁴ ȵie⁰，tʰa¹⁵ ti⁰，tʰa¹⁵ tsou⁵⁵ iou³³⁴ ȵiaŋ³³⁴ ke⁰ ɯ²¹³ tsʅ⁰]

有两个儿子咧，[iou³³⁴ ȵiaŋ³³⁴ ke⁰ ɯ²¹³ tsʅ⁰ ȵie⁰]

大儿子结了婚，[ta⁵⁵ ɯ²¹³ tsʅ⁰ tɕie³²⁴ ȵiao⁰ xuen¹⁵]

结了婚咧，接的媳妇咧，[tɕie³²⁴ iao⁰ xuen¹⁵ ȵie⁰，tɕie³²⁴ ti⁰ ɕi³²⁴ fu⁰ ȵie⁰]

好吃懒做，就不会理家。[xao⁵⁵ tɕʰi³²⁴ lan³³⁴ tsou⁵⁵，tɕiou⁵⁵ pu³²⁴ xuei⁵⁵ ȵi³³⁴ tɕia¹⁵]

这个财主咧，[tse⁵⁵ ke⁰ tsʰai²¹³ tɕy³³⁴ ȵie⁰]

整天的为他的屋里的，[tsen³³⁴ tʰien¹⁵ ti⁰ uei⁵⁵ tʰa¹⁵ ti⁰ u³²⁴ ȵi⁰ ti⁰] 屋里：家里

这个家产，家产这个着急啊，[tse⁵⁵ ke⁰ tɕia¹⁵ tsʰan³³⁴，tɕia¹⁵ tsʰan³³⁴ tse⁵⁵ ke⁰ tso²¹³ tɕi³²⁴ a⁰]

这也没得一个好的人理财呀，[tɕie⁵⁵ ie³³⁴ men²¹ te⁰ i³²⁴ ke⁰ xao³³⁴ ti⁰ len²¹³ ȵi³³⁴ tsʰai²¹³ ia⁰]

就是说这个掌家，就不好。[tɕiou⁵⁵ sʅ⁵⁵ ɕyæ⁵⁵ tse³²⁴ ke⁰ tsaŋ³³⁴ tɕia¹⁵，tɕiou⁵⁵ pu³²⁴ xao³³⁴]

他的第二儿子咧，又蛮聪明，[tʰa¹⁵ ti⁰ ti⁵⁵ ɯ⁵⁵ ɯ²¹³ tsʅ⁰ ȵie⁰，iou⁵⁵ man²¹³ tsʰuŋ¹⁵ min⁰]

蛮聪明咧，[man²¹³ tsʰuŋ¹⁵ min⁰ ȵie⁰]

要到哪里说一个贼媳妇。[iao⁵⁵ tao⁵⁵ la³³⁴ ȵi⁰ ɕyæ³²⁴ i³²⁴ ke⁰ tsei²¹³ ɕi³²⁴ fu⁰] 贼：聪明

他就打听到哇，[tʰa¹⁵ tɕiou⁵⁵ ta³³⁴ tʰin¹⁵ tao⁰ ua⁰]

对面庄里有个箍匠哩，[tei⁵⁵ mien⁵⁵ tɕyaŋ¹⁵ ȵi⁰ iou³³⁴ ke⁰ kʰu¹⁵ tɕiaŋ⁵⁵ ȵi⁰]

箍匠哩，有个姑娘啊，蛮聪明，[kʰu⁵⁵ tɕiaŋ⁵⁵ ȵi⁰，iou³³⁴ ke⁰ ku¹⁵ ȵiaŋ²¹³ ŋa⁰，man²¹³ tsʰuŋ¹⁵ min²¹³]

能说会道。[len²¹³ ɕyæ³²⁴ xuei⁵⁵ tao⁵⁵]

他说，那是像哪样，[tʰa³²⁴ ɕyæ³²⁴，la⁵⁵ sʅ⁵⁵ tɕʰiaŋ⁵⁵ la³³⁴ iaŋ⁵⁵] 像哪样：怎么样

能把这个箍匠的姑娘联系上咧？[len²¹³ pa³³⁴ tse⁵⁵ ke⁰ kʰu⁵⁵ tɕiaŋ⁵⁵ ti⁰ ku¹⁵ ȵiaŋ²¹³ ȵien²¹³ ɕi⁵⁵ saŋ⁵⁵ ȵie⁰]

那个财主就叫他的屋里家人哪，[le³²⁴ ke⁰ tsʰai²¹³ tɕy³³⁴ tɕiou⁵⁵ tɕiao⁵⁵ tʰa¹⁵ ti⁰ u³²⁴ ȵi⁰ tɕia¹⁵ len²¹³ la⁰]

叫屋里佣人，[tɕiao⁵⁵ u³²⁴ ȵi⁰ yŋ⁵⁵ len²¹³]

就是跑到对面庄里，[tɕiou⁵⁵ sʅ⁵⁵ pʰao²¹³ tao⁰ tei⁵⁵ mien⁵⁵ tɕyaŋ¹⁵ ȵi⁰]

去找那个箍匠。[kʰi⁵⁵ tsao³³⁴ la⁵⁵ ke⁰ kʰu¹⁵ tɕiaŋ⁵⁵]

那个佣人咧，[le⁵⁵ ke⁰ yŋ⁵⁵ len²¹³ ȵie⁰]

跑到对面塆里去咧，[pʰao²¹³ tao⁰ tei⁵⁵ mien⁵⁵ uan¹⁵ ȵi⁰ kʰi⁵⁵ ȵie⁰] 塆：村

把这个箍匠就找到了，[pa³³⁴ tse⁵⁵ ke⁰ kʰu¹⁵ tɕiaŋ⁵⁵ tsou⁵⁵ tsao³³⁴ tao⁰ ȵiao⁰]

他说："我的屋里财主啊，[tʰa¹⁵ ɕyæ³²⁴：o³³ ti⁰ u³²⁴ ȵi⁰ tsʰai²¹³ tɕy³³⁴ a⁰]

要你明儿到我的去箍东西。"[iao⁵⁵ ȵi³³⁴ mia²¹³ ɯ⁵⁵ tao⁰ o³³ ti⁰ kʰi⁵⁵ kʰu¹⁵ tuŋ¹⁵ ɕi⁰]

"他说那你箍么东西咧？"[tʰa¹⁵ ɕyæ³² le⁵⁵ ȵi³³⁴ kʰu¹⁵ mo³²⁴ tuŋ¹⁵ ɕi⁰ ȵie⁰] 么：什么

他说："我找不倒，[tʰa¹⁵ ɕyæ³²⁴：o³³ tsao³³⁴ pu³²⁴ tao⁰] 找不倒：不知道

你到他的屋里去了就晓得。"[ȵi³³⁴ tao⁵⁵ tʰa¹⁵ ti⁰ u³²⁴ ȵi⁰ kʰi⁵⁵ ȵiao⁰ tsou⁵⁵ ɕiao³³⁴ te³²⁴]

他说："你的住哪里在咧？"[tʰa¹⁵ ɕyæ³²⁴：ȵi³³⁴ ti⁰ tɕy⁵⁵ la⁵⁵ ȵi⁰ tai²¹³ ȵie⁰]

他说：[tʰa¹⁵ ɕyæ³²⁴]

"我的住在前面、对面庄里。"[o³³ ti⁰ tɕy⁵⁵ tai⁵⁵ tɕʰien²¹³ mien⁵⁵、tei⁵⁵ mien⁵⁵ tɕyaŋ¹⁵ ȵi⁰]

他说："我的屋里，[tʰa¹⁵ ɕyæ³²⁴：o³³ ti⁰ u³²⁴ ȵi⁰]

我的主人的屋里咧，[o³³ ti⁰ tɕy⁵⁵ len²¹³ ti⁰ u³²⁴ ȵi⁰ ȵie⁰]

是一边咧，响叮叮，[sʅ⁵⁵ i³²⁴ pien¹⁵ ȵie⁰，ɕiaŋ³³⁴ tin¹⁵ tin¹⁵]

一边咧，冷清清，[i³²⁴ pien¹⁵ ȵie⁰，len³³⁴ tɕʰin¹⁵ tɕʰin¹⁵]

门前就两个芭蕉树啊，[men²¹³ tɕʰien²¹³ tsou⁵⁵ ȵiaŋ³³⁴ ke⁰ pa¹⁵ tɕiao¹⁵ ɕy⁵⁵ ia⁰]

竖倒半空中。"[ɕy⁵⁵ tao⁰ pan⁵⁵ kuŋ¹⁵ tsuŋ¹⁵]

他说："那是哪地啊？[tʰa¹⁵ ɕyæ³²⁴：la⁵⁵ sʅ⁵⁵ la³³⁴ ti⁵⁵ a⁰]

那我像样难得找啊。"[la⁵⁵ o³³ tɕʰiaŋ⁵⁵ iaŋ⁵⁵ lan²¹³ te⁰ tsao³³⁴ a⁰]

他说："好好好，[tʰa¹⁵ ɕyæ³²⁴：xao³³⁴ xao³³⁴ xao³³⁴]

你，你回去，我明日就去。"[ȵi³³⁴，ȵi³³⁴ xuei²¹³ kʰi⁵⁵，o³³ mia²¹³ ɯ⁵⁵ tsou⁵⁵ kʰi⁵⁵]

这个箍匠哪里晓得咧，[tse⁵⁵ ke⁰ kʰu¹⁵ tɕiaŋ⁰ la³³⁴ ȵi⁵⁵ ɕiao³³⁴ te³²⁴ ȵie⁰]

就跑回去问他的姑娘。[tsou⁵⁵ pʰao²¹³ xuei²¹³ kʰi⁵⁵ uen⁵⁵ tʰa¹⁵ ti⁰ ku¹⁵ ȵiaŋ⁰]

他说："人家对面的一个财主啊，[tʰa¹⁵ ɕyæ³²⁴：len²¹³ ka⁰ tei⁵⁵ mien⁵⁵ ti⁰ i³²⁴ ke⁰ tsʰai²¹³ tɕy³³⁴ a⁰]

要我到他里去箍东西。[iao⁵⁵ o³³ tao⁵⁵ tʰa¹⁵ ȵi⁰ kʰi⁵⁵ kʰu¹⁵ tuŋ¹⁵ ɕi⁰]

他住哪里在吵，他是这样说的，[tʰa¹⁵ tɕy⁵⁵ la³³⁴ n̠i⁰ tai⁵⁵ sa⁰，tʰa¹⁵ sɿ⁵⁵ tse⁵⁵ iaŋ⁵⁵ ɕyæ³²⁴ ti⁰]

他说一边响叮叮，一边冷清清，[tʰa¹⁵ ɕyæ³²⁴ i³²⁴ pien¹⁵ ɕiaŋ³³⁴ tin¹⁵ tin¹⁵，i³²⁴ pien¹⁵ len³³⁴ tɕʰin¹⁵ tɕʰin¹⁵]

门前两个芭蕉树啊，[men²¹³ tɕʰien²¹³ n̠iaŋ³³⁴ ke⁰ pa¹⁵ tɕiao¹⁵ ɕy⁵⁵ a⁰]

竖到半空中。"[ɕy⁵⁵ tao⁰ pan⁵⁵ kʰuŋ¹⁵ tsuŋ¹⁵]

他的姑娘说："好找好找，[tʰa¹⁵ ti⁰ ku¹⁵ n̠iaŋ⁰ ɕyæ³²⁴：xao³³⁴ tsao³³⁴ xao³³⁴ tsao³³⁴]

你到他的对面庄里去咧，[n̠i³³⁴ tao⁵⁵ tʰa¹⁵ ti⁰ tei⁵⁵ mien⁵⁵ tɕyaŋ¹⁵ n̠i⁰ kʰi⁵⁵ n̠ie⁰]

一边嘞，是个打铁的，铁匠，[i³²⁴ pien¹⁵ le⁰，sɿ⁵⁵ ke⁰ ta³³⁴ tʰie³²⁴ ti⁰，tʰie³²⁴ tɕiaŋ⁵⁵]

打铁的不是响叮叮；[ta³³⁴ tʰie³²⁴ ti⁰ pu³²⁴ sɿ⁵⁵ ɕiaŋ³³⁴ tin¹⁵ tin¹⁵]

一边冷清清，就是一座庙，[i³²⁴ pien¹⁵ len³³⁴ tɕʰin¹⁵ tɕʰin¹⁵，tɕiou⁵⁵ sɿ⁵⁵ i³²⁴ tso⁵⁵ miao⁵⁵]

庙里肯定蛮冷清咧。[miao⁵⁵ n̠i⁰ kʰen³³⁴ tin⁵⁵ man²¹³ len³³⁴ tɕʰin¹⁵ n̠ie⁰]

这里门前两个芭蕉树咧，[tse⁵⁵ i⁰ men²¹³ tɕʰien²¹³ n̠iaŋ³³⁴ ke⁰ pa¹⁵ tɕiao¹⁵ ɕy⁵⁵ n̠ie⁰]

竖到半空中咧，[ɕy⁵⁵ tao⁵⁵ pan⁵⁵ kʰuŋ¹⁵ tsuŋ¹⁵ n̠ie⁰]

就是他的门口，[tɕiou⁵⁵ sɿ⁵⁵ tʰa¹⁵ ti⁰ men²¹³ kʰou³³⁴]

有两根电线杆子。"[iou³³⁴ n̠iaŋ³³⁴ ken¹⁵ tien⁵⁵ ɕien⁵⁵ kan¹⁵ tsɿ⁰]

那个箍匠说：[la⁵⁵ ke⁰ kʰu¹⁵ tɕiaŋ⁵⁵ ɕyæ³²⁴]

"好好好，[xao³³⁴ xao³³⁴ xao³³⁴]

我晓得了。"[o³³ ɕiao³³⁴ te⁰ n̠iao⁰]

那个箍匠就，[la⁵⁵ ke⁰ kʰu¹⁵ tɕiaŋ⁵⁵ tsou⁰]

第二天的挑的家业就到他的去了。[ti⁵⁵ ɯ⁵⁵ tʰien¹⁵ ti⁰ tʰiao¹⁵ ti⁰ tɕia⁵⁵ ie⁰ tsou⁵⁵ tao⁵⁵ tʰa¹⁵ ti³³⁴ kʰi⁵⁵ n̠iao⁰]

去了，在他的门口歇下来了，[kʰi⁵⁵ n̠iao⁰，tai⁵⁵ tʰa¹⁵ ti⁰ men²¹³ kʰou³³⁴ ɕie³²⁴ ɕia⁵⁵ lai²¹³ n̠iao⁰]

歇下来了个，[ɕie³²⁴ ɕia⁵⁵ lai²¹³ n̠iao⁰ ke⁰]

佣人就跑出来接待咧，[yŋ⁵⁵ len²¹³ tsou⁵⁵ pʰao²¹³ tɕʰy³²⁴ lai²¹³ tɕie³²⁴ tai⁵⁵ n̠ie⁰]

接待，就叫佣人，[tɕie³²⁴ tai⁵⁵，tsou⁵⁵ tɕiao⁵⁵ yŋ⁵⁵ len²¹³]

就去请他的财主咧。[tsou⁵⁵ kʰi⁵⁵ tɕʰin³³⁴ tʰa¹⁵ ti⁰ tsʰai²¹³ tɕy³³⁴ n̠ie⁰]

他就说，箍匠到，箍匠到了。[tʰa¹⁵ tsou⁵⁵ ɕyæ³²⁴，kʰu¹⁵ tɕiaŋ⁰ tao⁵⁵，kʰu¹⁵ tɕiaŋ⁰ tao⁵⁵ n̠iao⁰]

箍匠就跟财主说，[kʰu¹⁵ tɕiaŋ⁰ tɕiou⁵⁵ ken¹⁵ tsʰai²¹³ tɕy³³⁴ ɕyæ³²⁴]

尔[您家]的要箍么东西呀，[n̠̍³³ n̠ia²¹ ti⁰ iao⁵⁵ kʰu¹⁵ mo³³⁴ tuŋ¹⁵ ɕi⁰ ia⁰] 尔[您家]：您

尔[您家]把材料清出来咧，[n̠̍³³ n̠ia²¹ pa³³⁴ tsʰai²¹³ n̠iao⁵⁵ tɕʰin¹⁵ tɕʰy³²⁴ lai²¹³ n̠ie⁰]

清出来让我，让我来箍咧，[tɕhin¹⁵ tɕhy³²⁴ lai²¹³ laŋ⁵⁵ o³³, laŋ⁵⁵ o³³⁴ lai²¹³ khu¹⁵ ɲie⁰]
那个财主就像啊说的？[la⁵⁵ ke⁰ tshai²¹³ tɕy³³⁴ tsou⁵⁵ tɕiaŋ⁵⁵ a⁰ ɕyæ³²⁴ ti⁰]
他说："我的要箍的东西啊，[tha¹⁵ ɕyæ³²⁴: o³³ ti⁰ iao⁵⁵ khu¹⁵ ti⁰ tuŋ¹⁵ ɕi⁰ a⁰]
尔[您家]，听倒啊。" [n̩³³ ɲia²¹, thin¹⁵ tao⁰ a⁰]
他说："我的要箍早早桶，[tha¹⁵ ɕyæ³²⁴: o³³ ti⁰ iao⁵⁵ khu¹⁵ tsao⁵⁵ tsao⁰ thuŋ³³⁴]
小小桶，[ɕiao⁵⁵ ɕiao⁰ thuŋ³³⁴]
有底无盖桶，[iou³³⁴ ti³³⁴ u²¹³ kai⁵⁵ thuŋ³³⁴]
有盖无底桶；[iou³³⁴ kai⁵⁵ u²¹³ ti³³⁴ thuŋ³³⁴]
掉到水里啊，扑通通，[tiao⁵⁵ tao⁰ ɕyei³³⁴ ɲi⁰ a⁰, phu¹⁵ thuŋ¹⁵ thuŋ¹⁵]
尾巴咧，[uei³³⁴ pa¹⁵ ɲie⁰]
翘到半天，半空中。[tɕhiao¹⁵ tao⁰ pan⁵⁵ thien¹⁵, pan⁵⁵ khuŋ¹⁵ tsuŋ¹⁵]
就箍这几行东西。" [tɕiou⁵⁵ khu¹⁵ tse⁵⁵ tɕi³³⁴ xaŋ²¹³ tuŋ¹⁵ ɕi⁰]
他说：[tha¹⁵ ɕyæ³²⁴]
"那，那尔[您家]把材料拿出来咧。" [la⁵⁵, la⁵⁵ n̩³³ ɲia²¹ pa³³⁴ tshai²¹³ ɲiao⁵⁵ la²¹³ tɕhy³²⁴ lai²¹³ ɲie⁰]
他就叫他的佣人去拿材料。[tha¹⁵ tɕiou⁵⁵ tɕiao⁵⁵ tha¹⁵ ti⁰ yŋ⁵⁵ len²¹³ khi⁵⁵ la²¹³ tshai²¹³ ɲiao⁵⁵]
那个，那个箍匠咧，[le⁵⁵ ke⁰, la⁵⁵ ke⁵⁵ khu¹⁵ tɕiaŋ⁰ ɲie⁰]
根本就找不道箍么家伙，[ken¹⁵ pen³³⁴ tsou⁵⁵ tsao³³⁴ pu³²⁴ tao⁰ khu¹⁵ mo³³⁴ tɕia¹⁵ xo⁰] 家伙：东西
他说："哟，[tha¹⁵ ɕyæ³²⁴: yo⁰]
我的个弯刨没有拿得来咧。" [o³³ ti⁰ ke⁰ uan¹⁵ phao²¹³ mei²¹³ iou³³⁴ la²¹³ te⁰ lai²¹³ ɲie⁰]
箍匠用的个刨子，[khu¹⁵ tɕiaŋ⁰ yŋ⁵⁵ ti⁰ ke⁰ phao²¹³ tsɿ⁰]
最主要的个刨子就是一个弯刨，[tɕyei⁵⁵ tɕy³³⁴ iao⁵⁵ ti⁰ ke⁰ phao²¹³ tsɿ⁰ tɕiou⁵⁵ sɿ⁵⁵ i³²⁴ ke⁰ uan¹⁵ phao²¹³]
他说："那，那我明日个来好不好，[tha¹⁵ ɕyæ³²⁴: la⁵⁵, la⁵⁵ o³³ mia²¹³ ɯ⁵⁵ ke⁰ lai²¹³ xao³³⁴ pu³²⁴ xao³³⁴]
那我没得弯刨像哪样做事咧？" [la⁵⁵ o³³ mei²¹³ te³²⁴ uan¹⁵ phao²¹³ tɕhiaŋ⁵⁵ la³³⁴ iaŋ⁵⁵ tsou⁵⁵ sɿ⁵⁵ ɲie⁰]
其实那个财主都晓得他，[tɕhi²¹³ sɿ²¹³ la⁵⁵ ke⁰ tshai²¹³ tɕy³³⁴ tou¹⁵ ɕiao³³⁴ te²¹³ tha⁰]
晓得他找不道。[ɕiao³³⁴ te⁰ tha¹⁵ tsao³³⁴ pu³²⁴ tao⁰]
他说："那好嘞，[tha¹⁵ ɕyæ³²⁴: la⁵⁵ xao³³⁴ le⁰]
那尔[您家]明日来咧。" [la⁵⁵ n̩³³ ɲia²¹ mia²¹³ ɯ⁵⁵ lai²¹³ ɲie⁰]

那个箍匠就把担子挑倒回去了。[laᵖ⁵⁵ ke⁰ kʰu¹⁵ tɕiaŋ⁰ tsou⁵⁵ pa³³⁴ tan⁵⁵ tsɿ⁰ tʰiao¹⁵ tao⁰ xuei²¹³ kʰi⁵⁵ ȵiao⁰]

回去他的姑娘说：[xuei²¹³ kʰi⁵⁵ tʰa¹⁵ ti⁰ ku¹⁵ ȵiaŋ⁰ ɕyæ³²⁴]

"尔[您家]怎么一下就回了？"[n̩³³ ȵia²¹ tsen³³⁴ mo³³⁴ i³²⁴ xa⁵⁵ tsou⁵⁵ xuei²¹³ ȵiao⁰]

他说："巧板眼，[tʰa¹⁵ ɕyæ³²⁴: tɕʰiao³³⁴ pan³³⁴ ien³³⁴] 巧板眼：这里指难解之谜、蹊跷之事

你那个财主屋的箍的东西，[ȵi³³⁴ laᵖ⁵⁵ ke⁰ tsʰai²¹³ tɕy³³⁴ u³²⁴ ti⁰ kʰu¹⁵ ti⁰ tuŋ¹⁵ ɕi⁰]

我哪里晓得咧。"[o³³ la³³⁴ ȵi⁰ ɕiao³³⁴ te⁰ ȵie⁰]

她说："是么东西咧？"[tʰa¹⁵ ɕyæ³²⁴: sɿ⁵⁵ mo³³⁴ tuŋ¹⁵ ɕi⁰ ȵie⁰]

"他说他要箍啊，早早桶，[tʰa¹⁵ ɕyæ³²⁴ tʰa¹⁵ iao⁰ kʰu¹⁵ a⁰, tsao⁵⁵ tsao⁰ tʰuŋ³³⁴]

小小桶，有底无盖桶啊，[ɕiao⁵⁵ ɕiao⁰ tʰuŋ³³⁴, iou³³⁴ ti⁰ u²¹³ kai⁵⁵ tʰuŋ³³⁴ ŋa⁰]

有盖就无底桶；[iou³³⁴ kai⁵⁵ tɕiou⁵⁵ u²¹³ ti³³⁴ tʰuŋ³³⁴]

掉到水里啊，扑通通啊，[tiao⁵⁵ tao⁵⁵ ɕyei³³⁴ ȵi⁰ a⁰, pʰu¹⁵ tʰuŋ¹⁵ tʰuŋ¹⁵ a⁰]

尾巴翘到半空中。"[uei³³⁴ pa⁰ tɕʰiao⁵⁵ tao⁰ pan⁵⁵ kʰuŋ¹⁵ tsuŋ¹⁵]

他的姑娘说，[tʰa¹⁵ ti⁰ ku¹⁵ ȵiaŋ⁰ ɕyæ³²⁴]

让我想下子看是么东西，[laŋ⁵⁵ o³³ ɕiaŋ³³⁴ xa⁵⁵ tsɿ⁰ kʰan⁵⁵ sɿ⁵⁵ mo³³⁴ tuŋ¹⁵ ɕi⁰]

姑娘就一下就想起来了。[ku¹⁵ ȵiaŋ⁰ tsou⁵⁵ i³²⁴ xa⁵⁵ tsou⁵⁵ ɕiaŋ³³⁴ tɕʰi³³⁴ lai²¹³ ȵiao⁰]

她说我告信尔[您家]咧，[tʰa¹⁵ ɕyæ³²⁴ o³³ kao⁵⁵ ɕin⁵⁵ n̩³³ ȵia²¹ ȵie⁰]

那个早早桶，就是一个小提桶；[laᵖ⁵⁵ ke⁰ tsao⁵⁵ tsao⁰ tʰuŋ³³⁴, tɕiou⁵⁵ sɿ⁵⁵ i³²⁴ ke⁵⁵ ɕiao³³⁴ tʰi²¹³ tʰuŋ³³⁴]

小小桶，就是，[ɕiao⁵⁵ ɕiao⁰ tʰuŋ³³⁴, tɕiou⁵⁵ sɿ⁵⁵]

装倒个鞋子的楦头哦，那样的，[tɕyaŋ¹⁵ tao⁰ ke⁰ xai²¹³ tsɿ⁰ ti⁰ ɕyan⁵⁵ tʰou⁰ o⁰, laᵖ⁵⁵ iaŋ⁵⁵ ti⁰]

女人做鞋子用的，[y³³⁴ len²¹³ tsou⁵⁵ xai²¹³ tsɿ⁰ yŋ⁵⁵ ti⁰]

那样东西的个扁桶；[laᵖ⁵⁵ iaŋ⁵⁵ tuŋ¹⁵ ɕi⁰ ti⁰ ke⁰ pien³³⁴ tʰuŋ³³⁴]

有底无盖桶，[iou³³⁴ ti³³⁴ u²¹³ kai⁵⁵ tʰuŋ³³⁴]

就是挑粪用的粪桶；[tɕiou⁵⁵ sɿ⁵⁵ tʰiao¹⁵ fen⁵⁵ yŋ⁵⁵ ti⁰ fen⁵⁵ tʰuŋ³³⁴]

有盖无底桶，就是蒸饭的个饭甑；[iou³³⁴ kai⁵⁵ u²¹³ ti³³⁴ tʰuŋ³³⁴, tɕiou⁵⁵ sɿ⁵⁵ tsen¹⁵ fan⁵⁵ ti⁰ ke⁰ fan⁵⁵ tsen³⁵]

掉到水里扑通通啊，[tiao⁵⁵ tao⁰ ɕyei³³⁴ ȵi⁰ pʰu¹⁵ tʰuŋ¹⁵ tʰuŋ¹⁵ ŋa⁰]

就是那个在，那个深窖屄里，[tɕiou⁵⁵ sɿ⁵⁵ laᵖ⁵⁵ ke⁰ tai⁵⁵, laᵖ⁵⁵ ke⁰ sen¹⁵ kao⁵⁵ tou⁵⁵ ȵi⁰]

屄里：里面

舀粪的个舀瓢，[iao³³⁴ fen⁵⁵ ti⁰ ke⁰ iao³³⁴ pʰiao²¹³

往，往屋里一动咕咚咚咧，[uaŋ³³⁴，uaŋ³³⁴ tou⁵⁵ ȵi⁰ i³²⁴ tuŋ⁵⁵ ku³³⁴ tuŋ¹⁵ tuŋ¹⁵ ȵie⁰]

那个把翘蛮高，[la⁵⁵ ke⁰ pa⁵⁵ tɕʰiao⁵⁵ man¹⁵ kao¹⁵]

把它就翘在半空中。[pa⁵⁵ tʰa¹⁵ tɕiou⁵⁵ tɕʰiao⁵⁵ tai⁵⁵ pan⁵⁵ kʰuŋ¹⁵ tsuŋ¹⁵]

那个财主就说，哟，是的啊。[la⁵⁵ ke⁰ tsʰai²¹³ tɕy³³⁴ tsou⁵⁵ ɕyæ³²⁴，yo⁰，sɿ⁵⁵ ti⁰ a⁰]

第二天咧，照样的哩，[ti⁵⁵ ɯ⁵⁵ tʰien¹⁵ ȵie⁰，tsao⁵⁵ iaŋ⁵⁵ ti⁰ ȵi⁰]

把东西就挑到他的去了，[pa³³⁴ tuŋ¹⁵ ɕi⁰ tsou⁵⁵ tʰiao¹⁵ tao⁰ tʰa¹⁵ ti⁰ kʰi⁵⁵ ȵiao⁰]

挑到财主的去了。[tʰiao¹⁵ tao⁰ tsʰai²¹³ tɕy³³⁴ ti⁰ kʰi⁵⁵ ȵiao⁰]

那个箍匠就说，[la⁵⁵ ke⁰ kʰu¹⁵ tɕiaŋ⁰ tsou⁵⁵ ɕyæ³²⁴]

尔[您家]把材料拿出来咧，[n̩³³ ȵia²¹ pa³³⁴ tsʰai²¹³ ȵiao⁵⁵ la²¹³ tɕʰy³²⁴ lai²¹³ ȵie⁰]

拿出来我跟尔[您家]哩，[la²¹³ tɕʰy³²⁴ lai²¹³ o³³ ken¹⁵ n̩³³ ȵia²¹ ȵi⁰] 跟：给

把这几行东西箍到咧。[pa³³⁴ tse⁵⁵ tɕi³³⁴ xaŋ²¹³ tuŋ¹⁵ ɕi¹⁵ kʰu¹⁵ tao⁰ ȵie⁰] 行：样

那个财主说：[le⁵⁵ ke⁰ tsʰai²¹³ tɕy³³⁴ ɕyæ³²⁴]

"你箍的东西，[ȵi³³⁴ kʰu¹⁵ ti⁰ tuŋ¹⁵ ɕi⁰]

你晓不晓得是么什哟？"[ȵi³³⁴ ɕiao³³⁴ pu³²⁴ ɕiao³³⁴ te⁰ sɿ⁵⁵ mo³³⁴ sɿ⁰ sæ⁰] 么什：什么

他说："我晓得了啊。"[tʰa¹⁵ ɕyæ³²⁴：o³³ ɕiao³³⁴ te⁰ ȵiao⁰ a⁰]

"是么东西咧，你说我听下子咧。"[sɿ⁵⁵ mo³³⁴ tuŋ¹⁵ ɕi⁰ ȵie⁰，ȵi³³⁴ ɕyæ³²⁴ o³³ tʰin¹⁵ xa⁵⁵ tsɿ⁰ ȵie⁰]

"有提桶咧，有扁桶咧，[iou³³⁴ tʰi²¹³ tʰuŋ³³⁴ ȵie⁰，iou³³⁴ pien⁵⁵ tʰuŋ³³⁴ ȵie⁰]

有粪桶咧，有饭甑咧，[iou³³⁴ fen⁵⁵ tʰuŋ³³⁴ ȵie⁰，iou³³⁴ fan⁵⁵ tsen⁵⁵ ȵie⁰]

有舀粪的舀瓢咧。"[iou³³⁴ iao³³⁴ fen⁵⁵ ti⁰ iao³³⁴ pʰiao²¹³ ȵie⁰]

他说："你是像啊晓得的咧。"[tʰa¹⁵ ɕyæ³²⁴：ȵi³³⁴ sɿ⁵⁵ tɕʰiaŋ⁵⁵ a⁰ ɕiao³³⁴ te⁰ ti⁰ ȵie⁰]

他说："我啊，我是找不倒，[tʰa¹⁵ ɕyæ³²⁴：o³³ a⁰，o³³⁴ sɿ⁵⁵ tsao³³⁴ pu³²⁴ tao⁰]

我回去问的我的姑娘，[o³³ xuei²¹³ kʰi⁵⁵ uen⁵⁵ ti⁰ o³³⁴ ti⁰ ku¹⁵ ȵiaŋ⁰]

我姑娘告信我的。"[o³³ ku¹⁵ ȵiaŋ⁰ kao⁵⁵ ɕin⁵⁵ o³³⁴ ti⁰]

这个财主呃，喜不得了，[tse⁵⁵ ke⁰ tsʰai²¹³ tɕy³³⁴ e⁰，ɕi³³⁴ pu³²⁴ te³²⁴ ȵiao³³⁴]

这个姑娘真的贼。[tse⁵⁵ ke⁰ ku¹⁵ ȵiaŋ⁰ tsen¹⁵ ti⁰ tsei²¹³]

这才说，这个财主说，[tse⁵⁵ tsʰai²¹³ ɕyæ³²⁴，tse⁵⁵ ke⁰ tsʰai²¹³ tɕy³³⁴ ɕyæ³²⁴]

"我哪里要你跟我箍东西哦，[o³³ la³³⁴ ȵi⁰ iao⁵⁵ ȵi³³⁴ ken¹⁵ o³³⁴ kʰu¹⁵ tuŋ¹⁵ ɕi⁰]

我的，的，我想把你的姑娘，[o³³ ti⁰，ti⁰，o³³⁴ ɕiaŋ³³⁴ pa³³⁴ ȵi³³⁴ ti⁰ ku¹⁵ ȵiaŋ⁰]

说得我的儿子。"[ɕyæ³³⁴ te⁰ o³³ ti⁰ ɯ²¹³ tsɿ³³⁴]

那个箍匠说："那像啊说得成哪，[le³²⁴ ke⁰ kʰu¹⁵ tɕiaŋ⁰ ɕyæ³²⁴：la⁵⁵ tɕʰiaŋ⁵⁵ a⁰ ɕyæ³²⁴ te⁰ tsʰen²¹³ la⁰]

往日头要门当户对，这是吧，[uaŋ³³⁴ ɯ⁵⁵ tʰou⁰ iao⁵⁵ men²¹³ taŋ¹⁵ xu⁵⁵ tei⁵⁵，tse⁰ sɿ⁵⁵ pa⁰]

你的是有钱的人家,[n̩i³³⁴ ti⁰ sʅ⁵⁵ iou³³⁴ tɕhien²¹³ ti⁰ len²¹³ ka⁰]

我的是个穷箍匠,[o³³ ti⁰ sʅ⁵⁵ ke⁰ tɕhyŋ²¹³ khu¹⁵ tɕiaŋ⁰]

那怎么能够行咧。"[la⁵⁵ tsen³³⁴ mo⁰ len²¹³ kou⁵⁵ ɕin²¹³ n̩ie⁰]

那个财主说:"不要紧吵,[la⁵⁵ ke⁰ tshai²¹³ tɕy³³⁴ ɕyæ³²⁴: pu³²⁴ iao⁵⁵ tɕin³³⁴ sa⁰]

只要你的姑娘贼,[tsʅ³²⁴ iao⁵⁵ n̩i³³⁴ ti⁰ ku¹⁵ n̩iaŋ⁰ tsei²¹³]

七说八说的,说得,那你不如咧,[tɕhi³²⁴ ɕyæ³²⁴ pa³²⁴ ɕyæ³²⁴ ti⁰, ɕyæ³²⁴ te⁰, la⁵⁵ n̩i³³⁴ pu³²⁴ y²¹³ n̩ie⁰]

把我带到你的屋里去,[pa³³⁴ o³³ tai⁵⁵ tao⁰ n̩i³³⁴ ti⁰ u³²⁴ n̩i⁰ khi⁵⁵]

我去会下子你的姑娘。"[o³³ khi⁵⁵ xuei⁵⁵ xa⁵⁵ tsʅ⁰ n̩i³³⁴ ti⁰ ku¹⁵ n̩iaŋ⁰]

那个财主就跟那个箍匠就一路,[la⁵⁵ ke⁰ tshai²¹³ tɕy³³⁴ tsou⁵⁵ ken¹⁵ le⁵⁵ ke⁰ khu¹⁵ tɕiaŋ⁰ tsou⁵⁵ i³²⁴ lou⁵⁵]

箍匠咧,[khu¹⁵ tɕiaŋ⁰ n̩ie⁰]

还是有点高攀那个亲家咧,[xai²¹³ sʅ⁵⁵ iou³³⁴ tien³³⁴ kao¹⁵ phan¹⁵ le⁵⁵ ke⁰ tɕhin⁵⁵ tɕia¹⁵ n̩ie⁰]

他就说:"我的姑娘,[tha¹⁵ tsou⁵⁵ ɕyæ³²⁴: o³³ ti⁰ ku¹⁵ n̩iaŋ⁰]

好咧,那,那你跟我一路去咧。"[xao³³⁴ n̩ie⁰, la⁵⁵, la⁵⁵ n̩i³³⁴ ken¹⁵ o³³ i³²⁴ lou⁵⁵ khi⁵⁵ n̩ie⁰]

去了就,财主会了面以后咧,[khi⁵⁵ n̩iao⁰ tsou⁵⁵, tshai²¹³ tɕy³³⁴ xuei⁵⁵ iao⁰ mien⁵⁵ i³³⁴ xou⁵⁵ n̩ie⁰]

就那个姑娘人又长得好咧,[tɕiou⁵⁵ la⁵⁵ ke⁰ ku¹⁵ n̩iaŋ⁰ len²¹³ iou⁵⁵ tsaŋ³³⁴ te⁰ xao³³⁴ n̩ie⁰]

又有口才咧,[iou⁵⁵ iou³³⁴ khou³³⁴ tsai²¹³ n̩ie⁰]

又有,又长得漂亮。[iou⁵⁵ iou³³⁴, iou⁵⁵ tsaŋ³³⁴ te⁰ phiao⁵⁵ n̩iaŋ⁰]

他就叫他,后来就叫他的儿子,[tha¹⁵ tsou⁵⁵ tɕiao⁵⁵ tha¹⁵, xou⁵⁵ lai²¹³ tsou⁵⁵ tɕiao⁵⁵ tha¹⁵ ti⁰ ɯ²¹³ tsʅ⁰]

跟这个姑娘慢慢接触咧。[ken¹⁵ tse⁵⁵ ke⁰ ku¹⁵ n̩iaŋ⁰ man⁵⁵ man⁵⁵ tɕie³²⁴ tshou²¹³ n̩ie⁰]

终话咧,[tsuŋ¹⁵ xua⁵⁵ n̩ie⁰] 终话:果然

他们就成了亲家伙的,[tha¹⁵ men⁰ tsou⁵⁵ tshen²¹³ n̩iao⁰ tɕhin⁵⁵ tɕia¹⁵ xo³³⁴ ti⁰]

后来就结了婚。[xou⁵⁵ lai²¹³ tsou⁵⁵ tɕie³²⁴ iao⁰ xuen¹⁵]

结婚过后咧,这个财主咧,[tɕie³²⁴ xuen¹⁵ ko⁵⁵ xou⁵⁵ n̩ie⁰, tse⁵⁵ ke⁰ tshai²¹³ tɕy³³⁴ n̩ie⁰]

又来想,他说我啊,[iou⁵⁵ lai²¹³ ɕiaŋ³³⁴, tha¹⁵ ɕyæ³²⁴ o³³ a⁰]

这个家，把哪个当咧，［tse⁵⁵ke⁰tɕia¹⁵，pa³³⁴la³³⁴ke⁰taŋ¹⁵ȵie⁰］把：给
你要把得大媳妇当啊，［ȵi³³⁴iao⁵⁵pa³³⁴te⁰ta⁵⁵ɕi³²⁴fu⁰taŋ¹⁵ŋa⁰］
大媳妇又，又，又懒，［ta⁵⁵ɕi³²⁴fu⁰iou⁵⁵，iou⁵⁵，iou⁵⁵lan³³⁴］
又好吃，又，又，又苕，［iou⁵⁵xao⁵⁵tɕʰi³²⁴，iou⁵⁵，iou⁵⁵，iou⁵⁵sao²¹³］
她又不会做家；［tʰa¹⁵iou⁵⁵pu³²⁴xuei⁵⁵tsou⁵⁵tɕia¹⁵］
你要把得二媳妇当啊，［ȵi³³⁴iao⁵⁵pa³³⁴te⁰ɯ⁵⁵ɕi³²⁴fu⁰taŋ¹⁵ŋa⁰］
她又说我是两样心，［tʰa¹⁵iou⁵⁵ɕyæ³²⁴o³³sʅ⁵⁵ȵiaŋ³³⁴iaŋ⁵⁵ɕin¹⁵］
他说那是像哪样办咧。［tʰa¹⁵ɕyæ³²⁴la⁵⁵sʅ⁵⁵tɕʰiaŋ³³⁴la³³⁴iaŋ⁵⁵pan⁵⁵ȵie⁰］
那个财主左思啊，右想啊，［la⁵⁵ke⁰tsʰai²¹³tɕy³³⁴tso³³⁴sʅ¹⁵a⁰，iou⁵⁵ɕiaŋ³³⁴ŋa⁰］
想个心思出来了。［ɕiaŋ³³⁴ke⁰ɕin¹⁵sʅ⁰tɕʰy³²⁴lai²¹³ȵiao⁰］
他想个么心思咧，［tʰa¹⁵ɕiaŋ³³⁴ke⁰mo³³⁴ɕin¹⁵sʅ⁰ȵie⁰］
他就买了一丈布，一丈布咧，［tʰa¹⁵tsou⁵⁵mai³³⁴ȵiao⁰i³²⁴tsaŋ¹⁵pu⁵⁵，i³²⁴tsaŋ¹⁵pu⁵⁵ȵie⁰］
他就首先就还是拿他的，［tʰa¹⁵tsou⁵⁵sou³³⁴ɕien⁵⁵tsou⁵⁵xai²¹³sʅ⁵⁵la²¹³tʰa¹⁵ti⁰］
大媳妇那里去。［ta⁵⁵ɕi³²⁴fu⁰la⁵⁵ȵi⁰kʰi⁵⁵］
他说："媳妇来哟，［tʰa¹⁵ɕyæ³²⁴：ɕi³²⁴fu⁰lai²¹³iou⁰］
你啊，把我这丈布啊，［ȵi³³⁴a⁰，pa³³⁴o³³tse⁵⁵tsaŋ¹⁵pu⁵⁵a⁰］
跟我做三行东西。"［ken¹⁵o³³tsou⁵⁵san¹⁵xaŋ²¹³tuŋ¹⁵ɕi⁰］
他说："你要把这个，［tʰa¹⁵ɕyæ³²⁴：ȵi³³⁴iao⁵⁵pa³³⁴tse⁵⁵ke⁰］
三行东西做出来了咧，［san¹⁵xaŋ⁵⁵tuŋ¹⁵ɕi⁰tsou⁵⁵tɕʰy³²⁴lai²¹³ȵiao⁰ȵie⁰］
我这个家就把你当倒。"［o³³tse⁵⁵ke⁰tɕia¹⁵tsou⁵⁵pa³³⁴ȵi³³⁴taŋ¹⁵tao⁰］
那个媳妇一听喜倒了：［le⁵⁵ke⁰ɕi³²⁴fu⁰i³²⁴tʰin¹⁵ɕi³³⁴tao⁰ȵiao⁰］
"好咧，好咧，［xao³³⁴ȵie⁰，xao³³⁴ȵie⁰］
那你把布拿来我跟你做咧，［la⁵⁵ȵi³³⁴pa³³⁴pu⁵⁵la²¹³lai²¹³o³³ken¹⁵ȵi³³⁴tsou⁵⁵ȵie⁰］
你做三行么东西吵？［ȵi³³⁴tsou⁵⁵san¹⁵xaŋ²¹³mo⁵⁵tuŋ¹⁵ɕi⁰sa⁰］
他要我做三行么东西呀？"［tʰa¹⁵iao⁵⁵o³³tsou⁵⁵san¹⁵xaŋ²¹³mo³³⁴tuŋ¹⁵ɕi⁰ia⁰］
往日都是织的那种布蛮窄吵，［uaŋ³³⁴ɯ⁵⁵tʰou⁰sʅ⁵⁵tsʅ³²⁴ti⁰la⁵⁵tsuŋ³³⁴pu⁵⁵man²¹³tsæ³²⁴sa⁰］
他要我这个一丈布咧，［tʰa¹⁵iao⁵⁵o³³tse⁵⁵ke⁰i³²⁴tsaŋ⁵⁵pu⁵⁵ȵie⁰］
要做三行东西。［iao⁵⁵tsou⁵⁵san¹⁵xaŋ²¹³tuŋ¹⁵ɕi⁰］
"你咧，跟我做一个长褂，［ȵi³³⁴ȵie⁰，ken¹⁵o³³tsou⁵⁵i³²⁴ke⁰tsʰaŋ²¹³kua⁵⁵］
还要做一个被窝，［xai²¹³iao⁵⁵tsou⁵⁵i³²⁴ke⁰pei⁵⁵o⁰］
另外咧，［ȵin⁵⁵uai⁵⁵ȵie⁰］

还要做一条手袱头。"［xai²¹³ iao⁵⁵ tsou⁵⁵ i³²⁴ tʰiao²¹³ sou³³⁴ fu⁰ tʰo²¹³］手袱头：手绢

那个二，大媳妇说：［la⁵⁵ ke⁰ ɯ⁵⁵，ta⁵⁵ ɕi³²⁴ fu⁰ ɕyæ³²⁴］

"那我跟你添点个布行不行咧？"［la⁵⁵ o³³ ken¹⁵ ȵi³³⁴ tʰien¹⁵ tien³³⁴ ke⁰ pu⁵⁵ ɕin²¹³ pu³²⁴ ɕin²¹³ ȵie⁰］

他说："那我不行吵，［tʰa¹⁵ ɕyæ³²⁴：la⁵⁵ o³³ pu³²⁴ ɕin²¹³ sai⁰］

我就要这一丈布，［o³³ tsou⁵⁵ iao⁵⁵ tse⁵⁵ i³²⁴ tsaŋ⁵⁵ pu⁵⁵］

给我做这三行东西。"［kei³²⁴ o³³ tsou⁵⁵ tse⁵⁵ san¹⁵ xaŋ²¹³ tuŋ¹⁵ ɕi⁰］

那个大媳妇就烦了：［la⁵⁵ ke⁰ ta⁵⁵ ɕi³²⁴ fu⁰ tsou⁵⁵ fan²¹³ ȵiao⁰］

"那我做不到，［la⁵⁵ o³³ tsou⁵⁵ pu³²⁴ tao⁰］

你拿你的贼媳妇那里去做。"［ȵi³³⁴ la²¹³ ȵi³³⁴ ti⁰ tsei²¹³ ɕi³²⁴ fu⁰ la⁵⁵ ȵi⁰ kʰi⁵⁵ tsou⁵⁵］

那个财主喜倒了：［la⁵⁵ ke⁰ tsʰai²¹³ tɕy³³⁴ ɕi³³⁴ tao⁰ ȵiao⁰］

"是你叫，［sɿ⁵⁵ ȵi³³⁴ tɕiao⁵⁵］

那，那我家把得二媳妇当了，［la⁵⁵，la⁵⁵ o³³ tɕia¹⁵ pa³³⁴ te⁰ ɯ⁵⁵ ɕi³²⁴ fu⁰ taŋ¹⁵ ȵiao⁰］

你像哪样办哩？"［ȵi³³⁴ tɕʰiaŋ⁵⁵ la³³⁴ iaŋ⁵⁵ pan⁵⁵ ȵi⁰］

她说："她跟你做出来了，［tʰa¹⁵ ɕyæ³²⁴：tʰa¹⁵ ken¹⁵ ȵi³³⁴ tsou⁵⁵ tɕʰy³²⁴ lai⁰ ȵiao⁰］

我就尽她去当家吵。"［o³³ tsou⁵⁵ tɕin³³⁴ tʰa¹⁵ kʰi⁵⁵ taŋ¹⁵ tɕia¹⁵ sai⁰］

那个财主，财主就喜得不得了咧，［la⁵⁵ ke⁰ tsʰai²¹³ tɕy³³⁴，tsʰai²¹³ tɕy³³⁴ tsou⁵⁵ ɕi³³⁴ te⁰ pu³²⁴ te⁰ ȵiao⁰ ȵie⁰］

就把那丈布就，［tsou⁵⁵ pa³³⁴ la⁵⁵ tsaŋ⁵⁵ pu⁵⁵ tsou⁵⁵］

把他的二媳妇，［pa³³⁴ tʰa¹⁵ ti⁰ ɯ⁵⁵ ɕi³²⁴ fu⁰］

就軃到大媳妇挨下来，［tsou⁵⁵ ŋaŋ¹⁵ tao⁰ ta⁵⁵ ɕi³²⁴ fu⁰ ŋæ²¹³ xa⁰ lai²¹³］軃：叫，喊。挨下：旁边

他就说，他说："这你大媳妇啊，［tʰa¹⁵ tsou⁵⁵ ɕyæ³²⁴，tʰa¹⁵ ɕyæ³²⁴：tse⁵⁵ ȵi³³⁴ ta⁵⁵ ɕi³²⁴ fu⁰ a⁰］

这一丈布做我三行东西没做倒，［tse⁵⁵ i³²⁴ tsaŋ⁵⁵ pu⁵⁵ tsou⁵⁵ o³³ san¹⁵ xaŋ²¹³ tuŋ¹⁵ ɕi⁰ mei²¹³ tsou⁵⁵ tao⁰］

这个家就不能把她当，［tse⁵⁵ ke⁰ tɕia¹⁵ tsou⁵⁵ pu³²⁴ len²¹³ pa³³⁴ tʰa¹⁵ taŋ¹⁵］

那这个一丈布你跟我做咧？［la⁵⁵ tse⁵⁵ ke⁰ i³²⁴ tsaŋ⁵⁵ pu⁵⁵ ȵi³³⁴ ken¹⁵ o³³ tsou⁵⁵ ȵie⁰］

你还是给我做这三行东西。"［ȵi³³⁴ xai²¹³ sɿ⁵⁵ kei³²⁴ o³³ tsou⁵⁵ tse⁵⁵ san¹⁵ xaŋ²¹³ tuŋ¹⁵ ɕi⁰］

那个二媳妇就一笑，［la⁵⁵ ke⁰ ɯ⁵⁵ ɕi³²⁴ fu⁰ tsou⁵⁵ i³²⁴ ɕiao⁵⁵］

她说："那你做三行么东西咧？"［tʰa¹⁵ ɕyæ³²⁴：la⁵⁵ ȵi³³⁴ tsou⁵⁵ san¹⁵ xaŋ²¹³ mo³³⁴ tuŋ¹⁵ ɕi⁰ ȵie⁰］

他说：[tʰa¹⁵ɕyæ³²⁴]

"你还是跟我做一个长褂咧，[n̠i³³⁴xai²¹³sʅ⁵⁵ken¹⁵o³³tsou⁵⁵i³²⁴ke⁰tsʰaŋ²¹³kua⁵⁵n̠ie⁰]

做个被窝咧，做个手袱头咧。"[tsou⁵⁵ke⁰pei⁵⁵o⁰n̠ie⁰，tsou⁵⁵ke⁰sou³³⁴fu⁰tʰo²¹³n̠ie⁰]

那个二媳妇说："好好好，[la⁵⁵ke⁰ɯ⁵⁵ɕi³²⁴fu⁰ɕyæ³²⁴：xao³³⁴xao³³⁴xao³³⁴]

我明天就跟尔[您家]做，[o³³min²¹³tʰien¹⁵tɕiou⁵⁵ken¹⁵n̩³³n̠ia²¹tsou⁵⁵]

明天，我明天早上，[min²¹³tʰien¹⁵，o³³min²¹³tʰien¹⁵tsao³³⁴saŋ⁰]

我就跟尔[您家]做出来把倒尔[您家]。"[o³³tɕiou⁵⁵ken¹⁵n̩³³n̠ia²¹tsou⁵⁵tɕʰy³²⁴lai⁰pa³³⁴tao⁰n̩³³n̠ia⁰]

那个尔[您家]的箍匠的媳妇，[la⁵⁵ke⁰n̩³³n̠ia²¹ti⁰kʰu¹⁵tɕiaŋ⁰ti⁰ɕi³²⁴fu⁰]

大裁大剪哕，蛮嬷落咧，[ta⁵⁵tsʰai²¹ta⁵⁵tɕien³³⁴sa⁰，man²¹³xao¹⁵lo⁰n̠ie⁰]嬷落：利落

她就尔[您家]夜晚就跟他一做。[tʰa¹⁵tsou⁵⁵n̩³³n̠ia²¹ie⁵⁵uan³³⁴tsou⁵⁵ken¹⁵tʰa¹⁵i³²⁴tsou⁵⁵]

其实咧，就只做了一个长褂。[tɕʰi²¹³sʅ²¹³n̠ie⁰，tɕiou⁵⁵tsʅ³²⁴tsou⁵⁵n̠iao⁰i³²⁴ke⁰tsʰaŋ²¹³kua⁵⁵]

第二天嘞，当倒她的嫂子的面哪，[ti⁵⁵ɯ⁵⁵tʰien¹⁵le⁰，taŋ¹⁵tao⁰tʰa¹⁵ti⁰sao³³⁴tsʅ⁰ti⁰mien⁵⁵la⁰]

爹爹的面，她说：[tie¹⁵tie¹⁵ti⁰mien⁵⁵，tʰa¹⁵ɕyæ³²⁴]

"公爹公爹呀，[kuŋ¹⁵tie¹⁵kuŋ¹⁵tie⁰ia⁰]

我跟你把这些东西做好了。"[o³³ken¹⁵n̠i³³⁴pa³³⁴tse⁵⁵ɕie⁰tuŋ¹⁵ɕi⁰tsou⁵⁵xao³³⁴n̠iao⁰]

他说："那你拿得我看咧！"[tʰa¹⁵ɕyæ³²⁴：la⁵⁵n̠i la²¹³te⁰o³³kʰan⁵⁵n̠ie⁰]

一拿下来就是一个长褂。[i³³⁴la²¹³ɕia⁵⁵lai⁰tsou⁵⁵sʅ⁵⁵i³²⁴ke⁰tsʰaŋ²¹³kua⁵⁵]

那个大媳妇说：[la⁵⁵ke⁰ta⁵⁵ɕi³²⁴fu⁰ɕyæ³²⁴]

"那你说，[la⁵⁵n̠i³³⁴ɕyæ³²⁴]

你这就是做了一个长褂咧！"[n̠i³³⁴tse⁵⁵tsou⁵⁵sʅ⁵⁵tsou⁵⁵n̠iao⁰i³²⁴ke⁰tsʰaŋ²¹³kua⁵⁵n̠ie⁰]

她说："我这个长褂可以三用哕！"[tʰa¹⁵ɕyæ³²⁴：o³³tse⁵⁵ke⁰tsʰaŋ²¹³kua⁵⁵kʰo³³⁴i³³⁴san¹⁵yŋ⁵⁵sa⁰]

"那你像哪样用咧？"[la⁵⁵n̠i³³⁴tɕʰiaŋ⁵⁵la³³⁴iaŋ⁵⁵yŋ⁵⁵n̠ie⁰]

大媳妇就问二媳妇。[ta⁵⁵ɕi³²⁴fu⁰tsou⁵⁵uen⁵⁵ɯ⁵⁵ɕi³²⁴fu⁰]

二媳妇说："爹爹，尔[您家]，[ɯ⁵⁵ɕi³²⁴fu⁰ɕyæ³²⁴：tie¹⁵tie¹⁵，n̩³³n̠ia²¹]

白天你就穿倒当长褂，[piæ²¹³tʰien¹⁵n̠i³³⁴tsou⁵⁵tɕʰyan¹⁵tao⁰taŋ¹⁵tsʰaŋ²¹³kua⁵⁵]

尔[您家]晚上咧，[n̩³³ nia²¹ uan³³⁴ saŋ⁰ nie⁰]

脱倒就搭到被窝高头就当被窝，[tʰo³²⁴ tao⁰ tsou⁵⁵ ta³²⁴ tao⁰ pei⁵⁵ o⁰ kao¹⁵ tʰou⁰ taŋ¹⁵ pei⁵⁵ o⁰] 高头：上面

尔[您家]穿倒身上哩，要揩汗咧，[n̩³³ nia²¹ tɕʰyan¹⁵ tao⁰ sen¹⁵ saŋ⁰ ni⁰，iao⁵⁵ kʰai¹⁵ xan⁵⁵ nie⁰]

就把这衣服边牵，[tsou⁵⁵ pa³³⁴ tse⁵⁵ i¹⁵ fu⁰ pien⁰ tɕʰien¹⁵] 牵：撩

牵起来一揩，[tɕʰien¹⁵ tɕʰi³³⁴ lai⁰ i³²⁴ kʰai¹⁵]

衣服摆牵起来一揩，[i¹⁵ fu⁰ pai³³⁴ tɕʰien¹⁵ tɕʰi³³⁴ lai⁰ i³²⁴ kʰai¹⁵]

这不是三样东西都团了圆。"[tse⁵⁵ pu³²⁴ sɿ⁵⁵ san¹⁵ iaŋ⁵⁵ tuŋ¹⁵ ɕi⁰ tʰou¹⁵ tʰan²¹ a⁰ yan²¹³]

那个财主听了，[la⁵⁵ ke⁰ tsʰai²¹³ tɕy³³⁴ tʰin¹⁵ niao⁰]

眼睛就瞄直了，[ien³³⁴ tɕʰin⁰ tsou⁵⁵ miao¹⁵ tsɿ³²⁴ niao⁰] 瞄：看

真的啊，是这样个事啊！[tsen¹⁵ ti⁰ a⁰，sɿ⁵⁵ tse⁵⁵ iaŋ⁵⁵ ke⁰ sɿ⁵⁵ a⁰]

果然不错，[ko³³⁴ lan²¹³ pu³²⁴ tsʰo⁵⁵]

就是这个二姑，二媳妇啊，[tɕiou⁵⁵ sɿ⁵⁵ tse⁵⁵ ke⁰ ɯ⁵⁵ ku¹⁵，ɯ⁵⁵ ɕi³²⁴ fu⁰ a⁰]

有才华又能干。[iou³³⁴ tsʰai²¹³ xua²¹³ iou⁵⁵ len²¹³ kan⁵⁵]

后来咧，这个大媳妇哩，[xou⁵⁵ lai²¹³ nie⁰，tse⁵⁵ ke⁰ ta⁵⁵ ɕi³²⁴ fu⁰ ni⁰]

眼、眼睁睁的瞄倒这个财主咧，[ien³³⁴、ien³³⁴ tsen¹⁵ tsen⁰ ti⁰ miao¹⁵ tao⁰ tse⁵⁵ ke⁰ tsʰai²¹³ tɕy³³⁴ nie⁰]

把家把她的弟媳妇当去了。[pa³³⁴ tɕia¹⁵ pa³³⁴ tʰa¹⁵ ti⁰ ti⁵⁵ ɕi³²⁴ fu⁰ taŋ¹⁵ kʰi⁵⁵ niao⁰]

她咧，就干瞪眼。[tʰa¹⁵ nie⁰，tɕiou⁵⁵ kan¹⁵ ten⁵⁵ ien³³⁴]

意译：我呢，讲一个《箍匠跟财主》的故事。

李庄啊，有个财主，财主有两个儿子，大儿子结了婚，接的媳妇好吃懒做，不会理家。这个财主呢，整天为他家的家产着急啊，这也没有一个好的人理财啊，掌家啊。他的二儿子呢，很聪明，他想要娶一个聪明媳妇。财主就打听到啊，对面庄里有个箍匠，箍匠家里有个女儿啊，很聪明，能说会道。他想，怎样才能联系上箍匠的女儿呢。那个财主就叫他家的佣人，到对面庄里去找那个箍匠。

那个佣人到对面庄里去，就把这个箍匠找到了，他对箍匠说："我家的财主，要你明天到我家去箍东西，""箍什么东西呢？"他说："我不知道，你到家里去了就知道了。"箍匠问："你家住哪里呢？"他说："我家住在对面庄子里。"他说："我家住的地方呢，是一边响叮叮，一边呢冷清清，门前有两棵芭蕉树啊，竖在半空中。"箍匠一边想，那是哪里呢，我怎么找得到呢？一边说："好好好，你回去，我明日就去。"其实这个箍匠怎么知道呢，只好跑回去问他的女儿。回

家他对女儿说:"对面庄子里的一个财主啊,让我到他家去箍东西。他住哪里呢,他是这样说的,他说一边响叮叮,一边冷清清,门前两棵芭蕉树啊,竖在半空中。"他的女儿说:"好找好找,你到他的庄子里去呢,一边呢,是个打铁的,铁匠,打铁的不是响叮叮吗;一边冷清清,就是一座庙,庙里肯定很冷清呀。门前两棵芭蕉树,竖到半空中呢,就是他的门口有两根电线杆子。"箍匠说:"好好好,我知道了。"箍匠第二天就挑着工具到财主家去了。

他到了财主家门口就歇下来。财主家跑出个佣人接待他。见到财主,箍匠就问财主:"您要箍什么东西啊,您把材料清出来,让我来箍吧。"那个财主就说:"我要箍的东西啊,是早早桶,小小桶,有底无盖桶,有盖无底桶;掉到水里啊,扑通通,尾巴呢,翘到半空中。就箍这几行东西。"箍匠说:"那您把材料拿出来吧。"财主就叫他的佣人去拿材料。那个箍匠呢,根本就不知道要箍什么东西。他说:"哟,我的弯刨没有拿来。"箍匠用的刨子,最主要的就是一个弯刨。他说:"那我明儿个来好不好,我没有弯刨怎么做事呢。"其实那个财主明白他不知道,就说:"那好的,那您明儿来啊!"那个箍匠就把担子挑着回去了。

回到家他的女儿说:"您怎么一下子就回了?"他说:"真是的,那个财主家要箍的东西我哪里知道呢。"她说:"是什么东西呢?"他说:"他要箍啊,早早桶,小小桶,有底无盖桶啊,有盖就无底桶;掉到水里啊,扑通通啊,尾巴翘到半空中。"他的女儿:"让我想一下看是什么东西。"姑娘一下就想起来了。她说:"我告诉你啊,那个早早桶,就是一个小提桶;小小桶,就是装着鞋楦头那样的,女人做鞋子用扁桶;有底无盖桶,就是挑粪用的粪桶;有盖无底桶,就是蒸饭的饭甑;掉到水里扑嗵嗵啊,就是那个在深窖里舀粪的舀瓢,往里一动咕咚咚的,那个柄翘得很高,翘在半空中。"那个箍匠就说,哟,是的。

第二天呢,箍匠把东西挑到财主家去了。那个箍匠就说:"您把材料拿出来吧,我给您把这几样东西箍好吧。"那个财主说:"你知不知道要箍的是什么东西呀?"箍匠说:"我知道啊。""是什么东西你说给我听一下呀。""有提桶呀,有扁桶呀,有粪桶呀,有饭甑呀,有舀粪的舀瓢呀!"财主说:"你是怎么知道的呢?"箍匠说:"我是真不知道。我回去问的我的女儿,我女儿告诉我的。"这个财主听了,高兴得不得了,这个姑娘真是聪明!这才说:"我哪里要你给我箍东西哦,我想把你的姑娘说给我的儿子。"那个箍匠说:"那怎么成哪,你是有钱的人家,我是个穷箍匠,怎么能行呢?"那个财主说:"不要紧呀,只要你的姑娘聪明。"七说八说的,还要箍匠把他带到自己家里去,看看箍匠的女儿。到箍匠家,财主见到了姑娘,觉得那个姑娘人又长得漂亮,又有口才。他就叫他的儿子跟这个姑娘慢慢相处,最后呢,结了婚,他们就成了亲家。

结婚以后呢，这个财主又想，我这个家以后给哪个当呢，要给他大媳妇当啊，大媳妇又懒又好吃又不聪明，还不会持家；你要给二媳妇当啊，大媳妇又会觉得我偏心。他想，这可怎么办呢？那个财主左思右想啊，想出个办法。他买了一丈布，首先还是拿到他的大媳妇那里去，他说："媳妇来哟，你把我这丈布啊，给我做三样东西。"他说："你要把这三样东西做出来了呢，我这个家就给你当。"这个媳妇一听高兴坏了："好呀好呀，那你把布拿来我跟你做呗，你做三样什么东西呢？""你呢，给我做一个长褂，还要做一个被子，另外呢，还要做一条手绢。"那个大媳妇说："那我跟你添点布行不行呢？"他说："那不行啊，我就要这一丈布，给我做这三样东西。"那个大媳妇就烦了："那我做不了，你拿到你的聪明媳妇那里去做。"那个财主高兴死了，说："是你叫我去给二媳妇的啊，那她当了家，你怎么办呢？"她说："她给你做出来了，我就让她去当家呗。"那个财主就更高兴了，就把他的二媳妇叫到大媳妇旁边来，他就说："大媳妇啊，用这一丈布给我做三样东西没做到，这个家就不能给她当。这一丈布你给我做，还是给我做这三样东西。"二媳妇一笑，她说："那你做三样什么东西呢？""你还是给我做一个长褂，做个被窝，做个手绢。"二媳妇说："好好好，我明天就给您做。明天早上我就做出来给您。"箍匠的女儿又是裁剪又是缝纫的，很麻利，一晚上就做好了。其实呢，就只做了一件长褂。第二天呢，当着她的嫂子的面，她说："公爹公爹呀，我给你把这些东西做好了。"他说："那你拿给我看呀！"一拿来就是一个长褂。那个大媳妇说："你这就是做了一件长褂呀！"她说："我这个长褂可以三用呢！""那你怎么用呢？"大媳妇就问二媳妇，二媳妇说："爹爹，您哪，白天你就穿着当长褂；您晚上啊，脱掉就搭到被子上就当被子；您穿在身上呢，要擦汗呢，就把这衣服边牵起来一擦。这不是三样东西都齐了。"那个财主听了，眼睛都直了，真是这样啊！果然不错，这个二媳妇啊，有才华又能干。后来呢，这个大媳妇呢，眼睁睁地看着这个财主啊，把家给她的弟媳妇当去了。

四　自选条目

0031　自选条目

早起三光，[tsao³³ tɕʰi³¹⁴ san¹³ kuaŋ¹⁵]

晚起三慌。[uan³³ tɕʰi³¹ san¹³ xuaŋ¹⁵]

意译：起得早所有的事都做完了，起得晚所有的事都慌慌张张耽误了。

0032　自选条目

人有三餐不饿，[lən²¹ iou³³⁴ san¹³ tsʰan¹⁵ pu³²⁴ o⁵⁵]

衣有三件不破。[i¹⁵ iou³³⁴ san¹⁵ tɕien⁵⁵ pu³²⁴ pʰo⁵⁵]

意译：人（每天）吃三顿饭就不会饿，衣服有三件换着穿就不会破。

0033 自选条目

秧好一半谷，[iaŋ¹⁵ xao³³⁴ i³² pan⁵⁵ ku³²⁴]

妻好一半福。[tɕʰi¹⁵ xao³³⁴ i³² pan⁵⁵ fu³²⁴]

意译：秧苗好就有了一半的收成，妻子好就有了一半的福分。

0034 自选条目

饭前一口汤，[fan⁵⁵ tɕʰien²¹³ i³²⁴ kʰou³³⁴ tʰaŋ¹⁵]

省得开药方。[sen³³⁴ te⁰ kʰai¹⁵ yo³²⁴ faŋ¹⁵]

意译：吃饭前喝一口汤，省得医生开药方。

0035 自选条目

萝卜上了街，[lo²¹ pu⁰ saŋ⁵⁵ ȵiao⁰ kai¹⁵]

药铺无买卖。[yo³² pʰu⁵⁵ u²¹³ mai³³⁴ mai⁵⁵]

意译：街市上有萝卜，药店就没有买卖。

0036 自选条目

不想出汗，[pu³²⁴ ɕiaŋ³³⁴ tɕʰy³²⁴ xan⁵⁵]

莫想吃饭。[mo³²⁴ ɕiaŋ³³⁴ tɕʰi³²⁴ fan⁵⁵] 莫：别

意译：不想出汗（出力），就别想有饭吃。

0037 自选条目

贫不离猪，[pʰin²¹ pu³²⁴ ȵi²¹ tɕy¹⁵]

富不离书。[fu⁵⁵ pu³²⁴ ȵi²¹ ɕy¹⁵]

意译：贫苦不能离开猪，富裕不能离开书。

0038 自选条目

只与别个比种田，[tsʅ³²⁴ y³³⁴ pie²¹³ ka⁰ pi³³⁴ tsuŋ⁵⁵ tʰien²¹³] 别个：别人

莫与别个比过年。[mo³²⁴ y³³⁴ pie²¹³ ka⁰ pi³³⁴ ko⁵⁵ ȵien²¹³] 莫：别

意译：只和别人比种田，不要和别人比过年。

0039 自选条目

阎王要粑粑吃——鬼做。[ien²¹ uaŋ²¹³ iao⁵⁵ pa¹⁵ pa¹⁵ tɕʰi³²⁴——kuei³³⁴ tsou⁵⁵] 粑粑：米粑

意译：阎王爷要吃米粑——鬼做（装模作样）。

0040 自选条目

阎王爷出告示——鬼话连篇。[ien²¹ uaŋ²¹³ ie²¹³ tɕʰy³²⁴ kao⁴⁴ sɿ⁵⁵——kuei³³⁴ xua⁵⁵ ȵien²¹³ pʰien¹⁵]

意译：阎王爷出告示——鬼话连篇（没有实话）。

0041 自选条目

两个火车挖脑——出轨。[ȵiaŋ³³⁴ ko⁰ xo³³⁴ tsʰe¹⁵ ua³²⁴ lao³³⁴——tɕʰy³²⁴ kuei³³⁴] 挖脑：头顶头

意译：两个火车对撞——出轨（出鬼的事）。

0042 自选条目

火车装菩萨——运神。[xo³³⁴ tsʰe¹⁵ tɕyaŋ¹⁵ pʰu²¹³ sa⁰——yn⁵⁵ sen²¹³]

意译：火车装菩萨——运神（思考，琢磨）。

0043 自选条目

道士掉了令牌——冇得法。[tao⁵⁵ sɿ⁰ tiao⁵⁵ ȵiao⁰ ȵin⁵⁵ pʰai²¹³——mao⁵⁵ te⁰ fa³²⁴] 冇得：没有

意译：道士丢了令牌——没办法。

0044 自选条目

癞痢戴斗笠——善磨。[la²¹³ ȵi⁰ tai⁵⁵ tou³³⁴ ȵi⁰——san⁵⁵ mo²¹³]

意译：癞痢戴斗笠——善于磨（磨洋工）。

0045 自选条目

两只手提篮子——左篮（难）右也篮（难）。[ȵiaŋ³³⁴ tsɿ¹⁵ sou³³⁴ tʰi²¹³ lan²¹³ tsɿ⁰——tso³³⁴ lan²¹³ iou⁵⁵ ie³³⁴ lan²¹³]

意译：两只手提篮子——左边是篮子右边也是篮子（左难右也难，左右

为难)。

0046 自选条目

起风不落雨——干吹。[tɕʰi³³⁴ fuŋ¹⁵ pu³²⁴ lo³²⁴ y³³⁴——kan¹³ tɕʰyei¹⁵]

意译：刮风不下雨——干吹。

0047 自选条目

背冲担上四川——尖（悭）出了省。[pei¹⁵ tsʰuŋ¹⁵ tan⁵⁵ saŋ⁵⁵ sʅ⁵⁵ tɕʰyan⁵⁵——tɕien¹⁵ tɕʰy³²⁴ ɲiao⁰ sen³³⁴]

意译：背尖扁担去四川——尖（悭）出了省。

0048 自选条目

半夜里摄霍——一亮。[pan⁴⁴ ie⁵⁵ ɲi⁰ sæ²⁴ xo³²⁴——i³²⁴ ɲiaŋ⁵⁵] 扯霍：闪电

意译：半夜里闪电——一亮（计上心头）。

0049 自选条目

腌菜炒腊肉——有盐（言）在先。[ien¹⁵ tsʰai⁵⁵ tsʰao³³⁴ la²⁴ lou³²⁴——iou³³⁴ ien²¹³ tsai⁵⁵ ɕien¹⁵]

意译：咸菜炒腊肉——有盐（言）在先。

0050 自选条目

光脑壳高下拔虱子——明摆着。[kuaŋ¹⁵ lao³³⁴ kʰo⁰ kao¹⁵ xa⁰ pa³²⁴ sæ³²⁴ tsʅ⁰——min²¹³ pai³³⁴ tso⁰] 高下：上面

意译：光脑袋上面拨虱子——明摆着的。

0051 自选条目

劁猪的啊，[tɕʰiao¹³ tɕy¹⁵ ti⁰ a⁰]

掉倒茅厕里去了——他撬屎（死）。[tiao⁴⁴ tao⁵⁵ mao²¹³ sʅ⁰ ɲi⁰ kʰi⁵⁵ ɲiao⁰——tʰa¹⁵ tɕʰiao¹⁵ sʅ³³⁴]

意译：劁猪的掉进了厕所——他撬屎（死），找死。

0052 自选条目

荞麦田里打虾子——干捞。[tɕʰiao²¹³ mai⁵⁵ tʰien²¹³ ɲi⁰ ta³³⁴ ɕia¹⁵ tsʅ⁰——kan¹⁵ lao¹⁵]

打：捞，捕捉

意译：荞麦田里捕虾子——干捞（劳而无获）。

0053 自选条目

坟林地里打药水——痨（闹）鬼。[fen²¹³ nin⁰ ti⁵⁵ ni⁰ ta³³⁴ yo³²⁴ ɕyei³³⁴——lao⁵⁵ kuei³³⁴] 痨：用药毒杀

意译：坟场地里打药水——痨（闹）鬼。

0054 自选条目

傻子过年——看隔壁。[sa³³⁴ tsʅ⁰ ko⁵⁵ nien²¹³——kʰan⁵⁵ kiæ²⁴ pi³²⁴]

意译：傻子过年——看隔壁（自己不知道该做什么）。

0055 自选条目

我咧，正么昝打个谜啊。[o³³⁴ nie⁰, tsen⁵⁵ me⁰ tsan⁰ ta³³⁴ ke⁰ mie¹⁵ a⁰] 正么昝：现在

黄鸡母，请上座，[xuaŋ²¹³ tɕi¹⁵ mun³³⁴, tɕʰin³³⁴ saŋ⁴⁴ tso⁵⁵] 鸡母：母鸡

初一十五打矻矻。[tsʰou¹⁵ i³²⁴ sʅ²¹³ u³³⁴ ta³³⁴ kʰo¹³ kʰo¹⁵]

你们猜下子看。[ni³³⁴ men⁰ tsʰai¹⁵ xa⁵⁵ tsʅ⁰ kʰan⁵⁵]

猜不倒咧，[tsʰai¹⁵ pu³²⁴ tao⁰ nie⁰]

我就把谜底告信你们啊，[o³³⁴ tsou⁵⁵ pa³³⁴ mi²¹³ ti³³⁴ kao⁵⁵ ɕin⁵⁵ ni³³⁴ men⁰ a⁰]

就是铜磬。[tɕiou⁴⁴ sʅ⁰ tʰuŋ²¹³ tɕʰin⁵⁵]

意译：我呢，现在打个谜语啊。黄母鸡，请上座，初一到十五不停地打。你们猜猜看。猜不着呢，我就把谜底告诉你们啊，就是铜磬。

0056 自选条目

我咧，正么昝，[o³³⁴ nie⁰, tsen⁵⁵ me⁰ tsan⁰] 正么昝：现在

打个洋故事你们听。[ta³³⁴ ke⁰ iaŋ²¹³ ku⁴⁴ sʅ⁵⁵ ni³³⁴ men⁰ tʰin¹⁵]

就是咧，中国不兴哪，外国兴，[tɕiou⁴⁴ sʅ⁵⁵ nie⁰, tsuŋ¹⁵ kuæ³²⁴ pu³²⁴ ɕin¹⁵ la⁰, uai⁵⁵ kuæ³²⁴ ɕin¹⁵]

外国来了个害人精。[uai⁵⁵ kuæ³²⁴ lai²¹³ niao⁰ ko⁰ xai⁵⁵ len²¹³ tɕin¹⁵]

人没有死，脚没有伸，[len²¹³ mei²¹³ iou³³⁴ sʅ³³⁴, tɕyo³²⁴ mei²¹³ iou³³⁴ tsʰen¹⁵]

脑壳上点的吃吃灯。[lao³³⁴ kʰo⁰ saŋ⁵⁵ tien³³⁴ ti⁰ tɕʰi³²⁴ tɕʰi⁰ ten¹⁵]

你们猜下子，看是么东西咧？[ni³³⁴ men⁰ tsʰai¹⁵ xa⁵⁵ tsʅ⁰, kʰan⁵⁵ sʅ⁵⁵ mo³³⁴ toŋ¹⁵ ɕi⁰ nie⁰]

谜底咧，是吃鸦片烟。[mi²¹³ti³³⁴ȵie⁰，sʅ⁵⁵tɕʰi³²⁴ia¹⁵pʰien⁵⁵ien¹⁵]

意译：我呢，现在讲个洋故事给你们听。就是呀，中国不兴外国兴，外国来了个害人精，人没有死，脚没有伸，脑袋上点的吃吃灯。你们猜一下，看是什么东西呢，谜底呀，是抽鸦片烟。

0057 自选条目

再打个谜啊。[tsai⁵⁵ta³³⁴ke⁰mie¹⁵a⁰]

远望一座庙，近望无神灶，[yan³³⁴uaŋ⁵⁵i³²⁴tso⁵⁵miao⁵⁵，tɕin⁴⁴uaŋ⁵⁵u²¹³sen²¹³tsao⁵⁵]

脚踩两块板，手拿木鱼敲。[tɕyo³²⁴tsʰai³³⁴ȵiaŋ³³kʰuai³¹pan³³⁴，sou³³⁴la²¹³muŋ³²⁴y²¹³tɕʰiao¹⁵]

这个谜底咧，[tse⁵⁵ke⁰mi²¹³ti³³⁴ȵie⁰]

是织布与织布机。[sʅ⁵⁵tsʅ³²⁴pu⁵⁵y³³⁴tsʅ³²⁴pu⁵⁵tɕi¹⁵]

意译：再打个谜语啊。远望一座庙，近看无神灶，脚踩两块板，手拿木鱼敲。这个谜底呀，就是织布与织布机。

0058 自选条目

再打个谜啊。[tsai⁵⁵ta³³⁴ke⁰mie¹⁵a⁰]

弯弯树，弯弯材，[uan¹³uan¹⁵ɕy⁵⁵，uan¹³uan¹⁵tsʰai²¹³]

弯弯树上挂招牌，[uan¹³uan¹⁵ɕy⁵⁵saŋ⁰kua⁵⁵tsao¹⁵pʰai²¹³]

人家说我无世界，[len²¹³tɕia⁰ɕyæ³²⁴o³³⁴u²¹³sʅ⁴⁴kai⁵⁵]

我把世界斢转来。[o³³⁴pa³³⁴sʅ⁴⁴kai⁵⁵tʰiao³³⁴tɕyan³³⁴lai⁵⁵] 斢：调换

谜底咧，是耕田。[mi²¹³ti³³⁴ȵie⁰，sʅ⁵⁵ken¹⁵tʰien²¹³]

意译：再打猜个谜语啊。弯弯的树，弯弯的材，弯弯的树上挂个招牌。人家说我无世界，我把世界调转过来。谜底呢，是耕田。

0059 自选条目

再讲个谜啊，打个谜语啊。[tsai⁵⁵tɕiaŋ³³⁴ke⁰mi¹⁵a⁰，ta³³⁴ke⁰mi²¹³y³³⁴a⁰]

黄泥巴磴，铁扇坨，[xuaŋ²¹³ȵi²¹³pa⁰ten¹⁵，tʰie³²⁴san⁵⁵tʰo²¹³]

蓬走，蓬头媳妇，瘪嘴婆。[pʰuŋ²¹³tsou³³⁴，pʰuŋ²¹tʰou²¹³ɕi³²⁴fu⁰，pie³³tsei³¹pʰo²¹³]

黄泥巴磴咧，[xuaŋ²¹³ȵi²¹³pa⁰ten¹⁵ȵie⁰]

就是用泥巴垒起来的个灶，[tɕiou⁴⁴sʅ⁵⁵yŋ⁵⁵ȵi²¹³pa⁰lei³³⁴tɕʰi³³⁴lai²¹³ti⁰ke⁰tsao⁵⁵]

铁扇坨就是一个铁锅，[tʰie³²⁴san⁵⁵tʰo²¹³tɕiou⁴⁴sʅ⁵⁵i³²⁴ke⁰tʰie³²⁴ko¹⁵]

蓬头媳妇就是洗锅的刷帚，[pʰuŋ²¹ tʰou²¹³ ɕi³²⁴ fu⁰ tɕiou⁴⁴ sɿ⁵⁵ ɕi³³⁴ ko¹⁵ ti⁰ ɕya³²⁴ tɕy⁰]

瘪嘴婆就是一个锅铲。[pie³³ tsei³¹ pʰo²¹³ tɕiou⁴⁴ sɿ⁵⁵ i³²⁴ ke⁰ ko¹⁵ tsʰan³³⁴]

谜底就是这。[mi²¹³ ti³³⁴ tsou⁴⁴ sɿ⁵⁵ tse⁵⁵]

意译：再打个谜语啊。黄泥巴磴，铁扇坨，蓬头媳妇，瘪嘴婆。黄泥巴磴呢，就是用泥巴垒起来的个灶，铁扇坨就是一个铁锅，蓬头媳妇就是洗锅的刷子，瘪嘴婆就是锅铲。谜底就是这些。

0060 自选条目

再来打个谜啊。[tsai⁵⁵ lai²¹³ ta³³⁴ ke⁰ mi¹⁵ a⁰]

你的，你的姆妈长，[n̩i³³⁴ ti⁰, n̩i³³⁴ ti⁰ m̩³³⁴ ma⁰ tsʰaŋ¹⁵] 长：高

我的姆妈矮，[o³³⁴ ti⁰ m̩³³⁴ ma⁰ ŋai³³⁴]

我的姆妈把你的姆妈抱倒摔。[o³³⁴ ti⁰ m̩³³⁴ ma⁰ pa³³⁴ n̩i³³⁴ ti⁰ m̩³³⁴ ma⁰ pao⁵⁵ tao⁰ ɕyai³³⁴]

这咧，是一个农民哪，用的个工具，[tse⁵⁵ n̩ie⁰, sɿ⁵⁵ i³²⁴ ke⁰ luŋ²¹ min²¹³ la⁰, yŋ⁵⁵ ti⁰ ke⁰ kuŋ¹⁵ tɕy⁵⁵]

你们猜下子看是么东西咧？[n̩i³³⁴ men⁰ tsʰai¹⁵ xa⁵⁵ tsɿ⁰ kʰan⁴⁴ sɿ⁵⁵ mo³³⁴ toŋ¹⁵ ɕi⁰ n̩ie⁰] 么：什么

就是打麦子，打菜籽，[tɕiou⁴⁴ sɿ⁵⁵ ta³³⁴ mie³²⁴ tsɿ⁰, ta³³⁴ tsʰai⁵⁵ tsɿ³³⁴]

打谷的个工具，叫个槤杖。[ta³³⁴ ku³²⁴ ti⁰ ke⁰ kuŋ¹⁵ tɕy⁵⁵, tɕiao⁵⁵ ke⁰ n̩ien²¹³ tsʰan⁰]

意译：再来猜个谜语啊。你的妈妈高，我的妈妈矮，我的妈妈把你的妈妈抱着摔。这呢，是一个农民用的工具，你们猜猜看是什么东西呢？就是打麦子，打菜籽，打谷的工具，叫槤杖。

0061 自选条目

好，再来一个啊。[xao³³⁴, tsai⁵⁵ lai²¹³ i³²⁴ ko⁵⁵ a⁰]

你的姆妈姓煨，[n̩i²¹³ ti⁰ m̩³³⁴ ma⁰ ɕin⁵⁵ uei¹⁵]

我的姆妈姓推。[o³³⁴ ti⁰ m̩³³⁴ ma⁰ ɕin⁵⁵ tʰei¹⁵]

我的姆妈把你的姆妈一推呀，[o³³⁴ ti⁰ m̩³³⁴ ma⁰ pa³³⁴ n̩i²¹³ ti⁰ m̩³³⁴ ma⁰ i³²⁴ tʰei¹⁵ ia⁰]

你的姆妈坐一屁股灰。[n̩i²¹³ ti⁰ m̩³³⁴ ma⁰ tso⁵⁵ i³²⁴ pʰi⁵⁵ ku³³⁴ xuei¹⁵]

你们猜下子咧。[n̩i³³⁴ men⁰ tsʰai¹⁵ xa⁵⁵ tsɿ⁰ n̩ie⁰]

这个谜底咧，就是往日乡里呀，[tse⁵⁵ ke⁰ mi²¹³ ti³³⁴ n̩ie⁰, tɕiou⁴⁴ sɿ⁵⁵ uaŋ³³⁴ ɯ⁵⁵ ɕiaŋ¹⁵ n̩i⁰ ia⁰]

农民蛮造孽，[luŋ²¹ min²¹³ man²¹³ tsao⁵⁵ ie³²⁴] 造孽：可怜

在灶里用罐子煨水。[tai⁵⁵ tsao⁵⁵ n̩i⁰ yŋ⁵⁵ kuan⁵⁵ tsɿ⁰ uei¹⁵ ɕyei³³⁴]

煨咧，是个罐子，[uei¹⁵ ȵie⁰，sɿ⁵⁵ ke⁰ kuan⁵⁵ tsɿ⁰]

推咧，是个罐拔子。[tʰei¹⁵ ȵie⁰，sɿ⁵⁵ ke⁰ kuan⁵⁵ pa²¹³ tsɿ⁰]

谜底就是罐拔子与罐子。[mi²¹³ ti³³⁴ tɕiou⁴⁴ sɿ⁵⁵ kuan⁵⁵ pa²¹³ tsɿ⁰ y³³⁴ kuan⁵⁵ tsɿ⁰]

意译：再来一个啊。你的妈妈姓煨，我的妈妈姓推。我的妈妈把你的妈妈一推呀，你的妈妈坐一屁股灰。你们猜一下吧。这个谜底呢，就是早先农村呀，农民很穷，在炉灶里用罐子煨水。煨呢，是个水罐，推呢，是个罐拔子。谜底就是水罐与罐拔子。

0062 自选条目

再打个谜啊。[tsai⁵⁵ ta³³⁴ ke⁰ mi¹⁵ a⁰]

大哥在天上叫，[ta⁵⁵ ko¹⁵ tsai⁵⁵ tʰien¹⁵ saŋ⁰ tɕiao⁵⁵]

二哥就把灯照，[ɯ⁵⁵ ko¹⁵ tsou⁵⁵ pa³³⁴ ten¹⁵ tsao⁵⁵]

三哥就把地扫，[san¹⁵ ko¹⁵ tsou⁵⁵ pa³³⁴ ti⁵⁵ sao³³⁴]

四哥就一路倒。[sɿ⁵⁵ ko¹⁵ tsou⁵⁵ i³²⁴ lou⁵⁵ tao⁵⁵]

你们猜下子咧。[ȵi³³⁴ men⁰ tsʰai¹⁵ xa⁵⁵ tsɿ⁰ ȵie⁰]

这个谜底咧，就是天上的啊。[tse⁵⁵ ke⁰ mi²¹³ ti³³⁴ ȵie⁰，tɕiou⁴⁴ sɿ⁵⁵ tʰien¹⁵ saŋ ti⁰ ia⁰]

"大哥天上叫"，就是打雷，[ta⁵⁵ ko¹⁵ tʰien¹⁵ saŋ⁰ tɕiao⁵⁵，tɕiou⁴⁴ sɿ⁵⁵ ta³³⁴ lei²¹³]

"二哥把灯照"，就是摄霍，[ɯ⁵⁵ ko¹⁵ pa³³⁴ ten¹⁵ tsao⁵⁵，tɕiou⁴⁴ sɿ⁵⁵ sæ³²⁴ xo³²⁴] 摄霍：闪电

"三哥把地扫"，就是起大风，[san¹³ ko¹⁵ pa³³⁴ ti⁵⁵ sao³³⁴，tɕiou⁴⁴ sɿ⁵⁵ tɕʰi³³⁴ ta⁵⁵ fuŋ¹⁵]

"四哥一路倒"，就是落雨。[sɿ⁵⁵ ko¹⁵ i³²⁴ lou⁵⁵ tao⁵⁵，tɕiou⁵⁵ sɿ⁵⁵ lo³²⁴ y³³⁴] 落雨：下雨

意译：再打个谜啊。大哥在天上叫，二哥在把灯照，三哥把地扫，四哥一路倒。你们猜猜吧。这个谜底呢，就是天上的啊。"大哥天上叫"就是打雷，"二哥把灯照"就是闪电，"三哥把地扫"就是刮大风，"四哥一路倒"就是下雨。

0063 自选条目

再打个谜啊。[tsai⁵⁵ ta³³⁴ ke⁰ mi¹⁵ a⁰]

高大的楼房，低头进；[kao¹⁵ ta⁵⁵ ti⁰ lou²¹ faŋ²¹³，ti¹⁵ tʰou²¹³ tɕin⁵⁵]

青石修路，路不平；[tɕʰin¹⁵ sɿ²¹³ ɕiou¹⁵ lou⁵⁵，lou⁵⁵ pu³²⁴ pʰin²¹³]

芒槌打鼓，鼓不响；[maŋ²¹ tɕʰyei²¹³ ta³³ ku³¹，ku³³⁴ pu³²⁴ ɕiaŋ³³⁴] 芒槌：棒槌

青油点灯，灯不明。[tɕʰin¹⁵ iou²¹³ tien³³⁴ ten¹⁵，ten¹⁵ pu³²⁴ min²¹³]

这个谜咧，[tse⁵⁵ ke⁰ mi²¹³ ȵie⁰]

是我们人当中的缺点，就是说，[sŋ⁵⁵o³³⁴men²¹³len²¹³taŋ¹³tsuŋ¹⁵ti⁰tɕʰyæ³²⁴tien³³⁴，tɕiou⁴⁴sŋ⁵⁵ɕyæ³²⁴]

就是跛子，驼子，聋子，瞎子。[tɕiou⁴⁴sŋ⁵⁵po³³⁴tsŋ⁰，tʰo²¹³tsŋ⁰，luŋ¹⁵tsŋ⁰，ɕia³²tsŋ⁰]

意译：再猜个谜啊。高大的楼房，低头进；青石修路，路不平；棒槌打鼓，鼓不响；青油点灯，灯不明。就是驼背，瘸子，聋子，瞎子。

0064 自选条目

大集的包子，蔡甸的藕，[ta⁵⁵tɕi³²⁴ti⁰pao¹⁵tsŋ⁰，tsʰai⁴⁴tien⁵⁵ti⁰ŋou³³⁴]

好看的姑娘，索河有。[xao³³⁴kʰan⁵⁵ti⁰ku¹⁵ȵiaŋ⁰，so³²⁴xo²¹³iou³³⁴]

意译：大集有好吃的包子，蔡甸有好吃的藕，索河有漂亮的姑娘。

0065 自选条目

独山独山，十磨九难。[tou³²⁴san¹⁵tou³²⁴san¹⁵，sŋ²¹mo²¹³tɕiou³³⁴lan⁵⁵]

荷叶包米，藕节当饭。[xo²¹³ie³²⁴pao¹⁵mi³³⁴，ŋou³³⁴tɕie³²⁴taŋ¹⁵fan⁵⁵]

意译：独山呀独山，十磨呀九难。荷叶里包米，藕节就当饭。

江　夏

一　歌谣

0001 歌谣

香香啊，来哟，[ɕiaŋ³⁵ɕiaŋ³⁵a⁰，nai³¹yo⁰]

穿的毛毛鞋哟，[tsʰuan³⁵ti⁰mao¹³mao⁰xai¹³yo⁰]

吃的绿豆糕哟，[tɕʰi³²⁴ti⁰nou¹³tou⁴⁴⁵kao³⁵yo⁰]

吃了不长痘哟。[tɕʰi³²⁴niao⁰pu¹³tsaŋ⁴¹tou⁴⁴⁵yo⁰]

意译：香香啊，来哟，穿的毛毛鞋哟，吃的绿豆糕哟，吃了不长痘哟。江夏童谣，用于哄孩子吃绿豆糕时哼唱。

0002 歌谣

点点飞，[tien⁴¹tien⁴¹fei³⁵]

一飞飞到家门口，[i³²⁴fei³⁵fei³⁵tao⁰tɕia⁴⁴⁵mən³¹kʰou³⁵]

吃也有，[tɕʰi³²⁴ie³³iou⁴¹]

喝也有，[xo³²⁴ ie³³ iou⁴¹]

吃饱喝足往转走。[tɕʰi³²⁴ pao⁴¹ xo³²⁴ tsou³²⁴ uaŋ³⁵ tsuan³²⁴ tsou⁴¹]

意译：点点飞，一飞飞到家门口，吃也有，喝也有，吃饱喝足往回走。江夏童谣，用于哄孩子入睡时哼唱的摇篮曲。

0003 歌谣

（敲鼓声）我一生呐爱乐观，[ŋo i sən na ŋai no kuan]

一点不错欸。[i tien pu tsʰo ai]

跟各位欸唱几句欸，[kən ko uei ai tsʰaŋ tɕi tɕy ai] 跟：给

信口开河欸，[ɕin kʰou kʰai xo ai]

不知道我现在唱个什么。[pu tsʅ tao ŋo ɕian tsai tsʰaŋ ke sən mo]

我种菜的人，[ŋo tsoŋ tsʰai ti nən]

我就唱我卖菜歌欸。[ŋo tɕiou tsʰaŋ ŋo mai tsʰai ko ai]

（敲鼓声）我的个菜，[ŋo ti kə tsʰai]

卖得快，[mai te kʰuai]

心里都格外好过欸。[ɕin ni tou ke uai xao ko ai]

卖早点的他叫我欸，[mai tsao tien ti ta tɕiao ŋo ai]

你把早来过欸。[ni pa tsao nai ko ai]

（敲鼓声）老头子，[nao tʰou tsʅ]

随便你老人家要吃什么啊。[sei pian ni nao nən tɕia iao tɕi sən mo a]

我有稀饭，[ŋo iou ɕi fan]

有馒头啊，[iou man tʰou a]

还有面窝欸。[xai iou mian o ai]

他要我过早，[tʰa iao ŋo ko tsao] 过早：吃早餐

我不爱过。[ŋo pu ai ko]

我心想啊，[ŋo ɕin ɕiaŋ a]

回家去把酒来喝欸。[xuei tɕia tɕy pa tɕiou nai xo ai]

喝罢了酒，[xo pa niao tɕiou]

做什么事，[tsou sən mə sʅ]

都随便了我欸。[tou sei pian niao ŋo ai]

一心想啊，[i ɕin ɕiaŋ a]

到牌场上摸一摸欸。[tao pʰai tsʰaŋ saŋ mo i mo ai]

不管你打什么牌，[pu kuan ni ta sən mo pʰai]

全靠要火欸。[tɕʰian kao iao xo ai] 火：运气
那火一来了，[na xo i nai niao]
比卖菜还强得多欸。[pi mai tsʰai xai tɕʰian te to ai]
昨天下午打一场牌，[tsʰo tʰian ɕia u ta i tsʰaŋ pʰai]
火还不错欸。[xo xai pu tsʰo ai]
一下午欸，[i ɕia u ai]
赢了五百多欸。[in niao u pe to ai]
又买鱼，又买肉。[iou mai y, iou mai nou]
这五香卤鸡蛋呐，[tsɤ u ɕiaŋ nou tɕi tan na]
我买了跑⁼八个哎。[ŋo mai niao pʰao pa ko ai] 跑⁼：整整
拿回家去欸，[na xuei tɕia tɕʰy ai]
接我的婆婆欸。[tɕie ŋo ti pʰo pʰo ai]
婆婆一见喜不过，[pʰo pʰo i tɕian ɕi pu ko]
满脸的笑容欸，[man nian ti ɕiao ioŋ ai]
把话来说欸。[pa xua nai so ai]
你今天打牌只怕是有一点火，[ni tɕin tʰian ta pʰai tsʅ pʰa sʅ iou i tien xo]
我以往啊，[o i uaŋ a]
总冇看见你啊买过这多欸。[tsoŋ mao kʰan tɕian nia mai ko tse to ai] 冇：没有
婆婆一生会烧火啊，[pʰo pʰo i sən xuei sao xo a]
它又不咸又不淡，[tʰa iou pu ɕian iou pu tan]
格外好喝欸。[ke uai xao xo ai]
我叫婆婆，[ŋo tɕiao pʰo pʰo]
你趁温点都吃啊。[ni sən uən tien tou tɕʰi a]
婆婆她叫我，[pʰo pʰo tʰa tɕiao ŋo]
你趁温呐，[ni tsʰən uən na]
慢慢点喝啊。[man man tie xo a]
我叫婆婆，[ŋo tɕiao pʰo pʰo]
她就喂我。[tʰa tɕiou uei ŋo]
两个老人呐，[niaŋ ko nao nən na]
吃吃喝喝，[tɕʰi tɕʰi xo xo]
是好快乐，欸，欸，欸。[sʅ xao kʰuai no, ai, ai, ai]
意译：（敲鼓声）我一生爱乐观，一点不错啊。跟各位唱几句，信口开河啊，

不知道我现在唱什么啊。我种菜的人，我就唱我的卖菜歌（敲鼓声）。我的菜卖得快，心里都格外好过啊。卖早点的他叫我，你来吃早饭（敲鼓声），老头子，随便你老人家要吃什么，我有稀饭，有馒头，还有面窝。他要我吃早饭，我不爱吃，我心想啊，回家去把酒来喝啊，喝完了酒，做什么事，都随便我了。心一想啊，到牌场上摸一摸，不管你打什么牌，全要靠运气啊，那运气一来了，比卖菜还强得多。昨天下午打一场牌，运气还不错，一下午赢了五百多。又买鱼，又买肉，这五香卤鸡蛋，我买了整整八个拿回家去。接我的婆婆啊，婆婆一见喜过头，满脸的笑容啊，把话来说啊，你今天打牌只怕是有一点运气，我以往总没有看见你买过这多啊。婆婆一生会烧火啊，它又不咸又不淡，格外好喝啊。我叫婆婆，你趁温热点儿都吃啊。婆婆她叫我，你趁温热点儿呐，慢慢点喝啊。我叫婆婆，她就喂我。两个老人呐，吃吃喝喝，是很快乐啊。江夏湖北大鼓唱词，描述了夫妻二人日常生活之乐。

二　规定故事

0021 牛郎和织女

我今朝啊，跟大家讲一个故事，[ŋo⁴¹ tɕin³⁵ tsao⁵⁵ a⁰，kən⁴¹ ta³³ tɕia⁴⁵ tɕiaŋ⁴¹ i³²⁴ kɤ³²⁴ ku³⁵ sʅ⁰] 今朝：今天

故事的名字咧，[ku³⁵ sʅ⁰ ti⁰ min³¹ tsʅ³²⁴ nie⁰]

叫《牛郎和织女》。[tɕiao³²⁴ niou³¹ naŋ¹³ xo¹³ tsʅ³²⁴ y⁴¹]

古时候啊，[ku⁴¹ sʅ³²⁴ xou³²⁴ a⁰]

有个小伙子，[iou⁴¹ ko¹³ ɕiao¹³ xo⁴¹ tsʅ⁰]

他的爹妈都死了，[tʰa³⁵ ti⁰ tie³⁵ ma¹³ tou³⁵ sʅ⁴¹ niao⁰]

蛮造孽，[man¹³ tsao³²⁴ nie³²⁴] 蛮：很。造孽：可怜

孤苦一个人，[ku³⁵ kʰu⁴¹ i³²⁴ kɤ³²⁴ nən⁴¹]

那屋里穷得叮当响，[na³²⁴ u³²⁴ ni⁰ tɕʰioŋ¹³ tɤ⁰ tin³⁵ taŋ⁴¹ ɕiaŋ⁴¹]

么什也冇得。[mo⁴¹ sʅ⁰ ie⁴⁴⁵ mao³²⁴ tɤ³¹] 么什：什么。冇得：没有

他屋里咧，只有一头老牛，[tʰa³⁵ u³²⁴ ni⁰ nie⁰，tsʅ⁴⁴⁵ iou⁴¹ i³²⁴ tʰou³¹ nao⁴¹ niou¹³]

所以咧，大家咧，都叫他牛郎。[so¹³ i⁰ nie⁰，ta³³ tɕia⁴⁵ nie⁰，tou³¹ tɕiao³²⁴ tʰa³⁵ niou¹³ naŋ¹³]

牛郎咧，他是靠老牛耕地为生，[niou¹³ naŋ¹³ nie⁰，tʰa³⁵ sʅ⁴⁴⁵ kʰao³²⁴ nao⁴¹ niou¹³ kən³⁵ ti⁴⁴⁵ uei³²⁴ sən³⁵]

其他的事情他也不会做，[tɕʰi¹³ tʰa³⁵ ti⁰ sʅ⁴⁴⁵ tɕʰin⁰ tʰa³⁵ ie⁴⁴⁵ pu³²⁴ xuei⁴⁴⁵ tsou³²⁴]

所以咧，他跟老牛咧，[so¹³ i⁰ nie⁰, tʰa³⁵ kən³⁵ nao⁴¹ niou¹³ nie⁰]
是相依为命。[sʅ⁴⁴⁵ ɕiaŋ³²⁴ i³⁵ uei³²⁴ min⁴⁴⁵]
他么什都冇得嘛，[tʰa³⁵ mo⁴¹ sʅ⁰ tou³¹ mao³²⁴ tɤ³¹ ma⁰]
么什也冇得。[mo⁴¹ sʅ⁰ ie⁴⁴⁵ mao³²⁴ tɤ³¹]
完全是靠老牛耕地种田，[uan¹³ tɕʰyan¹³ sʅ⁴⁴⁵ kʰao³²⁴ nao⁴¹ niou¹³ kən³⁵ ti⁴⁴⁵ tsoŋ³²⁴ tʰien¹³]
所以咧，他也冇得别的亲戚，[so¹³ i⁰ nie⁰, tʰa³⁵ ie⁴⁴⁵ mao³²⁴ tɤ³¹ pie³⁵ ti⁰ tɕʰin³⁵ tɕʰi⁰]
么什都冇得。[mo⁴¹ sʅ⁰ tʰou³¹ mao³²⁴ tɤ³¹]
其实这个老牛咧也不是牛，[tɕʰi¹³ sʅ² tsɤ³²⁴ kɤ⁰ nao⁴¹ niou¹³ nie⁰ ie⁴⁴⁵ pu³²⁴ sʅ⁴⁴⁵ niou¹³]
他是天上的一个金牛星，[tʰa³⁵ sʅ⁴⁴⁵ tʰien³⁵ saŋ⁰ ti⁰ i³²⁴ ko¹³ tɕin⁴⁵ niou¹³ ɕin³⁵]
他很喜欢牛郎的这种勤劳。[tʰa³⁵ xən³³ ɕi³³ xuan³⁵ niou¹³ naŋ¹³ ti⁰ tsɤ⁰ tsoŋ³²⁴ tɕʰin¹³ nao¹³]
但是咧，[tan³²⁴ sʅ⁰ nie⁰]
他又是一个年轻的小伙子，[tʰa³⁵ iou⁴⁴⁵ sʅ⁴⁴⁵ i³²⁴ ko¹³ nien¹³ tɕʰin³⁵ ti⁰ ɕiao¹³ xo⁴¹ tsʅ⁰]
这么穷，[tsɤ³²⁴ mo⁰ tɕʰioŋ¹³]
哪个能愿意嫁给他咧？[na³²⁴ ko⁰ nən³¹ yan⁴⁴⁵ i³²⁴ tɕia³²⁴ kɤ⁴¹ tʰa³⁵ nie⁰]
他也蛮想跟他成个家，[tʰa³⁵ ie⁴⁴⁵ man¹³ ɕiaŋ⁴¹ kən³⁵ tʰa³⁵ tsʰən³¹ kɤ⁰ tɕia⁴⁴⁵]
帮他成个家。[paŋ³⁵ tʰa³⁵ tsʰən³¹ kɤ⁰ tɕia⁴⁴⁵]
成家么办咧？[tsʰən³¹ tɕia⁴⁴⁵ mo⁴¹ pan³²⁴ nie⁰]
有一天，[iou⁴¹ i³²⁴ tʰien³⁵]
那个金牛星呐，[nɤ³²⁴ kɤ⁰ tɕin⁴⁵ niou¹³ ɕin³⁵ na⁰]
他是晓得天上的一些仙女咧，[tʰa³⁵ sʅ⁴⁴⁵ ɕiao⁴⁴ tɤ⁰ tʰien³⁵ saŋ⁰ ti⁰ i³²⁴ ɕie³⁵ ɕian³⁵ y⁴¹ nie⁰]
要到他们那个村边呐，[iao³²⁴ tao³²⁴ tʰa³⁵ mən⁰ nɤ³²⁴ kɤ⁰ tsʰən³⁵ pien⁰ na⁰]
东边的山脚下的一个湖里面去洗澡。[toŋ³⁵ pien⁰ ti⁰ san³⁵ tɕyo³¹ xa⁴⁴⁵ ti⁰ i³²⁴ ko¹³ xu¹³ ni³³ mian³³ kʰɤ³²⁴ ɕi⁴⁴ tsao⁴¹]
结果咧，[tɕie³²⁴ ko³¹ nie⁰]
他就托梦给那个牛郎，[tʰa³⁵ tɕiou³²⁴ tʰo³²⁴ moŋ⁴⁴⁵ kɤ⁴¹ nɤ³²⁴ kɤ⁰ niou¹³ naŋ¹³]
托梦他么样托的咧，[tʰo³²⁴ moŋ⁴⁴⁵ tʰa³⁵ mo⁴¹ iaŋ³²⁴ tʰo³²⁴ ti⁰ nie⁰] 么样：怎么样
就要他第二天清早到湖边去，[tɕiou³²⁴ iao³²⁴ tʰa³⁵ ti⁴⁴⁵ ə⁴⁴⁵ tʰien³⁵ tɕʰin³⁵ tsao⁴¹ tao³²⁴ xu¹³ pien⁰ kʰɤ³²⁴]
看里边有些么东西。[kʰan³²⁴ ni³³ pien⁰ iou⁴¹ ɕie³⁵ mo⁴¹ toŋ³⁵ ɕi⁵⁵]
要是有仙女们，[iao³²⁴ sʅ⁰ iou⁴¹ ɕian³⁵ y⁴¹ mən⁰]
有女伢在那里洗澡的时候，[iou⁴¹ y⁴¹ ŋa³¹ tsai³³ nɤ³² ti⁰ ɕi⁴⁴ tsao⁴¹ ti⁰ sʅ³¹ xou³²⁴]

你就把那个衣服咧拿一件，[ni⁴¹ tɕiou³²⁴ pa⁴¹ mɤ³²⁴ kɤ⁰ i³⁵ fu⁰ nie⁰ na¹³ i³²⁴ tɕien⁴⁴⁵]

头也不要回，[tʰou³¹ ie⁴⁴⁵ pu³²⁴ iao³²⁴ xuei¹³]

拼命地往屋里跑，[pʰin³⁵ min⁴⁴⁵ ti⁰ uaŋ³⁵ u³²⁴ ti⁰ pʰao¹³]

要是你跑到路上，[iao³²⁴ sʅ⁰ ni⁴¹ pʰao¹³ tao⁰ nou¹³ saŋ⁰]

不管你遇到哪个，[pu³²⁴ kuan⁴¹ ni⁴¹ y⁴¹ tao⁰ mɤ³²⁴ ko⁰]

看到哪个，[kʰan³²⁴ tao⁰ mɤ³²⁴ ko⁰]

你都不要管，[ni⁴¹ tou³¹ pu³²⁴ iao³²⁴ kuan⁴¹]

你都不要耳他们，[ni⁴¹ tou³¹ pu³²⁴ iao³²⁴ ɚ⁴¹ tʰa³⁵ mən⁰] 耳：搭理

不理会他们。[pu³²⁴ ni⁴¹ xuei⁴⁴⁵ tʰa³⁵ mən⁰]

跑到屋里来后，[pʰao¹³ tao⁰ u³²⁴ ti⁰ nai⁰ xou³²⁴]

你只要把衣服抢回来后放在屋里咧，[ni⁴¹ tsʅ⁴⁴⁵ iao³²⁴ pa⁴¹ i³⁵ fu⁰ tɕʰiaŋ⁴¹ xuei¹³ nai⁰ xou³²⁴ faŋ³²⁴ tsai³³ u³²⁴ ti⁰ nie⁰]

你就会得到一个美丽的仙女做你的老婆。[ni⁴¹ tɕiou³²⁴ xuei⁴⁴⁵ tɤ⁴⁴ tao⁰ i³²⁴ kɤ³²⁴ mei⁴¹ ni⁰ ti⁰ ɕian³⁵ y⁴¹ tsou³²⁴ ni⁴¹ ti⁰ nao⁴⁴ pʰo⁰]

第二天清早，[ti⁴⁴⁵ ɚ⁴⁴⁵ tʰien³⁵ tɕʰin³⁵ tsao⁴¹]

牛郎半信半疑地到了山脚下，[niou¹³ naŋ¹³ pan³²⁴ ɕin³²⁴ pan³²⁴ i¹³ ti⁰ tao³²⁴ niao⁰ san³⁵ tɕyo³²⁴ ɕia⁴⁴⁵]

那个在一个很大的湖又很美的环境下，[na³²⁴ kɤ⁰ tsai⁴¹ i³²⁴ kɤ³²⁴ xən³³ ta³³ ti⁰ xu¹³ iou⁴⁴⁵ xən³³ mei⁴¹ ti⁰ xuan¹³ tɕin⁴¹ ɕia⁴⁴⁵]

果然看见了七个美女在湖中，[ko⁴¹ nan¹³ kʰan³²⁴ tɕien³²⁴ niao⁰ tɕʰi³²⁴ ko³²⁴ mei⁴¹ y⁴¹ tsai³³ xu¹³ tsoŋ⁰]

在那里戏水玩水。[tsai³³ mɤ³² ti⁰ ɕi³⁵ suei⁴¹ uan³¹ suei⁴¹]

于是啊，[y³³ sʅ³²⁴ ŋa⁰]

他就想到了昨天晚上的梦。[tʰa³⁵ tɕiou³²⁴ ɕiaŋ⁴¹ tao⁰ niao⁰ tso¹³ tʰian³⁵ uan³⁴ saŋ⁰ ti⁰ moŋ⁴⁴⁵]

他赶快拿倒树上挂着的一件衣服，[tʰa³⁵ kan¹³ kʰuai³²⁴ na¹³ tao⁰ ɕy³²⁴ saŋ⁰ kua³²⁴ tso⁰ ti⁰ i³²⁴ tɕien⁴⁴⁵ i³⁵ fu⁰]

粉红色的衣服，[fən⁴¹ xoŋ¹³ sɤ³²⁴ ti⁰ i³⁵ fu⁰]

飞快地跑回家。[fei³⁵ kʰuai³²⁴ ti⁰ pʰao¹³ xuei¹³ tɕia⁴⁴⁵]

在路上别人问他，[tsai⁴¹ nou¹³ saŋ⁰ pie³⁵ nən¹³ uən⁴⁴⁵ tʰa³⁵]

跟着喊：[kən³⁵ tso⁰ xan⁴¹]

"牛郎你抢别人衣服做么什？"[niou¹³ naŋ¹³ ni⁴¹ tɕʰiaŋ⁴¹ pie³⁵ nən¹³ i³⁵ fu⁰ tsou³²⁴ mo⁴¹ sʅ⁰] 么什：什么

他头也不回，[tʰa³⁵ tʰou³¹ ie⁴¹ pu³²⁴ xuei¹³]

就把这个衣服抢回家了。[tɕiou³²⁴ pa⁴¹ tsɤ³²⁴ kɤ⁰ i³⁵ fu⁰ tɕʰiaŋ⁴¹ xuei¹³ tɕia⁴⁴⁵ niao⁰]

这件衣服，[tsɤ³²⁴ tɕien⁴⁴⁵ i³⁵ fu⁰]

抢的这件衣服就是织女的。[tɕʰiaŋ⁴¹ ti⁰ tsɤ³²⁴ tɕien⁴⁴⁵ i³⁵ fu⁰ tɕiou³²⁴ sʅ³²⁴ tsʅ³²⁴ y⁴¹ ti⁰]

当天夜里咧，[taŋ³⁵ tʰien³⁵ ie³²⁴ ni⁰ nie⁰]

那天晚上那个织女呀就轻轻地敲开了牛郎的家门，[na³²⁴ tʰien³⁵ uan³²⁴ saŋ⁰ mɤ³²⁴ kɤ⁰ tsʅ³²⁴ y¹³ ia⁰ tɕiou³²⁴ tɕʰin³⁵ tɕʰin³⁵ ti⁰ tɕʰiao³⁵ kʰai³⁵ niao⁰ niou¹³ naŋ¹³ ti⁰ tɕia⁴⁴⁵ mən³¹]

于是咧，两个人就做了恩爱夫妻。[y³³ sʅ³²⁴ nie⁰, niaŋ⁴¹ kɤ⁰ nən¹³ tɕiou³²⁴ tso³⁵ niao⁰ ŋən³⁵ ŋai³²⁴ fu³⁵ tɕʰi³⁵]

一眨眼咧，[i³²⁴ tsa³²⁴ ŋan¹³ nie⁰]

三年就过去了，[san³⁵ nien³¹ tɕiou³²⁴ ko³²⁴ kʰɤ³²⁴ niao⁰]

牛郎和织女生了一个儿子伢、一个丫头，[niou¹³ naŋ¹³ xo³¹ tsʅ³²⁴ y⁴¹ sən³⁵ niao⁰ i³²⁴ kɤ³²⁴ ɚ¹³ tsʅ⁰ ŋa¹³、i³²⁴ kɤ³²⁴ ia³⁵ tʰou⁰]

一家人咧，[i³²⁴ tɕia⁴⁴⁵ nən¹³ nie⁰]

过得很好很开心。[ko³²⁴ tɤ⁰ xən⁴¹ xao⁴¹ xən⁴¹ kʰai³⁵ ɕin³⁵]

但是咧，这个织女呀，[tan³²⁴ sʅ⁰ nie⁰, tsɤ³²⁴ kɤ⁰ tsʅ³²⁴ y⁴¹ ia⁰]

她是自家私自下凡的，[tʰa³⁵ sʅ⁴⁴⁵ tsʅ⁴⁴⁵ tɕia³⁵ sʅ³⁵ tsʅ⁴⁴⁵ ɕia⁴⁴⁵ fan¹³ ti⁰]

从天上下来的，[tsʰoŋ¹³ tʰien³⁵ saŋ⁰ ɕia⁴⁴⁵ nai⁰ ti⁰]

那个玉皇大帝呀，和王母娘娘，[nɤ³²⁴ kɤ⁰ y³²⁴ xuaŋ³¹ ta⁴⁴ ti³²⁴ ia⁰, xo¹³ uaŋ¹³ muŋ⁰ niaŋ³¹ niaŋ¹³]

都不晓得这个事情咧，[tou³⁵ pu¹³ ɕiao⁴¹ tɤ⁰ tsɤ³²⁴ kɤ⁰ sʅ⁴⁴⁵ tɕʰin⁰ nie⁰]

结果被玉皇大帝晓得了，[tɕie³⁴ ko³³ pei³²⁴ y³²⁴ xuaŋ³¹ ta⁴⁴ ti³²⁴ ɕiao⁴¹ tɤ⁰ niao⁰]

到了有一天呀，[tao³²⁴ niao⁰ iou⁴¹ i³²⁴ tʰien³⁵ ia⁰]

天上突然地打雷扯霍，[tʰien³⁵ saŋ⁰ tʰou³²⁴ nan¹³ ti⁰ ta⁴⁴ nei¹³ tsʰɤ⁴⁴ xo³²⁴] 扯霍：闪电

又刮起了蛮大的风，[iou⁴⁴⁵ kua³²⁴ tɕʰi⁴¹ niao⁰ man¹³ ta⁴¹ ti⁰ foŋ³⁵]

把所有的树都吹倒，[pa⁴¹ so⁴¹ iou⁴⁴⁵ ti⁰ ɕy³²⁴ tou³⁵ tsʰuei³⁵ tao⁰]

歪的歪咧倒的倒，[uai³²⁴ ti⁰ uai³²⁴ nie⁰ tao⁰ ti⁰ tao³²⁴]

下起了大雨。[ɕia⁴⁴⁵ tɕʰi⁴¹ niao⁰ ta⁴¹ y⁴¹]

织女啊，突然咧，就不见了，[tsʅ³²⁴ y⁴¹ a⁰, tʰou³²⁴ nan¹³ nie⁰, tɕiou³²⁴ pu³²⁴ tɕien³²⁴ niao⁰]

在这个时候织女不见了。[tsai⁴¹ tsɤ³²⁴ kɤ⁰ sʅ³¹ xou³²⁴ tsʅ³²⁴ y¹³ pu³²⁴ tɕien³²⁴ niao⁰]

两个伢咧，[niaŋ⁴¹ kɤ⁰ ŋa³¹ nie⁰]

一个儿子伢、一个丫头咧，就铆倒哭，[i³²⁴ kɤ³²⁴ ɚ¹³ tsʅ⁰ ŋa¹³、i³²⁴ kɤ³²⁴ ia³⁵ tʰou⁰ nie⁰，tɕiou³²⁴ mao³²⁴ tao⁰ kʰu³²⁴］铆倒哭：使劲哭

要找他的妈。［iao³²⁴ tsao⁴¹ tʰa³⁵ ti⁰ ma¹³］

牛郎咧，这个时候也急得不得了，［niou¹³ naŋ¹³ nie⁰，tsɤ³²⁴ kɤ⁰ sɿ³¹ xou³²⁴ ie³³ tɕi³²⁴ tɤ⁰ pu¹³ tɤ⁰ niao⁰］

又不晓得织女到哪里去了，［iou⁴⁴⁵ pu¹³ ɕiao⁴⁴ tɤ⁰ tsɿ³²⁴ y⁴¹ tao³²⁴ na³²⁴ ti⁰ kʰɤ³²⁴ niao⁰］

不晓得是么回事。［pu¹³ ɕiao⁴⁴ tɤ⁰ sɿ⁴⁴⁵ mo⁴¹ xuei¹³ sɿ⁴⁴⁵］

这个时候，［tsɤ³²⁴ kɤ⁰ sɿ³¹ xou³²⁴］

那个老牛就突然开口了，［nɤ³²⁴ kɤ⁰ nao⁴¹ niou¹³ tɕiou³²⁴ tʰou³²⁴ nan¹³ kʰai³⁵ kʰou³⁵ niao⁰］

他说："你别难过，［tʰa³⁵ so³¹：ni⁴¹ pie³⁵ nan¹³ ko³²⁴］

你把我的那个牛角呀拿下来，［ni⁴¹ pa⁴¹ ŋo⁴¹ ti⁰ nɤ³²⁴ kɤ⁰ niou¹³ ko³¹ ia⁰ na¹³ ɕia⁴⁴⁵ nai⁰］

变成两个箩筐，［pien³⁴ tsʰən³¹ niaŋ⁴¹ ko⁰ no¹³ kʰuaŋ⁴¹］

把你的两个伢装倒，［pa⁴¹ ni⁴¹ ti⁰ niaŋ⁴¹ kɤ⁰ ŋa³¹ tsuaŋ³⁵ tao⁰］倒：着

就可以上天宫去了，［tɕiou³²⁴ kʰo⁴¹ i⁴¹ saŋ³²⁴ tʰien³⁵ koŋ³⁵ kʰɤ³²⁴ niao⁰］

到天上去咧，［tao³²⁴ tʰien³⁵ saŋ⁰ kʰɤ³² nie⁰］

找你的这个织女了。"［tsao⁴¹ ni⁴¹ ti⁰ tsɤ³²⁴ kɤ⁰ tsɿ³²⁴ y⁴¹ niao⁰］

牛郎就感到很纳闷，［niou¹³ naŋ¹³ tɕiou³²⁴ kan⁴¹ tao⁰ xən³³ na¹³ mən³³］

又很奇怪。［iou⁴⁴⁵ xən³³ tɕʰi³⁵ kuai³²⁴］

在这个时候咧，［tsai⁴¹ tsɤ³²⁴ kɤ⁰ sɿ³¹ xou³²⁴ nie⁰］

牛角就掉到地下来了，［niou¹³ ko³¹ tɕiou³²⁴ tiao³⁴ tao⁰ ti⁴⁴⁵ xa⁴⁴⁵ nai³¹ niao⁰］

他说平常老牛哪能够讲话咧？［tʰa³⁵ so³¹ pʰin¹³ tsʰaŋ⁴¹ nao⁴¹ niou¹³ na³²⁴ nən³¹ kou³²⁴ tɕiaŋ⁴¹ xua³²⁴ nie⁰］

而且两个牛角么样能够变成箩筐咧？［ɚ¹³ tɕʰie⁴¹ niaŋ⁴¹ kɤ⁰ niou¹³ ko³¹ mo⁴⁴ iaŋ³²⁴ nən³¹ kou³²⁴ pien³⁴ tsʰən³¹ no¹³ kʰuaŋ⁴¹ nie⁰］么样：怎么样

它结果真的变成了两个箩筐。［tʰa³⁵ tɕie³³ ko⁴¹ tsən³⁵ ti⁰ pien³⁴ tsʰən³¹ niao⁰ niaŋ⁴¹ ko⁰ no¹³ kʰuaŋ⁴¹］

结果牛郎就把两个伢就放倒，［tɕie³³ ko⁴¹ niou¹³ naŋ¹³ tɕiou³²⁴ pa⁴¹ niaŋ⁴¹ ko⁰ ŋa³¹ tɕiou³²⁴ faŋ³²⁴ tao⁰］

分别就放到两个箩筐里面，［fən³⁵ pie³⁵ tɕiou³²⁴ faŋ³²⁴ tao⁰ niaŋ⁴¹ ko⁰ no¹³ kʰuaŋ⁴¹ ni³³ mian³³］

用扁担挑起来。［ioŋ³¹ pien⁴¹ tan⁴¹ tʰiao³⁵ tɕʰi⁴¹ nai⁰］

就是这个时候咧，［tɕiou³²⁴ sɿ³²⁴ tsɤ³²⁴ kɤ⁰ sɿ³¹ xou³²⁴ nie⁰］

就感到挑起来跟平常挑的东西不一样，［tɕiou³²⁴ kan⁴¹ tao⁰ tʰiao³⁵ tɕʰi⁴¹ nai⁰ kən³⁵ pʰin¹³ tsʰaŋ⁴¹ tʰiao³⁵ ti⁰ toŋ³⁵ ɕi⁵ pu¹³ i³²⁴ iaŋ⁴⁴⁵]

就只觉得一阵清风轻轻地一吹，[tɕiou³²⁴ tsʅ⁴⁴⁵ tɕye³²⁴ tɤ⁰ i³²⁴ tsən⁴⁴⁵ tɕʰin³⁵ foŋ³⁵ tɕʰin³⁵ tɕʰin³⁵ ti⁰ i³²⁴ tsʰuei³⁵]

两个箩筐呀就像长了翅膀一样的，[niaŋ⁴¹ ko⁰ no¹³ kʰuaŋ⁴¹ ia⁰ tɕiou³²⁴ ɕiaŋ⁴⁴⁵ tsaŋ⁴¹ niao⁰ tsʅ³²⁴ paŋ⁰ i³²⁴ iaŋ⁴⁴⁵ ti⁰]

他突然地飞了起来，[tʰa³⁵ tʰou³²⁴ nan¹³ ti⁰ fei³⁵ niao⁰ tɕʰi⁴¹ nai⁰]

腾云驾雾地就这样往天上飞。[tʰən¹³ yn¹³ tɕia⁴⁴⁵ u⁴⁴⁵ ti⁰ tɕiou³²⁴ tsɤ³²⁴ iaŋ⁴⁴⁵ uaŋ³⁵ tʰien³⁵ saŋ⁰ fei³⁵]

他飞呀飞呀，[tʰa³⁵ fei³⁵ ia⁰ fei³⁵ ia⁰]

他眼看一看那前面就是织女，[tʰa³⁵ ŋan⁴¹ kʰan³²⁴ i³²⁴ kʰan³²⁴ nɤ³²⁴ tɕʰien¹³ mian⁰ tɕiou³²⁴ sʅ³²⁴ tsʅ³²⁴ y⁴¹]

前面就看见织女了，[tɕʰien¹³ mian⁰ tɕiou³²⁴ kʰan³²⁴ tɕien³²⁴ tsʅ³²⁴ y⁴¹ niao⁰]

眼看就追到了，[ŋan⁴¹ kʰan³²⁴ tɕiou³²⁴ tsuei³⁵ tao³²⁴ niao⁰]

这个时候啊却被他的王母娘娘发现了，[tsɤ³²⁴ kɤ⁰ sʅ³¹ xou³²⁴ tsʅ³²⁴ a⁰ tɕʰyo³²⁴ pei³²⁴ tʰa³⁵ ti⁰ uaŋ¹³ muŋ⁰ niaŋ³¹ niaŋ¹³ fa³²⁴ ɕien³²⁴ niao⁰]

她把头上的一根金钗呀，[tʰa³⁵ pa⁴¹ tʰou³¹ saŋ⁰ ti⁰ i³²⁴ kən³⁵ tɕin³⁵ tsʰai³⁵ ia⁰]

在牛郎和织女中间一划，[tsai⁴¹ niou¹³ naŋ¹³ xo³¹ tsʅ³²⁴ y⁴¹ tsoŋ⁰ kan³⁵ i³²⁴ xua¹³]

结果咧，[tɕie³³ ko⁴¹ nie⁰]

就马上出现了一条波涛汹涌滚滚的天河，[tɕiou³²⁴ ma⁴¹ saŋ⁰ tɕʰy³²⁴ ɕien³²⁴ niao⁰ i³²⁴ tʰiao³¹ po³⁵ tao¹³ kuən⁴¹ kuən⁴¹ ti⁰ tʰien³⁵ xo¹³]

结果那个天河有几宽咧，[tɕie³³ ko⁴¹ nɤ³²⁴ kɤ⁰ tʰien³⁵ xo¹³ iou⁴¹ tɕi³⁵ kʰuan⁴⁴⁵ nie⁰]

宽得望不到边，[kʰuan⁴⁴⁵ tɤ⁰ uaŋ¹³ pu¹³ tao³²⁴ pien⁴¹]

望不到对岸，[uaŋ¹³ pu¹³ tao³²⁴ tei³⁵ ŋan⁴⁴⁵]

把两个这样咧，就把小两口隔开了。[pa⁴¹ niaŋ⁴¹ ko⁰ tsɤ³²⁴ iaŋ⁴⁴⁵ nie⁰, tɕiou³²⁴ pa⁴¹ ɕiao¹³ niaŋ⁴¹ kʰou³⁵ kɤ³²⁴ kʰai³⁵ niao⁰]

这个时候咧，隔开了，[tsɤ³²⁴ kɤ⁰ sʅ³¹ xou³²⁴ nie⁰, kɤ³²⁴ kʰai³⁵ niao⁰]

牛郎也冇得办法呐，[niou¹³ naŋ¹³ ie⁴⁴⁵ mao³²⁴ tɤ³¹ pan⁴⁴⁵ fa⁰ na⁰]

也过不去啊，[ie⁴⁴⁵ ko³²⁴ pu¹³ kʰɤ³²⁴ a⁰]

么办咧？[mo⁴¹ pan³²⁴ nie⁰]

他就冇得办法了。[tʰa³⁵ tɕiou³²⁴ mao³²⁴ tɤ³¹ pan⁴⁴⁵ fa⁰ niao⁰] 冇得：没有

这个时候咧，[tsɤ³²⁴ kɤ⁰ sʅ³¹ xou³²⁴ nie⁰]

这个鸦鹊呀就看到了这种情况，[tsɤ³²⁴ kɤ⁰ ia³⁵ tɕʰiao⁴¹ ia⁰ tɕiou³²⁴ kʰan³²⁴ tao⁰ niao⁰ tsɤ⁰ tsoŋ³²⁴ tɕʰin¹³ kʰuaŋ⁰] 鸦鹊：喜鹊

很同情这个牛郎和织女,[xɤ³⁵ tʰoŋ¹³ tɕʰin¹³ tsɤ³²⁴ kɤ⁰ niou³¹ naŋ¹³ xo¹³ tsʅ³²⁴ y⁴¹]

所以说咧他每年他同情他呀,[so¹³ i⁰ so¹³ nie⁰ tʰa³⁵ mei⁴¹ nian³¹ tʰa³⁵ tʰoŋ¹³ tɕʰin¹³ tʰa³⁵ ia⁰]

就每年在阴历七月初七的时候,[tɕiou³²⁴ mei⁴¹ nian³¹ tsai⁴¹ in³⁵ ni³²⁴ tɕʰi³²⁴ ye³²⁴ tsʰou³⁵ tɕʰi³²⁴ tiʅ³¹ xou³²⁴]

有成千上万只的鸦鹊,[iou⁴¹ tsʰən³¹ tɕʰien³⁵ saŋ³²⁴ uan⁴¹ tsʅ⁴⁴⁵ ti⁰ ia³⁵ tɕʰiao⁴¹]

都飞到天河上头,[tou³⁵ fei³⁵ tao⁰ tʰien³⁵ xo¹³ saŋ³²⁴ tʰou⁰]

一只衔倒另一只的尾巴,[i³²⁴ tsʅ⁴⁴⁵ xan¹³ tao⁰ nin⁴⁴⁵ i³²⁴ tsʅ⁴⁴⁵ ti⁰ i⁴¹ pa⁰]

搭起了一个长长的那个鹊桥,[ta³²⁴ tɕʰi⁴¹ niao⁰ i³²⁴ ko³²⁴ tsʰaŋ¹³ tsʰaŋ¹³ ti⁰ nɤ³²⁴ kɤ⁰ tɕʰiao⁴¹ tɕʰiao¹³]

让牛郎和织女团聚。[naŋ⁴⁴⁵ niou³¹ naŋ¹³ xo¹³ tsʅ³²⁴ y⁴¹ tʰuan¹³ tɕy³²⁴]

意译:我今天啊,给大家讲一个故事,故事的名字呢,叫《牛郎和织女》。古时候啊,有个小伙子,他的爹妈都死了,特别可怜,那家里穷得叮当响,什么东西也没有。他家里呢,只有一头老牛,所以呢,大家呢,都叫他牛郎。牛郎呢,他是靠老牛耕地为生,其他的事情他也不会做,所以呢,他跟老牛呢,是相依为命。他什么都没有嘛,完全是靠跟老牛耕地种田,所以呢,他也没有别的亲戚,什么都没有。其实这个老牛呢也不是牛,他是天上的一个金牛星,他很喜欢牛郎的这种勤劳。但是呢,他又是一个年轻的小伙子,这么穷,谁能愿意嫁给他呢?他也很想帮他成个家,成家怎么办呢?

有一天,那个金牛星呐,他知道天上的一些仙女呢,要到他们那个村东边的山脚下的一个湖里面去洗澡。结果呢,他就托梦给那个牛郎,托梦他怎么托的呢,就要他第二天清早到湖边去,看里边有些什么东西。要是有仙女们,有女孩子在那里洗澡的话,就把那个衣服呢拿一件,头也不要回,拼命地往屋里跑,要是跑到路上,不管遇到谁,看到谁,都不要管,都不要搭理他们,不理会他们。跑到屋里来后,只要把衣服抢回来后放在屋里呢,就会得到一个美丽的仙女做老婆。

第二天清早,牛郎半信半疑地到了山脚下,那个在一个很大的湖又很美的环境下,果然看见了七个美女在湖中,在那里戏水玩水。于是啊,他就想到了昨天晚上的梦。他赶快拿起树上挂着的一件衣服,粉红色的衣服,飞快地跑回家。在路上别人问他,跟着喊:"牛郎你抢别人衣服做什么?"他头也不回,就把这个衣服抢回家了。这件衣服,抢的这件衣服就是织女的。当天夜里呢,那天晚上那个织女呀就轻轻地敲开了牛郎的家门,于是两个人就做了恩爱夫妻。

一眨眼呢,三年就过去了,牛郎和织女生了一个儿子、一个女儿,一家人呢，过得很好很开心。但是呢，这个织女呀，她是自己私自下凡的，从天上下来的，那个玉皇大帝呀，和王母娘娘，都不知道这个事情呢。结果被玉皇大帝知道了，到了有一天呀，天上突然地打雷闪电，又刮起了很大的风，把所有的树都吹倒了，歪的歪，倒的倒，下起了大雨。织女啊，突然呢，就不见了，在这个时候织女不见了。两个孩子呢，一个儿子、一个女儿呢就使劲地哭，要找他的妈。牛郎呢，这个时候也急得不得了，又不知道织女到哪里去了，不知道是怎么回事。

这个时候，那个老牛就突然开口了，他说："你别难过，你把我的那个牛角呀拿下来，变成两个箩筐，把你的两个孩子装着，就可以上天宫去了，到天上去呢，找你的这个织女了。"牛郎就感到很纳闷，又很奇怪。在这个时候呢，牛角就掉到地下来了，他想平常老牛哪能够讲话呢？而且两个牛角怎么能够变成箩筐呢？它结果真的变成了两个箩筐。结果牛郎就把两个孩子就放着，分别就放到两个箩筐里面，用扁担挑起来。就是这个时候呢，就感到挑起来跟平常挑的东西不一样，就只觉得一阵清风轻轻地一吹，两个箩筐呀就像长了翅膀一样的，他突然地飞了起来，腾云驾雾地就这样往天上飞。他飞呀飞呀，他眼看那前面就是织女，前面就看见织女了，眼看就追到了，这个时候啊，却被他的王母娘娘发现了，她把头上的一根金钗呀，在牛郎和织女中间一划，结果呢，就马上出现了一条波涛汹涌的天河，结果那个天河有多宽呢，宽得望不到边，望不到对岸，就把小两口隔开了。这个时候呢，牛郎也没有办法呐，也过不去啊，怎么办呢？他就没有办法了。

这个时候呢，这个喜鹊呀就看到了这种情况，很同情这个牛郎和织女，所以说呢每年它同情他呀，就每年在阴历七月初七的时候，有成千上万只的喜鹊，都飞到天河上面，一只衔着另一只的尾巴，搭起了一个长长的那个鹊桥，让牛郎和织女团聚。

三　其他故事

0022 其他故事

今天呐，[tɕin³⁵ tʰien³⁵ na⁰]

我跟大家讲一个八分山的传说。[ŋo⁴¹ kən³⁵ ta³³ tɕia⁴⁵ tɕiaŋ⁴¹ i³⁴ kɤ³⁴ pa³³ fən³⁵ san³⁵ ti⁰ tɕʰyan³¹ so⁰]

八分山呐，[pa¹³ fən³⁵ san³⁵ na⁰]

原来不叫八分山，[yan³³ nai³¹ pu³³ tɕiao³²⁴ pa³¹ fən³⁵ san³⁵]

叫八宝山。[tɕiao³²⁴ pa¹³ pao⁰ san³⁵]

跟北京的八宝山呢是一个名字。[kən³⁵ pɤ³³ tɕin⁴⁵ ti⁰ pa³³ pao⁰ san³⁵ ne⁰ sʅ⁴⁴ i³³ kɤ³⁴ min³³ tsʅ³⁴]

但是不是北京的八宝山呐。[tan³²⁴ sʅ⁰ pu³³ sʅ⁰ pɤ³³ tɕin⁴⁵ ti⁰ pa³³ pao⁰ san³⁵ na⁰]

这个八分山呢，[tsɤ³⁴ kɤ⁰ pa³³ fən³⁵ san³⁵ na⁰]

它威武高大，[tʰa³⁵ uei³⁵ u⁴¹ kao³⁵ ta³²⁴]

面积很大也很高。[mian³²⁴ tɕi⁰ xən³³ ta³²⁴ ie³³ xən³³ kao³⁵]

在我们这个地方，[tsai³²⁴ ŋo⁴¹ mən⁰ tsɤ³⁴ kɤ⁰ ti³²⁴ faŋ³⁵]

不光是高大，[pu³³ kuaŋ³⁵ sʅ³²⁴ kao³⁵ ta³²⁴]

而且咧风景也蛮好。[ɚ¹³ tɕʰie⁴⁴ nie⁰ foŋ³⁵ tɕin⁴¹ ie³³ man¹³ xao⁴¹] 蛮：很

里面长着各种各样的这个树木，[ni³³ mian³³ tsaŋ⁴¹ tso⁰ ko¹³ tsoŋ⁴¹ ko¹³ iaŋ³²⁴ ti⁰ tsɤ³⁴ kɤ⁰ ɕy³²⁴ moŋ⁴¹]

还有各种各样的宝贝。[xai³³ iou⁴¹ ko¹³ tsoŋ⁴¹ ko¹³ iaŋ³²⁴ ti⁰ pao⁴⁴ pei⁰]

所以以前呐，[so⁴⁴ i⁴¹ i⁴⁴ tɕʰien³¹ na⁰]

也有很多仙人在这里来游玩。[ie⁴⁴ iou⁴⁴ xən⁴¹ to³⁵ ɕien³⁵ nən⁰ tsai³³ tsɤ³² ti⁰ nai⁰ iou³³ uan³¹]

为了保护这些财宝咧，[uei³²⁴ niao⁰ pao⁴⁴ xu³²⁴ tsɤ³²⁴ ɕie³⁵ tsʰai³³ pao⁴⁴ nie⁰]

管好这一块位置，[kuan⁴⁴ xao⁴¹ tsɤ³²⁴ i³³ kʰuai⁴¹ uei³²⁴ tsʅ⁰] 位置：地方

管好这个八宝山。[kuan⁴⁴ xao⁴¹ tsɤ³⁴ kɤ⁰ pa³³ pao⁰ san⁵⁵]

这个玉皇大帝呀，[tsɤ³²⁴ kɤ⁰ y³²⁴ xuaŋ³¹ ta⁴⁴ ti³²⁴ ia⁰]

就派了那个千年的乌龟，[tɕiou³³ pʰai³²⁴ niao⁰ mɤ³²⁴ kɤ⁰ tɕʰian³⁵ nian³¹ ti⁰ u³⁵ kuei⁵⁵]

万年的青龙守这个山。[uan³⁴ nian³¹ ti⁰ tɕʰin³⁵ noŋ³¹ nai³³ sou⁴¹ tsɤ³²⁴ kɤ⁰ san³⁵]

在守这个山的时候咧，[tsai³⁴ sou⁴⁴ tsɤ³⁴ kɤ⁰ san⁵⁵ ti⁰ sʅ³³ xou³⁴ nie⁰]

这个乌龟呀他没起到好心。[tsɤ³⁴ kɤ⁰ u³⁵ kuei⁵⁵ ia⁰ tʰa³⁵ mei³⁵ tɕʰi⁴¹ tao⁰ xao⁴⁴ ɕin³⁵]

看到这么多的，屋里有蛮好的宝贝。[kʰan³²⁴ tao⁰ tsɤ³²⁴ mɤ⁰ to³⁵ ti⁰，tou³²⁴ ti⁰ iou⁴⁴ man³³ xao³¹ ti⁰ pao⁴⁴ pei⁰] 屋里：里面

所以说呀，他看到这个宝贝呀，[so⁴⁴ i⁰ so³¹ ia⁰，tʰa³⁵ kʰan³²⁴ tao⁰ tsɤ³²⁴ kɤ⁰ pao⁴⁴ pei⁰ ia⁰]

简直就想偷，[tɕien⁴⁴ tsʅ⁰ tɕiou⁴⁴ ɕiaŋ⁴¹ tʰou³⁵]

他起了歹心。[tʰa³⁵ tɕʰi⁴¹ niao⁰ tai⁴¹ ɕin³⁵]

这有一年的啊，[tsɤ³² iou⁴⁴ i³³ nian³¹ ti⁰ a⁰]

这个大年三十的晚上，[tsɤ³⁴ kɤ⁰ ta³²⁴ nien³¹ san³⁵ sʅ¹³ ti⁰ uan⁴⁴ saŋ⁰]

乌龟啊他就想出了办法。[u³⁵ kuei⁵⁵ a⁰ tʰa³⁵ tɕiou⁴⁴ ɕiaŋ⁴¹ tɕʰy³¹ niao⁰ pan³²⁴ fa⁰]

这个使出了自己的浑身解数，[tsɤ³⁴ kɤ⁰ sʅ⁴⁴ tɕʰy³¹ niao⁰ tsʅ³⁴ tɕi⁴¹ ti⁰ xuən³¹ sən³⁵ kai⁴⁴ sou³²⁴]

这个张牙舞爪地向这个八宝山袭来,[tsɤ³⁴kɤ⁰tsaŋ³⁵ia³¹u⁴⁴tsao⁴¹ti⁰ɕiaŋ³²⁴tsɤ³⁴kɤ⁰pa³³pao⁰san⁵⁵ɕi³³nai³¹]

跑到这里来啦。[pʰao¹³tao⁰tsɤ³⁴ni⁰nai³¹na⁰]

把那个山上的那些财宝哦。[pa⁴¹nɤ³²⁴kɤ⁰san³⁵saŋ⁴⁴ti⁰na³⁴ɕie³⁵tsʰai³¹pao⁴⁴o⁰]

那些金呐,那个财宝贝呀,[na³⁴ɕie³⁵tɕin⁴⁵na⁰, na³⁴kɤ⁰tsʰai³¹pao⁴¹pei³²⁴ia⁰]

那些玉啊、石啊,那些金啊,[na³²⁴ɕie³⁵y³²⁴a⁰、ʂʅ³³a⁰, na³⁴ɕie³⁵tɕin⁴⁵a⁰]

抓的哦火星飞溅,[tɕya³⁵tɤ⁰o⁴¹xo⁴¹ɕin³⁵fei³⁵tɕien³²⁴]

嘭得啊像打雷一样地响。[pʰoŋ³²⁴tɤ⁰a⁰ɕiaŋ³²⁴ta⁴⁴nei¹³i³³iaŋ³²⁴ti⁰ɕiaŋ⁴¹]

就这个时候呐,[tɕiou³³tsɤ³⁴kɤ⁰ʂʅ³³xou⁰na⁰]

它是两个守嘛。[tʰa³⁵ʂʅ³²⁴niaŋ⁴¹kɤ⁰sou⁴¹ma⁰]

一个是这个乌龟守呐,[i¹³kɤ⁰ʂʅ³²⁴tsɤ³⁴kɤ⁰u³⁵kuei⁵⁵sou⁴¹na⁰]

还有一个青龙守呐。[xai³³iou³¹i³³kɤ³⁴tɕʰin³⁵noŋ³¹sou⁴¹na⁰]

这个时候咧青龙发现,这个龙发现了。[tsɤ³⁴kɤ⁰ʂʅ³³xou⁰nie⁰tɕʰin³⁵noŋ³¹fa³²⁴ɕien³²⁴, tsɤ³⁴kɤ⁰noŋ³¹fa³²⁴ɕien³²⁴niao⁰]

这个龙发现以后咧,龙是很正直的。[tsɤ³⁴kɤ⁰noŋ³¹fa³²⁴ɕien³²⁴i⁴¹xou³⁴nie⁰, noŋ³³ʂʅ⁴⁴xən⁴¹tsən³²⁴tsʅ³¹ti⁰]

于是咧,就跟乌龟两个打起来了。[y³³ʂʅ³⁴nie⁰, tɕiou³³kən³⁵u³⁵kuei³⁵niaŋ³³kɤ⁰ta⁴⁴tɕʰi⁴¹nai⁰niao⁰]

派我们两个来守,[pʰai³²⁴o³⁵mən⁰niaŋ⁴⁴kɤ⁰nai³¹sou⁴¹]

你还这不但不守它,[ni⁴⁴xai³³tsɤ⁰pu¹³tan⁴⁵pu³¹sou⁴¹tʰa³⁵]

还在这里偷这些东西,[xai³¹tsai⁴⁴tsɤ³²⁴ti⁰tʰou³⁵tsɤ³⁴ɕie³⁵toŋ³⁵ɕi⁵⁵]

那么行咧?[na³²⁴mo⁴¹ɕin¹³nie⁰]

结果,他们两个,乌龟跟青龙两个啊,[tɕie³³ko⁴¹, tʰa³⁵mən⁰niaŋ⁴¹kɤ⁰, u³⁵kuei³⁵kən³⁵tɕʰin³⁵noŋ³¹niaŋ³¹kɤ⁰o⁰]

这一打不要紧呐,[tsɤ³²⁴i³¹ta⁴⁴pu¹³iao³⁴tɕin⁴¹na⁰]

一打就打了七七四十九天。[i¹³ta⁴¹tɕiou³³ta⁴¹niao⁰tɕʰi³¹tɕʰi³¹ʂʅ³⁴ʂʅ⁰tɕiou⁴¹tʰien³⁵]

一打了七七四十九天,[i¹³ta⁴⁴niao⁰tɕʰi³³tɕʰi³³ʂʅ³³ʂʅ³¹tɕiou⁴⁴tʰien³⁵]

打的是不分胜负。[ta⁴⁴tɤ⁰ʂʅ³³pu³¹fən³⁵sən³²⁴fu³²⁴]

结果咧,他这个打斗呐,[tɕie³³ko⁴¹nie⁰, tʰa³⁵tsɤ³⁴kɤ⁰ta⁴⁴tou³²⁴na⁰]

惊动了那个天上的王母娘娘。[tɕin³⁵toŋ⁴⁴niao⁰nɤ³⁴kɤ⁰tʰien³⁵saŋ⁰ti⁰uaŋ¹³muŋ⁰niaŋ¹³niaŋ⁰]

王母娘娘咧,向八宝山一看呐,[uaŋ¹³muŋ⁰niaŋ¹³niaŋ⁰nie⁰, ɕiaŋ⁴⁴pa¹³pao⁰san³⁵ i⁴⁴kʰan³²⁴na⁰]

那个正好他两个，乌龟和青龙两个，[nɤ³⁴kɤ⁰tsən³⁴xao⁴¹tʰa³⁵niaŋ⁴⁴kɤ⁰，u³⁵kuei³⁵xo³¹tɕʰin³⁵noŋ³¹niaŋ⁴¹kɤ⁰]

打到山上的山石哦，[ta⁴⁴tao⁰san³⁵saŋ⁰tiº san³⁵sʅ¹³o⁰]

都天崩地裂，打到不可开交。[touºtʰien³⁵poŋ³⁵ti³²⁴nie³¹，ta⁴¹tɤ⁰pu¹³kʰo⁰kʰai³⁵tɕyo²¹⁴]

乌龟用自己的尾巴，结果把金子呢，[u³⁵kuei³⁵ioŋ³³tsʅ³²⁴tɕi⁴¹tiºuei³¹pa⁰，tɕie³³ko⁴¹pa⁴⁴tɕin⁴⁵tsʅ⁰nɤ⁰]

都转到自己的壳子缝里边去了。[tou³⁵tɕyan⁴¹taoºtsʅ³²⁴tɕi⁴¹tiºkʰɤ⁴⁴tsʅ⁰foŋ³²⁴ni⁴¹pienºkʰɤ³²⁴niao⁰]

这个被这个天上的王母娘娘都看到了。[tsɤ³⁴kɤ⁰pei³²⁴tsɤ³⁴kɤ⁰tʰian³⁵saŋ⁰tiºuaŋ¹³muŋ⁰niaŋ³¹niaŋ¹³tou³⁵kʰan³²⁴taoºniao⁰]

她心想着，这还得了，[tʰa³⁵ɕin³⁵ɕiaŋ⁴¹tso⁰，tsɤ³⁴xai¹³tɤ⁰niao⁰]

这乌龟还得了。[tsɤ³⁴u³⁵kuei³⁵xai¹³tɤ⁰niao⁰]

所以说呐，王母娘娘发怒了，[so¹³iºso¹³na⁰，uaŋ¹³muŋ⁰niaŋ³¹niaŋ¹³fa¹³nou⁴⁵niao⁰]

那个取了这个小神手中的一个扁担来扶着，[nɤ¹³kɤ⁰tɕʰy⁴⁴niaoºtsɤ³⁴kɤ⁰ɕiao¹³sən¹³sou⁴¹tsoŋ³⁵tiºi⁴¹kɤ⁰pien⁴⁴tan⁴¹nai¹³fu¹³tso⁰]

一脚就踏了下来。[i³³tɕyo³²⁴tɕiou¹³tʰa⁴¹niaoºɕia³²⁴nai⁰]

结果想把那个乌龟一脚踩死它。[tɕie³⁴ko³³ɕiaŋ⁴¹pa⁴¹nɤ¹³kɤ⁰u³⁵kuei³⁵i³³tɕyo³²⁴tsʰai⁴¹sʅ⁴¹tʰa³⁵]

这个八宝山一声巨响呐。[tsɤ³⁴kɤ⁰pa¹³paoºsan³⁵i⁴¹sən³⁵tɕy⁴⁴ɕiaŋ⁴¹na⁰]

这个山顶呐，结果被踩塌了。[tsɤ³⁴kɤ⁰san³⁵tin⁴¹na⁰，tɕie³⁴ko³³pei³²⁴tsʰai⁴¹tʰa⁴¹niao⁰]

这个乌龟看到王母娘娘晓得了。[tsɤ³⁴kɤ⁰u³⁵kuei³⁵kʰan³²⁴taoºuaŋ¹³muŋ⁰niaŋ³¹niaŋ¹³ɕiao⁴¹tɤ⁰niao⁰] 晓得：知道

这一看到这不得了，[tsɤ³⁴i³³kʰan³²⁴taoºtsɤ³⁴pu³²⁴tɤ⁰niao⁰]

那不行，那赶快跑啊。[na³²⁴pu³²⁴ɕin³³，na³²⁴kan³³kʰuai³²⁴pʰao¹³a⁰]

这个事情，他就赶快跑了。[tsɤ³⁴kɤ⁰sʅ⁴⁴⁵tɕʰin⁰，tʰa³⁵tɕiou¹³kan³³kʰuai³²⁴pʰao¹³niao⁰]

那像这样打，他肯定不能，打不赢王母娘娘呐。[na³²⁴ɕiaŋ³³tsɤ³⁴iaŋ³²⁴ta⁴⁴，tʰa³⁵kʰən¹³tin⁴⁵pu³²⁴nən³¹，ta⁴⁴pu³²⁴in⁴¹uaŋ¹³muŋ⁰niaŋ³¹niaŋ¹³na⁰]

结果咧，[tɕie³⁴ko³³nie⁰]

就跑到自己的窝里面去了。[tɕiou¹³ pʰao¹³ tao⁰ tsʅ³⁴ tɕi⁴¹ ti⁰ o³³ ni³³ mian⁰ kʰɤ³²⁴ niao⁰]

结果他惊慌失措，[tɕie³⁴ ko³³ tʰa³⁵ tɕin³⁵ xuaŋ⁴⁴ sʅ³⁴ tsʰo³²⁴]

金子到处掉。[tɕin³⁵ tsʅ⁰ tao³⁴ tsʰʮ³²⁴ tiao³⁴]

这一路掉倒咧，[tsɤ³⁴ i³²⁴ nou⁴⁴⁵ tiao³⁴ tao⁰ nie⁰]

就是平时他出来饮水的个位置的个小港里面呐。[tɕiou¹³ sʅ⁴⁴⁵ pʰin¹³ sʅ⁰ tʰa³⁵ tɕʰy³⁴ nai⁰ in⁴⁴ suei⁴¹ ti⁰ kɤ⁰ uei⁴⁴⁵ tsʅ⁰ ti⁰ ɕiao³²⁴ kaŋ⁴¹ ni³³ mian⁰ na⁰] 小港：小河沟

在这个跑到小港里面咧就金子掉到里面去了。[tsai⁴⁴⁵ tsɤ³⁴ kɤ⁰ pʰao¹³ tao⁰ ɕiao³²⁴ kaŋ⁴¹ ni³³ mian⁰ nie⁰ tɕiou¹³ tɕin³⁵ tsʅ⁰ tiao³⁴ tao⁰ ni³³ mian⁰ kʰɤ³²⁴ niao⁰]

后来，人们咧，在这个位置修了一个桥。[xou³⁴ nai⁰, nən⁴¹ mən⁰ nie⁰, tsai⁴⁴⁵ tsɤ³⁴ kɤ⁰ uei⁴⁴⁵ tsʅ⁰ ɕiou³⁵ niao⁰ i³²⁴ ko⁰ tɕʰiao¹³]

就是现在八分山下面的个桥咧。[tɕiou¹³ sʅ⁴⁴⁵ ɕien⁴⁴⁵ tsai⁴⁴ pa¹³ fən³⁵ san³⁵ ɕia³²⁴ mian⁰ ti⁰ kɤ⁰ tɕʰiao¹³ nie⁰]

就叫，现在咧，人们就把它起着叫黄金桥。[tɕiou¹³ tɕiao³²⁴, ɕien⁴⁴⁵ tsai⁴⁴ nie⁰, nən⁴¹ mən⁰ tɕiou¹³ pa⁴¹ tʰa³⁵ tɕʰi³³ tso⁰ tɕiao¹³ xuaŋ¹³ tɕin³⁵ tɕʰiao¹³]

王母娘娘咧，[uaŋ¹³ moŋ⁰ niaŋ³¹ niaŋ¹³ nie⁰]

她冇想到自己一路下去，[tʰa³⁵ mao³²⁴ ɕiaŋ⁴¹ tao⁰ tsʅ³⁴ tɕi⁴¹ i³²⁴ nou⁴⁴⁵ ɕa⁴⁴⁵ kʰɤ⁰]

一脚踩下去啊，[i³²⁴ tɕyo²¹⁴ tsʰai⁴¹ ɕia⁴⁴⁵ kʰɤ⁰ a⁰]

竟然把那个八宝山踩塌了tɕin³²⁴ nan¹³ pa⁴¹ na³²⁴ kɤ⁰ pa³³ pao⁰ san⁵⁵ tsʰai⁴¹ tʰa⁴¹ niao⁰]

也吓的一身冷汗，[ie⁴⁴ ɕia³²⁴ ti⁰ i³²⁴ sən³⁵ nən⁴¹ xan⁴⁴⁵]

所以急忙咧，就向夜铺山赶去。[so¹³ i⁰ tɕi³²⁴ maŋ³¹ nie⁰, tɕiou¹³ ɕiaŋ³²⁴ ie³²⁴ pʰu³²⁴ san³³ kan⁵⁵ tɕʰy³²⁴]

这个就抓住了乌龟，[tsɤ³⁴ kɤ⁰ tɕiou¹³ tsya³⁵ tɕy⁰ niao⁰ u³⁵ kuei³⁵]

把那个乌龟就捉到了。[pa⁴¹ na³²⁴ kɤ⁰ u³⁵ kuei³⁵ tɕiou¹³ tso³²⁴ tao⁰ niao⁰]

为了惩罚这个乌龟咧，[uei³²⁴ niao⁰ tsʰən¹³ fa¹³ tsɤ³⁴ kɤ⁰ u³⁵ kuei³⁵ nie⁰]

她把手中的扁担呐，[tʰa³⁵ pa⁴¹ sou⁴¹ tsoŋ⁰ ti⁰ pien⁴⁴ tan⁴¹ na⁰]

一头怼在八宝山的脚下，[i³²⁴ tʰou³¹ tei⁴⁴⁵ tsai⁴⁴ pa³³ pao⁰ san⁵⁵ ti⁰ tɕyo²¹⁴ xa⁰] 怼：顶

一头顶着乌龟的头。[i³²⁴ tʰou³¹ tin⁴¹ tso⁰ u³⁵ kuei³⁵ ti⁰ tʰou³¹]

就把他嘞，[tɕiou¹³ pa⁴¹ tʰa³⁵ nei⁰]

就让乌龟呢在那里定住了。[tɕiou¹³ naŋ⁴⁴⁵ u³⁵ kuei³⁵ na⁰ tsai⁴⁴⁵ na³²⁴ ni⁰ tin⁴¹ tɕy⁰ niao⁰]

让他寸步难行，[naŋ⁴⁴⁵ tʰa³⁵ tsʰən³²⁴ pu⁴⁴ nan¹³ ɕin¹³]

我再不要你去守了。[ŋo⁴¹ tsai¹³ pu³²⁴ iao³²⁴ ni⁴¹ kʰɤ³²⁴ sou⁴¹ niao⁰]

所以说啊，[so¹³ i⁰ so¹³ na⁰]

这个这里就多了一个乌龟山。[tsɤ³⁴ kɤ⁰ tsɤ³⁴ ni⁰ tɕiou¹³ to³⁵ niao⁰ i³³ kɤ³⁴ u³⁵ kuei³⁵ san⁵⁵]

八宝山边上又多了一个乌龟山。[pa³³pao⁰san⁵⁵pien⁴⁴saŋ⁰iou⁴⁴⁵to⁴⁴niao⁰i³³kɤ³⁴u³⁵kuei³⁵san⁵⁵]

那条扁担咧也变成了一个扁担山。[na³⁴tʰiao³¹pien⁴⁴tan⁴¹nie⁰ie⁴⁴pien³⁴tsʰən³¹niao⁰i³³kɤ³⁴pien⁴⁴tan⁴¹san⁵⁵]

王母娘娘的那一脚啊，[uaŋ¹³moŋ⁰niaŋ³¹niaŋ¹³ti⁰na³⁴i³²⁴tɕyo¹³a⁰]

将八宝山呐踩成了八座山。[tɕiaŋ³²⁴pa³³pao⁰san⁵⁵na⁰tsʰai⁴¹tsʰən³¹niao⁰pa³³tso⁴⁴⁵san⁵⁵]

所以说呀，今天咧，[so¹³i⁰so¹³ia⁰，tɕin³⁵tʰien⁵⁵nie⁰]

也就是今天的八分山，[ie⁴⁴tɕiou¹³sʅ⁰tɕin³⁵tʰien⁵⁵ti⁰pa¹³fən³⁵san³⁵]

就是这样来的。[tɕiou¹³sʅ⁴⁵tsɤ³⁴iaŋ⁰nai³¹¹ti⁰]

为了让仙人更好地游玩呐，[uei³²⁴niao⁰naŋ⁴⁴⁵ɕien³⁵nən⁰kən³²⁴xao⁴⁴ti⁰iou³⁵uan³⁵na⁰]

让青龙呐安心地守好这个山咧，[naŋ⁴⁴⁵tɕʰin³⁵noŋ³¹na⁰ŋan³⁵ɕin³⁵ti⁰sou⁴¹xao⁴¹tsɤ³⁴kɤ⁰san³⁵nie⁰]

后来还修了一些庙。[xou³⁴nai⁰xai¹³ɕiou³⁵niao⁰i³²⁴ɕie³⁵miao⁴⁴⁵]

这个庙那个前面咧，[tsɤ³⁴kɤ⁰miao⁴⁴⁵na³⁴kɤ⁰tɕʰien¹³mian⁰nie⁰]

还有一个青龙祠，[xai¹³iou⁴¹i³³kɤ³⁴tɕʰin³⁵noŋ³¹tsʰʅ¹³]

供那个青龙呐，累了啊，洗澡用。[koŋ³⁵na³⁴kɤ⁰tɕʰin³⁵noŋ³¹na⁰，nei⁴⁴⁵niao⁰a⁰，ɕi⁴¹tsao⁴¹ioŋ⁴⁴⁵]

意译：今天，我给大家讲一个八分山的传说。八分山，原来不叫八分山，叫八宝山。跟北京的八宝山是一个名字，但不是北京的八宝山。八分山威武高大，面积很大也很高。在我们这个地方，不光是高大，而且风景也很好。里面长着各种各样的树木，还有各种各样的宝贝。所以，以前也有很多仙人在这里来游玩。为了保护这些财宝，管好八宝山，玉皇大帝就派了千年的乌龟、万年的青龙守山。

在守山的时候，这个乌龟没起好心。看到里面有这么多很好的宝贝。所以他看到这个宝贝，就很想偷，起了歹心。有一年的大年三十晚上，乌龟就想出了办法，使出了自己的浑身解数，张牙舞爪地向八宝山袭来，跑到这里来了。把山上的财宝，金和玉石，抓得火星飞溅，嘭得像打雷一样地响。就在这个时候，它是两个人守，一个是乌龟守，还有一个青龙守。这个时候，青龙发现了，它是很正直的，于是就跟乌龟打起来了。他说，派我们两个来守，你这不但不守它，还在这里偷这些东西，怎么行呢。结果乌龟跟青龙两个一打不要紧，一打就打了七七四十九天，打的是不分胜负。结果，打斗惊动了那个天上的王母娘娘。

王母娘娘向八宝山一看，正好乌龟和青龙打得山上的山石都天崩地裂，打得不可开交。乌龟用自己的尾巴，把金子都转到自己的壳子缝里边去了。这被天上的王母娘娘都看到了，她心想着，这乌龟还得了。王母娘娘发怒了，取了小神手里的一个扁担来扶着，一脚就踏了下来。想一脚踩死乌龟。八宝山一声巨响，山顶被王母娘娘踩塌了。

乌龟看到王母娘娘知道了，知道这不得了。他就赶快跑了，像这样打，他肯定打不赢王母娘娘。结果就跑到自己的窝里面去了，他惊慌失措，金子到处掉。这一路金子都掉到平时他出来饮水的一个小溪里面去了。后来，人们在这个地方修了一个桥，就是现在八分山下面的桥，现在人们叫它黄金桥。

王母娘娘没想到自己一脚踩下去，竟然把八宝山踩塌了，也吓得一身冷汗，所以急忙就向夜铺山赶去。乌龟就被捉到了。为了惩罚乌龟，她把手中的扁担一头顶在八宝山的脚下，一头顶着乌龟的头，就把乌龟定在那里了，让他寸步难行，再不要乌龟去守山了。所以，这里就多了一个乌龟山，八宝山边上又多了一个乌龟山。

那条扁担也变成了一个扁担山。王母娘娘的那一脚，将八宝山踩成了八座山，也就是今天的八分山，就是这样来的。

为了让仙人更好地游玩，让青龙安心地守好这个山，后来还修了一些庙。庙前面还有一个青龙祠，供青龙累了洗澡用。

四　自选条目

0031 自选条目

黄陂到孝感——县过县。[xuaŋ¹³ pʰi³¹ tao³²⁴ ɕiao³²⁴ kan⁴¹——ɕien⁴⁴⁵ ko³²⁴ ɕien⁴⁴⁵]

意译：旧时，黄陂、孝感为相邻的县，"县"与"现"同音，通常是指当面交易，现钱现货。

0032 自选条目

三十斤的鳊鱼——侧看了。[san³⁵ sʅ³¹ tɕin³⁵ ti⁰ pien⁴¹ y¹³——tsʰɤ³²⁴ kʰan³²⁴ niao⁰]

意译：三十斤的鳊鱼——看扁了、小看了。

0033 自选条目

三分钱买只蜡烛——独照。[san³⁵ fən³⁵ tɕʰien¹³ mai⁴¹ tsʅ⁴⁴⁵ na³²⁴ tsou⁴⁴——tou¹³ tsao³²⁴]

意译：三分钱买只蜡烛——独照。喻只顾自己。

0034 自选条目
三分钱买个糖——吃了冇得玩的，玩了冇得吃的。[san³⁵ fən³⁵ tɕʰien¹³ mai⁴¹ ko⁰ tʰaŋ¹³——tɕʰi³²⁴ niao⁰ mao³⁴ tʂ³¹ uan¹³ ti⁰，uan¹³ niao⁰ mao³⁴ tʂ³¹ tɕʰi³²⁴ ti⁰] 冇得：没有
意译：三分钱买个糖——吃了没有玩的，玩了没有吃的。喻东西太少、太紧巴。

0035 自选条目
三分钱买个猪娃——一张白嘴。[san³⁵ fən³⁵ tɕʰien¹³ mai⁴¹ ko⁰ tɕy³⁵ ua³⁵——i³²⁴ tsaŋ³⁵ pʂ¹³ tsei¹³]
意译：三分钱买个小猪崽——一张白嘴。喻只会说嘴。

0036 自选条目
太平洋的警察——管得宽。[tʰai³²⁴ pʰin¹³ iaŋ¹³ ti⁰ tɕin⁴¹ tsʰa³²⁴——kuan⁴¹ ti⁰ kʰuan⁴⁴⁵]
意译：太平洋的警察——管得宽。喻多管闲事。

0037 自选条目
麻雀跳到粗糠里——空喜一场。[ma¹³ tɕiao⁴¹ tʰiao³²⁴ tao⁰ tsʰou³⁵ kʰaŋ³⁵ ni⁰——kʰoŋ³⁵ ɕi⁴¹ i³²⁴ tsʰaŋ³²⁴]
意译：麻雀跳到粗糠里——空喜一场。

0038 自选条目
喇叭换叫具——个人所喜。[la³²⁴ pa³²⁴ xuan³²⁴ tɕiao³²⁴ tɕy³²⁴——ko³²⁴ nən¹³ so⁴¹ ɕi⁴¹]
意译：喇叭换哨子——各有各的喜好。

0039 自选条目
眨巴眼养瞎子——一代不如一代。[tsa³²⁴ pa⁰ ŋan⁴⁴ iaŋ⁴⁴ ɕia³²⁴ tsɿ⁰——i³²⁴ tai⁴⁴⁵ pu¹³ y¹³ i³²⁴ tai⁴⁴⁵]
意译：有眨眼病的人养瞎子——一代不如一代。

0040 自选条目
荷叶包鳝鱼——溜了。[xo³²⁴ ie³¹ pao³⁵ san³²⁴ y¹³——niou⁴⁴⁵ niao⁰]

意译：荷叶包鳝鱼——溜了。

0041 自选条目

火烧乌龟——屃里疼。[xo³²⁴ sao³⁵ u³⁵ kuei³⁵——tou³²⁴ ni⁴¹ tʰən¹³] 屃里：里面

意译：火烧乌龟——肚子里面疼。

0042 自选条目

癞蛤蟆被牛踩了——浑身是病。[nai³²⁴ kʰɤ³¹ ma⁴¹ pei³⁵ niou¹³ tsʰai⁴¹ niao⁰——xuən³⁵ sən³⁵ sɿ⁴⁴⁵ pin⁴⁴⁵]

意译：癞蛤蟆被牛踩了——浑身是病。

0043 自选条目

癞蛤蟆打呵欠——好大的口气。[nai³²⁴ kʰɤ³¹ ma⁴¹ ta³⁵ xo³⁵ tɕʰien⁰——xao³⁵ ta³⁵ ti⁰ kʰou³⁵ tɕʰi³⁵]

意译：癞蛤蟆打呵欠——好大的口气。

0044 自选条目

皮匠铺里失火——丢楦头。[pʰi¹³ tɕiaŋ³²⁴ pʰu³²⁴ ni⁴¹ sɿ³²⁴ xo⁴¹——tiou³⁵ ɕyan³⁵ tʰou⁰]

意译：皮匠铺里失火——丢楦头，喻揭露内情、底细。楦头，旧时做鞋用的木制模型。

0045 自选条目

猫子掉了爪子——扒（巴）不得。[mao³⁵ tsɿ⁰ tiao³²⁴ niao⁰ tsya⁴¹ tsɿ⁰——pa¹³ pu¹³ tɤ⁰]

意译：猫掉了爪子——扒（巴）不得。

0046 自选条目

老鼠拖葫芦——大头在后头。[nao⁴⁴ ɕy⁴¹ tʰo³⁵ xu¹³ nou³³——ta³⁵ tʰou⁰ tsai⁴⁴⁵ xou⁴⁴⁵ tʰou³¹]

意译：老鼠拖葫芦——大头在后头。寓意正发生的事情只是开头，更严重的还在后面。

0047 自选条目

老鼠掉到面缸里——糊嘴。[nao⁴⁴ ɕy⁴¹ tiao³²⁴ tao⁰ mien³²⁴ kaŋ³⁵ ni⁰——xu¹³ tsei¹³]

意译：老鼠掉到面缸里——糊嘴（糊口）。

0048 自选条目
巷子里赶猪——直去直来。[xaŋ⁴⁴⁵ tsʅ⁰ ni⁴¹ kan⁴¹ tɕy³⁵——tsʅ¹³ kʰɤ³²⁴ tsʅ¹³ nai³¹]
意译：胡同里赶猪——直去直来。

0049 自选条目
驴子屙屁屁——外头光。[ni¹³ tsʅ⁰ ŋo³⁵ pa⁴¹ pa⁰——uai³²⁴ tʰou³¹ kuaŋ³⁵]
意译：驴子拉屎——外头光。喻表面光鲜，里面不堪。

0050 自选条目
吃了扁担——横了肠子。[tɕʰi³²⁴ niao⁰ pien⁴¹ tan⁴¹——xuən¹³ niao⁰ tsʰaŋ¹³ tsʅ⁰]
意译：吃了扁担——横下心，指下决心不顾一切。

0051 自选条目
鸭棚的狗子——管蛋闲事。[ia³²⁴ pʰoŋ¹³ ti⁰ kou⁴⁴ tsʅ⁰——kuan⁴¹ tan³²⁴ ɕien¹³ sʅ³²⁴]
意译：鸭棚的狗——管蛋（淡）闲事，喻多管闲事。

0052 自选条目
腰里别管秤——自称自。[iao³⁵ ni⁴¹ pie³⁵ kuan⁴¹ tsʰən³²⁴——tsʅ⁴⁴⁵ tsʰən³²⁴ tsʅ⁴⁴⁵]
意译：腰里别一杆秤——自己称自己。

0053 自选条目
阎王吃粑粑——鬼做。[ian¹³ uaŋ¹³ tɕʰi³²⁴ pa⁴¹ pa⁰——kuei³⁵ tsou³²⁴]
意译：阎王爷要吃米粑——鬼做（装模作样）。

0054 自选条目
两个学生打架——为笔。[niaŋ⁴¹ ko⁰ ɕyo³²⁴ sən³⁵ ta⁴¹ tɕia³²⁴——uei⁴⁴⁵ pi⁴⁴⁵]
意译：两个学生打架——"为笔（未必）"。

0055 自选条目
背锄头进庙门——挖神。[pei³²⁴ tsʰou¹³ tʰou⁰ tɕin³²⁴ miao³²⁴ mən³¹——ua³⁵ sən³¹]
意译：背锄头进庙门——挖神（费神），挖神也就是"废神"，谐音"费神"。

0056 自选条目
天上扫帚云,［tʰien³⁵ saŋ³⁴ sao⁴⁴ tɕy⁰ yn¹³］
地下雨淋淋。［ti⁴⁴⁵ xa⁴⁴⁵ y⁴¹ nin¹³ nin⁰］
意译:天上扫帚云,地下雨淋淋。

0057 自选条目
云往东,一阵风;［yn¹³ uaŋ³⁵ toŋ³⁵,i³²⁴ tsən⁴⁴⁵ foŋ³⁵］
云往西,雨凄凄。［yn¹³ uaŋ³⁵ ɕi⁵⁵,y⁴¹ tɕʰi³⁵ tɕʰi⁰］
意译:云往东,一阵风;云往西,雨凄凄。

0058 自选条目
云往南,雨成团;［yn¹³ uaŋ³⁵ nan¹³,y⁴¹ tsʰən⁵⁵ tʰuan¹³］
云往北,雨冇得。［yn¹³ uaŋ³⁵ pɤ³²⁴,y⁴¹ mao³⁴ tɤ⁰］冇得:没有
意译:云往南,雨成团;云往北,没有雨。

0059 自选条目
今朝雨呀不住点,［tɕin³⁵ tsao⁵⁵ y⁴¹ ia⁰ pu¹³ tɕy³²⁴ tien⁴¹］今朝:今天
明朝日头晒破脸。［min¹³ tsao³⁵ ʅ³²⁴ tʰou⁰ sai³²⁴ pʰo³²⁴ nien⁴¹］明朝:明天
意译:今天雨下不停,明天太阳晒破脸。

0060 自选条目
乌云接得高,［u³⁵ yn¹³ tɕie³²⁴ tɤ⁰ kao³⁵］
有雨在今朝。［iou⁴¹ y⁴¹ tsai⁴⁴⁵ tɕin³⁵ tsao⁵⁵］今朝:今天
意译:乌云接得高,有雨在今天。

0061 自选条目
早看东南,［tsao⁴¹ kan³²⁴ toŋ³⁵ nan¹³］
晚看西北。［uan⁴¹ kan³²⁴ ɕi⁵⁵ pɤ³²⁴］
意译:早晨看东南方有红霞,是下雨的征兆;傍晚看西北方有红云,是晴天的征兆。

0062 自选条目
清早朵朵云,［tɕʰin³⁵ tsao⁴¹ to⁴¹ to⁰ y⁴¹］

下午晒死人。[xa⁴⁴⁵ u⁴¹ sai³²⁴ sɿ⁴⁴ nən¹³]

意译：清早朵朵云，预示着天气会特别晴热，"下午晒死人"是晴热的夸张说法。

0063 自选条目

四月八，冻死鸭。[sɿ⁴⁴⁵ ye³²⁴ pa³²⁴，toŋ³²⁴ sɿ⁴⁴ ia³²⁴]

意译：四月八，虽入初夏但天气不稳定，还会变冷，鸭都可能被冻死。

0064 自选条目

六月六，晒谱。[nou³²⁴ ye³²⁴ nou³²⁴，sai³²⁴ pʰu⁴¹]

意译：当地习俗。六月六，已出梅雨季，当地人趁天气好晾晒家谱，教育子孙知晓家族传统。

0065 自选条目

七月半，放牛伢跍田塍。[tɕʰi³²⁴ ye³²⁴ pan³²⁴，faŋ³²⁴ niou³¹ ŋa³¹ kʰu³²⁴ tʰien¹³ kʰaŋ³²⁴]

放牛伢：放牛娃。跍：蹲。田塍：田边

意译：七月半，天气变冷多雨，放牛娃蹲田边避雨避险。

0066 自选条目

清早放霞，等水烧茶；[tɕʰin³⁵ tsao⁴¹ faŋ³²⁴ ɕia¹³，tən⁴¹ suei⁴¹ sao³⁵ tsʰa¹³]

晚上出霞，干死蛤蟆。[uan³²⁴ saŋ⁰ tɕʰy³²⁴ ɕia¹³，kan³⁵ sɿ⁴¹ kʰɤ³¹ ma⁴¹] 蛤蟆：青蛙

意译：早上有早霞，预示着会有雨，无干柴烧水，只能等水烧茶；晚上有晚霞，预示着不会下雨，"渴死蛤蟆"是天气干热的夸张说法。

黄 陂

一 歌谣

0001 歌谣

新姑娘，[ɕin³³⁴ ku³³⁴ liã²¹²]

吃麻糖；[tɕʰi²¹⁴ ma²¹² tʰaŋ²¹²]

麻糖贵，[ma²¹² tʰaŋ²¹² kuei³⁵]

跟牛睡；[ken³³⁴ liou²¹² suei³⁵] 跟：和

牛伸脚，[liou²¹²sen³³⁴tɕio²¹⁴]

打破新娘的后脑壳；[ta⁴¹pʰo³⁵ɕin³³⁴liaŋ²¹²ti⁰xou⁴⁵⁵lao⁴¹kʰo²¹⁴]

流黄水，[liou²¹²xuaŋ²¹²suei⁴¹]

贴膏药。[tʰie²¹⁴kao³³⁴io²¹⁴]

意译：新娘子，吃麻糖；麻糖很贵，和牛睡；牛伸脚，打破了新娘的后脑勺；伤口流出黄水，贴上膏药。

0002 歌谣

天上呜呜神，[tʰian³³⁴saŋ⁰u³³⁴u³³⁴sen²¹²] 呜呜神：呜呜叫的样子

地下长麻绳；[ti⁴⁵⁵xa⁰tsaŋ⁴¹ma²¹²sen²¹²]

麻绳万丈高，[ma²¹²sen²¹²uan⁴⁵⁵tsaŋ³⁵kao³³⁴]

骑马挎腰刀；[tɕʰi²¹⁴ma⁴¹kʰua⁴⁵⁵iao³³⁴tao³³⁴]

大姐来了不要紧，[ta⁴⁵⁵tɕie⁴¹lai²¹²liao⁰pu²¹²iao⁴⁵⁵tɕin⁴¹]

小姐来了吃一刀。[ɕiao⁴¹tɕie⁴¹lai²¹²liao⁰tɕʰi²¹⁴i⁰tao³³⁴]

意译：天上呜呜刮风，地上长出麻绳；麻绳有万丈高，骑上马，背上刀；大姐来了不要紧，小姐来了吃一刀。

0003 歌谣

我跟家家放花牛，[ŋo⁴¹ken³³⁴ka³³⁴ka⁰faŋ³⁵xua³³⁴liou²¹²] 家家：外婆

哞，哞；[mo³³⁴，mo³³⁴]

么花？缎子花；[mo⁴¹xua³³⁴？tan⁴⁵⁵tsɿ⁰xua³³⁴] 么：什么

么缎？鸡蛋；[mo⁴¹tan⁴⁵⁵？tɕi³³⁴tan⁴⁵⁵]

么鸡？雄鸡；[mo⁴¹tɕi³³⁴？ɕioŋ²¹²tɕi³³⁴]

么雄？狗熊；[mo⁴¹ɕioŋ²¹²？kou⁴¹ɕioŋ²¹²]

么狗？豺狗；[mo⁴¹kou⁴¹？tsʰai²¹²kou⁴¹]

么豺？劈柴；[mo⁴¹tsʰai²¹²？pʰi²¹⁴tsʰai²¹²]

么劈？斧劈；[mo⁴¹pʰi²¹⁴？fu⁴¹pʰi²¹⁴]

么斧？豆腐；[mo⁴¹fu⁴¹？tou⁴⁵⁵fu⁴¹]

么豆？豌豆；[mo⁴¹tou⁴⁵⁵？uan³³⁴tou⁴⁵⁵]

么豌？熊家大塆。[mo⁴¹uan³³⁴？ɕioŋ²¹²kɤ⁰ta⁴⁵⁵uan⁴¹] 塆：村落，经常用在地名中

意译：我给外婆放花牛，哞，哞；什么花？缎子花；什么缎（蛋）？鸡蛋；什么鸡？雄鸡；什么雄（熊）？狗熊；什么狗？豺狗；什么豺（柴）？劈柴；用什么劈？斧劈；什么斧（腐）？豆腐；什么豆？豌豆；什么豌（湾）？熊家大塆。

0004 歌谣

六月天气热，［lou²¹² ʐuæ²¹⁴ tʰian³³⁴ tɕʰi⁰ ʐuæ²¹⁴］

扇子借不得；［san³⁵ tsʅ⁰ tɕie⁴⁵⁵ pu⁰ te²¹⁴］

虽然是朋友，［ɕi³³⁴ ʐuan²¹² sʅ⁴⁵⁵ pʰoŋ²¹² iou⁴¹］

你热我也热唦。［li⁴¹ ʐuæ²¹⁴ ŋo⁴¹ ie⁴¹ ʐuæ²¹⁴ sa⁰］

意译：六月的天气很热，扇子不能外借；虽然是朋友，你热我也热呀。

0005 歌谣

锤金鼓，过金桥；［tsʰuei²¹² tɕin³³⁴ ku⁴¹，ko³⁵ tɕin³³⁴ tɕʰiao²¹²］

上山去，摘毛桃；［saŋ⁴⁵⁵ san³³⁴ tɕʰi³⁵，tsæ²¹⁴ mao²¹² tʰao²¹²］

摘一簸，找一瓢；［tsæ²¹⁴ i²¹² po⁴⁵⁵，tsao⁴¹ i²¹⁴ pʰiao²¹²］簸：簸箕

大老爷，饶不饶？［ta⁴⁵⁵ lao⁴¹ ie²¹²，ʐao²¹² pu⁰ ʐao²¹²］

意译：锤金鼓，过金桥；上山去，摘毛桃；摘了一簸箕，找了一瓢；大老爷，饶不饶？

0006 歌谣

三岁的伢，［san³³⁴ ɕi³⁵ ti⁰ ŋa²¹²］伢：孩子

会栽葱；［xuei⁴⁵⁵ tsai³³⁴ tsʰoŋ³³⁴］栽：种

一栽栽到河当中；［i²¹⁴ tsai³³⁴ tsai³³⁴ tao⁰ xo²¹² taŋ³³⁴ tsoŋ³³⁴］

走路的，［tsou⁴¹ lou⁴⁵⁵ ti⁰］

莫伸手；［mo²¹⁴ sen³³⁴ sou⁴¹］莫：不要

随它开花结石榴；［ɕi²¹² tʰa⁰ kʰai³³⁴ xua³³⁴ tɕie²¹⁴ sʅ²¹² liou⁰］

石榴肚里一肚油，［sʅ²¹² liou tou⁴¹ li⁰ i²¹⁴ tou⁴¹ iou²¹²］

姊妹三个会梳头。［tsʅ⁴¹ mi⁰ san³³⁴ ko⁰ xuei⁴⁵⁵ sou³³⁴ tʰou²¹²］

大姐梳个盘盘鬏；［ta⁴⁵⁵ tɕie⁰ sou³³⁴ kɤ⁰ pʰan²¹² pʰan⁰ tɕiou³³⁴］

二姐梳个凤凰头；［ɯ⁴⁵⁵ tɕie⁰ sou³³⁴ kɤ⁰ foŋ⁴⁵⁵ xuaŋ⁰ tʰou⁰］

只怕三姐不会梳，［tsʅ²¹² pʰa⁰ san³³⁴ tɕie⁰ pu²¹² xuei⁴⁵⁵ sou³³⁴］

一梳梳得个茅包挽绣球。［i²¹⁴ sou³³⁴ sou³³⁴ ti⁰ kɤ⁰ mao²¹² pao³³⁴ uan⁴¹ ɕiou⁴⁵⁵ tɕʰiou⁰］

意译：三岁的孩子会种葱；一下子种在了河中间；过路的，不要伸手；让它开花结出石榴；石榴的肚子里一肚子都是油，姐妹三个会梳头。大姐梳了个圆髻；二姐梳了个凤凰头；只怕三姐不会梳，一梳梳成了茅草包。

0007 歌谣

月亮走，我也走，[ʐuæ²¹²liaŋ⁴⁵⁵tsou⁴¹，ŋo⁴¹ie⁴¹tsou⁴¹]

我跟月亮提笆篓。[ŋo⁴¹ken³³⁴ʐuæ²¹²liaŋ⁴⁵⁵tʰi²¹²pa³³⁴lou⁴¹] 笆篓：篾织的篓子

笆篓破，摘菱角；[pa³³⁴lou⁴¹pʰo³⁵，tsæ²¹⁴lin²¹²ko⁰]

菱角尖，杵上天；[lin²¹²ko⁰tɕian²³，tʂʰu̯⁴¹saŋ⁰tʰian²³] 杵：戳

天又高，拿把刀；[tʰian³³⁴iou⁴⁵⁵kao²³，la²¹²pa⁴¹tao³³⁴]

刀又快，好切菜；[tao³³⁴iou⁴⁵⁵kʰuai³⁵，xao⁴¹tɕʰie²¹²tsʰai³⁵]

菜又甜，好过年；[tsʰai³⁵iou⁴⁵⁵tʰian²¹²，xao⁴¹ko³⁵lian²¹²]

年一过，好推货；[lian²¹²i²¹²ko³⁵，xao⁴¹tʰi³³⁴xo³⁵]

货一推，好菢鸡；[xo³⁵i²¹⁴tʰi³³⁴，xao⁴¹pao⁴⁵⁵tɕi²³] 菢：孵

鸡一菢，好修庙；[tɕi³³⁴i²¹²pao⁴⁵⁵，xao⁴¹ɕiou³³⁴miao⁴⁵⁵]

庙一修，好打秋；[miao⁴⁵⁵i²¹⁴ɕiou³³⁴，xao⁴¹ta⁴¹tɕʰiou³³⁴] 打秋：一说农业祈禳仪式，一说游艺活动

秋一打，好跑马；[tɕʰiou³³⁴i²¹⁴ta⁴¹，xao⁴¹pʰao²¹²ma⁴¹]

马一跑，好烧窑；[ma⁴¹i²¹⁴pʰao²¹²，xao⁴¹sao³³⁴iao²¹²]

窑一烧，烧得万丈高。[iao²¹²i²¹⁴sao³³⁴，sao³³⁴te⁰uan⁴⁵⁵tsaŋ⁴⁴kao²³]

意译：月亮走，我也走，我给月亮提竹篓。笆篓破了，摘菱角；菱角尖尖的，戳上了天；天很高，拿一把刀；刀很快，好切菜；菜很甜，好过年；年一过，好推货；货一推，好孵鸡；鸡一孵，就可以修庙；庙一修，就可以打秋；秋一打，就可以跑马；马一跑，就可以烧窑；窑一烧，烧得万丈高。

0008 歌谣

麻雀儿溜溜的滚滚，[ma²¹²tɕʰiu⁰lɤ³³⁴lɤ⁰ti⁰kuen⁴¹kuen⁴¹]

滚到灰塘里燋了颈；[kuen⁴¹tao⁰xuei³³⁴tʰaŋ²¹²li⁰o²¹⁴liao⁰tɕin⁴¹] 燋：烫。颈：脖子

大哥大哥去买粉，[ta⁴⁵⁵ko²³ta⁴⁵⁵ko²³tɕʰi³⁵mai⁴¹fen⁴¹]

买的粉不会擦；[mai⁴¹ti⁰fen⁴¹pu²¹²xuei⁴⁵⁵tsʰa²¹⁴]

大哥大哥去买麻，[ta⁴⁵⁵ko²³ta⁴⁵⁵ko²³tɕʰi³⁵mai⁴¹ma²¹²]

买的麻不会搓；[mai⁴¹ti⁰ma²¹²pu²¹²xuei⁴⁵⁵tsʰo³³⁴]

大哥大哥去买锅，[ta⁴⁵⁵ko²³ta⁴⁵⁵ko²³tɕʰi³⁵mai⁴¹o³³⁴]

买的锅不会煮；[mai⁴¹ti⁰o³³⁴pu²¹²xuei⁴⁵⁵tsʐu̯⁴¹]

大哥大哥去买鼓，[ta⁴⁵⁵ko²³ta⁴⁵⁵ko²³tɕʰi³⁵mai⁴¹ku⁴¹]

买的鼓不会敲；[mai⁴¹ti⁰ku⁴¹pu²¹²xuei⁴⁵⁵kʰao³³⁴]

大哥大哥去买刀，[ta⁴⁵⁵ko²³ta⁴⁵⁵ko²³tɕʰi³⁵mai⁴¹tao³³⁴]

买的刀不会切；[mai⁴¹tiº tao³³⁴pu²¹²xuei⁴⁵⁵tɕʰie²¹⁴]

大哥大哥去买篾，[ta⁴⁵⁵ko²³ta⁴⁵⁵ko²³tɕʰi³⁵mai⁴¹mie²¹⁴]

买的篾不会扎；[mai⁴¹tiº mie²¹⁴pu²¹²xuei⁴⁵⁵tsa²¹⁴]

大哥大哥去买蜡，[ta⁴⁵⁵ko²³ta⁴⁵⁵ko²³tɕʰi³⁵mai⁴¹la²¹⁴] 蜡：蜡烛

买的蜡不会点；[mai⁴¹tiº la²¹⁴pu²¹²xuei⁴⁵⁵tian⁴¹]

大哥大哥去买碱，[ta⁴⁵⁵ko²³ta⁴⁵⁵ko²³tɕʰi³⁵mai⁴¹tɕian⁴¹]

买的碱不会烧。[mai⁴¹tiº tɕian⁴¹pu²¹²xuei⁴⁵⁵sao²³]

大哥大哥去买刀。[ta⁴⁵⁵ko²³ta⁴⁵⁵ko²³tɕʰi³⁵mai⁴¹tao³³⁴]

意译：麻雀圆圆滚滚的，滚到了火塘里烫伤了脖子；大哥去买粉，买的粉不会擦；大哥去买麻，买的麻不会搓；大哥去买锅，买的锅不会煮；大哥去买鼓，买的鼓不会敲；大哥去买刀，买的刀不会切；大哥去买篾，买的篾不会扎；大哥去买蜡烛，买的蜡烛不会点；大哥去买碱，买的碱不会烧；于是大哥又去买刀。

0009 歌谣

三岁的伢，[san³³⁴ɕi³⁵tiº ŋa²¹²] 伢：孩子

穿红鞋；[tʂʰuan³³⁴xoŋ²¹²xai²¹²]

摇摇摆摆上学来；[iao²¹²iaoº pai⁴¹pai⁴¹saŋ⁴⁵⁵ɕio²¹²laiº]

先生先生莫打我，[ɕian³³⁴sen³³⁴ɕian³³⁴sen³³⁴mo²¹⁴ta⁴¹ŋo⁴¹] 莫：不要

我回去吃点妈再来。[ŋo⁴¹xuei²¹²tɕʰi³⁵tɕʰi²¹⁴tie⁴¹ma⁴⁵⁵tsai³⁵lai²¹²] 妈：乳汁

意译：三岁的孩子，穿着红鞋；摇摇摆摆地来上学；先生先生别打我，我回去吃点乳汁再来。

二 规定故事

0021 牛郎和织女

牛郎和织女[liou²¹²laŋ²¹²xo²¹²tsɿ²¹⁴ʐʮ⁴¹]

蛮早蛮早的时候啊，[man²¹²tsao⁴¹man²¹²tsao⁴¹tiº sɿ²¹²xouº aº] 蛮：很

有个小伙子，[iou⁴¹kɤ³⁵ɕiao⁴¹xo⁴¹tsɿ⁴¹]

他的伯跟他的姆妈都不在了，[tʰa³³⁴tiº pæ²¹⁴ken³³⁴tʰa³³⁴tiº m̩⁴¹maº tou³³⁴pu²¹²tai⁴⁵⁵liao⁴¹] 伯：父亲。姆妈：母亲

一个人呢，[i²¹²ko³⁵zen²¹²lieº]

孤零零地蛮造孽。[ku³³⁴linº linº tiº man²¹²tsao⁴⁵⁵lie²¹⁴] 造孽：可怜

屋里只有一头老牛，[u²¹⁴li⁰tsๅ²¹⁴iou⁴¹i²¹⁴tʰou²¹²lao⁴¹liou²¹²]

塆里的人呢，[uan³³⁴li⁰ti⁰ʐen²¹²lie⁰] 塆：乡村

都叫他叫牛郎。[tou³³⁴tɕiao³⁵tʰa³³⁴tɕiao³⁵liou²¹²laŋ²¹²]

牛郎啊，[liou²¹²laŋ²¹²a⁰]

靠老牛耕地为生，[kʰao³⁵lao⁴¹liou²¹²ken³³⁴ti⁴⁵⁵uei²¹²sen³³⁴]

跟老牛哦，[ken³³⁴lao⁴¹liou²¹²o⁰]

就相依为命呐。[tsou⁴⁵⁵ɕiaŋ³³⁴i³³⁴uei²¹²min⁴⁵⁵la⁰]

迾个老牛呢，[lie³⁵kɤ⁰lao⁴¹liou²¹²lie⁰] 迾：指示代词，近指读lie³⁵；也可做为中指读lie⁴⁵⁵、lɤ⁴⁵⁵

其实是天上的金牛星，[tɕʰi²¹²sๅ⁰sๅ⁴⁵⁵tʰian³³⁴saŋ⁴⁵⁵ti⁰tɕin³³⁴liou²¹²ɕin³³⁴]

他蛮喜欢牛郎，[tʰa³³⁴man²¹²ɕi⁴¹xuan³³⁴liou²¹²laŋ²¹²]

觉得迾个牛郎啊，[tɕio²¹⁴tɤ⁰lie³⁵kɤ⁰liou²¹²laŋ²¹²a⁰]

蛮勤快，[man²¹²tɕʰin²¹²kʰuai³⁵]

心嘞，又蛮善良。[ɕin³³⁴lɤ⁰，iou⁴⁵⁵man²¹²san⁴⁵⁵liaŋ⁰]

欸，所以啊，[e⁰，so⁴¹i⁴¹a⁰]

他就蛮想帮牛郎成个家。[tʰa³³⁴tsou⁴⁵⁵man²¹²ɕiaŋ⁴¹paŋ³³⁴liou²¹²laŋ²¹²tsʰen²¹²kɤ⁰tɕia³³⁴]

有一天呐，[iou⁴¹i²¹⁴tʰian³³⁴la⁰]

金牛星嘞，[tɕin³³⁴liou²¹²ɕin³³⁴le⁰]

晓得天上的仙女啊，[ɕiao⁴¹te⁰tʰian³³⁴saŋ⁰ti⁰ɕian³³⁴ʐʅ⁴¹a⁰] 晓得：知道

要到村东头呢，[iao³⁵tao³⁵tsʰen³³⁴toŋ³³⁴tʰou²¹²lie⁰]

迾个山底下的个湖里去洗澡。[lie³⁵kɤ⁰san³³⁴ti⁴¹xa⁰ti⁰kɤ⁰xu²¹²li⁰tɕʰi³⁵ɕi⁴¹tsao⁴¹]
洗澡：戏水，游泳

他就跟牛郎托了一个梦，[tʰa³³⁴tsou⁴⁵⁵ken³³⁴liou²¹²laŋ²¹²tʰo²¹⁴liao⁰i²¹⁴kɤ⁰moŋ⁴⁵⁵]

要他第二天早晨呢，[iao³⁵tʰa³³⁴ti⁴⁵⁵ɯ⁴⁵⁵tʰian³³⁴tsao⁴¹sen²¹²lie⁰]

到湖边去，[tao³⁵xu²¹²pian⁰tɕʰi³⁵]

趁仙女洗澡的时候啊，[tsʰen³⁵ɕian³³⁴ʐʅ⁴¹ɕi⁴¹tsao⁴¹ti⁰sๅ²¹²xou⁰a⁰]

拿走一件仙女挂在树上的衣裳，[la²¹²tsou⁴¹i²¹²tɕian⁴⁵⁵ɕian³³⁴ʐʅ⁴¹kua³⁵tsai⁴⁵⁵ʂʅ⁴⁵⁵saŋ⁰ti⁰i³³⁴saŋ²¹²]

然后头也不回地跑回家去，[ʐan²¹²xou⁴⁵⁵tʰou²¹²ie⁴¹pu²¹⁴xuei²¹²ti⁰pʰao²¹²xuei²¹²tɕia³³⁴tɕʰi⁰]

他就可以得到一个蛮灵醒的仙女做媳妇哦！[tʰa³³⁴tsou⁴⁵⁵kʰo⁴¹i⁴¹te²¹²tao³⁵i²¹²kɤ³⁵man²¹²lin²¹²ɕin⁰ti⁰ɕian³³⁴ʐʅ⁴¹tsou⁴⁵⁵ɕi²¹²fu⁰o⁰] 灵醒：漂亮

冽天早晨呐，[lie³⁵tʰianºtsao⁴¹sen²¹²laº]

牛郎啊，[liou²¹²laŋ²¹²aº]

半信半疑地来到了山脚下，[pan³⁵ɕin³⁵pan³⁵i²¹²tiºlai²¹²tao³⁵liaoºsan³³⁴tɕio²¹²ɕiaº]

在朦朦胧胧当中诶，[tsai⁴⁵⁵moŋ²¹²moŋ²¹²loŋ²¹²loŋ²¹²taŋ³³⁴tsoŋ³³⁴eº]

哟，真的看倒一群蛮灵醒的女伢，[ioº, tsen³³⁴tiºkʰan³⁵taoºi²¹⁴tʂʰuen²¹²man²¹²lin²¹²ɕinºtiºzʅ⁴¹ŋa²¹²]

在湖里玩水。[tai⁴⁵⁵xu²¹²liºuan²¹²ʂuei⁴¹]

他连忙抓起树上的一件桃红色的衣裳，[tʰa³³⁴lian²¹²maŋ²¹²tʂua³³⁴tɕʰiºsʅ⁴⁵⁵saŋºtiºi²¹²tɕian⁴⁵⁵tʰao²¹²xoŋ²¹²seºtiºi³³⁴saŋ²¹²]

恶奢=地往屋里跑。[ŋo²¹⁴seºtiºuan⁴¹u²¹⁴liºpʰao²¹²] 恶奢=：使劲，用力

冽个被抢走衣裳的仙女啊，[lie³⁵kɤºpei⁴⁵⁵tɕʰiaŋ⁴¹tsou⁴¹i³³⁴saŋ²¹²tiºɕian³³⁴zʅ⁴¹aº]

就是织女。[tsou⁴⁵⁵sʅ⁴⁴tsʅ²¹⁴zʅ⁴¹]

冽天夜里啊，[lie³⁵tʰian³³⁴ie⁴⁵⁵liºaº]

织女就悄悄地，[tsʅ²¹⁴zʅ⁴¹tsou⁴⁵⁵tɕʰiao³³⁴tɕiao³³⁴tiº]

去敲牛郎家的门哨。[tɕʰi³⁵kʰao³³⁴liou²¹²laŋ²¹²tɕia³³⁴tiºmen²¹²seº]

就来到牛郎家里啊，[tsou⁴⁵⁵lai²¹²tao³⁵liou²¹²laŋ²¹²tɕia³³⁴liºaº]

两个人啰，[lian⁴¹kɤºzen²¹²loº]

一见面就看对了眼嘞。[i²¹²tɕian³⁵mian⁴⁵⁵tsou⁴⁵⁵kʰan³⁵tei³⁵eºian⁴¹leº]

从今以后啊，[tsʰoŋ²¹²tɕin³³⁴i⁴⁴xou⁴⁴aº]

就在一起过日子啊，[tɕiou⁴⁵⁵taiºi²¹⁴tɕʰiºko³⁵ɯ²¹²tsʅºaº]

就成了恩爱夫妻哦。[tsou⁴⁵⁵tsʰen²¹²liaoºŋen³³⁴ŋai⁴⁵⁵fu³³⁴tɕʰi³³⁴oº]

一眨眼的功夫啊，[i²¹²tsa²¹⁴ian⁴¹tiºkoŋ³³⁴fu³³⁴aº]

车过背就过了三年了，[tsʰe³³⁴ko³⁵pi³⁵tsou⁴⁵⁵koºliaoºsan³³⁴lian²¹²liaoº] 车过背：转身，转头

牛郎和织女养了一儿一女两个伢哦。[liou²¹²laŋ²¹²xo²¹²tsʅ²¹⁴zʅ⁴¹iaŋ⁴¹liaoºi²¹⁴ɯ²¹²i²¹⁴zʅ⁴¹lian⁴¹kɤºŋa²¹²oº] 伢：孩子

一屋人过得不晓得几开心啰。[i²¹²u²¹⁴zen²¹²ko³⁵teºpu²¹⁴ɕiao⁴¹teºtɕi⁴¹kʰai³³⁴ɕin³³⁴loº] 一屋人：一家人

可是啊，[kʰo⁴⁴sʅ⁴⁴aº]

织女阴倒下凡的事呃，[tsʅ²¹⁴zʅ⁴¹in³³⁴taoºɕia⁴⁵⁵fan²¹²tiºsʅ⁴⁵⁵ɤº] 阴倒：偷偷地

被玉皇大帝晓得了。[pei⁴⁵⁵zʅ³⁵xuan²¹²ta⁴⁵⁵ti³⁵ɕiao⁴¹teºliaoº]

有一天啰，[iou⁴¹i²¹⁴tʰian³³⁴loº]

天上打雷扯霍，[tʰian³³⁴saŋ⁴¹ta⁴¹lei²¹²tsʰe⁴¹xo²¹⁴] 扯霍：闪电

还刮起了大风，[xai²¹²kua²¹⁴tɕʰi⁴¹liao⁰ta⁴⁵⁵foŋ²³]

又下起了大雨，[iou⁴⁵⁵ɕia⁴⁵⁵tɕʰi⁴¹liao⁰ta⁴⁵⁵ʐu̩⁴¹]

织女突然就看不倒人了。[tsʅ²¹⁴ʐu̩⁴¹tʰou²¹⁴ʐan⁰tɕiou⁴⁵⁵kʰan³⁵pu²¹⁴tao⁴¹ʐen²¹²liao⁰]

两个伢呃，哭得要姆妈。[liaŋ⁴¹kɤ⁰ŋa²¹²ɤ⁰, kʰu²¹⁴tɤ⁰iao³⁵m̩⁴¹ma⁰]

牛郎急得不晓得么样办才好。[liou²¹²laŋ²¹²tɕi²¹²te⁰pu²¹⁴ɕiao⁴¹te⁰mo⁴⁴iaŋ⁴⁴pan⁴⁵⁵tsʰai²¹²xao⁴¹]

迥个时候，[lie³⁵kɤ⁰sʅ²¹²xou⁰]

迥头老牛突然就张口了：[lie³⁵tʰou²¹²lao⁴¹liou²¹²tʰou²¹⁴ʐan⁰tɕiou⁴⁵⁵tsaŋ³³⁴kʰou⁴¹liao⁴¹]

"莫怄气，[mo²¹²ŋou³⁵tɕʰi³⁵] 怄气：生气，着急

你把我的角拿下来，[li⁴¹pa⁴¹ŋo⁴¹ti⁰ko²¹⁴la²¹²ɕia⁴⁵⁵lai²¹²]

它可以变成两个箩筐，[tʰa³³⁴kʰo⁴¹i⁴¹pian³⁵tsʰen²¹²liaŋ⁴¹kɤ⁰lo²¹²kʰuaŋ⁰]

你把两个伢装进去，[li⁴¹pa⁴¹liaŋ⁴¹kɤ⁰ŋa²¹²tʂuaŋ³³⁴tɕin³⁵tɕʰi³⁵]

挑了上天宫去找织女。"[tʰiao³³⁴liao⁰saŋ⁴⁵⁵tʰian³³⁴koŋ³³⁴tɕʰi³⁵tsao⁴¹tsʅ²¹⁴ʐu̩⁴¹]

牛郎正奇怪哦，[liou²¹²laŋ²¹²tsen³⁵tɕʰi²¹²kuai³⁵o⁰]

牛角就掉倒在地下，[liou²¹²ko²¹⁴tɕiou⁴⁵⁵tiao³⁵tao⁴¹tai⁴⁵⁵ti⁴⁵⁵xa⁰]

而且真的一下就变成了两个箩筐。[ɯ²¹²tɕʰie⁴¹tsen³³⁴ti⁰i²¹²xa⁰tsou⁴⁵⁵pian³⁵tsʰen²¹²liao⁰liaŋ⁴¹kɤ⁰lo²¹²kʰuaŋ⁰]

牛郎赶紧地把伢放得箩筐里，[liou²¹²laŋ²¹²kan⁴¹tɕin⁴¹ti⁰pa⁴¹ŋa²¹²faŋ³⁵te⁰lo²¹²kʰuaŋ⁰li⁰]

用扁担呐，[ioŋ⁴⁵⁵pian⁴¹tan³³⁴la⁰]

挑起来，[tʰiao³³⁴tɕʰi⁰lai⁰]

就觉得一阵清风吹过，[tsou⁴⁵⁵tɕio²¹²te⁰i²¹²tsen³⁵tɕʰin³³⁴foŋ³³⁴tsʰuei³³⁴ko³⁵]

箩筐就像长了翅膀一样，[lo²¹²kʰuaŋ³³⁴tsou⁴⁵⁵ɕiaŋ⁴⁴tsaŋ⁴¹liao⁰tsʅ³⁵paŋ⁰i²¹²iaŋ⁴⁵⁵]

一下子飞起来了。[i²¹²xa⁴⁵⁵tsʅ⁰fei³³⁴tɕʰi⁰lai²¹²liao⁰]

云里雾里就往天宫里飞去哦。[ʐuen²¹²li⁰u⁴⁵⁵li⁰tsou⁴⁵⁵uaŋ⁴¹tʰian³³⁴koŋ³³⁴li⁰fei³³⁴tɕʰi³⁵o⁰]

飞哟飞哟。[fei³³⁴io⁰fei³³⁴io⁰]

眼看倒就要追到织女了，[ian⁴¹kʰan³⁵tao⁰tsou⁴⁵⁵iao³⁵tʂuei³³⁴tao⁰tsʅ²¹⁴ʐu̩⁴¹liao⁰]

哪晓得被王母娘娘发现了，[la⁴¹ɕiao⁴¹te⁰pei⁴⁵⁵uaŋ²¹²mu⁴¹liaŋ²¹²liaŋ²¹²fa²¹²ɕian³⁵liao⁴¹]

她扯下头上迥个金钗子哦，[tʰa³³⁴tsʰe⁴¹ɕia⁴⁵⁵tʰou²¹²saŋ⁰lie⁴⁵⁵kɤ⁰tɕin⁴⁵⁵tsʰai³³⁴tsʅ⁰o⁰]

在牛郎织女当中一划，[tsai⁴⁵⁵ liou²¹² laŋ²¹² tsʅ²¹⁴ ʐu̩⁴¹ taŋ³³⁴ tsoŋ³³⁴ i²¹⁴ xua²¹²]

马上就出现了一条波浪滚滚的天河。[ma⁴⁴ saŋ⁴⁴ tsou⁴⁵⁵ tʂʰu̩²¹² ɕian³⁵ e⁰ i²¹⁴ tʰiao²¹² po³³⁴ laŋ⁴⁵⁵ kuen⁴¹ kuen⁴¹ ti⁰ tʰian³³⁴ xo²¹²]

宽得啰，[kʰuan³³⁴ tɤ⁰ lo⁰]

望不到对岸呐。[uaŋ⁴⁵⁵ pu⁰ tao³⁵ ti³⁵ ŋan⁴⁵⁵ la⁰]

把小两口就是迺样就分开了啊。[pa⁴¹ ɕiao⁴¹ liaŋ⁴¹ kʰou⁴¹ tsou⁴⁵⁵ sʅ⁰ lie³⁵ iaŋ⁰ tsou⁴⁵⁵ fen³³⁴ kʰai³³⁴ iao⁰ a⁰]

还好，喜鹊它硬是过不得牛郎和织女，[xai²¹² xao⁴¹，ɕi⁴¹ tɕʰio²¹⁴ tʰa³³⁴ ŋen⁴⁵⁵ sʅ⁰ ko³⁵ pu²¹² te⁰ liou²¹² laŋ²¹² xo²¹² tsʅ²¹⁴ ʐu̩⁴¹] 过不得：同情，可怜

每年农历的七月初七哟，[mei⁴¹ lian²¹² loŋ²¹² li²¹⁴ ti⁰ tɕʰi²¹² ʐuæ⁰ tsʰou³³⁴ tɕʰi²¹⁴ io⁰]

有成千上万的喜鹊就飞到天河上，[iou⁴¹ tsʰen²¹² tɕʰian³³⁴ saŋ⁴⁵⁵ uan⁴⁵⁵ ti⁰ ɕi⁴¹ tɕʰio²¹⁴ tɕiou⁴⁵⁵ fei³³⁴ tao⁰ tʰian³³⁴ xo²¹² saŋ⁰]

一个就衔倒另一个的尾巴，[i²¹² ko³⁵ tsou⁴⁵⁵ xan²¹² tao⁰ lin⁴⁵⁵ i²¹² ko³⁵ ti⁰ uei⁴¹ pa⁰]

蛮多的喜鹊一起就搭成了一座长长的鹊桥，[man²¹² to³³⁴ ti⁰ ɕi⁴¹ tɕʰio i²¹⁴ tɕʰi⁴¹ tsou⁴⁵⁵ ta²¹⁴ tsʰen²¹² liao⁰ i²¹² tso⁴⁵⁵ tsʰaŋ²¹² tsʰaŋ²¹² ti⁰ tɕʰio²¹⁴ tɕʰiao²¹²]

让牛郎和织女团聚啊。[ʐuan⁴⁵⁵ liou²¹² laŋ²¹² xo²¹² tsʅ²¹⁴ ʐu̩⁴¹ tʰan²¹² tɕi⁴⁵⁵ a⁰]

意译：很早很早的时候，有个小伙子，他的父母都去世了，一个人孤零零地，很可怜，家里只有一头老牛，村里的人都叫他牛郎。牛郎靠老牛耕地为生，与老牛相依为命。老牛其实是天上的金牛星，他很喜欢牛郎，觉得牛郎又勤快又善良。所以他很想帮牛郎成个家。

有一天，金牛星得知天上的仙女要到村东边山脚下的湖里戏水。他就给牛郎托了一个梦：要他第二天早上去湖边，趁仙女洗澡时，拿走一件仙女挂在树上的衣服，然后头也不回地跑回家去，他就可以得到一个漂亮的仙女做媳妇。第二天早晨，牛郎半信半疑地来到山脚下，朦胧中当真看到一群漂亮的女子在湖里戏水。他连忙抓起树上的一件粉红色的衣服，拼命往家里跑。这个被抢走衣裳的仙女就是织女。夜里，织女悄悄去敲牛郎家的门。到了牛郎家，两个人一见面就看对了眼。从此以后，两人就在一起过日子，成了恩爱夫妻。一眨眼功夫，三年过去了，牛郎和织女生了一儿一女两个孩子，一家人过得十分开心。

可是织女偷偷下凡的事，被玉皇大帝知道了。有一天，天上电闪雷鸣，狂风乱作、暴雨倾盆，织女突然消失了。两个孩子哭着要妈妈，牛郎急得不知道怎么办。这时老牛突然开口说："别着急，你把我的角拿下来，它可以变成两个箩筐，你把两个孩子装进去，挑着去天宫找织女。"牛郎正奇怪，牛角就掉到了地下，而且真的变成了两个箩筐。牛郎赶紧把孩子放进箩筐，用扁担挑起来，果真，像

一阵清风吹过似的，箩筐像长了翅膀一样飞了起来。牛郎穿云破雾地往天宫飞去。飞着飞着，眼看就要追到织女了，谁知被王母娘娘发现了，她拔下头上的金钗，在牛郎和织女中间一划，马上就出现了一条波澜滚滚的天河，宽得望不到岸，把小两口生生分开了。

幸亏喜鹊很同情牛郎和织女的遭遇，每年农历七月初七，成千上万的喜鹊飞到天河上，一个衔着另一个的尾巴，众多喜鹊一起搭成了一座长长的鹊桥，让牛郎和织女团聚。

三　其他故事

0022 其他故事

在离黄陂县城东首那个十里路远的那个地下呐，[tai⁴⁵⁵ li²¹² xuaŋ²¹² pʰi²¹² ɕian⁴⁵⁵ tsʰen²¹² toŋ³³⁴ sou⁰ la⁴⁵⁵ kɤ⁰ ʂ²¹² li⁴¹ lou⁴⁵⁵ ʐuan⁴¹ ti⁰ la⁴⁵⁵ kɤ⁰ ti⁴⁵⁵ xa⁰ la⁰] 东首：东边。地下：地方

有一座小山，[iou⁴¹ i²¹² tso⁴⁵⁵ ɕiao⁴¹ san³³⁴]

那个小山叫甘露山。[la⁴⁵⁵ kɤ⁰ ɕiao⁴¹ san³³⁴ tɕiao³⁵ kan³³⁴ lou⁴⁵⁵ san²³]

迾个甘露山的迾个名字是么样得来的呢？[lɤ⁴⁵⁵ kɤ⁰ kan³³⁴ lou⁴⁵⁵ san²³ ti⁰ lie³⁵ kɤ⁰ min²¹² tsʅ⁰ ʂ⁴⁵⁵ mo⁴¹ iaŋ⁴⁵⁵ te²¹⁴ lai²¹² ti⁰ lie⁰] 迾：指示代词，近指读lie³⁵，中指一般读lie⁴⁵⁵、lɤ⁴⁵⁵

迾里头还有一段蛮传奇神话故事。[lie⁴⁵⁵ li⁴¹ tʰou⁰ xai²¹² iou⁴¹ i²¹² tan⁴⁵⁵ man²¹² tsʰuan²¹² tɕʰi²¹² sen²¹² xua⁰ ku³⁵ ʂ³⁵]

就是在南朝陈武帝的时候，[tsou⁴⁵⁵ ʂʅ⁰ tsai⁴⁵⁵ lan²¹² tsʰao²¹² tsʰen²¹² u⁴¹ ti⁰ ti⁰ ʂʅ²¹² xou⁰]

迾个山呢，[lie⁴⁵⁵ kɤ⁰ san³³⁴ lie⁰]

迾个时候的名字叫翠岭。[lie⁴⁵⁵ kɤ⁰ ʂʅ²¹² xou⁰ ti⁰ min²¹² tsʅ⁰ tɕiao³⁵ tsʰʰei³⁵ lin⁴¹]

迾个山上就住倒一对夫妻伙里，[lie⁴⁵⁵ kɤ⁰ san³³⁴ saŋ⁰ tɕiou⁴⁵⁵ tʂu⁴⁵⁵ tao⁰ i²¹² ti³⁵ fu³³⁴ tɕʰi³³⁴ xo⁴¹ li⁰] 夫妻伙里：夫妻

男价＝在外头犁田打坝，[lan²¹² tɕia⁰ tsai⁴⁵⁵ uai⁴⁵⁵ tʰou²¹² li²¹² tʰian²¹² ta⁴¹ pa³⁵] 男价＝：男人

就是种田，[tsou⁴⁵⁵ ʂʅ⁴⁴ tsoŋ³⁵ tʰian²¹²]

女价＝呢，[ʐʅ⁴¹ tɕia⁰ lie⁰] 女价＝：女人

就在屋里呢，[tsou⁴⁵⁵ tsai⁴⁴ u²¹⁴ li⁰ lie⁰]

纺纱织布，[faŋ⁴¹ sa³³⁴ tsʅ²¹² pu³⁵]

夫妻伙里迾个日子啊，[fu³³⁴ tɕʰi³³⁴ xo⁴¹ li⁰ lie³⁵ kɤ⁰ ɯ²¹⁴ tsʅ⁰ a⁰]

过得蛮熨贴的。[ko³⁵ tɤ⁰ man²¹² ʐen³⁵ tie⁰ ti⁰] 熨贴：舒服

过了冇得几多时啊，[ko³⁵ lao⁰ mao⁴⁵⁵ tɤ⁰ tɕi⁴¹ to⁰ ʂʅ²¹² a⁰] 冇得：没有。几多：多少

迥个媳妇就怀了伢。[lɤ³⁵kɤ⁰ɕi²¹²fu⁰tsou⁰xuai²¹²ɐ⁰ŋa²¹²]

这个伢要快生的时候呢，[tsɤ³⁵kɤ⁰ŋa²¹²iao³⁵kʰuai³⁵sen³³⁴ti⁰sʅ²¹²xou³⁵lie⁰]

两个人呐，[liaŋ⁴¹kɤ⁰ʐen²¹²la⁰]

还在猜，[xai²¹²tsai⁴⁵⁵tsʰai³³⁴]

说迥是生个儿伢还是生个女伢呢？[ʂʅæ²¹²lie³⁵sʅ⁰sen³³⁴kɤ⁰ɯ²¹²ŋa²¹²xai²¹²sʅ⁰sen³³⁴kɤ⁰zʅ²¹²ŋa²¹²lie⁰] 儿伢：儿子。女伢：女儿

俗话说，[sou²¹²xua⁴⁵⁵ʂʅæ²¹⁴]

肚子里的货，[tou⁴¹tsʅ⁰li⁰ti⁰xo³⁵]

猜不透。[tsʰai³³⁴pu⁰tʰou³⁵]

迥个伢嘞，[lɤ³⁵kɤ⁰ŋa²¹²lɤ⁰]

一生下来吵，[i²¹⁴sen³³⁴ɕia⁴⁵⁵lai²¹²sə⁰]

儿也不是的，[ɯ²¹²ie⁴¹pu²¹²sʅ⁴⁵⁵ti⁰]

姑娘也不是的。[ku³³⁴liaŋ⁰ie⁴¹pu²¹²sʅ⁴⁵⁵ti⁰]

是个么什呢，[sʅ⁴⁵⁵kɤ⁰mo⁴¹sʅ⁰lie⁰] 么什：什么

是个活蹦乱跳的小龙。[sʅ⁴⁵⁵kɤ⁰xo²¹²poŋ³⁵lan⁰tʰiao³⁵ti⁰ɕiao⁴¹loŋ²¹²]

迥个男价="啊，[lɤ³⁵kɤ⁰lan²¹²tɕia⁰a⁰]

就把迥个小龙就当个怪物。[tsou⁴⁵⁵pa⁴¹lie³⁵kɤ⁰ɕiao⁴¹loŋ²¹²tsou⁴⁵⁵taŋ³³⁴kɤ⁰kuai³⁵u²¹²]

他就从迥个门空里，[tʰa³³⁴tsou⁴⁵⁵tsʰoŋ²¹²lie³⁵kɤ⁰men²¹²kʰoŋ³⁵li⁰] 门空：门旮旯，门背后

拿了一把迥个铁锨，[la²¹²ɐ⁰i²¹⁴pa⁴¹lie⁴⁵⁵kɤ⁰tʰie²¹⁴ɕian³³⁴]

照倒迥个小龙就一家伙就砍去了，[tsao³⁵tao⁰lie³⁵kɤ⁰ɕiao⁴¹loŋ²¹²tsou⁴⁵⁵i²¹⁴tɕia³³⁴xo⁰tsou⁴⁵⁵kʰan⁴³tɕʰi³⁵ɐ⁰]

把迥个小龙的迥个尾巴呐，[pa⁴¹lie³⁵kɤ⁰ɕiao⁴¹loŋ²¹²ti⁰lie³⁵kɤ⁰uei⁴¹pa³³⁴la⁰]

齐齐整整地就砍掉了。[tɕʰi²¹²tɕʰi²¹²tsan⁴¹tsan⁴¹ti⁰tsou⁴⁵⁵kʰan⁴³tiao³⁵ao⁰]

迥个小龙就惨叫了一声，[lɤ³⁵kɤ⁰ɕiao⁴¹loŋ²¹²tsou⁴⁵⁵tsʰan⁴³tɕiao³⁵ɐ⁰i²¹⁴sen³³⁴]

就倒迥个地下一滚，[tɕiou⁴⁵⁵tao⁰lie⁴⁵⁵kɤ⁰ti⁴⁵⁵xa⁰i²¹⁴kun⁴¹]

一下子一下冲到天上去了。[i²¹²xa⁴⁵⁵tsʅ⁰i²¹²xa⁰tsʰoŋ³³⁴tao⁰tʰian³³⁴saŋ⁰tɕʰi³⁵ɐ⁰]

冲得迥个半头云里去了。[tsʰoŋ³³⁴tɤ⁰lie⁴⁵⁵kɤ⁰pan³⁵tʰou²¹²ʐen²¹²li⁰tɕʰi³⁵a⁰] 半头云：半空中

迥个做娘的呢，[lɤ⁴⁵⁵kɤ⁰tsou³⁵liaŋ²¹²ti⁰lie⁰]

就在迥个地下呐，[tɕiou⁴⁵⁵tsai⁴⁴lie⁴⁵⁵kɤ⁰ti⁴⁵⁵xa⁰la⁰]

那就哭得，[la⁴⁵⁵tɕiou⁴⁴kʰu²¹²te⁰]

哭天喊地的，[kʰu²¹⁴tʰian³³⁴xan⁴¹ti⁴⁵⁵ti⁰]

迓个俗话说，[lɤ⁴⁵⁵kɤ⁰sou²¹²xua⁴⁵⁵ʂuæ²¹⁴]

迓个伢呐，[lɤ⁴⁵⁵kɤ⁰ŋa²¹²la⁰]

是娘身上掉下来的一块肉，[sʅ⁴⁵⁵liaŋ²¹²sen³³⁴saŋ⁰tiao³⁵ɕia⁴⁵⁵lai²¹²ti⁰i²¹⁴kʰuai⁴¹ȥou²¹⁴]

她哪有不痛的呢？[tʰa³³⁴la⁴¹iou⁴¹pu²¹²tʰoŋ³⁵ti⁰lie⁰]

所以她就在底下哭啊。[so⁴¹i⁴¹tʰa³³⁴tsou⁴⁵⁵tsai⁴⁴ti⁴¹xa⁰kʰu²¹⁴a⁰]

迓个小龙呢，[lɤ⁴⁵⁵kɤ⁰ɕiao⁴¹loŋ²¹²lie⁰]

在云头底下，[tsai⁴⁵⁵ȥuen²¹²tʰou⁰ti⁴¹xa⁰]云头：云

在迓个天上啊，[tai⁴⁵⁵lɤ⁴⁵⁵kɤ⁰tʰian³³⁴saŋ⁰a⁰]

他看到呢，[tʰa³³⁴kʰan³⁵tao⁰lie⁰]

娘啊，迓，迓，哭啊。[liaŋ²¹²a⁰，lie³⁵，lie³⁵，kʰu²¹⁴a⁰]

他就把迓个云头扒开一点，[tʰa³³⁴tsou⁴⁵⁵pa⁴¹le⁴⁵⁵kɤ⁰ȥuen²¹²tʰou⁰pa³³⁴kʰai³³⁴i²¹⁴tiɛ⁴¹]

他就跟，[tʰa³³⁴tsou⁴⁵⁵ken²³]

曰倒他的娘说：[ȥuæ³³⁴tao⁰tʰa³³⁴ti⁰liaŋ²¹²ʂuæ²¹⁴]曰：喊

"娘诶，莫难过，[liaŋ²¹²e⁰，mo²¹⁴lan²¹²ko³⁵]

你要是忪我的话，[li⁴³iao³⁵sʅ⁴⁵⁵tɕʰian³⁵ŋo⁴¹ti⁰xua⁴⁵⁵]忪：想念

尔就曰下子我，[n̩⁴⁴tsou⁴⁴ȥuæ³³⁴xa⁴⁵⁵tsʅ⁰ŋo⁴¹]

我就会回来看尔[老人]者两个老的的。"[ŋo⁴⁴tsou⁴⁴xuei⁴⁵⁵xuei²¹²lai⁰kʰan³⁵n̩⁴¹laŋ⁰tsɤ⁰liaŋ⁴¹kɤ⁰lao⁴¹ti⁰ti⁰]尔[老人]者：第二人称尊称复数

迓个男，[lɤ³⁵kɤ⁰lan²¹²]

迓个做娘的呢，[lɤ³⁵kɤ⁰tsou³⁵liaŋ²¹²ti⁰lie⁰]

就怕她的，[tsou⁴⁵⁵pʰa³⁵tʰa³³⁴ti⁰]

就是怕迓个小龙惹他的老子生气，[tsou⁴⁵⁵sʅ⁰pʰa³⁵lie³⁵kɤ⁰ɕiao⁴¹loŋ²¹²ȥuɛ⁴¹tʰa³³⁴ti⁰lao⁴¹tsʅ⁰sen³³⁴tɕʰi³⁵]

她就说：[tʰa³³⁴tsou⁴⁵⁵ʂuæ²¹⁴]

"么昝又把你的，[me⁴¹tsan⁰iou⁴⁵⁵pa⁴¹li⁴¹ti⁰]么昝：万一，说不准

么昝回来，[me⁴¹tsan⁰xuei²¹²lai⁰]

被你的老子把你打死了。"[pei⁴⁵⁵li⁴¹ti⁰lao⁴¹tsʅ⁰pa⁴¹li⁴¹ta⁴¹sʅ⁴¹ia⁰]

她就说：[tʰa³³⁴tsou⁴⁵⁵ʂuæ²¹⁴]

"尔莫回，[n̩⁴¹mo²¹⁴xuei²¹²]

尔做点好事[n̩⁴³tsou³⁵tiɛ⁴¹xao⁴¹sʅ⁴⁵⁵]

尔莫回。"[n̩⁴¹mo²¹⁴xuei²¹²]

迥个小龙呢，[lɤ⁴⁵⁵ kɤ⁰ ɕiao⁴¹ loŋ²¹² lie⁰]

他就把迥个"莫回"他就听成了个"恶回"，[tʰa³³⁴ tsou⁴⁵⁵ pa⁴¹ lie⁴⁵⁵ kɤ⁰ mo²¹⁴ xuei²¹² tʰa³³⁴ tsou⁴⁵⁵ tʰin³³⁴ tsʰen²¹² ia⁰ kɤ⁰ ŋo²¹⁴ xuei²¹²]

迥个意思就是，[lɤ³⁵ kɤ⁰ i³⁵ sɿ⁰ tsou⁴⁵⁵ sɿ⁴⁴]

"恶奢⁼"的迥个，[ŋo²¹⁴ se³³⁴ ti⁰ lie³⁵ kɤ⁰] 恶奢⁼：用力，使劲

迥个"恶"是个"恶奢⁼"的"恶"。[lie³⁵ kɤ⁰ ŋo²¹⁴ sɿ⁴⁵⁵ kɤ⁰ ŋo²¹⁴ se³³⁴ ti⁰ ŋo²¹⁴]

诶，"恶狠狠"的迥个"恶"的迥个意思。[e⁴¹, ŋo²¹⁴ xen⁴¹ xen⁴¹ ti⁰ lie³⁵ kɤ⁰ ŋo²¹⁴ ti⁰ lie³⁵ kɤ⁰ i³⁵ sɿ⁰]

所以后来啊，[so⁴¹ i⁴¹ xou⁴⁵⁵ lai²¹² a⁰]

只要是他的娘曰他的时候，[tsɿ²¹² iao³⁵ sɿ⁴⁵⁵ tʰa³³⁴ ti⁰ liaŋ²¹² ʐuæ³³⁴ tʰa³³⁴ ti⁰ sɿ²¹² xou⁰]

他就把迥个天上啊，[tʰa³³⁴ tsou⁴⁵⁵ pa⁴¹ lie³⁵ kɤ⁰ tʰian³³⁴ saŋ⁰ a⁰]

搞迥个云头哦，[kao⁴¹ lie³⁵ kɤ⁰ ʐuen²¹² tʰou⁰ o⁰]

满在里翻滚呐。[man⁴¹ tai⁴⁵⁵ li⁴¹ fan³³⁴ kuen⁴¹ la⁰] 满在里：到处

把迥个地下迥个风呢，[pa⁴¹ lie³⁵ kɤ⁰ ti⁴⁵⁵ xa⁰ lie³⁵ kɤ⁰ foŋ³³⁴ lie⁰]

刮得呜呜直叫，[kua²¹² te⁰ u³³⁴ u⁰ tsɿ²¹² tɕiao³⁵]

又是打雷，[iou⁴⁵⁵ sɿ⁰ ta⁴¹ li²¹²]

又是扯霍的。[iou⁴⁵⁵ sɿ⁰ tsʰe⁴¹ xo²¹⁴ ti⁰] 扯霍：闪电

迥样过了好多年呐，[lie³⁵ iã⁰ ko³⁵ liao⁰ xao⁴¹ to³³⁴ lian²¹² la⁰]

就有一年呢，[tsou⁴⁵⁵ iou⁴¹ i²¹⁴ lian²¹² lie⁰]

迥个天干，[lɤ³⁵ kɤ⁰ tʰian³³⁴ kan³³⁴]

干得连蛤蟆喝的水都冇得。[kan³³⁴ te⁰ lian²¹² kʰe²¹⁴ ma⁰ xo³³⁴ ti⁰ ʂuei⁴¹ tou³³⁴ mao⁴⁵⁵ te²¹⁴]

迥个庄稼啰，[lie⁴⁵⁵ kɤ⁰ tʂuaŋ³³⁴ tɕia⁰ lɔ⁰]

都干蔫了。[tou³³⁴ kan³³⁴ ian³³⁴ liao⁰]

迥个小龙的娘啊，[lie³⁵ kɤ⁰ ɕiao⁴¹ loŋ²¹² ti⁰ liaŋ²¹² a⁰]

她就，看倒乡亲们呐，[tʰa³³⁴ tsou³³⁴, kʰan³⁵ tao⁰ ɕiaŋ³³⁴ tɕʰin³³⁴ men⁰ la⁰]

迥，又饿呐，[lie⁴⁵⁵, iou⁴⁵⁵ ŋo⁴⁴ lɛ⁰]

又病呐，[iou⁴⁵⁵ pin⁴⁴ lɛ⁰]

她就想呐，[tʰa³³⁴ tsou⁴⁵⁵ ɕiaŋ⁴¹ la⁰]

我能不能把我的迥个龙哦，[ŋo⁴¹ len²¹² pu⁰ len²¹² pa⁴¹ ŋo⁴¹ ti⁰ lie³⁵ kɤ⁰ loŋ²¹² o⁰]

把他曰下子哦，[pa⁴¹ tʰa³³⁴ ʐuæ³³⁴ xa⁴⁵⁵ tsɿ⁰ o⁰]

叫他，[tɕiao³⁵ tʰa²³]

叫他在天上求点雨下来呢，[tɕiao⁴⁵⁵ tʰa²³ tai⁴⁵⁵ tʰian³³⁴ saŋ⁰ tɕʰiou²¹² tie⁴¹ ʐu⁴¹ ɕia⁴⁵⁵ lai²¹²lie⁰]

伢，救救乡亲们呐，[lie³⁵，tɕiou⁴⁵⁵tɕiou⁰ɕiaŋ³³⁴tɕʰin⁰men⁰lɛ⁰]

她伢一想呢，[tʰa³³⁴lie³⁵i²¹²ɕiaŋ⁴¹lie⁰]

就朝伢个天上呐，[tsou⁴⁵⁵tsʰao²¹²lie³⁵kɤ⁰tʰian³³⁴saŋ⁰la⁰]

伢，朝伢个天上呢，[lie⁴⁵⁵，tsʰao²¹²lie³⁵kɤ⁰tʰian³³⁴saŋ⁰lie⁰]

扯倒个喉咙就曰了几声：[tsʰe²¹⁴tao⁰kɤ⁰xou²¹²loŋ⁰tsou⁴⁵⁵ʐu̯æ³³⁴ɐ⁰tɕi⁴¹sen³³⁴]

"龙哦，龙哦，[loŋ²¹²ŋo⁰，loŋ²¹²ŋo⁰]

你下点雨下来呀，[li⁴⁴ɕia⁴⁴tiɛ⁴¹ʐu̯⁴¹ɕia⁴⁵⁵lai²¹²ia⁰]

救救乡亲们嘞。"[tɕiou⁴⁵⁵tɕiou⁰ɕiaŋ³³⁴tɕʰin⁰men⁰le⁰]

呃，冇得一下呐，[ɤ²¹⁴，mao⁴⁵⁵te⁰i²¹²xa⁴⁵⁵la⁰]

只看倒伢个天上嘞，[tsʅ²¹²kʰan³⁵tao⁰lie³⁵kɤ⁰tʰian³³⁴saŋ⁰lɤ⁰]

伢个雨，[lie³⁵kɤ⁰ʐu̯⁴¹]

伢个云头呃，[lie³⁵kɤ⁰ʐu̯en²¹²tʰou²¹²ɤ⁰]

翻滚嘞，[fan³³⁴kuen⁴¹lɤ⁰]

再，地下伢个风又是起得，[tsai³⁵，ti⁴⁵⁵xa⁰lie³⁵kɤ⁰foŋ³³⁴iou⁴⁵⁵sʅ⁰tɕʰi⁴¹te⁰]

刮得呜呜直叫，[kua²¹²te⁰u³³⁴u⁰tsʅ²¹²tɕiao³⁵]

又是打雷，[iou⁴⁵⁵sʅ⁰ta⁴¹li²¹²]

又是扯霍的，[iou⁴⁵⁵sʅ⁰tsʰe⁴¹xo²¹⁴ti⁰]

伢个小龙哩，[lɤ⁴⁵⁵kɤ⁰ɕiao⁴¹loŋ²¹²li⁰]

只看到伢个小龙啊，[tsʅ²¹²kʰan³⁵tao⁰lɤ³⁵kɤ⁰ɕiao⁴¹loŋ²¹²a⁰]

他伢个身上就驮倒观世音菩萨在，[tʰa³³⁴lɤ³⁵kɤ⁰sen³³⁴saŋ⁰tsou⁴⁵⁵tʰo²¹⁴tao⁰kuan³³⁴sʅ³⁵in³³⁴pʰu²¹²sa⁰tai⁰]

观世音的个手上就拿了一个紫金壶，[kuan³³⁴sʅ³⁵in³³⁴ti⁰kɤ⁰sou⁴¹saŋ⁰tsou⁴⁵⁵la²¹²la⁰i²¹²kɤ⁰tsʅ⁴¹tɕin⁰xu²¹²]

她把个紫金壶朝伢个地下伢一倒，[tʰa³³⁴pa⁴¹kɤ⁰tsʅ⁴¹tɕin³³⁴xu²¹²tsʰao²¹²lie³⁵kɤ⁰ti⁴⁵⁵xa⁰lie³⁵i²¹²tao³⁵]

就倒出了几滴甘露，[tsou⁴⁵⁵tao³⁵tsʰu̯²¹²ɐ⁰tɕi⁴¹ti⁰kan³³⁴lou⁴⁵⁵]

伢个甘露呃，[lɤ⁴⁵⁵kɤ⁰kan³³⁴lu⁴⁵⁵ɤ⁰]

一倒出来呃，[i²¹²tao³⁵tʂʰu̯²¹²lai⁰ɤ⁰]

马上就变成了那么大的雨，[ma⁴¹saŋ⁰tsou⁴⁵⁵pian⁴⁵⁵tsʰen²¹²liao⁰la⁴⁵⁵mə⁰ta⁴⁵⁵ti⁰ʐu̯⁴¹]

就倒嘞，[tɕiou⁴⁵⁵tao⁰lɤ⁰]就倒：接着，于是

伢个地里呃，[lɤ³⁵kɤ⁰ti⁴⁵⁵li⁰ɤ⁰]

都润湿了，［tou³³⁴ ʐuen⁴⁵⁵ sʅ²¹⁴ ɤ⁰］

都润透了。［tou³³⁴ ʐuen⁴⁵⁵ tʰou³⁵ ɤ⁰］

迾个庄稼呐，［lie³⁵ kɤ⁰ tsɥaŋ³³⁴ tɕia⁰ la⁰］

就倒就转了青，［tɕiou⁴⁵⁵ tao⁰ tsou⁴⁵⁵ tsɥan⁴¹ ɤ⁰ tɕʰin³³⁴］

就活了。［tsou⁴⁵⁵ xo²¹² ao⁰］

人跟畜生嘞，［ʐen²¹² ken³³⁴ tsʰou²¹⁴ sen⁰ lɤ⁰］

都，迾个病都，都好了。［tou³³⁴，lie⁴⁵⁵ kɤ⁰ pin⁴⁵⁵ tou³³⁴，tou³³⁴ xao⁴¹ iao⁰］

迾一年呢，［lie³⁵ i²¹² lian²¹² lie⁰］

庄稼啊，［tsʐuaŋ³³⁴ tɕia⁰ a⁰］

种田人的迾个庄稼呢，［tsoŋ³⁵ tʰian²¹² zen²¹² ti⁰ lie³⁵ kɤ⁰ tsɥaŋ³³⁴ tɕia⁰ lie⁰］

也丰收了。［ie⁴¹ foŋ³³⁴ sou³³⁴ ao⁰］

所以到过年的时候呢，［so⁴¹ i⁰ tao³⁵ ko³⁵ lian²¹² ti⁰ sʅ²¹² xou⁰ lie⁰］

乡亲们都过了一个玉⁼弄⁼的年。［ɕiaŋ³³⁴ tɕʰin⁰ men⁰ tou³³⁴ ko³⁵ liao⁰ i²¹² kɤ³⁵ zu³⁵ loŋ⁰ ti⁰ lian²¹²］玉⁼弄⁼：快乐

后来呢，［xou⁴⁵⁵ lai²¹² lie⁰］

乡亲们就为了纪念小龙啊，［ɕiaŋ³³⁴ tɕʰin⁰ men⁰ tsou⁴⁵⁵ uei⁴⁵⁵ a⁰ tɕi⁴¹ lian⁰ ɕiao⁴¹ loŋ²¹² a⁰］

为了纪念小龙跟乡亲们下了迾场及时雨，［uei⁴⁵⁵ a⁰ tɕi⁴¹ lian⁰ ɕiao⁴¹ loŋ²¹² ken³³⁴ ɕiaŋ³³⁴ tɕʰin⁰ men⁰ ɕia⁴⁵⁵ liao⁰ lie⁴⁵⁵ tsʰaŋ⁰ tɕi²¹⁴ sʅ²¹² zu⁴¹］

就把迾个翠岭山，［tsou⁴⁵⁵ pa⁴¹ lie³⁵ kɤ⁰ tsʰei³⁵ lin⁴¹ san³³⁴］

就把他叫甘露山。［tsou⁴⁵⁵ pa⁴¹ tʰa³³⁴ tɕiao³⁵ kan³³⁴ lou⁴⁵⁵ san²³］

也有人把他叫甘露呈祥。［ie⁴¹ iou⁴¹ ʐen²¹² pa⁴¹ tʰa³³⁴ tɕiao³⁵ kan³³⁴ lou⁴⁵⁵ tsʰen²¹² tɕʰiaŋ²¹²］

意译：在离黄陂县城东边十里远的地方，有一座小山，小山名叫甘露山。甘露山的名字是怎么得来的呢？这里面还有一段传奇的神话故事。南朝陈武帝时，这座山的名字叫翠岭。山上住着一对夫妻，男人在外种田，女人在家纺纱织布，夫妻俩日子过得很愉快。过了没多久，女人就怀孕了。孩子快出生的时候，两个人还在猜：会生个男孩还是女孩呢？俗话说，肚子里的东西猜不透。孩子生下来以后，非儿非女；是什么呢？是条活蹦乱跳的小龙。男人把小龙当成怪物，从门背后拿出一把铁锹，对着小龙砍过去，把小龙的尾巴整整齐齐地砍掉了。小龙惨叫了一声，在地上一滚，一下子冲到云里去了。妈妈在地上哭天喊地。俗话说，孩子是娘身上掉下来的一块肉，她怎么会不心痛？所以她在地下不停地哭。小龙在天上看到他妈妈一直哭泣，将云扒开一条缝，对妈妈说："娘，别难过，你要是想我，你就喊一喊我，我就会回来看您两老的。"妈妈怕小龙惹恼父亲，就说：

"你莫回,当心你回来被你爹把你打死了。"她跟小龙不停说:"你莫回。"小龙把"莫回"听成了"恶回",以为是"恶狠狠"的意思。后来,他娘叫他的时候,他就把天空弄得乌云密布,狂风乱作,打雷闪电。有一年,碰上了天旱,干得连蛤蟆喝的水都没有,庄稼都干枯了。小龙的妈妈看见乡亲们又饿又病。她想,我能不能叫一下小龙,让他在天上求一下雨,救救乡亲们呢?于是,她朝着天空放开喉咙喊:"龙啊,龙啊,你下点儿雨救救乡亲们吧。"顷刻之间,天上乌云密布,地上刮起大风,开始打雷闪电,只见小龙驮着观世音菩萨,观世音的手上拿着一个紫金壶,她把紫金壶往地上一倒,洒下几滴甘露,甘露立即变成了大雨,土地得到了滋润。庄稼也转青复活了。乡亲们的病也好了。这一年得到了丰收。乡亲们终于过了一个愉快的年。后来乡亲们为了纪念小龙的这场及时雨,就把翠岭山改叫甘露山。也有人把这个故事叫甘露呈祥。

0023 其他故事

我正昝要跟大家讲一个鲁班发明墨斗的迾个故事。[ŋo^{43} tsen^{35} tsan^{41} iao^{35} ken^{23} ta^{455} tɕia^{0} tɕiaŋ^{41} i^{212} kɤ^{35} lou^{41} pan^{334} fa^{214} min^{212} mæ^{214} tou^{0} ti^{0} lie^{35} kɤ^{0} ku^{35} sʅ^{35}] 正昝:现在。迾:指示代词,近指读lie^{35},中指一般读lie^{455}、lɤ^{455}

说起鲁班呐,[ʂuæ^{214} tɕʰi^{41} lou^{41} pan^{334} la^{0}]

大家都是家喻户晓的。[ta^{455} tɕia^{0} tou^{334} sʅ^{0} tɕia^{334} zʮ^{35} xu^{35} ɕiao^{41} ti^{0}]

鲁班他聪明过人。[lou^{41} pan^{334} tʰa^{334} tsʰoŋ^{334} min^{0} ko^{35} zen^{212}]

他的手艺啊,[tʰa^{334} ti^{0} sou^{41} i^{0} a^{0}]

他的个木工手艺是那么的精通。[tʰa^{334} ti^{0} kɤ^{0} moŋ^{214} koŋ^{334} sou^{41} i^{0} sʅ^{455} la^{455} mɤ^{0} ti^{0} tɕin^{334} tʰoŋ^{334}]

他也发明制作了不少的迾个木工的工具,[tʰa^{334} ie^{41} fa^{214} min^{212} tsʅ^{35} tso^{212} iao^{0} pu^{214} sao^{41} ti^{0} lie^{35} kɤ^{0} moŋ^{214} koŋ^{334} ti^{0} koŋ^{334} tsʮ^{455}]

比方说,[pi^{41} faŋ^{334} ʂuæ^{214}]

迾个锯子,刨子,[lie^{455} kɤ^{0} tsʮ^{35} tsʮ^{0}, pao^{455} tsʮ^{0}]

都是他发明的。[tou^{334} sʅ^{455} tʰa^{334} fa^{214} min^{212} ti^{0}]

迾里头的迾个墨斗儿呢,[lie^{455} li^{41} tʰou^{0} ti^{0} lie^{35} kɤ^{0} mæ^{214} tuɻ^{41} lie^{0}]

墨斗的发明也有他的娘的一份功劳。[mæ^{214} tou^{41} ti^{0} fa^{214} min^{212} ie^{41} iou^{41} tʰa^{334} ti^{0} liaŋ^{212} ti^{0} i^{212} fen^{35} koŋ^{334} lao^{212}]

就是有一天呢,[tsou^{455} sʅ^{0} iou^{41} i^{214} tʰian^{334} lie^{0}]

迾个鲁班就要在一个一丈多长的个木料上面弹线。[lɤ^{35} kɤ^{0} lou^{41} pan^{334} tsou^{455} iao^{44} tai^{455} i^{212} kɤ^{35} i^{212} tsaŋ^{455} to^{334} tsʰaŋ^{212} ti^{0} kɤ^{0} moŋ^{212} liao^{455} saŋ^{455} mian^{44} tʰan^{212} ɕian^{35}]

他就把他的娘就叫来过来帮忙。[tʰa³³⁴ tsou⁴⁵⁵ pa⁴¹ tʰa³³⁴ ti⁰ liaŋ²¹² tsou⁴⁵⁵ tɕiao³⁵ lai²¹² ko³⁵ lai²¹² paŋ³³⁴ mã²¹²]

因为迩个木料，[in³³⁴ uei²¹² lie³⁵ kɤ⁰ moŋ²¹² liao⁴⁵⁵]

有迩么长啊，[iou⁴¹ lie⁴⁵⁵ mɤ⁰ tsʰaŋ²¹² a⁰]

他一个人又不好做事。[tʰa³³⁴ i²¹² ko⁰ zen²¹² iou⁴⁵⁵ pu²¹² xao⁴¹ tsou³⁵ sɿ⁴⁵⁵]

他的娘的呢，[tʰa³³⁴ ti⁰ liaŋ²¹² lie⁰]

就把迩个线就跟他牵出来了一头儿了，[tsou⁴⁵⁵ pa⁴¹ lie³⁵ kɤ⁰ ɕian³⁵ tsou⁴⁵⁵ ken³³⁴ tʰa⁰ tɕʰian³³⁴ tʂʰʅ²¹⁴ lai²¹² a⁰ i²¹⁴ tʰɯ²¹² a⁰]

就把它安到个木料的迩个一头上面去了，[tsou⁴⁵⁵ pa⁴¹ tʰa³³⁴ ŋan³³⁴ tao⁰ kɤ⁰ moŋ²¹² liao⁴⁵⁵ ti⁰ lie³⁵ kɤ⁰ i²¹⁴ tʰɯ²¹² saŋ⁴⁵⁵ mian⁴⁵⁵ tɕʰi³⁵ a⁰]

她做了个记号迩以后，[tʰa³³⁴ tsou³⁵ liao⁰ kɤ⁰ tɕi³⁵ xao⁴⁵⁵ lie⁴⁵⁵ i⁴¹ xou⁰]

鲁班就在另外一头，[lou⁴¹ pan³³⁴ tsou⁴⁵⁵ tsai⁴⁵⁵ lin⁴⁵⁵ uai⁰ i²¹⁴ tʰou²¹²]

就把迩个线按倒。[tsou⁴⁵⁵ pa⁴¹ lie³⁵ kɤ⁰ ɕian³⁵ ŋan³⁵ tao⁰]

也是在迩个记号里面，[ie⁴¹ sɿ⁰ tai⁴⁵⁵ lie³⁵ kɤ⁰ tɕi³⁵ xao⁴⁵⁵ li⁴¹ mian⁰]

放到迩个记号里面就把它按倒。[faŋ³⁵ tao⁰ lie³⁵ kɤ⁰ tɕi³⁵ xao⁴⁵⁵ li⁴¹ mian⁰ tsou⁴⁵⁵ pa⁴¹ tʰa³³⁴ ŋan³⁵ tao⁰]

再，再准备再下一步的做事啊，[tsai³⁵，tsai³⁵ tʂuen⁴¹ pei⁴⁵⁵ tsai³⁵ ɕia⁴⁵⁵ i²¹² pu⁰ ti⁰ tsou³⁵ sɿ⁴⁵⁵ a⁰]

就准备弹线。[tsou³⁵ tʂuen⁴¹ pei⁰ tʰan²¹² ɕian³⁵]

迩时候呢，[lie³⁵ sɿ²¹² xou⁰ lie⁰]

他迩个炉子高头就烧开水在，[tʰa³³⁴ lie⁴⁵⁵ kɤ⁰ lou²¹² tsɿ⁰ kao³³⁴ tʰou⁰ tsou⁴⁵⁵ sao³³⁴ kʰai³³⁴ ʂuei⁴¹ tai⁰] 高头：上面

迩个开水就已经烧开了。[lie⁴⁵⁵ kɤ⁰ kʰai³³⁴ ʂuei⁴¹ tsou⁴⁵⁵ i⁴¹ tɕin⁰ sao³³⁴ kʰai³³⁴ iao⁰]

他的娘就看倒，[tʰa³³⁴ ti⁰ liaŋ²¹² tsou⁴⁵⁵ kʰan³⁵ tao⁰]

迩是他的娘的吵。[lie³⁵ sɿ⁰ tʰa³³⁴ ti⁰ liaŋ²¹² ti⁰ sɛ⁰]

他的娘就准备去，[tʰa³³⁴ ti⁰ liaŋ²¹² tsou⁴⁵⁵ tʂuen⁴¹ pei⁴⁵⁵ tɕʰi³⁵]

他的娘就先，[tʰa³³⁴ ti⁰ liaŋ²¹² tsou⁴⁵⁵ ɕian³³⁴]

想就把迩个开水去提了下。[ɕiaŋ⁴¹ tsou⁴⁵⁵ pa⁴¹ lie³⁵ kɤ⁰ kʰai³³⁴ ʂuei⁴¹ tɕʰi³⁵ tʰi²¹² a⁰ xa⁰]

但是又不能松手啊，[tan⁴⁵⁵ sɿ⁰ iou⁴⁵⁵ pu²¹⁴ len²¹² soŋ³³⁴ sou⁴¹ a⁰]

又不能把个开水让它去尽烧。[iou⁴⁵⁵ pu²¹⁴ len²¹² pa⁴¹ kɤ⁰ kʰai³³⁴ ʂuei⁴¹ zuaŋ⁴⁵⁵ tʰa³³⁴ tɕʰi³⁵ tɕin⁴¹ sao³³⁴] 尽：一直，不停

那么昝，[la⁴⁵⁵ mə⁰ tsɔ⁰] 那么昝：万一，说不准

我是再烧一下，[ŋo⁴¹ sɿ⁰ tsai³⁵ sao³³⁴ i²¹⁴ xa⁰]

把迗个水还烧[干了]的。[pa⁴¹ lie³⁵ kɤ⁰ ʂuei⁴¹ xai²¹² sao³³⁴ kɛ³³⁴ ti⁰]

鲁班的娘呢，[lou⁴¹ pan³³⁴ ti⁰ liaŋ²¹² lie⁰]

她就想呃，[tʰa³³⁴ tsou⁴⁵⁵ ɕiaŋ⁴¹ ɤ⁰]

我身上带了一个做衣裳的迗个针呐，[ŋo⁴¹ sen³³⁴ saŋ⁰ tai⁴⁵⁵ a⁰ i²¹² kɤ³⁵ tsou³⁵ i³³⁴ saŋ⁰ ti⁰ lie⁴⁵⁵ kɤ⁰ tsen³³⁴ lɛ⁰]

她就把个，[tʰa³³⁴ tsou⁴⁵⁵ pa⁴⁵⁵ kɤ⁰]

把迗个做衣裳的迗个针就拿出来，[pa⁴¹ lie⁴⁵⁵ kɤ⁰ tsou³⁵ i²¹⁴ saŋ⁰ ti⁰ lie⁴⁵⁵ kɤ⁰ tsen³³⁴ tsou⁴⁵⁵ la²¹² tʂʰu²¹⁴ lai²¹²]

把迗个墨线的迗个一头就穿在迗个针的迗个眼里面去，[pa⁴¹ lie⁴⁵⁵ kɤ⁰ mæ²¹⁴ ɕian³⁵ ti⁰ lɤ⁴⁵⁵ kɤ⁰ i²¹⁴ tʰou²¹² tsou⁴⁵⁵ tʂʰuan³³⁴ tai⁰ lie³⁵ kɤ⁰ tsen³³⁴ ti⁰ lie³⁵ kɤ⁰ ian⁴¹ li⁰ mian⁴⁵⁵ tɕʰi³⁵]

她就再把迗个线固定好了，[tʰa³³⁴ tsou⁴⁵⁵ tsai³⁵ pa⁴¹ lie³⁵ kɤ⁰ ɕian³⁵ ku⁴⁵⁵ tin⁰ xao⁴¹ ɤ⁰]

再又把迗个针就又固定在迗个，[tsai³⁵ iou⁴⁵⁵ pa⁴¹ lie⁴⁵⁵ kɤ⁰ tsen³³⁴ tsou⁴⁵⁵ iou⁴⁵⁵ ku⁴⁵⁵ tin⁰ tai⁰ lie⁴⁵⁵ kɤ⁰]

迗个木头的迗一方面。[lie⁴⁵⁵ kɤ⁰ moŋ²¹⁴ tʰou⁰ ti⁰ lie⁰ i²¹⁴ faŋ³³⁴ mian⁰]

她就把迗固定好，[tʰa³³⁴ tsou⁴⁵⁵ pa⁴¹ lie³⁵ ku⁴⁵⁵ tin⁰ xao⁴¹]

她迗样就可以腾出手来，[tʰa³³⁴ lie⁴⁵⁵ iaŋ³⁵ tsou⁴⁵⁵ kʰo⁴¹ i⁰ tʰen²¹² tʂʰu²¹⁴ sou⁴¹ lai⁰]

她再去做她的事，[tʰa³³⁴ tsai³⁵ tɕʰi³⁵ tsou³⁵ tʰa³³⁴ ti⁰ sɿ⁴⁵⁵]

去泡开水，[tɕʰi³⁵ pʰao⁴⁵⁵ kʰai³³⁴ ʂuei⁴¹] 泡开水：将开水倒入开水瓶

诶，迗个事哩，[e⁴¹, lie⁴⁵⁵ kɤ⁰ sɿ⁴⁵⁵ li⁰]

就，就完成了。[tsou⁴⁵⁵, tsou⁴⁵⁵ uan²¹² tsʰen²¹² liao⁰]

迗个鲁班呢，[lɤ³⁵ kɤ⁰ lou⁴¹ pan³³⁴ lie⁰]

看到他的娘先迗样把迗个针固定在，[kʰan³⁵ tao⁰ tʰa³³⁴ ti⁰ liaŋ²¹² ɕian³³⁴ lie⁴⁵⁵ iaŋ⁴⁴ pa⁴¹ lɤ⁴⁵⁵ kɤ⁰ tsen³³⁴ ku⁴⁵⁵ tin⁰ tai⁰]

固定在迗一头呢，[ku⁴⁵⁵ tin⁰ tai⁰ lie⁴⁵⁵ i²¹² tʰou²¹² lie⁰]

他就受了启发，[tʰa³³⁴ tsou⁴⁵⁵ sou⁴⁵⁵ liao⁰ tɕʰi⁴¹ fa²¹⁴]

他是就，[tʰa³³⁴ sɿ⁰ tsou⁴⁵⁵]

他就发明了一个墨斗。[tʰa³³⁴ tsou⁴⁵⁵ fa²¹⁴ min²¹² liao⁰ i²¹² kɤ⁰ mæ²¹⁴ tou⁴¹]

他就把迗个做一个能够收，[tʰa³³⁴ tsou⁴⁵⁵ pa⁴¹ lie³⁵ kɤ⁰ tsou³⁵ i²¹² kɤ³⁵ len²¹² kou³⁵ sou²³]

能够收线又能够放线的个手摇的个盒子。[len²¹² kou³⁵ sou³³⁴ ɕian³⁵ iou⁴⁵⁵ len²¹² kou³⁵ faŋ³⁵ ɕian³⁵ ti⁰ kɤ⁰ sou⁴¹ iao²¹² ti⁰ kɤ⁰ xo²¹² tsɿ]

他就把个手摇的个盒子的另一头，[tʰa³³⁴ tsou⁴⁵⁵ pa⁴¹ kɤ⁰ sou⁴¹ iao²¹² ti⁰ kɤ⁰ xo²¹² tsɿ⁰ ti⁰lin⁴⁵⁵i²¹²tʰou²¹²]

迯个线的迯块，[lie³⁵kɤ⁰ɕian³⁵ti⁰lie³⁵kʰuai⁴¹]迯块：这个地方

他就系一个有木把的个锥子，[tʰa³³⁴tsou⁴⁵⁵tɕi⁴⁵⁵i²¹²kɤ³⁵iou⁴¹moŋ²¹²pa³⁵ti⁰kɤ⁰tʂʯei³³⁴tsɿ⁰]

他就把迯个线就系到迯个木把锥子高头去，[tʰa³³⁴tsou⁴⁵⁵pa⁴¹lie³⁵kɤ⁰ɕian³⁵tsou⁴⁵⁵tɕi⁴⁵⁵tao⁰lie³⁵kɤ⁰moŋ²¹²pa³⁵kao³³⁴tʰou⁰tɕʰi³⁵]

迯样呢，[lie³⁵iaŋ⁴⁵⁵lie⁰]

再弹线的时候，[tsai³⁵tʰan²¹²ɕian³⁵ti⁰sɿ²¹²xou⁰]

就把迯个锥子就一下子钉在迯个，[tsou⁴⁵⁵pa⁴¹lie³⁵kɤ⁰tʂʯei³³⁴tsɿ⁰tsou⁴⁵⁵i²¹²xa⁴⁵⁵tsɿ⁰tin³⁵tai⁰lie³⁵kɤ⁰]

迯个弹线的迯个部位，[lie³⁵kɤ⁰tʰan²¹²ɕian³⁵ti⁰lie³⁵kɤ⁰pu⁴⁵⁵uei⁰]

所以他迯就，[so⁴¹i⁴¹tʰa³³⁴lie⁴⁵⁵tsou⁴⁵⁵]

他就可以一个人来完成迯个事情，[tʰa³³⁴tsou⁴⁵⁵kʰo⁴¹i⁴¹i²¹²ko³⁵ʐen²¹²lai²¹²uan²¹²tsʰen²¹²lie⁴⁵⁵kɤ⁰sɿ⁴⁵⁵tɕʰin²¹²]

诶，他就可以一个人来完成迯个事情。[e⁴¹，tʰa³³⁴tsou⁴⁵⁵kʰo⁴¹i⁴¹i²¹²ko³⁵ʐen²¹²lai²¹²uan²¹²tsʰen²¹²lie⁴⁵⁵kɤ⁰sɿ⁴⁵⁵tɕʰin²¹²]

就不要另外去叫一个人来帮忙儿。[tɕiou⁴⁵⁵pu²¹²iao³⁵lin⁴⁵⁵uai⁰tɕʰi³⁵tɕiao³⁵i²¹²kɤ³⁵ʐen²¹²lai²¹²paŋ³³⁴mã²¹²]

所以呢，[so⁴¹i⁴¹lie⁰]

迯个小墨斗呢，就一下发明成功了。[lie³⁵kɤ⁰ɕiao⁴¹mæ²¹⁴tou⁴¹lie⁰，tsou⁴⁵⁵i²¹²xa⁰fa²¹⁴min²¹²tsʰen²¹²koŋ³³⁴ao⁰]

迯个小墨斗的发明呐，[lie³⁵kɤ⁰ɕiao⁴¹mæ²¹⁴tou⁴¹ti⁰fa²¹⁴min⁰la⁰]

所以说，[so⁴¹i⁴¹ʂʯæ²¹⁴]

是受鲁班的妈的影响，[sɿ⁴⁵⁵sou⁴⁵⁵lou⁴¹pan³³⁴ti⁰ma³³⁴ti⁰in⁴¹ɕiaŋ⁰]

迯样发明过来的。[lie³⁵iaŋ⁴⁵⁵fa²¹⁴min⁰ko³⁵lai²¹²ti⁰]

就，后来，[tsou⁴⁵⁵，xou⁴⁵⁵lai²¹²]

人家就把迯个墨斗儿迯个迯一头儿迯个木把锥子，[ʐen²¹²ka⁰tsou⁴⁵⁵pa⁴¹lie⁴⁵⁵kɤ⁰mæ²¹⁴tuu⁴¹lie⁴⁵⁵kɤ⁰lie⁴⁵⁵i²¹²tʰu²¹²lie³⁵kɤ⁰moŋ²¹²pa³⁵tʂʯei³³⁴tsɿ⁰]

就叫了一个蛮好听的名字。[tsou⁴⁵⁵tɕiao³⁵liao⁰i²¹²kɤ³⁵man²¹²xao⁴¹tʰin³⁵ti⁰min²¹²tsɿ⁰]

把它叫母志高，[pa⁴¹tʰa³³⁴tɕiao³⁵moŋ⁴¹tsɿ⁴⁵⁵kao²³]

又把它叫班母。[iou⁴⁵⁵pa⁴¹tʰa³³⁴tɕiao³⁵pan³³⁴moŋ⁴¹]

意译：我现在跟大家讲一个鲁班发明墨斗的故事。鲁班是家喻户晓的名人。

他聪明过人，木工手艺极其高超，他发明了很多木工工具，比如锯子、刨子。鲁班还发明了墨斗，这其中有他母亲的一份功劳。有一天，鲁班要在一个一丈多长的木料上弹线，于是他喊母亲跟他帮忙，因为这个木头太长了，他一个人拉不了线。他母亲牵着线的一头，放到木头的一端，做上记号；鲁班在另一头按住线，也做好记号，这样就可以弹线了。这时候炉子上的水烧开了，但她既不能松手又担心水烧干了。鲁班的母亲想起身上有一根针，于是拿出针来，把线穿进针眼，把针固定在木头的一端。这样线也固定了，她也可以去提开水，两全其美。鲁班看见母亲用针固定墨线，受到启发，于是发明了墨斗。他把墨斗做成了一个能够收线又能够放线的手摇盒子，其中线的一端系上一个带木柄的锥子，用锥子固定墨线，这样就可以一个人来完成弹线工作。于是墨斗就这样发明了。所以说，鲁班发明墨斗是受了母亲的启发。后来人们就把墨斗上的木锥起名叫母志高，也叫班母。

0024 其他故事

嗯，我在迾里啊，[en⁰，ŋo⁴⁴tai⁴⁴lie³⁵li⁰a⁰]迾：指示代词，近指读lie³⁵，中指一般读lie⁴⁵⁵、lɤ⁴⁵⁵

就来讲一个关于碾子岗的由来的故事。[tsou⁴⁵⁵lai²¹²tɕiaŋ⁴¹i²¹²kɤ³⁵kuan³³⁴ʐʅ²¹²lian⁴¹tsʅ⁰kaŋ³⁵ti⁰iou²¹²lai²¹²ti⁰ku³⁵sʅ³⁵]

迾个，关于碾子岗的由来呢，[lie³⁵kɤ⁰，kuan³³⁴ʐʅ²¹²lian⁴¹tsʅ⁰kaŋ³⁵ti⁰iou²¹²lai²¹²lie⁰]

有几种说法。[iou⁴¹tɕi⁴¹tsoŋ⁴¹ʂuæ²¹²fa²¹⁴]

今朝呢，[tsen³³⁴tsao³³⁴lie⁰]今朝：今天

只说其中的一种。[tsʅ²¹²ʂuæ²¹⁴tɕʰi²¹²tsoŋ³³⁴ti⁰i²¹⁴tsoŋ⁴¹]

碾子岗坐落在黄陂区的北面，[lian⁴¹tsʅ⁰kaŋ³⁵tso⁴⁵⁵lo²¹²tsai⁰xuaŋ²¹²pʰi²¹²tʂʰʅ³³⁴ti⁰pæ²¹²mian⁴⁵⁵]

现在属于长岭街。[ɕian⁴⁵⁵tsai⁰sou²¹²ʐʅ⁴¹tsʰaŋ²¹²lin⁴¹kai³³⁴]

迾个，据说呐，[lie⁴⁵⁵kɤ⁰，tsʅ⁴⁵⁵ʂuæ²¹⁴la⁰]

在包公，迾个当开封府的时、[tai⁴⁵⁵pao³³⁴koŋ⁰，lie⁴⁵⁵kɤ⁰taŋ³³⁴kʰai³³⁴foŋ³³⁴fu⁴¹ti⁰sʅ²¹²]

坐镇开封府的时候啊，[tso⁴⁵⁵tsen³⁵kʰai³³⁴foŋ³³⁴fu⁴¹ti⁰sʅ²¹²xou⁰a⁰]

他用倒有一次，[tʰa³³⁴ioŋ⁴⁵⁵tao⁰iou⁴¹i²¹²tsʰʅ³⁵]用倒：发音人口头禅，类似"就是"

就是微服私访，[tsou⁴⁵⁵sʅ⁰uei²¹²fu²¹⁴sʅ³³⁴faŋ⁴¹]

微服私访到了，[uei²¹²fu²¹⁴sʅ³³⁴faŋ⁴¹tao³⁵ɤ⁰]

到了黄陂碾子岗迯个地方呢，[tao³⁵ao⁰xuaŋ²¹²pʰi²¹²lian⁴¹tsʅ⁰kaŋ³⁵lie⁴⁵⁵kɤ⁰ti⁴⁵⁵faŋ⁰lie⁰]

哈，听到一个老妇人呐，[xa⁰, tin³⁵tao⁰i²¹²kɤ⁰lao⁴¹fu³⁵zen²¹²la⁰]

就在屋里哭得非常地凄惨，[tsou⁴⁵⁵tai⁴⁵⁵u²¹⁴li⁰kʰu²¹²te⁰fei³³⁴saŋ²¹²ti⁰tɕʰi³³⁴tsʰan⁴¹]

他用倒就叫他的随行人呢，[tʰa³³⁴ioŋ⁴⁵⁵tao⁰tsou⁴⁵⁵tɕiao³⁵tʰa³³⁴ti⁰sei²¹²ɕin²¹²zen²¹²lie⁰]

就去查访一下。[tɕiou⁴⁵⁵tʂʰu̩³⁵tsʰa²¹²faŋ⁰i²¹²xa⁰]

结果用倒迯个随行人呐，[tɕie²¹⁴ko⁴¹ioŋ⁴⁵⁵tao⁰lie³⁵kɤ⁰sei²¹²ɕin²¹²zen²¹²la⁰]

就是寻声来到了迯个老妇人家里。[tsou⁴⁵⁵sʅ⁰ɕin²¹²sen³³⁴lai²¹²tao³⁵liao⁰lie³⁵kɤ⁰lao⁴¹fu³⁵zen²¹²tɕia³³⁴li⁰]

就是问迯老妇人，[tsou⁴⁵⁵sʅ⁰uen⁴⁵⁵lie⁴⁵⁵kɤ⁰lao⁴¹fu³⁵zen²¹²]

为么什哭得迯么凄惨。[uei⁴⁵⁵mo⁴¹sʅ⁰kʰu²¹²te⁰lie³⁵mo⁰tɕʰi³³⁴tsʰan⁴¹] 为么什：为什么

老妇人呢，[lao⁴¹fu³⁵zen²¹²lie⁰]

一直不愿意说。[i²¹⁴tsʅ²¹²pu²¹²zʮan³⁵i⁰ʂu̩æ²¹⁴]

最后用倒啊，[tsei³⁵xou⁴⁵⁵ioŋ⁴⁵⁵tao⁰a⁰]

他的随行人员就通过调查周围的用倒左邻右舍呐，[tʰa³³⁴ti⁰sei²¹²ɕin²¹²zʮan²¹²tsou⁴⁵⁵tʰoŋ³³⁴ko³⁵tiao⁴⁵⁵tsʰa²¹²tsou³³⁴uei²¹²ti⁰ioŋ⁴⁵⁵tao⁰tso⁴¹lin²¹²iou⁰se³⁵la⁰]

隔壁左右的一些邻居，[ke²¹²pi²¹⁴tso⁴¹iou⁴⁵⁵ti⁰i²¹⁴ɕie⁰lin²¹²tsʅ³³⁴]

才晓得老妇人的苦楚。[tsʰai²¹²ɕiao⁴¹tɤ⁰lao⁴¹fu³⁵zen²¹²ti⁰kʰu⁴¹tsʰou⁴¹]

原来啊，[zʮan²¹²lai²¹²a⁰]

老妇人有个儿子，[lao⁴¹fu³⁵zen²¹²iou⁴¹kɤ⁰ɯ²¹²tsʅ⁰]

叫狗伢。[tɕiao³⁵kou⁴¹ŋa²¹²]

以前呢，[i⁴¹tɕʰian²¹²lie⁰]

甚么叫狗啊，[sen³⁵mo⁰tɕiao³⁵kou⁴¹a⁰]

甚么那个的，[sen³⁵mo⁰la⁴⁵⁵kɤ⁰ti⁰]

都是看得比较艰贵的，[tou³³⁴sʅ⁴⁵⁵kʰan³⁵te⁰pi⁴¹tɕiao⁴¹kan³³⁴kuei³⁵ti⁰] 艰贵：珍贵

就是怕夭折了的，[tsou⁴⁵⁵sʅ⁰pʰa³⁵iao³³⁴tse²¹⁴liao⁴¹ti⁰]

所以叫狗伢。[so⁴¹i⁴¹tɕiao³⁵kou⁴¹ŋa²¹²]

从小哩，[tsʰoŋ²¹²ɕiao⁴¹li⁰]

就把他娇生惯养，[tsou⁴⁵⁵pa⁴¹tʰa³³⁴tɕiao³³⁴sen³³⁴kuan³⁵iaŋ⁴¹]

就养得有好多不好的习惯。[tsou⁴⁵⁵iaŋ⁴¹te⁰iou⁴¹xao⁴¹to³³⁴pu²¹⁴xao⁴¹ti⁰ɕi²¹²kuan³⁵]

好吃懒做，[xao³⁵tɕʰi²¹⁴lan⁴¹tsou³⁵]

偷鸡摸狗，[tʰou³³⁴tɕi³³⁴mo³³⁴kou⁴¹]

抹牌赌博，[ma²¹⁴pʰai²¹²tou⁴¹po²¹⁴] 抹牌：打牌

反正用倒好的冇得，[fan⁴¹tsen⁰ioŋ⁴⁵⁵tao⁰xao⁴¹ti⁰mao⁴⁵⁵te²¹²] 冇得：没有

都是败家子行为。[tou³³⁴sɿ⁴⁵⁵pai⁴⁵⁵tɕia³³⁴tsɿ⁰ɕin²¹²uei²¹²]

他的一个父亲呢，[tʰa³³⁴ti⁰i²¹²kɤ⁰fu⁴⁵⁵tɕʰin³³⁴lie⁰]

又早早地过世了。[iou⁴⁵⁵tsao⁴¹tsao⁴¹ti⁰ko³⁵sɿ³⁵ao⁰]

好不容易是他的老娘把他拉扯大。[xao⁴¹pu²¹⁴zoŋ²¹²i³⁵sɿ⁴⁵⁵tʰa³³⁴ti⁰lao⁴¹liaŋ²¹²pa⁴¹tʰa³³⁴la³³⁴tsʰe⁴¹ta⁴⁵⁵]

到他用倒成了人，[tao³⁵tʰa³³⁴ioŋ⁴⁵⁵tao⁰tsʰen²¹²liao⁰zen²¹²]

也不务正业。[ie⁴¹pu²¹²u⁴⁵⁵tsen³⁵lie²¹²]

就是满在里偷鸡摸狗，[tɕiou⁴⁵⁵sɿ⁰man⁴¹tai⁴⁵⁵li⁰tʰou³³⁴tɕi³³⁴mo³³⁴kou⁴¹] 满在里：到处

抹牌赌博，[ma²¹⁴pʰai²¹²tou⁴¹po²¹⁴]

把屋里的以前的一点家底哩，[pa⁴¹u²¹⁴li⁴¹ti⁰i⁴¹tɕian²¹²ti⁰i²¹⁴tie⁴¹tɕia³³⁴ti⁴¹li⁰]

叫他是输得精光。[tɕiao³⁵tʰa²³sɿ⁰su̩³³⁴te⁰tɕin³³⁴kuaŋ³³⁴]

老娘年纪大了，[lao⁴¹liaŋ²¹lian²¹²tɕi⁰ta⁴⁵⁵liao⁰]

还要为他的生计，[xai²¹²iao³⁵uei⁴⁵⁵tʰa²³ti⁰sen³³⁴tɕi⁰]

为他的生活拼命地劳作。[uei⁴⁵⁵tʰa²³ti⁰sen³³⁴xo²¹²pʰin³³⁴min⁴⁵⁵ti⁰lao²¹²tso²¹⁴]

他完全不思悔改。[tʰa³³⁴uan²¹²tɕʰian²¹²pu²¹⁴sɿ³³⁴xuei⁴¹kai⁴¹]

更为恶劣的，[ken³⁵uei²¹²ŋo²¹²lie²¹⁴ti⁰]

他是，[tʰa³³⁴sɿ⁰]

他的老娘啊，[tʰa³³⁴ti⁰lao⁴¹liaŋ²¹²ŋa⁰]

在出嫁的时候，[tai⁴⁵⁵tsʰu²¹²tɕia³⁵ti⁰sɿ²¹²xou⁰]

就是陪嫁来的一个手镯子，[tsou⁴⁵⁵sɿ⁰pʰei²¹²tɕia³⁵lai²¹²ti⁰i²¹²kɤ³⁵sou⁴¹tso²¹⁴tsɿ⁰]

她视为宝，[tʰa³³⁴sɿ⁴⁵⁵uei²¹²pao⁴¹]

还用倒为难些，[xai²¹²ioŋ⁴⁵⁵tao⁰uei²¹²lan²¹²ɕie⁰]

她也都舍不得变卖。[tʰa³³⁴ie⁴¹tou³³⁴se⁴¹pu⁰te²¹²pian³⁵mai⁴⁵⁵]

迩个狗伢呢，[lie³⁵kɤ⁰kou⁴¹ŋa²¹²lie⁰]

跟人家赌博输了钱，[ken³³⁴zen²¹²ka⁰tou⁴¹po²¹⁴su̩³³⁴ɐ⁰tɕʰian²¹²]

找老娘要钱，[tsao⁴¹lao⁴¹liaŋ²¹²iao³⁵tɕʰian²¹²]

老娘冇得，[lao⁴¹liaŋ²¹²mao⁴⁵⁵te²¹⁴]

他就要老娘把迩个镯子拿去卖了它，[tʰa³³⁴tsou⁴⁵⁵iao³⁵lao⁴¹liaŋ²¹²pa⁴¹lie³⁵kɤ⁰tso²¹⁴tsɿ⁰la²¹²tɕʰi³⁵mai⁴⁵⁵ɐ⁰tʰa⁰]

老娘把迩个镯子呢，[lao⁴¹liaŋ²¹²pa⁴¹lie³⁵kɤ⁰tso²¹⁴tsɿ⁰lie⁰]

看得非常用倒艰贵，[kʰan³⁵te²¹²fei³³⁴saŋ²¹²ioŋ⁴⁵⁵tao⁰kan³³⁴kuei³⁵]

就不愿意给他。[tsou⁴⁵⁵pu²¹²ʐ̩ɥan³⁵i⁰kei⁴¹tʰa⁰]

迣个不孝之子呢，[lie³⁵kɤ⁰pu²¹²ɕiao³⁵tsʅ³³⁴tsʅ⁴¹lie⁰]

就是，强行地在他的娘的手上把个镯子舞下来了。[tsou⁴⁵⁵sʅ⁰, tɕʰiaŋ²¹²ɕin²¹²ti⁰tai⁴⁵⁵tʰa³³⁴ti⁰liaŋ²¹²ti⁰sou⁴¹saŋ⁰pa⁴¹kɤ⁰tso²¹⁴tsʅ⁰u⁴¹ɕia⁴⁵⁵lai²¹²ia⁰] 舞：搞，弄

他的老娘为倒迣个手镯子跟他抢的时候呢，[tʰa³³⁴ti⁰lao⁴¹liaŋ²¹²uei⁴⁵⁵tao⁰lie³⁵kɤ⁰sou⁴¹tso²¹⁴tsʅ⁰ken³³⁴tʰa³³⁴tɕʰiaŋ⁴¹ti⁰sʅ²¹²xou⁰lie⁰]

他一掌就推去了，[tʰa³³⁴i²¹⁴tsaŋ⁴¹tsou⁴⁵⁵tʰei³³⁴tɕʰi³⁵ɐ⁰]

就把他的老娘就，[tsou⁴⁵⁵pa⁴¹tʰa³³⁴ti⁰lao⁴¹liaŋ²¹²tsou⁴⁵⁵]

撞到个墙角里撞得头破血流，[tʂʰɥan⁴¹tao⁰kɤ⁰tɕʰiaŋ²¹²ko²¹⁴li⁰tʂʰɥan⁴¹te⁰tʰou²¹²pʰo³⁵ɕie²¹⁴liou²¹²]

把镯子也拿起跑了，[pa⁴¹tso²¹⁴tsʅ⁰ie⁴¹la²¹²tɕʰi⁰pʰao²¹²liao⁰]

就因此呢，[tsou⁴⁵⁵in³³⁴tsʰʅ⁰lie⁰]

诶，老娘就非常伤心，[ɛ⁰, lao⁴¹liaŋ²¹²tsou⁴⁵⁵fei³³⁴saŋ²¹²saŋ³³⁴ɕin³³⁴]

就是，在屋里哭。[tsou⁴⁵⁵sʅ⁰, tsai⁴⁵⁵u²¹⁴li⁰kʰu²¹⁴]

刚好就碰到包公他们就从迣里走。[kaŋ³³⁴xao⁴¹tsou⁴⁵⁵pʰoŋ³⁵tao⁰pao³³⁴koŋ³³⁴tʰa³³⁴men²¹²tsou⁴⁵⁵tsʰoŋ²¹²lie³⁵li⁰tsou⁴¹]

听到迣个事情，[tʰin³⁵tao⁰lie³⁵kɤ⁰sʅ⁴⁵⁵tɕʰin²¹²]

包公就非常生气，[pao³³⁴koŋ³³⁴tsou⁴⁵⁵fei³³⁴saŋ²¹²sen³³⁴tɕʰi³⁵]

就命他的，用倒随从，[tsou⁴⁵⁵min⁴⁵⁵tʰa³³⁴ti⁰, ioŋ⁴⁵⁵tao⁰sei²¹²tsʰoŋ²¹²]

把迣个不孝之子呢，[pa⁴¹lie³⁵kɤ⁰pu²¹²ɕiao³⁵tsʅ³³⁴tsʅ⁴¹lie⁰]

就是，捉，捉了回了，[tsou⁴⁵⁵sʅ⁰, tso²¹⁴, tso²¹⁴lo⁰xuei²¹²ia⁰]

捉回以后呢，[tso²¹⁴xuei²¹²i⁴⁴xou⁴⁴lie⁰]

通过对用倒，[tʰoŋ³³⁴ko³⁵tei³⁵ioŋ⁴⁵⁵tao⁰]

到邻居家里了解，[tao³⁵lin²¹²tsʯ³³⁴tɕia³³⁴li⁰liao⁴¹kai⁴¹]

晓得他还对他的老娘，[ɕiao⁴¹te⁰tʰa³³⁴xai²¹²tei³⁵tʰa³³⁴ti⁰lao⁴¹liaŋ²¹²]

平时总还有打骂一系列的恶劣行为。[pʰin²¹²sʅ⁰tsoŋ⁴¹xai²¹²iou⁴¹ta⁴¹ma⁴⁵⁵i²¹²ɕi⁴⁵⁵lie⁰ti⁰ŋo²¹²lie⁰ɕin²¹²uei²¹²]

包公为了用倒，[pao³³⁴koŋ³³⁴uei⁴⁵⁵iao⁰ioŋ⁴⁵⁵tao⁰]

纯，纯正迣个乡风啊，[ʂɥen²¹², ʂɥen²¹²tsen³⁵lie⁴⁵⁵kɤ⁰ɕiaŋ³³⁴foŋ³³⁴a⁰]

就是让，[tsou⁴⁵⁵sʅ⁰ʐ̩ɥan⁴⁵⁵]

用倒教育后代，[ioŋ⁴⁵⁵tao⁰tɕiao³⁵io²¹²xou⁴⁵⁵tai³⁵]

就决定哩，[tsou⁴⁵⁵tʂɥæ²¹²tin⁴⁵⁵li⁰]

把迓个，诶，逆子呢，施以刑罚。[pa⁴¹lie³⁵kɤ⁰, ɛ⁰, li²¹⁴tsŋ⁴¹lie⁰, sŋ³³⁴i⁴¹ɕin²¹² fa²¹⁴]

当时用倒是用么什，[taŋ³³⁴sŋ²¹²ioŋ⁴⁵⁵tao⁰sŋ⁴⁵⁵ioŋ⁴⁵⁵mo⁴¹sŋ⁰] 么什：什么

用的个么什刑呢？[ioŋ⁴⁵⁵ti⁰kɤ⁰mo⁴¹sŋ⁰ɕin²¹²lie⁰]

就是迓个碾子岗有一个大磨盘，[tsou⁴⁵⁵sŋ⁰lie⁴⁵⁵kɤ⁰lian⁴¹tsŋ⁰kaŋ³⁵iou⁴¹i²¹²kɤ⁰ta⁴⁵⁵mo⁴⁴pʰan²¹²]

就是碾子，[tsou⁴⁵⁵sŋ⁴⁴lian⁴¹tsŋ⁰]

就命人呐，[tsou⁴⁵⁵min⁴⁵⁵zen²¹²la⁰]

把他按在迓个碾子上面，[pa⁴¹tʰa³³⁴ŋan³⁵tai⁰lie³⁵kɤ⁰lian⁴¹tsŋ⁰saŋ⁴⁵⁵mian⁴⁴]

把他用倒碾死了。[pa⁴¹tʰa³³⁴ioŋ⁴⁵⁵tao⁰lian⁴¹sŋ⁴¹liao⁰]

碾死了以后，[lian⁴¹sŋ⁴¹ɐ⁰i⁴⁴xou⁴⁴]

为了用倒警戒其他的人，[uei⁴⁵⁵iao⁰ioŋ⁴⁵⁵tao⁰tɕin⁴³kai³⁵tɕʰi²¹²tʰa³³⁴ti⁰zen²¹²]

就把他迓个皮子啊，[tsou⁴⁵⁵pa⁴¹tʰa³³⁴lie⁴⁵⁵kɤ⁰pʰi²¹²tsŋ⁰a⁰]

还悬挂在迓个地方。[xai²¹²ʂuan²¹²kʰua³⁵tai⁰lie³⁵kɤ⁰ti⁴⁵⁵faŋ⁰]

所以呢，[so⁴¹i⁴¹lie⁰]

就是把迓个碾子岗迓个传说，[tsou⁴⁵⁵sŋ⁰pa⁴¹lie³⁵kɤ⁰lian⁴¹tsŋ⁰kaŋ³⁵lie⁴⁵⁵kɤ⁰tʂʰuan²¹²ʂuæ²¹⁴]

就，据传，[tsou⁴⁵⁵, tʂu⁴⁵⁵tʂʰuan²¹²]

传到今天已经有几百年历史。[tʂʰuan²¹²tao⁰tɕin³³⁴tʰian⁰i⁴¹tɕin⁰iou⁴¹tɕi⁴¹pæ²¹⁴lian²¹²li²¹⁴sŋ⁰]

往往呢，[uaŋ⁴¹uaŋ⁴¹lie⁰]

就是在黄陂呀，[tsou⁴⁵⁵sŋ⁰tai⁴⁵⁵xuan²¹²pʰi²¹²ia⁰]

为了用倒教育后人，[uei⁴⁵⁵iao⁰ioŋ⁴⁵⁵tao⁰tɕiao³⁵io⁰xou⁴⁵⁵zen⁰]

人家就经常说的，[zen²¹²ka⁰tsou⁴⁵⁵tɕin³³⁴saŋ²¹²ʂuæ²¹⁴ti⁰]

尔要对父母好，[n̩⁴³iao³⁵tei³⁵fu⁴⁵⁵mu⁴¹xao⁴¹]

要行孝，[iao³⁵ɕin²¹²ɕiao³⁵]

要学好，[iao³⁵ɕio²¹²xao⁴¹]

不能偷鸡摸狗，[pu²¹⁴len²¹²tʰou³³⁴tɕi³³⁴mo³³⁴kou⁴¹]

不能好逸恶劳，[pu²¹⁴len²¹²xao³⁵i⁰u³⁵lao²¹²]

如果那个的话，[zu²¹²ko⁴¹la⁴⁵⁵kɤ⁰ti⁰xua⁴⁵⁵]

迓个碾子岗就是很好的警示。[lie⁴⁵⁵kɤ⁰lian⁴¹tsŋ⁰kaŋ³⁵tɕiou⁴⁵⁵sŋ⁴⁴xen⁴¹xao⁴¹ti⁰tɕin⁴¹sŋ⁰]

所以呢，[so⁴¹i⁴¹lie⁰]

洌个碾子岗啊，[lie³⁵ kɤ⁰ lian⁴¹ tsʅ⁰ kaŋ³⁵ ŋa⁰]

在黄陂是家喻户晓，[tai⁴⁵⁵ xuaŋ²¹² pʰi²¹² sʅ⁴⁵⁵ tɕia³³⁴ ʐu̩⁴⁵⁵ xu⁴⁵⁵ ɕiao⁴¹]

都晓得洌个碾子岗的故事。[tou³³⁴ ɕiao⁴¹ te⁰ lie³⁵ kɤ⁰ lian⁴¹ tsʅ⁰ kaŋ³⁵ ti⁰ ku³⁵ sʅ³⁵]

洌当然呢，[lie⁴⁵⁵ taŋ³³⁴ ʐuan²¹² lie⁰]

嗯，是不是洌个真实情况，[en⁰, sʅ⁴⁵⁵ pu²¹² sʅ⁴⁵⁵ lie⁴⁵⁵ kɤ⁰ tsen³³⁴ sʅ²¹² tɕʰin²¹² kʰuaŋ³⁵]

也，我们也只是听倒说是传说，[ie⁴¹, ŋo⁴¹ men⁰ ie⁴¹ tsʅ²¹² sʅ⁴⁵⁵ tʰin³⁵ tao⁰ ʂuæ²¹² sʅ⁴⁵⁵ tʂʰuan²¹² ʂuæ²¹⁴]

我今天就讲到洌里。[ŋo⁴¹ tɕin³³⁴ tʰian³³⁴ tɕiou⁴⁵⁵ tɕiaŋ⁴¹ tao⁰ lie³⁵ ti⁰]

意译：我来讲一个关于碾子岗由来的故事。碾子岗的由来有好几种说法，我今天讲其中的一种。碾子岗坐落在黄陂区的北面，现在属于长岭街。据说包公坐镇开封府的时候，有一次微服私访，来到了黄陂碾子岗，听见一个老妇人在家里哭得非常凄惨，他派随行人员去查看。随行人员寻声来到了老妇人家里，问老妇人为什么哭得这么伤心，老妇人一直不愿意说。后来随行人员向邻居打听，了解到了老妇人的苦楚。原来老妇人有个儿子叫狗伢。以前叫狗这类名字的，都是父母爱怜孩子，怕夭折不幸，所以起的贱名。狗伢从小娇生惯养，有很多恶习。他好吃懒做，偷鸡摸狗，打牌赌博，总之是个败家子。他父亲很早过世了，母亲好不容易把他拉扯大。他成人以后仍然不务正业，只知道到处偷鸡摸狗，打牌赌博，把家产输得精光。母亲年纪大了，还要为他的生计辛苦劳作。他完全不思悔改。母亲出嫁的时候陪嫁了一个手镯子，她视为珍宝，无论如何艰难都不肯变卖。这一天狗伢赌博输了钱，找母亲要钱，母亲没有钱，他就要母亲把这个镯子卖掉，母亲很珍视这只镯子，不愿意给他。这个不孝之子强行从母亲手上把镯子撸下来。他跟母亲抢手镯的时候，一掌推去，把母亲撞到墙角撞得头破血流。母亲非常伤心，所以在屋里哭。

刚好碰到包公从这里经过，听见这个事，包公非常生气，命令随从把这不孝之子捉拿过来，后来通过了解得知狗伢对母亲一贯态度恶劣。为了以正民风，也为了教育后代，包公决定对这个逆子施以刑罚。用的什么刑呢？碾子岗有一个大磨盘，也就是碾子，包公命人把狗伢按在碾子上碾死了，还把他的人皮悬挂在这里以警示其他的人。碾子岗的传说传到今天已经有了几百年历史。在黄陂，人们为了教育后人，经常说：如果不孝顺父母，碾子岗就是警示。所以，碾子岗在黄陂家喻户晓，大家都知道碾子岗的故事。当然我们不知是否为历史事实，我们也只是听说，我今天就讲到这里。

四 自选条目

0031 自选条目

瞎子磨刀——快了。[ɕia²¹⁴tsʅ⁰mo²¹²tao³³⁴——kʰuai³⁵liao⁴¹]

意译：瞎子磨刀——快了（快出事了）。

0032 自选条目

麸子擀面——奢了边。[fu³³⁴tsʅ⁰kan⁴⁴mian⁴⁴——se³³⁴ɐ⁰pian³³⁴] 奢：边角或边缝裂开

意译：麸子擀面——奢了边（喻失败）。

0033 自选条目

黄瓜打锣——去了一大撮。[xuaŋ²¹²kua⁰ta⁴¹lo²¹²——tɕʰi³⁵ɐ⁰i²¹²ta⁴⁵⁵tsʰo³⁵] 撮：量词，截

意译：黄瓜打锣——损失了一大截（喻损失很大）。

0034 自选条目

棺材里伸手——死要钱。[kuan³³⁴tsʰai²¹²li⁰tsʰen³³⁴sou⁴¹——sʅ⁴¹iao³⁵tɕʰian²¹²]

意译：棺材里伸手——死要钱。

0035 自选条目

三百块钱买个奶猪——落张光嘴儿。[san³³⁴pæ⁰kʰuai⁴¹tɕʰian²¹²mai⁴¹kɤ⁰lai⁴¹tʂʅ³³⁴——lo²¹⁴tsaŋ³³⁴kuan³³⁴tɕiɯ⁴¹]

意译：三百块钱买个小猪崽——得到张光嘴儿（喻只说不做）。

0036 自选条目

三十斤的鳊鱼——窄看了。[san³³⁴sʅ²¹²tɕin³³⁴ti⁰pian³³⁴ʐʅ²¹²——tsai²¹²kʰan³⁵liao⁰]

意译：三十斤的鳊鱼——窄看了（小看了）。

0037 自选条目

木兰山的喇叭——一气吹上顶。[moŋ²¹⁴lan⁰san³³⁴ti⁰la⁴¹pa⁰——i²¹²tɕʰi³⁵tʂʰɥei³³⁴saŋ⁴⁵⁵tin⁴¹]

意译：木兰山的喇叭——一口气到底。

0038 自选条目

穿蓑衣打火——惹火上身。[tʂʰuan³³⁴so³³⁴i³³⁴ta⁴¹xo⁴¹——ʐue⁴¹xo⁴¹saŋ⁴⁵⁵sen²³]

意译：穿蓑衣打火——惹火上身。

0039 自选条目

阴沟里捞虾子——干捞（闹）。[in³³⁴kou³³⁴li⁰lao³³⁴ɕia³³⁴tsɿ⁰——kan³³⁴lao³³⁴]干：白白的

意译：阴沟里捞虾子——干捞（闹）（喻白闹一场）。

0040 自选条目

驮冲担进四川——尖（悭）出了省。[tʰo²¹²tsʰoŋ³³⁴tan⁴⁵⁵tɕin³⁵sɿ³⁵tʂʰuan²³——tɕian³³⁴tʂʰʅ²¹⁴ɐ⁰sen⁴¹]冲担：尖头扁担

意译：驮冲担进四川——尖（悭）出了省（喻吝啬的名声在外）。

0041 自选条目

驮锄头进庙门——挖神儿。[tʰo²¹²tsʰou²¹²tʰou⁰tɕin³⁵miao⁴⁵⁵men²¹²——ua²¹⁴suɯ²¹²]

意译：驮锄头进庙门——挖神（费神义）。

0042 自选条目

癞蛤蟆打呵欠——好大口气。[lai⁴⁵⁵kʰæ²¹²ma⁴¹ta⁴¹xo³³⁴tɕʰian⁰——xao⁴¹ta⁴⁵⁵kʰou⁴³tɕʰi³⁵]

意译：癞蛤蟆打呵欠——好大口气。

0043 自选条目

狗子咬刺猬子——不晓得从哪里下口。[kou⁴¹tsɿ⁰ŋao⁴¹tsʰɿ³⁵i⁴¹tsɿ⁰——pu²¹⁴ɕiao⁴¹te⁰tsʰoŋ²¹²la⁴¹li⁰ɕia⁴⁵⁵kʰou⁴¹]晓得：知道

意译：狗咬刺猬——不知道从哪里下口。

0044 自选条目

乌龟吃大麦——糟蹋粮食。[u³³⁴kuei⁰tɕʰi²¹²ta⁴⁵⁵mæ⁰——tsao³³⁴tʰa⁰liaŋ²¹²sɿ⁰]

意译：乌龟吃大麦——糟蹋粮食。

0045 自选条目

告花子的姆妈在月里——要么什冇得么什。[kao³⁵ xua⁰ tsʅ⁰ ti⁰ m̩⁴¹ ma⁰ tai⁴⁵⁵ ʐɿæ²¹⁴ li⁰——iao³⁵ mo⁴¹ sʅ⁰ mao⁴⁵⁵ te⁰ mo⁴¹ sʅ⁰] 月：月子。么什：什么。冇得：没有

意译：叫花子的妈妈坐月子——要什么没有什么。

0046 自选条目

告花子走夜路——假忙。[kao³⁵ xua⁰ tsʅ⁰ tsou⁴¹ ie⁴⁵⁵ lou⁰——tɕia⁴¹ maŋ²¹²]

意译：叫花子走夜路——假忙。

0047 自选条目

关倒门作揖——自家恭喜自家。[kuan³³⁴ tao⁰ men²¹² tso²¹² i²¹⁴——tsʅ⁴⁵⁵ ka⁰ koŋ³³⁴ ɕi⁴¹ tsʅ⁴⁵⁵ ka⁰]

意译：关着门作揖——自己恭喜自己。

0048 自选条目

裁缝打架——试一烙铁。[tsʰai²¹² foŋ⁰ ta⁴³ tɕia³⁵——sʅ³⁵ i²¹² lo²¹² tʰie⁰]

意译：裁缝打架——试一烙铁（试试看）。

0049 自选条目

茶壶里装饺子——有货倒不出来。[tsʰa²¹² xu⁰ li⁰ tʂuaŋ³³⁴ tɕiao⁴¹ tsʅ⁰——iou⁴³ xo³⁵ tao³⁵ pu⁰ tʂʰʅ²¹⁴ lai⁰]

意译：茶壶里装饺子——有货倒不出来。

0050 自选条目

黄陂到孝感——县过县。[xuaŋ²¹² pʰi²¹² tao³⁵ ɕiao³⁵ kan⁴¹——ɕian⁴⁵⁵ kuo³⁵ ɕian⁴⁵⁵]

意译：黄陂到孝感——县（现）过县（现）。通常是指当面交易，现钱现货。

0051 自选条目

刷子掉了毛——尽是板眼。[ʂua²¹⁴ tsʅ⁰ tiao³⁵ liao⁰ mao²¹²——tɕin⁴⁵⁵ sʅ⁰ pan⁴¹ iɛ⁴¹] 板眼：名堂

意译：刷子掉了毛——尽是各种眼子。喻套路多，花招多。

0052 自选条目

两个哑巴一头儿睡——冇得话说。[liaŋ²¹² kɤ⁰ ŋa³⁵ pa⁰ i²¹⁴ tʰɯ²¹² ʂuei³⁵——mao⁴⁵⁵ te⁰ xua⁴⁵⁵ ʂuæ²¹⁴]

意译：两个哑巴睡一头儿——没有话说。

0053 自选条目

狗子坐轿——不受人抬举。[kou⁴¹ tsʅ⁰ tso⁴⁵⁵ tɕiao⁴⁵⁵——pu²¹² sou⁴⁵⁵ ʐen²¹² tʰai²¹² tʂʅ⁰]

意译：狗坐轿子——不受人抬举。

0054 自选条目

炉子靠水缸——尔热我不热。[lou²¹² tsʅ⁰ kʰao³⁵ ʂuei⁴¹ kaŋ⁰——n̩⁴¹ ʐuæ²¹⁴ ŋo⁴¹ pu²¹² ʐuæ²¹⁴]

意译：炉子靠着水缸——你热我不热。

0055 自选条目

腊肉下面——有盐（言）在先。[la²¹² ʐou⁰ ɕia⁴⁵⁵ mian⁴⁴——iou⁴¹ ian²¹² tsai⁴⁵⁵ ɕian²³]

意译：腊肉下面——有盐（言）在先。

0056 自选条目

三十箇夜里吃藕——看穿了。[san³³⁴ sʅ²¹² kɤ⁰ ie⁴⁵⁵ li⁰ tɕʰi²¹⁴ ŋou⁴¹——kʰan³⁵ tʂʰuan³³⁴ liao⁰] 箇：的

意译：除夕夜里吃藕——看穿了。

0057 自选条目

三升黄豆打豆腐——做桌（作）。[san³³⁴ sen³³⁴ xuaŋ²¹² tou⁴⁵⁵ ta⁴¹ tou⁴⁵⁵ fu⁴¹——tsou³⁵ tso²¹⁴]

意译：三升黄豆打豆腐——做桌（作）。

0058 自选条目

三个包子上蒸笼——不够格。[san³³⁴ kɤ⁰ pao³³⁴ tsʅ⁰ saŋ⁴⁵⁵ tsen³³⁴ loŋ⁰——pu²¹² kou³⁵ kæ²¹⁴〕

意译：三个包子上蒸笼——不够格。

0059 自选条目

南虹大水北虹刀，东虹日头西虹雨。〔lan²¹²kaŋ³⁵ta⁴⁵⁵ʂuei⁴¹pæ²¹²kaŋ³⁵tao³³⁴，toŋ³³⁴kaŋ³⁵ɯ²¹⁴tʰou⁰ɕi³³⁴kaŋ³⁵zʮ⁴¹〕

意译：南边出彩虹有洪水，北边出彩虹有灾难；东边出彩虹会天晴，西边出彩虹会下雨。

0060 自选条目

猫子掉了爪子——扒（巴）不得。〔mao³³⁴tsʅ⁰tiɯ³⁵ɤ⁰tʂua⁴¹tsʅ⁰——pa³³⁴pu⁰te⁰〕

意译：猫掉了爪子——扒（巴）不得。

0061 自选条目

豆腐掉得灰塘里去了——吹又吹不得，打又打不得。〔tou⁴⁵⁵fu⁰tiao³⁵te⁰xuei³³⁴tʰaŋ²¹²li⁰tɕʰi³⁵ao⁰——tʂʰuei³³⁴iou⁴⁵⁵tʂʰuei³³⁴pu⁰te⁰，ta⁴¹iou⁴⁵⁵ta⁴¹pu⁰te⁰〕灰塘：火塘

意译：豆腐掉到火塘里了——吹也吹不得，打也打不得。

0062 自选条目

屎瓜皮儿攃鸭娃——不要性命。〔sʅ⁴¹kua³³⁴pʰiɯ²¹²lian⁴¹ia²¹⁴ua⁰——pu²¹²iao³⁵ɕin³⁵min⁰〕屎瓜皮儿：一种小鱼。鸭娃：鸭子

意译：屎瓜皮撵鸭子——不要命。

0063 自选条目

菜行数字切口：叶、文、炮、查、嘴、趟、西、赞、球；〔tsʰai³⁵xaŋ²¹²sou³⁵tsʅ³⁵tɕʰie²¹⁴kʰou⁴¹：ie²¹⁴、uen²¹²、pʰao³⁵、tsʰa²¹²、tsei⁴¹、tʰaŋ³⁵、ɕi³³⁴、tsan³⁵、tɕʰiou²¹²〕

叶钱、叶林、叶神、叶显、叶查、叶拐、叶趟、叶西、叶赞、叶底；〔ie²¹⁴tɕʰian⁰、ie²¹⁴lin²¹²、ie²¹⁴sen²¹²、ie²¹⁴ɕian⁴¹、ie²¹⁴tsʰa²¹²、ie²¹⁴kuai⁴¹、ie²¹²tʰaŋ³⁵、ie²¹⁴ɕi³³⁴、ie²¹²tsan³⁵、ie²¹⁴ti⁴¹〕

文佬儿、边林儿、边边、边显、鸡灶儿、一胡、来趟、来西、来赞、来底；〔uen²¹²lu⁴¹、pian³³⁴liɯ²¹²、pian³³⁴pian³³⁴、pian³³⁴ɕian⁴¹、tɕi³³⁴tsɯ³⁵、i²¹⁴xu²¹²、lai²¹²tʰaŋ³⁵、lai²¹²ɕi³³⁴、lai²¹²tsan³⁵、lai²¹²ti⁴¹〕

炮钱、炮林、炮神、两炮、炮查、炮胡、炮趟、炮西、炮赞、炮底；[pʰao³⁵tɕʰian⁰、pʰao³⁵lin²¹²、pʰao³⁵sen²¹²、liaŋ⁴¹pʰao³⁵、pʰao³⁵tsʰa²¹²、pʰao³⁵xu²¹²、pʰao³⁵tʰaŋ³⁵、pʰao³⁵ɕi²³、pʰao³⁵tsan³⁵、pʰao³⁵ti⁴¹]

查管、查林、查神、查显、两查、查胡、查趟、查西、查赞、查底；[tsʰa²¹²kuan⁴¹、tsʰa²¹²lin²¹²、tsʰa²¹²sen²¹²、tsʰa²¹²ɕian⁴¹、liaŋ⁴¹tsʰa²¹²、tsʰa²¹²xu²¹²、tsʰa²¹²tʰaŋ³⁵、tsʰa²¹²ɕi³³⁴、tsʰa²¹²tsan³⁵、tsʰa²¹²ti⁴¹]

嘴管、嘴林、嘴神、嘴显、嘴查、两拐、嘴趟、嘴西、嘴赞、嘴底；[tsei⁴¹kuan⁴¹、tsei⁴¹lin²¹²、tsei⁴¹sen²¹²、tsei⁴¹ɕian⁴¹、tsei⁴¹tsʰa²¹²、liaŋ²¹²kuai⁴¹、tsei⁴¹tʰaŋ³⁵、tsei⁴¹ɕi³³⁴、tsei⁴¹tsan³⁵、tsei⁴¹ti⁴¹]

趟管、趟林、趟神、趟显、趟查、趟胡、两趟、趟西、趟赞、趟底；[tʰaŋ³⁵kuan⁴¹、tʰaŋ³⁵lin²¹²、tʰaŋ³⁵sen²¹²、tʰaŋ³⁵ɕian⁴¹、tʰaŋ³⁵tsʰa²¹²、tʰaŋ³⁵xu²¹²、liaŋ⁴¹tʰaŋ³⁵、tʰaŋ³⁵ɕi²³、tʰaŋ³⁵tsan³⁵、tʰaŋ³⁵ti⁴¹]

西管、西林、西神、西显、西查、西胡、西趟、两西、西赞、西底；[ɕi³³⁴kuan⁴¹、ɕi³³⁴lin²¹²、ɕi³³⁴sen²¹²、ɕi³³⁴ɕian⁴¹、ɕi³³⁴tsʰa²¹²、ɕi³³⁴xu²¹²、ɕi³³⁴tʰaŋ³⁵、liaŋ⁴¹ɕi³³⁴、ɕi³³⁴tsan³⁵、ɕi³³⁴ti⁴¹]

钻管、钻林、钻神、钻显、钻查、钻胡、钻趟、钻西、两赞、赞底；[tsan³⁵kuan⁴¹、tsan³⁵lin²¹²、tsan³⁵sen²¹²、tsan³⁵ɕian⁴¹、tsan³⁵tsʰa²¹²、tsan³⁵xu²¹²、tsan³⁵tʰaŋ³⁵、tsan³⁵ɕi²³、liaŋ⁴¹tsan³⁵、tsan³⁵ti⁴¹]

球管、球林儿、球神儿、球显、球查、球胡、球趟、球西、球赞、球底。[tɕʰiou²¹²kuan⁴¹、tɕʰiou²¹²liɯ²¹²、tɕʰiou²¹²sɯ²¹²、tɕʰiou²¹²ɕian⁴¹、tɕʰiou²¹²tsʰa²¹²、tɕʰiou²¹²xu²¹²、tɕʰiou²¹²tʰaŋ³⁵、tɕʰiou²¹²ɕi³³⁴、tɕʰiou²¹²tsan³⁵、tɕʰiou²¹²ti⁴¹]

意译：菜行数字切口：一、二、三、四、五、六、七、八、九；一角、一角一分、一角二分、一角三分、一角四分、一角五分、一角六分、一角七分、一角八分、一角九分；两角、两角一分、两角二分、两角三分、两角四分、两角五分、两角六分、两角七分、两角八分、两角九分；三角、三角一分、三角二分、三角三分、三角四分、三角五分、三角六分、三角七分、三角八分、三角九分；四角、四角一分、四角二分、四角三分、四角四分、四角五分、四角六分、四角七分、四角八分、四角九分；五角、五角一分、五角二分、五角三分、五角四分、五角五分、五角六分、五角七分、五角八分、五角九分；六角、六角一分、六角二分、六角三分、六角四分、六角五分、六角六分、六角七分、六角八分、六角九分；七角、七角一分、七角二分、七角三分、七角四分、七角五分、七角六分、七角七分、七角八分、七角九分；八角、八角一分、八角二分、八角三分、八角四分、八角五分、八角六分、八角七分、八角八分、八角九分；九角、九角一分、九角二分、九角三分、九角四分、九角五分、九角六分、九角七分、九角八分、九角九分。

新 洲

一 歌谣

0001 歌谣

逗豆虫,虫咬手。[tou³²⁴ tou³²⁴ tsʰoŋ²²⁴, tsʰoŋ²²⁴ ŋao³³ sou⁵⁵] 逗逗虫:幼儿手指游戏

大虫飞,细虫走,[ta³³ tsʰoŋ²²⁴ fei³¹, ɕi³²⁴ tsʰoŋ²²⁴ tsou⁵⁵]

豆虫飞了了。[tou³²⁴ tsʰoŋ²²⁴ fei³¹ ȵio⁵⁵ ȵio⁰]

意译:逗豆虫,虫咬手。大虫飞,小虫走,豆虫飞啊,飞走了。

0002 歌谣

噢——哦——噢——哦![o⁰——o⁰——o⁰——o⁰]

我的伢儿伢儿要睡觉觉哦,哦![ŋo⁵⁵ ti⁰ ŋar²²⁴ ŋar⁰ iao³²⁴ ʂuei³³ tɕiao³²⁴ tɕiao³²⁴ o³³, o⁵⁵] 伢:小孩

我的伢儿伢儿好乖哟,哦![ŋo⁵⁵ ti⁰ ŋar²²⁴ ŋar⁰ xao⁵⁵ kuai³¹ io³³, o⁵⁵]

意译:噢——哦——噢——哦!我的小宝宝要睡觉觉哦!我的宝宝好乖哟,哦!

0003 歌谣

扛扛脚儿,腾老爷。[kaŋ³³ kaŋ³¹ tɕior⁵⁵, tʰen²²⁴ nao⁵⁵ ie⁰] 扛扛脚儿:扛活的脚夫。腾:抬

老爷跶了,捡个玛牿压倒。[nao⁵⁵ ie⁰ ta²¹³ ȵiao⁰, tɕien⁵⁵ ko⁰ ma⁵⁵ kuʰia²¹³ tao⁰] 跶:摔。玛牿:石头

意译:扛活的脚夫,抬着老爷。老爷摔了,捡个石头压着。

0004 歌谣

摆摆手,家婆里走。[pai⁵⁵ pai⁰ sou⁵⁵, ka³¹ pʰo⁰ ȵi⁰ tsou⁵⁵] 家婆:外婆

鱼嚥饭,肉嚥酒,[ʐ̩²²⁴ ien³²⁴ fan³³, zou²¹³ ien³²⁴ tɕiou⁵⁵] 嚥:就着吃,下饭

皮子豆腐样样有。[pʰi²²⁴ tsɩ⁰ tou³²⁵ fu⁰ iaŋ³²⁴ iaŋ³²⁴ iou⁵⁵]

意译:摇摇手,到外婆家去。鱼下饭,肉下酒,千张皮豆腐样样都有。

0005 歌谣

车水，罗谷，插秧。[tsʰe³¹ ʂuei⁵⁵, lo³³ ku²¹³, tsʰa²¹³ iaŋ³¹] 车：用水车抽水。罗：过罗

割谷，磨麦，做粑。[ko²¹³ ku²¹³, mo³³ me²¹³, tsou³²⁴ pa³¹] 粑：饼状食物

大伢吃大粑，细伢吃细粑。[ta³³ ŋa²²⁴ tɕʰi²¹³ ta³³ pa³¹, ɕi²⁴ ŋa²²⁴ tɕʰi²¹³ ɕi²⁴ pa³¹] 伢：小孩。细：小

车水溜溜。[tsʰe³¹ ʂuei⁵⁵ ȵio³³ ȵio⁰] 车水：抽水

意译：抽水，罗谷，插秧，割谷，磨麦，做粑。大孩吃大粑，小孩吃小粑。抽的水很多很大。

0006 歌谣

新大姐，捉一鳖，鳖过河，[ɕin³¹ ta³³ tɕie⁵⁵, tso³¹ i³³ pie⁵⁵, pie⁵⁵ ko³²⁴ xo²²⁴]

生个儿，叫么什，叫秤砣儿，[sen³¹ ko³²⁴ or²²⁴, tɕiao³²⁴ mo⁵⁵ sɿ³¹, tɕiao³²⁴ tsʰen³²⁴ tʰor⁰] 么什：什么

秤砣儿高头一块铁，[tsʰen³²⁴ tʰor⁰ kao³¹ tʰou⁰ i²¹³ kʰuai³²⁴ tʰie²¹³] 高头：上面

叫我叫老伯伯。[tɕiao³²⁴ ŋo⁵⁵ tɕiao³²⁴ nao⁵⁵ pe²²⁴ pe⁰]

意译：新娘子，捉了一只鳖，鳖过河，生个小孩，小孩叫什么，叫秤砣，秤砣上面一块铁，叫我叫老伯伯。

0007 歌谣

瞌睡神，瞌睡神，[kʰo²¹ ʂuei²⁴ sen²²⁴, kʰo²¹ ʂuei²⁴ sen²²⁴]

瞌睡来了不由人。[kʰo²¹ ʂuei²⁴ nai²²⁴ ȵiao⁰ pu²¹³ iou²²⁴ ʐuŋ²²⁴]

意译：瞌睡虫，瞌睡虫，瞌睡来了不由人。

0008 歌谣

胖头儿胖头儿，下雨不愁，[paŋ³²⁴ tʰor⁰ paŋ³²⁴ tʰor⁰, ɕia³³ ʮ⁵⁵ pu²¹³ tsʰou²²⁴]

人家打伞，我有胖头儿。[ʐuŋ²²⁴ ka⁰ ta⁵⁵ san⁵⁵, ŋo⁵⁵ iou⁵⁵ paŋ³²⁴ tʰor⁰]

意译：大头大头，下雨不愁，别人打伞，我有大头。

0009 歌谣

六月炎天热，扇子借不得。[nou²¹³ ʐue²¹³ ien²²⁴ tʰien³¹ ʐue²¹³, san³²⁴ tsɿ⁰ tɕie³²⁴ pu⁰ te²¹³]

有人借扇子，你热我也热。[iou⁵⁵ ʐuŋ²²⁴ tɕie³²⁴ san³²⁴ tsɿ⁰, ȵi⁵⁵ ʐue²¹³ ŋo⁵⁵ ie⁵⁵ ʐue²¹³]

意译：六月炎热天，扇子不能借。有人借扇子，你热我也热。

0010 歌谣

三了三，拖屎箢，[san³¹ ne⁰ san³¹, tʰo³¹ sʅ⁵⁵ ᴜar²²⁴]

一拖拖到大角山。[i²¹³ tʰo³¹ tʰo³¹ tao³³ ta³³ ko⁰ san³¹]

点了火，吃点儿烟儿，[tien⁵⁵ ȵiao⁰ xo⁵⁵, tɕʰi²¹³ tienr⁰ ienr³¹]

屁股烧破了大丫儿边儿。[pʰi³²⁴ ku⁰ sao³¹ pʰo⁰ ȵiao⁰ ta³³ ŋar³³ pienr³¹]

意译：三月三，拖着装了屎的箢箕，一直拖到大角山。点了火，抽点烟，屁股烧破了大半边儿。

0011 歌谣

痢痢痢，瓷刮子刮，[na²¹³ ȵi³³ na²¹³, tsʰʅ²²⁴ kua²¹³ tsʅ⁰ kua²¹³] 瓷刮子：用来刨果蔬皮的瓷片

刮出油来点大蜡。[kua²¹³ tʂʰʯ³¹ iou²²⁴ nai²²⁴ tien⁵⁵ ta³³ na²¹³]

大蜡点不着，[ta³³ na²¹³ tien⁵⁵ pu⁰ tsʰo⁵⁵]

点细蜡；[tien⁵⁵ ɕi³²⁴ na²¹³] 细：小

细蜡点不着，[ɕi³²⁴ na²¹³ tien⁵⁵ pu⁰ tsʰo⁵⁵]

用磨子磨。[ioŋ³³ mo⁵⁵ tsʅ⁰ mo⁵⁵]

意译：痢痢头，用瓷片刮，刮出油来点大蜡。大蜡点不着，点小蜡；小蜡点不着，用磨子磨。

0012 歌谣

自行车，两个坨儿，[tsʅ³³ ɕin²²⁴ tsʰe³¹, ȵiaŋ⁵⁵ ko⁰ tʰor²²⁴]

中间坐的个乖乖儿。[tsoŋ³¹ kan⁰ tso³³ ti⁰ ko⁰ kuai³¹ kuai⁰ or²²⁴]

意译：自行车，两个轮子，中间坐着个老实巴交的人。

0013 歌谣

打中间，做大官；[ta⁵⁵ tsoŋ³¹ kan⁰, tsou³²⁴ ta³³ kuan³¹]

打二面，做西县。[ta⁵⁵ or³³ mien³³, tsou³²⁴ ɕi³¹ ɕien³³]

西县屙的屎，[ɕi³¹ ɕien³³ ŋo³¹ ti⁰ tsʅ⁵⁵] 屙：拉（屎），撒（尿）

把得大官过日子。[pa⁵⁵ te⁰ ta³³ kuan³¹ ko³²⁴ or²¹³ tsʅ⁰] 把得：给

意译：打中间，做大官；打二边，做西县（小官）。西县（小官）拉的屎，给大官过日子。

0014 歌谣

个个快活叫一声，[ko³²⁴ko³²⁴kʰuai³²⁴xo⁰tɕiao³²⁴i²¹³sen³¹]
斑鸠问我哪里人，[pan⁵⁵tɕiou⁰uen³³ŋo⁵⁵na⁵⁵ɲi⁰ʐuŋ²²⁴]
我在山中龙化庙，[ŋo⁵⁵tsai³³san³³tsoŋ³¹noŋ²²⁴xua³³miao³²⁴]
凤凰派我来叫春。[foŋ³²⁴xuaŋ⁰pʰai³³ŋo⁵⁵nai²²⁴tɕiao³²⁴tsʰuŋ³¹]

意译：个个快活叫一声，斑鸠问我哪里人，我在山中龙化庙，凤凰派我来叫春。

0015 歌谣

你吹叫叫儿我不怕，[ɲi⁵⁵tsʰɥei³¹tɕiao³²⁴tɕiaor⁰ŋo⁵⁵pu²¹³pʰa³²⁴] 叫叫儿：哨子
我有一个摇车把，[ŋo⁵⁵iou⁵⁵i²¹³ko³²⁴iao²²⁴tsʰe³¹pa³²⁴]
先摇你的爹，[ɕien³¹iao²²⁴ɲi⁵⁵ti⁰tie³¹] 爹：父亲
后摇你的妈。[xou³³iao²²⁴ɲi⁵⁵ti⁰ma³²⁴]

意译：你吹哨子我不怕，我有一个摇车把，先摇你的爸，后摇你的妈。

0016 歌谣

麻雀蛋，屋里黄，[ma²²⁴tɕʰio⁰tan³³，tou³³ɲi⁰xuaŋ²²⁴] 屋里：里面
哪屋的女儿不忺娘，[na⁵⁵u²¹³ti⁰ʅ⁵⁵or⁰pu²¹³tɕʰien³²⁴ɲiaŋ²²⁴] 屋：家。忺：想念，牵挂
一忺忺得心下痛，[i²¹³tɕʰien³²⁴tɕʰien³²⁴te⁰ɕin³¹xa⁰tʰoŋ³³]
关倒房门哭一场。[kuan³¹tao⁰faŋ²²⁴men⁰kʰu²¹³i²¹³tsʰaŋ²²⁴]
打开房门事又多，[ta⁵⁵kʰai⁰faŋ²²⁴men⁰sʅ³³iou³³to³¹]
先扫地，后刮锅。[ɕien³¹sao⁵⁵ti³³，xou³³kua²¹³o³¹]
刮破了锅，怪哥哥。[kua²¹³pʰo⁰ɲiao⁰o³¹，kuai³²⁴ko³³ko³¹]

意译：麻雀蛋，里面黄，谁家的女儿不想娘，一想想得心里痛，关着房门哭一场。打开房门事又多，先扫地，后刷锅。刷破了锅，怪哥哥。

0017 歌谣

新大姐的头，像葫芦；[ɕin³¹ta³³tɕie⁵⁵ti⁰tʰou²²⁴，ɕiaŋ³³kʰu²¹³nou²²⁴] 新大姐：新娘
新大姐的脚，像牛角；[ɕin³¹ta³³tɕie⁵⁵ti⁰tɕio²¹³，ɕiaŋ³³ɲiou²²⁴ko²¹³]
新大姐的手，像一筒藕；[ɕin³¹ta³³tɕie⁵⁵ti⁰sou⁵⁵，tɕiaŋ³³i²¹³tʰoŋ²²⁴ŋou⁵⁵]
新大姐的妈儿，像茶壶盖儿。[ɕin³¹ta³³tɕie⁵⁵ti⁰mar³²⁴，tɕiaŋ³³tsʰa²²⁴xu²²⁴kar³²⁴]

妈儿：乳房

意译：新娘子的头，像葫芦；新娘子的脚，像牛角；新娘子的手，像一段藕；新娘子的乳房，像茶壶盖儿。

0018 歌谣

胖子胖，打麻将，[pʰaŋ³²⁴ tsʅ⁰ pʰaŋ³²⁴，ta⁵⁵ ma²²⁴ tɕiaŋ³²⁴]
该我的钱，不还帐，[kai³¹ ŋo⁵⁵ ti⁰ tɕʰien²²⁴，pu²¹³ xuan²²⁴ tsaŋ³²⁴] 该：欠
捉倒个胖子用棍子夯。[tso²¹³ tao⁰ ko⁰ pʰaŋ³²⁴ tsʅ⁰ ioŋ³²⁴ kuen³²⁴ tsʅ⁰ xaŋ³¹]
意译：胖子胖，打麻将，欠我的钱，不还帐，抓住胖子用棍子使劲打。

0019 歌谣

缺巴齿，扒牛屎。[tɕʰy̠e²¹³ pa⁰ tsʰʅ⁵⁵，pʰa²²⁴ ȵiou²²⁴ sʅ⁵⁵]
扒几多，扒一窝。[pʰa²²⁴ tɕi⁵⁵ to³¹，pʰa²²⁴ i²¹³ o³¹] 几多：多少
意译：缺牙齿的人，扒牛屎。扒多少，扒一窝。

0020 歌谣

生苕甜，熟苕粉，[sen³¹ sao²²⁴ tʰien²²⁴，sou²²⁴ sao²² fen⁵⁵] 苕：红薯，喻指傻子
夹生苕就没百整。[ka²¹³ sen³¹ sao²²⁴ tɕiou³³ mei²²⁴ pe²²⁴ tsen⁵⁵] 夹生苕：有点怪的人
意译：生红薯甜，熟红薯粉，夹生红薯（有点怪的人）就没办法对付。

二 规定故事

0021 牛郎和织女

好，我现在给大家讲一个，[xao⁵⁵，ŋo⁵⁵ ɕien³³ tsai³³ ke⁵⁵ ta³³ tɕia³¹ tɕiaŋ⁵⁵ i²¹³ ko⁰]
《牛郎和织女》的故事。[ȵiou²²⁴ naŋ²² xo²²⁴ tsʅ²¹³ ʅ⁵⁵ ti⁰ ku³²⁴ sʅ³³]
在很早很早以前哪，[tsai³³ xen⁵⁵ tsao⁵⁵ xen⁵⁵ tsao⁵⁵ i⁵⁵ tɕʰien²⁴ na⁰]
有一个后生家，[iou⁵⁵ i²¹³ ko⁰ xou³³ sen³¹ ka⁰] 后生家：小伙子
他的伯伯姆妈哩，都去世了。[tʰa³¹ ti⁰ pe²²⁴ pe⁰ m̩⁵⁵ me⁰ ȵi⁰，tou³¹ tʂʰʅ³² sʅ²⁴ ȵiao⁰]
伯伯姆妈：爸爸妈妈
家里哩，好穷，[tɕia³¹ ȵi⁰ ȵi⁰，xao⁵⁵ tɕʰioŋ²⁴] 好：很
就只有一头、一头老牛，[tɕiou³³ tsʅ²¹³ iou⁵⁵ i²¹³ tʰou²²⁴、i²¹³ tʰou²²⁴ nao⁵⁵ ȵiou²⁴]
大家哩，都叫他牛郎。[ta³³ tɕia³¹ ȵi⁰，tou³¹ tɕiao³²⁴ tʰa³¹ ȵiou²²⁴ naŋ²²]
牛郎哩，就靠老牛耕地为生，[ȵiou²²⁴ naŋ²² ȵi⁰，tɕiou⁵⁵ kʰao³²⁴ nao⁵⁵ ȵiou²⁴ ken³¹ ti³³ uei²²⁴ sen³¹]

与老牛哩，相依为命吧。[ʐ̩⁵⁵ nao⁵⁵ n̠iou²²⁴ n̠i⁰，ɕiaŋ³¹ i³¹ uei²²⁴ min³³ pa⁰]

老牛其实是哩，天上的金牛星，[nao⁵⁵ n̠iou²²⁴ tɕhi²² s̩²²⁴ s̩³³ n̠i⁰，thien³¹ saŋ³³ ti⁰ tɕin³¹ n̠iou²²⁴ ɕin³¹]

他喜欢哩，牛郎的勤快、善良，[tha³¹ ɕi⁵⁵ xuan³¹ n̠i⁰，n̠iou²²⁴ naŋ²² ti⁰ tɕhin²²⁴ khuai⁰、saŋ³³ n̠iaŋ⁰]

所以哩，想帮他哩，成个家。[so⁵⁵ i⁵⁵ n̠i⁰，ɕiaŋ⁵⁵ paŋ³¹ tha³¹ n̠i⁰，tshen²²⁴ ko⁰ tɕia³¹]

有一天哪，金牛星呐，[iou⁵⁵ i²¹³ thien³¹ na⁰，tɕin³¹ n̠iou²²⁴ ɕin³¹ ne⁰]

得知天上的仙女啊，要到村东，[te²¹³ ts̩³¹ thien³¹ saŋ⁵⁵ ti⁰ ɕien³¹ ʐ̩⁴⁴ a⁰，iao³²⁴ tao³²⁴ tshen³¹ toŋ³¹]

村东边脚下儿的个湖里的去洗澡。[tshen³³ toŋ³¹ pien³¹ tɕio²¹³ xar⁰ ti⁰ ko⁰ xu²²⁴ n̠i⁰ ti⁰ tɕhi³²⁴ ɕi⁵⁵ tsao⁵⁵]

他就托梦给牛郎，[tha³¹ tɕiou³³ tho²¹ moŋ³³ kei⁵⁵ n̠iou²²⁴ naŋ²²]

要他哩，第二天早上啊，[iao³²⁴ tha³¹ n̠i⁰，ti³²⁴ or³³ thien³¹ tsao⁵⁵ saŋ⁰ ŋa⁰]

到湖里去，[tao³²⁴ xu²²⁴ n̠i⁰ tɕhi³²⁴]

趁仙女们洗澡的时候喂，[tshen³³ ɕien³¹ ʐ̩⁴⁴ men⁰ ɕi⁵⁵ tsao⁵⁵ ti⁰ s̩²²⁴ xou⁰ uei⁰]

取走一件仙女挂在树上的褂子，[tɕhi⁵⁵ tsou⁵⁵ i²¹ tɕien³³ ɕien³¹ ʐ̩⁴⁴ khua³²⁴ tsai³³ ʂʐ̩⁵⁵ saŋ³³ ti⁰ kua³²⁴ ts̩⁰]

然后哩，[zʐan²²⁴ xou³³ n̠i⁰]

头也不回地跑回屋里去，[thou²²⁴ ie⁵⁵ pu²¹³ xuei²² ti⁰ phao²²⁴ xuei²²⁴ u²¹³ ti⁰ tɕhi³²⁴]

就会得到一位好漂亮的仙女，[tɕiou³³ xuei³³ te²²⁴ tao³²⁴ i²¹³ uei³³ xao⁵⁵ phiao³²⁴ n̠iaŋ³²⁴ ti⁰ ɕien³¹ ʐ̩⁴⁴]

做媳妇。[tsou³²⁴ ɕi²¹³ fu⁰]

这天早晨哪，牛郎哩，[tse³²⁴ thien³¹ tsao⁵⁵ sen⁰ na⁰，n̠iou²²⁴ naŋ²² n̠i⁰]

半信半疑地来到了山脚，[pan³² ɕin²⁴ pan³²⁴ n̠i²² ti⁰ nai²² tao³⁵ n̠iao⁰ san³¹ tɕio¹³]

山脚下，山脚下哈。[san³¹ tɕio¹³ ɕia³³，san³¹ tɕio¹³ ɕia³³ xa⁰]

在朦朦胧胧的当中啊，[tsai³³ moŋ²²⁴ moŋ²²⁴ noŋ²²⁴ noŋ²²⁴ ti⁰ taŋ³¹ tsoŋ³¹ a⁰]

果然看见了，[ko⁵⁵ zʐan²⁴ khan³² tɕien²⁴ n̠iao⁰]

七个美女在湖中哩，玩水。[tɕhi²¹³ ko⁰ mei⁵⁵ ʐ̩⁵⁵ tsai³³ xu²²⁴ tsoŋ³¹ n̠i⁰，uan²² ʂuei⁴⁴]

他立即拿起，[tha³¹ n̠i²¹ tɕi²¹³ na²² tɕhi⁴⁴]

地上的一件粉红色的褂子啊，[ti³²⁴ saŋ³³ ti⁰ i²¹ tɕien³³ fen⁵⁵ xoŋ²² se²¹³ ti⁰ kua³²⁴ ts̩⁰ a⁰]

飞快地跑回家。[fei³¹ khuai³⁵ ti⁰ phao²²⁴ xuei²² tɕia³¹]

这个被抢走衣裳的仙女就是织女。[tse³²⁴ ko⁰ pei³³ tɕhiaŋ⁵⁵ tsou⁵⁵ i³¹ saŋ⁵⁵ ti⁰ ɕien³¹ ʐ̩⁴⁴ tɕiou³³ s̩³³ ts̩²¹³ ʐ̩⁵⁵]

当天夜里呢，[taŋ³¹ tʰien³¹ ie³²⁴ n̠i⁰ n̠i⁰]

她就轻轻地敲开牛郎的哩，[tʰa³¹ tɕiou³³ tɕʰin³³ tɕʰin³¹ ti⁰ tɕʰiao³³ kʰai³¹ n̠iou²²⁴ naŋ²² ti⁰ n̠i⁰]

屋里的门，[u²¹³ n̠i⁰ ti⁰ men²²⁴]

两个人哩，[n̠iaŋ⁵⁵ ko⁰ zʅn²²⁴ n̠i⁰]

就做了哩，恩爱夫妻。[tɕiou³³ tsou³²⁴ n̠iao⁰ n̠i⁰，ŋen³¹ ŋai³⁵ fu³³ tɕʰi³¹]

一转眼哩，三年就过去了，[i²¹³ tʂuan⁵⁵ ien⁵⁵ n̠i⁰，san³¹ n̠ien²²⁴ tɕiou³³ ko³² tɕʰi²⁴ n̠iao⁰]

牛郎和织女啊，[n̠iou²²⁴ naŋ²² xo²²⁴ tsʅ²¹³ ʅ⁵⁵ a⁰]

生了一个，一个儿伢一个女伢，[sen³¹ n̠iao⁰ i²¹³ ko⁰，i²¹³ ko⁰ or²²⁴ ŋa⁰ i²¹³ ko⁰ ʅ⁵⁵ ŋa⁰]

伢：小孩

两个伢儿，[n̠iaŋ⁵⁵ ko⁰ ŋar²²⁴]

一家人哩，就过得蛮开心。[i²¹³ tɕia³¹ zʅn²²⁴ n̠i⁰，tɕiou³³ ko³²⁴ te¹³ man²²⁴ kʰai³³ ɕin³¹]

但是哩，织女私自下凡的事哩，[tan³³ sʅ³³ n̠i⁰，tsʅ²¹³ ʅ⁵⁵ sʅ³¹ tsʅ³³ ɕia³³ fan²² ti⁰ sʅ³³ n̠i⁰]

被玉皇大帝晓得了。[pei³³ ʅ³²⁴ xuaŋ²² ta³³ ti²⁴ ɕiao⁵⁵ te⁰ n̠iao⁰]

有一天哪，天下儿呐，刮着大风，[iou⁵⁵ i²¹³ tʰien³¹ na⁰，tʰien³¹ xar⁰ na⁰，kua²¹³ tso⁰ ta³³ foŋ³¹]

就是摄霍打雷的，[tɕiou³³ sʅ³³ se²¹ xo³²⁴ ta⁵⁵ n̠i²⁴ ti⁰] 摄霍：闪电

刮起了大风，下起了大雨，[kua²¹³ tɕʰi⁵⁵ n̠iao⁰ ta³³ foŋ³¹，ɕia³³ tɕʰi⁵⁵ iao⁰ ta³³ ʅ⁵⁵]

织女突然哩，就不见了。[tsʅ²¹³ ʅ⁵⁵ tʰou²¹³ zuan⁰ n̠i⁰，tɕiou³³ pu²¹ tɕien²⁴ n̠iao⁰]

两个伢儿哩，哭得哩，就要姆妈，[n̠iaŋ⁵⁵ ko⁰ ŋar²²⁴ n̠i⁰，kʰu²¹³ te⁰ n̠i⁰，tɕiou³³ iao³²⁴ m̩⁵⁵ me³¹]

牛郎急得不晓得么的是好，[n̠iou²²⁴ naŋ²² tɕi²¹³ te⁰ pu²¹³ ɕiao⁵⁵ te⁰ mo⁵⁵ ti⁵⁵ sʅ³³ xao⁵⁵]

么：怎么

不好么样。[pu²¹³ xao⁵⁵ mo⁵⁵ iaŋ³³]

这时啊，[tse³²⁴ sʅ²² a⁰]

那头老牛突然哩，[na³³ tʰou²² nao⁵⁵ n̠iou²²⁴ tʰou²¹³ zuan⁰ n̠i⁰]

开口说话了，[kʰai³¹ kʰou⁴⁴ ʂue²¹ xua³³ n̠iao⁰]

他说哪，莫难过，[tʰa³¹ ʂue²¹³ na⁰，mo²¹³ nan²² ko³⁵] 莫：别

你把我的头下儿的角儿哪，[n̠i⁵⁵ pa⁵⁵ ŋo⁵⁵ ti⁰ tʰou²²⁴ xar³³ ti⁰ kor²¹³ na⁰] 下儿：上面

拿下来，变成两个箩筐，[na²²⁴ ɕia³³ nai⁰，pien³²⁴ tʂʰen²² n̠iaŋ⁵⁵ ko⁰ no²²⁴ tɕʰiaŋ³¹]

装上两个伢儿，[tʂuaŋ³¹ saŋ³³ n̠iaŋ⁵⁵ ko⁰ ŋar²¹³]

就可以上天宫哩，去找织女了。[tɕiou³³kʰo⁵⁵i⁵⁵saŋ³³tʰien³³koŋ³¹n̠i⁰，tɕʰi³³tsao⁵⁵tsʅ²¹³ʮ⁵⁵n̠iao⁰]

牛郎就好奇怪，[n̠iou²²⁴naŋ²²tɕiou³³xao⁵⁵tɕʰi²²kuai³⁵]

牛角儿哩，[n̠iou²²kor²¹³n̠i⁰]

就掉到了，掉到了地下儿，[tɕiou³³tiao³²⁴tao⁰n̠iao⁰，tiao³²⁴tao⁰n̠iao⁰ti³³xar³³]

真的变成了两个箩筐。[tsen³¹ti⁰pien³²⁴tsʰen²²n̠iao⁰n̠iaŋ⁵⁵ko⁰no²²⁴tɕʰiaŋ³¹]

牛郎哩，就把两个伢儿哩，[n̠iou²²⁴naŋ²²n̠i⁰，tɕiou³³pa⁵⁵n̠iaŋ³³ko⁰ŋar²¹³n̠i⁰]

放到箩筐里，[faŋ³²⁴tao³³no²²⁴kʰuaŋ³¹n̠i⁰]

放到箩筐里用扁担哩，挑起来。[faŋ³²⁴tao³³no²²⁴tɕʰiaŋ³¹n̠i⁰ioŋ³³pien⁵⁵tan³²⁴n̠i⁰，tʰiao³¹tɕʰi⁵⁵nai⁰]

就哩，一下儿一阵风哩，[tɕiou³³n̠i⁰，i²¹³xar³³i²¹³tsen³³foŋ³¹n̠i⁰] 一下儿：一会儿

就吹过来了。[tɕiou³³tʂuei³¹ko³²⁴nai²²n̠iao²⁴]

箩筐哩，就像长了翅膀样，[no²²⁴tɕʰiaŋ³¹n̠i⁰，tɕiou³³tɕiaŋ³³tsaŋ⁵⁵ne⁰tsʅ³²⁴paŋ⁰iaŋ³³]

突然飞了起来，[tʰou²¹³ʐuan²²⁴fei³¹n̠iao⁰tɕʰi⁵⁵nai⁰]

腾空驾雾的哩，[tʰen²²⁴kʰoŋ³¹tɕia³²⁴u³³ti⁰n̠i⁰]

就向天下儿哩，飞去。[tɕiou³³ɕiaŋ³²⁴tʰien³¹xar⁰n̠i⁰，fei³¹tʂʰʅ³⁵]

飞呀飞呀，[fei³¹ia⁰fei³¹ia⁰]

眼看就要追上织女了，[ien⁵⁵kʰan³²⁴tɕiou³³iao²⁴tsuei³¹saŋ³³tsʅ²¹³ʮ⁵⁵n̠iao⁰]

但是哩，[tan³³sʅ³³n̠i⁰]

又被哩，王母娘娘发现了。[iou³³pei³³n̠i⁰，uaŋ²²⁴moŋ⁵⁵n̠iaŋ²²⁴n̠iaŋ⁰fa²¹ɕien²⁴n̠iao⁰]

她拔，[tʰa³¹pa²²⁴]

她就拔下头上的一根金钗，[tʰa³¹tɕiou³³pa²²ɕia³³tʰou²²⁴saŋ³³ti⁰i²¹³ken³¹tɕin³¹tsʰai³¹]

在牛郎和织女中间一划，[tsai³³n̠iou²²⁴naŋ²²xo²⁴tsʅ²¹³ʮ⁵⁵tsoŋ³³tɕien³¹i²¹³xua³³]

天下儿一黑，[tʰien³¹xar⁰i²¹xe²¹³]

立刻就出现了哩，[n̠i²¹kʰe²¹³tɕiou³³tʂʰʅ²¹ɕien²⁴n̠iao⁰n̠i⁰]

那个波涛滚滚的，[na³²⁴ko⁰po³¹tʰao³¹kuen⁵⁵kuen⁵⁵ti⁰]

那就像一条河样，[na³³tɕiou³³tɕiaŋ³³i²¹tʰiao²²⁴xo²²⁴iaŋ³³]

宽的望不到岸，[kʰuan³¹te²¹³uaŋ³²⁴pu²¹tao²⁴ŋan³³]

把他们两个哩，就隔开了。[pa⁵⁵tʰa³¹men⁰n̠iaŋ⁵⁵ko⁰n̠i⁰，tɕiou³³ke²¹³kʰai³¹n̠iao⁰]

喜鹊儿哩，[ɕi⁵⁵tɕʰior³²⁴n̠i⁰]

就好下不得牛郎和织女。[tɕiou³³xao⁵⁵ɕia³³pu²¹³te⁰n̠iou²²⁴naŋ²²xo²²⁴tsʅ²¹³ʮ⁵⁵] 下不

得：同情

就每年哪，农历的七月初七，[tɕiou³³mei⁵⁵ȵien²²⁴na⁰, noŋ²²⁴ȵi³³ti⁰tɕʰi²¹ zue³³ tsʰou³¹tɕʰi¹³]

成千上万的那个喜鹊儿哪，[tsʰen²²⁴tɕʰien³¹saŋ³³uan³³ti⁰na³³ko⁰ɕi⁵⁵tɕʰior²¹³na⁰]

就飞到那个银河里去。[tɕiou³³fei³¹tao³³ko⁰in²²⁴xo²²ȵi⁰tɕʰi³²⁴]

一个衔得一个另一个的尾巴，[i²¹³ko³²⁴xan²²⁴tao⁰i²¹³ko³²⁴ȵin³³i²¹³ko³²⁴ti⁰uei⁵⁵paʳ⁰]

就搭起了哩，[tɕiou³³ta²¹³tɕʰi⁰ȵiao⁰ȵi⁰]

一个好长的鹊儿桥，[i²¹³ko⁰xao⁵⁵tsʰaŋ²⁴ti⁰tɕʰior²¹³tɕʰiao²²⁴]

让牛郎和织女团聚。[ʐuan³³ȵiou²²⁴naŋ²²xo²²⁴tsʅ²¹³zʅ⁵⁵tʰan²²tɕi³³]

意译：好，我现在给大家讲一个《牛郎和织女》的故事。在很早很早以前呀，有一个小伙子，他的父母都去世了。家里很穷，只有一头老牛，大家都叫他牛郎。牛郎就靠老牛耕地为生，与老牛相依为命。老牛其实是天上的金牛星，他喜欢牛郎勤快善良，所以想帮他成个家。有一天，金牛星得知天上的仙女们要到村东边山脚下的湖里洗澡。他就托梦给牛郎，要他第二天早晨到湖边去，趁仙女们洗澡的时候，取走一件仙女挂在树上的衣服，然后头也不回地跑回家，就会得到一位很漂亮的仙女做妻子。这天早晨，牛郎半信半疑地到了山脚下。在朦胧之中，果然看见七个美女在湖中戏水。他立即拿起地上的一件粉红色的衣服，飞快地跑回家。这个被抢走衣服的仙女就是织女。当天夜里，她轻轻敲开牛郎家的门，两人做了恩爱夫妻。一转眼呢，三年过去了。牛郎和织女生了一男一女两个小孩。一家人过得很开心。但是，织女私自下凡的事被玉皇大帝知道了。有一天，天上哪，电闪雷鸣，刮起大风，下起大雨，织女突然不见了，两个孩子哭着要妈妈，牛郎急得不知如何怎么办。这时，那头老牛突然开口说话了，他说哪，别难过，你把我头上的角拿下来，变成两个箩筐，装上两个孩子，就可以上天宫去找织女了。牛郎正感到奇怪，牛角就掉到了地下，真的变成了两个箩筐。牛郎就把两个孩子放到箩筐里，用扁担挑起来。一会儿，一阵风吹过来。箩筐像长了翅膀，突然飞了起来，腾云驾雾地向天宫飞去。飞啊，飞啊，眼看就要追上织女了，但是被王母娘娘发现了。她拔下头上的一根金钗，在牛郎和织女中间一划，天上一黑，立刻就出现了一条波涛滚滚的河，宽得望不到对岸，把他们两个呢，就隔开了！喜鹊儿呢，非常同情牛郎和织女。就在每年农历的七月初七，成千上万只喜鹊都飞到天河上。一只衔着另一只的尾巴，搭起一座长长的鹊桥，让牛郎和织女团聚。

三　其他故事

0022 其他故事

正朝，我跟大家讲一个新洲，[tsen³²tsao³¹，ŋo⁵⁵ken³¹ta³³tɕia³¹tɕiaŋ⁵⁵i²¹³ko³²⁴ɕin³¹tsou³¹]正朝：现在

我们新洲《问津文化》的故事。[ŋo⁵⁵men⁰ɕin³¹tsou³¹uen³³tɕin³¹uen²²⁴xua³²⁴ti⁰ku³²⁴sʅ³³]

我们新洲《问津文化》的故事屡里，[ŋo⁵⁵men⁰ɕin³¹tsou³¹uen³³tɕin³¹uen²²⁴xua³²⁴ti⁰ku³²⁴sʅ³³tou³³ȵi⁵⁵]

有哩，孔子河，问津书院，[iou⁵⁵ȵi⁰，kʰoŋ⁵⁵tsʅ⁵⁵xo²²⁴，uen³³tɕin³¹ʂʅ³¹ɣan³³]

孔子庙，孔叹桥，晒书寺，[kʰoŋ⁵⁵tsʅ⁵⁵miao³³，kʰoŋ⁵⁵tʰan³²⁴tɕʰiao²²⁴，sai³²⁴ʂʅ³¹sʅ³³]

这些的，这些个名字的。[tsei³³ɕie³¹ti⁰，tsei³³ɕie³¹ke⁰min²²⁴tsʅ⁰ti⁰]

它的来由哩，[tʰa³¹ti⁰nai²²⁴iou²²⁴ȵi⁰]

就是出自于哩，春秋时候，[tɕiou³³sʅ³³tʂʰʅ²¹³tsʅ³³ʅ²²⁴ȵi⁰，tʂʰʅn³¹tɕʰiou³¹sʅ²¹³xou³³]

孔子哩，周游列国。[kʰoŋ⁵⁵tsʅ⁵⁵ȵi⁰，tsou³³iou²²⁴ȵie²¹³kue²¹³]

孔子当时的周游列国的时候哩，[kʰoŋ⁵⁵tsʅ⁵⁵taŋ³¹sʅ²¹³ti⁰tsou³³iou²²⁴ȵie²¹³kue²¹³ti⁰sʅ²¹³xou³³ȵi⁰]

率领他的弟子，[ʂuai³²⁴ȵin⁵⁵tʰa³¹ti⁰ti³³tsʅ⁵⁵]

像子路哇，子贡啊，颜回呀，[ɕiaŋ³³tsʅ⁵⁵nou³³ua⁰，tsʅ⁵⁵koŋ³³ŋa⁰，ien²²⁴xuei²²⁴ia⁰]

一大路，就从鲁国的，[i²¹³ta³³nou³³，tɕiou³³tsʰoŋ²²⁴nou⁵⁵kue²¹³ti⁰]一大路：一大伙

进入了我们楚国的地界。[tɕin³²⁴ʐu²¹³ȵiao⁵⁵ŋo⁵⁵men⁰tsʰou⁵⁵kue²²⁴ti⁰ti³³kai³²⁴]

一天哩，[i²¹³tʰien³¹ȵi⁰]

他们被一条河挡了，挡住了，[tʰa³¹men⁰pei³³i²¹³tʰiao²²⁴xo²²⁴taŋ³²⁴ȵiao⁰，taŋ⁵⁵tʂu³³ȵiao⁰]

过不去。[ko³²⁴pu²¹³tɕʰi³²⁴]

孔子哩，[kʰoŋ⁵⁵tsʅ⁵⁵ȵi⁰]

就派他的大弟子子路去问，[tɕiou³³pʰai³²⁴tʰa³¹ti⁰ta³³ti³³tsʅ⁰tsʅ⁵⁵nou³³tɕʰi³²⁴uen³³]

问看哪得有渡口可以过河。[uen³³kʰan³²⁴na⁵⁵te³³iou⁵⁵tou³³kʰou⁵⁵kʰo⁵⁵i⁵⁵ko³²⁴xo²²⁴]哪得：哪里

子路哩，就哩，去问。[tsɿ⁵⁵ nou³³ ni⁰, tɕiou³³ ni⁰, tɕʰi³²⁴ uen³³]

走得看到，[tsou⁵⁵ te³³ kʰan³²⁴ tao³³]

人家畈里做事的农民，[ŋen²²⁴ ka⁰ fan³²⁴ ni⁵⁵ tsou³²⁴ sɿ³³ ti⁰ noŋ²²⁴ min²²⁴] 畈：田，地

就问，那个农民说我们这里，[tɕiou³³ uen³³, na³³ ke⁰ noŋ²²⁴ min²²⁴ ʂɥe²¹³ ŋo⁵⁵ men⁰ tse³²⁴ ni⁵⁵]

这个河啦，没得渡船，[tse³²⁴ ke⁰ xo²²⁴ na⁰, mao³³ te²¹³ tou³³ tsʰɥan²²⁴]

就是现在的下是，人家下是哩，[tɕiou³³ sɿ³³ ɕien³²⁴ tsai³³ ti⁰ xa³³ sɿ³³, ŋen²²⁴ ka⁰ xa³³ sɿ³³ ni⁰] 下：都

浩过河。[xao³¹ ko³²⁴ xo²²⁴] 浩：蹚

子路就回去告诉孔子。[tsɿ⁵⁵ nou³³ tɕiou³³ xuei²²⁴ tɕʰi³²⁴ kao³²⁴ sou³³ kʰoŋ⁵⁵ tsɿ⁵⁵]

孔子他们一行哩，[kʰoŋ⁵⁵ tsɿ⁵⁵ tʰa³¹ men⁰ i²¹³ ɕin²²⁴ ni⁰]

就看到那个水也不浅，不深，[tɕiou³³ kʰan³²⁴ tao⁰ ne³³ ke⁰ ʂɥei⁵⁵ ie⁵⁵ pu²¹³ tɕʰien⁵⁵, pu²¹³ sen³¹]

就下一路里就，下浩过河。[tɕiou³³ xa³³ i²¹³ nou³³ ni⁵⁵ tɕiou³³, xa³³ xao³¹ ko³²⁴ xo²²⁴]

他们牵倒驴子，[tʰa³¹ men⁰ tɕʰien³¹ tao⁰ zʮ²²⁴ tsɿ⁰]

驴子的背上的就背倒书，[zʮ²²⁴ tsɿ⁵⁵ ti⁰ pi³²⁴ saŋ⁰ ti⁰ tɕiou³³ pei³¹ tao⁰ ʂʮ³¹]

因为有一句古话说的，[in³¹ uei³³ iou⁵⁵ i²¹³ tsʮ³²⁴ ku⁵⁵ xua³³ ʂɥe²¹³ ti⁰]

"孔夫子搬家——光书"。[kʰoŋ⁵⁵ fu³¹ tsɿ⁵⁵ pan³¹ tɕia³¹——kuaŋ³²⁴ ʂʮ³¹]

他那哩，[tʰa³¹ ne³³ ni⁰]

好几头驴子，就弟子牵的驴子哩，[xao⁵⁵ tɕi⁵⁵ tʰou²²⁴ zʮ²²⁴ tsɿ⁰, tɕiou³³ ti³³ tsɿ⁰ tɕʰien³¹ ti⁰ zʮ²²⁴ tsɿ⁰ ni⁰]

背上背的下是书。[pi³²⁴ saŋ⁰ pei³¹ ti⁰ xa³³ sɿ³³ ʂʮ³¹]

往日那儿书不比现在，[uaŋ⁵⁵ or²¹³ na³³ or⁰ ʂʮ³¹ pu²¹³ pi⁵⁵ ɕien³²⁴ tsai³³]

它下是用竹片子上面的，刻的字，[tʰa³¹ xa³³ sɿ³³ ioŋ³³ tsou²¹³ pʰien⁵⁵ tsɿ⁰ saŋ³³ mien³³ ti⁰, kʰe²¹³ ti⁰ tsɿ³³]

再用线串倒一卷一卷的，好重。[tsai³²⁴ ioŋ³³ ɕien³²⁴ tʂʰɥan³¹ tao⁰ i²¹³ tsɥan⁵⁵ i²¹³ tsɥan⁵⁵ ti³³, xao⁰ tsoŋ³³]

他们一行人哩，就沿路走，[tʰa³¹ men⁰ i²¹³ ɕin²²⁴ zʮn²²⁴ ni⁰, tɕiou³³ ien²²⁴ nou³³ tsou⁵⁵]

走的时候，那个，那个河里哩，[tsou⁵⁵ ti⁰ sɿ²¹³ xou³³, na³³ ke⁰, na³³ ke⁰ xo²²⁴ ni⁵⁵ ti⁰ ni⁰]

有好多石头，不稳，[iou⁵⁵ xao⁵⁵ to³¹ sɿ²²⁴ tʰou⁰, pu²¹³ uen⁵⁵]

那就驴子走，[na³³ tɕiou³³ zʮ²²⁴ tsɿ⁰ tsou⁵⁵]

驴子蹄子在站在高头就不稳，[zʮ²²⁴ tsɿ⁰ tʰi²²⁴ tsɿ⁰ tsan³²⁴ tsai³³ kao³¹ tʰou⁰ tɕiou³³ pu²¹³ uen⁵⁵］高头：上面

就一下哩，就滚到河里去了。［tɕiou³³ i²¹³ xa³³ ȵi⁰，tɕiou³³ kuen⁵⁵ tao⁰ xo²²⁴ ȵi⁵⁵ tɕʰi³²⁴ iao⁰］

那些书就下打湿了，［na³³ ɕie³¹ ʂʅ³¹ tɕiou³³ xa³³ ta⁵⁵ ʂʅ²¹³ ȵiao⁰］打湿：弄湿

打湿了，他们就，［ta⁵⁵ ʂʅ²¹³ ȵiao⁰，tʰa³¹ men⁰ tɕiou³³］

驴子的就起来不就，［zʅ²²⁴ tsʅ⁰ ti⁰ tɕiou³³ tɕʰi⁵⁵ nai²²⁴ pu²¹³ tɕiou³³］

下倒到水屄里。［xa³¹ tao⁵⁵ tao³³ ʂuei⁵⁵ tou⁰ ȵi⁵⁵］

他赶快下去搬，［tʰa³¹ kan⁵⁵ kʰuai³²⁴ xa³³ tɕʰi³²⁴ pan³¹］

把咧，打湿的书，［pa⁵⁵ ȵie⁰，ta⁵⁵ ʂʅ²¹³ ti⁰ ʂʅ³¹］

一捆捆的下搬到那个岸上去，［i²¹³ kʰuen⁵⁵ kʰuen⁵⁵ ti⁰ xa³³ pan³¹ tao⁰ na³³ ke⁰ ŋan³³ saŋ⁰ tɕʰi³²⁴］

再把驴子牵到岸上去，［tsai³²⁴ pa⁵⁵ zʅ²²⁴ tsʅ⁰ tɕʰien³¹ tao³³ ŋan³³ saŋ⁰ tɕʰi³²⁴］

牵到岸上去的话哩，［tɕʰien³¹ tao³³ ŋan³³ saŋ⁰ tɕʰi³²⁴ ti⁰ xua³³ ȵi⁰］

那些书哩，就下打湿了，［ne³³ ɕie³¹ ʂʅ³¹ ȵi⁰，tɕiou³³ xa³³ ta⁵⁵ ʂʅ²¹³ ȵie⁰］

打湿了咧，就好重，［ta⁵⁵ ʂʅ²¹³ ne⁰ ȵie⁰，tɕiou³³ xao⁵⁵ tsoŋ³³］

驴子又拖不动，［zʅ²²⁴ tsʅ⁰ iou³³ tʰo³¹ pu²¹³ toŋ³³］

他们就一看哩，［tʰa³¹ men⁰ tɕiou³³ i²¹³ kʰan³²⁴ ȵi⁰］

岸上有好大块石头，［ŋan³³ saŋ⁰ iou⁵⁵ xao⁵⁵ ta³³ kʰuai³²⁴ ʂʅ²²⁴ tʰou⁰］

高头蛮干净，［kao³¹ tʰou⁰ man²²⁴ kan³¹ tɕin³²⁴］

就把那些书哩，下敞开，［tɕiou³³ pa⁵⁵ ne³³ ɕie³¹ ʂʅ³¹ ȵi⁰，xa³³ tsʰaŋ⁵⁵ kʰai³¹］

放在石头高头晒。［faŋ³²⁴ tai³³ ʂʅ²²⁴ tʰou⁰ kao³¹ tʰou⁰ sai³²⁴］

孔子哩，趁他们晒书时哩，［kʰoŋ⁵⁵ tsʅ⁰ ȵi⁰，tsʰen³²⁴ tʰa³¹ men⁰ sai³²⁴ ʂʅ³¹ ʂʅ²¹ ȵi⁰］

就慢慢看呢，这里风景哩，［tɕiou³³ mar³²⁴ mar⁰ kʰan³²⁴ ne⁰，tse³²⁴ ȵi⁵⁵ foŋ³¹ tɕin⁵⁵ ȵi⁰］

也蛮美，［ie⁵⁵ man²²⁴ mei⁵⁵］

它是哩，大别山的哩，南麓，［tʰa³¹ ʂʅ³³ ȵi⁰，ta³³ pie²²⁴ san³¹ ti³³ ȵi⁰，nan²²⁴ nou³²⁴］

大稽山屄下儿，［ta³³ tɕi⁰ san³¹ to²²⁴ xar⁰］屄：底

那个风景哩，秀美，［ne³³ ke⁰ foŋ³¹ tɕin⁵⁵ ȵi⁰，ɕiou³²⁴ mei⁵⁵］

他一路看哩，［tʰa³¹ i²¹³ nou³³ kʰan³²⁴ ȵi⁰］

一路站到那个过河的那个地岸哩，［i²¹³ nou³³ tsan³²⁴ tao⁰ na³³ ke⁰ ko³²⁴ xo²²⁴ ti³³ na³³ ke⁰ ti³³ ŋan³³ ȵi⁰］

就说："唉，［tɕiou³³ ʂue²¹³：ai³¹］

这里要是有一座桥该几好，［tse³²⁴ ȵi⁵⁵ iao³²⁴ ʂʅ³³ iou⁵⁵ i²¹³ tso³²⁴ tɕʰiao²²⁴ kai³¹ tɕi⁵⁵ xao⁵⁵］

几：多么

我们就不得打河里走"。[ŋo⁵⁵ men⁰ tɕiou³³ pu²¹³ te²²⁴ ta⁵⁵ xo²²⁴ n̠i⁰ tsou⁵⁵] 不得：不会。

打：从

再等呢，书晒干了以后，[tsai³²⁴ ten⁵⁵ ne⁰，ʂʅ³¹ sai³²⁴ kan³¹ n̠ie⁰ i⁵⁵ xou³³]

他们把它收起来拖到，[tʰa³¹ men⁰ pa⁵⁵ tʰa³¹ sou³¹ tɕʰi⁵⁵ nai²²⁴ tʰo³¹ tao⁰]

一行几人哩，[i²¹³ ɕin²²⁴ tɕi⁵⁵ zʊn²²⁴ n̠i⁰]

一路哩，[i²¹³ nou³³ n̠i⁰]

就到我们楚国的国都去了。[tɕiou³³ tao³³ ŋo⁵⁵ men⁰ tsʰou⁵⁵ kue²¹³ ti⁰ kue²¹³ tou³¹ tɕʰi³²⁴ n̠iao⁰]

这是当时的情况。[tse³²⁴ sʅ³³ taŋ³¹ sʅ²²⁴ ti⁰ tɕʰin²²⁴ kʰuaŋ³²⁴]

过了那些年，[ko³²⁴ n̠iao⁰ ne³³ ɕie³¹ n̠ien²²⁴]

过了几代的话哩，[ko³²⁴ n̠iao⁰ tɕi⁵⁵ tai³³ ti⁰ xua³³ n̠i⁰]

孔子哩，跟那些儒家咧，[kʰoŋ⁵⁵ tsʅ⁰ n̠i⁰，ken³¹ ne³³ ɕie³¹ zʊ²²⁴ tɕia³¹ n̠i⁰]

就好得宠，[tɕiou³³ xao⁵⁵ te²²⁴ tsʰoŋ⁵⁵]

历代哩，[n̠i²¹³ tai³³ n̠i⁰]

就推崇孔子为孔圣人。[tɕiou³³ tʰei³¹ tsʰoŋ²²⁴ kʰoŋ⁵⁵ tsʅ⁵⁵ uei²²⁴ kʰoŋ⁵⁵ sen³²⁴ zʊn²²⁴]

到处哩，就他的么什啊，[tao³²⁴ tʂʰʊ³³ n̠i⁰，tɕiou³³ tʰa³¹ ti⁰ mo⁵⁵ sʅ³¹ a⁰] 么什：什么

故居哦，走过的一些地岸呐，[ku³²⁴ tɕʊ³¹ o⁰，tsou⁵⁵ ko³²⁴ ti⁰ i²¹³ ɕie³¹ ti³³ ŋan³³ nou⁰]

地岸：地方

下建立，建立，树碑立传，[xa³³ tɕien³²⁴ n̠i²¹³，tɕien³²⁴ n̠i²¹³，ʂʅ³³ pei n̠i²¹³ tsʊan³³]

这是历代哩，下来朝拜。[tse³²⁴ sʅ³³ n̠i²¹³ tai³³ n̠i⁰，xa³³ nai²²⁴ tsʰao²²⁴ pai³²⁴]

我们呐，新洲哩，[ŋo⁵⁵ men⁰ ne⁰，ɕin³¹ tsou³¹ n̠i⁰]

当时那个，那个也是一样。[taŋ³¹ sʅ²²⁴ ne³³ ke³³，ne³³ ke³³ ie⁵⁵ sʅ³³ i²¹³ iaŋ³³]

在汉代的时候哩，[tsai³³ xan³²⁴ tai³³ ti⁰ sʅ²²⁴ xou³³ n̠i⁰]

就把那得孔子问津的，问过河，[tɕiou³³ pa⁵⁵ ne³³ te⁰ kʰoŋ⁵⁵ tsʅ⁵⁵ uen³³ tɕin³¹ ti⁰，uen³³ ko³²⁴ xo²²⁴]

问渡口的地岸就树了一个碑，[uen³³ tou³²⁴ kʰou⁵⁵ ti⁰ ti³³ ŋan³³ tɕiou³³ ʂʅ³³ ne⁰ i²¹³ ke³² pei³¹]

就高头刻了字：[tɕiou³³ kao³¹ tʰou²²⁴ kʰe²¹³ n̠iao⁰ tsʅ³³]

"孔子问津之处"。[kʰoŋ⁵⁵ tsʅ⁵⁵ uen³³ tɕin³¹ tsʅ³¹ tsʰʊ³²⁴]

再过了一些朝代，像两晋咯，[tsai³²⁴ ko³²⁴ n̠iao⁰ i²¹³ ɕie³¹ tsʰao²²⁴ tai³³，tɕiaŋ³³ n̠iaŋ⁵⁵ tɕin³²⁴ no³¹]

欸，西晋东晋咯，[ei⁰，ɕi³¹ tɕin³²⁴ toŋ³¹ tɕin³²⁴ no³¹]

到隋朝那些朝代哩，[tao³²⁴ sei²²⁴ tsʰao²²⁴ ne⁰ ɕie³¹ tsʰao²²⁴ tai³³ n̠i⁰]

就在碑高头盖了些亭子。[tɕiou³³ tsai³¹ pei³¹ kao³¹ tʰou⁰ kai³²⁴ iao⁰ ɕie³¹ tʰin²²⁴ tsʅ⁰]

再到了唐代的时候哩，[tsai³²⁴ tao³²⁴ ɲiao⁰ tʰaŋ²²⁴ tai³³ ti³¹ sʅ²²⁴ xou⁰ ɲi⁰]

杜牧在我们黄，黄州，[tou³³ moŋ³²⁴ tsai³³ ŋo⁵⁵ men⁰ xuaŋ²²⁴，xuaŋ²²⁴ tsou³¹]

因为那个孔子那个地岸，[in³¹ uei³² ne³²⁴ ke³³ kʰoŋ⁵⁵ tsʅ⁰ ne³²⁴ ke³³ ti³³ ŋan³³]

我们新洲那里属于黄州管。[ŋo⁵⁵ men³¹ ɕin³¹ tsou³¹ ne³³ ɲi⁰ sou²¹³ ʮ²²⁴ xuaŋ²²⁴ tsou³¹ kuan⁵⁵]

杜牧在黄州做官的时候哩，[tou³³ moŋ³²⁴ tsai³¹ xuaŋ²²⁴ tsou³¹ tsou³²⁴ kuan³¹ ti⁰ sʅ²²⁴ xou³³ ɲi⁰]

就在那里哩，修了一座庙，[tɕiou³³ tsai³³ ne³²⁴ ɲi⁵⁵ ɲi⁰，ɕiou³¹ ɲiao⁵⁵ i²¹³ tso³³ miao³³]

叫孔子庙。[tɕiao³²⁴ kʰoŋ⁵⁵ tsʅ⁰ miao³³]

孔子庙里哩，[kʰoŋ⁵⁵ tsʅ⁰ miao³³ ɲi⁵⁵ ɲi⁰]

他就在屋里讲学，[tʰa³¹ tɕiou³³ tsai³¹ tou³³ ɲi⁰ tɕiaŋ⁵⁵ ɕio²²⁴]

布道，教学生，[pu³²⁴ tao³³，tɕiao³¹ ɕio²²⁴ sen³¹]

这是唐代。[tse³²⁴ sʅ³³ tʰaŋ²²⁴ tai³²⁴]

再宋代，元代哩，这些名人，[tsai³²⁴ soŋ³²⁴ tai³³，ɥan²²⁴ tai³²⁴ ɲi⁰，tse³³ ɕie²¹³ min²²⁴ zʮn²²⁴]

像孟珙啊，朱熹啊，[ɕiaŋ³³ moŋ³³ koŋ⁵⁵ a⁰，tʂʅ³¹ ɕi³¹ a⁰]

都在这里布道，[tou³¹ tsai³³ tse³³ ɲi⁰ pu³²⁴ tao³³]

指点江山，激扬文字，[tsʅ⁵⁵ tien⁵⁵ tɕiaŋ³¹ san³¹，tɕi²¹³ iaŋ²²⁴ uen²²⁴ tsʅ³³]

全国各地的那些学子啊，[tɕʰien²²⁴ kue²²⁴ ko³²⁴ ti³³ ti⁰ ne³³ ɕie³¹ ɕio²¹³ tsʅ⁵⁵ a⁰]

都蜂拥而至，[tou³¹ foŋ³¹ ioŋ³¹ or²²⁴ tsʅ³²⁴]

谈论哩，国家大事。[tʰan²²⁴ nen³³ ɲi⁰，kue²²⁴ tɕia³¹ ta³³ sʅ³³]

这是到了元，[tse³³ sʅ³³ tao³²⁴ ɲiao³¹ ɥan²²⁴]

元末明初的时候哩，[ɥan²²⁴ mo²¹³ min²²⁴ tsʰou³¹ ti⁰ sʅ²²⁴ xou³³ ɲi⁰]

陈友谅跟朱元璋哩，打了一仗，[tsʰen²²⁴ iou⁵⁵ ɲiaŋ³³ ken³¹ tʂʅ³¹ ɥan²²⁴ tsaŋ³¹ ɲi⁰，ta⁵⁵ ɲiao⁵⁵ i²²⁴ tsaŋ³²⁴]

为么子在新洲打了一仗哩？[uei³³ mo⁵⁵ tsʅ³³ tsai³²⁴ ɕin³¹ tsou³¹ ta⁵⁵ ɲiao⁵⁵ i²²⁴ tsaŋ³²⁴ ɲi⁰]

陈友谅当时哩，[tsʰen²²⁴ iou⁵⁵ ɲiaŋ³³ taŋ³¹ sʅ²²⁴ ɲi⁰]

监督我们新洲这个城关，[tɕien³²⁴ tou³¹ ŋo⁵⁵ men⁰ ɕin³¹ tsou³¹ ne³²⁴ ke³³ tsʰen²²⁴ kuan³¹]

就是邾城，[tɕiou³³ sʅ³³ tʂʅ³¹ tsʰen²²⁴]

当时他在这个邾城监督[taŋ³¹ sʅ²²⁴ tʰa³¹ tsai³³ tsei³²⁴ ke³³ tʂʅ³¹ tsʰen²²⁴ tɕien³²⁴ tou³¹]

朱元璋哩，就把陈友谅打败了。[tʂʅ³¹ ɥan²²⁴ tsaŋ³¹ ɲi⁰，tɕiou³³ pa⁵⁵ tsʰen²²⁴ iou⁵⁵ ȵiaŋ³³ ta⁵⁵ pai³³ ȵiao⁰〕

在战争中哩，〔tsai³³ tsan³²⁴ tsen³¹ tsoŋ³¹ ȵi⁰〕

就把这个庙哩，〔tɕiou³³ pa⁵⁵ ne³²⁴ ke³³ miao³³ ȵi⁰〕

毁了，下烧了。〔xuei⁵⁵ ȵiao³¹，xa³³ sao³¹ ȵiao⁰〕

到了明朝稳定了的时候哩，〔tao³²⁴ ȵiao³¹ min²²⁴ tsʰao²²⁴ uen⁵⁵ tin³³ ȵiao⁵⁵ ti³¹ ʂɿ²²⁴ xou³³ ȵi⁰〕

又哩，又把这些庙建起来，〔iou³²⁴ ȵi⁰，iou³²⁴ pa⁵⁵ ne³²⁴ ɕie²¹³ miao³³ tɕien³²⁴ tɕʰi⁵⁵ nai²²⁴〕

又把孔子庙建起来。〔iou³²⁴ pa⁵⁵ kʰoŋ⁵⁵ tsɿ⁰ miao³³ tɕien³²⁴ tɕʰi⁵⁵ nai²²⁴〕

而且哩，这里是当时哩，〔or²²⁴ tɕʰie⁵⁵ ȵi⁰，tse³²⁴ ȵi⁵⁵ ʂɿ³³ taŋ³¹ ʂɿ²²⁴ ȵi⁰〕

科举考试的考场。〔kʰo³¹ tsʐ⁵⁵ kʰao⁵⁵ ʂɿ³²⁴ ti³¹ kʰao⁵⁵ tsʰaŋ⁵⁵〕

这些学子哩，在这里考。〔tse³²⁴ ɕie⁰ ɕio²²⁴ tsɿ⁵⁵ ȵi⁰，tsai³³ ne³²⁴ ȵi⁰ kʰao⁵⁵〕

在反正从明代到清代，〔tsai³³ fan⁵⁵ tsen³²⁴ tsʰoŋ²²⁴ min²²⁴ tai³³ tao³²⁴ tɕʰin³¹ tai³³〕

中间哩，也，也有一些战争哩，〔tsoŋ³¹ kan³¹ ȵi⁰，ie⁵⁵，ie⁵⁵ iou⁵⁵ i²²⁴ ɕie⁰ tsan³²⁴ tsen³¹ ȵi⁰〕

毁了哩，又建；建了哩，又毁。〔xuei⁵⁵ ȵiao⁵⁵ ȵi⁰，iou³²⁴ tɕien³²⁴；tɕien³²⁴ ȵiao⁵⁵ ȵi⁰，iou³²⁴ xuei⁵⁵〕

最后一次毁了哩，〔tsei³²⁴ xou³³ i²²⁴ tsʰɿ³²⁴ xuei⁵⁵ ȵiao³¹ ȵi⁰〕

就是在清朝同治光绪年间。〔tɕiou³³ ʂɿ³³ tsai³³ tɕʰin³¹ tsʰao²²⁴ tʰoŋ²²⁴ tsɿ³³ kuaŋ³¹ ɕi³³ ȵien²²⁴ tɕien³¹〕

这个就是咸丰年间哩，〔ne³²⁴ ke³³ tɕiou³³ ʂɿ³³ ɕien²²⁴ foŋ³¹ ȵien²²⁴ ɕien²²⁴ ȵi⁰〕

太平天国跟曾国藩哩，〔tʰai³²⁴ pʰin²²⁴ tʰien³¹ kue²²⁴ ken³¹ tsen³¹ kue²¹³ fan³¹ ȵi⁰〕

在这里打了一仗，〔tsai³³ tse³²⁴ ȵi⁵⁵ ta³¹ ȵiao²²⁴ i²¹³ tsaŋ³²⁴〕

就把那个孔子庙哩，〔tɕiou³³ pa⁵⁵ ne³²⁴ ke³³ kʰoŋ⁵⁵ tsɿ⁵⁵ miao³³ ȵi⁰〕

全部烧毁了。〔tɕʰien²²⁴ pu³³ sao³¹ xuei⁵⁵ ȵiao⁰〕

烧毁了以后哩，〔sao³¹ xuei⁵⁵ ȵiao³¹ i⁵⁵ xou³²⁴ ȵi⁰〕

全部下毁了以后哩，〔tɕʰien²²⁴ pu³³ xa³³ xuei⁵⁵ ȵiao⁰ i⁵⁵ xou³³ ȵi⁰〕

到了，〔tao³²⁴ ȵiao⁵⁵〕

同治光绪年间的地方官哩，〔tʰoŋ²²⁴ tsɿ³³ kuaŋ³¹ ɕi³³ ȵien²²⁴ tɕien³¹ ti⁰ ti³³ faŋ³¹ kuan³¹ ȵi⁰〕

又把这里，黄州地方官哩，〔iou³³ pa⁵⁵ tse³²⁴ ȵi⁵⁵，xuaŋ²²⁴ tsou³¹ ti³³ faŋ³¹ kuan³¹ ȵi⁰〕

又把这里哩，〔iou³²⁴ pa⁵⁵ tsei³²⁴ ȵi⁵⁵ ȵi⁰〕

建起了孔子庙。〔tɕien³²⁴ tɕʰi⁵⁵ ȵiao⁵⁵ kʰoŋ⁵⁵ tsɿ⁵⁵ miao³³〕

在河，孔子河的南岸哩，〔tsai³²⁴ xo²²⁴，kʰoŋ⁵⁵ tsɿ⁵⁵ xo²²⁴ ti⁰ nan²²⁴ ŋan³³ ȵi⁰〕

又修了孔子庙。［iou³²⁴ ɕiou³¹ ȵiao³¹ kʰoŋ⁵⁵ tsʅ⁵⁵ miao³³］

北岸哩，就做了一个问津书院，［pe²²⁴ ŋan³³ ȵi⁰，tɕiou³³ tsou³²⁴ ȵiao³³ i²²⁴ ko³³ uen³³ tɕin³¹ ʂʅ³¹ ʮan³³］

就在那里讲学。［tɕiou³³ tsai³³ ne³²⁴ ȵi⁵⁵ tɕiaŋ⁵⁵ ɕio²²⁴］

当时哩，［taŋ³¹ sʅ²²⁴ ȵi⁰］

与江西的哦，白鹿洞书院咯，［ʮ²²⁴ tɕiaŋ³¹ ɕi³¹ ti³¹ o⁰，pe²²⁴ nou³³ toŋ³³ ʂʅ³¹ ʮan³³ no⁰］

与湖南的哦，岳麓山书院咯，［ʮ²²⁴ xu²²⁴ nan²²⁴ ti³¹ o⁰，io³²⁴ nou³²⁴ san³¹ ʂʅ³¹ ʮan³³ no³¹］

还有无锡的哦，东林书院咯，［xai²²⁴ iou⁵⁵ u²²⁴ ɕi³¹ ti³¹ o⁰，toŋ³¹ ȵin³¹ ʂʅ³¹ ʮan³³ no⁰］

还有哪几个，［xai²²⁴ iou⁵⁵ na⁵⁵ tɕi⁵⁵ ko³³］

并称为中国，中国的四大书院，［pin³³ tsʰen³¹ uei²²⁴ tsoŋ³³ kue²¹³，tsoŋ³¹ kue²¹³ ti³¹ sʅ³²⁴ ta³³ ʂʅ³¹ ʮan³³］

还是蛮有名的。［xai²²⁴ sʅ³³ man²²⁴ iou⁵⁵ min²²⁴ ti⁰］

我们新洲哩，［ŋo⁵⁵ men⁰ ɕin³¹ tsou³¹ ȵi⁰］

在为了建那个，建设好新洲，［tsai³³ uei³³ ȵiao⁰ tɕien³²⁴ ne³³ ke³³，tɕien³²⁴ se²¹³ xao⁵⁵ ɕin³¹ tsou³¹］

搞好我们旅游哩，［kao⁵⁵ xao⁵⁵ ŋo⁵⁵ men³¹ ȵi⁵⁵ iou²²⁴ ȵi⁰］

就做那个东部旅游线路哩，［tɕiou³³ tsou³²⁴ ne³³ ko³³ toŋ³¹ pu³³ ȵi⁵⁵ iou²²⁴ ɕien³²⁴ nou³³ ȵi⁰］

就把当时那些，［tɕiou³³ pa⁵⁵ taŋ³¹ sʅ²²⁴ ne³²⁴ ɕie³¹］

就把当时，当时那个书院哩，［tɕiou³³ pa⁵⁵ taŋ³¹ sʅ²²⁴，taŋ³¹ sʅ²²⁴ ne³²⁴ ke³³ ʂʅ³¹ ʮan³³ ȵi⁰］

所在地，就移了一下，［so⁵⁵ tsai³³ ti³³，tɕiou³³ i²²⁴ ȵiao⁵⁵ i²¹³ xa³³］

因为他要做那个东部旅游线路，［in³¹ uei³³ tʰa³¹ iao³²⁴ tsou³²⁴ ne²¹³ ke³³ toŋ³¹ pu³³ ȵi⁵⁵ iou²²⁴ ɕien³²⁴ nou³³］

就在那，那个就把那个书院哩，［tɕiou³³ tsai³²⁴ ȵie³²⁴，na³³ ke³³ tɕiou³³ pa⁵⁵ ne²²⁴ ke³³ ʂʅ³¹ ʮan³³ ȵi⁰］

移了下，［i²²⁴ ȵiao⁰ xa³³］

移到那个晒书室的边下儿，［i²²⁴ tao³³ ne²²⁴ ke³³ sai³²⁴ ʂʅ³¹ sʅ²¹³ ti³¹ pie³¹ xar⁰］

就重新又修建了。［tɕiou³³ tsʰoŋ²²⁴ ɕin³¹ iou³³ ɕiou³¹ tɕien³²⁴ ȵiao⁵⁵］

为么什要重新修建哩？［uei³³ mo⁵⁵ sʅ³³ iao³²⁴ tsʰoŋ²²⁴ ɕin³¹ ɕiou³¹ tɕien³²⁴ ȵi⁰］

可能在民国咯，在抗日战争咯，［kʰo⁵⁵ nen²²⁴ tsai³³ min²²⁴ kue²¹³ no⁰，tsai³³ kʰaŋ³²⁴ or³²⁴ tsan³²⁴ tsen³¹ no⁰］

在这中间哩，也毁了，［tsai³²⁴ ne³³ tsoŋ³¹ kan³¹ ȵi⁰，ie⁵⁵ xuei⁵⁵ ȵiao³¹］

就重新又做，[tsou³³ tsʰoŋ²²⁴ ɕin³¹ iou³³ tsou³²⁴]

又修起来一个，[iou³³ ɕiou³¹ tɕʰi⁵⁵ nai²²⁴ i²²⁴ ke³³]

一座蛮漂亮的问津书院。[i²²⁴ tso³²⁴ man³¹ pʰiao³²⁴ ȵiaŋ³³ ti⁰ uen³³ tɕin³¹ ʂʅ³¹ ɣan³³]

我们新洲的"问津文化"哩，[ŋo⁵⁵ men⁰ ɕin³¹ tsou³¹ ti⁰ uen³³ tɕin³¹ uen²²⁴ xua³²⁴ ȵi⁰]

正朝我就讲到这里。[tsen³¹ tsao³¹ ŋo⁵⁵ tɕiou³³ tɕiaŋ⁵⁵ tao³³ ne³²⁴ ȵi⁵⁵]

意译：今天，我给大家讲一个我们新洲《问津文化》的故事。

我们新洲《问津文化》的故事里面，有孔子河、问津书院、孔子庙，孔叹桥和晒书寺。这些名字的由来，就是出自春秋时代孔子周游列国的事情。当时孔子周游列国的时候，率领他的弟子，像子路、子贡和颜回等一行人，从鲁国进入了我们楚国的地界。一天，他们被一条河挡住了，过不去，孔子就让大弟子子路去问，看哪里有渡口可以过河。子路呢，看见田里有做事的农民，就问。那个农民说："我们这条河没有渡船，大家都是淌水过河。"子路就回去告诉孔子。孔子他们一行人看到那条河水不深，就一起淌水过河。他们牵着驴，驴的背上背着书，因为有句古话说，"孔夫子搬家——光书"。他们的好几头驴背上背的都是书。旧时的书和现在的书不一样，是在竹片上面刻字，再用线串成一卷一卷的书，很重。

他们一行人就在河里走，走的时候河里头有很多石头，不稳。那些驴的蹄子站在石头上站不稳，就一下子滚到河里去了，那些书都被打湿了。驴都倒在水里起不来。他们赶快都去搬书，把打湿的书一捆捆地都搬到岸上去，再把驴牵到岸上去。那些书被打湿了之后很重，驴子驮不动。他们看到岸上有好几块大石头，都很干净，就把那些书摊开放在石头上晒。孔子趁弟子们晒书的时候，就慢慢儿地看风景，风景也很美。那是大别山的南麓，大稽山下面，风景秀美。他一边看一边站在过河的地方，说："唉！这里要是有一座桥该多好，我们就不用在河里走了。"等书晒干了以后，他们把书收起来，一行人就到楚国的国都去了。这是当时的情况。

过了一些年，孔子和儒家被推崇。历代都推崇孔子为孔圣人。孔子的故居和他走过的地方都给他树碑立传，历代的人都来朝拜他。我们新洲也是这么做的。汉代的时候，在孔子问津的地方树了一个碑，在碑上刻了字——"孔子问津之处"。再过了一些朝代，比如两晋——西晋和东晋，到隋朝时就在碑上盖了一间亭子。再到了唐代的时候呢，杜牧在黄州一带，而孔子问津的那个地方即新洲属于黄州管辖。杜牧在黄州做官的时候呢，修了一座庙，叫孔子庙。他就在孔子庙里面讲学，教导学生，这就是唐代。再到了宋元的时候，一些名人如孟珙、朱熹等都在这里讲学教导，指点江山、激扬文字。全国各地的文人学子蜂拥而至，在这里谈论国家大事。

到了元末明初的时候，陈友谅和朱元璋在这打了一仗，为什么会在新洲打了一仗呢？因为陈友谅负责监督新洲的城关——邾城。后来朱元璋把陈友谅打败了，在战争中就把孔子庙全都烧毁了。到了明朝，社会稳定下来后，又把孔子庙重新修建起来，并且作为当时科举考试的考场，学子们就在这里参加考试。之后明代到清代，中间还发生了一些战争，毁坏后又重新修建，建起来后又被毁坏，最后一次被毁和重建是发生在清朝同治光绪年间。在咸丰年间的时候，太平天国和曾国藩在这里打了一仗，就把孔子庙全部烧毁了。烧毁之后，一直到同治光绪年间这里的地方官重新修葺了孔子庙，在孔子河的南岸修起了孔子庙，在孔子河的北岸修建了问津书院，就在这里讲学。当时和江西的白鹿洞书院、湖南的岳麓山书院以及无锡的东林书院，并称为中国的四大书院，是非常出名的。

我们为了建设好新洲，要发展新洲的旅游业。在建设新洲东部旅游线路时，就把书院从原址移到了晒书寺的旁边，并重新修建。为什么要重新修建呢？是因为在民国和抗日战争中书院又被毁了，所以就需要重建，建起了一座很漂亮的新的问津书院。我们的新洲"问津文化"的故事，今天就讲到这里。

0023 其他故事

我现在跟大家讲一个，[ŋo⁵⁵ ɕien³¹ tsai³³ ken³¹ ta³³ tɕia³¹ tɕiaŋ⁵⁵ i²¹³ ko⁰]

《万事不求人》的故事。[uan³³ sʅ³³ pu²¹³ tɕʰiou²²⁴ zu̩n²²⁴ ti⁰ ku³²⁴ sʅ³³]

说的么什哩，就是原先啦，[ʂue²¹³ ti⁰ mo⁵⁵ sʅ⁰ ni⁰, tɕiou³³ sʅ³³ ʅ²²⁴ ɕien³¹ na⁰] 么什：什么

有一个老头儿，他看了四个儿。[iou⁵⁵ i²¹³ ko⁰ nao⁵⁵ tʰor⁰, tʰa³¹ kʰan³¹ niao⁰ sʅ³²⁴ ko⁰ or²²⁴] 看：养

他的老大、老二、老三哩，[tʰa³¹ ti⁰ nao⁵⁵ ta³³、nao⁵⁵ or³³、nao⁵⁵ san³¹ ni⁰]

就接了三个奇葩级的媳妇。[tɕiou³³ tɕie²¹³ niao⁰ san³¹ ko⁰ tɕʰi²²⁴ pʰa³¹ tɕi²¹³ ti⁰ ɕi²²⁴ fu³³]

欸，接的大媳妇哩，[e⁰, tɕie²¹³ ti⁰ ta³³ ɕi²²⁴ fu³³ ni⁰]

就是山䢒里的；[tɕiou³³ sʅ³³ san³¹ tou³³ ni⁰ ti⁰] 䢒里：里面

结的二媳妇哩，就是湖里的；[tɕie²¹³ ti⁰ or³³ ɕi²²⁴ fu³³ ni⁰, tɕiou³³ sʅ³³ xu²²⁴ ni⁰ ti⁰]

结的三媳妇哩，[tɕie²¹³ ti⁰ san³¹ ɕi²²⁴ fu³³ ni⁰]

就是畈下儿的人。[tɕiou³³ sʅ³³ fan³³ xar³³ ti⁰ zu̩n²²⁴] 畈下：村里

但是哩，[tan³³ sʅ³³ ni⁰]

他总听倒他的塆里人哩，[tʰa³¹ tsoŋ⁵⁵ tʰin³²⁴ tao tʰa³¹ ti⁰ uan³¹ ni⁰ zu̩n²²⁴ ni⁰] 塆：村

就议论他的这两，三个媳妇，[tɕiou³³ ni⁵⁵ nen³³ tʰa³¹ ti⁰ tse³³ niaŋ⁵⁵, san³¹ ke⁰ ɕi²²⁴ fu³³

说他三个媳妇哩，就有点儿，[ʂue²¹³ tʰa³¹ san³¹ ke⁰ ɕi²²⁴ fu³³ ni⁰, tɕiou³³ iou⁵⁵ tienr⁵⁵]
我们那新洲就说，[ŋo⁵⁵ men⁰ na³³ ɕin³¹ tsou³¹ tɕiou³³ ʂue²¹³]
不过窍儿。[pu²¹³ ko³²⁴ tɕʰiɔr³²⁴] 不过窍：不开窍
其实哩，人下是老实人，[tɕʰi²²⁴ sʅ²²⁴ ni⁰, ʐuən²²⁴ xa³³ sʅ³³ nao⁵⁵ sʅ²²⁴ ʐuən²²⁴] 下：都，全
不像欸，人家那些油嘴滑舌，[pu²¹³ tɕiaŋ³³ e⁰, ŋen²²⁴ ka⁰ na³³ ɕie³¹ iou²²⁴ tsei⁵⁵ xua²²⁴ se²¹³]
滑舌的哦，欸，刁狡的人。[xua²²⁴ se²¹³ ti⁰ o⁰, e⁰, tiao³¹ tɕiao⁵⁵ ti⁰ ʐuən²²⁴] 刁狡：刁蛮狡猾
但是他落了想到，[tan³³ sʅ³³ tʰa³¹ no²¹³ niao⁰ ɕiaŋ⁵⁵ tao⁰]
他说我要考，想个办法哩，[tʰa³¹ ʂue²¹³ ŋo⁵⁵ iao³²⁴ kʰao⁵⁵, ɕiaŋ⁵⁵ ke⁰ pan³³ fa²¹³ ni⁰]
考下子这三个媳妇，[kʰao⁵⁵ xa³³ sʅ⁰ tse³³ san³¹ ke⁰ ɕi²²⁴ fu³³] 下：一下
看究竟么样。[kʰan³³ tɕiou³²⁴ tɕin³²⁴ mo⁵⁵ iaŋ³³] 么样：怎么样
他就，欸，这天的，[tʰa³¹ tɕiou³³, e⁰, tse³²⁴ tʰien³¹ ti⁰]
他就把他的三个媳妇，[tʰa³¹ tɕiou³³ pa⁵⁵ tʰa³¹ ti⁰ san³¹ ke⁰ ɕi²²⁴ fu³³]
下叫到一溜儿。[xa³³ tɕiao³²⁴ tao⁰ i²¹³ nior³¹] 一溜儿：一起
他说，老大媳妇，[tʰa³¹ ʂue²¹³, nao⁵⁵ ta³¹ ɕi²²⁴ fu³³]
老二媳妇，老三媳妇，[nao⁵⁵ or³³ ɕi²²⁴ fu³³, nao⁵⁵ san³¹ ɕi²²⁴ fu³³]
你们来下。[ni⁵⁵ men⁰ nai²²⁴ xar⁰]
他三个媳妇哩，反正哩，[tʰa³¹ san³¹ ke⁰ ɕi²²⁴ fu³³ ni⁰, fan⁵⁵ tsen³²⁴ ni⁰]
蛮听他的话，就站到他面前。[man²²⁴ tʰin³²⁴ tʰa³¹ ti⁰ xua³³, tɕiou³³ tsan³²⁴ tao⁰ tʰa³¹ mien³³ tɕʰien⁰]
他就说，大媳妇啊，[tʰa³¹ tɕiou³³ ʂue²¹³, ta³³ ɕi²²⁴ fu³³ a⁰]
你回你娘屋里去，住三五天；[ni⁵⁵ xuei²²⁴ ni⁵⁵ niaŋ²²⁴ u²¹³ ni⁰ tɕʰi³²⁴, tʂu³³ san³¹ u⁵⁵ tʰien³¹]
欸，二媳妇啊，你回你的屋里去住，[e⁰, or³³ ɕi²²⁴ fu³³ a⁰, ni⁵⁵ xuei²²⁴ ni⁵⁵ ti⁰ u²¹³ ni⁰ tɕʰi³²⁴ tʂu³³]
你回娘屋里去也住，[ni⁵⁵ xuei²²⁴ niaŋ²²⁴ u²¹³ ni⁰ tɕʰi³²⁴ ie⁵⁵ tʂu³³]
欸，回娘屋里去住哩，七八天；[e⁰, xuei²²⁴ niaŋ²²⁴ u²¹³ ni⁰ tɕʰi³²⁴ tʂu³³ ni⁰, tɕʰi²¹³ pa²¹³ tʰien³¹]
那三媳妇哩，你回去住半个月。[na³³ san³¹ ɕi²²⁴ fu³³ ni⁰, ni⁵⁵ xuei²²⁴ tɕʰi³²⁴ tʂu³³ pan³²⁴ ko⁰ ʐue²¹³]
但是有个要求，[tan³³ sʅ³³ iou⁵⁵ ko⁰ iao³¹ tɕʰiou⁰]
你们要一路去，一路回。[ni⁵⁵ men²²⁴ iao³²⁴ i²¹³ nou³³ tɕʰi³²⁴, i²¹³ nou³³ xuei²²⁴] 一路：

一起

那你们三个呢，[na⁰ ɲi⁵⁵ men⁰ san³¹ ko⁰ ɲi⁰]

还要带点礼信回来。[xai²²⁴ iao³²⁴ tai³²⁴ tien⁵⁵ ɲi⁵⁵ ɕin⁰ xuei²²⁴ nai⁰] 礼信：礼物

欸，你老大哩，就把你，[e⁰, ɲi⁵⁵ nao⁵⁵ ta³³ ɲi⁰, tɕiou³³ pa⁵⁵ ɲi⁵⁵]

就带点儿苍蝇翅膀四两，[tɕiou³³ tai³²⁴ tiə̃r⁵⁵ tsʰaŋ³¹ in⁰ tsʅ³²⁴ paŋ⁵⁵ sʅ³²⁴ ɲiaŋ⁵⁵]

就带苍蝇翅膀四两回；[tɕiou³³ tai³²⁴ tsʰaŋ³¹ in⁰ tsʅ³²⁴ paŋ⁵⁵ sʅ³²⁴ ɲiaŋ⁵⁵ xuei²²⁴]

老二哩，就带哩，无脚团鱼；[nao⁵⁵ or³³ ɲi⁰, tɕiou³³ tai³²⁴ ɲi⁰, u²²⁴ tɕio²¹³ tʰan²²⁴ ʅ²²⁴]

老三哩，就带哩，欸，黄心汤圆。[nao⁵⁵ san³¹ ɲi⁰, tɕiou³³ tai³³ ɲi⁰, e⁰, xuaŋ²²⁴ ɕin³¹ tʰaŋ³¹ ɥan⁰]

欸，嗯，明旮早上就起早哩，[e⁰, en⁰, men²²⁴ tsao⁰ tsao⁵⁵ sen⁰ tɕiou³³ tɕʰi⁵⁵ tsao⁵⁵ ɲi⁰] 明旮：明天

就下回娘屋里去。[tɕiou³³ xa³³ xuei²²⁴ ɲiaŋ²²⁴ u²¹³ ɲi⁰ tɕʰi³²⁴]

他的这三个媳妇哩，[tʰa³¹ ti⁰ tse³²⁴ san³¹ ko⁰ ɕi²²⁴ fu³³ ɲi⁰]

就睡了一晚些，[tɕiou³³ ʂuei³²⁴ ɲiao⁰ i²¹³ uan⁵⁵ ɕie³¹]

第二天早上就下一路哩，[ti³³ or³³ tʰien⁵⁵ tsao⁵⁵ sen⁰ tɕiou³³ xa³³ i²¹³ nou³³ ɲi⁰]

就回去，回娘屋里。[tɕiou³³ xuei²²⁴ tɕʰi³²⁴, xuei²²⁴ ɲiaŋ²²⁴ u²¹³ ɲi⁰]

就走到前头那个十字路口哩，[tɕiou³³ tsou⁵⁵ tao⁰ tɕʰien²²⁴ tʰou⁰ ne³³ ke⁰ ʂʅ²²⁴ tsʅ³³ nou³³ kʰou⁵⁵ ɲi⁰]

他的塆里前头塆里的，[tʰa³¹ ti⁰ uan³¹ ɲi⁰ tɕʰien²²⁴ tʰou⁰ uan³¹ ɲi⁰ ti⁰]

那个十字路口哩，要分手，[ne³³ ke⁰ ʂʅ²²⁴ tsʅ³³ nou³³ kʰou⁵⁵ ɲi⁰, iao³²⁴ fen³¹ sou⁵⁵]

就下坐在那里哭。[tɕiou³³ xa³³ tso³³ te⁰ ne³³ ɲi⁰ kʰu²¹³]

她说，要我们三个人，[tʰa³¹ ʂue²¹³, iao³²⁴ ŋo⁵⁵ men⁰ san³¹ ko⁰ zʅn²²⁴]

老大哩，住三五天，[nao⁵⁵ ta³³ ɲi⁰, tʂʅ³³ san³¹ u⁵⁵ tʰien³¹]

老二哩，住就那个，就分手，[nao⁵⁵ or³³ ɲi⁰, tʂʅ³³ tɕiou³³ ne³³ ke⁰, tɕiou³³ fen³¹ sou⁵⁵]

就好为难，就坐那里哭。[tɕiou³³ xao⁵⁵ uei²²⁴ nan²²⁴, tɕiou³³ tso³³ na³³ ti⁰ kʰu²¹³]

正遇到前头塆里那个女伢儿哩，[tsen³²⁴ ʅ³³ tao⁰ tɕʰien²²⁴ tʰou⁰ uan³¹ ɲi⁰ ne³³ ke⁰ ʅ⁵⁵ ŋar⁰ ɲi⁰] 伢：小孩

去挑水，挑水就问她，[tɕʰi³²⁴ tʰiao⁰ ʂuei⁵⁵, tʰiao³¹ ʂuei⁵⁵ tɕiou³³ uen³³ tʰa³¹]

说你的三个嫂子，在这里，[ʂue²¹³ ɲi⁵⁵ ti⁰ san³¹ ko⁰ sao⁵⁵ tsʅ⁰, tsai³³ ne³³ ti⁰]

为么什在这里哭哩。[uei³³ mo⁵⁵ sʅ⁰ tsai³³ ne³³ ti⁰ kʰu²¹³ ɲi⁰]

她说你不晓得我爹哪，[tʰa³¹ ʂue²¹³ ɲi⁵⁵ pu²¹³ ɕiao⁵⁵ te⁰ ŋo⁵⁵ tie³¹ na⁰] 爹：公爹

要我哩，他的老大媳妇就说，[iao³²⁴ ŋo⁵⁵ ɲi⁰, tʰa³¹ ti⁰ nao⁵⁵ ta³³ ɕi²²⁴ fu³³ tɕiou³³ ʂue²¹³]

要我哩，回去呢，住三五天。[iao³²⁴ ŋo⁵⁵ ni⁰, xuei²²⁴ tɕʰi³²⁴ ni⁰, tʂʅ³³ san³¹ u⁵⁵ tʰien³¹]

欸，带礼信回来，回来的，[e⁰, tai³²⁴ ni⁵⁵ ɕin⁰ xuei²²⁴ nai⁰, xuei²²⁴ nai⁰ ti⁰]

带礼信回来的，就带，欸。[tai³²⁴ ni⁵⁵ ɕin⁰ xuei²²⁴ nai⁰ ti⁰, tɕiou³³ tai³²⁴, e⁰]

苍蝇翅膀四两；[tsʰaŋ³¹ in⁰ tsʅ³²⁴ paŋ⁵⁵ sʅ³²⁴ niaŋ⁵⁵]

欸，他老二就说，[e⁰, tʰa³¹ nao⁵⁵ or³³ tɕiou³³ ʂue²¹³]

他要我回去住七八天，[tʰa³¹ iao³²⁴ ŋo⁵⁵ xuei²²⁴ tɕʰi³²⁴ tʂʅ³³ tɕʰi²¹³ pa²¹³ tʰien³¹]

欸，带无脚团鱼；[e⁰, tai³²⁴ u²²⁴ tɕio⁵⁵ tʰan²²⁴ ʮ²²⁴]

他老三哩，她就说，[tʰa³¹ nao⁵⁵ san³¹ ni⁰, tʰa³¹ tɕiou³³ ʂue²¹³]

要我回去住半个月，[iao³²⁴ ŋo⁵⁵ xuei²²⁴ tɕʰi³²⁴ tʂʅ³³ pan³²⁴ ko⁰ ʐue²¹³]

带黄心汤圆。[tai³²⁴ xuaŋ²²⁴ ɕin³¹ tʰaŋ³¹ ɥan⁰]

又要我们一路去就一路回，[iou³³ iao³²⁴ ŋo⁵⁵ men⁰ i²¹³ nou³³ tɕʰi³²⁴ tɕiou³³ i²¹³ nou³³ xuei²²⁴]

你说那么样做得到啊！[ni⁵⁵ ʂue²¹³ na³³ mo⁵⁵ iaŋ³³ tsou³²⁴ te⁰ tao³²⁴ a⁰]

这时间也不那个。[tse³³ sʅ²²⁴ tɕien³¹ ie⁵⁵ pu²¹³ ne³³ ko⁰]

他的那个哩，[tʰa³¹ ti⁰ ne³³ ne³³ ko⁰ ni⁰]

挑水的前头塆的个女伢就说，[tʰiao³¹ ʂuei⁵⁵ ti⁰ tɕʰien²²⁴ tʰou⁰ uan³¹ ti⁰ ke⁰ ʮ⁵⁵ ŋar⁰ tɕiou³³ ʂue²¹³]

她说，莫哭莫哭，[tʰa³¹ ʂue²¹³, mo²¹³ kʰu²¹³ mo²¹³ kʰu²¹³] 莫：别

我教到你，这简单得很。[ŋo⁵⁵ tɕiao³¹ tao⁰ ni⁵⁵, tse³³ tɕien⁵⁵ tan³¹ ti⁰ xen⁵⁵] 到：给

她说，欸，她就问老大媳妇，[tʰa³¹ ʂue²¹³, e⁰, tʰa³¹ tɕiou³³ uen³³ nao⁵⁵ ta³³ ɕi²²⁴ fu⁰]

她说，哦，她就跟她们说，她说，[tʰa³¹ ʂue²¹³, o⁰, tʰa³¹ tɕiou³³ ken³¹ tʰa³¹ men⁰ ʂue²¹³, tʰa³¹ ʂue²¹³]

三五一十五，七八也是一十五，[san³¹ u⁵⁵ i²¹³ sʅ²²⁴ u⁵⁵, tɕʰi³¹ pa²¹³ ie⁵⁵ sʅ³³ i²¹³ sʅ²²⁴ u⁵⁵]

半个月也是一十五。[pan³²⁴ ko⁰ ʐue²¹³ ie⁵⁵ sʅ³³ i²¹³ sʅ²²⁴ u⁵⁵]

她说，你们在娘屋里，[tʰa³¹ ʂue²¹³, ni⁵⁵ men⁰ tsai³³ niaŋ²²⁴ u²¹³ ni⁰]

住十五天以后哩，再回来。[tʂʅ³³ sʅ²²⁴ u⁵⁵ tʰien³¹ i⁵⁵ xou³³ ni⁰, tsai³³ xuei²²⁴ nai⁰]

回来哩，就在这来等，[xuei²²⁴ nai⁰ ni⁰, tɕiou³³ tsai³³ ne³³ nai²² ten⁵⁵]

等倒再一路回去。[ten⁵⁵ tao⁰ tsai³²⁴ i²¹³ nou³³ xuei²²⁴ tɕʰi³²⁴]

她说，那我们带的礼信，她说，[tʰa³¹ ʂue²¹³, na³³ ŋo⁵⁵ men⁰ tai³²⁴ ti⁰ ni⁵⁵ ɕin⁰, tʰa³¹ ʂue²¹³]

老大她们三个人，[nao⁵⁵ ta³³ tʰa³¹ men⁰ san³¹ ko⁰ ʐun²²⁴]

就同时说带礼信，她们就说。[tɕiou³³ tʰoŋ²²⁴ sʅ²²⁴ ʂue²¹³ tai³²⁴ ni⁵⁵ ɕin⁰, tʰa³¹ men⁰ tɕiou³³ ʂue²¹³]

老大她，问你的那里产么什，[nao⁵⁵ta³³tʰa³¹，uen³³n̠i⁵⁵ti⁰na³³n̠i⁰tsʰan⁵⁵mo⁵⁵sɿ⁰]

她问我屋里那里啊，[tʰa³¹uen³³ŋo⁵⁵u²¹³n̠i⁰na⁵⁵n̠i⁰a⁰]

我的个山冡里有么什，[ŋo⁵⁵ti⁰ke³³san³¹tou³³n̠i⁰iou⁵⁵mo⁵⁵sɿ⁰]

刻下儿只有茶叶。[kʰe²¹³ŋar⁰tsɿ²¹³iou⁵⁵tsʰa²²⁴ie³³] 刻下儿：现在

她说要，欸，她说要得哩，[tʰa³¹ʂue²¹³iao³²⁴，e⁰，tʰa³¹ʂue²¹³iao³²⁴te⁰n̠i⁰] 要得：可以

你把你的茶叶，[n̠i⁵⁵pa⁵⁵n̠i⁵⁵ti⁰tsʰa²²⁴ie³³]

带个半斤八两的回来耶。[tai³²⁴ko⁰pan³²⁴tɕin³¹pa²¹³n̠iaŋ⁵⁵ti⁰xuei²²⁴nai²²⁴ie⁰]

嗯，她说，老二、老二媳妇。[en⁰，tʰa³¹ʂue²¹³，nao⁵⁵or³³、nao⁵⁵or³³ɕi²²⁴fu³³]

老二媳妇她说，[nao⁵⁵or³³ɕi²²⁴fu³³tʰa³¹ʂue²¹³]

我屋的那湖里下淹了水，[ŋo⁵⁵u²¹³ti⁰na³³xu²²⁴n̠i⁰xa³³ŋan³¹n̠iao⁰ʂuei⁵⁵]

没别么什，欸，也没么什吃的，[mei²²⁴pie²²⁴mo⁵⁵sɿ⁰，e⁰，ie⁵⁵mei²²⁴mo⁵⁵sɿ⁰tɕʰi²¹³ti⁰]

就只有荞麦。[tɕiou³³tsɿ²¹³iou⁵⁵tɕʰiao²²⁴me²¹³]

她说，她说这样啊，[tʰa³¹ʂue²¹³，tʰa³¹ʂue²¹³ne³³iaŋ⁰a⁰]

她说你那个荞麦粑，[tʰa³¹ʂue²¹³n̠i⁵⁵na³³ko⁰tɕʰiao²²⁴me²¹³pa³¹] 粑：饼状的食物

正是这个啊，[tsen³²⁴sɿ³³ne³³ko⁰a⁰]

你就把你那个荞麦粑哩，[n̠i⁵⁵tɕiou³³pa⁵⁵n̠i⁵⁵na³³ke⁰tɕʰiao²²⁴me²¹³pa³¹n̠i⁰]

多做几个，带回来。[tou³¹tsou³²⁴tɕi⁵⁵ko⁰，tai³²⁴xuei²²⁴nai⁰]

老、老三哩，她就说，[nao⁵⁵、nao⁵⁵san³¹n̠i⁰，tʰa³¹tɕiou³³ʂue²¹³]

那他要我带黄心汤圆呢？[na³³tʰa³¹iao³²⁴ŋo⁵⁵tai³²⁴xuaŋ²²⁴ɕin³¹tʰaŋ³¹ʮan⁰n̠i⁰]

她说那你那有不？[tʰa³¹ʂue²¹³na³³n̠i⁵⁵na³³iou⁵⁵pu⁰]

她说我屋里畈下的，[tʰa³¹ʂue²¹³ŋo⁵⁵u²¹³n̠i⁰fan³²⁴xa⁰ti⁰]

百么什冇百，[pie²¹³mo⁵⁵sɿ³¹mao²²⁴pe⁰] 百……百：无论……都，任何。冇：没有

就是看了好多鸡，[tɕiou³³sɿ³³kʰan³¹n̠iao⁰xao⁵⁵to³¹tɕi³¹] 看：养

生了好多蛋。[sen³²⁴n̠iao⁰xao⁵⁵to³¹tan³³]

她说那你就把你的那个鸡蛋哩，[tʰa³¹ʂue²¹³na³³n̠i⁵⁵tɕiou³³pa⁵⁵n̠i⁵⁵ti⁰na³³ko⁰tɕi³¹tan³³n̠i⁰]

多带几个回，这就她说。[tou³¹tai³²⁴tɕi⁵⁵ko⁰xuei²²⁴，tse³³tɕiou³³tʰa³¹ʂue²¹³]

她们这三个哩，[tʰa³¹men³¹tse³³san³¹ko⁰n̠i⁰]

就高高兴兴下回娘屋里去。[tɕiou³³kao³¹kao³¹ɕin³³ɕin³³xa³³xuei²²⁴n̠iaŋ²²⁴u²¹³n̠i⁰tɕʰi³²⁴]

再过了半个月咧，[tsai³³ko³²⁴n̠iao⁰pan³²⁴ko⁰ʐue²¹³n̠ie⁰]

一路就下回了。[i²¹³ nou³³ tɕiou³³ xa³³ xuei²²⁴ ȵiao⁰]

回了他就说, [xuei²²⁴ ȵiao⁰ tʰa³¹ tɕiou³³ ʂue²¹³]

她爹爹就想到她各人都回来, [tʰa³¹ tie³¹ tie⁰ tɕiou³³ ɕiaŋ⁵⁵ tao⁰ tʰa³¹ ko²¹³ ʐuən²²⁴ tou³¹ xuei²²⁴ nai⁰]

还是一路回的咻, [xai²²⁴ sɿ³³ i²¹³ nou³³ xuei²²⁴ ti⁰ sa⁰]

再带的礼信呐, 正是称心如意。[tsai³²⁴ tai³²⁴ ti⁰ ȵi⁵⁵ ɕin³³ na⁰, tsen³²⁴ sɿ³³ tsʰen³²⁴ ɕin³¹ ʐʅ²²⁴ i³²⁴]

他就说我的那些媳妇, [tʰa³¹ tɕiou³³ ʂue²¹³ ŋo⁵⁵ ti⁰ ne³³ ɕie⁰ ɕi²²⁴ fu³³]

有点儿不灵醒, 不过窍儿, [iou⁵⁵ tiɚ⁵⁵ pu²¹³ ȵin²²⁴ ɕin³³, pu²¹³ ko³²⁴ tɕʰiɔr³²⁴] 灵醒: 头脑清楚

这还蛮好, 这下对了。[tse³³ xai²²⁴ man²²⁴ xao⁵⁵, tse³³ xa³³ tei³²⁴ ȵiao⁰]

他说莫弄着, 我问下子着。[tʰa³¹ ʂue²¹³ mo²¹³ noŋ³²⁴ tso⁰, ŋo⁵⁵ uen³³ xa³³ tsɿ⁰ tso⁰] 莫弄: 别下结论

他说老大老二老三, [tʰa³¹ ʂue²¹³ nao⁵⁵ ta³³ nao⁵⁵ or³³ nao⁵⁵ san³¹]

你们么样晓得是那样? 他说。[ȵi⁵⁵ men⁰ mo⁵⁵ iaŋ³³ ɕiao⁵⁵ te⁰ sɿ³³ ne³³ iaŋ³³? tʰa³¹ ʂue²¹³]

那他那三个媳妇就回答, [na³³ tʰa³¹ na³²⁴ san³¹ ko⁰ ɕi²²⁴ fu³³ tɕiou³³ xuei²²⁴ ta²²⁴]

她说, 我哪个晓得呐, [tʰa³¹ ʂue²¹³, ŋo⁵⁵ na⁵⁵ ko⁰ ɕiao⁵⁵ te⁰ na⁰]

还是前头塆里, [xai²²⁴ sɿ³³ tɕʰien²²⁴ tʰou⁰ uan³¹ ȵi⁵⁵]

简么什么什女伢告诉我们的。[ko²⁴ mo⁵⁵ sɿ³¹ mo⁵⁵ sɿ³¹ ʮ⁵⁵ ŋar⁰ kao³²⁴ sou³³ ŋo⁵⁵ men⁰ ti⁰]

落了她的爹爹一听哩, [no²¹³ ȵiao⁰ tʰa³¹ ti⁰ tie³¹ tie⁰ i²¹³ tʰin³²⁴ ȵi⁰]

就蛮喜不过, [tɕiou³³ man²¹³ ɕi⁵⁵ pu²¹³ ko⁰] 喜: 高兴

他说赶快去请人说媒, [tʰa³¹ ʂue²¹³ kan⁵⁵ kʰuai³²⁴ tɕʰi³²⁴ tɕʰin⁵⁵ ʐuən²²⁴ ʂue²¹³ mi²²⁴]

把他, 把那个女伢哩, [pa⁵⁵ tʰa³¹, pa⁵⁵ na³³ ko⁰ ʮ⁵⁵ ŋar⁰ ȵi⁰]

一定要说倒他的老四, [i²¹³ tin³³ iao³²⁴ ʂue²¹³ tao⁰ tʰa³¹ ti⁰ nao⁵⁵ sɿ³²⁴]

四儿咧, 做媳妇。[sɿ³²⁴ or²²⁴ ȵi⁰, tsou³²⁴ ɕi²²⁴ fu³³]

落了请媒人去说哩, [no²¹³ ȵiao⁰ tɕʰin⁵⁵ mi²²⁴ ʐuən²²⁴ tɕʰi³²⁴ ʂue²¹³ ȵi⁰]

再把聘礼哦, 么什下一搞哩, [tsai³²⁴ pa⁵⁵ pʰin³²⁴ ȵi⁵⁵ o⁰, mo⁵⁵ sɿ³¹ xa³³ i²¹³ kao⁵⁵ ȵi⁰]

人家就答应了。[ŋen²²⁴ ka⁰ tɕiou³³ ta²²⁴ in³²⁴ ȵiao⁰]

答应了哩, 就接媳妇。[ta²²⁴ in³²⁴ ȵiao⁰ ȵi⁰, tɕiou³³ tɕie²¹³ ɕi²²⁴ fu³³]

接了媳妇哩, [tɕie²¹³ ȵiao⁰ ɕi²²⁴ fu³³ ȵi⁰]

接媳妇就接进来了。[tɕie²¹³ ɕi²²⁴ fu³³ tɕiou³³ tɕie²¹³ tɕin³³ nai⁰ ȵiao⁰]

接进来了哩, [tɕie²¹³ tɕin³³ nai⁰ ȵiao⁰ ȵi⁰]

就是过了两三天哩，[tɕiou³³ sʅ³³ ko³²⁴ niao⁰ nian⁵⁵ san³¹ tʰien³¹ ȵi⁰]

他的三，四媳妇哩，[tʰa³¹ ti⁰ san³¹，sʅ³²⁴ ɕi²²⁴ fu³³ ȵi⁰]

总听到隔壁的个人哩，[tsoŋ⁵⁵ tʰin³²⁴ tao⁰ ke²²⁴ pi²¹³ ti⁰ ko⁰ zʅuŋ²²⁴ ȵi⁰]

跑她来这里，[pʰao²²⁴ tʰa³¹ nai²²⁴ ne³²⁴ ȵi⁰]

要她爹爹咧，赔猫儿，[iao³²⁴ tʰa³¹ tie³¹ tie⁰ ȵi⁰，pʰi²²⁴ mɔr³¹]

她说，把我猫儿赔到我，[tʰa³¹ ʂue²¹³，pa⁵⁵ ŋo⁵⁵ mɔr³¹ pʰi²²⁴ te⁰ ŋo⁵⁵]

把我猫儿赔到我。[pa⁵⁵ ŋo⁵⁵ mɔr³¹ pʰi²²⁴ te⁰ ŋo⁵⁵]

落了他的四媳妇就问他，[no²¹³ niao⁰ tʰa³¹ ti⁰ sʅ³²⁴ ɕi²²⁴ fu³³ tɕiou³³ uen³³ tʰa³¹] 落了：后来

说爹爹，伯伯伯伯，[ʂue²¹³ tie³¹ tie⁰，pe²²⁴ pe⁰ pe²²⁴ pe⁰]

隔壁怎么总到我的屋里来，[ke²²⁴ pi²¹³ tsen⁵⁵ mo⁰ tsoŋ⁵⁵ tao³³ ŋo⁵⁵ ti⁰ u²¹³ ȵi⁰ nai²²⁴]

要猫儿喽。[iao³²⁴ mɔr³¹ no⁰]

他说，哪里伢儿哩，[tʰa³¹ ʂue²¹³，na³³ ȵi⁵⁵ ŋar²²⁴ ȵie⁰]

就是你结婚的时候，[tɕiou³³ sʅ³³ ȵi⁵⁵ tɕie²¹³ xuen³¹ ti⁰ sʅ²²⁴ xou⁰]

我办酒席的时候，[ŋo⁵⁵ pan³³ tɕiou⁵⁵ ɕi²²⁴ ti⁰ sʅ²²⁴ xou⁰]

她的个猫儿光在我那里捞肉吃，[tʰa³¹ ti⁰ ko⁰ mɔr³¹ kuaŋ³²⁴ tai³³ ŋo⁵⁵ na³³ ȵi⁰ nao³²⁴ zʅuou³²⁴ tɕʰi²¹³]

我怄不过，一菜刀剁倒去，[ŋo⁵⁵ ŋou³²⁴ pu²¹³ ko³²⁴，i²²⁴ tsʰai³²⁴ tao³¹ to³²⁴ tao⁰ tɕʰi³²⁴] 怄：生气

一下把她的猫儿拿来剁死了，[i²¹³ xa³³ pa⁵⁵ tʰa³¹ ti⁰ mɔr³¹ na²²⁴ nai²²⁴ to³²⁴ sʅ⁵⁵ niao⁰]

杀死了，她咧，所以总来要猫儿。[sa²¹³ sʅ⁵⁵ niao⁰，tʰa³¹ nie⁰，so⁵⁵ i⁵⁵ tsoŋ⁵⁵ nai²²⁴ iao³²⁴ mɔr³¹]

她说那她往日用我的东西，[tʰa³¹ ʂue²¹³ na³³ tʰa³¹ uaŋ⁵⁵ or³³ ioŋ³³ ŋo⁵⁵ ti⁰ toŋ³¹ ɕi⁰]

侮了我的东西冇咧？[u⁵⁵ niao⁰ ŋo⁵⁵ ti⁰ toŋ³¹ ɕi⁰ mao³³ nie⁰] 侮：弄坏

他说我想下子，她有侮么东西，[tʰa³¹ ʂue²¹³ ŋo⁵⁵ ɕiaŋ⁵⁵ xa³³ tsʅ⁰，tʰa³¹ mao³³ u⁵⁵ mo⁵⁵ toŋ³¹ ɕi⁰] 么：什么

她说你想下子看侮了么。[tʰa³¹ ʂue²¹³ ȵi⁵⁵ ɕiaŋ⁵⁵ xa³³ tsʅ⁰ kʰan³³ u³²⁴ niao⁰ mo³³]

他说冇，[tʰa³¹ ʂue²¹³ mao³³]

就是有一回借了个水瓢儿咧，[tɕiou³³ sʅ³³ iou⁵⁵ i²¹³ xuei²²⁴ tɕie³²⁴ niao⁰ ko⁰ ʂuei⁵⁵ pʰiɔr⁰ nie⁰]

把我的水瓢儿打破了，[pa⁵⁵ ŋo⁵⁵ ti⁰ ʂuei⁵⁵ pʰiɔr⁰ ta⁵⁵ pʰo³²⁴ niao⁰]

那不值么什欸。[na³³ pu²¹³ tsʅ³¹ mo⁵⁵ sʅ³¹ ei⁰]

好好好，[xao⁵⁵ xao⁵⁵ xao⁵⁵]

莫动，我明朝，明朝，[mo²¹³ toŋ³³，ŋo⁵⁵ men²²⁴ tsao⁰，men²¹³ tsao⁰]

她明朝再来，[tʰa³¹ men²²⁴ tsao⁰ tsai³²⁴ nai²²⁴]

我就，我就，我就对付她。[ŋo⁵⁵ tsou³³，ŋo⁵⁵ tsou³³，ŋo⁵⁵ tsou³³ ti³²⁴ fu⁰ tʰa³¹]

第二天哩，隔壁又跑来要猫儿，[ti³³ or³³ tʰien³¹ ni⁰，ke²²⁴ pi²¹³ iou³³ pʰao²²⁴ nai²²⁴ iao³²⁴ mɔr³¹]

她就说把我猫儿赔到，[tʰa³¹ tsou³³ ʂue²¹³ pa⁵⁵ ŋo⁵⁵ mɔr³¹ pʰi²²⁴ tao⁰]

就，就说，她说，她说么什伢，[tɕiou³³，tɕiou³³ ʂue²¹³，tʰa³¹ ʂue²¹³，tʰa³¹ ʂue²¹³ mo⁵⁵ sɿ³¹ ŋa²²]

你爹爹哩？[ni⁵⁵ tie³¹ tie⁰ ni⁰]

我爹爹哪，我爹爹不在屋里，[ŋo⁵⁵ tie³¹ tie⁰ na⁰，ŋo⁵⁵ tie³¹ tie⁰ pu²¹³ tsai³³ u²¹³ ni⁰]

她说，你找我爹爹做么什啊？[tʰa³¹ ʂue²¹³，ni⁵⁵ tsao⁵⁵ ŋo⁵⁵ tie³¹ tie⁰ tsou³²⁴ mo⁵⁵ sɿ³¹ a⁰]

你爹爹，[ni⁵⁵ tie³¹ tie⁰]

就是你结，你结婚的时候，[tɕiou³³ sɿ³³ ni⁵⁵ tɕie²¹³，ni⁵⁵ tɕie²¹³ xuen³¹ ti⁰ sɿ²²⁴ xou⁰]

办酒，办酒席，嗯，[pan³³ tɕiou⁵⁵，pan³³ tɕiou⁵⁵ ɕi²²⁴，en⁰]

你爹爹一菜刀把我的猫儿剁死了，[ni⁵⁵ tie³¹ tie⁰ i²¹³ tsʰai³²⁴ tao³¹ pa⁵⁵ ŋo⁵⁵ ti⁰ mɔr³¹ to³²⁴ sɿ⁵⁵ niao⁰]

我要他赔猫儿。[ŋo⁵⁵ iao³²⁴ tʰa³¹ pʰi²²⁴ mɔr³¹]

她说要赔猫儿，[tʰa³¹ ʂue²¹³ iao³²⁴ pʰi²²⁴ mɔr³¹]

她说莫动着，[tʰa³¹ ʂue²¹³ mo²¹³ toŋ³³ tso⁰] 莫动：别急，别下结论

你在那回把我的瓢借倒去了，[ni⁵⁵ tsai³³ na³³ xuei²²⁴ pa⁵⁵ ŋo⁵⁵ ti⁰ pʰiao²²⁴ tɕie³²⁴ tao⁰ tɕʰi³²⁴ niao⁰]

再搞破了也行还咧。[tsai³²⁴ kao⁵⁵ pʰo³²⁴ niao⁰ ie⁵⁵ mao³³ xuan²²⁴ nie⁰]

她说，你的瓢算个么什欸，[tʰa³¹ ʂue²¹³，ni⁵⁵ ti⁰ pʰiao²²⁴ san³²⁴ ko⁰ mo⁵⁵ sɿ³¹ ei⁰]

她说，你的猫儿算个么什欸，[tʰa³¹ ʂue²¹³，ni⁵⁵ ti⁰ mɔr³¹ san³²⁴ ko⁰ mo⁵⁵ sɿ³¹ ei⁰]

两个就在那里争起来了，[niaŋ⁵⁵ ko⁰ tɕiou³³ tsai³³ na³³ ni⁰ tsen³¹ tɕʰi⁵⁵ nai⁰ niao⁰]

杠起来了。[kaŋ⁵⁵ tɕʰi⁵⁵ nai⁰ niao⁰] 杠：争吵

落了他的那个四媳妇，[no²¹³ niao⁰ tʰa³¹ ti⁰ ne³³ ko⁰ sɿ³²⁴ ɕi²²⁴ fu³³]

她那隔壁的人就说，我的猫儿哪，[tʰa³¹ na³³ ke²²⁴ pi²¹³ ti⁰ zən²²⁴ tɕiou³³ ʂue²¹³，ŋo⁵⁵ ti⁰ mɔr³¹ na⁰]

我的猫儿睡倒像条龙，[ŋo⁵⁵ ti⁰ mɔr³¹ ʂuei³²⁴ tao⁰ tɕiaŋ³³ tʰiao²²⁴ noŋ²²⁴]

坐倒像条，像只虎，[tso³³ tao⁰ tɕiaŋ³³ tʰiao²²⁴，tɕiaŋ³³ tsɿ³¹ xu⁵⁵]

要值五百五，五百五不卖，[iao³²⁴ tsɿ²²⁴ u⁵⁵ pe²¹³ u⁵⁵，u⁵⁵ pe²¹³ u⁵⁵ pu²¹³ mai³³]

还要我的原货在。[xai²²⁴ iao³²⁴ ŋo⁵⁵ ti⁰ yan²²⁴ xo³²⁴ tsai³³]

落了她的四媳妇就倒说，[no²¹³ niao⁰ tʰa³¹ ti⁰ sɿ³²⁴ ɕi²²⁴ fu³³ tɕiou³³ tao⁰ ʂue²¹³] 就倒：顺

着，顺便

她说，我的葫芦瓢……［tʰa³¹ ʂɥe²¹³，ŋo⁵⁵ ti⁰ kʰu²²⁴ nou⁰ pʰiao²²⁴］

她那个隔壁的人，她说，［tʰa³¹ ne³³ ko⁰ ke²²⁴ pi²¹³ ti⁰ ʐʊn²²⁴ tʰa³¹ ʂɥe²¹³］

你的葫芦瓢算个么什啊？［ɲi⁵⁵ ti⁰ kʰu²²⁴ nou⁰ pʰiao²²⁴ san³²⁴ ko⁰ mo⁵⁵ sʅ³¹ a⁰］

我的葫芦瓢啊，［ŋo⁵⁵ ti⁰ kʰu²²⁴ nou⁰ pʰiao²²⁴ a⁰］

我的葫芦瓢，匍倒可以切肉，［ŋo⁵⁵ ti⁰ kʰu²²⁴ nou⁰ pʰiao²²⁴，pʰu²²⁴ tao⁰ kʰo⁵⁵ i⁰ tɕʰie²¹³ ʐʊou²¹³］

仰倒可以装粥，［iaŋ⁵⁵ tao⁰ kʰo⁵⁵ i⁰ tʂuan³¹ tsou²¹³］

要值六百六，［iao³²⁴ tsʅ²²⁴ nou²¹³ pe⁰ nou²¹³］

六百六不卖，［nou²¹³ pe⁰ nou²¹³ pu²¹³ mai³³］

还要我的原货在。［xai²²⁴ iao³²⁴ ŋo⁵⁵ ti⁰ ʯan²²⁴ xo³²⁴ tsai³³］

就把她的隔壁的说倒冇得话，［tɕiou³³ pa⁵⁵ tʰa³¹ ti⁰ ke²²⁴ pi²¹³ ti⁰ ʂɥe²¹³ te²¹³ mao³³ te⁰ xua³³］

冇百话说，［mao³³ pe⁰ xua³³ ʂɥe²¹³］ 百：什么

她的，她的只值五百五欸，［tʰa³¹ ti⁰，tʰa³¹ ti⁰ tsʅ²¹³ tsʅ²²⁴ u⁵⁵ pe⁰ u⁵⁵ ei⁰］

她这还值六百六欸，［tʰa³¹ tse³³ xai²²⁴ tsʅ²¹³ nou²¹³ pe⁰ nou²¹³ ei⁰］

就把她㧘倒走了，［tɕiou³³ pa⁵⁵ tʰa³¹ soŋ⁵⁵ tao⁰ tsou⁵⁵ ɲiao⁰］ 㧘倒：推着

㧘倒走了哩，［soŋ⁵⁵ tao⁰ tsou⁵⁵ ɲiao⁰ ɲi⁰］

从今以后哩，［tsʰoŋ²²⁴ tɕin³¹ i⁵⁵ xou³³ ɲi⁰］

就冇再到她屋里来闹事，［tɕiou³³ mao³³ tsai³²⁴ tao²¹³ tʰa³¹ u²¹³ ɲi⁰ nai²²⁴ nao³³ sʅ³³］

来问她爹爹要那个。［nai²²⁴ uen³³ tʰa³¹ tie³¹ tie⁰ iao³²⁴ na³³ ko⁰］

她的爹爹哩，就问她么样，［tʰa³¹ ti⁰ tie³¹ tie⁰ ɲi⁰，tɕiou³³ uen³³ tʰa³¹ sʅ³³ mo⁵⁵ iaŋ³³］

她就把这一说，［tʰa³¹ tsou³³ pa⁵⁵ tse³³ i²¹³ ʂɥe²¹³］

她的爹爹霍喜死，［tʰa³¹ ti⁰ tie³¹ tie⁰ xo³³ ɕi⁵⁵ sʅ⁵⁵］ 霍：很

天天喜不过，［tʰien³¹ tʰien³¹ ɕi⁵⁵ pu⁰ ko³²⁴］

哎，结了这能干的媳妇。［ai⁰，tɕie²¹³ ɲiao⁰ tse³³ nen²²⁴ kan³²⁴ ti⁰ ɕi²²⁴ fu³³］

就有一天早上，他上街，［tɕiou³³ iou⁵⁵ i²¹³ tʰien³¹ tsao⁵⁵ sen⁰，tʰa³¹ saŋ³³ kai³¹］

听到人家两个人搭卦儿，［tʰin³²⁴ tao⁰ ʐʊn²²⁴ ka⁰ niaŋ⁵⁵ ko⁰ ʐʊn²²⁴ ta²¹³ kuar⁵⁵］ 搭卦儿：聊天

他就说，欸，欸，你们两个莫说，［tʰa³¹ tɕiou³³ ʂɥe²¹³，ei⁰，ei⁰，ɲi⁵⁵ men⁰ niaŋ⁵⁵ ko⁰ mo²¹³ ʂɥe²¹³］

我跟你们说下子，［ŋo⁵⁵ ken³¹ ɲi⁵⁵ men⁰ ʂɥe²¹³ xa³³ tsʅ⁰］

我的接的个细媳妇，［ŋo⁵⁵ ti⁰ tɕie²¹³ ti⁰ ko⁰ ɕi³²⁴ ɕi²²⁴ fu³³］

么样么样能干，［mo⁵⁵ iaŋ³³ mo⁵⁵ iaŋ³³ nen²²⁴ kan³²⁴］

就把她的那个，[tɕiou³³ pa⁵⁵ tʰa³¹ ti⁰ na³³ ko⁰]

跟隔壁杠嘴的事来说。[ken³¹ ke²²⁴ pi²¹³ kaŋ⁵⁵ tɕi⁵⁵ ti⁰ ʂʅ³³ nai²²⁴ ʂɥe²¹³] 杠嘴：争嘴

人家有时候不关心那个事，[ŋen²²⁴ ka³¹ iou⁵⁵ ʂʅ²²⁴ xou³³ pu²¹³ kuan³¹ ɕin³¹ ne³³ ke⁰ ʂʅ³³]

就落了说了以后的话哩，[tɕiou³³ no²¹³ ȵiao⁰ ʂɥe²¹³ ȵiao⁰ i⁵⁵ xou³³ ti⁰ xua³³ ȵi⁰]

人家落了就说，[ŋen²²⁴ ka³¹ no²¹³ ȵiao⁰ tɕiou³³ ʂɥe²¹³]

你在说在不管咯，[ȵi⁵⁵ tsai³³ ʂɥe²¹³ tsai³³ pu²¹³ kuan⁵⁵ no⁰]

把我们两个话柄也打断了，[pa⁵⁵ ŋo⁵⁵ men⁰ ȵiaŋ⁵⁵ ko³²⁴ xua³³ pin⁵⁵ ie⁵⁵ ta⁵⁵ tan³³ ȵiao⁰]

我们再要你赔话柄。[ŋo⁵⁵ men⁰ tsai³²⁴ iao³²⁴ ȵi⁵⁵ pʰi²²⁴ xua³³ pin⁵⁵]

他落了的，[tʰa³¹ no²¹³ ȵiao⁰ ti⁰]

蔫到鼻子回去了，[ien³¹ tao⁰ pʰi²²⁴ tsʅ⁰ xuei²²⁴ tɕʰi³²⁴ ȵiao⁰] 蔫到鼻子：没精打采

回去了。[xuei²²⁴ tɕʰi³²⁴ ȵiao⁰]

两个人哩，天天早上哩，[ȵiaŋ⁵⁵ ko³²⁴ zʅn²²⁴ ȵi⁰，tʰien³¹ tʰien³¹ tsao⁵⁵ saŋ³³ ȵi⁰]

就跑到来，[tɕiou³³ pʰao⁵⁵ tao⁰ nai⁰]

问他哩，要话柄。[uen³³ tʰa³¹ ȵi⁰，iao³²⁴ xua³³ pin⁵⁵]

他的四媳妇落了又晓得，[tʰa³¹ ti⁰ sʅ³²⁴ ɕi²¹³ fu⁵⁵ no²¹³ ȵiao⁰ iou³²⁴ ɕiao⁵⁵ te⁰]

又晓得，就说，[iou³²⁴ ɕiao⁵⁵ te⁰，tɕiou³³ ʂɥe²¹³]

么两个爹爹，[mo⁵⁵ ȵiaŋ⁵⁵ ko³³ tie³¹ tie⁰] 么：怎么

么总跑到我来要话柄是么意思啊？[mo⁵⁵ tsoŋ⁵⁵ pʰao⁵⁵ tao⁰ ŋo⁵⁵ nai⁰ iao³²⁴ xua³³ pin⁵⁵ ʂʅ³³ mo⁵⁵ i³²⁴ sʅ³¹ a⁰]

她就又问他爹爹。[tʰa³¹ tɕiou³³ iou³³ uen³³ tʰa³¹ tie³¹ tie⁰]

他爹爹就说，那里就是我，[tʰa³¹ tie³¹ tie⁰ tɕiou³³ ʂɥe²¹³，na⁵⁵ ȵi⁵⁵ tɕiou³³ ʂʅ³³ ŋo⁵⁵]

你把隔壁的这个事情，[ȵi⁵⁵ pa⁵⁵ ke²²⁴ pi²¹³ ti⁰ tse³²⁴ ke⁰ ʂʅ³³ tɕʰin²²⁴]

搞了说了以后的话哩，[kao⁵⁵ ȵiao⁰ ʂɥe²¹³ ȵiao⁰ i⁵⁵ xou³³ ti⁰ xua³³ ȵi⁰]

我喜不过，[ŋo⁵⁵ ɕi⁵⁵ pu²¹³ ko³²⁴]

那天遇到那两个爹爹上街的，[na³³ tʰien³¹ y³³ tao⁰ ne³³ ȵiaŋ⁵⁵ ko³²⁴ tie³¹ tie⁰ saŋ³³ kai³¹ ti⁰]

两个搭卦的，[ȵiaŋ⁵⁵ ko³²⁴ ta²¹³ kua⁵⁵ ti⁰]

我就去，去叫他莫说，听我说，[ŋo⁵⁵ tɕiou³³ tɕʰi³²⁴，tɕʰi³²⁴ tɕiao³²⁴ tʰa³¹ mo²¹³ ʂɥe²¹³，tʰin³¹ ŋo⁵⁵ ʂɥe²¹³]

落了就告诉他，[no²¹³ ȵiao⁰ tɕiou³³ kao³²⁴ sou³³ tʰa³¹]

他们就天天来要话柄。[tʰa³¹ men⁰ tɕiou³³ tʰien³¹ tʰien³¹ nai⁰ iao³²⁴ xua³²⁴ pin⁵⁵]

她说好，她说你莫管，[tʰa³¹ ʂɥe²¹³ xao⁵⁵，tʰa³¹ ʂɥe²¹³ ȵi⁵⁵ mo²¹³ kuan⁵⁵]

你明朝早晨我来对付。[ȵi⁵⁵ men²²⁴ tsao⁰ tsao⁵⁵ sen⁰ ŋo⁵⁵ nai²²⁴ ti³²⁴ fu⁰]

但是这两个人的话哩，[tan³³ sɿ³³ tse³²⁴ ȵiaŋ⁵⁵ ko³²⁴ zʉŋ²²⁴ ti⁰ xua³³ ȵi⁰]

就一大早上又来了，[tɕiou³³ i²¹³ ta³³ tsao⁵⁵ saŋ³³ iou³²⁴ nai³¹ ȵiao⁰]

又打他来要话柄，[iou³³ ta⁵⁵ tʰa³¹ nai³¹ iao³²⁴ xua³³ pin⁵⁵] 打：从

他就问，他说么什伢，你爹爹哩，[tʰa³¹ tɕiou³³ uen³³，tʰa³¹ ʂʉe²¹³ mo⁵⁵ sɿ³³ ŋa⁰，ȵi⁵⁵ tie³¹ tie⁰ ȵi⁰]

她说我爹爹啦，[tʰa³¹ ʂʉe²¹³ ŋo⁵⁵ tie³¹ tie⁰ na⁰]

我爹爹挖捕篓根去了，[ŋo⁵⁵ tie³¹ tie⁰ ua²¹³ pu³³ no³³ ken³¹ tɕʰi³²⁴ ȵiao⁰] 捕篓：抓鱼的篓子

这两个说，捕篓哪有根哩？[tse³²⁴ ȵiaŋ⁵⁵ ko³²⁴ ʂʉe²¹³，pu³³ no³²⁴ na⁵⁵ iou⁵⁵ ken³¹ ȵi⁰]

她就说，话哪有个柄哩？[tʰa³¹ tɕiou³³ ʂʉe²¹³，xua³³ na⁵⁵ iou⁵⁵ ke⁰ pin³²⁴ ȵi⁰]

一家伙说得人家还没开始要哩，[i²¹³ tɕia³¹ xo⁰ ʂʉe²¹³ ti⁰ zʉŋ²²⁴ ka³¹ xai²²⁴ mei²²⁴ kʰai³¹ sɿ⁵⁵ iao³²⁴ ȵi⁰]

就说得人家没有话说，[tɕiou³³ ʂʉe²¹³ te⁰ zʉŋ²²⁴ ka³¹ mei²²⁴ iou⁵⁵ xua³³ ʂʉe²¹³]

落了就蔫到鼻子走了。[no²¹³ ȵiao⁰ tɕiou³³ ien⁵⁵ tao⁰ pʰi²²⁴ tsɿ⁰ tsou⁵⁵ ȵiao⁰]

走了哩，在从今以后哩，[tsou⁵⁵ ȵiao⁰ ȵi⁰，tsai³²⁴ tsʰoŋ²²⁴ tɕin³¹ i⁵⁵ xou³³ ȵi⁰]

就冇到他的来要话柄。[tɕiou³³ mao³³ tao⁰ tʰa³¹ ti⁰ nai²²⁴ iao³²⁴ xua³³ pin⁵⁵]

他爹爹哩，听了在落了晓得，[tʰa³¹ tie³¹ tie⁰ ȵi⁰，tʰin³¹ ȵiao⁰ tsai³²⁴ no²¹³ ȵiao⁰ ɕiao⁵⁵ te⁰]

晓得这个事了以后哩，[ɕiao⁵⁵ te⁰ tse³²⁴ ko⁰ sɿ³³ ȵiao⁰ i⁵⁵ xou³³ ȵi⁰]

越更高兴不过，[zʉe³²⁴ ken³²⁴ kao³¹ ɕin³²⁴ pu²¹³ ko³²⁴] 越更：越发，更是

就在他的堂屋里哩，[tɕiou³³ tsai³³ tʰa³¹ ti⁰ tʰao²²⁴ u²¹³ ȵi⁵⁵ ȵi⁰]

墙上哩，写到四个大字，[tɕʰiaŋ²²⁴ saŋ³³ ȵi⁰，ɕie⁵⁵ tao⁰ sɿ³²⁴ ke⁰ ta³³ tsɿ³³]

写：万事不求人，[ɕie⁵⁵：uan³³ sɿ³³ pu²¹³ tɕʰiou²²⁴ zʉŋ²²⁴]

天天在屋里幸灾乐祸哩。[tʰien³¹ tʰien³¹ tsai³³ u²¹³ ȵi⁵⁵ ɕin³³ tsai³¹ no³²⁴ xo³³ ȵi⁰]

这一天哩，遇到皇帝哩，[tse³²⁴ i²¹³ tʰien³¹ ȵi⁰，ʯ³³ tao⁰ xuaŋ²²⁴ ti³²⁴ ȵi⁰]

打他的门口过，[ta⁵⁵ tʰa³¹ ti⁰ men²²⁴ kʰou⁵⁵ ko³²⁴]

一家看到说，[i²¹³ tɕia³¹ kʰan³²⁴ tao⁰ ʂʉe²¹³]

写倒"万事不求人"，[ɕie⁵⁵ tao⁰ uan³³ sɿ³³ pu²¹³ tɕʰiou²²⁴ zʉŋ²²⁴]

他说，[tʰa³¹ ʂʉe²¹³]

你，这还口气，这还大得很哩，[ȵi⁵⁵，tse³²⁴ xai²²⁴ kʰou⁵⁵ tɕʰi³²⁴，tse³²⁴ xai²²⁴ ta³³ te⁰ xen⁵⁵ ne⁰]

我做皇帝这还要求人，[ŋo⁵⁵ tsou³²⁴ xuaŋ²²⁴ ti³²⁴ tse³²⁴ xai²²⁴ iao³²⁴ tɕʰiou²²⁴ zʉŋ²²⁴]

你这还万事不求人着，[ȵi⁵⁵ tse³²⁴ xai²²⁴ uan³³ sɿ³³ pu²¹³ tɕʰiou²²⁴ zʉŋ²²⁴ tso⁰]

我正朝非要为难下子你。[ŋo⁵⁵ tsen³¹ tsao⁰ fei⁰ iao³²⁴ uei²²⁴ nan²²⁴ xa³³ tsɿ⁰ ȵi⁵⁵]

他就个一路人把轿就下来，[tʰa³¹ tɕiou³³ ke⁰ i²¹³ nou³³ ʐuŋ²²⁴ pa⁵⁵ tɕiao³²⁴ tɕiou³³ ɕia³³ nai²²⁴]

就找他，把他爹爹找得来，[tɕiou³³ tsao⁵⁵ tʰa⁰，pa⁵⁵ tʰa³¹ tie³¹ tie⁰ tsao⁵⁵ te⁰ nai²²⁴]

他说你万事不求人，好，[tʰa³¹ ʂue²¹³ ni⁵⁵ uan³³ sɿ³³ pu²¹³ tɕʰiou²²⁴ ʐuŋ²²⁴，xao⁵⁵]

我正朝要你做三件事。[ŋo⁵⁵ tsen³¹ tsao⁰ iao³²⁴ ni⁵⁵ tsou³²⁴ san³¹ tɕien³²⁴ sɿ³³]

一件事哩，他说，[i²¹³ tɕien³³ sɿ³³ ni⁰，tʰa³¹ ʂue²¹³]

你一，第一，我，我要你哩，[ni⁵⁵ i²¹³，ti³³ i²¹³，ŋo⁵⁵，ŋo⁵⁵ iao³²⁴ ni⁵⁵ ni⁰]

搞，搞十几个公鸡蛋，这是第一；[kao⁵⁵，kao⁵⁵ sɿ²²⁴ tɕi⁵⁵ ko⁰ koŋ³¹ tɕi³¹ tan³³，tse³²⁴ sɿ³³ ti³³ i²¹³]

第二哩，要哩，[ti³³ or³³ ni⁰，iao³²⁴ ni⁰]

呣，把海里灌一下油；[m̩⁰，pa⁵⁵ xai⁵⁵ ni⁵⁵ kuan³²⁴ i²¹³ xa³³ iou²²⁴]

第三哩，要扯块布哩，[ti³³ san³¹ ni⁰，iao³²⁴ tsʰe⁵⁵ kʰuai³²⁴ pu³²⁴ ni⁰]

撕块布哩，把天拿得遮到。[tsɿ³¹ kʰuai³²⁴ pu³²⁴ ni⁰，pa⁵⁵ tʰien³¹ na²²⁴ te⁰ tse³³ tao⁰] 撕：扯

就命他说，[tɕiou³³ min³³ tʰa³¹ ʂue²¹³]

如果哩，一个月哩，[ʐu²²⁴ ko⁵⁵ ni⁰，i²¹³ ko³²⁴ ʐue²¹³ ni⁰]

我转来的时候，你有做到的话，[ŋo⁵⁵ tʂuan⁵⁵ nai²²⁴ ti⁰ sɿ²²⁴ xou³¹，ni⁵⁵ mao³³ tsou³²⁴ tao⁰ ti⁰ xua³³] 转：回

我就要把你杀得他。[ŋo⁵⁵ tsou³³ iao³²⁴ pa⁵⁵ ni⁵⁵ sa²¹³ te⁰ tʰa³¹]

他就走了，[tʰa³¹ tɕiou³³ tsou⁵⁵ niao⁰]

这皇帝就跟倒那一路的就走了。[tse³²⁴ xuaŋ²²⁴ ti³³ tɕiou³³ ken³¹ tao⁰ ne³³ i²¹³ nou³³ ti⁰ tɕiou³³ tsou⁵⁵ niao⁰]

走了以后，他爹爹的天天在屋里，[tsou⁵⁵ niao⁰ i⁵⁵ xou³³，tʰa³¹ tie³¹ tie⁰ ti⁰ tʰien³¹ tʰien³¹ tsai³³ u²¹³ ni⁰]

急得大汗冒，团团转，[tɕi²¹³ te⁰ ta³³ xan³²⁴ mao³²⁴，tʰan²²⁴ tʰan²²⁴ tʂuan³²⁴]

怕杀了吵，就转。[pʰa³²⁴ sa²¹³ niao⁰ se⁰，tɕiou³³ tʂuan³²⁴]

他的四媳妇又看到，[tʰa³¹ ti⁰ sɿ³²⁴ ɕi²¹³ fu³³ iou³²⁴ kʰan³²⁴ tao³³]

看到她就说，[kʰan³²⁴ tao⁰ tʰa³¹ tɕiou³³ ʂue²¹³]

她说么了个事。[tʰa³¹ ʂue²¹³ mo⁵⁵ niao⁰ ke⁰ sɿ³³] 么了个事：怎么个事

他说，哪里啊，[tʰa³¹ ʂue²¹³，na⁵⁵ ni⁵⁵ a⁰]

我就在屋里写到，[ŋo⁵⁵ tsou³¹ tsai³³ u³¹ ni⁵⁵ ɕie⁵⁵ tao⁰]

你看这"万事不求人"，[ni⁵⁵ kʰan³²⁴ ne³²⁴ uan³³ sɿ³³ pu²¹³ tɕʰiou²²⁴ ʐuŋ²²⁴]

再遇到皇帝打这门口过，[tsai³²⁴ ʯ³³ tao⁰ xuan³¹ ti³²⁴ ta⁵⁵ ne³²⁴ men²²⁴ kʰou⁵⁵ ko³²⁴]

要我做三件事，[iao³²⁴ ŋo⁵⁵ tsou³²⁴ san³¹ tɕien³³ sɿ³³]

他就把那三件事一说。[tʰa³¹ tɕiou³³ pa⁵⁵ ne³³ san³¹ tɕien³³ sɿ³³ i²¹³ ʂᵤe²¹³]

他的媳妇就一想，[tʰa³¹ ti⁰ ɕi²¹³ fu³³ tɕiou³³ i²¹³ ɕiaŋ⁵⁵]

她说好，她说到了满了一个月，[tʰa³¹ ʂᵤe²¹³ xao⁵⁵，tʰa³¹ ʂᵤe³¹ tao³²⁴ ȵiao⁰ man⁵⁵ ȵiao⁰ i²¹³ ko³²⁴ ȥᵤe²¹³]

他转来的时候，[tʰa³¹ tʂᵤan⁵⁵ nai²²⁴ ti⁰ sɿ²²⁴ xou³³]

我来，我来，跟他，对付他。[ŋo⁵⁵ nai²²⁴，ŋo⁵⁵ nai²²⁴，ken³¹ tʰa³¹，ti³²⁴ fu⁰ tʰa³¹]

又是后来呀，[iou³³ sɿ³³ xou³³ nai²²⁴ ia⁰]

再到了一个月到了。[tsai³²⁴ tao³²⁴ ȵiao⁰ i²¹³ ko³²⁴ ȥᵤe²¹³ tao³²⁴ ȵiao⁰]

皇帝转来，转来就，[xuaŋ²²⁴ ti³²⁴ tʂᵤan⁵⁵ nai²²⁴，tʂᵤan⁵⁵ nai²²⁴ tɕiou³³]

他的那个媳妇就先不先地，[tʰa³¹ ti⁰ ne³³ ko³³ ɕi²¹³ fu³³ tɕiou³³ ɕien³¹ pu²¹³ ɕien³¹ ti⁰] 先不先：预先，提前

四媳妇先不先在门口等到。[sɿ³²⁴ ɕi²¹³ fu³³ ɕien³¹ pu²¹³ ɕien³¹ tsai³³ men²²⁴ kʰou⁵⁵ ten⁵⁵ tao⁰]

他就说，女伢女伢，你的爹爹哩，[tʰa³¹ tɕiou³³ ʂᵤe²¹³，ȵ̩⁵⁵ ŋa⁰ ȵ̩⁵⁵ ŋa⁰，ȵi⁵⁵ ti⁰ tie³¹ tie⁰ ȵi⁰]

她说我爹爹嘞，在小产。[tʰa³¹ ʂᵤe²¹³ ŋo⁵⁵ tie³¹ tie⁰ ne⁰，tsai³³ ɕiao⁵⁵ tsʰan⁵⁵]

他说哪里个男将小产哩，[tʰa³¹ ʂᵤe²¹³ na⁵⁵ ȵi⁵⁵ ke⁰ nan²²⁴ tɕiaŋ³²⁴ ɕiao⁵⁵ tsʰan⁵⁵ ȵi⁰]

你是瞎说。[ȵi⁵⁵ sɿ³³ ɕia³¹ ʂᵤe²¹³] 瞎：胡乱

她就说，哪里个公鸡生蛋着，[tʰa³¹ tɕiou³³ ʂᵤe²¹³，na⁵⁵ ȵi⁵⁵ ke⁰ koŋ³¹ tɕi³¹ sen³²⁴ tan³³ tso⁰]

哪有个公鸡生蛋着，[na⁵⁵ iou⁵⁵ ke⁰ koŋ³¹ tɕi³¹ sen³²⁴ tan³³ tso⁰]

那皇帝说，欸，这还嘞个狠嘞，[ne³³ xuaŋ²²⁴ ti³²⁴ ʂᵤe²¹³，ei⁵⁵，tse³²⁴ xai²²⁴ ne³²⁴ ko⁰ xen⁵⁵ ne⁰]

这还说的蛮那个。[tse³²⁴ xai²²⁴ ʂᵤe²¹³ te⁰ man²²⁴ ne³³ ko⁰]

他说好，这个算是你那个了，[tʰa³¹ ʂᵤe²¹³ xao⁵⁵，tse³²⁴ ko³²⁴ san³²⁴ sɿ³³ ȵi⁵⁵ ne³⁰ ko³³ ȵiao⁰]

他说那，我叫他海里，三件事，[tʰa³¹ ʂᵤe²¹³ na³³，ŋo⁵⁵ tɕiao³²⁴ tʰa³¹ xai⁵⁵ ȵi⁵⁵，san³¹ tɕien³³ sɿ³³]

海里灌一下油，他灌了冇？[xai⁵⁵ ȵi⁵⁵ kuan³²⁴ i²¹³ xa³³ iou²²⁴，tʰa³¹ kuan³²⁴ ȵiao⁰ mao³³]

她说灌一下，[tʰa³¹ ʂᵤe²¹³ kuan³²⁴ i²¹³ xa³³]

她说灌一下油可以啊，[tʰa³¹ ʂᵤe²¹³ kuan³²⁴ i²¹³ xa³³ iou²²⁴ kʰo⁵⁵ i⁵⁵ a⁰]

她说你把海里的水抽干，[tʰa³¹ ʂue²¹³ ɲi⁵⁵ pa⁵⁵ xai⁵⁵ ɲi⁰ ti⁰ ʂuei⁵⁵ tsʰou³¹ kan³¹]

我来灌一下油，[ŋo⁵⁵ nai²²⁴ kuan³²⁴ i²¹³ xa³³ iou²²⁴]

你看那个海里油，它皇帝，[ɲi⁵⁵ kʰan³²⁴ na³³ ko³³ xai⁵⁵ ɲi⁵⁵ iou²²⁴，tʰa³¹ xuan²²⁴ ti³²⁴]

海里的水，[xai⁵⁵ ɲi⁵⁵ ti⁰ ʂuei⁵⁵]

他皇帝还么样抽得干呢，[tʰa³¹ xuan²²⁴ ti³²⁴ xai²²⁴ mo²¹³ iaŋ³³ tsʰou³¹ te⁰ kan³¹ ɲi⁰]

那肯定抽不干也做不到喂。[na³³ kʰen⁵⁵ tin³³ tsʰou³¹ pu²¹³ kan³¹ ie⁵⁵ tsou³²⁴ pu²¹³ tao³³ uei⁰]

他说那，我叫他，[tʰa³¹ ʂue²¹³ na³³，ŋo⁵⁵ tɕiao³²⁴ tʰa³¹]

撕一块布把箇天遮到。[tsɿ³¹ i²¹³ kʰuai³²⁴ pu³²⁴ pa⁵⁵ ko³³ tʰien³¹ tse³¹ tao⁰]

她说也，我也，她说这个，[tʰa³¹ ʂue²¹³ ie⁵⁵，ŋo⁵⁵³ ie⁵⁵，tʰa³¹ ʂue²¹³ tse³²⁴ ko³²⁴]

他的四媳妇说这也做到，[tʰa³¹ ti⁰ sɿ³²⁴ ɕi²¹³ fu³³ ʂue²¹³ tse³²⁴ ie⁵⁵ tsou³²⁴ tao³²⁴]

但是哩，你要把天，尺寸量得我，[tan³³ sɿ³³ ɲi⁰，ɲi⁵⁵ iao³²⁴ pa⁵⁵ tʰien³¹，tsʰɿ²²⁴ tsʰen³²⁴ niaŋ³¹ te⁰ ŋo⁵⁵]

你说他么量得尺寸到呢，[ɲi⁵⁵ ʂue²¹³ tʰa³¹ mo⁵⁵ niaŋ²²⁴ te⁰ tsʰɿ²²⁴ tsʰen³²⁴ tao⁵⁵ ɲi⁰]

这个事情他就，[tse³²⁴ ke⁰ sɿ³³ tɕin²²⁴ tʰa³¹ tɕiou³³]

把皇帝一下抵得也冇话说，[pa⁵⁵ xuan²²⁴ ti³²⁴ i²¹³ xa³³ ti⁵⁵ te⁰ ie⁵⁵ mao³³ xua³³ ʂue²¹³] 抵：怼，堵

因为没理，皇帝觉得自家理亏啲，[in³¹ uei³³ me²²⁴ ɲi⁵⁵，xuan²²⁴ ti³²⁴ tɕio²²⁴ te⁰ tsɿ³³ ka⁰ ɲi⁵⁵ kʰuei³¹ se⁰]

就蔫到鼻子下走了。[tɕiou³³ ien³¹ tao⁰ pi²²⁴ tsɿ⁰ xa³³ tsou⁵⁵ niao⁰]

这个故事哩，就讲完了。[tse³²⁴ ko⁰ ku³²⁴ sɿ³³ ɲi⁰，tɕiou³³ tɕiaŋ⁵⁵ uan²²⁴ niao⁰]

意译：我现在给大家讲一个《万事不求人》的故事。

说的什么呢，就是原先啊，有一个老人，他养了四个儿子。他的大儿子、二儿子、三儿子娶了三个有意思的媳妇。娶的大媳妇是山里的，娶的二媳妇是湖里的，娶的三媳妇是村里的人。但是，他总听见村里的人议论他家的这三个儿媳妇，说他家的这三个媳妇呢，有点儿……用新洲话来说就是觉得她们不聪明。其实，她们都是老实人，不像别人那些油嘴滑舌的媳妇，不是刁蛮的人。但是他还是觉得要想个办法考一下他家的这三个儿媳妇，看究竟怎么样。这一天，他把三个儿媳妇都叫到一起，他说："大媳妇、二媳妇、三媳妇，你们来一下。"这三个儿媳妇反正都很听他的话，就都站到了他的面前。他说："大媳妇，你回你娘家去，住三五天；二媳妇，你也回你娘家去，住七八天；三媳妇，你回去住半个月。但是有个要求，你们要一起去，一起回。你们三个人还要带点礼物回来，大媳妇带四两苍蝇翅膀回，二媳妇带无脚团鱼，三媳妇带黄心汤圆。明天早上早早

起来后，就都回娘家去吧。"她们睡了一晚上，第二天早上就都一起回娘家去了。

走到村前的十字路口，要分手了，她们就都坐在那里哭。她们觉得要她们三个人，按时一起回家，还要带那样的礼物，就很为难，坐在路口不停地哭。正好遇上前面村里的一个女孩儿去挑水，女孩儿就问她们："你们三个大姐为什么坐在这里哭啊？"大媳妇就说："你不知道，我的公公要我回娘家去住三五天，带礼物要带四两苍蝇翅膀。"二媳妇就说："他要我回去住七八天，带无脚团鱼。"三媳妇说："要我回去住半个月，带黄心汤圆。又要我们一起去一起回，你说我们可怎么办得到啊，时间也对不上啊。"前面村里的那个女孩儿就说："别哭别哭，我教你们，这简单得很。"她就对她们说："三五一十五，七加八也是一十五，半个月也是一十五。"她说："你们在娘家住十五天以后再回来，回来后就在这里等，等到大家都来了再一起回去。"她们说："那我们带的礼物呢？"女孩儿就问大媳妇娘家住在哪儿，那里有什么特产。大媳妇说："我娘家住在山里，没有什么特产，现在只有茶叶。"女孩儿说："可以呀，你把茶叶带个半斤八两回来。"二媳妇说："我娘家湖边都淹了水，没别的什么，也没什么吃的，就只有荞麦。"她说："这样正好啊，你就把荞麦粑多做几个，带回来。"三媳妇就说："那爹爹他要我带黄心汤圆呢？我们那里别的什么都没有，就是养了很多鸡，下了很多蛋。"女孩儿说："那你就把鸡蛋多带几个回来。"然后她们三个都高高兴兴回娘家去了。过了半个月就一起都回婆家了。

她们的公爹就想，她们每个人都回来了，还是一起回的，而且带的礼物也真是称心如意。他就想，本来说，我家里那些媳妇有点儿不聪明不开窍，这还挺好，都对了。他又转念一想，嗯，先别慌，我先问问她们。他说："老大老二老三，你们是怎么知道的该怎样做呢？"他的三个媳妇就回答说："我们哪里知道呢，还是前面村里的一个女孩子告诉我们的。"爹爹一听就很高兴，他说，赶快去请人说媒，把那个女孩子一定要说给他家的老四，给四儿子做媳妇。然后就请媒人去说媒，再准备聘礼，对方家答应了。答应了就接媳妇，接了媳妇呢，就住进爹爹家来了。

过了两三天，他的四媳妇总听到隔壁的人跑到她家里来，找她的爹爹赔猫，邻居说："把我的猫赔给我，把我的猫赔给我。"四媳妇就问她爹爹说："伯伯伯伯，隔壁怎么总到我家里来要猫呢？"爹爹说："你结婚办酒席的时候，她的猫不停地在我那里抓肉吃，我很生气，一菜刀剁下去，一下子把她的猫剁死了，所以她总来要猫。"四媳妇问："那邻居以前有没有借用过、弄坏了咱家里的东西呢？"他说："我想一下，她好像没弄坏什么东西。"四媳妇说："您再想一下，弄坏了没有。"他说："没有，就是有一回隔壁的人借了个水瓢，结果把水瓢打破了，那不值什么。"她说："好好好，隔壁的改天再来我来对付她。"第二天，隔壁又跑来要猫，说："把我家里的猫赔给我"，四媳妇就问她说什么啊，隔壁的人就说："你爹爹呢?"四媳妇回答："我爹爹啊?我爹爹不在家里，你找我爹爹干什么啊?""你爹爹在你结婚办酒席的时候，一菜刀把我的猫剁死了，我要他赔猫。"四媳妇说："要赔猫，你先别着急，你那回把我家的瓢借去弄坏了也没有赔呢。"隔壁的人说："你的瓢算个什么呀?"四媳妇说："你的猫算个什么呀?"两个人就在那里争吵抬杠起来了。那个隔壁的人就说："我的猫哪，我的猫睡着像条龙，坐着像只虎，要值五百五，五百五我还不卖，还是要留着我的原货在。"四媳妇就说她的葫芦瓢，隔壁的人说："你的葫芦瓢算个什么?"四媳妇说："我的葫芦瓢啊，我的葫芦瓢趴着可以切肉，仰着可以装粥，要值六百六，六百六不卖，还是要留我的原货在。"这就把隔壁的人说得没有话说，你的只值五百五，她的还值六百六呢，这就把她隔壁的人推走了，从今以后就再也没来她家里闹事了，也没来找她爹爹要那个猫了。她的爹爹就问她是怎样说的，她就把情况一说。她的爹爹高兴得不行，说："哎，家里娶了这么能干的媳妇!"

有一天早上，爹爹到街上去，听到两个人聊天，他就说呢，你们两个别说话，我给你们说一下我家娶回的四媳妇，说他四媳妇多么多么能干，还把她和隔壁吵架的事拿来说。人家谁关心你家的事呀，爹爹说完以后别人就数落他："你不管不顾地打断了我们说话，把我们两个的话柄打断了，我们要你赔话柄。"爹爹膁眉耷眼地回去了。结果从今以后，那两个人天天早上跑来找爹爹要话柄。四媳妇就问爹爹："他们怎么总跑到我们家来要话柄，这是什么意思啊?"她爹爹就说："哪里呀，就是你把隔壁那个事情说了以后，我高兴得不得了。那天在街上，遇到这两个聊天的人，我就打断了他们的话，让他们别说，听我说你的事。他们就嫌我打断了他们的话柄，天天来找我赔话柄。"四媳妇说："好，您别管了，明天早上我来对付他们。"第二天，这两个人一大早上又来了，又打算来要话柄。他们就问四媳妇："你爹爹呢?"四媳妇说："我爹爹挖捕篓根去了。"这两个人说："捕篓哪里有根呢?"她就说："话哪里有柄呢?"一家伙说得人家还没开始要呢，就没有话说了，只好垂头丧气地走了，后来就没有再来要话柄了。爹爹知道这个事之后就更高兴了，就在他客厅的墙上写了四个大字："万事不求人"，天天在家里暗自得意。

这天，皇帝从他家门口经过，看到墙上写着"万事不求人"。皇帝心想，你这口气真大，我做皇帝还要求人，你还万事不求人，我今天非要为难你一下。皇帝就下轿，让他的随从把爹爹找来。皇帝对爹爹说："你万事不求人，好，我今天要你做三件事。第一件事，你拿十几个公鸡蛋来；第二件事，你把海里灌一下油；第三件事，你扯块布把天遮起来。如果一个月之后我再来的时候，你没做到的话，我就要把你杀了。"说完，皇帝带着一路人马就走了。皇帝走了之后，爹爹天天在家里急得团团转，怕被杀了。他的四媳妇看到了，就问他是怎么个事。他就说："我这屋里写的'万事不求人'，被皇帝看到了，皇帝就要我做三件事。"他把那三件事说了。他的媳妇一想，就说，好，到了满一个月的时候，我来应对皇帝。一个月到了，皇帝又来了，他的媳妇就事先在门口等着。皇帝就说："女子，你爹爹呢？"她说："我爹爹在小产。"皇帝说："哪个男的小产呢？你是在胡说。"她说："哪里有公鸡生蛋呢？"那皇帝说："你这说的还算对，好，这个算你通过了。那我叫他往海里灌一下油，他灌了没？"她说："灌油可以啊，你先把海里的水抽干，我再来灌一下油。"大家说，那海里的水皇帝怎么能抽得干呢？皇帝只好说："那我让他扯一块布把天遮起来呀。"四媳妇说："可以做到，但是你要量一下天的尺寸给我。"你说，皇帝他怎么能量得到天的尺寸呢？这下子就把皇帝堵得没话说，皇帝也觉得自己理亏，没精打采地与手下的一起走了。

这个故事就讲完了。

0024 其他故事

好，我跟大家讲一个故事。[xao⁵⁵，ŋo⁵⁵ ken³¹ ta³³ tɕia³¹ tɕiaŋ⁵⁵ i²¹³ ko³²⁴ ku³²⁴ sɿ³³]

这个故事哩，就是有一个伢啦，[tse³²⁴ ke³²⁴ ku³²⁴ sɿ³³ ɲi⁰，tɕiou³³ sɿ³³ iou⁵⁵ i²¹³ ke³²⁴ ŋa²²⁴ na⁰] 伢：小孩

他哩，不做正事，[tʰa³¹ ɲi⁰，pu²¹³ tsou³²⁴ tsen³²⁴ sɿ³³]

专门哩，扯谎撂白的，[tsʐuan³¹ men²²⁴ ɲi⁰，tsʰe⁵⁵ xuaŋ⁵⁵ ɲiou³³ pe²²⁴ ti⁰] 扯谎撂白：撒谎骗人

麻麻去骗这骗那，[ma²²⁴ ma⁰ tɕʰi³²⁴ pʰien³²⁴ tse³²⁴ pʰien³²⁴ na³³] 麻麻：经常

又好吃懒做的。[iou³³ xao³²⁴ tɕʰi²¹ nan⁵⁵ tsou³²⁴ ti⁰]

在这骗得多了哩，[tsai³³ tse³²⁴ pʰien³²⁴ ti⁵⁵ to³¹ ɲiao⁰ ɲi⁰]

人家就告到县官那去了，[zʐn²²⁴ ka³¹ tɕiou³³ kao³²⁴ tao³²⁴ ɕien³³ kuan³¹ na³³ tɕʰi³²⁴ iao⁰]

那天哩，县官哩，就把他捉到。[ne³³ tʰien³¹ ɲi⁰，ɕien³²⁴ kuan³¹ ne⁰，tɕiou³³ pa⁵⁵ tʰa³¹ tso²¹³ tao⁰]

他说："你会扯谎，[tʰa³¹ ʂue²¹³：ni⁵⁵ xuei³³ tsʰe³²⁴ xuaŋ⁵⁵]

你正朝要扯了谎，[ni⁵⁵ tsen³¹ tsao⁰ iao³²⁴ tsʰe³²⁴ ɲiao⁰ xuan⁵⁵] 正朝：现在

我就饶了你，我就不杀你。"[ŋo⁵⁵ tɕiou³³ zʐao²²⁴ ɲiao⁰ ɲi⁵⁵，ŋo⁵⁵ tsou³³ pu²²⁴ sa²¹³ ɲi⁵⁵]

他说："你正朝，你正朝要是把我，[tʰa³¹ ʂue²¹³：ɲi⁵⁵ tsen³¹ tsao⁰，ɲi⁵⁵ tsen³¹ tsao⁰ iao³²⁴ sɿ³³ pa⁵⁵ ŋo⁵⁵]

扯出了这个大堂外头去噢，[tsʰe⁵⁵tʂʰʮ²¹³ȵiao⁰tse³²⁴ke³²⁴ta³³tʰaŋ²²⁴uai³³tʰou⁰tɕʰi³²⁴o⁰]
那我就算你狠。"[na³³ŋo⁵⁵tsou³³san³²⁴ȵi⁵⁵xen⁵⁵]

那个，那个伢他就说，[ne³³ke⁰，ne³²⁴ke⁰ŋa²²⁴tʰa³¹tɕiou³³ʂʮe²¹³]

他说："哪里啊，[tʰa³¹ʂʮe²¹³：na⁵⁵ȵi⁰a⁰]

扯谎一般的下有个架子，[tsʰe³²⁴xuaŋ⁵⁵i²¹³pan³¹ti⁰xa³³iou⁵⁵ko³³tɕia³²⁴tsʮ⁵⁵] 下：都，全

有个扯谎的个架子。"[iou⁵⁵ko³³tsʰe³²⁴xuaŋ⁵⁵ti⁰ke³³tɕia³²⁴tsʮ⁰]

他说，县官就说："有个架子啊"，[tʰa³¹ʂʮe²¹³，ɕien³³kuan³¹tɕiou³³ʂʮe²¹³：iou⁵⁵ke³³tɕia³²⁴tsʮ⁰a⁰]

他说："架子哩，在哪地儿？[tʰa³¹ʂʮe²¹³：tɕia³²⁴tsʮ⁵⁵ȵi⁰，tsai³³na⁵⁵tair⁰]哪地儿：哪里

你么冇带来，[ȵi⁵⁵mo⁵⁵mao³³tai³²⁴nai²²⁴]么：怎么。冇：没有

你带来把我看下子唦。"[ȵi⁵⁵tai³²⁴nai²²⁴pa⁵⁵ŋo⁵⁵kʰan³²⁴xa³³tsʮ⁰se⁰]把：给。下子：一下

他说："不是，那个架子好大，[tʰa³¹ʂʮe²¹³：pu²¹³sʮ³³，na³³ko³³tɕia³²⁴tsʮ⁰xao⁵⁵ta³³]

那个门哩，县衙那个大门哩，[ne³³ke³³men²²⁴ȵi⁰，ɕien³³ia²²⁴ne³³ke³³ta³³men²²⁴ȵi⁰]

进来不了，[tɕin³²⁴nai²²⁴pu²¹ȵiao⁵⁵]

我放到箇大门口的。"[ŋo⁵⁵faŋ³²⁴tao⁰ke³³ta³³men²²⁴kʰou⁵⁵ti⁰]

他说："要是你要想看的话哩，[tʰa³¹ʂʮe²¹³：iao³²⁴sʮ³³ȵi⁵⁵iao³²⁴ɕiaŋ⁵⁵kʰan³²⁴ti⁰xua³³ȵi⁰]

你就出去看下子。"[ȵi⁵⁵tɕiou³³tʂʰʮ²¹³tɕʰi³²⁴kʰan³²⁴xa³³tsʮ⁰]

这个县官哩，就信以为真哩，[tse³²⁴ke³³ɕien³²⁴kuan³¹ȵi⁰，tɕiou³³ɕin³²⁴i⁵⁵uei²²⁴tsen³¹ȵi⁰]

就从大堂高头下来哩，[tɕiou³³tsʰoŋ²²⁴ta³³tʰaŋ²²⁴kao³¹tʰou⁰ɕia³³nai²²⁴ȵi⁰]高头：上面

跟他一路到外头去看，[ken³¹tʰa³¹i²¹³nou³³tao³²⁴uai³³tʰou⁰tɕʰi³²⁴kʰan³²⁴]一路：一起

百么什冇看到。[pe²²⁴mo⁵⁵sʮ⁰mao³³kʰan³²⁴tao⁰]百：无论。么什：什么

他说："那个架子哩？"[tʰa³¹ʂʮe²¹³：ne³²⁴ɕie⁰tɕia³²⁴tsʮ⁰ȵi⁰]

他说，他说："你不是说，[tʰa³¹ʂʮe²¹³，tʰa³¹ʂʮe²¹³：ȵi⁵⁵pu²¹³sʮ³³ʂʮe³¹]

叫我把你扯出来唦，[tɕiao³²⁴ŋo⁵⁵pa⁵⁵ȵi⁵⁵tsʰe²¹³tʂʰʮ³¹nai²²⁴sa⁰]

我就把你扯出来。"[ŋo⁵⁵tɕiou³³pa⁵⁵ȵi⁵⁵tsʰe²¹³tʂʰʮ³¹nai²²⁴]

这个皇帝，不是哦，这个县官哩，[tse³²⁴ke³²⁴xuaŋ²²⁴ti⁰，pu²¹³sʮ³³o⁰，tse³²⁴ke³²⁴ ɕien³³kuan³¹n̦i⁰]

就冇得理哩，[tɕiou³³mao³³te²²⁴n̦i⁵⁵n̦i⁰]

就觉得啊，这个杀啊杀不成，[tɕiou³³tɕio²²⁴te²²⁴a⁰，tse³²⁴ke⁰sa²¹³a⁵⁵sa²¹³pu²¹³tsʰen²²⁴]

那就只有把他充军哩，[na³³tɕiou³³tʂɿ²¹³iou⁵⁵pa⁵⁵tʰa³¹tsʰoŋ³¹tʂʉn³¹n̦i⁰]

那就把他充军。[na³³tɕiou³³pa⁵⁵tʰa³¹tsʰoŋ³¹tʂʉn³¹]

就叫两个差人哩，把他押到，[tɕiou³³tɕiao³²⁴n̦ian⁵⁵ke³³tsʰai³¹ʐun³³n̦i⁰，pa⁵⁵tʰa³¹ia²¹³tao⁰]

带到枷锁，押到去充军，[tai³²⁴tao⁰tɕia³¹so⁵⁵，ia²¹³tao⁰tɕʰi³²⁴tsʰoŋ³¹tʂʉn³¹]

充到哪里，充到汴梁。[tsʰoŋ³¹tao³²⁴na⁵⁵n̦i⁵⁵，tsʰoŋ³¹tao⁰pien³³n̦ian²²⁴]

充到汴梁，他就在路上哩，[tsʰoŋ³¹tao³²⁴pien³³n̦ian²²⁴，tʰa³¹tɕiou³³tsai³³nou³³saŋ⁰n̦i⁰]

走到半路上，[tsou⁵⁵tao⁰pan³²⁴nou³³saŋ⁰]

就遇到他的舅爷，[tɕiou³³ʮ³³tao⁰tʰa³¹ti⁰tɕiou³³ie²²⁴] 舅爷：舅舅

他的舅爷哩，就看到他哩，[tʰa³¹ti⁰tɕiou³³ie²²⁴n̦i⁰，tɕiou³³kʰan³²⁴tao⁰tʰa³¹n̦i⁰]

这外甥充军哩，[ne³³uai³³sen⁰tsʰoŋ³¹tʂʉn³¹n̦i⁰]

就想到好伤心，带的枷锁呐，[tɕiou³³ɕiaŋ⁵⁵tao⁰xao⁵⁵saŋ³¹ɕin³¹，tai³²⁴tao⁰tɕia³¹so⁵⁵sai⁰]

就见了他就眼泪巴煞的，[tɕiou³³tɕien³²⁴n̦iao⁰tʰa³¹tɕiou³²⁴ŋan⁵⁵nei³³pa³¹sei⁰ti⁰]

就闷起哭，[tɕiou³²⁴men³²⁴tɕʰi⁵⁵kʰu²¹³]

就说："伢嘞，你到哪去啊？"[tɕiou³³ʂʯɛ²¹³：ŋa²²⁴ne⁰，n̦i⁵⁵tao³²⁴na⁵⁵tɕʰi³²⁴a⁰]

"哪里，县，县官老爷把我充军，[na⁵⁵n̦i⁰，ɕien³³，ɕien³³kuan³¹nao⁵⁵ie²²⁴pa⁵⁵ŋo⁵⁵tsʰoŋ³¹tʂʉn³¹]

要充到汴梁去啊。"[iao³²⁴tsʰoŋ³¹tao³²⁴pien³³n̦ian²²⁴tɕʰi³³a⁰]

他就哭，[tʰa³¹tɕiou³³kʰu²¹³]

他就看到他的舅爷哭，他也哭。[tʰa³¹tɕiou³³kʰan³²⁴tao³³tʰa³¹ti⁰tɕiou³²⁴ie²²⁴kʰu²¹³，tʰa³¹ie⁵⁵kʰu²¹³]

哭了以后哩，[kʰu²¹³n̦iao⁰i⁵⁵xou³³n̦i⁰]

他沿得哭哩，口里就沿得说，[tʰa³¹ien²²⁴te⁰kʰu²¹³n̦i⁰，kʰou⁵⁵n̦i⁵⁵tɕiou³³ien²²⁴te⁰ʂʯɛ²¹³] 沿得：一边

他就说，他就沿得吟个诗，[tʰa³¹tɕiou³³ʂʯɛ²¹³，tʰa³¹tɕiou³³ien²²⁴te⁰in²²⁴ke³³sɿ³¹]

他就说："我充军到汴梁，[tʰa³¹tɕiou³³ʂʯɛ²¹³：ŋo⁵⁵tsʰoŋ³¹tʂʉn³¹tao³²⁴pien³³n̦ian²²⁴]

见舅如见娘，[tɕian³²⁴tɕiou³³ʐu²²⁴tɕien³²⁴n̦ian²²⁴]

二人双流泪——三淌。"[or³³ʐun²²⁴ʂuaŋ³¹n̦iou²²⁴nei³³——san³¹tʰaŋ³¹]

但他舅爷哩，是个独眼龙，[tan³³tʰa³¹tɕiou³³ie²²⁴n̩i⁰，ʂʅ³³ke³²⁴tou²²⁴ien⁵⁵noŋ³²⁴]
那流眼泪的，[na³³n̩iou²²⁴ŋan⁵⁵nei³²⁴n̩i⁰]
肯定只有一个眼内流欷。[kʰen⁵⁵tin³³tsʅ²¹³iou⁵⁵i²¹³ko³²⁴ŋan⁵⁵nei³³n̩iou²²⁴ei⁰]
他舅说："这个鸡巴日的噢，[tʰa³¹tɕiou³³ʂue²¹³：tse³²⁴ke³³tɕi³¹pa⁰or²¹³ti⁰o⁰]
他还，他，[tʰa³¹xai²²⁴，tʰa³¹]
我看到他充军好伤心，[ŋo⁵⁵kʰan³²⁴tao⁰tʰa³¹tsʰoŋ³¹tʂʅn³¹xao⁵⁵saŋ³¹ɕin³¹]
想到下不得他，[ɕiaŋ⁵⁵tao⁰ɕia³³pu²¹³te⁰tʰa³¹]
他还，说，在那里笑话我，[tʰa³¹xai²²⁴，ʂue²¹³，tsai³³na³³n̩i⁵⁵ɕiao³²⁴xua³³ŋo⁵⁵]
我怄他不过，[ŋo⁵⁵ou³²⁴tʰa³¹pu²¹³ko³²⁴]怄他不过：气不过他
就甩了他两攒劲，[tɕiou³³ʂuai⁵⁵n̩iao⁰tʰa³¹n̩iaŋ⁵⁵tsan⁵⁵tɕin³²⁴]两攒劲：两巴掌
就打了他两下。"[tɕiou³³ta⁵⁵iao⁰tʰa³¹n̩iaŋ⁵⁵xa⁰]
他落里就说，[tʰa³¹no²¹³n̩iao⁰tɕiou³³ʂue²¹³]落里：后面
他落里，他的舅爷打了他，[tʰa³¹no²¹³n̩iao⁰，tʰa³¹ti⁰tɕiou³³ie²²⁴ta⁵⁵n̩iao⁰tʰa³¹]
他就到就吟诗，[tʰa³¹tɕiou³³tao⁰tɕiou³³in²²⁴ʂʅ³¹]就到：接着
他说："我吟诗未到家，[tʰa³¹ʂue²¹³：ŋo⁵⁵in²²⁴ʂʅ³¹uei³³tao³²⁴tɕia³¹]
得罪了萝卜花，[te²²⁴tɕi³³n̩iao⁰no²²⁴pu⁰xua³¹]萝卜花：眼睛有病的人
劈头两攒劲——耳巴。"[pʰi²¹³tʰou²²⁴n̩iaŋ⁵⁵tsan⁵⁵tɕin⁰——or⁵⁵pa⁰]耳巴：耳刮子
这个故事就讲完了。[tse³²⁴ke³²⁴ku³²⁴sʅ³³tɕiou³³tɕiaŋ⁵⁵uan²²⁴n̩iao⁰]
意译：我跟大家讲一个故事，这个故事是讲一个孩子的。

这个孩子平时不干正事，专干一些撒谎骗人的事情，到处去骗吃骗喝，还好吃懒做。骗人多了之后呢，他就被人告到县官那里去了。那天，县官把他抓住以后就说："你很会撒谎，你今天如果撒谎骗了我，我就饶了你不杀你。你今天要是把我骗出了这个大堂到外面去，我就算你厉害。"那个孩子就说："哪里呀，撒谎一般都要有架子的，要撒谎的那个架子。"县官就说："要架子呀，你的架子在哪里呢？你为什么没有带来呢？你带来让我看看呗。""不是，那个架子很大，县衙那个大门进不来，我放在了大门口。"那孩子说，"你要是想看的话呢，你就出去看一下。"这个县官就信以为真了，就从大堂下来了跟他一起走到外面去看，结果什么也没有看见。县官说："那个架子呢？"孩子说："你不是说叫我把你骗出来，我就把你骗出来了。"县官真拿这孩子没办法，杀也杀不了，就只好判他充军了。县官叫了两个差役，给他带着枷锁押着，押去充军，充到哪里？充到汴梁。

充军走到半路呢，就遇见了他的舅爷。他的舅爷看见他外甥充军了，想起来就很伤心，看见他带着枷锁就泪眼婆婆的，就说："孩子啊，你到哪里去啊？"

"县官老爷把我充军充到汴梁去。"说完他也哭了,他哭舅舅也哭,他一边哭一边走还一边吟诗,说:"我充军到汴梁,见舅如见娘,二人双流泪——三淌。"他舅爷是个独眼龙,只有一个眼睛流眼泪,听他这样说,气不打一处来:"这个狗日的,我看到他充军,伤心难过。他居然还笑话我,我气不过,就甩了他两巴掌。"打了他两下后,这孩子就说,他的舅爷打了他,就接着吟诗:"我吟诗未到家,得罪了眼睛有病的人,劈头两巴掌——耳刮。"

这个故事就讲完了。

0025 其他故事

现在我跟大家讲一个,[ɕien³³ tsai³³ ŋo⁵⁵ ken³¹ ta³³ tɕia³¹ tɕiaŋ⁵⁵ i²¹³ ko³²⁴]

我们新洲街上一个"害角儿"的故事。[ŋo⁵⁵ men⁰ ɕin³¹ tsou³¹ kai³¹ saŋ⁰ i²¹³ ko⁰ xai³³ tɕiɔɻ⁰ ti⁰ ku³²⁴ sʅ³³]

我们街上的有一个伢哩,[ŋo⁵⁵ men⁰ kai³¹ saŋ⁰ ti⁰ iou⁵⁵ i²¹³ ko⁰ ŋa²²⁴ ɳi⁰] 伢:小孩

他麻麻害人,[tʰa³¹ ma²²⁴ ma⁰ xai³³ ʐʅŋ²²⁴] 麻麻:经常

别个下称他为"害角儿"。[pie²²⁴ ko³²⁴ xa³³ tsʰen³¹ tʰa³¹ uei²²⁴ xai³³ tɕiɔɻ⁰] 下:都,全

这一天哩,他在街上逛街,[tse³²⁴ i²¹³ tʰien³¹ ɳi⁰,tʰa³¹ tsai³³ kai³¹ saŋ⁰ kuaŋ³²⁴ kai³¹]

突然哩,下起了阵头雨,[tʰou²¹³ ʐan²²⁴ ɳi⁰,ɕia³³ tɕʰi⁵⁵ ɳiao⁰ tsen³³ tʰou⁰ ʮ⁵⁵]

这满街的人哩,也冇打到伞,[tse³²⁴ man⁵⁵ kai³¹ ti⁰ ʐʅŋ²²⁴ ɳi⁰,ie⁵⁵ mao³³ ta⁵⁵ tao⁰ san⁵⁵] 冇:没有

就下就麻麻,[tɕiou³³ xa³³ tsou³³ ma²²⁴ ma⁰] 麻麻:赶紧

人家铺子里下躲雨。[ʐen²²⁴ ŋa⁰ pʰu³²⁴ tsʅ⁰ ɳi⁵⁵ xa³³ to⁵⁵ ʮ⁵⁵]

他哩,他就要别出心裁的话哩,[tʰa³¹ ɳi⁰,tʰa³¹ tɕiou³³ iao³²⁴ pie²²⁴ tʂʰʮ²¹³ ɕin³¹ tsʰai²²⁴ ti⁰ xua³³ ɳi⁰]

就猛地跑,[tɕiou³³ men³²⁴ ti⁰ pʰao²²⁴]

跑到那个雨里,[pʰao²²⁴ tao⁰ na³²⁴ ke³²⁴ ʮ⁵⁵ ɳi⁵⁵]

下到个石板街高头,蛮滑溜,[ɕia³³ tao³³ ke⁰ sʅ²²⁴ pan⁵⁵ kai³¹ kao³¹ tʰo⁰,man²²⁴ xua²²⁴ ɳiou³²⁴] 高头:上面

他一家伙就越跶了,[tʰa³¹ i²¹³ tɕia³¹ xo⁵⁵ tɕiou³³ tsʰʅ³¹ ta²¹³ ɳiao⁰] 越:滑。跶:摔

跶得仰个跐仰跶倒街上哩,[ta²¹³ te⁰ ɳiaŋ⁵⁵ ko³³ sʅ³²⁴ ɳiaŋ⁵⁵ ta²¹ tao⁰ kai³¹ saŋ²²⁴ ɳi⁰]

就两边的铺子屡里人,[tɕiou³³ ɳiaŋ⁵⁵ pien³¹ ti⁰ pʰu³²⁴ tsʅ⁰ tou³³ ɳi⁰ ʐʅŋ²²⁴] 屡里:里面

就嘭通一笑。[tɕiou³³ pʰoŋ⁵⁵ tʰoŋ⁵⁵ i²¹³ ɕiao³²⁴]

笑得他哩,硬是丑不过,[ɕiao³²⁴ te⁰ tʰa³¹ ɳi⁰,ŋen³³ sʅ³³ tsʰou⁵⁵ pu²¹³ ko³²⁴] 丑:难堪

丑不过,他爬起来哩,[tsʰou⁵⁵ pu²¹³ ko³²⁴,tʰa³¹ pʰa²²⁴ tɕʰi⁵⁵ nai²²⁴ ɳi⁰]

望到两边的人哩，[uaŋ³³ tao⁰ ȵian⁵⁵ pien³¹ ti⁰ ʐuŋ²²⁴ ȵi⁰]

他就口里就说：[tʰa³¹ tɕiou³³ kʰou⁵⁵ ȵi⁵⁵ tɕiou³³ ʂue²¹³]

"春雨滑如油，下的满街流，[tʂʰuŋ³¹ ʯ⁵⁵ xua²²⁴ ʐʯ²²⁴ iou²²⁴，ɕia³³ te⁰ man⁵⁵ kai³¹ ȵiou²²⁴]

趷得我害羞死，笑死一群牛。"[ta²¹³ te⁰ ŋo⁵⁵ xai³³ ɕiou³¹ sʯ⁵⁵，ɕiao³²⁴ sʯ⁵⁵ i²¹³ tʂʰuŋ²²⁴ ȵiou³³]

落街上那些人就在说哩，[no²¹³ kai³¹ saŋ⁰ ne³³ ɕie³¹ ʐuŋ²²⁴ tɕiou³³ tsai³³ ʂue²¹³ ȵi⁰] 落：之后

你这，你这自家趷了，[ȵi⁵⁵ tse³²⁴，ȵi⁵⁵ tse³²⁴ tsʯ³³ ka⁰ ta²¹³ ȵiao⁰]

还要唊别个，就冇耳他，[xai²²⁴ iao³²⁴ tan³²⁴ pie²²⁴ ke³³，tɕiou³³ mao³²⁴ or⁵⁵ tʰa³¹] 唊：骂。耳：理睬

他就起来哩，灰溜溜地回去了。[tʰa³¹ tɕiou³³ tɕʰi⁵⁵ nai²²⁴ ȵi⁰，xuei³¹ ȵiou³¹ ȵiou³¹ ti⁰ xuei²²⁴ tɕʰi³²⁴ ȵiao⁰]

这个故事就这样，[tse³² ke³² ku³²⁴ sʯ³³ tɕiou³³ tse³²⁴ iaŋ⁰]

这个故事就讲完了。[tse³² ke³² ku³²⁴ sʯ³³ tɕiou³³ tɕiaŋ⁵⁵ uan²²⁴ ȵiao⁰]

意译：现在我给大家讲个我们新洲街上一个坏孩子的故事。

我们街上有一个孩子呢，他到处去捣乱，别人都称他为捣蛋鬼。这一天他在街上逛街，突然下起了阵雨，这满街的人也没有打伞，就都赶紧到街边别人的铺子里躲雨。他呢，他想要别出心裁，就猛地跑，跑到雨里的石板街，上面很滑，一下子就滑倒了，就摔了个仰八叉在街上。两边铺子里的人就都大笑起来，笑得他很难为情。他爬起来看着两边的人，他的嘴里就说："春雨滑如油，下的满街流，摔的我害羞死，笑死一群牛。"街上那些人就说他："你这自己摔了，还要骂别人。"就没人理他。他就起来灰溜溜地回家了。

这个故事就讲完了。

四 自选条目

0031 自选条目
过年娶媳妇——双喜临门。[ko³²⁴ ȵien²²⁴ tɕʰi⁵⁵ ɕi²²⁴ fu³³——ʂuaŋ³¹ ɕi⁵⁵ ȵin²²⁴ men²²⁴]
意译：过年娶媳妇——双喜临门。

0032 自选条目
当了衣服买酒喝——顾嘴不顾身。[taŋ³²⁴ ȵiao⁰ i³¹ fu⁰ mai⁵⁵ tɕiou⁵⁵ xo²¹³——ku³²⁴ tɕi⁵⁵

pu²¹³ ku³²⁴ sen³¹]

意译：当了衣服买酒喝——顾嘴不顾身。

0033 自选条目

驮竹篙子进弄子——直进直出。[tʰo²²⁴ tsou²²⁴ kao³¹ tsʅ⁰ tɕin³²⁴ noŋ³²⁴ tsʅ⁰——tsʅ²²⁴ tɕin³²⁴ tsʅ²²⁴ tʂʰʅ²¹³]

意译：扛竹篙子进胡同——直进直出（不会转弯）。

0034 自选条目

两个哑巴睡一头——有得话说。[ȵiaŋ⁵⁵ ke⁰ ŋa⁵⁵ pa⁰ ʂuei³²⁴ i²¹³ tʰou²²⁴——mao³³ te²¹³ xua³³ ʂue²¹³]

意译：两个哑巴睡一头——没有话说。

0035 自选条目

何三的兄弟——何四。[xo²²⁴ san³¹ ti⁰ ɕioŋ³¹ ti⁰——xo²²⁴ sʅ³²⁴]

意译：何三的兄弟——何四（合适）。

0036 自选条目

光刮风不下雨——莳吹。[kuaŋ³¹ kua²¹³ foŋ³¹ pu²¹³ ɕia³³ ʅ⁵⁵——sao³¹ tʂʰuei³¹] 莳：傻傻地

意译：光刮风不下雨——一个劲儿地吹（会吹不会做）。

0037 自选条目

坟头上耍大刀——吓鬼。[fen²²⁴ tʰou²²⁴ saŋ³³ ʂua⁵⁵ ta³³ tao³¹——xe²¹³ kuei⁵⁵]

意译：坟头上耍大刀——吓唬鬼（谁都不怕）。

0038 自选条目

见了强盗儿喊伯伯——认贼作父。[tɕien³²⁴ ȵiao⁰ tɕʰiaŋ²²⁴ tʰor⁰ xan⁵⁵ pe²¹³ pe⁰——ʐʅn³³ tse²²⁴ tso²¹³ fu³³]

意译：见了强盗喊爸爸——认贼作父。

0039 自选条目

矮子上楼梯——步步高升。[ŋai⁵⁵ tsʅ⁰ saŋ³³ nou²²⁴ tʰi³¹——pu³³ pu³³ kao³¹ sen³¹

意译：矮个子上楼梯——步步高升。

0040 自选条目
白菜煮豆腐——一青（清）二白。[pe²² tsʰai³⁵ tṣʅ⁵⁵ tou³³ fu⁰——i²¹³ tɕʰin³¹ or³³ pe²²⁴]
意译：白菜煮豆腐——一青（清）二白。

0041 自选条目
哑巴吃汤圆——心里有数。[ŋa⁵⁵ pa⁰ tɕʰi²¹³ tʰaŋ³¹ ɥan⁰——ɕin³¹ n̠i⁰ iou⁵⁵ sou³²⁴]
意译：哑巴吃汤圆——心里有数。

0042 自选条目
驴子倒到沟里去——乱弹(谈)。[zʯ²²⁴ tsʅ⁰ tao³²⁴ tao⁰ kou³¹ n̠i⁰ tɕʰi³²⁴——lan³³ tʰan²²⁴]
意译：驴子掉到沟里面——乱弹（谈）。

0043 自选条目
跛子进医院——治（自）脚（觉）。[po⁵⁵ tsʅ⁰ tɕin³²⁴ i³¹ ɥan³³——tsʅ³³ tɕio²¹³]
意译：瘸子进医院——治（自）脚（觉）。

0044 自选条目
跛子穿长褂——阴倒拐。[po⁵⁵ tsʅ⁰ tsʰɥan³¹ tsʰaŋ²²⁴ kuar³²⁴——in³¹ tao⁰ kuai⁵⁵] 拐：坏
意译：瘸子穿长褂——阴着坏（暗地里使坏）。

0045 自选条目
螃蟹夹豌豆——连滚带爬。[pʰaŋ²²⁴ xai⁰ tɕia²¹³ uan³¹ tor³³——n̠ien²²⁴ kuen⁵⁵ tai³²⁴ pʰa²²⁴]
意译：螃蟹夹豌豆——连滚带爬。

0046 自选条目
狗子进茅厕——闻进闻出。[kou⁵⁵ tsʅ⁰ tɕin³²⁴ mao²²⁴ sʅ⁰——uen²²⁴ tɕin³²⁴ uen²²⁴ tsʰʯ²¹³]
意译：狗进厕所——闻（文）进闻（文）出（假斯文）。

0047 自选条目
打倒跳胯屙尿——撒手不管。[ta⁵⁵ tao⁰ tʰiao⁵⁵ kʰua³²⁴ o³¹ n̠iao³³——sa⁵⁵ sou⁵⁵ pu²¹³

kuan⁵⁵] 觍胯：光屁股。屙：拉（屎），撒（尿）

意译：光着屁股撒尿——撒手不管（凡事不操心）。

0048 自选条目

荷叶揩屁股——大噗噗的。[xo²²⁴ie²¹³kʰai³¹pʰi³²⁴ku⁰——ta³³pʰu³³pʰu³¹ti⁰] 揩：擦

意译：荷叶擦屁股——大噗噗的（离谱）。

0049 自选条目

鱼圆子揩屁股——光漺儿。[ʅ²²⁴ʮan²²tsʅ⁰kʰai³¹pʰi³²⁴ku⁰——kuaŋ³¹sɚ³²⁴]

意译：鱼圆子擦屁股——光溜溜的（干净利落）。

0050 自选条目

屁股高头挂钥匙——管的哪一门儿。[pʰi³²⁴ku⁰kao³¹tʰou⁰kʰua³²⁴io³²⁴sʅ⁰——kuan⁵⁵ti⁰na⁵⁵i²¹³mɚ̃²²⁴] 高头：上面

意译：屁股上面挂钥匙——管的哪一个门儿（多管闲事）。

0051 自选条目

屁股后头挂死老鼠——[pʰi³²⁴ku⁰xou³³tʰou⁰kʰua³²⁴sʅ⁵⁵nao⁵⁵sʅ⁰]

冒充打猎。[mao³²⁴tsʰoŋ³¹ta⁵⁵ȵie²¹³]

意译：屁股后面挂着死老鼠——冒充打猎的。

0052 自选条目

锅里装屃屃——炒（吵）屎（死）。[o³¹ȵi⁰tsʮaŋ³¹pa⁵⁵pa⁵⁵——tsʰao⁵⁵sʅ⁵⁵] 屃屃：屎，大便

意译：锅里装大便——炒（吵）屎（死）。

0053 自选条目

茅厕里荡桨——撬屎（死）。[mao²²⁴sʅ⁰ȵi⁰tʰaŋ³²⁴tɕiaŋ⁵⁵——tɕʰiao³¹sʅ⁵⁵]

意译：厕所里划船——撬屎（死），找死。

0054 自选条目

娘家女叫亲家母——冇么事找话说的。[ȵiaŋ²²⁴tɕia³¹ʮ⁵⁵tɕiao³²⁴tɕʰin³²⁴ka⁰moŋ⁵⁵——mao³³mo⁵⁵sʅ⁰tsao⁵⁵xua³³ʂɥe²¹³te⁰] 冇：没有。么事：什么事

意译：娘家女叫亲家母——没事找话说。

0055 自选条目

茅厕里嗑瓜子——么打开了口。[mao²²⁴ sʅ⁰ n̠i⁰ kʰo³³ kua³¹ tsʅ⁰——mo⁵⁵ ta⁵⁵ kʰai³¹ niao⁰ kʰou⁵⁵] 么：怎么

意译：厕所里嗑瓜子——怎么能开得了口（张不开嘴）。

0056 自选条目

狗子跨门槛——嘴巴上前。[kou⁵⁵ tsʅ⁰ kʰa²¹³ men²²⁴ kʰar⁰——tɕi⁵⁵ par⁰ saŋ³³ tɕʰien²²⁴]

意译：狗跨门槛——嘴巴上前（好吃）。

0057 自选条目

大凳高头剁胡萝卜——一刀两断。[ta³³ ten³²⁴ kao³¹ tʰou⁰ to³²⁴ xu²²⁴ no²² pu⁰——i²¹³ tao³¹ n̠iaŋ⁵⁵ tan³³] 高头：上面

意译：大凳子上面剁胡萝卜——一刀两断。

0058 自选条目

豆芽菜做拄手棍——嫩得点儿。[tou³³ ia²²⁴ tsʰai³²⁴ tsou³²⁴ tʂʰʅ⁵⁵ sou⁵⁵ kuen³²⁴——nen³³ te⁰ tiə̃r⁵⁵]

意译：豆芽菜做拐棍——嫩了点儿（靠不住）。

0059 自选条目

驮冲担上四川——尖（悭）出了省。[tʰo²²⁴ tsʰoŋ³¹ tan⁰ saŋ³³ sʅ³²⁴ tʂʰuan³¹——tɕien³¹ tʂʰʅ²¹³ niao⁰ sen⁵⁵]

意译：扛着尖扁担进四川——尖（悭）出了省（吝啬出了名）。

0060 自选条目

冲担高头绑绣花针——尖上加尖。[tsʰoŋ³¹ tan³²⁴ kao³¹ tʰou⁰ paŋ⁵⁵ ɕiou³²⁴ xua³¹ tsen³¹——tɕien³¹ saŋ³³ tɕia³³ tɕien³¹] 高头：上面

意译：尖扁担上绑绣花针——尖（悭）上加尖（悭）（十分吝啬）。

0061 自选条目

困在棺材屎里打粉——死爱脸。[kʰuen³²⁴ tai⁰ kuan³¹ tsʰai²²⁴ tou³³ n̠i⁰ ta⁵⁵ fen⁵⁵——

sɿ⁵⁵ ŋai³²⁴ nien⁵⁵］困：睡。屋里：里面

意译：睡在棺材里抹粉——死爱脸（死要面子）。

0062 自选条目

癞蛤蟆坐启凳——就像个墩儿。［nai³³ kʰe⁰ ma⁰ tso³³ tɕioŋ³¹ ten³²⁴——tɕiou³³ tɕiaŋ³³ ko⁰ tuɚr³¹］

意译：癞蛤蟆坐在门口的凳子上——就像个墩子（像个大人物）。

0063 自选条目

苍蝇趴秤杆——假关心。［tsʰaŋ³¹ in⁰ pa³¹ tsʰen³²⁴ kan⁵⁵——tɕia⁵⁵ kuan³¹ ɕin³¹］

意译：苍蝇趴在秤杆上——假关心。

0064 自选条目

伞柄捅屁眼——一节节地来。［san⁵⁵ pin⁵⁵ tʰoŋ⁵⁵ pʰi³²⁴ ŋan⁵⁵——i²¹³ tɕie²¹ tɕie²¹³ ti⁰ nai²²⁴］

意译：伞柄捅屁眼——一节节地来（一步步来）。

0065 自选条目

叫花子吃馊粥——自讨的。［kao³²⁴ xua³¹ tsɿ⁰ tɕʰi²¹³ sou³¹ tsou²¹³——tsɿ³³ tʰao⁵⁵ ti⁰］

意译：叫花子吃馊粥——自讨的（自讨苦吃）。

0066 自选条目

扬叉打兔子——空里过。［iaŋ²²⁴ tsʰa³¹ ta⁵⁵ tʰou³²⁴ tsɿ⁰——kʰoŋ³²⁴ ȵi⁰ ko³²⁴］

意译：扬叉打兔子——空里过（钻空子）。

0067 自选条目

茄子树上儿结辣椒——怪种。［tɕʰie²²⁴ tsɿ⁰ ʂʅ³³ xar⁰ tɕie²²⁴ na²¹³ tɕiao³¹——kuai³²⁴ tsoŋ⁵⁵］

意译：茄子树上长出辣椒——怪种。

0068 自选条目

夜壶屋里下面——不好搞。［ie³³ xu²²⁴ tou³³ ȵi⁰ ɕia³³ mien³³——pu²¹³ xao⁵⁵ kao⁵⁵］屋里：里面

意译：便盆里面煮面条——不好弄（棘手）。

0069 自选条目

裁缝打架——试一烙铁。[tsʰai²²⁴ foŋ⁰ ta³³ tɕia³²⁴——sɿ³²⁴ i²¹³ no²²⁴ tʰie⁰]

意译：裁缝打架——试一烙铁。

0070 自选条目

稻草巴鳝鱼——溜了。[tao³³ tsʰao⁰ pa³¹ san³³ ʯ⁰——ȵiou³²⁴ ȵiao⁰]

意译：稻草绑鳝鱼——溜了（跑了）。

孝 感 市

孝 感

一 歌谣

0001 歌谣

奴在啊房中啊打牙牌，[nəu³¹ tai⁵⁵ ia⁰ faŋ³¹ tʂoŋ³³ ŋa⁰ ta⁵² ia³¹ pʰai³¹]

有请那个哥哥你走进来，[iəu⁵² tɕʰin⁵² na⁵⁵ ko⁰ ko³³ ko⁰ ni⁵² tsəu⁵² tɕin³⁵ nai³¹]

我一同打牙牌咿儿哟，[ŋo⁵² i²¹³ tʰoŋ³¹ ta⁵² ia³¹ pʰai³¹ i³³ ɐr⁰ io⁰]

咿儿呀哟，呀咿儿哟，[i³³ ɐr⁰ ia⁰ io⁰, ia³³ i⁰ ɐr⁰ io⁰]

喜在我胸怀啊呀咿儿哟。[ɕi⁵² tsai⁵⁵ ŋo⁵² ɕioŋ³³ xuai³¹ i³³ ɐr⁰ io⁰]

天牌地牌奴家都不爱啊，[tʰin³³ pʰai³¹ ti⁵⁵ pʰai³¹ nəu³¹ tɕia³³ təu³³ pu²¹³ ŋai³⁵ ia⁰]

只想我的哥哥你上床来，[tʂɿ²¹³ ɕiaŋ⁵² ŋo⁵² ti⁰ ko³³ ko⁰ ʂaŋ⁵⁵ tsʰaŋ⁵² nai³¹]

二人啊搂在怀啊，[ɚ³¹ zən³¹ ia⁰ nəu⁵² tai⁵⁵ xuai³¹ ia⁰]

咿儿呀哟，呀咿儿哟，[i³³ ɐr⁰ ia⁰ io⁰, ia³³ i⁰ ɐr⁰ io⁰]

忙把衣解开呀咿儿哟。[maŋ³¹ pa⁵² i³³ kai⁵² kʰai³³ i³³ ɐr⁰ io⁰]

七八岁的小娃娃来采奴的花呀，[tɕʰi¹³ pa²¹³ sei³⁵ ti⁰ ɕiau⁵² ua⁰ ua⁰ nai³¹ tsʰai⁵² nəu³¹ ti⁰ xua³³ ia⁰]

把得那个铜钱我不要，[pa⁵² tɛ⁰ na⁵⁵ ko⁰ tʰoŋ³¹ tɕʰin³¹ ŋo⁵² pu⁰ iau³⁵]

你是个小娃娃呀咿儿哟，[ni⁵² ʂɿ⁵⁵ ko⁰ ɕiau⁵² ua⁰ ua⁰ i³³ ɐr⁰ io⁰]

咿儿呀哟，呀咿儿哟，[i³³ ɐr⁰ ia⁰ io⁰, ia³³ i⁰ ɐr⁰ io⁰]

你还未长大呀咿儿哟。[ni⁵² xai³¹ uei⁵⁵ tʂaŋ⁵² ta³³ i³³ ɐr⁰ io⁰]

八十岁的老公公来采奴的花呀，[pa²¹³ ʂɿ³¹ sei³⁵ ti⁰ nau⁵² koŋ³³ koŋ³³ nai³¹ tsʰai⁵² nəu³¹ ti⁰ xua³³ ia⁰]

已把那个铜钱我退得他，[i⁵² pa⁵² na⁵⁵ ko⁰ tʰoŋ³¹ tɕʰin³¹ ŋo⁵² ti³⁵ tɛ⁰ tʰa³³]

你是个老人家呀咿儿哟，[ni⁵² ʂɿ⁵⁵ ko⁰ nau⁵² zən³¹ tɕia³³ ia³³ i⁰ ɐr⁰ io⁰]

咿儿呀哟，呀咿儿哟，[i³³ɐr⁰ia⁰io⁰, ia³³i⁰ɐr⁰io⁰]

你咳咳又喀喀呀咿儿哟。[ni⁵²kʰɛ²¹³kʰɛ²¹³iəu⁵⁵kʰa³³kʰa³³ia³³i³³ɐr⁰io⁰]

十八岁的帅哥哥来摘奴的花啊，[ʂʅ³¹pa²¹³sei³⁵ti⁰ʂuai³⁵ko³³ko⁰nai³¹tsɛ²¹³nəu³¹ti⁰xua³³ia⁰]

才的那个钱财我退给他，[tsʰai³¹ti⁰na⁵⁵ko⁰tɕʰin³¹tsʰai³¹ŋo⁵²tʰi³⁵ke⁵²tʰa³³] 才的：刚才的

二人呀真潇洒呀咿儿哟，[ɚ³¹zən³¹tsən³³ɕiau³³sa⁵²ia³³i³³ɐr⁰io⁰]

咿儿呀哟，呀咿儿哟，[i³³ɐr⁰ia⁰io⁰, ia³³i⁰ɐr⁰io⁰]

我爱的是潇洒呀咿儿哟。[ŋo⁵²ŋai³⁵ti⁰ʂʅ⁵⁵ɕiau³³sa⁵²ia³³i⁰ɐr⁰io⁰]

意译：奴在啊房中啊打牙牌，有请那个哥哥你走进来，我一同打牙牌咿儿哟，咿儿呀哟，呀咿儿哟，喜在我胸怀啊呀咿儿哟。天牌地牌奴家都不爱啊，只想我的哥哥你上床来，二人啊搂在怀啊，咿儿呀哟，呀咿儿哟，忙把衣解开呀咿儿哟。七八岁的小娃娃来采奴的花呀，给的那个铜钱我不要，你是个小娃娃呀咿儿哟，咿儿呀哟，呀咿儿哟，你还未长大呀咿儿哟。八十岁的老公公来采奴的花呀，已把那个铜钱我退给他，你是个老人家呀咿儿哟，咿儿呀哟，呀咿儿哟，你咳咳又喀喀呀咿儿哟。十八岁的帅哥哥来摘奴的花啊，刚才的那个钱财我退给他，二人呀真潇洒呀咿儿哟，咿儿呀哟，呀咿儿哟，我爱的是潇洒呀咿儿哟。

0002 歌谣

下面我跟大家唱一个十恨。[ɕia⁵⁵min⁵⁵ŋo⁵²kən³³ta⁵⁵tɕia³³tsʰaŋ³⁵i²¹³ko⁰ʂʅ³¹xən⁵⁵]

一恨我爹娘，[i²¹³xən⁵⁵ŋo⁵²tiɛ³³niaŋ³¹]

爹娘无主张，[tiɛ³³niaŋ³¹u³¹tsʅ⁵²tsaŋ³³]

姑娘长了这么子长啊，[ku³³niaŋ³¹tsaŋ⁵²ŋəu⁰tsɛ³⁵mo⁵²tsʅ⁰tsʰaŋ³¹ŋa⁰]

还不打嫁妆。[xai³¹pu²¹³ta⁵²tɕia³⁵tsuaŋ³³]

二恨做媒的，[ɚ⁵⁵xən⁵⁵tsəu³⁵mei³¹ti⁰]

做媒的该打的，[tsəu³⁵mei³¹ti⁰kai³³ta⁵²ti⁰]

娘婆二家都靠你，[niaŋ³¹pʰo³¹ɚ⁵⁵tɕia³³təu³³kʰau³⁵ni⁵²]

还不把媒提。[xai³¹pu²¹³pa⁵²mei³¹tʰi³¹]

三恨我公婆，[san³³xən⁵⁵ŋo⁵²koŋ³³pʰo³¹]

你做事有差错，[ni⁵²tsəu³⁵sʅ⁵⁵iəu⁵²tsʰa³³tsʰo³⁵]

两家事情已说妥，[niaŋ⁵²tɕia³³sʅ⁵⁵tɕʰin³¹i⁵²ʂuɛ²¹³tʰo⁵²]

你还不来接我。[ni⁵²xai³¹pu²¹³nai³¹tɕiɛ²¹³ŋo⁵²]

四恨我的哥啊，[sʅ³⁵xən⁵⁵ŋo⁵²ti⁰ko³³ia⁰]

哥哥在簧学，［ko³³ko⁰tai⁵⁵xoŋ³¹ɕio³¹］簧学：学校

一人读书你多快活，［i²¹³zən³¹təu³¹ʂʅ³³ni⁵²to³³kʰuai³⁵xo⁰］

还不来管我。［xai³¹pu²¹³nai³¹kuan⁵²ŋo⁵²］

五恨我的嫂啊，［u⁵²xən⁵⁵ŋo⁵²ti⁰sau⁵²ua⁰］

嫂嫂的八字好啊，［sau⁵²sau⁰ti⁰pa²¹³tsʅ⁵⁵xau⁵²ua⁰］

怀抱娇儿你呵呵地笑啊，［xuai³¹pau⁵⁵tɕiau³³ɚ³¹ni⁵²xo³³xo³³ti⁰ɕiau³⁵ua⁰］

我越想越心焦。［ŋo⁵²ʯɛ²¹³ɕiaŋ⁵²ʯɛ²¹³ɕin³³tɕiau³³］

六恨我的妹啊，［nəu²¹³xən⁵⁵ŋo⁵²ti⁰mei⁵⁵ia⁰］

妹妹你小两岁，［mei⁵⁵mei⁰ni⁵²ɕiau⁵²niaŋ⁵²sei³⁵］

男成双来女成对啊，［nan³¹tʂʰən³¹ʂuaŋ³³nai³¹ʯ̩⁵²tʂʰən³¹tei³⁵ia⁰］

越想越伤悲。［ʯɛ²¹³ɕiaŋ⁵²ʯɛ²¹³ʂaŋ³³pei³³］

七恨好朋友，［tɕʰi²¹³xən⁵⁵xo³¹pʰoŋ³¹iəu⁰］

朋友无长久，［pʰoŋ³¹iəu⁰u³¹tʂʰaŋ³¹tɕiəu⁵²］

水流东海不回头，［ʂuei⁵²niəu³¹toŋ³³xai⁵²pu²¹³xuei³¹tʰəu³¹］

越想越忧愁。［ʯɛ²¹³ɕiaŋ⁵²ʯɛ²¹³iəu³³tsʰəu³¹］

八恨我的房，［pa²¹³xən⁵⁵ŋo⁵²ti⁰faŋ³¹］

房中像庙堂，［faŋ³¹tʂoŋ³³tɕiaŋ⁵⁵miau⁵⁵tʰaŋ³¹］

早晚去烧香，［tsau⁵²uan⁵²tɕʰi⁰ʂau³³ɕiaŋ³³］

就像那女和尚。［tɕiəu⁵⁵tɕiaŋ⁵⁵na⁵⁵ʯ̩⁵²xo³¹ʂaŋ⁰］

九恨我的床啊，［tɕiəu⁵²xən⁵⁵ŋo⁵²ti⁰tʂʰuaŋ³¹ŋa⁰］

枕头两头放，［tʂən⁵²tʰəu⁰niaŋ⁵²tʰəu³¹faŋ³⁵］

鸳鸯被子又不能成双啊，［ʯan³³iaŋ³¹pei⁵⁵tsʅ⁰iəu⁵⁵pu²¹³nən³¹tʂʰən³¹ʂuaŋ³³ŋa⁰］

越想越心酸，［ʯɛ²¹³ɕiaŋ⁵²ʯɛ²¹³ɕin³³san³³］

儿说我的娘啊，［ɚ³¹ʂʯɛ²¹³ŋo⁵²ti⁰niaŋ³¹ŋa⁰］

命运不如人，［min⁵⁵ʯən⁵⁵pu²¹³ʯ̩³¹zən³¹］

拿着绳子去吊颈啊，［na³¹tʂo³¹ʂən³¹tsʅ⁰tɕʰi³⁵tiau³⁵tɕin⁵²na⁰］

早死早托生。［tsau⁵²sʅ⁵²tsau⁵²tʰo²¹³sən³³］

拿着绳子去吊颈啊，［na³¹tʂo³¹ʂən³¹tsʅ⁰tɕʰi³⁵tiau³⁵tɕin⁵²na⁰］

早死早托生早。［tsau⁵²sʅ⁵²tsau⁵²tʰo²¹³sən³³］

意译：下面我跟大家唱一个十恨。一恨我爹娘，爹娘无主张，姑娘长了这么高啊，还不打嫁妆。二恨做媒的，做媒的是该打的，娘婆二家都靠你，还不把媒提。三恨我公婆，你做事有差错，两家事情已说妥，你还不来接我。四恨我的哥啊，哥哥在簧学，一人读书你多快活，还不来管我。五恨我的嫂啊，嫂嫂的八字

好啊，怀抱娇儿你呵呵地笑啊，我越想越心焦。六恨我的妹啊，妹妹你小两岁，男成双来女成对啊，越想越伤悲。七恨好朋友，朋友无长久，水流东海不回头，越想越忧愁。八恨我的房，房中像庙堂，早晚去烧香，就像那女和尚。九恨我的床啊，枕头两头放，鸳鸯被子又不能成双啊，越想越心酸。儿说我的娘啊，命运不如人，拿着绳子去吊颈啊，早死早托生。拿着绳子去吊颈啊，早死早托生。

0003 歌谣

吵夜郎［tʂʰau⁵² iɛ⁵⁵ naŋ³¹］

天皇皇地皇皇，［tʰin³³ xuaŋ³¹ xuaŋ³¹ ti⁵⁵ xuaŋ³¹ xuaŋ³¹］

我家有个吵夜郎，［ŋo⁵² tɕia³³ iəu⁵² ko⁰ tʂʰau⁵² iɛ⁵⁵ naŋ³¹］

过往的君子读一遍，［ko³⁵ uaŋ⁵² ti⁰ tʂʅən³³ tsʅ⁰ təu³¹ i²¹³ pin³⁵］

让我小孩一夜睡到大天光。［ʐaŋ⁵⁵ ŋo⁵² ɕiau⁵² xai³¹ i²¹³ iɛ⁵⁵ ʂʮei³⁵ tau³⁵ ta⁵⁵ tʰin³³ kuaŋ³³］

意译：吵夜郎，天皇皇地皇皇，我家有个吵夜郎，过往的君子读一遍，让我小孩一夜睡到大天光。

0004 歌谣

吵夜郎［tʂʰau⁵² iɛ⁵⁵ naŋ³¹］

天皇皇地皇皇，［tʰin³³ xuaŋ³¹ xuaŋ³¹ ti⁵⁵ xuaŋ³¹ xuaŋ³¹］

我家有个吵夜郎，［ŋo⁵² tɕia³³ iəu⁵² ko⁰ tʂʰau⁵² iɛ⁵⁵ naŋ³¹］

过路的行人看一遍，［ko³⁵ nəu⁵⁵ ti⁰ ɕin³¹ ʐən³¹ kʰan³⁵ i²¹³ pin³⁵］

一觉睡到大天光。［i²¹³ tɕiau³⁵ ʂʮei³⁵ tau³⁵ ta⁵⁵ tʰin³³ kuaŋ³³］

意译：吵夜郎，天皇皇地皇皇，我家有个吵夜郎，过路的行人看一遍，一觉睡到大天光。

二　规定故事

0021 牛郎和织女

好，下面我跟大家讲一个，［xau⁵², ɕia⁵⁵ min⁵⁵ ŋo⁵² kən³³ ta⁵⁵ tɕia³³ tɕiaŋ⁵² i²¹³ ko⁰］

传统的老故事。［tʂʰuan³¹ tʰoŋ⁵² ti⁰ nau⁵² ku³⁵ sʅ⁵⁵］

这个名字叫牛郎和织女，［tʂe³⁵ ko⁰ min³¹ tsʅ⁵⁵ tɕiau³⁵ niəu³¹ naŋ³¹ xo³¹ tsʅ²¹³ ʮ⁵²］

在很早很早以前，［tai⁵⁵ xən⁵² tsau⁵² xən⁵² tsau⁵² i⁵² tɕʰin³¹］

有一个小伙子，［iəu⁵² i²¹³ ko⁰ ɕiau⁵² xo⁵² tsʅ⁰］

他的爹和妈下死了，［tʰa³³ti⁰tiɛ³³xo³¹ma³³xa⁵⁵ʂʅ⁵²zau⁰］下：都

他等于是一个孤儿。［tʰa³³tən⁵²ʮ³¹ʂʅ⁵⁵i²¹³ko⁰ku³³ɚ³¹］

家里呢，就是留下了一头老黄牛，［tɕia³³ni⁰ne⁰，tɕiəu⁵⁵ʂʅ⁵⁵niəu³¹ɕia⁵⁵niau⁰i²¹³tʰəu³¹nau⁵²xuaŋ³¹niəu³¹］

他跟迯头老黄牛相依为命，［tʰa³³kən³³niɛ³⁵tʰəu³¹nau⁵²xuaŋ³¹niəu³¹ɕiaŋ³³i³³uei³¹min⁵⁵］迯：这

只有靠迯头牛耕地过日子，［tʂʅ²¹³iəu⁵²kʰau³⁵niɛ³⁵tʰəu³¹niəu³¹kən³³ti⁵⁵ko³⁵ɚ²¹³tsʅ⁰］

所以大家都称他叫牛郎，［so⁵²i⁰ta⁵⁵tɕia³³təu³³tʂʰən³³tʰa³³tɕiau³⁵niəu³¹naŋ³¹］

老黄牛想，［nau⁵²xuaŋ³¹niəu³¹ɕiaŋ⁵²］

因为这个牛不是一般的牛，［in³³uei³¹tʂe³⁵ko⁰niəu³¹pu²¹³ʂʅ⁵⁵i²¹³pan³³ti⁰niəu³¹］

它是一个神牛，［tʰa³³ʂʅ⁵⁵i²¹³ko⁰ʂən³¹niəu³¹］

他看到牛郎忠厚老实良善，［tʰa³³kʰan³⁵tau⁰niəu³¹naŋ³¹tʂoŋ³³xəu⁵⁵nau⁵²ʂʅ⁰niaŋ³¹ʂan³³］

他就想跟他成个家。［tʰa³³tɕiəu⁵⁵ɕiaŋ⁵²kən³³tʰa³³tʂʰən³¹ko⁰tɕia³³］

所以呢，［so⁵²i⁰ne⁰］

他在晚上就跟牛郎托了一个梦，［tʰa³³tai⁵⁵uan⁵²ʂaŋ⁰tɕiəu⁵⁵kən³³niəu³¹naŋ³¹tʰo²¹³niau⁰i²¹³ko⁰moŋ⁵⁵］

就叫牛郎梦一房媳妇，［tɕiəu⁵⁵tɕiau³⁵niəu³¹naŋ³¹moŋ⁵⁵i²¹³faŋ³¹ɕi²¹³fu⁰］

能够跟他传宗接代，［nən³¹kəu³⁵kən³³tʰa³³tʂʰuan³¹tsoŋ³³tɕiɛ²¹³tai⁵⁵］

也能够夫妻有个相互照应。［iɛ⁵²nən³¹kəu³⁵fu³³tɕʰi³³iəu⁵²ko⁰ɕiaŋ³³xu⁵⁵tʂau³⁵in³⁵］

就叫牛郎到东村的，［tɕiəu⁵⁵tɕiau³⁵niəu³¹naŋ³¹tau³⁵toŋ³³tsʰən³³ti⁰］

那边下有一个湖，［na⁵⁵pin³³xa⁰iəu⁵²i²¹³ko⁰xu³¹］

湖里有仙女在那里抹汗洗澡，［xu³¹ni⁰iəu⁵²ɕin³³ʮ⁵²tai⁵⁵na⁵⁵ni⁰ma²¹³xan⁵⁵ɕi⁵²tsau⁵²］抹汗：洗澡

你去随便拿一件衣服，［ni⁵²tɕʰi³⁵sei³¹pin⁵⁵na³¹i²¹³tɕin⁵⁵i³³fu⁰］

就有一个女的回来跟你成个家。［tɕiəu⁵⁵iəu⁵²i²¹³ko⁰ʮ⁵²ti⁰xuei³¹nai³¹kən³³ni⁵²tʂʰən³¹ko⁰tɕia³³］

牛郎第二天早上醒来，［niəu³¹naŋ³¹ti⁵⁵ɚ⁵⁵tʰin³³tsau⁵²ʂaŋ⁰ɕin⁵²nai³¹］

似信非信，［sʅ⁵⁵ɕin³⁵fei³³ɕin³⁵］

他就照倒做了，［tʰa³³tɕiəu⁵⁵tʂau³⁵tau⁰tsəu³⁵uau⁰］

就到东村那里去看，［tɕiəu⁵⁵tau³⁵toŋ³³tsʰən³³na⁵⁵ni⁰tɕʰi³⁵kʰan³⁵］

果然就有七个仙女在那里洗澡，［ko⁵²ɻan³¹tɕiəu⁵⁵iəu⁵²tɕʰi²¹³ko⁰ɕin³³y⁵²tai⁵⁵na⁵⁵ni⁰ɕi⁵²tsau⁵²］

他走到那里去,［tʰa³³tsəu⁵²tau³⁵na⁵⁵ni⁰tɕʰi³⁵］

就把那个紫色的衣服,［tɕiəu⁵⁵pa⁵²na⁵⁵ko⁰tsʅ⁵²sɛ²¹³ti⁰i³³fu⁰］

拿了一套就跑回去了。［na³¹niau⁰i²¹³tʰau³⁵tɕiəu⁵⁵pʰau³¹xuei³¹tɕʰi³⁵iau⁰］

到晚上了,［tau³⁵uan⁵²ʂaŋ⁰ŋau⁰］

有一个姑娘就来拿这个衣服,［iəu⁵²i²¹³ko⁰ku³³niaŋ³¹tɕiəu⁵⁵nai³¹na³¹tʂe³⁵ko⁰i³³fu⁰］

迺个姑娘就是织女,［niɛ³⁵ko⁰ku³³niaŋ³¹tɕiəu⁵⁵ʂʅ⁵⁵tʂʅ²¹³ʮ⁵²］

她一见了牛郎以后,［tʰa³³i²¹³tɕin³⁵niau⁰niəu³¹naŋ³¹i⁵²xəu⁵⁵］

两个人就产生了爱情,［niaŋ³¹⁵²ko⁰zən³¹tɕiəu⁵⁵tsʰan⁵²sən³³niau⁰ŋai³⁵tɕʰin³¹］

所以就配为了夫妻,［so⁵²i⁰tɕiəu⁵⁵pei³⁵uei³¹iau⁰fu³³tɕʰi³³］

一直在家里两个人夫妻恩爱,［i²¹³tʂʅ²¹³tai⁵⁵tɕia³³ni⁰niaŋ⁵²ko⁰zən³¹fu³³tɕʰi³³ŋən³³ŋai³⁵］

关系相当好,［kuan³³ɕi⁵⁵ɕiaŋ³³taŋ³³xau⁵²］

在他的屋里有三年的时间,［tai⁵⁵tʰa³³ti⁰u²¹³ni⁰iəu⁵²san³³nin³¹ti⁰ʂʅ³¹tɕin³³］

跟他生了一儿一女,［kən³³tʰa³³sən³³niau⁰i²¹³ɚ³¹i²¹³ʮ⁵²］

生活过得非常安逸幸福。［sən³³xo³¹ko³⁵tɛ²¹³fei³³tʂʰaŋ³¹ŋan³³i²¹³ɕin⁵⁵fu⁰］

但是他的这个事被玉皇大帝发觉了,［tan⁵⁵ʂʅ⁵⁵tʰa³³ti⁰tʂe³⁵ko⁰ʂʅ⁵⁵pei⁵⁵ʮ³⁵xuaŋ³¹ta⁵⁵ti³⁵fa²¹³tɕio²¹³niau⁰］

因为织女私自下凡,［in³³uei³¹tʂʅ²¹³ʮ⁵²sʅ³³tsʅ⁵⁵ɕia⁵⁵fan³¹］

犯了天庭的天条,［fan⁵⁵niau⁰tʰin³³tʰin³¹ti⁰tʰin³³tʰiau³¹］

玉皇大帝下令要把织女捉回天庭。［ʮ³⁵xuaŋ³¹ta⁵⁵ti³⁵ɕia⁵⁵nin⁵⁵iau³⁵pa⁵²tʂʅ²¹³ʮ⁵²tso²¹³xuei³¹tʰin³³tʰin³¹］

有一天,［iəu⁵²i²¹³tʰin³³］

扯霍闪电又是风又是雨,［tʂʰe⁵²xo²¹³ʂan⁵²tin⁵⁵iəu⁵⁵ʂʅ⁵⁵foŋ³³iəu⁵⁵ʂʅ⁵⁵ʮ⁵²］扯霍:闪电

一下子织女就不见了,［i²¹³xa⁵⁵tsʅ⁰tʂʅ²¹³ʮ⁵²tɕiəu⁵⁵pu²¹³tɕin³⁵niau⁰］

两个伢哭倒就要他的妈,［niaŋ⁵²ko⁰ŋa³¹kʰu²¹³tau⁰tɕiəu⁵⁵iau³⁵tʰa³³ti⁰ma³³］

牛郎冇得法,［niəu³¹naŋ³¹mau⁵⁵tɛ²¹³fa²¹³］冇得:没有

迺个时候呢,［niɛ³⁵ko⁰ʂʅ³¹xəu⁰ne⁰］

迺只老黄牛就开口说话了,［niɛ³⁵tʂʅ²¹³nau⁵²xuaŋ³¹niəu³¹tɕiəu⁵⁵kʰai³³kʰəu⁵²ʂɥɛ²¹³xua⁵⁵niau⁰］

他说你不要急,［tʰa³³ʂɥɛ²¹³ni⁵²pu²¹³iau³⁵tɕi²¹³］

你把我的两个角弄下来,［ni⁵²pa⁵²ŋo⁵²ti⁰niaŋ⁵²ko⁰ko²¹³noŋ⁵⁵ɕia⁵⁵nai³¹］

做成两个箩筐,［tsəu³⁵tʂʰən³¹niaŋ⁵²ko⁰no³¹kʰuaŋ³³］

把你两个伢挑倒，[pa⁵² ni⁵² niaŋ⁵² ko⁰ ŋa³¹ tʰiau³³ tau⁰]

到天上去找织女，[tau³⁵ tʰin³³ ṣaŋ⁰ tɕʰi³⁵ tṣau⁵² tṣɿ²¹³ ʮ⁵²]

牛郎还半信半疑，[niəu³¹ naŋ³¹ xai³¹ pan³⁵ ɕin³⁵ pan³⁵ i³¹]

迥个时候呢，[niɛ³⁵ ko⁰ ṣɿ³¹ xəu⁰ ne⁰]

牛的两个角就掉下来了，[niəu³¹ ti⁰ niaŋ⁵² ko⁰ ko²¹³ tɕiəu⁵⁵ tiau³⁵ ɕia⁵⁵ nai³¹ iau⁰]

成了两个箩筐，[tʂʰən³¹ niau⁰ niaŋ⁵² ko⁰ no³¹ kʰuaŋ³³]

他就高兴不得了，[tʰa³³ tɕiəu⁵⁵ kau³³ ɕin³⁵ pu²¹³ tɛ²¹³ niau⁰]

就把两个伢放在高头，[tɕiəu⁵⁵ pa⁵² niaŋ⁵² ko⁰ ŋa³¹ faŋ³⁵ tai⁵⁵ kau³³ tʰəu⁰] 高头：上面

结果两个箩筐，[tɕiɛ²¹³ ko⁵² niaŋ⁵² ko⁰ no³¹ kʰuaŋ³³]

就像长了翅管的样往天上飞，[tɕiəu⁵⁵ tɕiaŋ⁵⁵ tʂaŋ⁵² ŋau⁰ tʂɿ³⁵ kuan⁵² ti⁰ iaŋ⁵⁵ uaŋ⁵² tʰin³³ ṣaŋ⁰ fei³³]

带倒两个伢就一起到天上去了。[tai³⁵ tau⁰ niaŋ⁵² ko⁰ ŋa³¹ tɕiəu⁵⁵ i²¹³ tɕʰi⁵² tau³⁵ tʰin³³ ṣaŋ⁰ tɕʰi³⁵ iau⁰]

一去就看到织女，[i²¹³ tɕʰi³⁵ tɕiəu⁵⁵ kʰan³⁵ tau⁰ tṣɿ²¹³ ʮ⁵²]

就往前攆，[tɕiəu⁵⁵ uaŋ⁵² tɕʰi³¹ nin⁵²]

快攆倒的时候，[kʰuai³⁵ nin⁵² tau⁰ ti⁰ ṣɿ³¹ xəu⁰]

牛郎和织女快见面的时候，[niəu³¹ naŋ³¹ xo³¹ tṣɿ²¹³ ʮ⁵² kʰuai³⁵ tɕin³⁵ min⁵⁵ ti⁰ ṣɿ³¹ xəu⁰]

王母发觉了，[uaŋ³¹ mu⁵² fa²¹³ tɕio²¹³ niau⁰]

王母在头上取了一个簪下来，[uaŋ³¹ mu⁵² tai⁵⁵ tʰəu³¹ ṣaŋ⁰ tɕʰi⁵² iau⁰ i²¹³ ko⁰ tsan³³ ɕia⁵⁵ nai³¹]

由中间一划，[iəu³¹ tʂoŋ³³ kan⁰ i²¹³ xua⁵⁵]

划出了一条波涛翻滚的大河，[xua⁵⁵ tʂʰʮ²¹³ ʮau⁰ i²¹³ tʰiau³¹ po³³ tʰau³³ fan³³ kuən⁵² ti⁰ tɑ⁵⁵ xo³¹]

叫天河，[tɕiau³⁵ tʰin³³ xo³¹]

所以两个人相隔得不晓得几远，[so⁵² i⁰ niaŋ⁵² ko⁰ zən³¹ ɕiaŋ³³ kɛ²¹³ tɛ²¹³ pu²¹³ ɕiau⁵² tɛ²¹³ tɕi⁵² ʮan⁵²]

听不见，看不见，[tʰin³⁵ pu²¹³ tɕin³⁵，kʰan³⁵ pu²¹³ tɕin³⁵]

但是牛郎为人忠厚良善，[tan⁵⁵ ṣɿ⁵⁵ niəu³¹ naŋ³¹ uei³¹ zən³¹ tʂoŋ³³ xəu⁵⁵ niaŋ³¹ ṣan³³]

喜鹊们有点同情他，[ɕi⁵² tɕʰio²¹³ mən⁰ iəu⁵² tin⁵² tʰoŋ³¹ tɕʰin³¹ tʰa³³]

所以每年到了七月七，[so⁵² i⁰ mei⁵² nin³¹ tau³⁵ uau⁰ tɕʰi³² ʮɛ²¹³ tɕʰi²¹³]

它们就组织成千上万的喜鹊，[tʰɑ³³ mən⁰ tɕiəu⁵⁵ tsəu⁵² tṣɿ²¹³ tʂʰən³¹ tɕʰin³³ ṣaŋ⁵⁵ uan⁵⁵ ti⁰ ɕi⁵² tɕʰio²¹³]

到天上去，[tau³⁵ tʰin³³ ṣaŋ⁵⁵ tɕʰi³⁵]

一个衔一个的尾巴搭成一座鹊桥，[i²¹³ ko⁰ xan³¹ i²¹³ ko⁰ ti⁰ i⁵² pa⁰ ta²¹³ tʂən³¹ i²¹³ tso⁵⁵ tɕʰio²¹³ tɕʰiɑu³¹]

让牛郎和织女两个人相会，[zaŋ⁵⁵ niəu³¹ naŋ³¹ xo³¹ tʂʅ²¹³ ʮ⁵² niaŋ⁵² ko⁰ zən³¹ ɕiaŋ³³ xuei⁵⁵]

迥就是传统的牛郎和织女的故事。[niɛ³⁵ tɕiəu⁵⁵ ʂʅ⁵⁵ tʂʰuan³¹ tʰoŋ⁵² ti⁰ niəu³¹ naŋ³¹ xo³¹ tʂʅ²¹³ ʮ⁵² ti⁰ ku³⁵ ʂʅ⁵⁵]

意译：好，下面我跟大家讲一个传统的老故事，这个名字叫牛郎和织女，在很早很早以前，有一个小伙子，他的爹和妈都死了，他等于是一个孤儿，家里呢就是留下了一头老黄牛，他跟这头老黄牛相依为命，只有靠这头牛耕地过日子，所以大家都称他叫牛郎。因为这个牛不是一般的牛，它是一个神牛，他见牛郎忠厚老实，良善，他就想跟他成个家，所以呢，他在晚上就给牛郎托了一个梦，就让牛郎梦到一个妻子，能够为他传宗接代，也能够夫妻有个相互照应。

于是就叫牛郎到东村的一个湖边，湖里有仙女在洗澡，让牛郎随便拿一件衣服，就会有一个仙女回来成家。牛郎第二天早上醒来，似信非信，他就照着做了，就到东村去看，果然有七个仙女在那里洗澡，他走到那里去，把那个紫色的衣服拿了一套就跑回去了，到晚上有一个姑娘就来拿这个衣服，这个姑娘就是织女。她一见了牛郎两个人就产生了爱情，所以就配为了夫妻，在家里两个人夫妻恩爱，关系相当好。在他的家里有三年的时间，和他生了一儿一女，生活过得非常安逸幸福。

但是他的这个事被玉皇大帝发觉了，因为织女私自下凡，犯了天庭的天条。玉皇大帝下令要把织女捉回天庭。有一天，又是闪电又是刮风，一下子织女就不见了，两个孩子哭着要妈妈，牛郎没法，这个时候呢，老黄牛开口说话了，他说你不要急，你把我的两个角弄下来，做成两个箩筐，把你两个孩子挑着，到天上去找织女，牛郎还半信半疑，这个时候呢，牛的两个角就掉下来成了两个箩筐，他就高兴得不得了，就把两个孩子放在里面，结果两个箩筐就像长了翅膀一样往天上飞，带着两个小孩一起到天上去了，一去就看到了织女，就往前去撵，快撵着的时候，王母发觉了，王母在头上取了一个簪下来，由中间一划，划出了一条波涛翻滚的大河，叫天河，所以两个人相隔得就很远了，听不见，看不见。

但是牛郎为人忠厚良善，喜鹊们很同情他，所以每年到了七月七，它们就组织成千上万的喜鹊到天上去，一个衔着一个的尾巴搭成一座鹊桥，让牛郎和织女两个人相会，这就是传统的牛郎和织女的故事。

三　其他故事

0022 其他故事

那个霍三麻子人生得不漂亮，[na⁵⁵ko⁰xo²¹³san³³ma³¹tsʅ⁰zən³¹sən³³tɛ²¹³pu²¹³pʰiau³⁵niaŋ⁰]

他的心计超越凡人，[tʰa³³ti⁰ɕin³³tɕi³⁵tʂʰau³³ʯɛ²¹³fan³¹zən³¹]

他接了个老婆蛮漂亮，[tʰa³³tɕiɛ²¹³niau⁰ko⁰nau⁵²pʰo³¹man³¹pʰiau³⁵niaŋ⁰]

但是老婆对他总不满意。[tan⁵⁵ʂʅ⁵⁵nau⁵²pʰo³¹tei³⁵tʰa³³tsoŋ⁵²pu²¹³man⁵²i³⁵]

有一次，就和一个教书的先生，[iəu⁵²i²¹³tsʰʅ³⁵，tɕiəu⁵⁵xo³¹i²¹³ko⁰tɕiau³³ʂʯ³³ti⁰ɕin³³sən⁰]

眉来眼去地就勾搭上了，[mei³¹nai³¹in⁵²tɕʰi³⁵ti⁰tɕiəu⁵⁵kəu³³ta²¹³ʂaŋ⁵⁵ŋau⁰]

一来二往呢，[i²¹³nai³¹ɚ⁵⁵uaŋ⁵²ne⁰]

霍三麻子就发觉了，[xo²¹³san³³ma³¹tsʅ⁰tɕiəu⁵⁵fa²¹³tɕio²¹³niau⁰]

发觉了呢，[fa²¹³tɕio²¹³niau⁰ne⁰]

他就说，[tʰa³³tɕiəu⁵⁵ʂʯɛ²¹³]

我单单地不把你说穿，[ŋo⁵²tan³³tan³³ti⁰pu²¹³pa⁵²ni⁵²ʂʯɛ²¹³tsʰʯan³³]

看你又能么样，[kʰan³⁵ni⁵²iəu⁵⁵nən³¹mo⁵²iaŋ⁵⁵] 么样：怎样

你随么样说你就是我的老婆。[ni⁵²sei³¹mo⁵²iaŋ⁵⁵ʂʯɛ²¹³ni⁵²tɕiəu⁵⁵ʂʅ⁵⁵ŋo⁵²ti⁰nau⁵²pʰo³¹] 随么样：无论怎样

结果呢，[tɕiɛ²¹³ko⁵²ne⁰]

那个先生和他的妻子，[na⁵⁵ko⁰ɕin³³sən⁰xo³¹tʰa³³ti⁰tɕʰi³³tsʅ⁰]

两个人背后就商量，[niaŋ⁵²ko⁰zən³¹pei³⁵xəu⁵⁵tɕiəu⁵⁵ʂaŋ³³niaŋ³¹]

他说我们好是好就是不能公开，[tʰa³³ʂʯɛ²¹³ŋo⁵²mən⁰xau⁵²ʂʅ⁵⁵xau⁵²tɕiəu⁵⁵ʂʅ⁵⁵pu²¹³nən³¹koŋ³³kʰai³³]

不能长久，[pu²¹³nən³¹tʂʰaŋ⁵²tɕiəu⁵²]

想个办法我们能公开，[ɕiaŋ⁵²ko⁰pan⁵⁵fa²¹³ŋo⁵²mən⁰nən³¹koŋ³³kʰai³³]

能长久就好。[nən³¹tʂʰaŋ⁵²tɕiəu⁵²tɕiəu⁵⁵xau⁵²]

他说这样，[tʰa³³ʂʯɛ²¹³tʂe³⁵iaŋ⁵⁵]

我们跑了它，[ŋo⁵²mən⁰pʰau³¹uau⁰tʰa⁰]

她说可得，[tʰa³³ʂʯɛ²¹³kʰo⁵²tɛ²¹³] 可得：可以

那要不尽霍三麻子晓得。[na⁵⁵iau³⁵pu²¹³tɕin⁵²xo²¹³san³³ma³¹tsʅ⁰ɕiau⁵²tɛ³¹] 尽：让

迴个话就被霍三麻子，[niɛ³⁵ko⁰xua⁵⁵tɕiəu⁵⁵pei⁵⁵xo²¹³san³³ma³¹tsʅ⁰]

躲在床底下听到去了，［to⁵² tai⁵⁵ tʂʰu̯aŋ³¹ ti⁵² xa⁰ tʰin³⁵ tau⁰ tɕʰi³⁵ iau⁰］

最后走的时候，［tsei³⁵ xəu⁵⁵ tsəu⁵² ti⁰ ʂʅ³¹ xəu⁰］

先生就拿了一个皮箱来，［ɕin³³ sən⁰ tɕiəu⁵⁵ na³¹ niau⁰ i²¹³ ko⁰ pʰi³¹ ɕiaŋ³³ nai³¹］

就叫霍三麻子的妻子，［tɕiəu⁵⁵ tɕiau³⁵ xo²¹³ san³³ ma³¹ tsʅ⁰ ti⁰ tɕʰi³³ tsʅ⁰］

把应用的东西，舍不得的细软，［pa⁵² in³⁵ ioŋ³³ ti⁰ toŋ³³ ɕi⁰，ʂe⁵² pu⁰ tɛ²¹³ ti⁰ ɕi³⁵ ɻu̯an⁵²］

都收到皮箱里头，［təu³³ ʂəu³³ tau³⁵ pʰi³¹ ɕiaŋ³³ ni⁵² tʰəu⁰］

跟他一路逃跑。［kən³³ tʰa³³ i²¹³ nəu⁵⁵ tʰau³¹ pʰau³¹］一路：一起

把东西收就了以后，［pa⁵² toŋ³³ ɕi⁰ ʂəu³³ tɕiəu⁵⁵ uau⁰ i⁵² xəu⁵⁵］就：完成

他的妻子在后面打岔去了，［tʰa³³ ti⁰ tɕʰi³³ tsʅ⁰ tai⁵⁵ xəu⁵⁵ min⁵⁵ ta⁵² tʂʰa³⁵ tɕʰi³⁵ iau⁰］打岔：婉称解手

就是去解手去了，［tɕiəu⁵⁵ sʅ⁵⁵ tɕʰi³⁵ kai⁵² ʂəu⁵² tɕʰi³⁵ iau⁰］

先生去拿钱去了，［ɕin³³ sən⁰ tɕʰi³⁵ na³¹ tɕʰin³¹ tɕʰi³⁵ iau⁰］

箱子在房里放了在。［ɕiaŋ³³ tsʅ⁰ tai⁵⁵ faŋ³¹ ni⁰ faŋ³⁵ ŋau⁰ tai⁵⁵］

霍三麻子从床底下爬出来，［xo²¹³ san³³ ma³¹ tsʅ⁰ tsʰoŋ³¹ tsʰu̯aŋ³¹ ti⁵² xa⁰ pʰa³¹ tʂʰu̯²¹³ nai³¹］

把皮箱的东西全部倒出来了，［pa⁵² pʰi³¹ ɕiaŋ³³ ti⁰ toŋ³³ ɕi⁰ tɕʰin³¹ pu⁵⁵ tau³⁵ tʂʰu̯²¹³ nai³¹ iau⁰］

自己就钻到皮箱里头关倒，［tsʅ⁵⁵ tɕi⁵² tɕiəu⁵⁵ tsan³³ tau⁰ pʰi³¹ ɕiaŋ³³ ni⁵² tʰəu⁰ kuan³³ tau⁰］

拉链拉倒，［na³³ nin⁵⁵ na³³ tau⁰］

先生一来，［ɕin³³ sən⁰ i²¹³ nai³¹］

赶紧就把皮箱提倒就走，［kan⁵² tɕin⁵² tɕiəu⁵⁵ pa⁵² pʰi³¹ ɕiaŋ³³ tʰi³¹ tau⁰ tɕiəu⁵⁵ tsəu⁵²］

就问霍三麻子的妻子，［tɕiəu⁵⁵ uən⁵⁵ xo²¹³ san³³ ma³¹ tsʅ⁰ ti⁰ tɕʰi³³ tsʅ⁰］

你的个箱子么样迥重，［ni⁵² ti⁰ ko⁰ ɕiaŋ³³ tsʅ⁰ mo⁵² iaŋ⁵⁵ niɛ³⁵ tʂʰoŋ⁵⁵］

她说我把我值钱的东西，［tʰa³³ ʂu̯ɛ²¹³ ŋo⁵² pa⁵² ŋo⁵² tsʅ³¹ tɕʰin³¹ ti⁰ toŋ³³ ɕi⁰］

全部揿在箱子里头了，［tɕʰin³¹ pu⁵⁵ tsʰən⁵² tai⁵⁵ ɕiaŋ³³ tsʅ⁰ ni⁵² tʰəu⁰ uau⁰］揿：按、压

你吃点亏就赶快跑。［ni⁵² tɕʰi²¹³ tin⁵² kʰuei³³ tɕiəu⁵⁵ kan⁵² kʰuai³⁵ pʰau³¹］

这两人要跑，［niɛ³⁵ niaŋ⁵² zən³¹ iau³⁵ pʰau³¹］

跑了几里路以后，［pʰau³¹ uau⁰ tɕi⁵² ni⁵² nəu⁵⁵ i⁵² xəu⁵⁵］

到这个时候随么样就拿不动了，［tau³⁵ niɛ³⁵ ko⁰ ʂʅ³¹ xəu⁵⁵ sei³¹ mo⁵² iaŋ⁵⁵ tɕiəu⁵⁵ na³¹ pu²¹³ toŋ⁵⁵ ŋau⁰］

就在一个桥底下坐倒歇息，［tɕiəu⁵⁵ tai⁵⁵ i²¹³ ko⁰ tɕʰiau³¹ ti⁵² xa⁰ tso⁵⁵ tau⁰ ɕiɛ²¹³ ɕi²¹³］

歇息就先生叹了一口气，[ɕie²¹³ ɕi²¹³ tɕiəu⁵⁵ ɕin³³ sən⁰ tʰan³⁵ niau⁰ i²¹³ kʰəu⁵² tɕʰi³⁵]
哎呀，流了汗一身，[ei⁵² ia⁰，niəu³¹ uau⁰ xan⁵⁵ i²¹³ ʂən³³]
他的妻子就说，[tʰa³³ ti⁰ tɕʰi³³ tsʅ⁰ tɕiəu⁵⁵ ʂuɛ²¹³]
正昝脱了那个麻杂种的身，[tsən³⁵ tsan⁵² tʰo²¹³ niau⁰ na⁵⁵ ko⁰ ma³¹ tsa³¹ tʂoŋ⁰ ti⁰ ʂən³³]

正昝：现在

霍三麻子在箱子窦里就说，[xo²¹³ san³³ ma³¹ tsʅ⁰ tai⁵⁵ ɕiaŋ³³ tsʅ⁰ təu⁵⁵ ni⁰ tɕiəu⁵⁵ ʂuɛ²¹³]

窦里：里面

我在箱子里好闭呀，[ŋo⁵² tai⁵⁵ ɕiaŋ³³ tsʅ⁰ ni⁰ xau⁵² pi³⁵ ia⁰]
你把我麻老子驮到哪下去？[ni⁵² pa⁵² ŋo⁵² ma³¹ nau⁵² tsʅ⁰ tʰo³¹ tau³⁵ na⁵² xa⁰ tɕʰi³⁵] 哪

下：哪里

意译：霍三麻子人长得不漂亮，他的心计超越凡人，他娶了个老婆很漂亮，但是老婆对他总不满意。有一次，他老婆就和一个教书的先生眉来眼去就勾搭上了，一来二往，霍三麻子就发觉了。他说，我单单地不把你们说穿，看你们能怎样。你怎么说你就是我的老婆。

结果呢，那个先生和他的妻子背后就商量，先生说我们好是好就是不能公开，不能长久，要想个办法我们能公开能长久就好，我们不如逃走，她说可以，那要不让霍三麻子知道，这个话就被霍三麻子躲在床底下听到了。最后走的时候，先生就拿了一个皮箱，叫霍三麻子的妻子把应用的东西，舍不得的细软，都放到皮箱里头，跟他一起逃跑。把东西收好了以后，他的妻子在后面打岔去了，就是去解手去了。先生拿钱去了，箱子在房里放着，霍三麻子从床底爬出来，把皮箱的东西全部倒出来了，自己钻到皮箱里头去，把拉链拉上。先生一来就把皮箱提着就走，还问霍三麻子的妻子，你的箱子怎么这么重，她说我把我值钱的东西全部放在箱子里了。你吃点亏赶快跑。

这两人跑了几里路以后，到那个时候怎么都拿不动了，就在一个桥底下坐着歇息，歇息时先生叹了一口气：哎呀，流了汗一身。他的妻子就说，总算脱了那个麻杂种，霍三麻子在箱子里就说，我在箱子里好憋呀，你把我麻老子驮到哪里去？

0023 其他故事

我再跟大家讲一个笑话，[ŋo⁵² tsai³⁵ kən³³ ta⁵⁵ tɕia³³ tɕiaŋ⁵² i²¹³ ko⁰ ɕiau³⁵ xua⁵⁵]
迿个笑话的名字叫三爹做媒。[niɛ³⁵ ko⁰ ɕiau³⁵ xua⁵⁵ ti⁰ min³¹ tsʅ⁵⁵ tɕiau³⁵ san³³ tie³³ tsəu³⁵ mei³¹]
就是一个湾上，[tɕiəu⁵⁵ sʅ⁵⁵ i²¹³ ko⁰ uan³³ ʂaŋ⁰]
有一个老头子，[iəu⁵² i²¹³ ko⁰ nau⁵² tʰəu³¹ tsʅ⁰]

他人一生蛮得性，欢喜科＝西＝，［tʰa³³ zən³¹ i²¹³ sən³³ man³¹ tɛ²¹³ ɕin³⁵，xuan³³ ɕi⁰ kʰo³³ ɕi⁰］得性：合其性情。科＝西＝：开玩笑

但是他热心快肠，［tan⁵⁵ sʅ⁵⁵ tʰa³³ ɣɛ²¹³ ɕin³³ kʰuai³⁵ tʂaŋ³¹］

总欢喜跟人家做个媒，［tsoŋ⁵² xuan³³ ɕi⁰ kən³³ zən³¹ ka⁰ tsəu³⁵ ko⁰ mei³¹］欢喜：喜欢

么哪个的伢有做亲戚呀，［mo⁵² na⁵² ko⁰ ti⁰ ŋa³¹ mau⁵⁵ tsəu³⁵ tɕʰin³³ tɕʰi⁰ ia⁰］么：什么。做亲戚：相亲

他就下放在心里。［tʰa³³ tɕiəu⁵⁵ xa⁵⁵ faŋ³⁵ tai⁵⁵ ɕin³³ ni⁰］下：都

但是湾上还有一家呢，［tan⁵⁵ sʅ⁵⁵ uan³³ ʂaŋ⁰ xai³¹ iəu⁵² i²¹³ tɕia³³ ne⁰］

他的儿子就快长成人了，［tʰa³³ ti⁰ ɚ³¹ tsʅ⁰ tɕiəu⁵⁵ kʰuai³⁵ tʂan⁵² tʂʰən³¹ zən³¹ niau⁰］

就托付他，［tɕiəu⁵⁵ tʰo²¹³ fu³⁵ tʰa³³］

他就蛮高兴跟他做了个媒，［tʰa³³ tɕiəu⁵⁵ man³¹ kau³³ ɕin³⁵ kən³³ tʰa³³ tsəu³⁵ uau⁰ ko⁰ mei³¹］

做了个媒呢，［tsəu³⁵ uau⁰ ko⁰ mei³¹ ne⁰］

因为农村的做媒还要点讲究，［in³³ uei³¹ noŋ³¹ tsʰən³³ ti⁰ tsəu³⁵ mei³¹ xai³¹ iau³⁵ tin⁵² tɕiaŋ⁵² tɕiəu⁰］

媒妁媒妁四十八桌，［mei³¹ ʂo²¹³ mei³¹ ʂo²¹³，sʅ³⁵ sʅ³¹ pa²¹³ tʂo²¹³］

三不时要待下酒。［san³³ pu²¹³ sʅ³¹ iau³⁵ tai⁵⁵ xa⁰ tɕiəu⁵²］三不时：常常、间或

最后伢就长大了，［tsei³⁵ xəu⁵⁵ ŋa³¹ tɕiəu⁵⁵ tʂan⁵² ta⁵⁵ niau⁰］

就要待一次酒，［tɕiəu⁵⁵ iau³⁵ tai⁵⁵ i²¹³ tsʰʅ³⁵ tɕiəu⁵²］

那就是过期，［na⁵⁵ tɕiəu⁵⁵ sʅ⁵⁵ ko³⁵ tɕʰi³³］

过期就是把两厢的日子，［ko³⁵ tɕʰi³³ tɕiəu⁵⁵ sʅ⁵⁵ pa⁵² niaŋ⁵² ɕiaŋ³³ ti⁰ ɚ²¹³ tsʅ⁰］

由媒人从中去说准，［iəu³¹ mei⁵² zən³¹ tsʰoŋ³¹ tsoŋ³³ tɕʰi³⁵ ʂɥɛ²¹³ tʂuən⁵²］

男方还要拿些东西到女方去，［nan³¹ faŋ³³ xai³¹ iau³⁵ na³¹ ɕiɛ⁰ toŋ³³ ɕi⁰ tau³⁵ ȵy⁵² faŋ³³ tɕʰi³⁵］

男方就要办一席酒，［nan³¹ faŋ³³ tɕiəu⁵⁵ iau³⁵ pan⁵⁵ i²¹³ ɕi³¹ tɕiəu⁵²］

一席就该媒人坐，［i²¹³ ɕi³¹ tɕiəu⁵⁵ kai³³ mei³¹ zən³¹ tso⁵⁵］

不想推让得该三爹坐，［pu²¹³ ɕiaŋ⁵² tʰei³³ zaŋ⁵⁵ tɛ⁰ kai³³ san³³ tiɛ³³ tso⁵⁵］

三爹就坐在一席高头。［san³³ tiɛ³³ tɕiəu⁵⁵ tso⁵⁵ tai⁵⁵ i²¹³ ɕi³¹ kau³³ tʰəu⁰］高头：上面

原来很早就做了亲戚的，［ɣɥan³¹ nai³¹ xən⁵² tsau⁵² tɕiəu⁵⁵ tsəu³⁵ uau⁰ tɕʰin³³ tɕʰi⁰ ti⁰］做亲戚：相亲

待了不晓得几多次酒，［tai⁵⁵ iau⁰ pu²¹³ ɕiau⁵² tɛ²¹³ tɕi⁵² to³³ tsʰʅ³⁵ tɕiəu⁵²］

就冇叫她的伢酌酒，［tɕiəu⁵⁵ mau⁵⁵ tɕiau³⁵ tʰa³³ ti⁰ ŋa³¹ tʂo²¹³ tɕiəu⁵²］冇：没有

这一次呢，［nie³⁵ i²¹³ tsʰʅ³⁵ ne⁰］

他的妈把菜攘＝得差不多了呢，［tʰa³³ ti⁰ ma³³ pa⁵² tsʰai³⁵ zaŋ⁵² tɛ⁰ tʂʰa³³ pu²¹³ to³³ niau⁰ ne⁰〕攘=：做

　　就跑到席上来，〔tɕiəu⁵⁵ pʰau³¹ tau⁰ ɕi³¹ ʂaŋ⁰ nai³¹〕

　　意思就是给三爹讲个礼性，〔i³⁵ sʅ³³ tɕiəu⁵⁵ sʅ⁵⁵ ke⁵² san³³ tie³³ tɕiaŋ⁵² ko⁰ ni⁵² ɕi⁰〕

　　迡回把三爹跑了路，〔nie³⁵ xuei³¹ pa⁵² san³³ tie³³ pʰau³¹ uau⁰ nəu⁵⁵〕把：让

　　说了话啊，〔ʂʮɛ²¹³ niau⁰ xua⁵⁵ ia⁰〕

　　你老还是为了力，〔ni⁵² nau⁵² xai³¹ sʅ⁵⁵ uei³¹ iau⁰ ni²¹³〕为了力：出了力

　　说光烫点，〔ʂʮɛ²¹³ kuaŋ³³ tʰaŋ³⁵ tin⁵²〕光烫：漂亮

　　她就对她的伢说，〔tʰa³³ tɕiəu tei³⁵ tʰa³³ ti⁰ ŋa³¹ ʂʮɛ²¹³〕

　　多酌点酒得三爹喝下。〔to³³ tʂo²¹³ tin⁵² tɕiəu⁵² tɛ⁰ san³³ tie³³ xo²¹³ xa⁰〕

　　你迡个事亏了三爹跟你费口舌，〔ni⁵² nie³⁵ ko⁰ sʅ⁵⁵ kʰuei³³ iau⁰ san³³ tie³³ kən³³ ni⁵² fei³⁵ kʰəu⁵² ʂe³¹〕

　　她的伢就不做声。〔tʰa³³ ti⁰ ŋa³¹ tɕiəu⁵⁵ pu²¹³ tsəu³⁵ ʂən³³〕

　　三爹就说多酌点酒，〔san³³ tie³³ tɕiəu⁵⁵ ʂʮɛ²¹³ to³³ tʂo²¹³ tin⁰ tɕiəu⁵²〕

　　一席菜吃得正昝，〔i²¹³ ɕi³¹ tsʰai³⁵ tɕʰi²¹³ te²¹³ tsən³⁵ tsan⁵²〕正昝：现在

　　他一杯酒冇酌得我喝的。〔tʰa³³ i²¹³ pei³³ tɕiəu⁵³⁵ mau⁵⁵ tʂo²¹³ tɛ⁰ ŋo⁵² xo²¹³ ti⁰〕

　　她说："伢，你么不酌得三爹喝?"〔tʰa³³ ʂʮɛ²¹³：ŋa³¹，ni⁵² mo⁵² pu²¹³ tʂo²¹³ tɛ²¹³ san³³ tie³³ xo²¹³〕

　　他说三爹冇得嘴嘿，〔tʰa³³ ʂʮɛ²¹³ san³³ tie³³ mau⁵⁵ tɛ²¹³ tɕi⁵² mɛ⁰〕

　　因为三爹长的胡子，〔in³³ uei³¹ san³³ tie³³ tʂaŋ⁵² ti⁰ xu³¹ tsʅ⁰〕

　　就把嘴巴遮倒在。〔tɕiəu⁵⁵ pa⁵² tɕi⁵² pa⁰ tʂe³³ tau⁰ tai⁵⁵〕

　　三爹就气得不得了，〔san³³ tie³³ tɕiəu⁵⁵ tɕʰi³⁵ tɛ⁰ pu²¹³ tɛ⁰ niau⁰〕

　　就把个筷子一放，〔tɕiəu⁵⁵ pa⁵² ko⁰ kʰuai³⁵ tsʅ⁰ i²¹³ faŋ³⁵〕

　　把个胡子迡样一抹，〔pa⁵² ko⁰ xu³¹ tsʅ⁰ nie³⁵ iaŋ⁵⁵ i²¹³ ma³³〕

　　说："迡不是嘴是你的妈的嘴?"〔ʂʮɛ²¹³：nie³⁵ pu²¹³ sʅ⁵⁵ tɕi⁵² sʅ⁵⁵ ni⁵² ti⁰ ma³³ ti⁰ tɕi⁵²〕

　　意译：我再跟大家讲一个笑话，这个笑话的名字叫三爹做媒。一个湾上有一个老头子，他人一生很有个性，欢喜开玩笑，但热心快肠，喜欢跟人家做媒，什么这家孩子还没对象啊，他就都放在心里。湾上有一家呢，儿子就快长成人了，就托付他，他就很高兴答应跟他做媒，做媒呢，农村还要点讲究，媒妁媒妁，四十八桌，就是不时要摆一下酒。后来男孩就长大了，就要摆一次酒，就是过期，过期就是把两厢的日子，由媒人从中说准，男方还要拿些东西到女方去，男方要办一席酒，首席该媒人坐，不必推让当然该三爹坐，三爹就坐了首席。

　　以前摆过很多酒的，就没叫她的孩子酌酒，这次他的妈把菜做得差不多了，

就到席上来，意思是给三爹讲个礼性。这回让三爹跑了路，说了话啊，您老还是出了力，说得蛮漂亮。就对她的孩子说，多酌点酒给三爹喝，你这个事亏了三爹跟你费口舌，她的孩子就不做声。三爹就说，多酌点酒，一席菜吃到现在，他一杯就没酌给我喝。她说孩子，你怎么不酌给三爹喝？他说三爹没有嘴呀，因为三爹的胡子把嘴巴遮住了。三爹就气得不得了，把筷子一放，把胡子一抹，说，这不是嘴难道是你的妈的嘴？

0024 其他故事

我讲一个我者孝感的传说，[ŋo⁵² tɕian⁵² i²¹³ ko⁰ ŋo⁵² tʂo³¹ ɕiau³⁵ kan⁵² ti⁰ tʂʰɥan³¹ ʂɥɛ²¹³]
者：表复数

董永的传说。[toŋ⁵² ʋən⁵² ti⁰ tʂʰɥan³¹ ʂɥɛ²¹³]

这个大家晓得，[tsɛ³⁵ ko⁰ ta⁵⁵ tɕia³³ ɕiau⁵² tɛ²¹³] 晓得：知道

董永的故里是我们孝感，[toŋ⁵² ʋən⁵² ti⁰ ku³⁵ ni⁵² ʂɿ⁵⁵ ŋo⁵² mən⁰ ɕiau³⁵ kan⁵²]

但大家不知道的是，[tan⁵⁵ ta⁵⁵ tɕia³³ pu²¹³ tʂɿ³³ tau³³ ti⁰ ʂɿ⁵⁵]

我还是董永的隔壁，[ŋo⁵² xai³¹ ʂɿ⁵⁵ toŋ⁵² ʋən⁵² ti⁰ kɛ²¹³ pi²¹³]

董永是叫个董永村，[toŋ⁵² ʋən⁵² ʂɿ⁵⁵ tɕiau³⁵ ko⁰ toŋ⁵² ʋən⁵² tsʰən³³]

我们是叫井岗村，[ŋo⁵² mən⁰ ʂɿ⁵⁵ tɕiau³⁵ tɕin⁵² kaŋ³³ tsʰən³³]

隔壁到隔壁，很近。[kɛ²¹³ pi²¹³ tau³⁵ kɛ²¹³ pi²¹³, xən⁵² tɕin⁵⁵]

我们经常到董永的坟上去玩，[ŋo⁵² mən⁰ tɕin³³ tʂʰaŋ³³ tau³⁵ toŋ⁵² ʋən⁵² ti⁰ fən³¹ ʂaŋ⁰ tɕʰi³⁵ uan³¹]

董永的母亲姓汤，[toŋ⁵² ʋən⁵² ti⁰ mu⁵² tɕʰin³³ ɕin³⁵ tʰaŋ³³]

大家就不理解，[ta⁵⁵ tɕia³³ tɕiəu⁵⁵ pu²¹³ ni⁵² kai⁵²]

么样董永不葬在他的董家的坟上，[mo⁵² iaŋ⁵⁵ toŋ⁵² ʋən⁵² pu²¹³ tsaŋ³⁵ tai⁵⁵ tʰa³³ ti⁰ toŋ⁵² ka³³ ti⁰ fən³¹ ʂaŋ⁰] 么样：怎么

葬在汤家的呢，[tsaŋ³⁵ tai⁵⁵ tʰaŋ³³ ka³³ ti⁰ nɛ⁰]

最后我们问老人，[tsei³⁵ xəu⁵⁵ ŋo⁵² mən⁰ uən⁵⁵ nau⁵² zən³¹]

老人解释说，[nau⁵² zən³¹ kai⁵² ʂɿ⁰ ʂɥɛ²¹³]

董永的妈那姓汤，[toŋ⁵² ʋən⁵² ti⁰ ma³³ na⁵⁵ ɕin³⁵ tʰaŋ³³]

那个汤家就是董永的家家里，[na⁵⁵ ko⁰ tʰaŋ³³ tɕia³³ tɕiəu⁵⁵ ʂɿ⁵⁵ toŋ⁵² ʋən⁵² ti⁰ ka³³ ka³³ ti⁰] 家家里：外婆家

当时呢，因为董家里非常的穷，[taŋ³³ ʂɿ³¹ nɛ⁰, in³³ uei³¹ toŋ⁵² ka³³ ni⁰ fei³³ tʂʰaŋ³¹ ti⁰ tɕʰioŋ³¹]

死无葬生之地，[sɿ⁵² u³¹ tsaŋ³⁵ ʂən³³ tʂɿ³³ ti⁵⁵]

冇得办法，[mau⁵⁵ te²¹³ pan⁵⁵ fɑ²¹³] 冇得：没有

就葬在他的家家里，[tɕiəu⁵⁵ tsaŋ³⁵ tai⁵⁵ tʰɑ³³ ti⁰ ka³³ ka³³ ni⁰]

所以董永的父亲和董永，[so⁵² i⁰ toŋ⁵² yən⁵² ti⁰ fu⁵⁵ tɕʰin³³ xo³¹ toŋ⁵² yən⁵²]

都是葬在家家里。[təu³³ sʅ⁵⁵ tsaŋ³⁵ tai⁵⁵ ka³³ ka³³ ni⁰]

家家里有钱，[ka³³ ka³³ ni⁰ iəu⁵² tɕʰin³¹]

就是从现在来看，[tɕiəu⁵⁵ sʅ⁵⁵ tsʰoŋ³¹ ɕin³³ tsai⁵⁵ nai³¹ kʰan³⁵]

汤家老屋也是蛮大的湾，[tʰaŋ³³ ka³³ nau⁵² u²¹³ iɛ⁵² sʅ⁵⁵ man³¹ tɑ⁵⁵ ti⁰ uan³³]

董永的那个湾很小，[toŋ⁵² yən⁵² ti⁰ na⁵⁵ ko⁰ uan³³ xən⁵² ɕiau⁵²]

叫董家墙垸，[tɕiau³⁵ toŋ⁵² ka³³ tɕʰiaŋ³¹ yan⁰]

很小的个湾。[xən⁵² ɕiau⁵² ti⁰ ko⁰ uan³³]

很早的时候，[xən⁵² tsau⁵² ti⁰ sʅ³¹ xəu⁰]

在我们孝感，[tai⁵⁵ ŋo⁵² mən⁰ ɕiau³⁵ kan⁵²]

就有三台六景一码头，[tɕiəu⁵⁵ iəu⁵² san³³ tʰai³¹ nəu²¹³ tɕin⁵² i²¹³ ma⁵² tʰəu⁰]

其中有一景，[tɕʰi³¹ tsoŋ³³ iəu⁵² i²¹³ tɕin⁵²]

是专门描述董永的，[sʅ⁵⁵ tsyan³³ mən³¹ miau³¹ sʮ²¹³ toŋ⁵² yən⁵² ti⁰]

叫董墓春云，[tɕiau³⁵ toŋ⁵² mu⁵⁵ tsʰyən³³ yən³¹]

是说董永的墓上总有一坨云，[sʅ⁵⁵ ʂyɛ²¹³ toŋ⁵² yən⁵² ti⁰ mu⁵⁵ ʂaŋ⁰ tsoŋ⁵² iəu⁵² i²¹³ tʰo³¹ yən³¹]

好像给它一点阴凉，[xau⁵² tɕiaŋ⁵⁵ ke⁵² tʰɑ³³ i²¹³ tin⁵² in³³ niaŋ³¹]

那个传说蛮神，[na⁵⁵ ko⁰ tsʰyan³¹ ʂyɛ²¹³ man³¹ ʂən³¹]

而且还说董永那个坟上，[ɚ³¹ tɕʰiɛ⁵² xai³¹ ʂyɛ²¹³ toŋ⁵² yən⁵² na⁵⁵ ko⁰ fən³¹ ʂaŋ⁰]

还能给老百姓带来一些好处，[xai³¹ nən³¹ ke⁵² nau⁵² pɛ²¹³ ɕin³⁵ tai³⁵ nai³¹ i²¹³ ɕiɛ³³ xau⁵² tsʰʮ⁰]

好比说，[xau⁵² pi⁵² ʂyɛ²¹³]

每一家要做个么大小事，[mei⁵² i²¹³ tɕia³³ iau³⁵ tsəu³⁵ ko⁰ mo⁵² tɑ⁵⁵ ɕiau⁵² sʅ⁵⁵] 么：什么

或者结婚哪，[xuɛ²¹³ tsɛ⁵² tɕiɛ²¹³ xuən³³ na⁰]

或者死了人哪，[xuɛ²¹³ tsɛ⁵² sʅ⁵² zau⁰ zən³¹ na⁰]

生了小孩迒些大事，[sən³³ niau⁰ ɕiau⁵² xai³¹ niɛ³⁵ ɕiɛ³³ tɑ⁵⁵ sʅ⁵⁵]

都可以到董永的坟上去，[təu³³ kʰo⁵² i⁵² tau⁵⁵ toŋ⁵² yən⁵² ti⁰ fən³¹ ʂaŋ⁰ tɕʰi³⁵]

拿一些碗件，[na³¹ i²¹³ ɕiɛ³³ uan⁵² tɕin⁵⁵]

我们孝感指的碗件，[ŋo⁵² mən⁰ ɕiau³⁵ kan⁵² tsʅ⁵² ti⁰ uan⁵² tɕin⁵⁵]

就是筷子、碟儿、勺儿那些东西，[tɕiəu⁵⁵ sʅ⁵⁵ kʰuai³⁵ tsʅ⁰、tiɛr²¹³、ʂaur³¹ na⁵⁵ ɕiɛ³³ toŋ³³ ɕi⁰]

用了以后就又放在那儿，[ioŋ⁵⁵ ŋau⁰ i⁵² xəu⁵⁵ tɕiəu⁵⁵ iəu⁵⁵ faŋ³⁵ tai⁵⁵ nar⁵⁵]

当时流传了好多年。[taŋ³³ ʂʅ³¹ niəu³¹ tʂʰuan³¹ niau⁰ xau⁵² to³³ nin³¹]

最后我听说那个坟昌⁼了，[tsei³⁵ xəu⁵⁵ ŋo⁵² tʰin³⁵ ʂuɛ²¹³ na⁵⁵ ko⁰ fən³¹ tʂʰaŋ³³ ŋau⁰]

昌⁼：平（坟）

昌⁼了以后，[tʂʰaŋ³³ ŋau⁰ i⁵² xəu⁵⁵]

迦个事情就再也冇出现了，[niɛ³⁵ ko⁰ sʅ⁵⁵ tɕʰin³¹ tɕiəu⁵⁵ tsai³⁵ iɛ⁵² mau⁵⁵ tʂʰu²¹³ ɕin³³ niau⁰]

当然这都是传说。[taŋ³³ ʐan³¹ niɛ³⁵ təu³³ sʅ⁵⁵ tʂʰuan³¹ ʂuɛ²¹³]

另外董永家附近，[nin³³ uai⁵⁵ toŋ⁵² ʐən⁵² tɕia³³ fu³⁵ tɕin⁵⁵]

在董永的屋后头，[tai⁵⁵ toŋ⁵² ʐən⁵² ti⁰ u²¹³ xəu⁵⁵ tʰəu⁰]

有个小山，[iəu⁵² ko⁰ ɕiau⁵² ʂan³³]

山虽然不高，[ʂan³³ sei³³ ʐan³¹ pu²¹³ kau³³]

但是蛮有名，[tan⁵⁵ sʅ⁵⁵ man³¹ iəu⁵² min³¹]

那个山叫饭山，[na⁵⁵ ko⁰ ʂan³³ tɕiau³⁵ fan⁵⁵ ʂan³³]

因为在很远的地方，[in³³ uei³¹ tai⁵⁵ xən⁵² ʐan³¹ ti⁰ ti⁵⁵ faŋ³³]

走在路上就看得倒，[tsəu⁵² tai⁵⁵ nəu⁵⁵ ʂaŋ⁰ tɕiəu⁵⁵ kʰan³⁵ tɛ²¹³ tau⁰]

那些沙子土壤，[na⁵⁵ ɕiɛ³³ ʂa³³ tsʅ⁰ tʰəu⁵² zaŋ⁵²]

形成了就像一粒粒的饭。[ɕin³¹ tʂʰən³¹ niau⁰ tɕiəu⁵⁵ tɕiaŋ⁵⁵ i²¹³ ni²¹³ ni²¹³ ti⁰ fan⁵⁵]

饭山高头还有九个墩墩，[fan⁵⁵ ʂan³³ kau³³ tʰəu⁰ xai³¹ iəu⁵² tɕiəu⁵² ko⁰ tən³³ tən⁰] 高头：上面

就是土堆，[tɕiəu⁵⁵ sʅ⁵⁵ tʰəu⁵² tei³³]

现在我们把它叫九子墩，[ɕin³³ tsai⁵⁵ ŋo⁵² mən⁰ pa⁵² tʰa³³ tɕiau³⁵ tɕiəu⁵² tsʅ⁰ tən³³]

这也是一个传说。[niɛ³⁵ iɛ⁵² sʅ⁵⁵ i²¹³ ko⁰ tʂʰuan³¹ ʂuɛ²¹³]

董永在学校读书回来，[toŋ⁵² ʐən⁵² tai⁵⁵ ɕio³¹ ɕiau⁵⁵ təu³¹ ʂʅ³³ xuei³¹ nai³¹]

他就要自己做饭吃，[tʰa³³ tɕiəu⁵⁵ iau³⁵ tsʅ⁵⁵ tɕi⁵² tsəu⁵² fan⁵⁵ tɕʰi²¹³]

他妈妈在临走的时候，[tʰa³³ ma³³ ma⁰ tai⁵⁵ nin³¹ tsəu⁵² ti⁰ ʂʅ³¹ xəu⁰]

就是临上天的时候，[tɕiəu⁵⁵ sʅ⁵⁵ nin³¹ ʂaŋ⁵⁵ tʰin³³ ti⁰ ʂʅ³¹ xəu⁰]

就给了他一小袋米，[tɕiəu⁵⁵ ke⁵² niau⁰ tʰa³³ i²¹³ ɕiau⁵² tai⁵⁵ mi⁵²]

董永像个伢一样的，[toŋ⁵² ʐən⁵² tɕiaŋ⁵⁵ ko⁰ ŋa³¹ i²¹³ iaŋ⁵⁵ ti⁰]

糊里糊涂的，[xu³¹ ni⁰ xu³¹ təu⁰ ti⁰]

妈妈还嘱咐了的，[ma³³ ma⁰ xai³¹ tsəu²¹³ fu⁰ uau⁰ ti⁰]

说每次只能抓一撮儿，[ʂuɛ²¹³ mei⁵² tsʰʅ³⁵ tsʅ²¹³ nən³¹ tsʐa³³ i²¹³ tsor²¹³]

就可以吃一餐，[tɕiəu⁵⁵ kʰo⁵² i⁵² tɕʰi²¹³ i²¹³ tsʰan³³]

他糊里糊涂的，[tʰa³³xu³¹ni⁰xu³¹tʰəu⁰ti⁰]

再又把同学们约倒，[tsai³⁵iəu⁵⁵pa⁵²tʰoŋ³¹ɕio³¹mən⁰io²¹³tau⁰]

约了八个同学，[io²¹³niau⁰pa²¹³ko⁰tʰoŋ³¹ɕio³¹]

加他九个，[tɕia³³tʰa³³tɕiəu⁵²ko⁰]

就是到我的去吃饭，[tɕiəu⁵⁵ʂʅ⁵⁵tau³⁵ŋo²¹³ti⁰tɕʰi³⁵tɕʰi²¹³fan⁵⁵] 我的：我家里

他就把一袋子米，[tʰa³³tɕiəu⁵⁵pa⁵²i²¹³tai⁵⁵tsʅ⁰mi⁵²]

下倒在锅里去煮，[xa⁵⁵tau³⁵tai⁵⁵ko³³ni⁰tɕʰi³⁵tʂʅ⁵²] 下：都

结果饭是煮熟了，[tɕiɛ²¹³ko⁵²fan⁵⁵ʂʅ⁵²tʂʅ⁰ʂəu³¹uau⁰]

但由于这个米太多，[tan⁵⁵iəu³¹ʮ³¹niɛ³⁵ko⁰mi⁵²tʰai³⁵to³³]

形成了一个山，[ɕin³¹tʂʰən³¹niau⁰i²¹³ko⁰ʂan³³]

所以叫饭山。[so⁵²i⁰tɕiau³⁵fan⁵⁵ʂan³³]

这个饭山太大了，[niɛ³⁵ko⁰fan⁵⁵ʂan³³tʰai³⁵ta⁵⁵niau⁰]

把这九个同学，[pa⁵²niɛ³tɕiəu⁵²ko⁰tʰoŋ³¹ɕio³¹]

全部埋葬在洞＝里去了，[tɕʰin³¹pu⁵⁵mai³¹tsaŋ³⁵tai⁵⁵toŋ⁵⁵ni⁰tɕʰi³⁵iau⁰] 洞＝里：里面

就形成了，[tɕiəu⁵⁵ɕin³¹tʂʰən³¹niau⁰]

我们现在还看得倒的九子墩，[ŋo⁵²mən⁰ɕin³³tsai⁵⁵xai³¹kʰan³⁵tɛ²¹³tau³⁵ti⁰tɕiəu⁵²tsʅ⁰tən³³]

就是九个坟笼。[tɕiəu⁵⁵ʂʅ⁵⁵tɕiəu⁵²ko⁰fən³¹noŋ³¹]

总的来说，我觉得，[tsoŋ⁵²ti⁰nai³¹ʂuɛ²¹³，ŋo⁵²tɕio²¹³tɛ⁰]

董永给我们孝感带了个头，[toŋ⁵²ɥən⁵²ke⁵²ŋo⁵²mən⁰ɕiau³⁵kan⁵²tai³⁵iau⁰ko⁰tʰəu³¹]

他的忠厚老实孝敬父母，[tʰa³³ti⁰tʂoŋ³³xəu⁵⁵nau⁵²ʂʅ⁰ɕiau³⁵tɕin³⁵fu⁵⁵mu⁵²]

是我们的榜样，[ʂʅ⁵⁵ŋo⁵²mən⁰ti⁰paŋ⁵²iaŋ⁵⁵]

我们对他很敬佩，[ŋo⁵²mən⁰tei³⁵tʰa³³xən⁵²tɕin³⁵pʰei³⁵]

所以我们孝感就有董永公园，[so⁵²i⁰ŋo⁵²mən⁰ɕiau³⁵kan⁵²tɕiəu⁵⁵iəu⁵²toŋ⁵²ɥən⁵²koŋ³³ɥan³¹]

很多路都以他命名的，[xən⁵²to³³nəu⁵⁵təu³³i⁵²tʰa³³min⁵⁵min³¹ti⁰]

所以我们应该把董永的美德，[so⁵²i⁰ŋo⁵²mən⁰in³⁵kai³³pa⁵²toŋ⁵²ɥən⁵²ti⁰mei⁵²tɛ²¹³]

代代的传下去。[tai⁵⁵tai⁵⁵ti⁰tʂʰɥan³¹ɕia⁵⁵tɕʰi³⁵]

意译：我讲一个我们孝感的传说——董永的传说。大家知道，董永故里是我们孝感，但大家不知道的是，我还是董永的隔壁，董永是董永村的，我们是井岗村的，隔壁到隔壁，很近。我们经常到董永的坟上去玩，董永的母亲姓汤，大家就不理解，为什么董永不葬在他董家的坟上，葬在汤家的呢，最后我们问老人，

老人解释说，董永的妈姓汤，汤家就是董永外婆家，当时呢因为董家非常穷，死无葬生之地，没办法就葬在他的外婆家，所以董永的父亲和董永都是葬在外婆家里。外婆家有钱，就是从现在来看，汤家老屋也是很大的湾，董永的那个湾很小，叫董家墙垸，很小的湾。

很早的时候我们孝感有三台六景一码头，其中有一景，是专门描述董永的，叫董墓春云，是说董永的墓上总有一团云，好像给它一点阴凉，那个传说很神。而且还说董永那个坟上还能给老百姓带来一些好处，好比说，每一家要做个什么大小事，或者结婚那或者死了人或者生了小孩这些大事，都可以到董永的坟上去拿一些碗件，我们孝感指的碗件就是筷子呀、碟儿、勺儿那些东西，用了以后就又放在那儿，当时流传了好多年，最后我听说那个坟平了，平了以后那个事情就再也没出现，当然这都是传说。

另外董永家附近，在董永的家后面，有个小山，山虽然不高，但是很有名，叫饭山，在很远的地方走在路上就看得着，那些沙子土壤就像一粒粒的饭，饭山上还有九个墩，就是土堆，现在我们把它叫九子墩，这也是一个传说，董永在学校读书回来，要自己做饭吃，他妈妈在临走的时候，就是临上天的时候，就给了他一小袋米，董永像个孩子一样糊里糊涂的，妈妈嘱咐说每次只抓一把儿就可以吃一餐，他糊里糊涂的，又把同学们约着，约了八个同学，加他九个。他就把一袋子米全倒在锅里去煮，结果饭是煮熟了，但由于米太多形成了一个山，所以叫饭山，饭山太大了，把这九个同学全部埋在里面了，就形成了我们现在还看得见的九子墩，就是九个坟头。总的来说，我觉得董永给我们孝感带了个头，他的忠厚老实，孝敬父母，是我们的榜样。我们对他很敬佩，所以我们孝感就有董永公园，很多路都以他命名的，所以我们应该把董永的美德代代的传下去。

0025 其他故事

就说有一对夫妻呢，[tɕiəu⁵⁵ ʂuɛ²¹³ iəu⁵² i²¹³ tei³⁵ fu³³ tɕʰi³³ ne⁰]

本来生了伢之后，[pən⁵² nai³¹ sən³³ niau⁰ ŋa³¹ tsʅ³³ xəu⁵⁵]

就觉得蛮欢喜，[tɕiəu⁵⁵ tɕio²¹³ tɛ²¹³ man³¹ xuan³³ ɕi⁰] 欢喜：喜欢

但生下来以后就是一个圆坨子，[tan⁵⁵ sən³³ ɕia⁵⁵ nai³¹ i⁵² xəu⁵⁵ tɕiəu⁵⁵ ʂʅ⁵⁵ i²¹³ ko⁰ ɣuan³¹ tʰo³¹ tsʅ⁰]

心里就找不倒是灾还是祸，[ɕin³³ ni⁰ tɕiəu⁵⁵ tʂau⁵² pu²¹³ tau⁰ ʂʅ⁵⁵ tsai³³ xai³¹ ʂʅ⁵⁵ xo⁵⁵]
找不倒：不知道

心里不舒服。[ɕin³³ ni⁰ pu²¹³ ʂʅ³³ fu⁰]

所以他的老头子就说，[so⁵² i⁰ tʰa³³ ti⁰ nau⁵² tʰəu³¹ tsʅ⁰ tɕiəu⁵⁵ ʂuɛ²¹³]

把这个圆坨子丢了它算了，［pa⁵²niɛ³⁵ko⁰ɣan³¹tʰo³¹tsʅ⁰tiəu³³uau⁰tʰɑ³³san³⁵niau⁰］
免得有不吉利，［min⁵²tɛ²¹³iəu⁵²pu²¹³tɕi²¹³ni⁵⁵］
在他这个家里再发生。［tai⁵⁵tʰɑ³³niɛ³⁵ko⁰tɕia³³ni⁰tsai³⁵fa²¹³sən³³］
他就把这个大圆坨子，［tʰɑ³³tɕiəu⁵⁵pa⁵²niɛ³⁵ko⁰ta⁵⁵ɣan³¹tʰo³¹tsʅ⁰］
丢在水里头去了，［tiəu³³tai⁵⁵sʯei⁵²ni⁰tʰəu⁰tɕʰi³⁵iau⁰］
就遇倒一个打鱼的人，［tɕiəu⁵⁵ʯ⁵⁵tau⁰i²¹³ko⁰ta⁵²ʯ³¹ti⁰zən³¹］
他就觉得蛮稀奇，［tʰɑ³³tɕiəu⁵⁵tɕio²¹³tɛ²¹³man³¹ɕi³³tɕʰi³¹］
这大一个是个么东西啊？［niɛ³⁵ta⁵⁵i²¹³ko⁰sʅ⁵⁵ko⁰mo⁵²toŋ³³ɕi⁰ia⁰？］么：什么
他就用刀子把它一划，［tʰɑ³³tɕiəu⁵⁵ioŋ⁵⁵tau³³tsʅ⁰pa⁵²tʰɑ³³i²¹³xua⁵⁵］
划开以后，［xua⁵⁵kʰai³³i⁵²xəu⁵⁵］
里头是一个活蹦乱跳的小伢，［ni⁵²tʰəu⁰sʅ⁵⁵i²¹³ko⁰xo³¹poŋ³⁵nan⁵⁵tʰiau³⁵ti⁰ɕiau⁵²ŋa³¹］
他就喜得不得了。［tʰɑ³³tɕiəu⁵⁵ɕi⁵²tɛ²¹³pu²¹³tɛ²¹³niau⁰］
本身两个老的就冇得后人，［pən⁵²ʂən³³niaŋ⁵²ko⁰nau⁵²ti⁰tɕiəu⁵⁵mau⁵⁵tɛ²¹³xəu⁵⁵zən³¹］冇得：没有
他就把这个伢弄回去，［tʰɑ³³tɕiəu⁵⁵pa⁵²niɛ³⁵ko⁰ŋa³¹noŋ⁵⁵xuei³¹tɕʰi³⁵］
养到了几岁了，［iaŋ⁵²tau³⁵uau⁰tɕi⁵²sei³⁵niau⁰］
家人本来高高兴兴地，［tɕia³³zən³¹pən⁵²nai³¹kau³³kau³³ɕin³⁵ɕin³⁵ti⁰］
可能是一个年纪比较大，［kʰo⁵²nən³¹sʅ⁵⁵i²¹³ko⁰nin³¹tɕi⁰pi⁵²tɕiau⁵⁵ta⁵⁵］
在外头打鱼比较辛苦，［tai³⁵uai⁵⁵tʰəu⁰ta⁵²ʯ³¹pi⁵²tɕiau⁵⁵ɕin³³kʰu⁵²］
所以父母就双双去世了。［so⁵²i⁰fu⁵⁵mu⁵²tɕiəu⁵⁵ʂyaŋ³³ʂyaŋ³³tsʰʅ³⁵sʅ³⁵zau⁰］
老的一死伢还冇成人，［nau⁵²ti⁰i²¹³sʅ⁵²ŋa³¹xai³¹mau⁵⁵tʂʰən³¹zən³¹］冇：没
哪么样办呢哪，［na⁵²mo⁵²iaŋ⁵⁵pan⁵⁵ne⁰］么样：怎么
我再在哪里去弄得吃的呢，［ŋo⁵²tsai³⁵tai⁵⁵na⁵²ni⁰tɕʰi³⁵noŋ⁵⁵tɛ²¹³tɕʰi²¹³ti⁰ne⁰］
只有去讨饭。［tsʅ²¹³iəu⁵²tɕʰi³⁵tʰau⁵²fan⁵⁵］
他讨饭的过程中，［tʰɑ³³tʰau⁵²fan⁵⁵ti⁰ko³⁵tʂʰən³¹tʂoŋ³³］
有一家有一个姑娘，［iəu⁵²i²¹³tɕia³³iəu⁵²i²¹³ko⁰ku³³niaŋ³¹］
她的老的就把她，［tʰɑ³³ti⁰nau⁵²ti⁰tɕiəu⁵⁵pa⁵²tʰɑ³³］
许配给一个有钱的人家，［ɕy⁵²pei³⁵ke⁵²i²¹³ko⁰iəu⁵²tɕʰin³¹ti⁰zən³¹ka⁰］
这个姑娘随么样都不干，［niɛ³⁵ko⁰ku³³niaŋ³¹sei³¹mo⁵²iaŋ⁵⁵təu³³pu²¹³kan³⁵］随么样：无论怎样
她不干，她的老子就气不过，［tʰɑ³³pu²¹³kan³⁵tʰɑ³³ti⁰nau⁵²tsʅ⁰tɕiəu⁵⁵tɕʰi³⁵pu²¹³ko⁰］

他就从屋里往外头走，[tʰa³³ tɕiəu⁵⁵ tsʰoŋ³¹ u²¹³ ni⁰ uaŋ⁵² uai⁵⁵ tʰəu⁰ tsəu⁵²]

走出来以后，[tsəu⁵² tʂʰʅ²¹³ nai³¹ i⁵² xəu⁵⁵]

就看到一个告花子，[tɕiəu⁵⁵ kʰan³⁵ tau³⁵ i²¹³ ko⁰ kau³⁵ xua³³ tsʅ⁰]

在门口不远处站在，[tai⁵⁵ mən³¹ kʰəu⁵² pu²¹³ ɥan⁵² tʂʰʅ³⁵ tʂan³⁵ niau⁰ tai⁵⁵]

他就气得不得了，[tʰa³³ tɕiəu⁵⁵ tɕʰi³⁵ tɛ²¹³ pu²¹³ tɛ²¹³ niau⁰]

就说我说的人家你不就我的，[tɕiəu⁵⁵ ʂɥɛ²¹³ ŋo⁵² ʂɥɛ²¹³ ti⁰ zən³¹ ka⁰ ni⁵² pu²¹³ tɕiəu⁵⁵ ŋo⁵² ti⁰]

我就把你说得迥个告花子人家，[ŋo⁵² tɕiəu⁵⁵ pa⁵² ni⁵² ʂɥɛ²¹³ tɛ²¹³ niɛ³⁵ ko⁰ kau³⁵ xua³³ tsʅ⁰ zən³¹ ka⁰] 得：给

他就把自己的姑娘，[tʰa³³ tɕiəu⁵⁵ pa⁵² tsʅ⁵⁵ tɕi⁵² ti⁰ ku³³ niaŋ³¹]

许配得这个告花子，[ʂɥ⁵² pei³⁵ tɛ²¹³ niɛ³⁵ ko⁰ kau³⁵ xua³³ tsʅ⁰]

再么样办呢？[tsai³⁵ mo⁵² iaŋ⁵⁵ pan⁵⁵ nɛ⁰]

两个人就冇得办法再讨饭，[niaŋ⁵² ko⁰ zən³¹ tɕiəu⁵⁵ mau⁵⁵ tɛ²¹³ pan⁵⁵ fa²¹³ tsai³⁵ tʰau⁵² fan⁵⁵]

他们就说，[tʰa³³ mən⁰ tɕiəu⁵⁵ ʂɥɛ²¹³]

我们两个人还是去打鱼，[ŋo⁵² mən⁰ niaŋ⁵² ko⁰ zən³¹ xai³¹ sʅ⁵⁵ tɕʰi³⁵ ta²¹³ ɥ³¹]

就又学倒他的父母，[tɕiəu⁵⁵ iəu⁵⁵ ɕio³¹ tau⁰ tʰa³³ ti⁰ fu⁵⁵ mu⁵²]

去打鱼维持生计，[tɕʰi³⁵ ta⁵² ɥ³¹ uei³¹ tʂʰʅ³¹ sən³³ tɕi³⁵]

有一天从水里漂下来一个人来，[iəu⁵² i²¹³ tʰin³¹ tsʰoŋ³¹ ʂɥei⁵² ni⁰ pʰiau³⁵ ɕia⁵⁵ nai³¹ i²¹³ ko⁰ zən³¹ nai³¹]

他两个人就把这个人救了。[tʰa³³ niaŋ⁵² ko⁰ zən³¹ tɕiəu⁵⁵ pa⁵² niɛ³⁵ ko⁰ zən³¹ tɕiəu³⁵ uau⁰]

他们晓得，[tʰa³³ mən⁰ ɕiau⁵² tɛ²¹³]

这还是个有身份的公子落水了，[niɛ³⁵ xai³¹ sʅ⁵⁵ ko⁰ iəu⁵² sən³³ fən⁵⁵ ti⁰ koŋ³³ tsʅ⁰ no²¹³ ʂɥei⁵² iau⁰]

这一家为了报答他，[niɛ³⁵ i²¹³ tɕia³³ uei³¹ iau⁰ pau³⁵ ta²¹³ tʰa³³]

就把他的两个接到他里去了，[tɕiəu⁵⁵ pa⁵² tʰa³³ ti⁰ niaŋ⁵² ko⁰ tiɛ²¹³ tau³⁵ tʰa³³ ni⁰ tɕʰi³⁵ iau⁰] 他里：他家里

这一家还是官宦人家，[niɛ³⁵ i²¹³ tɕia³³ xai³¹ sʅ⁵⁵ kuan³³ xuan⁵⁵ zən³¹ ka⁰]

有钱有势的，[iəu⁵² tɕʰin³¹ iəu⁵² sʅ³⁵ ti⁰]

所以最后还是落到了好报。[so⁵² i⁰ tsei³⁵ xəu⁵⁵ xai³¹ sʅ⁵⁵ no²¹³ tau³⁵ uau⁰ xau⁵² pau³⁵]

最后这个女伢还是有吃有喝，[tsei³⁵ xəu⁵⁵ niɛ³⁵ ko⁰ ɥ⁵² ŋa³¹ xai³¹ sʅ⁵⁵ iəu⁵² tɕʰi²¹³ iəu⁵² xo²¹³]

她的老子就说，[tʰa³³ti⁰nau⁵²tsʅ⁰tɕiəu⁵⁵ʂɥɛ²¹³]

我是赌气把你嫁出去的，[ŋo⁵²ʂʅ⁵⁵təu⁵²tɕʰi³⁵pa⁵²ni⁵²tɕia³⁵tʂʰu̧²¹³tɕʰi³⁵ti⁰]

你有这个情境我者也放心了。[ni⁵²iəu⁵²niɛ³⁵ko⁰tɕʰin³¹tɕin³⁵ŋo⁵²tʂo⁰iɛ⁵²faŋ³⁵ɕin³³niau⁰] 者：表复数

意译：有一对夫妻本来生了孩子后，本应该很高兴，但生下来以后就是一个圆坨子，心里就不知是灾还是祸，心里就不舒服，所以他家老头子就说把这个圆坨子丢了，免得有不吉利的事再在他家发生，于是就把这个大圆坨子丢到水里去了。

正好遇着一个打鱼的人，渔民觉得很稀奇，这么大一个是个什么东西啊？他用刀子把它划开，划开以后里面是一个活蹦乱跳的小孩，他就高兴得不得了，本身两个打鱼的夫妻的就没有后人，他就把这个孩子弄回去，养到了几岁。家人本来高高兴兴地，可能是年纪比较大，加上打鱼比较辛苦，所以父母就双双去世了，老的一死这孩子还没成人，怎么办呢，就只好去讨饭。

在讨饭的过程中，有一家有一个姑娘，她的父母把她许配给一个有钱的人家，这个姑娘怎么都不干，于是她的父母就气得不得了，老头子从屋里往外走，看到一个乞丐在门口不远处站着，就说，我说的人家你不服从我，我就把你嫁给这个乞丐。他就把自己的姑娘许配给了这个乞丐，成家以后两个人没办法再讨饭，他们就又还是打鱼维持生计。有一天从水里漂下来一个人，他两人就把这个人救了，他们知道这还是个有身份的公子落水了，这一家为了报答他们，就把他两个接到他家去，这一家还是官宦人家有钱有势的，所以最后还是落到了好报。最后这个女孩还是有吃有喝，她的父亲说，我是赌气把你嫁出去的，你有这个情境我们也放心了。

四　自选条目

0031 自选条目

董永的姆妈谈家常——款天话。[toŋ⁵²ʋən⁵²ti⁰m̩⁵²ma⁰tʰan³¹tɕia³³tʂʰaŋ³¹——kʰuan⁵²tʰin³³xua⁵⁵] 姆妈：妈妈。款：说

意译：董永的妈说家常——说天话。

0032 自选条目

黄泥巴掉在裤裆里——不是屎也是屎。[xuaŋ³¹ni³¹pa⁰tiau³⁵tai⁵⁵kʰu³⁵taŋ³³ni⁰——pu²¹³ʂʅ⁵⁵ʂʅ⁵²iɛ⁵²ʂʅ⁵⁵ʂʅ⁵²]

意译：黄泥巴掉在裤裆里——不是屎也是屎。

0033 自选条目

裤裆里撑船——绕不开。﹝kʰu³⁵ taŋ³³ ni⁰ tsʰən³³ tʂʰuan³¹——ʐɑu⁵⁵ pu²¹³ kʰai³³﹞

意译：裤裆里撑船——绕不开。

0034 自选条目

癞得宝垫桌子脚——把命来。﹝nai⁵⁵ tɛ²¹³ pau⁵² tin⁵⁵ tʂo²¹³ tsɿ⁰ tɕio²¹³——pɑ⁵² min⁵⁵ nai³¹﹞癞得宝：癞蛤蟆

意译：癞蛤蟆垫桌子脚——用命填。

0035 自选条目

高射炮打蚊子——大材小用。﹝kau³³ ʂe⁵⁵ pʰau³⁵ tɑ⁵² uən³¹ tsɿ⁰——tɑ⁵⁵ tsʰai³¹ ɕiau⁵² ioŋ⁵⁵﹞

意译：高射炮打蚊子——大材小用。

0036 自选条目

狗子掉在茅厕里——饱吃一顿。﹝kəu⁵² tsɿ⁰ tiau³⁵ tai⁵⁵ mau³¹ sɿ⁰ ni⁰——pau⁵² tɕʰi²¹³ i²¹³ tən³⁵﹞

意译：狗子掉到厕所里——饱吃一顿。

0037 自选条目

鳝鱼戴眼镜——冇得脸。﹝ʂan⁵⁵ ʮ³¹ tai³⁵ in⁵² tɕin³⁵——mau⁵⁵ tɛ²¹³ nin³¹﹞冇得：没有

意译：鳝鱼戴眼镜——没有脸。

0038 自选条目

王八坐一席——规规矩矩。﹝uaŋ³¹ pɑ²¹³ tso⁵⁵ i²¹³ ɕi³¹——kuei³³ kuei³³ tʂʮ⁵² tʂʮ⁵²﹞

意译：王八坐一席——规规矩矩。

0039 自选条目

新姑娘吃红蛋——头一回。﹝ɕin³³ ku³³ niaŋ³¹ tɕʰi²¹³ xoŋ³¹ tan⁵⁵——tʰəu³¹ i²¹³ xuei³¹﹞

意译：新姑娘吃红蛋——头一回。

0040 自选条目

茅厕里划船——撬屎。[mau³¹ sʅ⁰ ni⁰ xua³¹ tʂʰʯan³¹——tɕʰiau³³ sʅ⁵²]

意译：茅厕里划船——撬屎（谐音"翘死"）。

0041 自选条目

告花子咵响板——穷快活。[kau³⁵ xua³³ tsʅ⁰ kʰua²¹³ ɕiaŋ⁵² pan⁵²——tɕʰioŋ³¹ kʰuai³⁵ xo⁰]

意译：叫花子打快板——穷快活。

0042 自选条目

狗子咬刺鱼子——不好下口。[kəu⁵² tsʅ⁰ ŋau⁵² tsʰʅ³⁵ ʯ³¹ tsʅ⁰——pu²¹³ xau⁵² ɕia⁵⁵ kʰəu⁵²]

刺鱼子：刺猬

意译：狗咬刺猬——不好下口。

0043 自选条目

瞎子吃汤圆——心里有数。[ɕia²¹³ tsʅ⁰ tɕʰi²¹³ tʰaŋ³³ ʯan³¹——ɕin³³ ni⁰ iəu⁵² səu³⁵]

意译：瞎子吃汤圆——心里有数。

0044 自选条目

哈巴婆娘菢鸡娃——冇得数。[xa⁵⁵ pa⁰ pʰo³¹ niaŋ³¹ pau⁵⁵ tɕi³³ ua³¹——mau⁵⁵ tɛ²¹³ səu³⁵]

哈巴：傻。菢：孵

意译：傻婆娘孵小鸡——没有数。

0045 自选条目

跛子拜年——就地一踒。[po⁵² tsʅ⁰ pai³⁵ nin³¹——tɕiəu⁵⁵ ti⁵⁵ i²¹³ tʂʯai³³]

意译：跛子拜年——就地一歪。

0046 自选条目

癞痢打伞——无法无天。[na²¹³ ni⁰ ta⁵² san⁵²——u³¹ fa²¹³ u³¹ tʰin³³]

意译：癞痢打伞——无法无天。

0047 自选条目

阴沟的乌龟——翻不了浪。[in³³ kəu³³ ti⁰ u³³ kuei³³——fan³³ pu²¹³ niau⁰ naŋ⁵⁵

意译：阴沟的乌龟——翻不了浪。

0048 自选条目

天井里划船——翻不了船。[tʰin³³tɕin⁵²ti⁰xua³¹tʂʰɣan³¹——fan³³pu²¹³niau⁰tʂʰɣan³¹]

意译：天井里划船——翻不了船。

0049 自选条目

黄陂到孝感——县过县。[xuaŋ³¹pʰi³¹tau³⁵ɕiau³⁵kan⁵²——ɕin⁵⁵ko³⁵ɕin⁵⁵]

意译：黄陂到孝感——县（现）过县（现），通常是指当面交易，现钱现货。

0050 自选条目

放炮种过喜事——炸倒搞。[faŋ³⁵pʰau³⁵tsoŋ⁵²ko³⁵ɕi⁵²sɿ⁵⁵——tʂa³⁵tau⁰kau⁵²] 炮种：鞭炮

意译：放炮种庆祝喜事——诈唬着搞。

0051 自选条目

穿白袍子拜堂—不是长远夫妻。[tʂʰɣan³³pɛ³¹pʰau³¹tsɿ⁰pai³⁵tʰaŋ³¹——pu²¹³sɿ⁵⁵tʂʰaŋ⁵²ɣan⁵²fu³³tɕʰi³³]

意译：穿白袍子拜堂——不是长远夫妻。

0052 自选条目

轻担子让重担，空手就让扁担。[tɕʰin³³tan³⁵tsɿ⁰zaŋ⁵⁵tʂʰoŋ⁵⁵tan³⁵，kʰoŋ³³ʂəu⁵²tɕiəu⁵⁵zaŋ⁵⁵pin⁵²tan³⁵]

意译：轻担子让重担，空手就让扁担。

0053 自选条目

尖（奸）黄陂，绞（狡）孝感，[tɕin³³xuaŋ³¹pʰi³¹，tɕiau⁵²ɕiau³⁵kan⁵²]

又尖（奸）又绞（狡）是汉川。[iəu⁵⁵tɕin³³iəu⁵⁵tɕiau⁵²sɿ⁵⁵xan³⁵tʂʰɣan³³]

意译：黄陂人做的斗笠是尖的，孝感人做的斗笠是绞边的，汉川人做的斗笠既是尖的，又是绞边的，后讹变为对各地民风的评价。

0054 自选条目
早杨店晚杨店，总是一天。[tsau⁵² iaŋ³¹ tin³⁵ uan⁵² iaŋ³¹ tin³⁵，tsoŋ⁵² ʂʅ⁵⁵ i²¹³ tʰin³³]
意译：早杨店晚杨店，总是一天。

0055 自选条目
命上只有八合米，[min⁵⁵ ʂaŋ⁰ tʂʅ²¹³ iəu⁵² pa²¹³ ko²¹³ mi⁵²] 合：容量单位，十合为一升
走向天边不满升。[tsəu⁵² ɕiaŋ³⁵ tʰin³³ pin³³ pu²¹³ man⁵² ʂən³³]
意译：命上只有八合米，走到天边不满升。

0056 自选条目
人上一百，种种色色，[zən³¹ ʂaŋ⁵⁵ i²¹³ pɛ²¹³，tʂoŋ⁵² tʂoŋ⁵² sɛ²¹³ sɛ²¹³]
差的差火，缺的缺德。[tʂʰa³³ ti⁰ tʂʰa³³ xo⁵²，tʂʰʯɛ²¹³ ti⁰ tʂʰʯɛ²¹³ tɛ²¹³] 差火：（素质）低劣
意译：人上一百，种种色色，差的差火，缺的缺德。

0057 自选条目
一条裤子九条缝，[i²¹³ tʰiau³¹ kʰu³⁵ tsʅ⁰ tɕiəu⁵² tʰiau³¹ foŋ⁵⁵]
缝了直缝缝横缝。[foŋ³¹ ŋau⁰ tsʅ²¹³ foŋ⁵⁵ foŋ³¹ xuən³¹ foŋ⁵⁵]
意译：一条裤子九条缝，缝了直缝缝横缝。

0058 自选条目
炮种一响炸新房，[pʰau³⁵ tʂoŋ³¹ i²¹³ ɕiaŋ⁵² tʂa³⁵ ɕin³³ faŋ³¹]
新人的屋里好嫁妆。[ɕin³³ zən³¹ ti⁰ u²¹³ ni⁰ xau⁵² tɕia³⁵ tʂʯaŋ³³]
左边放的三合柜，[tso⁵² pin³³ faŋ³⁵ ti⁰ san³³ xo²¹³ kuei⁵⁵]
右边放的桂花香。[iəu⁵⁵ pin³³ faŋ³⁵ ti⁰ kuei³⁵ xua³³ ɕiaŋ³³]
墙上挂的空调柜，[tɕʰiaŋ³¹ ʂaŋ⁰ kua³⁵ ti⁰ kʰoŋ³³ tʰiau³¹ kuei⁵⁵]
床头放的牡丹花，[tʂʰʯaŋ³¹ tʰəu⁰ faŋ³⁵ ti⁰ məu⁵² tan³³ xua³³]
还有冰箱和彩电。[xai³¹ iəu⁵² pin³³ ɕiaŋ³³ xo³¹ tsʰai⁵² tin⁵⁵]
新人嫁妆说不完，[ɕin³³ zən³¹ tɕia³⁵ tʂʯaŋ³³ ʂʯɛ²¹³ pu⁰ uan³¹]
新人嫁妆数不尽。[ɕin³³ zən³¹ tɕia³⁵ tʂʯaŋ³³ ʂəu⁵² pu⁰ tɕin⁵⁵]
意译：鞭炮一响炸新房，新人的家里好嫁妆，左边放的三斗柜，右边放的桂花香，墙上挂的空调柜，床头放的牡丹花，还有冰箱和彩电，新人嫁妆说不完，

新人嫁妆数不尽。

0059 自选条目

铺床铺床,[pʰu³³tʂʰɥaŋ³¹pʰu³³tʂʰɥaŋ³¹]

一对鸳鸯。[i²¹³tei³⁵ɥan³³iaŋ³¹]

床下放的红地毯,[tʂʰɥaŋ³¹ɕia⁵⁵faŋ³⁵ti⁰xoŋ³¹ti⁵⁵tʰan⁵²]

一对金钩挂箩帐。[i²¹³tei³⁵tɕin³³kəu³³kua³⁵no³¹tʂaŋ³⁵]

绣花枕头两头放,[ɕiəu³⁵xua³³tʂən⁵²tʰəu⁰niaŋ⁵²tʰəu³¹faŋ³⁵]

美妇的卧单铺满床。[mei⁵²fu⁵⁵ti⁰ŋo³⁵tan⁰pʰu³³man⁵²tʂʰɥaŋ³¹]

意译:铺床铺床,一对鸳鸯。床下放的红地毯,一对金钩挂箩帐。绣花枕头两头放,美妇的卧单铺满床。

0060 自选条目

一铺荣华富贵,[i²¹³pʰu³³zoŋ³¹xua³¹fu³⁵kuei³⁵]

二铺金玉满堂,[ɚ⁵⁵pʰu³³tɕin³³ɥ³⁵man⁵²tʰaŋ³¹]

三铺金元及第,[san³³pʰu³³tɕin³³ɥan³¹tɕi²¹³ti⁵⁵]

四铺事事如意,[sɿ³⁵pʰu³³sɿ⁵⁵sɿ⁵⁵ɥ³¹i³⁵]

五铺五子登科,[u⁵²pʰu³³u⁵²tsɿ⁰tən³³kʰo³³]

六铺六六大顺,[nəu²¹³pʰu³³nəu²¹³nəu²¹³ta⁵⁵ʂuən⁵⁵]

七铺七子团圆,[tɕʰi²¹³pʰu³³tɕʰi²¹³tsɿ⁰tʰan³¹ɥan³¹]

八铺金银怀抱,[pa²¹³pʰu³³tɕin³³in³¹xuai³¹pau⁵⁵]

九铺多生贵子,[tɕiəu⁵²pʰu³³to³³sən³³kuei³⁵tsɿ⁵²]

十铺十全十美。[ʂɿ³¹pʰu³³ʂɿ³¹tɕʰin³¹ʂɿ³¹mei⁵²]

意译:一铺荣华富贵。二铺金玉满堂。三铺金元及第。四铺事事如意。五铺五子登科。六铺六六大顺。七铺七子团圆。八铺金银怀抱。九铺多生贵子。十铺十全十美。

0061 自选条目

两头一撑,养的儿子像草墩。[niaŋ⁵²tʰəu⁰i²¹³tsʰən⁵²,iaŋ⁵²ti⁰ɚ³¹tsɿ⁰tɕiaŋ⁵⁵tsʰau⁵²tən³³]

两头一按,养的儿子像罗汉。[niaŋ⁵²tʰəu⁰i²¹³ŋan³⁵,iaŋ⁵²ti⁰ɚ³¹tsɿ⁰tɕiaŋ⁵⁵no³¹xan³⁵]

两头一顿,养的儿子是将军。[niaŋ⁵²tʰəu⁰i²¹³tən³⁵iaŋ⁵²ti⁰ɚ³¹tsɿ⁰ʂɿ⁵⁵tɕiaŋ³³ tʂuən³³]

意译：两头一摁，养的儿子像草墩，两头一按，养的儿子像罗汉，两头一拉，养的儿子是将军。

0062 自选条目

放三炮留三炮，[faŋ³⁵ san³³ pʰau³⁵ niəu³¹ san³³ pʰau³⁵]

留倒明年做三朝。[niəu³¹ tau⁰ min³¹ nin³¹ tsəu³⁵ san³³ tsau³³] 三朝：婴儿出生后第三天

意译：放三炮留三炮，留到明年做三朝。

汉　川

一　歌谣

0001 歌谣

小河流水哗啦啦，[ɕiau⁴² xo¹³ niəu¹³ ɕyei⁴² xua⁵⁵ na³³ na³³]

我和弟弟捡棉花，[uo⁴² xo¹³ ti³³ ti⁰ tɕian⁴² mian¹³ xua⁵⁵]

弟弟捡了一大把，[ti³³ ti⁰ tɕian⁴² niau⁰ i²⁴ ta³³ pa⁴²]

我只捡了一小把，[uo⁴² tsʅ²⁴ tɕian⁴² niau⁰ i²⁴ ɕiau⁴² pa⁴²]

弟弟得了个大红花，[ti³³ ti⁰ tɛ²⁴ niau⁰ ko⁰ ta³³ xoŋ¹³ xua⁵⁵]

我就得了个小喇叭。[uo⁴² tsəu³³ tɛ²⁴ niau⁰ ko⁰ ɕiau⁴² na⁴² pa⁵⁵]

意译：小河流水哗啦啦，我和弟弟捡棉花，弟弟捡了一大把，我只捡了一小把，弟弟得了个大红花，我只得了个小喇叭。

0002 歌谣

胖子胖，打麻将，[pʰaŋ³³ tsʅ⁰ pʰaŋ³³，ta⁴² ma¹³ tɕiaŋ³³]

差我的钱，不还账，[tsʰa⁵⁵ uo⁴² ti⁰ tɕʰian¹³，pu²⁴ xuan¹³ tsaŋ³³] 差：欠

左一棒，右一棒，[tso⁴² i²⁴ paŋ³³，iəu³³ i²⁴ paŋ³³]

打得胖子不敢犟。[ta⁴² tɛ²⁴ pʰaŋ³³ tsʅ⁰ pu²⁴ kan⁴² tɕiaŋ³³]

意译：胖子胖，打麻将，欠我的钱，不还账。左一棒，右一棒，打得胖子不敢争辩。

0003 歌谣

三八妇女节，[san⁵⁵ pa²⁴ fu³³ y⁴² tɕiɛ²⁴]

男的真造孽，[nan¹³ ti⁰ tsən⁵⁵ tsɑu³³ iɛ²⁴] 造孽：可怜
女的坐飞机，[y⁴² ti⁰ tso³³ fei⁵⁵ tɕi⁵⁵]
男的坐撮箕，[nan¹³ ti⁰ tso³³ tsʰo²⁴ tɕi⁰]
飞机一爆炸，[fei⁵⁵ tɕi⁵⁵ i²⁴ pɑu³³ tsa³³]
男的看笑话。[nan¹³ ti⁰ kʰan³³ ɕiɑu³³ xuɑ⁰]

意译：三八妇女节，男的真可怜，女的坐飞机，男的坐撮箕，飞机一爆炸，男的看笑话。

0004 歌谣

以前如果娶新媳妇的话，[i⁴² tɕʰian¹³ y¹³ ko⁴² tɕʰi⁴² ɕin⁵⁵ ɕi²⁴ fu⁰ ti⁰ xuɑ³³]
就要铺床的人，[tsəu³³ iɑu³³ pʰu⁵⁵ tɕʰyaŋ¹³ ti⁰ nən¹³]
铺床的人必须要有儿有女，[pʰu⁵⁵ tɕʰyaŋ¹³ ti⁰ nən¹³ pi³³ ɕi⁵⁵ iɑu³³ iəu⁴² ɯ¹³ iəu⁴² y⁴²]
再就开始铺床了。[tsai³³ tsəu³³ kʰai⁵⁵ sɿ⁴² pʰu⁵⁵ tɕʰyaŋ¹³ niɑu⁰]
四周按一按，[sɿ⁵⁵ tsəu⁵⁵ ŋan⁵⁵ i⁰ ŋan³³]
养的儿子像状元，[iaŋ⁴² ti⁰ ɯ¹³ tsɿ⁰ tɕiaŋ³³ tɕyaŋ⁴² yan¹³]
四周滚一滚，[sɿ⁵⁵ tsəu⁵⁵ kuən⁴² i⁰ kuən⁴²]
养的儿子像石墩。[iaŋ⁴² ti⁰ ɯ¹³ tsɿ⁰ tɕiaŋ³³ sɿ¹³ tən⁴²]

意译：以前如果娶新媳妇，就要找铺床的人，铺床的人必须要有儿有女。下面就开始铺床了。四周摁一摁，养的儿子像状元；四周滚一滚，养的儿子像石墩。

0005 歌谣

汈汊湖的鱼，[tiɑu⁵⁵ tsʰa³³ xu¹³ ti⁰ y⁴²] 汈汊湖：地名
大哥大的菜，[ta³³ ko⁵⁵ ta³³ ti⁰ tsʰai³³]
汉川的哥哥长得帅，[xan³³ tɕʰyan⁵⁵ ti⁰ ko⁵⁵ ko⁰ tsaŋ⁴² tɛ²⁴ ɕyai³³]
庙头的萝卜南头的瓜，[miɑu³³ tʰəu⁰ ti⁰ no¹³ pu⁰ nan¹³ tʰəu⁰ ti⁰ kuɑ⁵⁵] 庙头：地名。南头：地名
汉川买菜的姑娘人人夸。[xan³³ tɕʰyan⁵⁵ mai⁴² tsʰai³³ ti⁰ ku⁵⁵ niaŋ¹³ nən¹³ nən¹³ kʰuɑ⁵⁵]

意译：汈汊湖（地名）的鱼，大哥哥的菜，汉川的哥哥长得帅，庙头（地名）的萝卜南头（地名）的瓜，汉川买菜的姑娘人人夸。

二 规定故事

0021 牛郎和织女

往日，[uaŋ⁴² ɯ²⁴]

有一个年轻的儿子伢，[iəu⁴² i²⁴ ko⁰ nian¹³ tɕʰin⁵⁵ ti⁰ ɯ¹³ tsʅ⁰ ŋa¹³]

爸爸妈妈都过了身，[pa²⁴ pa⁰ ma⁵⁵ ma⁰ təu⁵⁵ ko³³ niau⁰ sən⁵⁵] 过了身：过世

孤苦伶仃，[ku⁵⁵ kʰu⁴² nin¹³ tin⁵⁵]

屋里只有一头老牛，[u²⁴ ni⁰ tsʅ²⁴ iəu⁴² i²⁴ tʰəu¹³ nau⁴² iəu¹³]

所以呢，[so⁴² i⁴² ne⁰]

别个都喊他喊牛郎。[piɛ¹³ ko⁰ təu⁵⁵ xan⁴² tʰa⁵⁵ xan⁴² iəu¹³ naŋ¹³]

牛郎与老牛相依为命，[iəu¹³ naŋ¹³ y⁴² nau⁴² iəu¹³ ɕiaŋ⁵⁵ i⁵⁵ uei¹³ min⁵⁵]

主要靠老牛耕地为生，[tɕy⁴² iau³³ kʰau³³ nau⁴² iəu¹³ kən⁵⁵ ti³³ uei¹³ sən⁵⁵]

但是呢，[tan³³ sʅ³³ ne⁰]

这个老牛其实是天上的金牛星，[tɕiɛ³³ ko⁰ nau⁴² iəu¹³ tɕʰi¹³ sʅ¹³ sʅ³³ tʰian⁵⁵ saŋ⁰ ti⁰ tɕin⁵⁵ iəu¹³ ɕin⁵⁵]

他喜欢牛郎勤劳善良，[tʰa⁵⁵ ɕi⁴² xuan³³ iəu¹³ naŋ¹³ tɕʰin¹³ nau¹³ san³³ nian¹³]

就想跟他帮忙成个家。[tsəu³³ ɕiaŋ⁴² kən⁵⁵ tʰa⁵⁵ paŋ⁵⁵ maŋ¹³ tsʰən¹³ ko⁰ tɕia⁵⁵]

有一天，[iəu⁴² i²⁴ tʰian⁵⁵]

金牛星晓得天上的仙女们，[tɕin⁵⁵ iəu¹³ ɕin⁵⁵ ɕiau⁴² tɛ²⁴ tʰian⁵⁵ saŋ⁰ ti⁰ ɕian⁵⁵ y⁴² mən⁰]

要在村东边的，[iau³³ tai³³ tsʰən⁵⁵ toŋ⁵⁵ pian⁵⁵ ti⁰]

那个山㞘下的[na³³ ko⁰ san⁵⁵ to²⁴ xa⁰ ti⁰] 㞘下：下面

一个湖窼里洗澡，[i²⁴ ko⁰ xu¹³ təu³³ ni⁰ ɕi⁴² tsau⁴²] 窼里：里面

他就托梦给得牛郎，[tʰa⁵⁵ tsəu³³ tʰo²⁴ məŋ³³ ke⁴² tɛ²⁴ iəu¹³ naŋ¹³] 给得：给

要他第二天在湖边下去，[iau³³ tʰa⁵⁵ ti³³ ɯ³³ tʰian⁵⁵ tai³³ xu¹³ pian⁵⁵ xa⁰ tɕʰi³³]

随便拿一件，[sei¹³ pian³³ na¹³ i²⁴ tɕian³³]

仙女挂在树上的衣裳，[ɕian⁵⁵ y⁴² kua³³ tai³³ ɕy³³ saŋ⁰ ti⁰ i⁵⁵ saŋ⁰]

他就可以得到一位美丽的仙女，[tʰa⁵⁵ tsəu³³ kʰo⁴² i⁴² tɛ²⁴ tau⁰ i²⁴ uei³³ mei⁴² ni¹³ ti⁰ ɕian⁵⁵ y⁴²]

做他的媳妇。[tsəu³³ tʰa⁵⁵ ti⁰ ɕi²⁴ fu⁰]

第二天早上，[ti³³ ɯ³³ tʰian⁵⁵ tsau⁴² saŋ⁰]

牛郎半信半疑地，[iəu¹³ naŋ¹³ pan³³ ɕin³³ pan³³ i¹³ ti⁰]

走到湖边去了，[tsəu⁴² tau⁰ xu¹³ pian⁵⁵ tɕʰi³³ niau⁰]

他走到那个山㞘下，[tʰa⁵⁵ tsəu⁴² tau⁰ na³³ ko⁰ san⁵⁵ to²⁴ xa⁰]

真的看到有七个仙女，[tsən⁵⁵ ti⁰ kʰan³³ tau⁰ iəu⁴² tɕʰi²⁴ ko⁰ ɕian⁵⁵ y⁴²]

在里头在洗澡。[tai³³ ni⁴² tʰəu⁰ tai³³ ɕi⁴² tsau⁴²]

于是，他就跑到那个树旁边，[y¹³ sʅ³³，tʰa⁵⁵ tsəu³³ pʰau¹³ tau³³ na³³ ko⁰ ɕy³³ pʰaŋ¹³ pian⁵⁵]

拿起了树上的一件粉红色的衣裳,［na¹³ tɕʰi⁴² niau⁰ ɕy³³ saŋ⁰ ti⁰ i²⁴ tɕian³³ fən⁴² xoŋ¹³ sɛ²⁴ tiº i⁵⁵ saŋ⁰］

拔腿就往屋里跑,［pa²⁴ tʰei⁴² tsəu³³ uaŋ⁴² u²⁴ ni⁴² pʰau¹³］

这个被他拿了衣服的仙女就是织女,［tɕiɛ³³ ko⁰ pei³³ tʰa⁵⁵ na¹³ niau⁰ i⁵⁵ fu⁰ ti⁰ ɕian⁵⁵ y⁴² tsəu³³ sɿ³³ tsɿ²⁴ y⁴²］

那天晚上,［na³³ tʰian⁵⁵ uan⁴² saŋ⁰］

织女就轻轻地敲开了他的屋里门,［tsɿ²⁴ y⁴² tsəu³³ tɕʰin⁵⁵ tɕʰin⁵⁵ ti⁰ kʰau⁵⁵ kʰai⁵⁵ niau⁰ tʰa⁵⁵ ti⁰ u²⁴ ni⁰ mən¹³］

两个人就成了夫妻。［niaŋ⁴² ko⁰ nən¹³ tsəu³³ tsʰən¹³ niau⁰ fu⁵⁵ tɕʰi⁵⁵］

一转眼三年就过去了,［i²⁴ tɕyan⁴² ian⁴² san⁵⁵ nian¹³ tsəu³³ ko³³ tɕʰi³³ niau⁰］

牛郎和织女生了一男一女两个伢。［iəu¹³ naŋ¹³ xo¹³ tsɿ²⁴ y⁴² sən⁵⁵ niau⁰ i²⁴ nan¹³ i²⁴ y⁴² niaŋ⁴² ko⁰ ŋa¹³］

生活过得蛮幸福。［sən⁵⁵ xo²⁴ ko³³ tɛ²⁴ man¹³ ɕin³³ fu²⁴］

但是,［tan³³ sɿ³³］

织女私自下凡的事情,［tsɿ²⁴ y⁴² sɿ⁵⁵ tsɿ³³ ɕia³³ fan¹³ ti⁰ sɿ³³ tɕʰin¹³］

很快就被玉皇大帝晓得了,［xən¹³ kʰuai³³ tsəu³³ pei³³ y³³ xuaŋ¹³ ta³³ ti³³ ɕiau⁴² tɛ²⁴ niau⁰］晓得：知道

突然有一天,［tʰəu²⁴ yan¹³ iəu⁴² i²⁴ tʰian⁵⁵］

天上电闪雷鸣,［tʰian⁵⁵ saŋ⁰ tian³³ san⁴² nei¹³ min¹³］

并且刮起了大风,［pin³³ tɕʰiɛ⁴² kua²⁴ tɕʰi⁴² niau⁰ ta³³ foŋ⁵⁵］

还下起了大雨,［xai¹³ ɕia³³ tɕʰi⁴² niau⁰ ta³³ y⁴²］

织女突然就不见了,［tsɿ²⁴ y⁴² tʰəu²⁴ yan¹³ tsəu³³ pu²⁴ tɕian³³ niau⁰］

他的两个伢也大哭,［tʰa⁵⁵ ti⁰ niaŋ⁴² ko⁰ ŋa¹³ iɛ⁴² ta³³ kʰu³⁵］

要找妈妈,［iau³³ tsau⁴² ma⁵⁵ ma⁰］

牛郎也找不倒该么样办了,［iəu¹³ naŋ¹³ iɛ⁴² tsau⁴² pu²⁴ tau⁰ kai⁵⁵ mo⁴² iaŋ³³ pan³³ niau⁰］ 找不倒：不知道。么样：怎样

他也找不倒,［tʰa⁵⁵ iɛ⁴² tsau⁴² pu²⁴ tau⁰］

在哪里去找得到织女。［tai³³ na⁴² ni⁰ tɕʰi³³ tsau⁴² tɛ²⁴ tau⁰ tsɿ²⁴ y⁴²］

就在这个时候,［tsəu³³ tai³³ tɕiɛ³³ ko⁰ sɿ¹³ xəu⁰］

屋里的那头老牛,［u²⁴ ni⁰ ti⁰ na³³ tʰəu¹³ nau⁴² iəu¹³］

就开始说话了,［tsəu³³ kʰai⁵⁵ sɿ⁴² ɕyɛ²⁴ xua³³ niau⁰］

他说,牛郎,你莫难过,［tʰa⁵⁵ ɕyɛ²⁴, iəu¹³ naŋ¹³, ni⁴² mo²⁴ nan¹³ ko³³］

你把我的两个角拿下来,［ni⁴² pa⁴² uo⁴² ti⁰ niaŋ⁴² ko⁰ ko²⁴ na¹³ ɕia³³ nai¹³］

它就可以变成两个箩筐，[tʰa⁵⁵ tsəu³³ kʰo⁴² i⁴² pian³³ tsʰən¹³ niaŋ⁴² ko⁰ no¹³ kʰuaŋ⁵⁵]

你把两个伢装在箩筐窦里，[ni⁴² pa⁴² niaŋ⁴² ko⁰ ŋa¹³ tɕyaŋ⁵⁵ tai³³ no¹³ kʰuaŋ⁵⁵ təu³³ ni⁰]

你就在天宫去找织女，[ni⁴² tsəu³³ tai³³ tʰian⁵⁵ koŋ⁵⁵ tɕʰi³³ tsau⁴² tʂɿ²⁴ y⁴²]

牛郎感到蛮奇怪，[iəu¹³ naŋ¹³ kan⁴² tau⁰ man¹³ tɕʰi¹³ kuai³³]

牛怎么会说话呢？[iəu¹³ tsən⁴² mo⁰ xuei³³ ɕye²⁴ xua³³ ne⁰]

正在想的时候，[tsən³³ tai³³ ɕiaŋ⁴² ti⁰ ʂɿ¹³ xəu⁰]

牛的两个牛角就掉得地上来了，[iəu¹³ ti⁰ niaŋ⁴² ko⁰ iəu¹³ ko²⁴ tsəu³³ tiau³³ tɛ²⁴ ti³³ saŋ³³ nai¹³ niau⁰] 得：在

真的变成了两个箩筐。[tsən⁵⁵ ti⁰ pian³³ tsʰən¹³ niau⁰ niaŋ⁴² ko⁰ no¹³ kʰuaŋ⁵⁵]

于是牛郎也来不及多想，[y¹³ ʂɿ³³ iəu¹³ naŋ¹³ iɛ⁴² nai¹³ pu²⁴ tɕi²⁴ to⁵⁵ ɕiaŋ⁴²]

赶快把两个伢，[kan⁴² kʰuai³³ pa⁴² niaŋ⁴² ko⁰ ŋa¹³]

装在箩筐窦里，[tɕyaŋ⁵⁵ tai³³ no¹³ kʰuaŋ⁵⁵ təu³³ ni⁰]

然后用扁担挑起来，[yan¹³ xəu³³ ioŋ³³ pian⁴² tan³³ tʰiau⁵⁵ tɕʰi⁴² nai¹³]

就感觉到有一阵清风吹过去了，[tsəu³³ kan⁴² tɕio²⁴ tau⁰ iəu⁴² i²⁴ tsən⁵⁵ tɕʰin⁵⁵ foŋ⁵⁵ tɕʰyei⁵⁵ ko³³ tɕʰi³³ niau⁰]

那两个箩筐像长了翅膀一样，[na³³ niaŋ⁴² ko⁰ no¹³ kʰuaŋ⁵⁵ tɕiaŋ³³ tsaŋ⁴² niau⁰ tʂɿ³³ paŋ⁴² i²⁴ iaŋ³³]

就朝倒天宫的方向，[tsəu³³ tsʰau¹³ tau⁰ tʰian⁵⁵ koŋ⁵⁵ ti⁰ faŋ⁵⁵ ɕiaŋ³³]

飞过去了。[fei⁵⁵ ko³³ tɕʰi³³ niau⁰]

飞呀飞呀，[fei⁵⁵ ia⁰ fei⁵⁵ ia⁰]

牛郎眼看倒就要追到织女了，[iəu¹³ naŋ¹³ ian⁴² kʰan³³ tau⁰ tsəu³³ iau³³ tsyei³³ tau⁰ tʂɿ²⁴ y⁴² niau⁰]

结果被王母娘娘发现了，[tɕiɛ²⁴ ko⁴² pei³³ uaŋ¹³ mu⁴² niaŋ¹³ niaŋ⁰ fa²⁴ ɕian³³ niau⁰]

王母娘娘赶快把头发上面，[uaŋ¹³ mu⁴² niaŋ¹³ niaŋ⁰ kan⁴² kʰuai³³ pa⁴² tʰəu¹³ fa²⁴ saŋ³³ mian³³]

别倒的一个金簪子拿下来，[piɛ⁵⁵ tau⁰ ti⁰ i²⁴ ko⁰ tɕin⁵⁵ tsan⁵⁵ tsɿ⁰ na¹³ ɕia³³ nai¹³]

就在牛郎和织女中间一划，[tsəu³³ tai³³ iəu¹³ naŋ¹³ xo¹³ tʂɿ²⁴ y⁴² tsoŋ⁵⁵ kan⁰ i²⁴ xua³³]

结果天空高头就出现了一条，[tɕiɛ²⁴ ko⁴² tʰian⁵⁵ kʰoŋ⁵ kau⁵⁵ tʰəu⁰ tsəu³³ tɕʰy²⁴ ɕian³³ niau⁰ i²⁴ tʰiau¹³]

波涛滚滚的天河，[po⁵⁵ tʰau⁵⁵ kuən⁴² kuən⁴² ti⁰ tʰian⁵⁵ xo¹³]

就把牛郎和织女隔开了，[tsəu³³ pa⁴² iəu¹³ naŋ¹³ xo¹³ tʂɿ²⁴ y⁴² kɛ²⁴ kʰai⁵⁵ niau⁰]

他们两个人望也望不到对岸，[tʰa⁵⁵ mən⁰ niaŋ⁴² ko⁰ nən¹³ uaŋ³³ iɛ⁴² uaŋ³³ pu²⁴ tau⁰ tei³³ ŋan³³]

也没有办法能够过河,[iɛ⁴²mei¹³iəu⁴²pan³³fa²⁴nən¹³kəu¹³ko³³xo¹³]

喜鹊看到之后,[ɕi⁴²tɕʰio²⁴kʰan³³tau¹³tsŋ⁵⁵xəu³³]

就非常同情牛郎和织女,[tsəu³³fei⁵⁵tsʰaŋ¹³tʰoŋ¹³tɕʰin¹³iəu¹³naŋ¹³xo¹³tsŋ²⁴y⁴²]

每年的农历七月初七,[mei⁴²nian¹³ti⁰noŋ¹³ni²⁴tɕʰi²⁴yɛ²⁴tsʰəu⁵⁵tɕʰi²⁴]

就会有成千上万只喜鹊,[tsəu³³xuei³³iəu⁴²tsʰən¹³tɕʰian⁵⁵saŋ³³uan³³tsŋ²⁴ɕi⁴²tɕʰio²⁴]

飞到天宫上,[fei⁵⁵tau⁰tʰian⁵⁵koŋ⁵⁵saŋ³³]

一只衔倒另一只的尾巴,[i²⁴tsŋ²⁴xan¹³tau⁰nin³³i²⁴tsŋ²⁴ti⁰uei⁴²pa⁰]

搭成了一座长长的鹊桥,[ta²⁴tsʰən¹³niau⁰i²⁴tso³³tsʰaŋ¹³tsʰaŋ¹³ti⁰tɕʰio²⁴tɕʰiau¹³]

就让牛郎和织女团聚。[tsəu³³naŋ³³iəu¹³naŋ¹³xo¹³tsŋ²⁴y⁴²tan¹³tɕi³³]

意译:从前,有一个年轻的男孩,爸爸妈妈都死了,孤苦伶仃的。家里只有一头老牛,别人都叫他牛郎,牛郎与老牛相依为命,主要靠老牛耕地为生,这个老牛其实是天上的金牛星。他喜欢牛郎勤劳善良,就想帮他成个家。

有一天,金牛星知道天上的仙女们要在村东边的山下一个湖里洗澡。他就托梦给牛郎,要他第二天在湖边去随便拿一件仙女挂在树上的衣裳,他就可以得到一位美丽的仙女。第二天早上,牛郎半信半疑地走到湖边,真的看到有七个仙女在洗澡,于是他就跑到树边拿起了树上的一件粉红色的衣裳,拔腿就往屋里跑。那天晚上织女就轻轻地敲开了他的门,两个人就成了夫妻。一转眼三年过去了,牛郎和织女生了一男一女两个孩子,生活过得很幸福。

但织女私自下凡的事很快就被玉皇大帝知道了。突然有一天,天上电闪雷鸣,刮起了大风,下起了大雨,织女突然就不见了,两个孩子大哭要找妈妈,牛郎也不知道怎么办。就在这个时候,家里的老牛说话了,他说,牛郎,你别难过,你把我的两个角拿下来,它可以变成两个箩筐,你把两个孩子装在箩筐里去找织女。牛郎感到很奇怪,牛怎么会说话呢?正在想的时候,牛的两个牛角就掉地上了,真的变成了两个箩筐。牛郎也来不及多想,赶快把两个孩子装在箩筐里,用扁担挑起来,那两个箩筐像长了翅膀一样,就朝天宫方向飞过去了,飞呀飞呀,牛郎眼看着就要追上织女了,结果被王母娘娘发现了,王母娘娘把头上别着的一个金簪子拿下来,在牛郎和织女中间一划,结果天空就出现了一条波涛滚滚的天河,把牛郎和织女隔开了。

喜鹊看到之后就非常同情牛郎和织女,每年的农历七月初七就会有成千上万只喜鹊飞到天宫上,一只衔着另一只的尾巴搭成了一座长长的鹊桥,让牛郎和织女团聚。

三　其他故事

0022 其他故事

霍三麻子的传说。[xo²⁴ san⁵⁵ ma¹³ tsɿ⁰ ti⁰ tɕʰyan¹³ ɕyɛ²⁴]

霍三麻子本是汉川南河乡人，[xo²⁴ san⁵⁵ ma¹³ tsɿ⁰ pən⁴² sɿ³³ xan³³ tɕʰyan⁵⁵ nan¹³ xo¹³ ɕiaŋ⁵⁵ nən¹³]

大名叫霍涛，小名叫霍三，[ta³³ min¹³ tɕiau³³ xo²⁴ tʰau⁵⁵，ɕiau⁴² min¹³ tɕiau³³ xo²⁴ san⁵⁵]

因为他有一脸麻子，[i⁵⁵ uei¹³ tʰa⁵⁵ iəu⁴² i²⁴ nian⁴² ma¹³ tsɿ⁰]

所以别个都辖他辖霍三麻子。[so⁴² i⁴² piɛ¹³ ko⁰ təu⁵⁵ ŋaŋ⁵⁵ tʰa⁵⁵ ŋaŋ⁵⁵ xo²⁴ san⁵⁵ ma¹³ tsɿ⁰] 辖：喊

霍三麻子为人性格耿直，[xo²⁴ san⁵⁵ ma¹³ tsɿ⁰ uei¹³ nən¹³ ɕin³³ kɛ²⁴ kən⁴² tsɿ²⁴]

喜欢为穷人打抱不平，[ɕi⁴² xuan³³ uei¹³ tɕʰioŋ¹³ nən¹³ ta⁴² pau³³ pu²⁴ pʰin¹³]

敢与权贵作斗争，[kan⁴² y⁴² tɕʰyan¹³ kuei³³ tso²⁴ təu³³ tsən⁵⁵]

所以深受邻里乡亲的尊敬和喜爱，[so⁴² i⁴² sən⁵⁵ səu³³ nin¹³ ni⁴² ɕiaŋ⁵⁵ tɕʰin⁵⁵ ti⁰ tsən⁵⁵ tɕin³³ xo¹³ ɕi⁴² ŋai³³]

有个地方有两个财主，[iəu⁴² ko⁰ ti³³ faŋ⁰ iəu⁴² nian⁴² ko⁰ tsʰai¹³ tɕy⁴²]

一个是卖棺材的，一个是开药铺的，[i²⁴ ko⁰ sɿ³³ mai³³ kuan⁵⁵ tsʰai¹³ ti⁰，i²⁴ ko⁰ sɿ³³ kʰai⁵⁵ io²⁴ pʰu⁵⁵ ti⁰]

除夕之夜，[tɕʰy¹³ ɕi²⁴ tsɿ⁵⁵ iɛ³³]

霍三麻子路过这个开药铺的门口，[xo²⁴ san⁵⁵ ma¹³ tsɿ⁰ nəu³³ ko³³ tɕiɛ³³ ko⁰ kʰai⁵⁵ io²⁴ pʰu⁵⁵ ti⁰ mən¹³ kʰəu⁴²]

听到这个药铺老板，[tʰin³³ tau⁰ tɕiɛ³³ ko⁰ io²⁴ pʰu⁵⁵ nau⁴² pan⁴²]

在里面在烧香祭神，[tai³³ ni⁴² mian³³ tai³³ sau⁵⁵ ɕiaŋ⁵⁵ tɕi³³ sən¹³]

求菩萨普降人瘟，[tɕʰiəu¹³ pʰu¹³ sa⁰ pʰu⁴² tɕiaŋ³³ nən¹³ uən⁵⁵]

尽他多赚钱财。[tɕin⁴² tʰa⁵⁵ to⁵⁵ tɕyan³³ tɕʰian¹³ tsʰai¹³]

霍三麻子在外头听了浑身是气，[xo²⁴ san⁵⁵ ma¹³ tsɿ⁰ tai³³ uai³³ tʰəu⁰ tʰin³³ niau⁰ xuən¹³ sən⁵⁵ sɿ³³ tɕʰi³³]

他又接倒往前头走，[tʰa⁵⁵ iəu³³ tɕiɛ²⁴ tau⁰ uaŋ⁴² tɕʰian¹³ tʰəu⁰ tsəu⁴²]

又听到棺材铺的门口，[iəu³³ tʰin³³ tau⁰ kuan⁵⁵ tsʰai¹³ pʰu⁵⁵ ti⁰ mən¹³ kʰəu⁴²]

听到棺材铺的老板，[tʰin³³ tau⁰ kuan⁵⁵ tsʰai¹³ pʰu⁵⁵ ti⁰ nau⁴² pan⁴²]

也在烧香祭神，[iɛ⁴² tai³³ sau⁵⁵ ɕiaŋ⁵⁵ tɕi³³ sən¹³]

求菩萨保佑短人阳寿, [tɕʰiəu¹³ pʰu¹³ saº pau⁴² iəu³³ tan⁴² nən¹³ iaŋ¹³ səu³³]
尽他多卖棺材。[tɕin⁴² tʰa⁵⁵ to⁵⁵ mai³³ kuan⁵⁵ tsʰai¹³]
霍三麻子心想, [xo²⁴ san⁵⁵ ma¹³ tsʅº ɕin⁵⁵ ɕiaŋ⁴²]
这么有钱的两个财主, [tɕiɛ³³ moº iəu⁴² tɕʰian¹³ tiº nian⁴² koº tsʰai¹³ tɕy⁴²]
我非要整一下子他们。[uo⁴² fei⁵⁵ iau³³ tsən⁴² i²⁴ xa³³ tsʅº tʰa⁵⁵ mənº]
于是, [y¹³ sʅ³³]
霍三麻子就走进棺材铺, [xo²⁴ san⁵⁵ ma¹³ tsʅº tsəu³³ tsəu⁴² tɕin³³ kuan⁵⁵ tsʰai¹³ pʰu⁵⁵]
就对棺材铺老板说, [tsəu³³ tei³³ kuan⁵⁵ tsʰai¹³ pʰu⁵⁵ nau⁴² pan⁴² ɕyɛ²⁴]
我的死了人, [uo²⁴ tiº sʅ⁴² niauº nən¹³] 我的:我家里
算命的先生说, [san³³ min⁵⁵ tiº ɕian⁵⁵ sənº ɕyɛ²⁴]
要赶快埋了它就吉利, [iau³³ kan⁴² kʰuai³³ mai¹³ niauº tʰa⁵⁵ tsəu³³ tɕi²⁴ ni³³]
我的东家马上要来买棺材的, [uo⁴² tiº toŋ⁵⁵ tɕia⁵⁵ ma⁴² saŋ³³ iau³³ nai¹³ mai⁴² kuan⁵⁵ tsʰai¹³ tiº]
要我先来看一下子, [iau³³ uo⁴² ɕian⁵⁵ nai¹³ kʰan³³ i²⁴ xa³³ tsʅº]
看有不有好货。[kan³³ iəu⁴² pu²⁴ iəu⁴² xau⁴² xo³³]
棺材铺老板一听喜死了, [kuan⁵⁵ tsʰai¹³ pʰu⁵⁵ nau⁴² pan⁴² i²⁴ tʰin³³ ɕi⁴² sʅ⁴² niauº]
心想求菩萨好灵验, [ɕin⁵⁵ ɕiaŋ⁴² tɕʰiəu¹³ pʰu¹³ saº xau⁴² nin¹³ ian³³]
连忙答应, 有, 有。[nian¹³ maŋ¹³ ta²⁴ in³³, iəu⁴², iəu⁴²]
然后霍三麻子就到药铺店里去, [yan¹³ xəu³³ xo²⁴ san⁵⁵ ma¹³ tsʅº tsəu³³ tauº io²⁴ pʰu⁵⁵ tian³³ niº tɕʰi³³]
进门就跟药铺老板说, [tɕin³³ mən¹³ tsəu³³ kən⁵⁵ io²⁴ pʰu⁵⁵ nau⁴² pan⁴² ɕyɛ²⁴]
先生, 我的东家有人病了, [ɕian⁵⁵ sənº, uo²⁴ tiº toŋ⁵⁵ tɕia⁵⁵ iəu⁴² nən¹³ pin³³ niauº]
想请你呀=子去看下子, [ɕiaŋ⁴² tɕʰin⁴² ni⁴² ŋaº tsʅº tɕʰi³³ kan³³ xa³³ tsʅº] 你呀=子:您老人家
只要看得好, [tsʅ²⁴ iau³³ kan³³ tɛ²⁴ xau⁴²]
钱不是问题, [tɕʰian¹³ pu²⁴ sʅ³³ uən³³ tʰi¹³]
保证不亏待你呀=。[pau⁴² tsən³³ pu²⁴ kʰuei⁵⁵ tai³³ ni⁴² ŋaº]
药铺老板一听也喜死了, [io²⁴ pʰu⁵⁵ nau⁴² pan⁴² i²⁴ tʰin³³ iɛ⁴² ɕi⁴² sʅ⁴² niauº]
连忙就跟倒霍三麻子就走, [nian¹³ maŋ¹³ tsəu³³ kən⁵⁵ tauº xo²⁴ san⁵⁵ ma¹³ tsʅº tsəu³³ tsəu⁴²]
边走还边心想, [pian⁵⁵ tsəu⁴² xai¹³ pian⁵⁵ ɕin⁵⁵ ɕiaŋ⁴²]
求菩萨好灵哪, [tɕʰiəu¹³ pʰu¹³ saº xau⁴² nin¹³ naº]
只要一求就有人来找我看病。[tsʅ²⁴ iau³³ i²⁴ tɕʰiəu¹³ tsəu³³ iəu⁴² nən¹³ nai¹³ tsau⁴² uo⁴²

kʰan³³ pin³³〕

于是霍三麻子就把这个药铺老板〔y¹³sɿ³³xo²⁴san⁵⁵ma¹³tsɿ⁰tsəu³³pa⁴²tɕiɛ³³ko⁰io²⁴pʰu⁵⁵nau⁴²pan⁴²〕

带到了棺材铺的店里，〔tai³³tau⁰niau⁰kuan⁵⁵tsʰai¹³pʰu⁵⁵ti⁰tian³³ni⁰〕

棺材铺的老板，〔kuan⁵⁵tsʰai¹³pʰu⁵⁵ti⁰nau⁴²pan⁴²〕

多昝就在那里候倒在，〔to⁵⁵tsan⁴²tsəu³³tai³³na³³ni⁰xəu³³tau⁰tai³³〕多昝：多时

一看到霍三麻子来了，〔i²⁴kan³³tau⁰xo²⁴san⁵⁵ma¹³tsɿ⁰nai¹³niau⁰〕

连忙就招呼他带进来的人，〔nian¹³maŋ¹³tsəu³³tsau⁵⁵xu⁰tʰa⁵⁵tai³³tɕin³³nai¹³ti⁰nən¹³〕招呼：接待

霍三麻子就找个由头阴倒走了。〔xo²⁴san⁵⁵ma¹³tsɿ⁰tsəu³³tsau⁴²ko⁰iəu¹³tʰəu⁰in⁵⁵tau⁰tsəu⁴²niau⁰〕

然后棺材店的老板，〔yan¹³xəu³³kuan⁵⁵tsʰai¹³tian³³ti⁰nau⁴²pan⁴²〕

就问药铺的老板，〔tsəu³³uən³³io²⁴pʰu⁵⁵ti⁰nau⁴²pan⁴²〕

你呀⁼是要看大的，〔ni⁴²ŋa⁰sɿ³³iau³³kʰan³³ta³³ti⁰〕

还是要看小的呀。〔xai¹³sɿ³³iau³³kʰan³³ɕiau⁴²ti⁰ia⁰〕

这个药铺老板一听，〔tɕiɛ³³ko⁰io²⁴pʰu⁵⁵nau⁴²pan⁴²i²⁴tʰin³³〕

呀，这个屋里还不止病了一个人呢，〔ia⁵⁵，tɕiɛ³³ko⁰u²⁴ni⁰xai¹³pu²⁴tsɿ⁴²pin³³niau⁰i²⁴ko⁰nən¹³ne⁰〕

心里越发高兴，〔ɕin⁵⁵ni⁰yɛ²⁴fa²⁴kau⁵⁵ɕin³³〕

差点笑出声来了，〔tsʰa⁵⁵tian⁴²ɕiau³³tɕʰy²⁴sən⁵⁵nai¹³niau⁰〕

就说大的小的都看，〔tsəu³³ɕyɛ²⁴ta³³ti⁰ɕiau⁴²ti⁰təu⁵⁵kʰan³³〕

总是要看的。〔tsoŋ⁴²sɿ³³iau³³kʰan³³ti⁰〕

棺材铺老板一听，〔kuan⁵⁵tsʰai¹³pʰu⁵⁵nau⁴²pan⁴²i²⁴tʰin³³〕

哎呀，〔ei⁵⁵ia³³〕

这个屋里还不止死了一个人呢，〔tɕiɛ³³ko⁰u²⁴ni⁰xai¹³pu²⁴tsɿ⁴²sɿ⁴²niau⁰i²⁴ko⁰nən¹³ne⁰〕

这下好哇，〔tɕiɛ³³ɕia³³xau⁴²ua⁵⁵〕

可以卖几副棺材。〔kʰo⁴²i⁴²mai³³tɕi⁴²fu²⁴kuan⁵⁵tsʰai¹³〕

然后棺材铺老板，〔yan¹³xəu³³kuan⁵⁵tsʰai¹³pʰu⁵⁵nau⁴²pan⁴²〕

就把这个药铺老板，〔tsəu³³pa⁴²tɕiɛ³³ko⁰io²⁴pʰu⁵⁵nau⁴²pan⁴²〕

带到了他那个堆棺材的房里，〔tai³³tau⁰niau⁰tʰa⁵⁵na³³ko⁰tei⁵⁵kuan⁵⁵tsʰai¹³ti⁰faŋ¹³ni⁰〕

就对他说你自己选，都是好货。〔tsəu³³tei³³tʰa⁵⁵ɕyɛ²⁴ni⁴²tsɿ³³tɕi⁴²ɕian⁴²，təu⁵⁵ ʂʅ³³ xau⁴² xo³³]

药铺老板一下子就糊涂了，[io²⁴ pʰu⁵⁵ nau⁴² pan⁴² i²⁴ xa³³ tsʅ⁰ tsəu³³ xu¹³ tʰəu⁰ niau⁰]

他就说，[tʰa⁵⁵ tsəu³³ ɕyɛ²⁴]

你的才用棺材呢，[ni⁴² ti⁰ tsʰai¹³ ioŋ⁴² kuan⁵⁵ tsʰai¹³ ne⁰]

你的屋里病人呢？[ni⁴² ti⁰ u²⁴ ni⁰ pin³³ nən¹³ ne⁰] 屋里：家里

然后棺材铺老板说，[yan¹³ xəu³³ kuan⁵⁵ tsʰai¹³ pʰu⁵⁵ nau⁴² pan⁴² ɕyɛ²⁴]

大年三十的你的屋里才有病人。[ta³³ nian¹³ san⁵⁵ ʂʅ¹³ ti⁰ ni⁴² ti⁰ u²⁴ ni⁰ tsʰai¹³ iəu⁴² pin³³ nən¹³]

于是两个人，[y¹³ ʂʅ³³ nian⁴² ko⁰ nən¹³]

就开始互相骂起来了，[tsəu³³ kʰai⁵⁵ ʂʅ⁴² xu³³ ɕian⁵⁵ ma⁵⁵ tɕʰi⁴² nai¹³ niau⁰]

说倒说倒两个人就打起来了，[ɕyɛ²⁴ tau⁰ ɕyɛ²⁴ tau⁰ nian⁴² ko⁰ nən¹³ tsəu³³ ta⁴² tɕʰi⁴² nai¹³ niau⁰]

霍三麻子在外头听倒，[xo²⁴ san⁵⁵ ma¹³ tsʅ⁰ tai³³ uai³³ tʰəu⁰ tʰin³³ tau⁰]

就阴倒好笑，[tsəu³³ in⁵⁵ tau⁰ xau⁴² ɕiau³³] 阴倒：偷偷地

你们这么黑心的两个财主，[ni⁴² mən⁰ tɕiɛ³³ mo⁰ xɛ²⁴ ɕin⁵⁵ ti⁰ nian⁴² ko⁰ tsʰai¹³ tɕy⁴²]

就是要尽你们过不成好年，[tsəu³³ ʂʅ³³ iau³³ tɕin⁴² ni⁴² mən⁰ ko³³ pu²⁴ tsʰən¹³ xau⁴² nian¹³]

还在咒我们这些穷人，[xai¹³ tai³³ tsəu⁰ uo⁴² mən⁰ tɕiɛ³³ ɕiɛ⁵⁵ tɕʰioŋ¹³ nən¹³]

让我们害病。[naŋ³³ uo⁴² mən⁰ xai³³ pin³³]

于是霍三麻子非常聪明，[y¹³ ʂʅ³³ xo²⁴ san⁵⁵ ma¹³ tsʅ⁰ fei⁵⁵ tsʰaŋ¹³ tsʰoŋ⁵⁵ min¹³]

就让这两个财主扯皮打架，[tsəu³³ naŋ³³ tɕiɛ³³ nian⁴² ko⁰ tsʰai¹³ tɕy⁴² tsʰe⁴² pʰi¹³ ta⁴² tɕia³³]

没有过成一个好年。[mei¹³ iəu⁴² ko³³ tsʰən¹³ i²⁴ ko⁰ xau⁴² nian¹³]

意译：霍三麻子的传说。霍三麻子本是汉川南河乡人，大名叫霍涛，小名叫霍三，因为他有一脸麻子，所以大家都叫他霍三麻子。霍三麻子为人性格耿直，喜欢为穷人打抱不平，敢与权贵作斗争，所以深受邻里乡亲的尊敬和喜爱。

有两个财主，一个是卖棺材的，一个是开药铺的。除夕之夜，霍三麻子路过开药铺的门口，听到药铺老板在烧香祭神，求菩萨普降人瘟，让他多赚钱财。霍三麻子听了浑身是气。他又接着往前走，又听到棺材铺的老板也在烧香祭神，求菩萨保佑短人阳寿，让他多卖棺材。霍三麻子心想，这么有钱的两个财主，我一定要整一下他们。

于是，霍三麻子就走进棺材铺，对老板说，我家里死了人，算命的先生说，要赶快埋了就吉利，我的东家马上要来买棺材，要我先来看一下，看有没有好

货。棺材铺老板一听很高兴，心想求菩萨真灵验，连忙答应，有，有。然后，霍三麻子就又到药铺去跟老板说，先生，我的东家有人病了，想请您去看看，只要看得好，钱不是问题，保证不亏待您。药铺老板一听也很高兴，连忙跟着霍三麻子就走，边走还边心想，求菩萨真灵，只要一求就有人来找我看病。

于是霍三麻子就把这个药铺老板带到了棺材铺里，棺材铺老板很早就等着呢，一看到霍三麻子来了，连忙就接待他带进来的人。霍三麻子就找个理由暗暗地走了。然后棺材店的老板就问药铺的老板，您是要看大的还是要看小的呀？这个药铺老板一听，呀，这家还不止病了一个人呢，心里越发高兴，差点笑出声来了，就说大的小的都看，总是要看的。棺材铺老板一听，哎呀，这家还不止死了一个人呢，这下好哇，可以卖几副棺材。然后棺材铺老板就把药铺老板带到了堆棺材的房里对他说，你自己选，都是好货。药铺老板一下子就糊涂了，他就说，你家才用棺材呢，你家里的病人呢？然后棺材铺老板说，大年三十的，你家才有病人。

于是两个人就开始互相骂起来了，说着说着就打起来了。霍三麻子在外头听着暗自好笑，你们这么黑心的两个财主，我就是要让你们过不好年。还咒我们这些穷人，让我们害病。于是霍三麻子非常聪明，就让这两个财主扯皮打架，没有过成一个好年。

0023 其他故事

黄亮辉，湖北汉川人，[xuaŋ¹³ nianŋ³³ xuei⁵⁵，xu¹³ pe²⁴ xan³³ tɕʰyan⁵⁵ nən¹³]

清同治年间的一个举人，[tɕʰin⁵⁵ tʰoŋ¹³ tsʅ³³ nian¹³ tɕian⁵⁵ ti⁰ i²⁴ ko⁰ tɕy⁴² nən¹³]

人称湖北才子。[nən¹³ tsʰən⁵⁵ xu¹³ pe²⁴ tsʰai¹³ tsʅ⁰]

相传清朝廷颁发了一个金匾。[ɕiaŋ⁵⁵ tɕʰyan¹³ tɕʰin⁵⁵ tsʰau¹³ tʰin¹³ pan⁵⁵ fa²⁴ niau⁰ i²⁴ ko⁰ tɕin⁵⁵ pian⁴²]

挂得湖北的黄鹤楼高头。[kua³³ tɛ²⁴ xu¹³ pe²⁴ ti⁰ xuaŋ¹³ xo²⁴ nəu¹³ kau⁵⁵ tʰəu⁰] 得：在。高头：上面

第二天呢，[ti³³ ɯ³³ tʰian⁵⁵ ne⁰]

有一个外地的官员，[iəu⁴² i²⁴ ko⁰ uai³³ ti¹³ ti⁰ kuan⁵⁵ yan¹³]

在黄鹤楼来游玩，[tai³³ xuaŋ¹³ xo²⁴ nəu¹³ nai¹³ iəu¹³ uan¹³]

看到这个金匾，[kʰan³³ tau⁰ tɕie³³ ko⁰ tɕin⁵⁵ pian⁴²]

它写了"唯楚有才"，[tʰa⁵⁵ ɕiɛ⁴² niau⁰ uei¹³ tsʰəu⁴² iəu⁴² tsʰai¹³]

所以呢，心里有点不舒服。[so⁴² i⁴² ne⁰，ɕin⁵⁵ ni⁰ iəu⁴² tian⁴² pu²⁴ ɕy⁵⁵ fu⁰]

他就说，[tʰa⁵⁵ tsəu³³ ɕyɛ²⁴]

孝 感 市

我题个上联,［uo⁴² tʰi¹³ ko⁰ saŋ³³ nian¹³］

看有不有人能答出下联来。［kan³³ iəu⁴² pu²⁴ iəu⁴² nən¹³ nən¹³ tɑ²⁴ tɕy²⁴ ɕia³³ nian¹³ nai¹³］有不有：有没有

就在旁边的墙上写个上联,［tsəu³³ tai³³ pʰaŋ¹³ pian⁵⁵ ti⁰ tɕʰiaŋ¹³ saŋ³³ ɕiɛ⁴² ko⁰ saŋ³³ nian¹³］

上联是,［saŋ³³ nian¹³ sʅ³³］

"磨大眼小,齿嶙嶙可纳粗吐细"。［mo³³ tɑ³³ ian⁴² ɕiau⁴², tsʰʅ⁴² nin¹³ nin¹³ kʰo⁴² nɑ²⁴ tsʰəu⁵⁵ tʰəu⁴² ɕi³³］

结果呢,三天过去了,［tɕiɛ²⁴ ko⁴² ne⁰, san⁵⁵ tʰian⁵⁵ ko³³ tɕʰi³³ niau⁰］

还是有得人来对出下联。［xai¹³ sʅ³³ mau³³ tɛ⁰ nən¹³ nai¹³ tei³³ tɕʰy²⁴ ɕia³³ nian¹³］冇得：没有

他就叫手下把金匾拆下来,［tʰɑ⁵⁵ tsəu³³ tɕiau³³ səu⁴² ɕia³³ pa⁴² tɕin⁵⁵ pian⁴² tsʰɛ²⁴ ɕia³³ nai¹³］

带上船准备走的,［tai³³ saŋ³³ tɕʰyan¹³ tɕyən⁴² pei³³ tsəu⁴² ti⁰］

刚走到江中心呢,［kaŋ⁵⁵ tsəu⁴² tau⁰ tɕiaŋ⁵⁵ tsoŋ⁵⁵ ɕin⁵⁵ ne⁰］

有个小渔船跟上来了,［iəu⁴² ko⁰ ɕiau⁴² y⁴² tɕʰyan¹³ kən⁵⁵ saŋ³³ nai¹³ niau⁰］

说,官员,等一下,等一下。［ɕyɛ²⁴, kuan⁵⁵ yan¹³, tən⁴² i²⁴ xa³³, tən⁴² i²⁴ xa³³］

官员就问他有么事呀,［kuan⁵⁵ yan¹³ tsəu³³ uən³³ tʰɑ⁵⁵ iəu⁴² mo⁰ sʅ³³ iɑ⁰］么：什么

黄亮辉就说,［xuaŋ¹³ niaŋ³³ xuei⁵⁵ tsəu³³ ɕyɛ²⁴］

我来讨还我的金匾的。［uo⁴² nai¹³ tʰau⁴² xuan¹³ uo⁴² ti⁰ tɕin⁵⁵ pian⁴² ti⁰］

然后立马对出了下联,［yan¹³ xəu³³ ni²⁴ ma⁴² tei³³ tɕʰy²⁴ niau⁰ ɕia³³ nian¹³］

"称直钩弯,星朗朗能知重识轻"。［tsʰən³³ tsʅ²⁴ kəu⁵⁵ uan⁵⁵, ɕin³³ naŋ⁴² naŋ⁴² nən¹³ tsʅ⁵⁵ tsoŋ³³ sʅ²⁴ tɕʰin⁵⁵］

官员一听还不错啊,［kuan⁵⁵ yan¹³ i²⁴ tʰin³³ xai¹³ pu²⁴ tsʰo³³ ɑ⁰］

但是心里还是有点不服气。［tan³³ sʅ³³ ɕin⁵⁵ ni⁰ xai¹³ sʅ³³ iəu⁴² tian⁴² pu²⁴ fu²⁴ tɕʰi³³］

于是他又出了个上联,［y¹³ sʅ³³ tʰɑ⁵⁵ iəu³³ tɕʰy²⁴ niau⁰ ko⁰ saŋ³³ nian¹³］

"湖北省黄鹤楼,黄鹤口中吹玉笛——金口"。［xu¹³ pe²⁴ sən⁴² xuaŋ¹³ xo²⁴ nəu¹³, xuaŋ¹³ xo²⁴ kʰəu⁴² tsoŋ⁵⁵ tɕʰyei⁵⁵ y³³ ti⁰¹³——tɕin⁵⁵ kʰəu⁴²］

黄亮辉也冇多想,［xuaŋ¹³ niaŋ³³ xuei⁵⁵ iɛ⁴² mau³³ to⁵⁵ ɕiaŋ⁴²］

马上对出了下联,［ma⁴² saŋ³³ tei³³ tɕʰy²⁴ niau⁰ ɕia³³ nian¹³］

"汉川县仙女山,仙女头上插金簪——庙头"。［xan³³ tɕʰyan⁵⁵ ɕian³³ y⁴² san⁵⁵, ɕian⁵⁵ y⁴² tʰəu¹³ saŋ⁰ tsʰa²⁴ tɕin⁵⁵ tsan⁵⁵——miau³³ tʰəu¹³］

不仅意义相同,［pu²⁴ tɕin⁴² i³³ i³³ ɕiaŋ⁵⁵ tʰoŋ¹³］

"金口"跟"庙头"的地名也相呼应。[tɕin⁵⁵ kʰəu⁴² kən⁵⁵ miau³³ tʰəu¹³ ti⁰ ti³³ min¹³ iɛ⁴² ɕiaŋ⁵⁵ xu⁵⁵ in³³]

官员们就蛮佩服他的才华,[kuan⁵⁵ yan¹³ mən⁰ tsəu³³ man¹³ pʰei³³ fu²⁴ tʰa⁵⁵ ti⁰ tsʰai¹³ xua¹³]

双手把金匾送还给了黄亮辉。[ɕyaŋ⁵⁵ səu⁴² pa⁴² tɕin⁵⁵ pian⁴² soŋ³³ xuan¹³ ke⁴² niau⁰ xuaŋ¹³ niaŋ³³ xuei⁵⁵]

意译:黄亮辉,湖北汉川人,清同治年间的一个举人,人称湖北才子。相传清朝廷颁发了一个金匾,挂在湖北的黄鹤楼上。第二天,有一个外地官员在黄鹤楼游玩,看到这个金匾写着"唯楚有才",所以呢,心里有点不舒服。他就说,我题个上联,看有没有人能答出下联来,于是就在旁边的墙上写了上联:"磨大眼小,齿粼粼可纳粗吐细"。

结果呢,三天过去了,还是没人来对出下联,他就叫手下把金匾拆下来带上船准备走。刚走到江中心,有个小渔船跟上来了,说,官员,等一下,等一下。官员就问他有什么事,黄亮辉就说,我来讨还金匾的,然后立马对出了下联:"称直钩弯,星朗朗能知重识轻"。官员一听,还不错啊,但是心里还是有点不服气。于是又出了个上联:"湖北省黄鹤楼,黄鹤口中吹玉笛——金口",黄亮辉也没多想,马上对出了下联:"汉川县仙女山,仙女头上插金簪——庙头"。不仅意义相同,"金口"跟"庙头"的地名也相呼应,官员们就蛮佩服他的才华,双手把金匾送还给了黄亮辉。

0024 其他故事

我的汉川南河有个霍三麻子,[uo⁴² ti⁰ xan³³ tɕʰyan⁵⁵ nan¹³ xo¹³ iəu⁴² ko⁰ xo²⁴ san⁵⁵ ma¹³ tsɻ⁰]

霍三麻子就蛮出名,[xo²⁴ san⁵⁵ ma¹³ tsɻ⁰ tsəu³³ man¹³ tɕʰy²⁴ min¹³]

那是个缺德鬼。[na³³ sɻ³³ ko⁰ tɕʰyɛ²⁴ tɛ²⁴ kuei⁴²]

他跟人打赌,[tʰa⁵⁵ kən⁵⁵ nən¹³ ta⁴² təu⁴²]

打赌就说湖北省的省长,[ta⁴² təu⁴² tsəu³³ ɕyɛ²⁴ xu¹³ pe²⁴ sən⁴² ti⁰ sən⁴² tsaŋ⁴²]

认得霍三麻子。[nən³³ tɛ²⁴ xo²⁴ san⁵⁵ ma¹³ tsɻ⁰]

别个就不相信,[piɛ¹³ ko⁰ tsəu³³ pu²⁴ ɕiaŋ⁵⁵ ɕin³³]

别个不相信就打赌,[piɛ¹³ ko⁰ pu²⁴ ɕiaŋ⁵⁵ ɕin³³ tsəu³³ ta⁴² təu⁴²]

他就说这样舍,[tʰa⁵⁵ tsəu³³ ɕyɛ²⁴ tɕiɛ³³ iaŋ³³ sɛ⁵⁵] 舍:语气词

如果说省长认得我霍三麻子,[y¹³ ko⁴² ɕyɛ²⁴ sən⁴² tsaŋ⁴² nən³³ tɛ²⁴ uo⁴² xo²⁴ san⁵⁵ ma¹³ tsɻ⁰]

你们就输桌酒我，[ni⁴² mən⁰ tsəu³³ ɕy⁵⁵ tso²⁴ tɕiən⁴² uo⁴²]
如果要不认得我，[y¹³ ko⁴² iau³³ pu²⁴ nən³³ tɛ²⁴ uo⁴²]
我就输一桌酒你们。[uo⁴² tsəu³³ ɕy⁵⁵ i²⁴ tso²⁴ tɕiəu⁴² ni⁴² mən⁰]
因为往日打赌，[in⁵⁵ uei¹³ uaŋ⁴² ɯ²⁴ tɑ⁴² təu⁴²]
酒是最值钱的，[tɕiəu⁴² sɿ³³ tsei³³ tsɿ²⁴ tɕʰian¹³ ti⁰]
就都答应了。[tsəu³³ təu⁵⁵ tɑ²⁴ in³³ niau⁰]
答应了就都在汉口去，[tɑ²⁴ in³³ niau⁰ tsəu³³ təu⁵⁵ tai³³ xan³³ kʰəu⁴² tɕʰi³³]
去了汉口了呢，[tɕʰi³³ niau⁰ xan³³ kʰəu⁴² niau⁰ ne⁰]
就到了湖北省的，[tsəu³³ tau⁰ niau⁰ xu¹³ pɛ²⁴ sən⁴² ti⁰]
办公厅的外头等倒，[pan³³ koŋ⁵⁵ tʰin³³ ti⁰ uai³³ tʰəu⁰ tən⁴² tau⁰]
等倒呢，就等倒下班，[tən⁴² tau⁰ ne⁰，tsəu³³ tən⁴² tau⁰ ɕia³³ pan⁵⁵]
下了班呢，省长就出来，[ɕia³³ niau⁰ pan⁵⁵ ne⁰ sən⁴² tsaŋ⁴² tsəu³³ tɕʰy²⁴ nai¹³]
出来呢，[tɕʰy²⁴ nai¹³ ne⁰]
霍三麻子就跑到省长严卡⁼，[xo²⁴ san⁵⁵ ma¹³ tsɿ⁰ tsəu³³ pʰau¹³ tau⁰ sən⁴² tsaŋ⁴² ŋan¹³ kʰɑ⁰] 严卡⁼：跟前
哟，你朗⁼个下了班？[io¹³，ni⁴² naŋ⁴² ko⁰ ɕia³³ niau⁰ pan⁵⁵？] 你朗⁼个：您老人家
那个省长就搞得莫名其妙，[na³³ ko⁰ sən⁴² tsaŋ⁴² tsəu³³ kau⁴² tɛ²⁴ mo²⁴ min¹³ tɕʰi¹³ miau³³]
他就说，这个人是啥个呢？[tʰa⁵⁵ tsəu³³ ɕyɛ²⁴，tɕiɛ³³ ko⁰ nən¹³ sɿ³³ sa⁴² ko⁰ ne⁰] 啥个：谁
我又不认得，他跟我打招呼。[uo⁴² iəu³³ pu²⁴ nən³³ tɛ²⁴，tʰa⁵⁵ kən⁵⁵ uo⁴² tɑ⁴² tsau⁵⁵ xu⁰]
霍三麻子一打招呼就一斛头，[xo²⁴ san⁵⁵ ma¹³ tsɿ⁰ i²⁴ tɑ⁴² tsau⁵⁵ xu⁰ tsəu³³ i²⁴ tʰiau³³ tʰəu¹³] 斛头：调头
斛头就慢慢往前走，走呢，[tʰiau³³ tʰəu¹³ tsəu³³ man³³ man³³ uaŋ⁴² tɕʰian¹³ tsəu⁴²，tsəu⁴² ne⁰]
那个省长就还在想，[na³³ ko⁰ sən⁴² tsaŋ⁴² tsəu³³ xai¹³ tai³³ ɕiaŋ⁴²]
这是啥个哪？[tɕiɛ³³ sɿ³³ sa⁴² ko⁰ na⁰]
喔，一看呢，[o²⁴，i²⁴ kʰan³³ ne⁰]
那个背影的个牌子，[na³³ ko⁰ pei³³ in⁴² ti⁰ ko⁰ pʰai¹³ tsɿ⁰]
牌子呢，高头写了几个字在，[pʰai¹³ tsɿ⁰ ne⁰，kau⁵⁵ tʰəu⁰ ɕiɛ⁴² niau⁰ tɕi⁴² ko⁰ tsɿ³³ tai³³] 高头：上面
它说我是霍三麻子。[tʰa⁵⁵ ɕyɛ²⁴ uo⁴² sɿ³³ xo²⁴ san⁵⁵ ma¹³ tsɿ⁰]

那个省长一看到就好笑，[nɑ³³ ko⁰ sən⁴² tsaŋ⁴² i²⁴ kʰan³³ tau⁰ tsəu³³ xau⁴² ɕiau³³]
说"霍三麻子"。[ɕyɛ²⁴ xo²⁴ san⁵⁵ ma¹³ tsɿ⁰]
霍三麻子就扭下了头，[xo²⁴ san⁵⁵ ma¹³ tsɿ⁰ tsəu³³ niəu⁴² xɑ³³ niau⁰ tʰəu¹³]
哟，你郎个下了班去了？[io¹³, ni⁴² naŋ⁴² ko⁰ ɕia³³ niau⁰ pan⁵⁵ tɕʰi³³ niau⁰]
霍三麻子就斟头走了。[xo²⁴ san⁵⁵ ma¹³ tsɿ⁰ tsəu³³ tʰiau³³ tʰəu¹³ tsəu⁴² niau⁰]
然后就跟其他人说，[yan¹³ xəu³³ tsəu³³ kən⁵⁵ tɕʰi¹³ tʰa⁵⁵ nən¹³ ɕyɛ²⁴]
怎么样？[tsən⁴² mo⁰ iaŋ³³]
你们下听到了的，[ni⁴² mən⁰ xa³³ tʰin³³ tau⁰ niau⁰ ti⁰] 下：都
省长镏了我名字的，[sən⁴² tsaŋ⁴² ŋaŋ⁵⁵ niau⁰ uo⁴² min¹³ tsɿ⁰ ti⁰] 镏：喊
叫我霍三麻子，[tɕiau³³ uo⁴² xo²⁴ san⁵⁵ ma¹³ tsɿ⁰]
省长认得我。[sən⁴² tsaŋ⁴² nən³³ tɛ²⁴ uo⁴²]
那几个人就输了，[nɑ³³ tɕi⁴² ko⁰ nən¹³ tsəu³³ ɕy⁵⁵ niau⁰]
输了霍三麻子就赢了。[ɕy⁵⁵ niau⁰ xo²⁴ san⁵⁵ ma¹³ tsɿ⁰ tsəu³³ in¹³ niau⁰]

意译：我们汉川南河有个霍三麻子，霍三麻子很出名，是个缺德鬼。他跟人打赌说湖北省的省长认识霍三麻子，人家就不相信，不相信就打赌。他就说这样，如果省长认识我霍三麻子，你们就输我一桌酒，如果不认识我，我就输你们一桌酒。因为过去打赌，酒是最值钱的，就都答应了，于是就都到汉口去。

去了汉口了呢，就到湖北省办公厅外等着，等着下班了，省长出来了，霍三麻子就跑到省长跟前说，哟，您下了班？省长就莫名其妙，心想，这个人是谁啊？我又不认识，他怎么跟我打招呼？霍三麻子打了招呼扭头就走，那个省长就还在想这是谁啊？一看他背后有个牌子，牌子上写着霍三麻子几个字。那个省长就觉得好笑，说"霍三麻子"。霍三麻子就扭了下头说，哟，您下了班了？霍三麻子就扭头走了。然后就跟其他人说，怎么样？你们都听到了的，省长叫了我名字，叫我霍三麻子，省长认识我。那几个人就输了，霍三麻子就赢了。

0025 其他故事

第二个故事呢，[ti³³ ɯ³³ ko⁰ ku³³ sɿ³³ ne⁰]
就是说以前有个农户，[tsəu³³ sɿ³³ ɕyɛ²⁴ i⁴² tɕʰian³³ iəu⁴² ko⁰ noŋ¹³ xu³³]
有个农户呢，[iəu⁴² ko⁰ noŋ¹³ xu³³ ne⁰]
屋里条件蛮差，[u²⁴ ni⁰ tʰiau¹³ tɕian³³ man¹³ tsʰa⁵⁵] 屋里：家里
蛮差呢，就是老是说不倒一个媳妇，[man¹³ tsʰa⁵⁵ ne⁰, tsəu³³ sɿ³³ nau⁴² sɿ³³ ɕyɛ²⁴ pu²⁴ tau⁰ i²⁴ ko⁰ ɕi⁰ fu⁰]
说不倒媳妇呢，就托个媒人，[ɕyɛ²⁴ pu⁰ tau⁰ ɕi⁰ fu⁰ ne⁰, tsəu³³ tʰo²⁴ ko⁰ mei¹³ nən¹³]

在那个屋里就对他的伯伯姆妈说，［tai³³ na³³ ko⁰ u²⁴ ni⁰ tsəu³³ tei³³ tʰɑ⁵⁵ ti⁰ pɛ²⁴ pɛ⁰ m̩ɑ⁴² mɑ⁰ ɕyɛ²⁴］伯伯姆妈：爸爸妈妈

他说这个样，［tʰɑ⁵⁵ ɕyɛ²⁴ tɕiɛ³³ ko⁰ iaŋ³³］

我明天再跟你介绍一个，［uo⁴² min¹³ tʰian⁵⁵ tsai³³ kən⁵⁵ ni⁴² kai³³ sau³³ i²⁴ ko⁰］

说的时候就说屋里有收音机，［ɕyɛ²⁴ ti⁰ sɿ¹³ xəu⁰ tsəu³³ ɕyɛ²⁴ u²⁴ ni⁰ iəu⁴² səu⁵⁵ in⁵⁵ tɕi⁵⁵］

有自行车，还有手表，［iəu⁴² tsɿ³³ ɕin¹³ tsʰe，xai¹³ iəu⁴² səu⁴² piau⁴²］

家庭条件还可得下子。［tɕia⁵⁵ tʰin¹³ tʰiau¹³ tɕian³³ xai¹³ kʰo⁴² te²⁴ xa³³ tsɿ⁰］

他就说，我屋里有得么样搞呢？［tʰɑ⁵⁵ tsəu³³ ɕyɛ²⁴，uo⁴² u²⁴ ni⁰ mau³³ tɛ²⁴ mo⁴² iaŋ³³ kau⁴² ne⁰］

他说我是跟你建议舍，［tʰɑ⁵⁵ ɕyɛ²⁴ uo⁴² sɿ³³ kən⁵⁵ ni⁴² tɕian³³ i³³ se⁵⁵］舍：语气词

你把那边混过去了，［ni⁴² pa⁴² na³³ pian⁵⁵ xuən³³ ko³³ tɕʰi³³ niau⁰］

媳妇进了门，［ɕi²⁴ fu⁰ tɕin³³ niau⁰ mən¹³］

你还怕她反悔了？［ni⁴² xai¹³ pʰɑ³³ tʰɑ⁵⁵ fan⁴² xuei⁴² niau⁰］

这个屋里就说是的，［tɕiɛ³³ ko⁰ u²⁴ ni⁰ tsəu³³ ɕyɛ²⁴ sɿ³³ ti⁰］

也只能这样想，［iɛ⁴² tsɿ²⁴ nən¹³ tɕiɛ³³ iaŋ³³ ɕiaŋ⁴²］

不这样搞，这个伢就说不倒媳妇。［pu²⁴ tɕiɛ³³ iaŋ³³ kau⁴²，tɕiɛ³³ ko⁰ ŋa¹³ tsəu³³ ɕyɛ²⁴ pu²⁴ tau⁰ ɕi²⁴ fu⁰］

好，这就在人家隔壁，［xau⁴²，tɕiɛ³³ tsəu³³ tai³³ nən¹³ tɕia⁵⁵ kɛ²⁴ pi²⁴］

左＝了一个烂自行车，［tso⁴² niau⁰ i²⁴ ko⁰ nan³³ tsɿ³³ ɕin¹³ tsʰe⁵⁵］左＝：借

就在屋里抟了在，［tsəu³³ tai³³ u²⁴ ni⁰ tən³³ niau⁰ tai³³］抟：放

往日里有修表的舍，［uaŋ⁴² u²⁴ ni⁰ iəu⁴² ɕiəu⁵⁵ piau⁴² ti⁰ se⁰］

就找关系，［tsəu³³ tsau⁴² kuan⁵⁵ ɕi³³］

找熟人就左＝了一块表，［tsau⁴² səu¹³ nən¹³ tsəu³³ tso⁴² niau⁰ i²⁴ kʰuai⁴² piau⁴²］

个表呢也不走，算是个表，［ko⁰ piau⁴² ne⁰ iɛ⁴² pu²⁴ tsəu⁴²，san³³ sɿ³³ ko⁰ piau⁴²］

就在手上戴了在，［tsəu³³ tai³³ səu⁴² saŋ³³ tai³³ niau⁰ tai³³］

媒人把姑娘伢的伯伯姆妈，［mei¹³ nən¹³ pa⁴² ku⁵⁵ niaŋ¹³ ŋa¹³ ti⁰ pɛ²⁴ pɛ²⁴ m̩⁴² mɑ⁰］

一些亲戚就引得屋里来。［i²⁴ ɕiɛ⁵⁵ tɕʰin⁵⁵ tɕʰi⁰ tsəu³³ in⁴² tɛ²⁴ u²⁴ ni⁰ nai¹³］

引得屋里来就说，［in⁴² tɛ²⁴ u²⁴ ni⁰ nai¹³ tsəu³³ ɕyɛ²⁴］

明天在你屋里来，［min¹³ tʰian⁵⁵ tai³³ ni⁴² u²⁴ ni⁰ nai¹³］

就看你屋里，［tsəu³³ kʰan³³ ni⁴² u²⁴ ni⁰］

看你屋里，看了你的屋里，［kʰan³³ ni⁴² u²⁴ ni⁰，kʰan³³ niau⁰ ni⁴² ti⁰ u²⁴ ni⁰］

就把伢吃个饭，［tsəu³³ pa⁴² ŋa¹³ tɕʰi²⁴ ko⁰ fan³³］

就把日子一定，[tsəu³³ pa⁴² ɯ²⁴ tsʅ⁰ i²⁴ tin³³]
到了日子就结婚。[tau⁰ niau⁰ ɯ²⁴ tsʅ⁰ tsəu³³ tɕiɛ²⁴ xən⁵⁵]
好，他的伯伯姆妈就说好。[xau⁴², tʰa⁵⁵ ti⁰ pɛ²⁴ pɛ²⁴ m̩⁴² ma⁰ tsəu³³ ɕyɛ²⁴ xau⁴²]
也只能这样，[iɛ⁴² tsʅ²⁴ nən¹³ tɕiɛ³³ iaŋ³³]
有得别的办法，[mau³³ tɛ²⁴ piɛ¹³ ti⁰ pan³³ fɑ²⁴]
他就说，[tʰa⁵⁵ tsəu³³ ɕyɛ²⁴]
他的屋里来看收音机，[tʰa⁵⁵ ti⁰ u²⁴ ni⁰ nai¹³ kʰan³³ səu⁵⁵ in⁵⁵ tɕi⁵⁵]
这个收音机不响，[tɕiɛ³³ ko⁰ səu⁵⁵ in⁵⁵ tɕi⁵⁵ pu²⁴ ɕiaŋ⁴²]
那朗＝个搞呢？[na³³ naŋ⁴² ko⁰ kau⁴² ne⁰] 朗＝个：怎么
两个老的就在屋里担心，[niaŋ⁴² ko⁰ nau⁴² ti⁰ tsəu³³ tai³³ u²⁴ ni⁰ tan⁵⁵ ɕin⁵⁵]
这个媒人就提醒说，[tɕiɛ³³ ko⁰ mei¹³ nən¹³ tsəu³³ tʰi⁴² ɕin⁴² ɕyɛ²⁴]
那这样子，[na³³ tɕiɛ³³ iaŋ³³ tsʅ⁰]
你就想办法，[ni⁴² tsəu³³ ɕiaŋ⁴² pan³³ fɑ²⁴]
你叫婆婆在柜子里，[ni⁴² tɕiau³³ pʰo¹³ pʰo¹³ tai³³ kuei³³ tsʅ⁰ ni⁰]
往日有挂衣柜舍，[uaŋ⁴² ɯ²⁴ iəu⁰ kua³³ i⁵⁵ kuei³³ se⁰]
就在那个柜子窦里躲倒，[tsəu³³ tai³³ na³³ ko⁰ kuei³³ tsʅ⁰ təu³³ ni⁰ to⁴² tau⁰] 窦里：里面
这边要是来了，[tɕiɛ³³ pian⁵⁵ iau³³ sʅ³³ nai¹³ niau⁰]
你就假装把个开关一纠＝，[ni⁴² tsəu³³ tɕia⁴² tɕyaŋ⁵⁵ pa⁴² ko⁰ kʰai⁵⁵ kuan³³ i²⁴ tɕiəu⁴²]
纠＝：拧
纠＝了你就把脚一敲，[tɕiəu⁴² niau⁰ ni⁴² tsəu³³ pa⁴² tɕio²⁴ i²⁴ kʰau⁵⁵]
她就在窦里说，[tʰa⁵⁵ tsəu³³ tai³³ təu³³ ni⁰ ɕyɛ²⁴]
说几句话就完了，[ɕyɛ²⁴ tɕi⁴² tɕy³³ xuɑ³³ tsəu³³ uan¹³ niau⁰]
吃了饭就完了，[tɕʰi²⁴ niau⁰ fan³³ tsəu³³ uan¹³ niau⁰]
就忽过去了。[tsəu³³ xu⁵⁵ ko³³ tɕʰi³³ niau⁰] 忽：忽悠
往日的条件不高，不好，[uaŋ⁴² ɯ²⁴ ti⁰ tʰiau¹³ tɕian³³ pu²⁴ kau⁵⁵, pu²⁴ xau⁴²]
屋里又造孽，[u²⁴ ni⁰ iəu³³ tsau³³ iɛ²⁴] 造孽：可怜
又有得么什吃，[iəu³³ mau³³ tɛ²⁴ mo⁴² sʅ³³ tɕʰi²⁴] 么什：什么
豌豆又吃得多，[uan⁵⁵ təu³³ iəu³³ tɕʰi²⁴ tɛ²⁴ to⁵⁵]
这就到了第二天，[tɕiɛ³³ tsəu³³ tau⁰ niau⁰ ti³³ ɯ³³ tʰian⁵⁵]
就跟婆婆说，[tsəu³³ kən⁵⁵ pʰo¹³ pʰo¹³ ɕyɛ²⁴]
要来了就躲到柜子里去躲倒。[iau³³ nai¹³ niau⁰ tsəu³³ to⁴² tau⁰ kuei³³ tsʅ⁰ ni⁰ tɕʰi³³ to⁴² tau⁰]
这边呢就来接待，[tɕiɛ³³ pian⁵⁵ ne⁰ tsəu³³ nai¹³ tɕiɛ²⁴ tai³³]

接待的时候就说,［tɕiɛ²⁴ tai³³ ti⁰ sŋ¹³ xəu⁰ tsəu³³ ɕyɛ²⁴］

那你是稀客呀,［na³³ ni⁴² sŋ³³ ɕi⁵⁵ kʰɛ²⁴ ia¹³］

你来看看哪,［ni⁴² nai¹³ kʰan³³ kʰan³³ na⁴²］

咿呀,屋里还弯了个自行车在。［i¹³ ia⁵⁵, u²⁴ ni⁰ xai¹³ uan⁵⁵ niau⁰ ko⁰ tsŋ³³ ɕin¹³ tsʰe⁵⁵ tai³³］弯:停放

这时候女婿伢也出来了,［tɕiɛ³³ sŋ¹³ xəu⁰ y⁴² ɕi⁵⁵ ŋa¹³ iɛ⁴² tɕʰy²⁴ nai¹³ niau⁰］

他还戴了一块手表在,［tʰa⁵⁵ xai¹³ tai³³ niau⁰ i²⁴ kʰuai⁴² səu⁴² piau⁴² tai³³］

条件还可以,［tʰiau¹³ tɕian³³ xai¹³ kʰo⁰ i⁴²］

就到房间里头去看了下子,［tsəu³³ tau⁰ faŋ¹³ tɕian⁵⁵ ni⁰ tʰəu⁰ tɕʰi³³ kʰan³³ niau⁰ xa³³ tsŋ⁰］

就看到有什么收音机么什的。［tsəu³³ kʰan³³ tau⁰ iəu⁴² sən¹³ mo⁴² səu⁵⁵ in⁵⁵ tɕi⁵⁵ mo⁰ sŋ³³ ti⁰］

收音机其实是个泥巴搭的,［səu⁵⁵ in⁵⁵ tɕi⁵⁵ tɕʰi¹³ sŋ²⁴ sŋ³³ ko⁰ ni¹³ pa⁰ ta²⁴ ti⁰］

把个包装一搞,［pa⁴² ko⁰ pau⁵⁵ tɕyaŋ⁵⁵ i²⁴ kau⁴²］

还不是像个收音机。［xai¹³ pu²⁴ sŋ³³ tɕiaŋ³³ ko⁰ səu⁵⁵ in⁵⁵ tɕi⁵⁵］

往日的个收音机也蛮粗糙,［uaŋ⁴² ɯ²⁴ ti⁰ ko⁰ səu⁵⁵ in⁵⁵ tɕi⁵⁵ iɛ⁴² man¹³ tsʰəu⁵⁵ tsʰau³³］

也不是蛮好,［iɛ⁴² pu²⁴ sŋ³³ man¹³ xau⁴²］

外观呢各方面都不是蛮好,［uai³³ kuan⁵⁵ ne⁰ ko²⁴ faŋ⁵⁵ mian³³ təu⁵⁵ pu²⁴ sŋ³³ man¹³ xau⁴²］

但装了以后就看不出来,［tan³³ tɕyaŋ⁵⁵ niau⁰ i⁴² xəu³³ tsəu³³ kʰan³³ pu²⁴ tɕʰy²⁴ nai¹³］

爹爹就假装把个开关一纠⁼,［tiɛ⁵⁵ tiɛ⁰ tsəu³³ tɕia⁴² tɕyaŋ⁵⁵ pa⁴² ko⁰ kʰai⁵⁵ kuan⁵⁵ i²⁴ tɕiəu⁴²］纠⁼:拧

把个脚在柜子高头,［pa⁴² ko⁰ tɕio²⁴ tai³³ kuei³³ tsŋ⁰ kau⁵⁵ tʰəu⁰］

轻轻地敲了两下子,［tɕʰin⁵⁵ tɕʰin⁵⁵ ti⁰ kʰau⁵⁵ niau⁰ niaŋ⁴² xa³³ tsŋ⁰］

敲了两下子后,［kʰau⁵⁵ niau⁰ niaŋ⁴² xa³³ tsŋ⁰ xəu³³］

婆婆就晓得收音机打开了,［pʰo¹³ pʰo¹³ tsəu³³ ɕiau⁴² tɛ²⁴ səu⁵⁵ in⁵⁵ tɕi⁵⁵ ta⁴² kʰai⁵⁵ niau⁰］

就报道出来了,［tsəu³³ pau³³ tau⁰ tɕʰy²⁴ nai¹³ niau⁰］

"中央人民广播电台,［tsoŋ⁵⁵ iaŋ⁵⁵ nən¹³ min¹³ kuaŋ⁴² po⁵⁵ tian³³ tʰai¹³］

现在是新闻报道,"［ɕian³³ tai³³ sŋ³³ ɕin⁵⁵ uən¹³ pau³³ tau⁰］

么东西就开始说。［mo⁴² toŋ⁵⁵ ɕi⁰ tsəu³³ kʰai⁵⁵ sŋ⁴² ɕyɛ²⁴］

说了下子呢,［ɕyɛ²⁴ niau⁰ xa³³ tsŋ⁰ ne⁰］

个婆婆在窑里就闭不过,［ko⁰ pʰo¹³ pʰo¹³ tai³³ təu³³ ni⁰ tsəu³³ pi³³ pu²⁴ ko³³］

闭不过又吃了豌豆的，[pi³³ pu²⁴ ko³³ iəu³³ tɕhi²⁴ niau⁰ uan⁵⁵ təu³³ ti⁰]
就肠子有点个膨气，[tsəu³³ tshaŋ¹³ tsɿ⁰ iəu⁴² tian⁴² ko⁰ phən⁵⁵ tɕhi³³]
膨气了呢就夹不住了，[phən⁵⁵ tɕhi³³ niau⁰ ne⁰ tsəu³³ ka²⁴ pu²⁴ tɕy³³ niau⁰]
就连倒打了几个屁，[tsəu³³ nian¹³ tau⁰ ta⁴² niau⁰ tɕi⁴² ko⁰ phi³³]
打得多响，[ta⁴² tɛ²⁴ to⁵⁵ ɕiaŋ⁴²] 多：很
那个婆婆也灵光，[na³³ ko⁰ pho¹³ pho¹³ iɛ⁴² nin¹³ kuaŋ⁵⁵]
一看倒打了几个屁，[i²⁴ khan³³ tau⁰ ta⁴² niau⁰ tɕi⁴² ko⁰ phi³³]
怎么收场呢？[tsən⁴² mo⁰ səu⁵⁵ tshaŋ⁴² ne⁰]
婆婆就倒就说，[pho¹³ pho¹³ tsəu³³ tau⁰ tsəu³³ ɕyɛ²⁴] 就倒：接着
刚才是北京时间十一点整。[kaŋ⁵⁵ tshai¹³ sɿ³³ pɛ²⁴ tɕin⁵⁵ sɿ¹³ ɕian⁵⁵ sɿ¹³ i²⁴ tian⁴² tsən⁴²]
这边就正好一关，[tɕiɛ³³ pian⁵⁵ tsəu³³ xau⁴² i²⁴ kuan⁵⁵]
咿呀，十一点钟了，[i⁴² ia⁵⁵，sɿ¹³ i²⁴ tian⁴² tsoŋ⁵⁵ niau⁰]
快点去吃饭，[khuai³³ tian⁴² tɕhi³³ tɕhi²⁴ fan³³]
所以这样子就把媳妇忽到了手。[so⁴² i⁴² tɕiɛ³³ iaŋ³³ tsɿ⁰ tsəu³³ pa⁴² ɕi²⁴ fu⁰ xu⁵⁵ tau⁰ niau⁰ səu⁴²]

意译：第二个故事呢，是说以前有个农户，这个农户家里条件很差，老是说不着一个媳妇，就托媒人帮忙。媒人就对这家的爸爸妈妈说，这样，我明天再跟你介绍一个，说的时候呢，就说家里有收音机，还有手表，家庭条件还可以。主人就说我家里什么都没有，怎么搞呢？媒人说我建议呀，你把那边混过去了，媳妇进了门，你还怕她反悔了？主人就说，是的，也只能这样想了，不这样搞，这个孩子就说不着媳妇。就在隔壁借了一个烂自行车，就在屋里放着。

过去有修表的，就找关系，找熟人就借了一块表，这个表呢也不走，算是个表就戴在了手上。媒人把姑娘的爸爸妈妈等一些亲戚就引到这家来看。对主人说，明天来你家里看，看了以后就把孩子的饭一吃，把日子一定，到了日子就结婚。主人家就说好，也只能这样，没别的办法了。主人说对方来看收音机，这个收音机不响，怎么办呢？就在屋里担心，媒人就说，你就想办法叫你婆婆在柜子里，过去有挂衣柜，就在那个柜子里头躲起来，这边人来了，你就假装把个开关一拧，拧了你就把脚一敲，婆婆在里面说几句话就完了，吃了饭，就完了，就忽悠过去了。

过去的条件不高，家里没什么吃的，豌豆吃得多，就到了第二天就跟婆婆说要来了，就躲到柜子里去了，主人对客人说，你来看看，客人心想，咿呀，家里还有自行车，这时女婿出来了，还带着手表。这条件还可以。就又到房间里去看，就看到有什么收音机什么的，收音机其实是个泥巴做的，把个包装一搞就像

个收音机，过去的收音机也很粗糙，也不是很好。这个爹爹就假装把个开关一拧，把脚在柜子上轻轻地敲了两下，婆婆就知道了收音机打开了，就报道说"中央人民广播电台，现在是新闻报道"，就开始说，说了一下，婆婆在里面闭不过，又吃了豌豆的，肠子有点膨气，就连着打了几个屁，打得很响，那个婆婆也聪明，一看打了几个屁怎么收场呢？婆婆就说刚才是北京时间十一点整，这边就正好一关，说，咿呀，十一点钟了，快点去吃饭，所以这样子就把媳妇骗到了手。

0026 其他故事

以前，[i⁴² tɕʰian¹³]

我们那里有个张沙河，[uo⁴² mən⁰ na³³ ni⁰ iəu⁴² ko⁰ tsaŋ⁵⁵ sa⁵⁵ xo¹³]

张沙河呢，是个剃头的，[tsaŋ⁵⁵ sa⁵⁵ xo¹³ ne⁰，sʅ³³ ko⁰ tʰi³³ tʰəu¹³ ti⁰] 剃头：理发

因为他的屋里特别有钱，[in⁵⁵ uei¹³ tʰa⁵⁵ ti⁰ u²⁴ ni⁰ tʰɛ²⁴ piɛ¹³ iəu⁴² tɕʰian¹³] 屋里：家里

所以像个少爷一样的。[so⁴² i⁴² tɕiaŋ³³ ko⁰ sau³³ iɛ¹³ i²⁴ iaŋ³³ ti⁰]

后来，爸爸姆妈死了呢，[xəu³³ nai¹³，pa²⁴ pa²⁴ m̩⁴² ma⁰ sʅ⁴² niau⁰ ne⁰] 姆妈：妈妈

就有得人管他的起居生活。[tsəu³³ mau³³ tɛ²⁴ nən¹³ kuan⁴² tʰa⁵⁵ ti⁰ tɕʰi⁴² tɕy⁵⁵ sən⁵⁵ xo²⁴]

但是他呢，[tan³³ sʅ³³ tʰa⁵⁵ ne⁰]

有个剃头的手艺，[iəu⁴² ko⁰ tʰi³³ tʰəu¹³ ti⁰ səu⁴² i³³]

他屋里就把钱存在银行里，[tʰa⁵⁵ u²⁴ ni⁰ tsəu³³ pa⁴² tɕʰian¹³ tsʰən¹³ tai³³ in¹³ xaŋ¹³ ni⁰]

他有点苕了，[tʰa⁵⁵ iəu⁴² tian⁴² sau¹³ niau⁰] 苕：傻

就把钱存在银行里，[tsəu³³ pa⁴² tɕʰian¹³ tsʰən¹³ tai³³ in¹³ xaŋ¹³ ni⁰]

银行里每个月，[in¹³ xaŋ¹³ ni⁰ mei⁴² ko⁰ yɛ²⁴]

打那个利息钱给他，[ta⁴² na³³ ko⁰ ni³³ ɕi²⁴ tɕʰian¹³ ke⁴² tʰa⁵⁵]

给利息钱给他过日子。[ke⁴² ni³³ ɕi²⁴ tɕʰian¹³ ke⁴² tʰa⁵⁵ ko³³ ɯ²⁴ tsʅ⁰]

他剃头呢，[tʰa⁵⁵ tʰi³³ tʰəu⁰ ne⁰]

特别喜欢看篮球，[tʰɛ²⁴ piɛ¹³ ɕi⁴² xuan³³ kʰan³³ nan¹³ tɕʰiəu¹³]

篮球呢他就去西街，[nan¹³ tɕʰiəu¹³ ne⁰ tʰa⁵⁵ tsəu³³ tɕʰi¹³ ɕi⁵⁵ kai⁵⁵]

去灯光球场打篮球。[tɕʰi³³ tən⁵⁵ kuaŋ⁵⁵ tɕʰiəu¹³ tsʰaŋ⁴² ta⁴² nan¹³ tɕʰiəu¹³]

有一天，[iəu⁴² i²⁴ tʰian⁵⁵]

那个时候是十月份，[na³³ ko⁰ sʅ¹³ xəu⁰ sʅ³³ sʅ¹³ yɛ²⁴ fən³³]

天气有点个凉，[tʰian⁵⁵ tɕʰi³³ iəu⁴² tian⁴² ko⁰ niaŋ¹³]

他跟别个剃头，剃得多好，[tʰa⁵⁵ kən⁵⁵ piɛ¹³ ko⁰ tʰi³³ tʰəu¹³，tʰi³³ tɛ²⁴ to⁵⁵ xau⁴²] 跟：给。别个：别人

篮球开始了，[nan¹³ tɕʰiəu¹³ kʰai⁵⁵ sɿ⁴² niau⁰]

他把个刀子往旁边一搁，[tʰa⁵⁵ pa⁴² ko⁰ tau⁵⁵ tsɿ⁰ uaŋ⁴² pʰaŋ¹³ pian⁵⁵ i²⁴ ko²⁴] 搁：放

就去看篮球，[tsəu³³ tɕʰi³³ kʰan³³ nan¹³ tɕʰiəu¹³]

结果这个人冻得哟，[tɕiɛ²⁴ ko⁴² tɕiɛ³³ ko⁰ nən¹³ toŋ³³ tɛ²⁴ io⁵⁵]

冻得他看篮球看忘记了，[toŋ³³ tɛ²⁴ tʰa⁵⁵ kʰan³³ nan¹³ tɕʰiəu¹³ kʰan³³ uaŋ⁵⁵ tɕi⁰ niau⁰]

尽都不跟别个剃，[tɕin⁴² təu⁵⁵ pu²⁴ kən⁵⁵ piɛ¹³ ko⁰ tʰi³³] 尽：一直

这就是我们那里张沙河的故事。[tɕiɛ³³ tsəu³³ sɿ³³ uo⁴² mən⁰ na³³ ni⁰ tsaŋ⁵⁵ sa⁵⁵ xo¹³ ti⁰ ku³³ sɿ³³]

意译：以前，我们那里有个张沙河，是个剃头的，因为他屋里特别有钱，所以像个少爷一样的。后来，爸爸妈妈死了，就没人管他的起居生活，但是他呢有个剃头的手艺。他家里把钱存在银行里，因为他有点傻，就把钱存在银行里，银行每个月打利息钱给他，给利息钱给他过日子。

他剃头呢，特别喜欢看篮球，打篮球呢他就去西街，去灯光球场打篮球。有一天，那个时候是十月份，天气有点凉，他跟别个剃头，正剃着，篮球开始了，他把个刀子往旁边一搁就去看篮球，结果这个人冻得哟，他看篮球看忘记了，一直都不跟人家剃。这就是我们那里张沙河的故事。

四　自选条目

0031 自选条目

新姑娘，吃麻糖。[ɕin⁵⁵ ku⁵⁵ niaŋ¹³, tɕʰi²⁴ ma¹³ tʰaŋ¹³]

麻糖甜，好过年。[ma¹³ tʰaŋ¹³ tʰian⁴², xau⁴² ko³³ nian¹³]

意译：新姑娘，吃麻糖。麻糖甜，好过年。

0032 自选条目

新姑娘，睡竹床。[ɕin⁵⁵ ku⁵⁵ niaŋ¹³, ɕyei³³ tsəu¹³ tɕʰyaŋ¹³]

竹床高，硌了腰。[tsəu¹³ tɕʰyaŋ¹³ kau⁵⁵, ŋən⁴² niau⁰ iau⁵⁵] 硌：硌

竹床低，硌了筋。[tsəu¹³ tɕʰyaŋ¹³ ti⁵⁵, ŋən⁴² niau⁰ tɕin⁵⁵]

意译：新姑娘，睡竹床。竹床高，硌了腰。竹床低，硌了筋。

安 陆

一 歌谣

0001 歌谣
板栗开花一条冲,[pan⁵¹ ni²⁴ kʰai⁴⁴ xua⁴⁴ i²⁴ tʰiau³¹ tʂʰuŋ⁴⁴] 冲:山谷
嫁人莫嫁大相公。[tɕia³⁵ zən³¹ mo²⁴ tɕia³⁵ ta⁵⁵ ɕiaŋ³⁵ kuŋ⁴⁴]
大相公,有钱用,[ta⁵⁵ ɕiaŋ³⁵ kuŋ⁴⁴, iəu⁵¹ tɕʰien³¹ yŋ⁵⁵]
大把的票子往外送,[ta⁵⁵ pa⁵¹ ti⁰ pʰiau³⁵ tʂʅ⁰ uaŋ⁵¹ uai⁵⁵ suŋ⁴⁴]
绣花枕头肚子空。[ɕiəu³⁵ xua⁴⁴ tʂən⁵¹ tʰəu⁰ təu⁵¹ tʂʅ⁰ kʰuŋ⁴⁴]
意译:板栗开花满山谷,嫁人不要嫁给什么都不会做的大相公。大相公,有钱用,大把大把的钱往外送,就像绣花枕头肚子空。

0002 歌谣
茄子开花紫红色,[tɕʰiɛ³¹ tsʅ⁰ kʰai⁴⁴ xua⁴⁴ tsʅ⁵¹ xuŋ³¹ sɛ²⁴]
嫁人莫嫁鸦片客。[tɕia³⁵ zən³¹ mo²⁴ tɕia³⁵ ia⁴⁴ pʰien³⁵ kʰɛ²⁴] 鸦片客:抽鸦片的人
鸦片客,牙齿黑,[ia⁴⁴ pʰien³⁵ kʰɛ²⁴, ia³¹ tʂʰʅ³¹ xɛ²⁴]
黄皮寡瘦死人的皮,[xuaŋ³¹ pʰi³¹ kua⁵¹ səu³⁵ sʅ⁵¹ zən³¹ ti⁰ pʰi³¹] 黄皮寡瘦:面黄肌瘦
口里的气色闻不得。[kʰəu⁵¹ ni⁰ ti⁰ tɕʰi³⁵ sɛ⁵⁵ uən³¹ pu²⁴ tɛ²⁴] 气色:气味
意译:茄子开花紫红色,嫁人不要嫁给抽鸦片的人。抽鸦片的人,牙齿黑,面黄肌瘦像死人的皮,口里的气味闻不得。

0003 歌谣
黄豆开花两块板,[xuaŋ³¹ təu⁴⁴ kʰai⁴⁴ xua⁴⁴ niaŋ⁵¹ kʰuai⁵¹ pan⁵¹]
嫁人莫嫁浪荡汉。[tɕia³⁵ zən³¹ mo²⁴ tɕia³⁵ naŋ⁵⁵ taŋ⁴⁴ xan³⁵] 浪荡汉:游手好闲的人
浪荡汉儿,到处窜,[naŋ⁵⁵ taŋ⁴⁴ xar³⁵, tau⁰ tʂʰʅ³⁵ tsʰan³⁵]
不会做活只会玩,[pu²⁴ xuei⁵⁵ tsəu³⁵ xo³¹ tʂʅ⁵¹ xuei⁵⁵ uan³¹]
过的日子真见媡。[ko³⁵ ti⁰ ər²⁴ tsʅ⁵¹ tʂən⁴⁴ tɕien³⁵ pʰan³⁵] 见媡:乱七八糟
意译:黄豆开花两块板儿,嫁人莫嫁到处闲逛的浪荡汉儿。浪荡汉儿,到处窜,不会做活只会玩,过的日子真是乱七八糟。

0004 歌谣
小麦开花一条槽,[ɕiau⁵¹ mɛ²⁴ kʰai⁴⁴ xua⁴⁴ i²⁴ tʰiau³¹ tsʰau³¹]

嫁人要嫁杀猪佬。[tɕia³⁵ zən³¹ iau³⁵ tɕia³⁵ ʂa²⁴ tʂʅ⁴⁴ nau⁵¹]

杀猪佬，心肠好，[ʂa²⁴ tʂʅ⁴⁴ nau⁵¹，ɕin⁴⁴ tʂʰaŋ³¹ xau⁵¹]

别人割肉秤不少，[piɛ²⁴ zən³¹ ko²⁴ zəu²⁴ tʂʰən³⁵ pu²⁴ ʂau⁵¹] 割肉：买肉。秤：这里指斤两

撩秧下种都会搞。[niau³¹ iaŋ⁴⁴ ɕia⁵⁵ tʂuŋ³⁵ təu⁴⁴ xuei⁵⁵ kau⁵¹]

意译：小麦开花一条槽，嫁人要嫁杀猪佬。杀猪佬，心肠好，别人买肉不会短斤少两，撩秧下种各种农活都会搞。

0005 歌谣

脚，脚，皮蛋壳，[tɕio²⁴，tɕio²⁴，pʰi³¹ tan⁴⁴ kʰo²⁴]

杨家河，水不落。[iaŋ³¹ tɕia³¹ xo³¹，ʂuei⁵¹ pu²⁴ no²⁴]

不落南，不落北，[pu²⁴ no²⁴ nan³¹，pu²⁴ no²⁴ pɛ²⁴]

北上田里种荞麦。[pɛ²⁴ ʂaŋ⁰ tʰiɛn³¹ ni⁰ tʂuŋ³⁵ tɕʰiau³¹ mɛ²⁴] 北上：北边

荞麦开会花一汪白，[tɕʰiau³¹ mɛ²⁴ kʰai⁴⁴ xua⁴⁴ i²⁴ uaŋ⁴⁴ pɛ³¹] 汪：片

茄子开花紫红色。[tɕʰiɛ³¹ tsʅ⁰ kʰai⁴⁴ xua⁴⁴ tsʅ⁵¹ xuŋ³¹ sɛ²⁴]

金簸箕，银簸箕，[tɕin⁴⁴ po³⁵ tɕi⁵⁵，in³¹ po³⁵ tɕi⁵⁵]

哪个的小脚缩过去。[na⁵¹ ko³⁵ ti⁰ ɕiau⁵¹ tɕio²⁴ səu²⁴ ko³⁵ tɕʰi⁵⁵] 缩过去：缩回去

意译：脚，脚，皮蛋壳，杨家河，水不落。不落南，不落北，北边田里种荞麦。荞麦开会花一片白色，茄子开花紫红色。金簸箕，银簸箕，哪个的小脚缩回去。

0006 歌谣

月亮哥哥跟我走，[ɣɛ²⁴ niaŋ⁵⁵ ko⁴⁴ ko⁰ kən⁴⁴ ŋo⁵¹ tsəu⁵¹]

走到南山卖笆篓。[tsəu⁵¹ tau³⁵ nan³¹ ʂan⁴⁴ mai⁵⁵ pa⁴⁴ nəu⁵¹]

笆篓破，摘菱角。[pa⁴⁴ nəu⁵¹ pʰo³⁵，tsɛ²⁴ nin³¹ ko²⁴]

菱角尖，杵上天。[nin³¹ ko²⁴ tɕiɛn⁴⁴，tʂʰʅ⁵¹ ʂaŋ⁵⁵ tʰiɛn⁴⁴] 杵：戳

天又高，打把刀。[tʰiɛn⁴⁴ iəu⁵⁵ kau⁴⁴，ta⁵¹ pa⁵¹ tau⁴⁴]

刀又快，好切菜。[tau⁴⁴ iəu⁵⁵ kʰuai³⁵，xau⁵¹ tɕʰiɛ²⁴ tsʰai³⁵]

菜又薄，好打锣。[tsʰai³⁵ iəu⁵⁵ po³¹，xau⁵¹ ta⁵¹ no³¹]

锣一响，卖生姜。[no³¹ i²⁴ ɕiaŋ⁵¹，mai⁵⁵ sən⁴⁴ tɕiaŋ³¹]

生姜辣，买黄蜡。[sən⁴⁴ tɕiaŋ³¹ na²⁴，mai⁵¹ xuaŋ³¹ na²⁴]

黄蜡苦，打豆腐。[xuaŋ³¹ na²⁴ kʰu⁵¹，ta⁵¹ təu⁵⁵ fu⁰]

豆腐甜，好过年。[təu⁵⁵ fu⁰ tʰiɛn³¹，xau⁵¹ ko³⁵ iɛn³¹]

先来的吃块肉，[ɕiɛn⁴⁴ nai³¹ ti⁰ tɕʰi²⁴ kʰuai⁵¹ zəu²⁴]

后来的啃骨头。[xəu⁵⁵nai³¹ti⁰kʰən⁵¹ku²⁴tʰəu⁰]

意译：月亮哥哥跟我走，走到南山卖笆篓。笆篓破，摘菱角。菱角尖，戳上天。天又高，打把刀。刀又快，好切菜。菜又薄，好打锣。锣一响，卖生姜。生姜辣，买黄蜡。黄蜡苦，买豆腐。豆腐甜，好过年。先来的吃块肉，后来的啃骨头。

0007 歌谣

小眼睛，亮晶晶，[ɕiau⁵¹iɛn⁵¹tɕin⁴⁴, niaŋ⁵⁵tɕin⁴⁴tɕin⁰]
样样东西看得清。[iaŋ⁵⁵iaŋ⁰tuŋ⁴⁴ɕi⁰kʰan³⁵tɛ⁰tɕʰin⁴⁴]
好孩子，讲卫生，[xau⁵¹xai³¹tsɿ⁰, tɕiaŋ⁵¹uei⁵⁵sən⁴⁴]
不用脏手揉眼睛。[pu²⁴yŋ⁵⁵tsaŋ⁴⁴ʂəu⁵¹zəu³¹iɛn⁵¹tɕin⁴⁴]

意译：小眼睛，亮晶晶，样样东西看得清。好孩子，讲卫生，不用脏手揉眼睛。

二　规定故事

0021 牛郎和织女

牛郎和织女。[yŋ³¹naŋ³¹xo³¹tʂɿ²⁴ʮ⁵¹]
古时候有个儿伢，[ku⁵¹ʂɿ³¹xəu³¹iəu⁰ko⁴⁴ər³¹ŋa³¹]　儿伢：男孩
他叫个牛郎。[tʰa⁴⁴tɕiau³⁵ko⁵⁵yŋ³¹naŋ³¹]
为么什叫牛郎欤？[uei⁵⁵mo⁵¹ʂɿ³¹tɕiau³⁵yŋ³¹naŋ³¹ŋɛ⁰]　为么什：为什么
他是个放牛的，[tʰa⁴⁴ʂɿ⁵⁵ko⁴⁴faŋ³⁵yŋ³¹ti⁰]
人家就尽他叫个牛郎。[zən³¹ka³¹tsəu⁵⁵tɕin⁵⁵tʰa⁴⁴tɕiau³⁵ko⁴⁴yŋ³¹naŋ³¹]　人家：别人。尽：让
他父母下不在世，[tʰa⁴⁴fu⁴⁴mu⁵¹xa⁵⁵pu²⁴tai⁵⁵ʂɿ³⁵]　下：都
他一个人，[tʰa⁴⁴i²⁴ko³⁵zən³¹]
孤苦伶仃的，就跟老牛作伴。[ku⁴⁴kʰu⁵¹nin³¹tin⁴⁴ti⁰, tsəu⁵⁵kən⁴⁴nau⁵¹yŋ³¹tsəu³⁵pan⁵⁵]
就是平时帮忙人家犁田、耙地，[tsəu⁵⁵ʂɿ⁵⁵pʰin³¹ʂɿ³¹paŋ⁴⁴maŋ³¹zən³¹ka⁰ni³¹tʰiɛn³¹、pa⁴⁴ti⁵⁵]
就迓样维持牛郎的生活。[tsəu⁵⁵niɛ³⁵iaŋ⁵⁵uei³¹tʂʰɿ³¹yŋ³¹naŋ³¹ti⁰sən⁴⁴xo³¹]　迓样：这样
就说他们相依为命几多年。[tsəu⁵⁵ʂɿɛ²⁴tʰa⁴⁴mən³¹ɕiaŋ⁴⁴i⁴⁴uei³¹min⁵⁵tɕi⁵¹to⁴⁴

iɛn³¹]

其实迥个老牛是天上的金牛星变的，[tɕʰi³¹ ʂʅ²⁴ niɛ³⁵ ko⁵⁵ nau⁵¹ yŋ³¹ ʂʅ⁵⁵ tʰiɛn⁴⁴ ʂaŋ⁰ ti⁰ tɕin⁴⁴ yŋ³¹ ɕin⁴⁴ piɛn³⁵ ti⁰]

到下头来的，[tau³⁵ ɕia⁵⁵ tʰəu⁰ nai³¹ ti⁰]

看到牛郎蛮造孽，[kʰan³⁵ tau³⁵ yŋ³¹ naŋ³¹ man³¹ tsau⁵⁵ iɛ²⁴] 蛮：很。造孽：可怜

想帮忙他成个家。[ɕiaŋ⁵¹ paŋ⁴⁴ maŋ³¹ tʰa⁴⁴ tʂʰən³¹ ko³⁵ tɕia⁴⁴]

有一天，[iəu⁵¹ i²⁴ tʰiɛn⁴⁴]

那个老牛不晓得在哪里打听到，[na⁵⁵ ko³⁵ nau⁵¹ yŋ³¹ pu²⁴ ɕiau⁵¹ tɛ⁰ tai⁵⁵ na⁵¹ ni⁰ ta⁵¹ tʰin³⁵ tau³⁵] 晓得：知道

明朝有仙女们的下来洗澡。[mən³¹ tʂo³¹ iəu⁵¹ ɕiɛn⁴⁴ ʮ⁵¹ mən³¹ ti⁰ ɕia⁵⁵ nai³¹ ɕi⁵¹ tsau⁵¹] 明朝：明天

他就托梦给牛郎，[tʰa⁴⁴ tsəu⁵⁵ tʰo²⁴ muŋ⁵⁵ kɛ⁵¹ yŋ³¹ naŋ³¹]

尔明朝就到湖边上去，[n̩⁵¹ mən³¹ tʂo³¹ tsəu⁵⁵ tau³⁵ xu³¹ piɛn⁴⁴ ʂaŋ³¹ tɕʰi³⁵] 尔：你

有一群仙女在湖里洗澡，[iəu⁵¹ i²⁴ tʂʰyən³¹ ɕiɛn⁴⁴ ʮ⁵¹ tai⁵⁵ xu³¹ ni⁰ ɕi⁵¹ tsau⁵¹]

尔就把迥个粉红色的衣裳拿走，[n̩⁵¹ tsəu⁵⁵ pa⁵¹ niɛ⁵⁵ ko⁴⁴ fən⁵¹ xuŋ³¹ sɛ²⁴ ti⁰ i⁴⁴ ʂaŋ³¹ na³¹ tsəu⁵¹] 迥个：那个

拿倒跑了，她就会找尔的，[na³¹ tau⁰ pʰau³¹ uau⁰ , tʰa⁴⁴ tsəu⁵⁵ xuei⁵⁵ tʂau⁵¹ n̩⁵¹ ti⁰]

找来了她就会成为尔的媳婆儿的。[tʂau⁵¹ nai³¹ iau⁰ tʰa⁴⁴ tsəu⁵⁵ xuei⁵⁵ tʂʰən³¹ uei³¹ n̩⁵¹ ti⁰ ɕi²⁴ pʰor⁴⁴ ti⁰]

好，迥个牛郎一醒，[xau⁵¹ , niɛ⁵⁵ ko⁴⁴ yŋ³¹ naŋ³¹ i²⁴ ɕin⁵¹]

想倒不晓得是个真的还是假的，[ɕiaŋ⁵¹ tau⁰ pu²⁴ ɕiau⁵¹ tɛ²⁴ ʂʅ⁵⁵ ko³⁵ tʂən⁴⁴ ti⁰ xai³¹ ʂʅ⁵⁵ tɕia⁵¹ ti⁰]

半信半疑的，[pan³⁵ ɕin³⁵ pan³⁵ i³¹ ti⁰]

他就到湖边上去看。[tʰa⁴⁴ tsəu⁵⁵ tau³⁵ xu³¹ piɛn⁴⁴ ʂaŋ³¹ tɕʰi³⁵ kʰan³⁵]

哟嘞，真话一群仙女在洗澡。[io⁴⁴ nɛ³¹ , tʂən⁴⁴ xua³¹ i²⁴ tʂʰyən³¹ ɕiɛn⁴⁴ ʮ⁵¹ tai⁵⁵ ɕi⁵¹ tsau⁵¹] 真话：真的

迥个早晨，[niɛ³⁵ ko⁵⁵ tsau⁵¹ ʂən³¹]

他就去瞧下是不是迥个事儿。[tʰa⁴⁴ tsəu⁵⁵ tɕʰi³⁵ tɕʰiau³¹ xa⁵⁵ ʂʅ⁵⁵ pu²⁴ ʂʅ⁵⁵ niɛ³⁵ ko⁵⁵ sər⁵⁵]

一看是的。[i²⁴ kʰan³⁵ ʂʅ⁵⁵ ti⁰]

他把个粉红色的衣服拿倒就跑，[tʰa⁴⁴ pa⁵¹ ko⁴⁴ fən⁵¹ xuŋ³¹ sɛ²⁴ ti⁰ i⁴⁴ fu³¹ na³¹ tau⁰ tɕiəu⁵⁵ pʰau³¹]

迥个粉红色的衣裳是织女的衣裳。[niɛ⁵⁵ ko⁴⁴ fən⁵¹ xuŋ³¹ sɛ²⁴ ti⁰ i⁴⁴ ʂaŋ³¹ ʂʅ⁵⁵ tʂʅ²⁴ ʮ⁵¹ ti⁰ i⁴⁴ʂaŋ³¹]

好，迺个织女就要去找迺个牛郎。[xau⁵¹, niɛ⁵⁵ko⁴⁴tʂʅ²⁴ʮ⁵¹tsəu⁵⁵iau³⁵tɕʰi³⁵tʂau⁵¹niɛ⁵⁵ko⁴⁴yŋ³¹naŋ³¹]

把他找倒，[pa⁵¹tʰa⁴⁴tʂau⁵¹tau⁰]

七找八找就找到了，[tɕʰi²⁴tʂau⁵¹pa²⁴tʂau⁵¹tsəu⁵⁵tʂau⁵¹tau³⁵uau⁰]

找得[去了]就跟他最后还是成了亲。[tʂau⁵¹tɛ²⁴tɕʰiau⁵¹tɕiəu⁵⁵kən⁴⁴tʰa⁴⁴tsei⁵¹xəu⁵⁵xai³¹ʂʅ⁵⁵tʂʰən³¹niau⁰tɕʰin⁴⁴]

成了亲嘞，[tʂʰən³¹niau⁰tɕʰin⁴⁴nɛ⁰]

就还蛮好生了两个伢，[tsəu⁵⁵xai³¹man³¹xau⁵¹sən⁴⁴niau⁰niaŋ⁵¹ko⁴⁴ŋa³¹] 蛮：很。伢：孩子

生了两个伢一个儿一个女儿。[sən⁴⁴niau⁰niaŋ⁵¹ko³⁵ŋa³¹i²⁴ko³⁵ər³¹i²⁴ko³⁵ʮ⁵¹]

就还过了有三年了，[tsəu⁵⁵xai³¹ko³⁵niau⁰iəu⁵¹san⁴⁴iɛn³¹niau⁰]

还过得蛮幸福，[xai³¹ko³⁵tɛ⁰man³¹ɕin⁵⁵fu²⁴]

跟乡亲们也搞得蛮好。[kən⁴⁴ɕiaŋ⁴⁴tɕʰin⁴⁴mən³¹iɛ⁵¹kau⁵¹tɛ⁰man³¹xau⁵¹]

迺就说，[niɛ³⁵tsəu⁵⁵ʂuɛ²⁴]

迺个生活他蛮喜欢，[niɛ³⁵ko⁵⁵sən⁴⁴xo³¹tʰa⁴⁴man³¹ɕi⁵¹xuan⁴⁴]

男耕女织，就蛮好。[nan³¹kən⁴⁴ʮ⁵¹tʂʅ²⁴, tsəu⁵⁵man³¹xau⁵¹]

哟呵，就把天上的王母娘娘晓得去了。[io⁵⁵xo⁵⁵, tsəu⁵⁵pa⁵¹tʰiɛn⁴⁴ʂaŋ³¹ti⁰uaŋ³¹mu⁵¹niaŋ³¹niaŋ⁰ɕiau⁵¹tɛ⁰tɕʰi³⁵iau⁰] 把：被

迺怎么得了，[niɛ⁵⁵tsən⁵¹mo⁵¹tɛ²⁴niau⁵¹]

尔天上的仙女下去跟凡间人结了婚。[n̩⁵¹tʰiɛn⁴⁴ʂaŋ³¹ti⁰ɕiɛn⁴⁴ʮ⁵¹ɕia⁵⁵tɕʰi³⁵kən⁴⁴fan³¹tɕiɛn⁴⁴zən³¹tɕiɛ²⁴au⁰xuən⁴⁴]

就派天兵天将把织女收去走，[tsəu⁵⁵pʰai³⁵tʰiɛn⁴⁴pin⁴⁴tʰiɛn⁴⁴tɕiaŋ³⁵pa⁵¹tʂʅ²⁴ʮ⁵¹ʂəu⁴⁴tɕʰi³⁵tsəu⁵¹]

收去走的迺一天打雷扯霍的，[ʂəu⁴⁴tɕʰi³⁵tsəu⁵¹ti⁰niɛ⁵⁵i²⁴tʰiɛn⁴⁴ta⁵¹ni³¹tʂʰɛ⁵¹xo²⁴ti⁰] 扯霍：闪电

来收她，[nai³¹ʂəu⁴⁴tʰa⁴⁴]

收她走把织女收走了。[ʂəu⁴⁴tʰa⁴⁴tsəu⁵¹pa⁵¹tʂʅ²⁴ʮ⁵¹ʂəu⁴⁴tsəu⁵¹uau⁰]

收走了牛郎急不过。[ʂəu⁴⁴tsəu⁵¹uau⁰yŋ³¹naŋ³¹tɕi²⁴pu⁵¹ko³⁵] 急不过：非常着急

迺个时候，迺个老牛就说：[niɛ³⁵ko³⁵ʂʅ³¹xəu³¹, niɛ⁵⁵ko⁴⁴nau⁵¹yŋ³¹tsəu⁵⁵ʂuɛ²⁴]

尔把我的角拔下来，当个船，[n̩⁵¹pa⁵¹ŋo⁵¹ti⁰ko²⁴pa²⁴ɕia⁵⁵nai³¹, taŋ³⁵ko⁵⁵tʂʰuan³¹]

就可以去迺个的。[tsəu⁵⁵kʰo⁵¹i³¹tɕʰi³⁵niɛ⁵⁵ko³⁵ti⁰] 迺个：那个，此指天宫

他说迺怎么能行嘞？[tʰa⁴⁴ʂuɛ²⁴niɛ⁵⁵tsən⁵¹mo⁵¹nən³¹ɕin³¹nɛ⁰]

尔的角怎么能把得我嘞？[n̩⁵¹ ti⁰ ko²⁴ tsən⁵¹ mo⁵¹ nən³¹ pa⁵¹ tɛ²⁴ ŋo⁵¹ nɛ⁰] 把得：给

他就说，老牛能开口说话哨，[tʰa⁴⁴ tsəu⁵⁵ ʂʮɛ²⁴，nau⁵¹ yŋ³¹ nən³¹ kʰai⁴⁴ kʰəu⁵¹ ʂʮɛ²⁴ xua⁵⁵ ʂɛ⁰]

开口说话。[kʰai⁴⁴ kʰəu⁵¹ ʂʮɛ²⁴ xua⁵⁵]

叫他把我的角攘得去，[tɕiau³⁵ tʰa⁴⁴ pa⁵¹ ŋo⁵¹ ti⁰ ko²⁴ zaŋ⁵¹ tɛ⁰ tɕʰi³⁵] 攘：拿

尔就去追织女。[n̩⁵¹ tsəu⁵⁵ tɕʰi³⁵ tʂʮei⁴⁴ tʂʮ²⁴ ʮ⁵¹]

好，他就不相信哨。[xau⁵¹，tʰa⁴⁴ tsəu⁵⁵ pu²⁴ ɕiaŋ⁴⁴ ɕin³⁵ ʂɛ⁰]

最后老牛冇得门儿，[tsei³⁵ xəu⁵⁵ nau⁵¹ yŋ³¹ mau⁵⁵ tɛ²⁴ mər³¹] 冇得门儿：没有办法

自家把自家的角撞断了，[tsŋ⁵⁵ ka³¹ pa⁵¹ tsŋ⁵⁵ ka³¹ ti⁰ ko²⁴ tʂʰʮaŋ⁵¹ tan⁵⁵ niau⁰] 自家：自己

就把得迩个牛郎。[tsəu⁵⁵ pa⁵¹ tɛ²⁴ niɛ⁵⁵ ko⁴⁴ yŋ³¹ naŋ³¹]

牛郎就将两个箩筐挑倒，[yŋ³¹ naŋ³¹ tsəu⁵⁵ tɕiaŋ³⁵ niaŋ⁵¹ ko⁴⁴ no³¹ kʰaŋ³¹ tʰiau⁴⁴ tau⁰]

一个儿一个女儿，[i²⁴ ko³⁵ ər³¹ i²⁴ ko³⁵ ʮ⁵¹]

就把迩个角踩倒真话就飞上了天，[tsəu⁵⁵ pa⁵¹ niɛ⁵⁵ ko⁴⁴ ko²⁴ tsʰai⁵¹ tau⁰ tʂən⁴⁴ xua³¹ tsəu⁵⁵ fei⁴⁴ ʂaŋ⁵⁵ ŋau⁰ tʰiɛn⁴⁴] 真话：真的

去撵迩个织女。[tɕʰi³⁵ iɛn⁵¹ niɛ⁵⁵ ko⁴⁴ tʂŋ²⁴ ʮ⁵¹] 撵：追

织女他们在前头天兵天将快些哨，[tʂŋ²⁴ ʮ⁵¹ tʰa⁴⁴ mən³¹ tai⁵⁵ tɕʰiɛn³¹ tʰəu⁰ tʰiɛn⁴⁴ pin⁴⁴ tʰiɛn⁴⁴ tɕiaŋ³⁵ kʰuai³⁵ ɕiɛ⁴⁴ ʂɛ⁰]

就恶色地跑。[tsəu⁵⁵ ŋo²⁴ sɛ²⁴ ti⁰ pʰau³¹] 恶色：使劲

他就后头追，[tʰa⁴⁴ tsəu⁵⁵ xəu⁵⁵ tʰəu⁰ tʂʮei⁴⁴]

追，追，追。[tʂʮei⁴⁴，tʂʮei⁴⁴，tʂʮei⁴⁴]

眼看倒快追上了。[iɛn⁵¹ kʰan³⁵ tau⁰ kʰuai³⁵ tʂʮei⁴⁴ ʂaŋ⁵⁵ ŋau⁰]

迩个王母娘娘在高头看了得，[niɛ⁵⁵ ko⁴⁴ uaŋ³¹ mu⁵¹ niaŋ³¹ niaŋ⁰ tai⁵⁵ kau⁴⁴ tʰəu⁰ kʰan³⁵ niau⁰ tɛ⁰] 高头：上面

迩追得[去了]怎么得了。[niɛ³⁵ tʂʮei⁴⁴ tɛ²⁴ tɕʰiau⁵¹ tsən⁵¹ mo⁵¹ tɛ²⁴ niau⁵¹]

她把迩个簪子一拔，[tʰa⁴⁴ pa⁵¹ niɛ⁵⁵ ko⁴⁴ tsan⁴⁴ tsŋ⁰ i²⁴ pa²⁴]

划，一划，[xua⁵⁵，i²⁴ xua⁵⁵]

划成了一个很宽的一个银河，[xua⁵⁵ tʂʰən³¹ niau⁰ i²⁴ ko³⁵ xɛ⁵¹ kʰuan⁴⁴ ti⁰ i²⁴ ko³⁵ in³¹ xo³¹]

就是天河。[tsəu⁵⁵ ʂŋ⁵⁵ tʰiɛn⁴⁴ xo³¹]

波涛滚滚的，[po⁴⁴ tʰau⁴⁴ kuən⁵¹ kuən⁰ ti⁰]

尔怎么过去看就过去不了哨。[n̩⁵¹ tsən⁵¹ mo⁵¹ ko³⁵ tɕʰi⁵⁵ kʰan³⁵ tsəu⁵⁵ ko³⁵ tɕʰi⁵⁵ pu²⁴ niau⁵¹ ʂɛ⁰]

牛的角也冇得法力，[yŋ³¹ti⁰ko²⁴iɛ⁵¹mau⁵⁵tɛ²⁴fa²⁴ni²⁴] 冇得：没有

就冇得办法嘞，[tsəu⁵⁵mau⁵⁵tɛ²⁴pan⁵⁵fa²⁴nɛ⁰]

只有在迥边望倒迥边。[tʂʅ²⁴iəu⁵¹tai⁵⁵niɛ³⁵piɛn⁴⁴uaŋ⁵⁵tau⁰niɛ⁵⁵piɛn⁴⁴]

就是恁昝，[tsəu⁵⁵ʂʅ⁵⁵nin³⁵tsan⁵¹] 恁昝：现在

天上还有一个牛郎一个织女的星，[tʰiɛn⁴⁴ʂaŋ⁰xai³¹iəu⁵¹i²⁴ko³⁵yŋ³¹naŋ³¹i²⁴ko³⁵tʂʅ²⁴ʈʂʅ⁵¹ti⁰ɕin⁴⁴]

他们隔河相望了得。[tʰa⁴⁴mən³¹kɛ²⁴xo³¹ɕiaŋ⁴⁴uaŋ⁵⁵ŋau⁰tɛ⁰]

再就是，每年的迥个七月七，[tsai³⁵tsəu⁵⁵ʂʅ⁵⁵, mei⁵¹iɛn³¹ti⁰niɛ³⁵ko⁵⁵tɕʰi²⁴ʮɛ²⁴tɕʰi²⁴]

尔看就冇得迥个鸦雀们的嚟，[n̩⁵¹kʰan³⁵tsəu⁵⁵mau⁵⁵tɛ²⁴niɛ⁵⁵ko⁴⁴ia⁴⁴tɕʰio²⁴mən³¹ti⁰mɛ⁰] 鸦雀：喜鹊

他们去搞么什去了欸？[tʰa⁴⁴mən³¹tɕʰi³⁵kau⁵¹mo⁵¹ʂʅ³¹tɕʰi³⁵iau⁰ɛ⁰] 搞么什：做什么

到天上去搭迥个鹊桥，[tau³⁵tʰiɛn⁴⁴ʂaŋ⁰tɕʰi³⁵ta²⁴niɛ⁵⁵ko⁴⁴tɕʰio²⁴tɕʰiau³¹]

成千上万的鸦雀，[tʂʰən³¹tɕʰiɛn⁴⁴ʂaŋ⁵⁵uan⁵⁵ti⁰ia⁴⁴tɕʰio²⁴]

全部都到天河去搭鹊桥，[tɕʰiɛn³¹pu⁵⁵təu⁴⁴tau³⁵tʰiɛn⁴⁴xo³¹tɕʰi³⁵ta²⁴tɕʰio²⁴tɕʰiau³¹]

一个搭一个，一个搭一个的。[i²⁴ko³⁵ta²⁴i²⁴ko³⁵, i²⁴ko³⁵ta²⁴i²⁴ko³⁵ti⁰]

搭倒搞么什欸？[ta²⁴tau⁰kau⁵¹mo⁵¹ʂʅ³¹ɛ⁰]

尽牛郎和织女相会。[tɕin⁵⁵yŋ³¹naŋ³¹xo³¹tʂʅ²⁴ʈʂʅ⁵¹ɕiaŋ⁴⁴xuei⁵⁵] 尽：让

再把伢们儿的攮得一路去相会。[tsai³⁵pa⁵¹ŋa³¹mər³¹ti⁰zaŋ³¹tɛ²⁴i²⁴nəu⁵⁵tɕʰi³⁵ɕiaŋ⁴⁴xuei⁵⁵] 攮：弄；搞

还有一个传说，[xai³¹iəu⁵¹i²⁴ko³⁵tʂʰuan³¹ʂʮɛ²⁴]

就是说七月初七的晚行的，[tsəu⁵⁵ʂʅ⁵⁵ʂʮɛ²⁴tɕʰi²⁴ʮɛ²⁴tʂʰəu⁴⁴tɕʰi²⁴ti⁰uan⁵¹ɕin³¹ti⁰] 晚行：晚上

尔要是在迥个葡萄树脚下坐倒，[n̩⁵¹iau³⁵ʂʅ⁵⁵tai⁵⁵niɛ⁵⁵ko⁴⁴pʰu³¹tʰau³¹ʂu⁵¹tɕio²⁴xa⁵¹tso⁵⁵tau⁰]

莫说话，[mo²⁴ʂʮɛ²⁴xua⁵⁵]

静静地坐倒，[tɕin⁵⁵tɕin⁰ti⁰tso⁵⁵tau⁰]

看倒天上，[kʰan³⁵tau⁰tʰiɛn⁴⁴ʂaŋ⁰] 倒：着

还听得倒牛郎跟织女在说话。[xai³¹tʰin³⁵tɛ⁰tau⁵¹yŋ³¹naŋ³¹kən⁴⁴tʂʅ²⁴ʈʂʅ⁵¹tai⁵⁵ʂʮɛ²⁴xua⁵⁵]

找不倒迥是真是假，[tʂau⁵¹pu²⁴tau⁵¹niɛ⁵⁵ʂʅ⁵⁵tʂən⁴⁴ʂʅ⁵⁵tɕia⁵¹] 找不倒：不知道

反正我们也冇听过。[fan⁵¹tʂən³⁵ŋo⁵¹mən³¹iɛ⁵¹mau⁵⁵tʰin³⁵ko³⁵] 冇：没有

反正只是一个传说，[fan⁵¹tʂən³⁵tʂʅ⁵¹ʂʅ⁵⁵i²⁴ko³⁵tʂʰuan³¹ʂʮɛ²⁴]

是一个美丽的传说。[ʂɻ⁵⁵ i²⁴ ko³⁵ mei⁵¹ ni⁵⁵ tiº tʂʰuan³¹ ʂuɛ²⁴]

意译：牛郎和织女。古时候，有个小伙子他叫牛郎。为什么叫牛郎呢？他是个放牛的，大家就叫他牛郎。他父母都不在人世，他一个人孤苦伶仃的，跟老牛作伴。就是平时用牛帮忙别人犁田、耙地。就这样维持牛郎的生活。就说他们相依为命好几年，其实这个老牛是天生的金牛星变的，到下头来的，看到牛郎很可怜，想帮忙他成个家。

有一天，那个老牛不知道在哪里打听到，明天有仙女们的下来洗澡。他就托梦给牛郎，你明天就到湖边上去，有一群仙女在湖里洗澡。你就把那件粉红色的衣服拿走，拿跑了她就会找你的，找来了就会成你的媳妇。

好，那个牛郎一醒，想着这不知道是真是假。半信半疑的他就真的到湖边去看。哎呀，真的一群仙女在洗澡。这天早上，他就去看是不是有这个事。一看是的。他把粉红色的衣服拿着就跑。那件粉红色的衣服是织女的衣服。好，那个织女就要去找那个牛郎。把他找到。七找八找就找到了，就跟他最后成了亲。成了亲以后生了两个孩子，一儿一女。过了有三年，还过得很幸福，跟乡亲们的关系也处得很好。就说这个生活他很喜欢，男耕女织，就很好。

哟呵，这个事被天上的王母娘娘知道了，这怎么得了呢？天上的仙女下去跟凡人结了婚。王母娘娘就派天兵天将把织女收回去。收走的那一天，电闪雷鸣，来收她走，把织女收走了。牛郎急得不得了。这时候，那个老牛就说："你把我的角拔下来当个船，就可以去天上了。"他说这怎么能行呢？你的角怎么能给我呢？老牛能开口说话了，开口说把我的角拔下来你就去追织女。好，他就不相信。最后老牛没办法，自己把自己的角撞断了，就给那个牛郎。牛郎就用两个箩筐装着一儿一女，就把那个角踩着，真的飞上了天，去追那个织女。

织女他们在前头，跟天兵天将一起快一些，就使劲地跑，他就后面追，追，追。眼看着快追上了。那个王母娘娘在上面看着呢，这要追着了怎么得了呢？她把那个簪子一拔，一划，划成了一条很宽的银河，就是天河。波涛滚滚的，怎么过去呢，看着就过去不了，牛角也没有法力，就没有办法。牛郎只有在这边望着那一边，就是现在天上的牛郎星和织女星，他们隔河相望着呢。

再就是每年的那个七月七，你看都没有那个喜鹊。他们去干什么去了呢？成千上万的喜鹊全部到天河搭鹊桥，一个搭一个，一个搭一个的，搭着做什么呢？让牛郎和织女相会。再把孩子们弄到一起相会。还有一个传说，就是七月初七的晚上，你要是在那个葡萄树底下坐着，不说话，静静地坐着，看着天上，还听得见牛郎跟织女说话呢。不知道是真是假，反正我们也没有听过。反正只是一个传说，是一个美丽的传说。

三 其他故事

0022 其他故事

扯谎架子。[tʂʰɛ⁵¹ xuaŋ⁵¹ tɕia³⁵ tsɿ⁰]

新县官上任，[ɕin⁴⁴ ɕiɛn⁵⁵ kuan⁴⁴ ʂaŋ⁵⁵ zən⁵⁵]

听说何三麻子蛮有板眼儿，[tʰin³⁵ ʂuɛ²⁴ xo³¹ san⁴⁴ ma³¹ tsɿ⁰ man³¹ iəu⁵¹ pan⁵¹ iɐr³¹] 有板眼儿：有本事

就想见识一下儿。[tɕiəu⁵⁵ ɕiaŋ⁵¹ tɕiɛn³⁵ ʂɿ⁵⁵ i²⁴ xər⁵⁵]

想把何三麻子传到县衙。[ɕiaŋ⁵¹ pa⁵¹ xo³¹ san⁴⁴ ma³¹ tsɿ⁰ tʂʰuan³¹ tau³⁵ ɕiɛn⁵⁵ ia³¹]

县官说："何三麻子，[ɕiɛn⁵⁵ kuan⁴⁴ ʂuɛ²⁴ ： xo³¹ san⁴⁴ ma³¹ tsɿ⁰]

听说尔会扯谎，[tʰin³⁵ ʂuɛ²⁴ n̩⁵¹ xuei⁵⁵ tʂʰɛ⁵¹ xuaŋ⁵¹] 扯谎：撒谎

今朝我想见识一下儿，[tɕin⁴⁴ tʂo³¹ ŋo⁵¹ ɕiaŋ⁵¹ tɕiɛn³⁵ ʂɿ⁵⁵ i²⁴ xər⁵⁵] 今朝：今天

看尔能不能把我从堂上骗到堂下，[kʰan³⁵ n̩⁵¹ nən³¹ pu²⁴ nən³¹ pa⁵¹ ŋo⁵¹ tsʰuŋ³¹ tʰaŋ³¹ ʂaŋ⁵⁵ pʰiɛn³⁵ tau³⁵ tʰaŋ³¹ ɕia⁵⁵]

那就算尔真是有板眼儿。"[na⁵⁵ tɕiəu⁵⁵ san³⁵ n̩⁵¹ tʂən⁴⁴ ʂɿ⁵⁵ iəu⁵¹ pan⁵¹ iɐr³¹]

"老爷，要把尔从堂上哄到堂下不难，[nau⁵¹ iɛ³¹, iau³⁵ pa⁵¹ n̩⁵¹ tsʰuŋ³¹ tʰaŋ³¹ ʂaŋ⁵⁵ xuŋ⁵¹ tau³⁵ tʰaŋ³¹ ɕia⁵⁵ pu²⁴ nan³¹] 哄：骗

得要有一样东西。"[tɛ²⁴ iau³⁵ iəu⁵¹ i²⁴ iaŋ⁵⁵ tuŋ⁴⁴ ɕi⁰]

老爷说："么东西耶？"[nau⁵¹ iɛ³¹ ʂuɛ²⁴ ： mo⁵¹ tuŋ⁴⁴ ɕi⁰ iɛ⁰] 么：什么

何三麻子说：[xo³¹ san⁴⁴ ma³¹ tsɿ⁰ ʂuɛ²⁴]

"那得要有一个扯谎架子。"[na⁵⁵ tɛ²⁴ iau³⁵ iəu⁵¹ i²⁴ ko³⁵ tʂʰɛ⁵¹ xuaŋ⁵¹ tɕia³⁵ tsɿ⁰]

老爷说："那扯谎架子在哪儿咧？"[nau⁵¹ iɛ³¹ ʂuɛ²⁴ ： na⁵⁵ tʂʰɛ⁵¹ xuaŋ⁵¹ tɕia³⁵ tsɿ⁰ tai⁵⁵ nar⁵¹ niɛ⁰]

何三麻子说：[xo³¹ san⁴⁴ ma³¹ tsɿ⁰ ʂuɛ²⁴]

"扯谎架子放在我的屋里得。"[tʂʰɛ⁵¹ xuaŋ⁵¹ tɕia³⁵ tsɿ⁰ faŋ³⁵ tai⁵⁵ ŋo⁵¹ ti⁰ u²⁴ ni⁰ tɛ³¹]

老爷说："好，[nau⁵¹ iɛ³¹ ʂuɛ²⁴ ： xau⁵¹]

那尔就回去把扯谎架子搬得来。"[na⁵⁵ n̩⁵¹ tsəu⁵⁵ xuei³¹ tɕʰi⁴⁴ pa⁵¹ tʂʰɛ⁵¹ xuaŋ⁵¹ tɕia³⁵ tsɿ⁰ pan⁴⁴ tɛ⁰ nai³¹]

何三麻子就连忙跑出堂外，[xo³¹ san⁴⁴ ma³¹ tsɿ⁰ tɕiəu⁵⁵ niɛn³¹ maŋ³¹ pʰau³¹ tʂʰu²⁴ tʰaŋ³¹ uai⁵⁵]

在街上转了一下儿，[tai⁵⁵ kai⁴⁴ ʂaŋ⁰ tsʰuan³⁵ niau⁰ i²⁴ xar⁵⁵]

就着就跑回来。[tɕiəu⁵⁵ tʂo³¹ tsəu⁵⁵ pʰau³¹ xuei³¹ nai³¹] 就着：紧接着

说:"老爷,扯谎架子搬得来了的。"[ʂʅɛ²⁴: nau⁵¹iɛ³¹, tʂʰɛ⁵¹xuaŋ⁵¹tɕia³⁵tsʅ⁰ pan⁴⁴tɛ²⁴nai³¹iau⁰ti⁰]

老爷说:"那尔放在哪儿得嘞?"[nau⁵¹iɛ³¹ʂʅɛ²⁴: na⁵⁵n̩⁵¹faŋ³⁵tai⁵⁵nar¹¹tɛ³¹nɛ⁰]

<small>尔:你</small>

何三麻子说:[xo³¹san⁴⁴ma³¹tsʅ⁰ʂʅɛ²⁴]

"迩个扯谎架子蛮大个家伙,[niɛ³⁵ko⁵⁵tʂʰɛ⁵¹xuaŋ⁵¹tɕia³⁵tsʅ⁰man³¹ta⁵⁵ko³⁵tɕia⁴⁴xo³¹] <small>迩个:这个</small>

搬不进来,放在堂外得,[pan⁴⁴pu²⁴tɕin³⁵nai³¹, faŋ³⁵tai⁵⁵tʰaŋ³¹uai⁵⁵tɛ³¹]

尔过来看下儿,看放哪个场儿好。"[n̩⁵¹ko³⁵nai³¹kʰan³⁵xar⁵⁵, kʰan³⁵faŋ³⁵na⁵¹ko³⁵tʂʰar⁵¹xau⁵¹] <small>场儿:地方</small>

老爷于是就跑到堂外来了,[nau⁵¹iɛ³¹ʮ³¹ʂʅ⁵⁵tsəu⁵⁵pʰau³¹tau³⁵tʰaŋ³¹uai⁵⁵nai³¹iau⁰]

一看嘞什么都冇得。[i²⁴kʰan³⁵nɛ⁰ʂən³⁵mo⁵¹təu⁴⁴mau⁵⁵tɛ²⁴] <small>冇得:没有</small>

何三麻子说:"哎,老爷,[xo³¹san⁴⁴ma³¹tsʅ⁰ʂʅɛ²⁴: ɛ⁰, nau⁵¹iɛ³¹]

迩不是把尔哄下堂来了哇?"[niɛ³⁵pu²⁴ʂʅ⁵⁵pa⁵¹n̩⁵¹xuŋ⁵¹ɕia⁵⁵tʰaŋ³¹nai³¹iau⁰ua⁰]

意译:扯谎架子。新县官上任,听说何三麻子很有本事,就想见识一下儿。想把何三麻子传到县衙。县官说:"何三麻子,听说你会撒谎,今天我想见识一下儿,看你能不能把我从堂上骗到堂下,那就算你真是有本事。""老爷,要把你从堂上骗到堂下不难,得要有一样东西。"老爷说:"是什么东西呀?"何三麻子说:"那得要有一个撒谎架子。"老爷说:"那撒谎架子在什么地方呢?"何三麻子说:"撒谎架子放在我家里。"老爷说:"好,那你就回去把撒谎架子搬过来。"何三麻子就连忙跑出堂外,在街上转了一下儿,接着就跑回来。说:"老爷,撒谎架子已经搬来了。"老爷说:"那你放在哪了呢?"何三麻子说:"这个撒谎架子是个大块头,搬不进来,放在堂外呢。你过来看一下,看放在哪个地方好。"老爷于是就跑到堂外来了,一看什么都没有。何三麻子说:"哎,老爷,这不是把你骗下堂来了?"

0023 其他故事

其他故事《打牌》。[tɕʰi³¹tʰa⁴⁴ku³⁵sʅ⁵⁵ta⁵¹pʰai³¹]

我们农村有个婆婆连老儿,[ŋo⁵¹mən³¹nuŋ³¹tsʰən⁴⁴iəu⁵¹ko³⁵pʰo³¹pʰo⁰niɛn³¹naur⁵¹]

<small>婆婆连老儿:老头老太太</small>

到烧中饭火的时候,[tau³⁵ʂau⁴⁴tʂuŋ⁴⁴fan³¹xo⁵¹ti⁰ʂʅ³¹xəu³¹] <small>烧中饭火:做午饭</small>

都不愿意去烧火。[təu⁴⁴pu²⁴ʮan⁵⁵i⁴⁴tɕʰi³⁵ʂau⁴⁴xo⁵¹] <small>烧火:做饭</small>

他们就用打牌的方式来应输赢,[tʰa⁴⁴mən³¹tsəu⁵⁵yŋ⁵⁵ta⁵¹pʰai³¹ti⁰faŋ⁴⁴ʂʅ³⁵nai³¹ in³⁵ ʂʅ⁴⁴ in³¹〕应：论

但是屋里又有得牌，〔tan⁵⁵ ʂʅ⁵⁵ u²⁴ ni⁰ iəu⁵⁵ mau⁵⁵ tɛ²⁴ pʰai³¹〕有得：没有

就决定用家里的物件做代替。〔tsəu⁵⁵ tʂuɛ²⁴ tin⁵⁵ yŋ⁵⁵ tɕia⁴⁴ ni⁰ ti⁰ u²⁴ tɕiɛn⁵⁵ tsəu³⁵ tai⁵⁵ tʰi³⁵〕

首先就由老头儿来出牌。〔ʂəu⁵¹ ɕiɛn⁴⁴ tsəu⁵⁵ iəu³¹ nau⁵¹ tʰər³¹ nai³¹ tʂʰʅ²⁴ pʰai³¹〕

老头儿拿了两个锄头，〔nau⁵¹ tʰər³¹ na³¹ niau⁰ niaŋ⁵¹ ko⁴⁴ tsʰəu³¹ tʰəu⁰〕

就说："一对七。"〔tsəu⁵⁵ ʂuɛ²⁴ i²⁴ tei³⁵ tɕʰi²⁴〕

老婆婆唉就拿了两个葫芦瓢，〔nau⁵¹ pʰo³¹ pʰo⁰ ei⁰ tsəu⁵⁵ na³¹ niau⁰ niaŋ⁵¹ ko⁴⁴ kʰu¹ nəu³¹ pʰiau³¹〕

说："一对八。"〔ʂuɛ²⁴ i²⁴ tei³⁵ pa²⁴〕

老头儿就拿了两个勺子，〔nau⁵¹ tʰər³¹ tsəu⁵⁵ na³¹ niau⁰ niaŋ⁵¹ ko⁴⁴ ʂau³¹ tsʅ⁰〕

说："一对九。"〔ʂuɛ²⁴ i²⁴ tei³⁵ tɕiəu⁵¹〕

老婆婆看倒屋里挂腊肉的两个钩子，〔nau⁵¹ pʰo³¹ pʰo⁰ kʰan³⁵ tau⁰ u²⁴ ni⁰ kua³⁵ na²⁴ zəu²⁴ ti⁰ niaŋ⁵¹ ko⁴⁴ kəu⁴⁴ tsʅ⁰〕

就说："一对钩儿。"〔tsəu⁵⁵ ʂuɛ²⁴ i²⁴ tei³⁵ kər⁴⁴〕

老头儿赶紧到鸡窝里拿了两个鸡蛋，〔nau⁵¹ tʰər³¹ kan⁵¹ tɕin⁵¹ tau³⁵ tɕi⁴⁴ ŋo⁴⁴ ni⁰ na³¹ niau⁰ niaŋ⁵¹ ko⁴⁴ tɕi⁴⁴ tan⁴⁴〕

就说："一对Q。"〔tsəu⁵⁵ ʂuɛ²⁴ i²⁴ tei³⁵ kʰu⁴⁴〕

老婆婆就跑到厨房屋里灶门口，〔nau⁵¹ pʰo³¹ pʰo⁰ tsəu⁵⁵ pʰau³¹ tau³⁵ tʂʰʅ³¹ faŋ³¹ u²⁴ ni⁰ tsau³⁵ mən³¹ kʰəu³¹〕

拿了两个火钳，〔na³¹ niau⁰ niaŋ⁵¹ ko⁴⁴ xo⁵¹ tɕʰiɛn³¹〕

说："一对尖儿。"〔ʂuɛ²⁴ i²⁴ tei³⁵ tɕiɛr⁴⁴〕

老头儿见状唉到院子里去捉了两个鸭子，〔nau⁵¹ tʰəu³¹ ər³¹ tɕiɛn³⁵ tʂuaŋ³⁵ ei⁰ tau³⁵ ɥan⁵⁵ tsʅ⁰ ni⁰ tɕʰi³⁵ tso²⁴ niau⁰ niaŋ⁵¹ ko³⁵ ia²⁴ tsʅ⁰〕

说："一对二。"〔ʂuɛ²⁴ i²⁴ tei³⁵ ər⁵⁵〕

老婆婆唉就把一个孙儿一个孙女儿抱到个桌子高头，〔nau⁵¹ pʰo³¹ pʰo⁰ ei⁰ tsəu⁵⁵ pa⁵¹ i²⁴ ko³⁵ sən⁴⁴ ər³¹ i²⁴ ko³⁵ sən⁴⁴ ɥʅ⁵¹ pau⁵⁵ tau³⁵ ko³⁵ tʂo²⁴ tsʅ⁰ kau⁴⁴ tʰəu⁰〕高头：上面

就说："一对小鬼。"〔tsəu⁵⁵ ʂuɛ²⁴ i²⁴ tei³⁵ ɕiau⁵¹ kuei⁵¹〕

老头唉看到迥个嘞，〔nau⁵¹ tʰər³¹ ei⁰ kʰan³⁵ tau⁰ niɛ³⁵ ko⁵⁵ nɛ⁰〕迥个：这个

就把老婆婆抱到个桌子高头，〔tsəu⁵⁵ pa⁵¹ nau⁵¹ pʰo³¹ pʰo⁰ pau⁵⁵ tau³⁵ ko³⁵ tʂo²⁴ tsʅ⁰ kau⁴⁴ tʰəu⁰〕

自己在桌子高头去坐倒，〔tsʅ⁵⁵ tɕi⁵¹ tai⁵⁵ tʂo²⁴ tsʅ⁰ kau⁴⁴ tʰəu⁰ tɕʰi³⁵ tso⁵⁵ tau⁰〕

就说："一对大鬼。"〔tsəu⁵⁵ ʂuɛ²⁴ i²⁴ tei³⁵ ta⁵⁵ kuei⁵¹〕

婆婆连老儿唉就哈哈大笑，[pʰo³¹ pʰo³¹ niɛn³¹ naur⁵¹ ei⁰ tsəu⁵⁵ xa⁴⁴ xa⁴⁴ ta⁵⁵ ɕiau³⁵]

笑着笑着老婆婆放了一个屁，[ɕiau³⁵ tʂo⁰ ɕiau³⁵ tʂo⁰ nau⁵¹ pʰo³¹ pʰo³¹ faŋ³⁵ ŋau⁰ i²⁴ ko³⁵ pʰi³⁵]

放了一个屁，于的一放，[faŋ³⁵ ŋau⁰ i²⁴ ko³⁵ pʰi³⁵，ʮ³¹ ti⁰ i²⁴ faŋ³⁵] 于的：一边

她就说："炸弹。"[tʰa⁴⁴ tsəu⁵⁵ ʂuɛ²⁴ tʂa³⁵ tan⁵⁵]

炸弹就老头输了，[tʂa³⁵ tan⁵⁵ tsəu⁵⁵ nau⁵¹ tʰəu³¹ ʂʮ⁴⁴ ʐau⁰]

老头儿就只有去烧火。[nau⁵¹ tʰər³¹ tsəu⁵⁵ tʂʮ²⁴ iəu⁵¹ tɕʰi³⁵ ʂau⁴⁴ xo⁵¹] 烧火：做饭

意译：其他故事《打牌》。我们农村有老头老太太老两口儿，到吃午饭的时候，都不愿意去做饭。他们就用打牌的方式来决定输赢，但是家里又没有牌，就决定用家里的物件做代替。首先就由老头儿来出牌。老头儿拿了两个锄头，就说："一对七。"老婆婆呢就拿了两个葫芦瓢，说："一对八。"老头儿就拿了两个勺子，说："一对九。"老婆婆看着家里挂腊肉的两个钩子，就说："一对钩儿。"老头儿赶紧到鸡窝里拿了两个鸡蛋，就说："一对Q。"老婆婆就又跑到厨房里灶门口，拿了两个火钳，说："一对尖儿。"老头儿见状就到院子里去捉了两只鸭子，说："一对二。"老婆婆呢就把一个孙子一个孙女都抱到个桌子上，就说："一对小鬼。"老头看到这个就把老婆婆抱到个桌子上，自己在桌子上去坐着，就说："一对大鬼。"老两口就哈哈大笑，笑着笑着老婆婆放了一个屁，放了一个屁，一边放一边说："炸弹。"炸弹就表明老头输了，老头儿就只有去做饭。

0024 其他故事

村姑考颜回。[tsʰən⁴⁴ ku⁴⁴ kʰau⁵¹ iɛn³¹ xuei³¹]

孔子和他的得意门生颜回，[kʰuŋ⁵¹ tsʮ⁰ xo³¹ tʰa⁴⁴ ti⁰ tɛ²⁴ i³⁵ mən³¹ sən⁴⁴ iɛn³¹ xuei³¹]

两人一起外出郊游。[niaŋ⁵¹ zən³¹ i²⁴ tɕʰi⁵¹ uai⁵⁵ tʂʰʮ²⁴ tɕiau⁴⁴ iəu³¹]

有一天，走到一个村边，[iəu⁵¹ i²⁴ tʰiɛn⁴⁴，tsəu⁵¹ tau³⁵ i²⁴ ko³⁵ tsʰən⁴⁴ piɛn⁴⁴]

孔子口渴，[kʰuŋ⁵¹ tsʮ⁰ kʰəu⁵¹ kʰo²⁴]

想叫颜回去讨口水喝。[ɕiaŋ⁵¹ tɕiau³⁵ iɛn³¹ xuei³¹ tɕʰi³⁵ tʰau⁵¹ kʰəu⁵¹ ʂuei⁵¹ xo²⁴]

颜回走到个村边儿，[iɛn³¹ xuei³¹ tsəu⁵¹ tau³⁵ ko³⁵ tsʰən⁴⁴ piɛr⁴⁴]

看到一个村姑，就说：[kʰan³⁵ tau³⁵ i²⁴ ko³⁵ tsʰən⁴⁴ ku⁴⁴，tsəu⁵⁵ ʂuɛ²⁴]

"我的老师口渴，想讨口水喝。"[ŋo⁵¹ ti⁰ nau⁵¹ ʂʮ⁴⁴ kʰəu⁵¹ kʰo²⁴，ɕiaŋ⁵¹ tʰau⁵¹ kʰəu⁵¹ ʂuei⁵¹ xo²⁴]

村姑就问："尔是谁呀？"[tsʰən⁴⁴ ku⁴⁴ tsəu⁵⁵ uən⁵⁵：n̩⁵¹ ʂʮ⁵⁵ ʂuei³¹ ia⁰] 尔：你

颜回就说：[iɛn³¹ xuei³¹ tsəu⁵⁵ ʂuɛ²⁴]

"我是孔子的学生颜回。"[ŋo⁵¹ ʂʮ⁵⁵ kʰuŋ⁵¹ tsʮ⁰ ti⁰ ɕio³¹ sən³¹ iɛn³¹ xuei³¹]

"哦，尔就是颜回呀，[o⁰, n̩⁵¹ tsəu⁵⁵ ʂɿ⁵⁵ iɛn³¹ xuei³¹ ia⁰]
我给尔出一个题目，[ŋo⁵¹ kɛ⁵¹ n̩⁵¹ tʂʰʯ²⁴ i²⁴ ko³⁵ tʰi³¹ mu²⁴]
答对了你就有水喝，[ta²⁴ tei³⁵ iau⁰ ni⁵¹ tsəu⁵⁵ iəu⁵¹ ʂuei⁵¹ xo²⁴]
答错了就冇得水喝。"[ta²⁴ tsʰo³⁵ niau⁰ tsəu⁵⁵ mau⁵⁵ tɛ²⁴ ʂuei⁵¹ xo²⁴] 冇得：没有
"那是什么题目呢？"[na⁵⁵ ʂɿ⁵⁵ ʂən³⁵ mo⁵¹ tʰi³¹ mu²⁴ ni⁰]
"就是出一个字。"[tsəu⁵⁵ ʂɿ⁵⁵ tʂʰʯ²⁴ i²⁴ ko³⁵ tsɿ⁵⁵]
颜回哪儿顾得她的问题咧，[iɛn³¹ xuei³¹ nar⁵¹ ku⁵¹ tɛ⁵⁵ tʰa⁴⁴ ti⁰ uən⁵⁵ tʰi³¹ niɛ⁰]
就说："好吧，那尔就出吧。"[tsəu⁵⁵ ʂuɛ²⁴ xau⁵¹ pa⁰, na⁵⁵ n̩⁵¹ tɕiəu⁵¹ tʂʰʯ²⁴ pa⁰]
村姑就把扁担往井口上一放。[tsʰən⁴⁴ ku⁴⁴ tsəu⁵⁵ pa⁵¹ piɛn⁵¹ tan⁴⁴ uaŋ⁵¹ tɕin⁵¹ kʰəu⁵¹ ʂaŋ³¹ i²⁴ faŋ³⁵]
她说："尔看，这是个什么字？"[tʰa⁴⁴ ʂuɛ²⁴ : n̩⁵¹ kʰan³⁵, tʂɛ³⁵ ʂɿ⁵⁵ ko⁵⁵ ʂən³⁵ mo⁵¹ tsɿ⁵⁵]
颜回说："迩还不简单，[iɛn³¹ xuei³¹ ʂuɛ²⁴ : niɛ³⁵ xai³¹ pu²⁴ tɕiɛn⁵¹ tan⁴⁴] 迩：这
迩不就是一个中字啊。"[niɛ³⁵ pu²⁴ tɕiəu⁵⁵ ʂɿ⁵⁵ i²⁴ ko³⁵ tsuŋ⁴⁴ tsɿ⁵⁵ a⁰]
村姑说："错，你的老师是孔子，[tsʰən⁴⁴ ku⁴⁴ ʂuɛ²⁴ : tsʰo³⁵, ni⁵¹ ti⁰ nau⁵¹ sɿ⁴⁴ ʂɿ⁵⁵ kʰuŋ⁵¹ tsɿ⁰]
孔子他的字是仲字，[kʰuŋ⁵¹ tsɿ⁰ tʰa⁴⁴ ti⁰ tsɿ⁵⁵ ʂɿ⁵⁵ tʂuŋ⁵⁵ tsɿ⁵⁵]
你怎么说是个中字咧？"[ni⁵¹ tsən⁵¹ mo⁵¹ ʂuɛ²⁴ ʂɿ⁵⁵ ko⁵⁵ tsuŋ⁴⁴ tsɿ⁵⁵ niɛ⁰]
颜回不服气，就争执起来。[iɛn³¹ xuei³¹ pu²⁴ fu²⁴ tɕʰi³⁵, tsəu⁵⁵ tsən⁴⁴ tʂɿ²⁴ tɕʰi⁵¹ nai⁰]
村姑说："尔回去问下儿尔的老师。"[tsʰən⁴⁴ ku⁴⁴ ʂuɛ²⁴ : n̩⁵¹ xuei³¹ tɕʰi³⁵ uən⁵⁵ xər⁴⁴ n̩⁵¹ ti⁰ nau⁵¹ sɿ⁴⁴]
于是呢，[ʯ³¹ ʂɿ⁵⁵ ni⁰]
颜回就空着手回到他老师身边。[iɛn³¹ xuei³¹ tsəu⁵⁵ kʰuŋ⁴⁴ tʂo⁰ ʂəu⁵¹ xuei³¹ tau³⁵ tʰa⁴⁴ nau⁵¹ sɿ⁴⁴ ʂən⁴⁴ piɛn⁴⁴]
老师问他："尔怎么没讨到水呀？"[nau⁵¹ sɿ⁴⁴ uən⁵⁵ tʰa⁴⁴ : n̩⁵¹ tsən⁵¹ mo⁵¹ mei³⁵ tʰau⁵¹ tau³⁵ ʂuei⁵¹ ia⁰ ?]
颜回就把情况跟孔子说了一番。[iɛn³¹ xuei³¹ tsəu⁵⁵ pa⁵¹ tɕʰin³¹ kʰuaŋ³⁵ kən⁴⁴ kʰuŋ⁵¹ tsɿ⁰ ʂuɛ²⁴ niau⁰ i²⁴ fan⁴⁴]
孔子说："是你错了，[kʰuŋ⁵¹ tsɿ⁵¹ ʂuɛ²⁴ : ʂɿ⁵⁵ ni⁵¹ tsʰo³⁵ niau⁰]
口字上加一个扁担就是一个中字，[kʰəu⁵¹ tsɿ⁵⁵ ʂaŋ⁵⁵ tɕia⁴⁴ i²⁴ ko³⁵ piɛn⁵¹ tan⁴⁴ tsəu⁵⁵ ʂɿ⁵⁵ i²⁴ ko³⁵ tsuŋ⁴⁴ tsɿ⁵⁵]
那旁边你站在旁边是一个人，[na⁵⁵ pʰaŋ³¹ piɛr⁴⁴ ni⁵¹ tsan³⁵ tai⁵⁵ pʰaŋ³¹ piɛr⁴⁴ ʂɿ⁵⁵ i²⁴ ko³⁵ zən³¹]

一个人加一个中字不就是个仲么？"［i²⁴ko³⁵zən³¹tɕia⁴⁴i²⁴ko³⁵tʂuŋ⁴⁴tsɿ⁵⁵pu²⁴tsəu⁵⁵ʂɿ⁵⁵ko³⁵tʂuŋ⁵⁵mo⁰］

意译：村姑考颜回。孔子和他的得意门生颜回两人一起外出郊游。有一天，走到一个村边，孔子口渴了，想叫颜回去讨口水喝。颜回走到一个村边，看到一个村姑，就说："我的老师口渴了，想讨口水喝。"村姑就问："你是谁呀？"颜回就说："我是孔子的学生颜回。"她说："哦，你就是颜回呀？我给你出一个题目，答对了你就有水喝，答错了，就没有水喝。""那是什么题目呢？""就是出一个字。"颜回哪儿顾得她的问题，就说："好吧，那你就出吧。"村姑就把扁担往那个井口上一放。她说："你看，这是个什么字？"颜回说："这还不简单，这不就是一个中字啊。"村姑说："错，你的老师是孔子，孔子他的字是仲字，你怎么说是个中字呢？"颜回不服气，就争执起来。村姑说："你回去问下儿你的老师。"于是呢颜回就空着手回到他的老师身边。老师问他："你怎么没讨到水呀？"颜回就把情况跟孔子说了一番。孔子说："是你错了，口字上加一个扁担就是一个中字。那旁边你站在旁边是一个人，一个人加一个中字不就是个仲吗？"

0025 其他故事

弯尺的来历。［uan⁴⁴tʂʰɿ²⁴ti⁰nai³¹ni²⁴］

相传嘞鲁班年轻的时候，［ɕiaŋ³⁵tʂʰuan³¹nɛ⁰nəu⁵¹pan⁴⁴iɛn³¹tɕʰin⁴⁴ti⁰ʂɿ³¹xəu³¹］

比较轻狂。［piɛ⁵¹tɕiau³⁵tɕʰin⁴⁴kʰuaŋ³¹］

他造了一座桥，［tʰa⁴⁴tsʰau³⁵uau⁰i²⁴tso⁵⁵tɕʰiau³¹］造：建

正当迦个桥完工的时候唉，［tʂən³⁵taŋ⁴⁴niɛ³⁵ko⁵⁵tɕʰiau³¹uan³¹kuŋ⁴⁴ti⁰ʂɿ³¹xəu³¹ai⁰］迦：这

正碰上张果老骑着一头驴子，［tʂən³⁵pʰuŋ³⁵ʂaŋ⁵⁵tʂaŋ⁴⁴ko⁵¹nau⁵¹tɕʰi³¹tʂo⁰i²⁴tʰəu³¹ni³¹tsɿ⁰］

搭着八座大山，［ta²⁴tʂo⁰pa²⁴tso⁵⁵ta⁵⁵ʂan⁴⁴］

路过迦个地方。［nəu⁵⁵ko³⁵niɛ³⁵ko³⁵ti⁵⁵faŋ³¹］

就指倒迦个桥说：［tsəu⁵⁵tsɿ⁵¹tau⁰niɛ³⁵ko⁵⁵tɕʰiau³¹ʂuɛ²⁴］迦个：这个

"鲁博士，尔造的迦个桥［nəu⁵¹po²⁴sɿ⁴⁴，n̩⁵¹tsʰau³⁵ti⁰niɛ³⁵ko⁵⁵tɕʰiau³¹］尔：你

能不能承得住我的一个人和迦头驴子唉？"［¹nən³¹pu²⁴nən³¹tʂən³¹tɛ⁰tʂʅ⁵¹ŋo⁵¹ti⁰i²⁴ko³⁵zən³¹xo³¹niɛ³⁵tʰəu³¹ni³¹tsɿ⁰ai⁰］

鲁班说："哼，［nəu⁵¹pan⁴⁴ʂuɛ²⁴：xən⁵¹］

尔还不看下迦个桥是哪个造的哟，［n̩⁵¹xai³¹pu²⁴kʰan³⁵xa⁵⁵niɛ³⁵ko⁵⁵tɕʰiau³¹ʂɿ⁵⁵na⁵¹ko³⁵tsʰau³⁵ti⁰io⁰］

这个桥大风大浪都见过了，[tʂɛ³⁵ ko⁵⁵ tɕʰiau³¹ ta⁵⁵ fuŋ⁴⁴ ta⁵⁵ naŋ⁵⁵ təu⁴⁴ tɕiɛn³⁵ ko⁵⁵ niau⁰]

还承受不了迣头驴子和尔迣个人哪？" [xai³¹ tʂʰən³¹ ʂəu⁵⁵ pu²⁴ niau⁰ niɛ³⁵ tʰəu³¹ ni³¹ tsɿ⁰ xo³¹ n̩⁵¹ niɛ³⁵ ko⁵⁵ zən³¹ na⁰]

接着，张果老就骑着驴子向桥上走。[tɕiɛ²⁴ tʂo³¹, tʂaŋ⁴⁴ ko⁵¹ nau⁵¹ tsəu⁵⁵ tɕʰi³¹ tʂo⁰ ni³¹ tsɿ⁰ ɕiaŋ³⁵ tɕʰiau³¹ ʂaŋ³¹ tsəu⁵¹]

刚走到桥高头，[kaŋ⁴⁴ tsəu⁵¹ tau³⁵ tɕʰiau³¹ kau⁴⁴ tʰəu⁰] 高头：上面

就看到迣个桥往下沉。[tsəu⁵⁵ kʰan³⁵ tau³⁵ niɛ³⁵ ko⁵⁵ tɕʰiau³¹ uaŋ⁵¹ ɕia⁵⁵ tʂʰən³¹]

慌忙之中，[xuaŋ⁴⁴ maŋ³¹ tʂɿ⁴⁴ tʂuŋ⁴⁴]

鲁班就拿倒他的古尺，[nəu⁵¹ pan⁴⁴ tsəu⁵⁵ na³¹ tau⁰ tʰa⁴⁴ ti⁰ ku⁵¹ tʂʰɿ²⁴]

就把迣个桥撑倒。[tsəu⁵⁵ pa⁵¹ niɛ³⁵ ko⁵⁵ tɕʰiau³¹ tsʰən⁴⁴ tau⁰]

哪晓得桥还是往下垮，[na⁵¹ ɕiau⁵¹ tɛ²⁴ tɕʰiau³¹ xai³¹ ʂɿ⁵⁵ uaŋ⁵¹ ɕia⁵⁵ kʰua⁵¹]

一直把迣个尺子压弯了。[i²⁴ tsɿ³¹ pa⁵¹ niɛ³⁵ ko⁵⁵ tʂʰɿ²⁴ tsɿ⁰ ia²⁴ uan⁴⁴ niau⁰]

迣时候，张果老就说：[niɛ³⁵ ʂɿ³¹ xəu³¹, tʂaŋ⁴⁴ ko⁵¹ nau⁵¹ tsəu⁵⁵ ʂuɛ²⁴]

"学艺的人，不要自命轻狂，[ɕio³¹ i⁵⁵ ti⁰ zən³¹, pu²⁴ iau³⁵ tsɿ⁵⁵ min⁵⁵ tɕʰin⁴⁴ kʰuaŋ³¹]

尔还不晓得我今天骑的迣个驴子，[n̩⁵¹ xai³¹ pu²⁴ ɕiau⁵¹ tɛ²⁴ ŋo⁵¹ tɕin⁴⁴ tʰiɛn⁴⁴ tɕʰi³¹ ti⁰ niɛ³⁵ ko⁵⁵ ni³¹ tsɿ⁰]

是驮了八大名山来的耶，[ʂɿ⁵⁵ tʰo³¹ niau⁰ pa²⁴ ta⁵⁵ min³¹ ʂan⁴⁴ nai³¹ ti⁰ iɛ⁰]

尔还说尔的迣个桥扎实，[n̩⁵¹ xai³¹ ʂuɛ²⁴ n̩⁵¹ ti⁰ niɛ³⁵ ko⁵⁵ tɕʰiau³¹ tʂa²⁴ ʂɿ⁵⁵] 扎实：结实

不是我显下儿神通，[pu²⁴ ʂɿ⁵⁵ ŋo⁵¹ ɕiɛn⁵¹ xər⁵⁵ ʂən³¹ tʰuŋ⁴⁴]

尔的迣个桥早就垮了。" [n̩⁵¹ ti⁰ niɛ³⁵ ko⁵⁵ tɕʰiau³¹ tsau⁵¹ tɕiəu⁵⁵ kʰua⁵¹ niau⁰]

迣个时候鲁班就感到很服输。[niɛ³⁵ ko⁵⁵ ʂɿ³¹ xəu³¹ nəu⁵¹ pan⁴⁴ tsəu⁵⁵ kan⁵¹ tau³⁵ xɛ⁵¹ fu²⁴ ʂu⁴⁴]

为了牢记这个夸海口的教训嘞，[uei⁵⁵ niau⁰ nau³¹ tɕi³⁵ tʂɛ³⁵ ko⁵⁵ kʰua⁴⁴ xai⁵¹ kʰəu⁵¹ ti⁰ tɕiau³⁵ ʂuən⁵⁵ nɛ⁰]

鲁班就一直把迣个弯尺带在身边。[nəu⁵¹ pan⁴⁴ tsəu⁵⁵ i²⁴ tsɿ³¹ pa⁵¹ niɛ³⁵ ko⁵⁵ uan⁴⁴ tʂʰɿ²⁴ tai³⁵ tsai⁵⁵ ʂən⁴⁴ pian⁴⁴]

这个弯尺唉就是我们现在的角尺。[tʂɛ³⁵ ko⁵⁵ uan⁴⁴ tʂʰɿ²⁴ ei⁰ tsəu⁵⁵ ʂɿ⁵⁵ ŋo⁵¹ mən³¹ ɕiɛn⁵⁵ tsai⁵¹ ti⁰ ko²⁴ tʂʰɿ²⁴]

意译：弯尺的来历。相传鲁班年轻的时候，比较轻狂。他建了一座桥，正当这个桥完工的时候，正碰上张果老骑着一头驴子，搭着八座大山，路过这个地方，就指着这个桥说："鲁博士，你建的这个桥能不能承受得了我和这头驴子？"鲁班说："哼，你还不看下这个桥是谁建的。这个桥大风大浪都见过了，还承受

不了这头驴子和你这个人哪？"接着，张果老就骑着驴子向桥上走。刚走到桥上，就看到这个桥往下沉。慌忙之中，鲁班就拿着他的古尺，就把这个桥撑着。哪知道桥还是往下垮，一直把这个尺子压弯了。这时候，张果老就说："学艺的人，不要自命轻狂，你还不知道我今天骑的这个驴子是驮了八大名山来的吧。你还说你的这个桥结实。不是我显了一下儿神通，你的这个桥早就垮了。"这个时候鲁班就感到很服输。为了牢记这个夸海口的教训，鲁班就一直把这个弯尺带在身边。这个弯尺就是我们现在的角尺。

0026 其他故事

太白下棋。[tʰai³⁵ pɛ³¹ ɕia⁵⁵ tɕʰi³¹]

李白唡除了会作诗以外，[ni⁵¹ pɛ³¹ nɛ⁰ tʂʰʅ³¹ ʐau⁰ xuei⁵⁵ tso²⁴ ʂʅ⁴⁴ i⁵¹ uai⁵⁵]

还会下棋。[xai³¹ xuei⁵⁵ ɕia⁵⁵ tɕʰi³¹]

一般人还不是他的对手，[i²⁴ pan⁴⁴ ʐən³¹ xai³¹ pu²⁴ ʂʅ⁵⁵ tʰa⁴⁴ ti⁰ tei³⁵ ʂəu⁵¹]

只有迥个他的好朋友阮单秋，[tʂʅ⁵¹ iəu⁵¹ niɛ³⁵ ko⁵⁵ tʰa⁴⁴ ti⁰ xau⁵¹ pʰuŋ³¹ iəu⁰ ʐan³¹ tan⁴⁴ tɕʰiəu⁴⁴] 迥：那

还跟他能够分个高低。[xai³¹ kən⁴⁴ tʰa⁴⁴ nən³¹ kəu³⁵ fən⁴⁴ ko³⁵ kau⁴⁴ ti⁴⁴]

迥天两个人就顺倒府河往西游。[niɛ³⁵ tʰiɛn⁴⁴ niaŋ⁵¹ ko³⁵ ʐən³¹ tsou⁵⁵ ʂuəŋ⁵⁵ tau⁰ fu⁵¹ xo³¹ uaŋ⁵¹ ɕi⁴⁴ iəu³¹]

游到迥个洲子高头有块大石头，[iəu³¹ tau³⁵ niɛ⁵⁵ ko⁴⁴ tʂəu⁴⁴ tsʅ⁰ kau⁴⁴ tʰəu⁰ iəu⁵¹ kʰuai⁵¹ ta⁵⁵ ʂʅ³¹ tʰəu⁰]

还有迥个古松翠柏。[xai³¹ iəu⁵¹ niɛ³⁵ ko⁵⁵ ku⁵¹ suŋ⁴⁴ tsʰei³⁵ pɛ²⁴] 迥个：这个

站在大石头高头可以看到行船嘞，[tʂan³⁵ tai⁵⁵ ta⁵⁵ ʂʅ³¹ tʰəu⁰ kau⁴⁴ tʰəu⁰ kʰo⁵¹ i³¹ kʰan³⁵ tau⁵⁵ ɕin³¹ tʂʰuan³¹ nɛ⁰]

流水耶，这个东边儿的有寿山，[niəu³¹ ʂuei⁵¹ iɛ⁰，tʂɛ³⁵ ko⁵⁵ tuŋ⁴⁴ piɚ⁴⁴ ti⁰ iəu⁵¹ ʂəu⁵⁵ ʂan⁴⁴]

西边儿的有太白山。[ɕi⁴⁴ piɚ⁴⁴ ti⁰ iəu⁵¹ tʰai³⁵ pɛ³¹ ʂan⁴⁴]

这个两山嘞相互呼应。[tʂɛ³⁵ ko⁵⁵ niaŋ⁵¹ ʂan⁴⁴ nɛ⁰ ɕiaŋ³⁵ xu⁵⁵ xu⁴⁴ in³⁵]

两个人游得兴趣正浓的时候嘞，[niaŋ⁵¹ ko³⁵ ʐən³¹ iəu³¹ tɛ⁰ ɕin⁴⁴ tsʰei³⁵ tʂən³⁵ nuŋ³¹ ti⁰ ʂʅ³¹ xəu³¹ nɛ⁰]

这个就说我们就在迥个石头高头下一盘棋。[tʂɛ³⁵ ko⁵⁵ tsou⁵⁵ ʂuɛ²⁴ ŋo⁵¹ mən³¹ tsou⁵⁵ tai⁵⁵ niɛ³⁵ ko⁵⁵ ʂʅ³¹ tʰəu⁰ kau⁴⁴ tʰəu⁰ ɕia⁵⁵ i²⁴ pʰan³¹ tɕʰi³¹] 高头：上面

下着下着不分胜负。[ɕia⁵⁵ tʂo⁰ ɕia⁵⁵ tʂo⁰ pu²⁴ fən⁴⁴ ʂən³⁵ fu⁵⁵]

李白就说："算了，算了，[ni⁵¹ pɛ³¹ tsou⁵⁵ ʂuɛ²⁴：san³⁵ niau⁰，san³⁵ niau⁰]

我们去喝酒，[ŋo⁵¹ mən³¹ tɕʰi³⁵ xo²⁴ tɕiəu⁵¹]

留倒明天继续下。"[niəu³¹ tau⁰ min³¹ tʰiɛn⁴⁴ tɕi³⁵ səu²⁴ ɕia⁵⁵] 倒：着

李白就顺着捡了一块石头，[ni⁵¹ pɛ³¹ tsəu⁵⁵ ʂuan⁵⁵ tʂo⁰ tɕiɛn⁵¹ niau⁰ i²⁴ kʰuai⁵¹ ʂʅ³¹ tʰəu⁰] 顺着：顺手

就把迥个棋盘压倒，[tsəu⁵⁵ pa⁵¹ niɛ³⁵ ko⁵⁵ tɕʰi³¹ pʰan³¹ ia²⁴ tau⁰]

两人就飘然而去。[niaŋ⁵¹ zən³¹ tsəu⁵⁵ pʰiau⁴⁴ ʐan³¹ ər³¹ tɕʰi³⁵]

第二天嘞，[ti⁵⁵ ər⁵⁵ tʰiɛn⁴⁴ nɛ⁰]

这个相邻的村民就听说，[tʂɛ³⁵ ko⁵⁵ ɕiaŋ³⁵ nin³¹ ti⁰ tsʰən⁴⁴ min³¹ tsəu⁵⁵ tʰin³⁵ ʂuɛ²⁴]

阮单秋、李白在迥个场儿下棋，[ʐan³¹ tan⁴⁴ tɕʰiəu⁴⁴、ni⁵¹ pɛ³¹ tai⁵⁵ niɛ³⁵ ko⁵⁵ tʂʰar⁵¹ ɕia⁵⁵ tɕʰi³¹] 场儿：地方

都纷纷来看热闹。[təu⁴⁴ fən⁴⁴ fən⁴⁴ nai³¹ kʰan³⁵ ʐɛ²⁴ nau⁵⁵]

他们嘞这个懒汉等丫头，[tʰa⁴⁴ mən³¹ nɛ⁰ tʂɛ³⁵ ko⁵⁵ nan⁵¹ xan³¹ tən⁵¹ ia⁴⁴ tʰəu⁰]

等了好半天时间嘞，[tən⁵¹ niau⁰ xau⁵¹ pan³⁵ tʰiɛn⁴⁴ ʂʅ³¹ tɕiɛn⁴⁴ nɛ⁰]

都冇见到李白他们过来。[təu⁴⁴ mau⁵⁵ tɕiɛn³⁵ tau⁵⁵ ni⁵¹ pɛ³¹ tʰa⁴⁴ mən³¹ ko³⁵ nai³¹] 冇：没有

他们等得不耐烦的时候，[tʰa⁴⁴ mən³¹ tən⁵¹ tɛ⁰ pu²⁴ nai⁵⁵ fan³¹ ti⁰ ʂʅ³¹ xəu³¹]

说："他们两个不是喝多了酒吧？[ʂuɛ²⁴：tʰa⁴⁴ mən³¹ niaŋ⁵¹ ko³⁵ pu²⁴ ʂʅ⁵⁵ xo²⁴ to⁴⁴ niau⁰ tɕiəu⁵¹ pa⁰]

总来不了哦。"[tsuŋ⁵¹ nai³¹ pu²⁴ niau⁵¹ o⁰] 总：恐怕

他们想看下儿，[tʰa⁴⁴ mən³¹ ɕiaŋ⁵¹ kʰan³⁵ xər⁵⁵]

石头压的棋盘下面的棋局的究竟。[ʂʅ³¹ tʰəu⁰ ia²⁴ ti⁰ tɕʰi³¹ pʰan³¹ ɕia⁵⁵ miɛn⁵⁵ ti⁰ tɕʰi³¹ tʂuʅ²⁴ ti⁰ tɕiəu³⁵ tɕin⁰]

谁知石头压着的棋盘揭不开。[ʂuei³¹ tʂʅ⁴⁴ ʂʅ³¹ tʰəu⁰ ia²⁴ tʂo⁰ ti⁰ tɕʰi³¹ pʰan³¹ tɕiɛ²⁴ pu²⁴ kʰai⁴⁴]

迥个石头呢，[niɛ³⁵ ko⁵⁵ ʂʅ³¹ tʰəu⁰ ni⁰]

随着棋盘一天一天地向上长，[sei³¹ tʂo⁰ niɛ³⁵ ko⁵⁵ tɕʰi³¹ pʰan³¹ i²⁴ tʰiɛn⁴⁴ i²⁴ tʰiɛn⁴⁴ ti⁰ ɕiaŋ³⁵ ʂaŋ⁵⁵ tʂaŋ⁵¹]

就长成了像个工字样。[tsəu⁵⁵ tʂaŋ⁵¹ tʂʰən³¹ niau⁰ ɕiaŋ⁵⁵ ko⁵⁵ kuŋ⁴⁴ tsʅ⁵⁵ iaŋ⁵⁵]

哪知道李白只晓得他很有才气，[na⁵¹ tʂʅ⁴⁴ tau⁵⁵ ni⁵¹ pɛ³¹ tʂʅ⁵¹ ɕiau⁵¹ tɛ²⁴ tʰa⁴⁴ xɛ⁵¹ iəu⁵¹ tsʰai³¹ tɕʰi³⁵]

还不晓得他是天上的文曲星下凡。[xai³¹ pu²⁴ ɕiau⁵¹ tɛ²⁴ tʰa⁴⁴ ʂʅ⁵⁵ tʰiɛn⁴⁴ ʂaŋ⁰ ti⁰ uən³¹ tsʰuʅ²⁴ ɕin⁴⁴ ɕia⁵⁵ fan³¹]

这个石头下面的棋局是什么样子，[tʂɛ³⁵ ko⁵⁵ ʂʅ³¹ tʰəu⁰ ɕia⁵⁵ miɛn⁵⁵ ti⁰ tɕʰi³¹ tʂuʅ²⁴ ʂʅ⁵⁵ ʂən³⁵ mo⁵¹ iaŋ⁵⁵ tsʅ⁰]

这个仙人也再没有回来过，[tʂɛ³⁵ ko⁵⁵ ɕiɛn⁴⁴ zən³¹ iɛ⁵¹ tsai³⁵ mei³⁵ iəu⁵¹ xuei³¹ nai³¹ ko³⁵]

凡人也没有见过。[fan³¹ zən³¹ iɛ⁵¹ mei³⁵ iəu⁵¹ tɕiɛn³⁵ ko³⁵]

所以迗个谜耶一直搁在迗个场儿。[so⁵¹ i³¹ niɛ³⁵ ko⁵⁵ mi³¹ iɛ⁰ i²⁴ tʂʅ³¹ ko²⁴ tai⁵⁵ niɛ⁵⁵ ko⁴⁴ tʂʰar⁵¹]

后来人们把迗个工字型的棋叫做太白棋。[xəu⁵⁵ nai³¹ zən³¹ mən³¹ pa⁵¹ niɛ³⁵ ko⁵⁵ kuŋ⁴⁴ tsʅ⁵⁵ ɕin³¹ ti⁰ tɕʰi³¹ tɕiau³⁵ tsəu³⁵ tʰai³⁵ pɛ³¹ tɕʰi³¹]

意译：太白下棋。李白除了会作诗以外，还会下棋。一般人还不是他的对手，只有他的好朋友阮单秋还跟能够分个高低。这一天呢，两个人就顺着府河往西游玩。到那个洲子上，有块大石头，还有古松翠柏。站在那个大石头上可以看到行船、流水，东边有寿山，西边有太白山。两山相互呼应。两个人觉得兴趣正浓的时候，就说我们就在这个石头上下一盘棋。下着下着不分胜负。李白就说："算了，算了，我们去喝酒，留着明天继续下。"李白就顺手捡了一块石头，就把这个棋盘压着，两人就飘然而去。第二天，相邻的村民听说阮单秋、李白在这个地方下棋，都纷纷来看热闹。他们就像这个懒汉等丫头，等了好半天时间，都没有见到李白他们过来。他们等得不耐烦的时候，都说："他们两个人不是喝多了酒吧，恐怕来不了哦。"他们想看下儿这个石头压的棋盘下面的棋局的究竟。谁知这个石头压着的棋盘怎么都揭不开。这个石头呢随着这个棋盘一天一天地向上长，就长成了像个共字样。哪知道李白只知道他很有才气，还不知道他是天上的文曲星下凡。这个石头下面的这个棋局是个什么样子，这个仙人也再没有回来过，凡人也没有见过。所以这个谜一直搁在那个地方。后来人们把这个工字型的棋叫做太白棋。

四　自选条目

0031 自选条目

有雨落不落，[iəu⁵¹ ỹ⁵¹ no²⁴ pu²⁴ no²⁴] 落：下

只看东南角。[tʂʅ⁵¹ kʰan³⁵ tuŋ⁴⁴ nan³¹ ko²⁴]

意译：要看下不下雨，只要看东南方。

0032 自选条目

六月下连阴，[nəu²⁴ ỹɛ²⁴ ɕia⁵⁵ niɛn³¹ in³¹]

遍地出黄金。[piɛn³⁵ ti⁵⁵ tʂʰʅ²⁴ xuaŋ³¹ tɕin⁴⁴]

意译：六月下连阴雨，庄稼长得好，就像遍地出黄金。

0033 自选条目

春打六九头，[tʂʰuən⁴⁴ ta⁵¹ nəu²⁴ tɕiəu⁵¹ tʰəu³¹]

种田不用愁。[tʂuŋ³⁵ tʰiɛn³¹ pu²⁴ yŋ⁵⁵ tsʰəu³¹]

意译：春打六九头，种田不用愁。

0034 自选条目

麦子年年收，[mɛ²⁴ tsʅ⁰ iɛn³¹ iɛn³¹ ʂəu⁴⁴]

只怕懒汉不开沟。[tʂʅ⁵¹ pʰa³⁵ nan⁵¹ xan³⁵ pu²⁴ kʰai⁴⁴ kəu⁴⁴]

意译：麦子年年收，只怕懒汉不开沟。

0035 自选条目

天上出现钩钩云，[tʰiɛn⁴⁴ ʂaŋ⁰ tʂʰʅ²⁴ ɕiɛn⁵⁵ kəu⁴⁴ kəu⁴⁴ ʋən³¹]

三天之内雨淋淋。[san⁴⁴ tʰiɛn⁴⁴ tsʅ⁴⁴ nei⁵⁵ ʋ⁵¹ nin³¹ nin⁰]

意译：天上出现像钩子一样的云，三天之内一定会雨淋淋。

0036 自选条目

天上出现凤尾云，[tʰiɛn⁴⁴ ʂaŋ⁰ tʂʰʅ²⁴ ɕiɛn⁵⁵ fuŋ⁵⁵ uei⁵¹ ʋən³¹]

还有几天都是晴。[xai³¹ iəu⁵¹ tɕi⁵¹ tʰiɛn⁴⁴ təu⁴⁴ ʂʅ⁵⁵ tɕʰin³¹]

意译：天上如果出现凤尾云，未来几天都是晴天。

0037 自选条目

日落乌云长，半夜听雨响；[ər²⁴ no²⁴ u⁴⁴ ʋən³¹ tʂaŋ⁵¹，pan³⁵ iɛ⁵⁵ tʰin³⁵ ʋ⁵¹ ɕiaŋ⁵¹]

日落乌云结，黄泥干似铁。[ər²⁴ no²⁴ u⁴⁴ ʋən³¹ tɕiɛ²⁴，xuaŋ³¹ i³¹ kan⁴⁴ sʅ⁵⁵ tʰiɛ²⁴]

意译：傍晚日落时乌云出现，半夜一定会听到下雨的声音；傍晚日落时乌云渐渐消失，未来几天不会下雨，地里的黄泥会干似铁。

0038 自选条目

叫"舌头"为"赚头"。[tɕiau³⁵ ʂɛ³¹ tʰəu³¹ uei³¹ tʂʋan⁵⁵ tʰəu³¹]

意译：称"舌头"为"赚头"。

0039 自选条目

叫"鲫鱼"为"喜头"。[tɕiau³⁵ tɕi²⁴ ʯ³¹ uei³¹ ɕi⁵¹ tʰəu³¹]

意译：称"鲫鱼"为"喜头"鱼。

0040 自选条目

瞎子擤鼻子——乱甩。[ɕia²⁴ tsʅ⁰ ɕiɛn⁵¹ pi³¹ tsʅ⁰——nan⁵⁵ ʂuai⁵¹]

意译：瞎子擤鼻涕——乱甩。

0041 自选条目

断膀娃儿抠藕——下毒（独）手。[tan⁵⁵ paŋ⁵¹ uar⁰ ŋəu⁴⁴ ŋəu⁵¹——ɕia⁵⁵ təu³¹ (təu³¹) ʂəu⁵¹] 抠：挖

意译：断膀子挖藕——下毒（独）手。

0042 自选条目

半天云里跑马——露出了马脚。[pan³⁵ tʰiɛn⁴⁴ ʯən³¹ ni⁰ pʰau³¹ ma⁵¹——nəu⁵⁵ tʂʰʯ²⁴ zau⁰ ma⁵¹ tɕio²⁴]

意译：半天云里跑马——露出了马脚。

0043 自选条目

砂锅里炒豆子——乱蹦乱跳。[ʂa⁴⁴ ko⁴⁴ ni⁰ tʂau⁵¹ təu⁵⁵ tsʅ⁰——nan⁵⁵ puŋ³⁵ nan⁵⁵ tʰiau³⁵]

意译：砂锅里炒豆子——乱蹦乱跳。

0044 自选条目

扬叉打兔子——空儿里过。[iaŋ³¹ tʂʰa³¹ ta⁵¹ tʰəu³⁵ tsʅ⁰——kʰor³⁵ ni⁰ ko³⁵] 扬叉：Y形农具，用来翻扬谷草等

意译：扬叉打兔子——兔子会从空隙儿里跑了。

0045 自选条目

狗子坐椅轿——不受抬举。[kəu⁵¹ tsʅ⁰ tso⁵⁵ i⁵¹ tɕiau⁵⁵——pu²⁴ ʂəu⁵⁵ tʰai³¹ tɕʯ⁵¹]

意译：狗子坐椅轿——不受抬举。

0046 自选条目
刷子掉了毛——光板眼。[ʂua²⁴tsʅ⁰tiau³⁵uau⁰mau³¹——kuaŋ⁴⁴pan⁵¹iɛn³¹] 板眼：心思

意译：刷子掉了毛——光板眼（尽是心思）。

0047 自选条目
叫花子争门楼——天亮了是人家的。[kau³⁵xua⁴⁴tsʅ⁰tsən⁴⁴mən³¹nəu³¹——tʰiɛn⁴⁴niaŋ⁵⁵ŋau⁰ʂʅ⁵⁵zən³¹ka³¹ti⁰]

意译：叫花子争门楼——天亮了门楼还是人家的。

0048 自选条目
狗子舔磨凳——一张白嘴儿。[kəu⁵¹tsʅ⁰tʰiɛn⁵¹mo⁵⁵tən³⁵——i²⁴tʂaŋ⁴⁴pɛ³¹tɕiər⁵¹]

意译：狗子舔磨凳——一张白嘴儿。

0049 自选条目
人怕伤心，树怕老根。[zən³¹pʰa³⁵ʂaŋ⁴⁴ɕin⁴⁴，ʂu⁵⁵pʰa³⁵nau⁵¹kən⁴⁴]

意译：人怕伤心，树怕老根。

0050 自选条目
生苕甜，熟苕粉，[sən⁴⁴ʂau³¹tʰiɛn³¹，ʂəu³¹ʂau³¹fən⁵¹] 苕：红薯

夹生苕就冇得整。[tɕia²⁴sən⁴⁴ʂau³¹tsəu⁵⁵mau⁵⁵tɛ²⁴tʂən⁵¹] 冇得：没有

意译：生红薯是甜的，熟红薯是粉的，半生半熟的红薯就没有办法吃了。"夹生苕"暗喻脑瓜不灵活、不知变通的人。

0051 自选条目
吃不穷，穿不穷，[tɕʰi²⁴pu²⁴tɕʰyŋ³¹，tʂʰuan⁴⁴pu²⁴tɕʰyŋ³¹]

算计不来一世穷。[san³⁵tɕi⁵⁵pu²⁴nai³¹i²⁴sʅ³⁵tɕʰyŋ³¹]

意译：吃不穷，穿不穷，算计不来一生穷。

0052 自选条目
羊肉冇吃倒，惹得一身膻。[iaŋ³¹zəu²⁴mau⁵⁵tɕʰi²⁴tau⁵¹，ʐɛ⁵¹tɛ²⁴i²⁴ʂən⁴⁴ʂan⁴⁴] 冇：没

意译：羊肉没吃着，惹得一身膻味。

0053 自选条目

猴子不上树，多打一气锣。[xəu³¹tsʅ⁰pu²⁴ʂaŋ⁵⁵ʂʅ⁵⁵，to⁴⁴ta⁵¹i²⁴tɕʰi³⁵no³¹]一气：一通

意译：猴子不上树，多打一通锣。

0054 自选条目

鸭子死了嘴壳子硬。[ia²⁴tsʅ⁰sʅ⁵¹au⁰tɕi⁵¹kʰo²⁴tsʅ⁰ŋən⁵⁵]

意译：鸭子死了嘴壳子硬。

0055 自选条目

人勤地生宝，人懒地生草。[zən³¹tɕʰin³¹ti⁵⁵sən⁴⁴pau⁵¹，zən³¹nan⁵¹ti⁵⁵sən⁴⁴tsʰau⁵¹]

意译：人勤地生宝，人懒地生草。

0056 自选条目

有水无肥一半谷，[iəu⁵¹ʂuei⁵¹u³¹fei³¹i²⁴pan³⁵ku²⁴]

有肥无水望天哭。[iəu⁵¹fei³¹u³¹ʂuei⁵¹uaŋ⁵⁵tʰiɛn⁴⁴kʰu²⁴]

意译：有水但不施肥只能收一半的谷，有肥但无水就只能望着天哭。

0057 自选条目

想吃大米饭，田里转三转。[ɕiaŋ⁵¹tɕʰi²⁴ta⁵⁵mi⁵¹fan⁵⁵，tʰiɛn³¹ni⁰tsɥan⁵¹san⁴⁴tsɥan⁵¹]

意译：想吃大米饭，田里转三转。

0058 自选条目

月亮长了毛，大水要淹桥。[ɥɛ²⁴niaŋ⁵⁵tʂaŋ⁵¹ŋau⁰mau³¹，ta⁵⁵ʂuei⁵¹iau³⁵ŋan⁴⁴tɕʰiau³¹]

意译：月亮周围出现了月晕，就要下大雨，大水就要淹桥。

0059 自选条目

狗子咬青草，天气晴不了。[kəu⁵¹tsʅ⁰ŋau⁵¹tɕʰin⁴⁴tsʰau⁵¹，tʰiɛn⁴⁴tɕʰi³⁵tɕʰin³¹pu²⁴ niau⁵¹〕

意译：狗如果咬青草，天就会下雨。

0060 自选条目

傲气包，门朝北，〔ŋau³⁵tɕʰi⁵⁵pau⁴⁴，mən³¹tʂʰau³¹pɛ²⁴〕
冷天里冷，热天里热。〔nən⁵¹tʰiɛn⁴⁴ni⁰nən⁵¹，ʋɛ²⁴tʰiɛn⁴⁴ni⁰ʋɛ²⁴〕
意译：傲气包，门朝北，冷天里冷，热天里热。

0061 自选条目

千字千得好，八字两边倒，〔tɕʰiɛn⁴⁴tsʅ⁵⁵tɕʰiɛn⁴⁴tɛ⁰xau⁵¹，pa²⁴tsʅ⁵⁵niaŋ⁵¹piɐr⁴⁴tau⁵¹〕
女儿回娘家，尽鬼迷得巧——魏〔ʋʅ⁵¹ ər³¹xuei³¹iaŋ³¹tɕia³¹，tɕin⁵⁵kuei⁵¹mi³¹tɛ²⁴tɕʰiau⁵¹——uei⁵⁵〕
意译：千字千得好，八字两边倒，女儿回娘家，被鬼迷住了。——魏

0062 自选条目

早饭辰巳午，中饭二更古，〔tsau⁵¹fan⁵⁵tʂʰən³¹sʅ⁵⁵u⁵¹，tʂuŋ⁴⁴fan³¹ər⁵⁵kən⁴⁴ku⁵¹〕
夜饭有一顿，只要你不瞅。〔iɛ⁵⁵fan³¹iəu⁵¹i²⁴tən³⁵，tʂʅ⁵¹iau³⁵n⁵¹pu²⁴kʰuən³⁵〕夜饭：晚饭。瞅：睡觉。
意译：顺口溜：早饭辰巳午，中饭二更古，晚饭有一顿，只要你不睡觉。

0063 自选条目

狗子含秤砣——润铁儿。〔kəu⁵¹tsʅ⁰xan³¹tʂʰən³⁵tʰo³¹——ʋən³⁵tʰiɐr²⁴〕
意译：狗子含秤砣——润铁儿。

0064 自选条目

狗子进榨房——吃饼（七饼）。〔kəu⁵¹tsʅ⁰tɕin³⁵tʂa³⁵faŋ³¹——tɕʰi²⁴pin⁵¹（tɕʰi²⁴pin⁵¹）〕
意译：狗子进榨房——吃饼（七饼）。

荆 州 市

荆　州

一　歌谣

0001 歌谣

喔唉，喔唉，我的小宝宝要睡觉。[uo⁰ai⁰，uo⁰ai⁰，uo⁴²ti⁰ɕiau⁴²pau⁴²pau⁰iau³⁵suei³⁵tɕiau³⁵]喔唉：哄小孩睡觉声

风不吹树不摇。[foŋ⁵⁵pu¹³tsʰuei⁵⁵su³⁵pu¹³iau¹³]

我的小宝宝要睡觉。[uo⁴²ti⁰ɕiau⁴²pau⁴²pau⁰iau³⁵suei³⁵tɕiau³⁵]

意译：喔唉，喔唉，我的小宝宝要睡觉。风不吹树不摇。我的小宝宝要睡觉。

0002 歌谣

一个蛤蟆子龙灯，一张嘴呀凤灯。[i¹³kɤ³⁵kʰɤ¹³ma⁴²tsʅ⁰loŋ¹³təŋ⁵⁵，i¹³tsaŋ⁵⁵tsei⁴²ia⁰foŋ³⁵təŋ⁰]龙灯：衬词。凤灯：衬词

两只眼睛龙灯龙灯凤龙灯四条腿呀，[liaŋ⁴²tsʅ⁵⁵ien⁴²tɕin⁰loŋ¹³təŋ⁵⁵loŋ¹³təŋ⁵⁵foŋ³⁵loŋ¹³təŋ⁵⁵sʅ³⁵tʰiau¹³tʰei⁴²ia⁰]凤龙灯：衬词

扑通，跳下水呀玩花灯。[pʰu⁵⁵tʰoŋ⁵⁵，tʰiau³⁵ɕia³⁵suei⁴²ia⁰uan¹³xua⁵⁵təŋ⁰]玩花灯：衬词

两个蛤蟆子龙灯两张嘴呀凤灯。[liaŋ⁴²kɤ³⁵kʰɤ¹³ma⁴²tsʅ⁰loŋ¹³təŋ⁵⁵liaŋ⁴²tsaŋ⁵⁵tsei⁴²ia⁰foŋ³⁵təŋ⁰]

四只眼睛龙灯龙灯凤龙灯八条腿呀。[sʅ³⁵tsʅ⁵⁵ien⁴²tɕin⁵⁵loŋ¹³təŋ⁰loŋ¹³təŋ⁰foŋ³⁵loŋ¹³təŋ⁵⁵pa¹³tʰiau¹³tʰei⁴²ia⁰]

扑通，扑通，跳下水呀玩花灯。[pʰu⁵⁵tʰoŋ⁵⁵，pʰu⁵⁵tʰoŋ⁵⁵，tʰiau³⁵ɕia³⁵suei⁴²ia⁰uan¹³xua⁵⁵təŋ⁰]

意译：一只蛤蟆一张嘴。两只眼睛四条腿。扑通，跳下水。两只蛤蟆两张嘴。四只眼睛八条腿。扑通，扑通，跳下水。

0003 歌谣

回去早哒天天哎嗨哟老板打呀哎嗨哟。[xuei¹³ tɕʰy³⁵ tsau⁴² ta⁰ tʰien⁵⁵ tʰien⁰ ai⁰ xai⁰ io⁰ lau⁴² pan⁴² ta⁴² ia⁰ ai⁰ xai⁰ io⁰] 哎嗨哟：衬词

回去迟哒妹子舍，[xuei¹³ tɕʰy³⁵ tsʅ¹³ ta⁰ mei³⁵ tsʅ⁰ sɤ⁰] 哒：了。妹子舍：衬词

情郎奴的哥肚子饿呀哟喂哟。[tɕʰin¹³ lan¹³ lu¹³ ti⁰ kuo⁵⁵ tu³⁵ tsʅ⁰ uo³⁵ ia⁰ io⁰ uei⁰ io⁰] 情郎奴的哥：衬词。哟喂哟：衬词

天天哎嗨哟老板打呀哎嗨哟。[tʰien⁵⁵ tʰien⁰ ai⁰ xai⁰ io⁰ lau⁴² pan⁴² ta⁴² ia⁰ ai⁰ xai⁰ io⁰]

回去迟哒妹子舍，[xuei¹³ tɕʰy³⁵ tsʅ¹³ ta⁰ mei³⁵ tsʅ⁰ sɤ⁰]

情郎奴的哥肚子饿呀哟喂哟。[tɕʰin¹³ lan¹³ lu¹³ ti⁰ kuo⁵⁵ tu³⁵ tsʅ⁰ uo³⁵ ia⁰ io⁰ uei⁰ io⁰]

意译：回去早了每天被老板打。回去晚了肚子饿呀。每天被老板打。回去晚了肚子饿呀。

0004 歌谣

日头落土天天哎嗨哟，[ʅ¹³ tʰəu¹³ luo³⁵ tʰu⁴² tʰien⁵⁵ tʰien⁵⁵ ai⁰ xai⁰ io⁰] 日头落土：太阳下山。哎嗨哟：衬词

又落洼呀哎嗨哟，[iəu³⁵ luo³⁵ ua¹³ ia⁰ ai⁰ xai⁰ io⁰] 落洼：（太阳）下山

放牛的娃子妹子舍，[fan³⁵ iəu¹³ ti⁰ ua¹³ tsʅ⁰ mei³⁵ tsʅ⁰ sɤ⁰] 妹子舍：衬词

情郎奴的哥转回家呀哟喂哟。[tɕʰin¹³ lan¹³ lu¹³ ti⁰ kuo⁵⁵ tsuan³⁵ xuei¹³ tɕia⁵⁵ ia⁰ io⁰ uei⁰ io⁰] 情郎奴的哥：衬词。哟喂哟：衬词

天天哎嗨哟又落洼呀哎嗨哟，[tʰien⁵⁵ tʰien⁵⁵ ai⁰ xai⁰ io⁰ iəu³⁵ luo³⁵ ua¹³ ia⁰ ai⁰ xai⁰ io⁰]

放牛的娃子妹子舍，[fan³⁵ iəu¹³ ti⁰ ua¹³ tsʅ⁰ mei³⁵ tsʅ⁰ sɤ⁰]

情郎奴的哥转回家呀哟喂哟。[tɕʰin¹³ lan¹³ lu¹³ ti⁰ kuo⁵⁵ tsuan³⁵ xuei¹³ tɕia⁵⁵ ia⁰ io⁰ uei⁰ io⁰]

意译：每天太阳下山了，放牛的娃，转回家。每天太阳下山了，放牛的娃，转回家。

0005 歌谣

喈呀喈里当啊，当呀当里喈两喈。[tɤ⁵⁵ ia⁰ tɤ⁵⁵ li⁴² taŋ⁰ a⁰, taŋ⁰ ia⁰ taŋ⁰ li⁴² tɤ⁵⁵ liaŋ⁴² tɤ⁵⁵] 喈呀喈里当：衬词。当呀当里喈两喈：衬词

里喈里喈啷啷喈呀，喈呀喈里当啊。[li⁴² tɤ⁵⁵ li⁴² tɤ⁵⁵ laŋ⁴² laŋ⁴² tɤ⁵⁵ ia⁰, tɤ⁵⁵ ia⁰ tɤ⁵⁵ li⁴²taŋ⁰a⁰］里嘚里啷啷嘚：衬词

　　太阳那个一出啊闪呀闪得亮啊，［tʰai³⁵iaŋ¹³lei³⁵kɤ³⁵i¹³tsʰu¹³a⁰san⁴²ia⁰san⁴²ti⁰liaŋ³⁵a⁰］

　　嘚呀嘚里当啊。［tɤ⁵⁵ia⁰tɤ⁵⁵li⁴²taŋ⁰a⁰］

　　嘚呀嘚里当啊，［tɤ⁵⁵ia⁰tɤ⁵⁵li⁴²taŋ⁰a⁰］

　　歌声那个笑声啷呀啷啷嘚传四方呃，［kɤ⁵⁵sən⁵⁵lei³⁵kɤ³⁵ɕiau³⁵sən⁵⁵laŋ⁴²ia⁰laŋ⁴²laŋ⁴²tɤ⁵⁵tsʰuan¹³sɿ³⁵faŋ⁵⁵ɤ⁰］啷呀啷啷嘚：衬词

　　嘚呀嘚里当啊，［tɤ⁵⁵ia⁰tɤ⁵⁵li⁴²taŋ⁰a⁰］

　　嘚呀嘚里当啊，［tɤ⁵⁵ia⁰tɤ⁵⁵li⁴²taŋ⁰a⁰］

　　嘚呀嘚里当。［tɤ⁵⁵ia⁰tɤ⁵⁵li⁴²taŋ⁰］

　　歌声笑声啷呀啷啷嘚，［kɤ⁵⁵sən⁵⁵ɕiau³⁵sən⁵⁵laŋ⁴²ia⁰laŋ⁴²laŋ⁴²tɤ⁵⁵］

　　传四方啊嘚呀嘚里当。［tsʰuan¹³sɿ³⁵faŋ⁵⁵a⁰tɤ⁵⁵ia⁰tɤ⁵⁵li⁴²taŋ⁰］

　　地里那个秧苗呃长呀长得壮啊。［ti³⁵li⁴²lei³⁵kɤ³⁵iaŋ⁵⁵miau¹³ɤ⁰tsaŋ⁴²ia⁰tsaŋ⁴²ti⁰tsuaŋ³⁵a⁰］

　　嘚呀嘚里当啊，嘚呀嘚里当呃，［tɤ⁵⁵ia⁰tɤ⁵⁵li⁴²taŋ⁰a⁰，tɤ⁵⁵ia⁰tɤ⁵⁵li⁴²taŋ⁰ɤ⁰］

　　今年那个丰收诶，［tɕin⁵⁵lien¹³lei³⁵kɤ³⁵foŋ⁵⁵səu⁵⁵ei⁰］

　　啷呀啷啷嘚，有指望呃。［laŋ⁴²ia⁰laŋ⁴²laŋ⁴²tɤ⁰，iəu⁴²tsɿ⁴²uaŋ³⁵ɤ⁰］

　　嘚呀嘚里当啊嘚呀嘚里当啊嘚呀嘚里当。［tɤ⁵⁵ia⁰tɤ⁵⁵li⁴²taŋ⁰a⁰tɤ⁵⁵ia⁰tɤ⁵⁵li⁴²taŋ⁰a⁰tɤ⁵⁵ia⁰tɤ⁵⁵li⁴²taŋ⁰］

　　今年丰收啷呀啷啷嘚有指望啊。［tɕin⁵⁵lien¹³foŋ⁵⁵səu⁵⁵laŋ⁴²ia⁰laŋ⁴²laŋ⁴²tɤ⁰iəu⁴²tsɿ⁴²uaŋ³⁵a⁰］

　　嘚呀嘚里当啊嘚里当。［tɤ⁵⁵ia⁰tɤ⁵⁵li⁴²taŋ⁰a⁰tɤ⁵⁵li⁴²taŋ⁵⁵］嘚里当：衬词

　　意译：太阳一出闪得亮，歌声笑声传四方。歌声笑声传四方。地里秧苗长得壮。今年丰收有指望。今年丰收有指望。

0006 歌谣

　　荆江大堤上把呀嘛把硪打呾伊呀哦吙呾，［tɕin⁵⁵tɕiaŋ⁵⁵ta³⁵ti⁵⁵saŋ³⁵pa⁴²ia⁰ma⁰pa⁴²uo¹³ta⁴²ie⁰i⁵⁵ia⁰uo⁴²xuo⁰ie⁰］伊呀哦吙呾：衬词

　　把硪打呾，哦呀哦吙呾。［pa⁴²uo¹³ta⁴²ie⁰，uo⁴²ia⁰uo⁴²xuo⁰ie⁰］哦呀哦吙呾：衬词

　　伊呀哦吙，伊呀哦吙，伊呀哦吙伊哟呾，［i⁵⁵ia⁰uo⁴²xuo⁰，i⁵⁵ia⁰uo⁴²xuo⁰，i⁵⁵ia⁰uo⁴²xuo⁴²i⁵⁵io⁰ie⁰］伊呀哦吙伊哟呾：衬词

　　哦呀哦吙哦吙呾，把硪打呾哦呀哦吙呾。［uo⁴²ia⁰uo⁴²xuo⁰uo⁴²xuo⁰ie⁰，pa⁴²uo¹³ta⁴²ie⁰uo⁴²ia⁰uo⁴²xuo⁴²ie⁰］哦呀哦吙哦吙呾：衬词

吆吆啊喝喝吔吆啊吔吆喝喝吔。[iau⁵⁵iau⁵⁵a⁰xuo¹³xuo¹³ie⁰iau⁵⁵a⁰ie⁰iau⁵⁵xuo¹³xuo¹³ie⁰] 吆吆啊喝喝：衬词。吆啊吔吆喝喝吔：衬词

永保啊堤身了吆吆啊喝喝呀，[ioŋ⁴²pau⁴²a⁰tʰi¹³sən⁵⁵lɤ⁰iau⁵⁵iau⁵⁵a⁰xuo¹³xuo¹³ia⁰]

万啦万啦年来嗨哟。[uan³⁵la⁰uan³⁵la⁰lien¹³lai¹³xai⁰io⁰] 来嗨哟：衬词

嗨呀吔吆喝喝吔吆啊吆吔喝喝呀吆吆。[xai⁰ia⁰ie⁰iau⁵⁵xuo¹³xuo¹³ie⁰iau⁵⁵a⁰iau⁵⁵ie⁰xuo¹³xuo¹³ia⁰xuo¹³xuo¹³iau⁵⁵] 嗨呀吔吆喝喝吔：衬词。吆啊吆吔喝：衬词。喝呀喝喝吆：衬词

打四硪呀吆吔喝，[ta⁴²sɿ³⁵uo¹³ia⁰iau⁵⁵ie⁰xuo⁰] 吆吔喝：衬词

伊呀哦吙伊哟吔，[i⁵⁵ia⁰uo⁴²xuo⁴²i⁵⁵io⁰ie⁰]

哦呀哦吙哦吙吔。[uo⁴²ia⁰uo⁴²xuo⁴²uo⁴²xuo⁴²ie⁰]

永保堤身万万年啦哦呀哦吙吔。[ioŋ⁴²pau⁴²tʰi¹³sən⁵⁵uan³⁵uan³⁵lien¹³la⁰uo⁴²ia⁰uo⁴²xuo⁴²ie⁰]

意译：荆江大堤上把硪打，把硪打，把硪打。永保堤身万万年。打四硪。永保堤身万万年（衬词略）。

0007 歌谣

太阳唉一出啊笑啊呵呵。[tʰai³⁵iaŋ¹³ei⁰i¹³tsʰu¹³a⁰ɕiau³⁵a⁰xuo⁰xuo⁰]

笑呵呵笑呵呵，笑啊笑呵呵。[ɕiau³⁵xuo⁰xuo⁰ɕiau³⁵xuo⁰xuo⁰，ɕiau³⁵a⁰ɕiau³⁵xuo⁰xuo⁰]

马山人民唱呀唱新歌，[ma⁴²san⁵⁵ʐən¹³min¹³tsʰaŋ³⁵ia⁰tsʰaŋ³⁵ɕin⁵⁵kuo⁵⁵]

唱新歌唱新歌，唱呀唱新歌。[tsʰaŋ³⁵ɕin⁵⁵kuo⁵⁵tsʰaŋ³⁵ɕin⁵⁵kuo⁵⁵，tsʰaŋ³⁵ia⁰tsʰaŋ³⁵ɕin⁵⁵kuo⁵⁵]

科学教育出呀出成果，[kʰuo⁵⁵ɕio¹³tɕiau³⁵y³⁵tsʰu¹³ia⁰tsʰu¹³tsʰən¹³kuo⁴²]

出成果出成果。[tsʰu¹³tsʰən¹³kuo⁴²tsʰu¹³tsʰən¹³kuo⁴²]

科学发展喜呀喜事多，[kʰuo⁵⁵ɕio¹³fa¹³tsan⁴²ɕi⁴²ia⁰ɕi⁴²sɿ³⁵tuo⁵⁵]

伊呀呀吱喂伊喂呀喂吱哟。[i⁵⁵ia⁰ia⁰tsɿ⁰uei⁰i⁵⁵uei⁰ia⁰uei⁰tsɿ⁰io⁰] 伊呀呀吱喂：衬词。伊喂呀喂吱哟：衬词

科学发展喜呀喜事多。[kʰuo⁵⁵ɕio¹³fa¹³tsan⁴²ɕi⁴²ia⁰ɕi⁴²sɿ³⁵tuo⁵⁵]

意译：太阳一出笑呵呵。笑呵呵笑呵呵，笑啊笑呵呵。马山人民唱新歌，唱新歌唱新歌，唱呀唱新歌。科学教育出成果，出成果出成果。科学发展喜事多，科学发展喜事多（衬词略）。

0008 歌谣

太阳一出满呀嘛满天霞吔，[tʰai³⁵iaŋ¹³i¹³tsʰu¹³man⁴²ia⁰ma⁰man⁴²tʰien⁵⁵ɕia¹³ie⁰]

伊呀哦吙呲，[i⁵⁵ia⁰uo⁴²xuo⁴²ie⁰]伊呀哦吙呲：衬词

满天霞呲哦呀哦吙呲。[man⁴²tʰien⁵⁵ɕia¹³ie⁰uo⁰ia⁰uo⁴²xuo⁴²ie⁰]哦呀哦吙呲：衬词

伊呀哦吙，伊呀哦吙，[i⁵⁵ia⁰uo⁴²xuo⁴²，i⁵⁵ia⁰uo⁴²xuo⁴²]

伊呀哦吙伊哟呲，哦呀哦吙哦吙呲，[i⁵⁵ia⁰uo⁴²xuo⁴²i⁵⁵io⁰ie⁰，uo⁴²ia⁰uo⁴²xuo⁴²uo⁴²xuo⁴²ie⁰]伊呀哦吙伊哟呲：衬词。哦呀哦吙哦吙呲：衬词

满天霞呲。[man⁴²tʰien⁵⁵ɕia¹³ie⁰]

哦呀哦吙呲，吆吆啊喝喝呀，[uo⁴²ia⁰uo⁴²xuo⁴²ie⁰，iau⁵⁵iau⁵⁵a⁰xuo¹³xuo¹³ia⁰]吆吆啊喝喝：衬词

吆啊呲吆喝喝呲。[iau⁵⁵a⁰ie⁰iau⁵⁵xuo¹³xuo¹³ie⁰]吆啊呲吆喝喝呲：衬词

一硪呲下去呲，吆吆啊喝喝呀，[i¹³uo¹³ie⁰ɕia³⁵tɕʰy³⁵ie⁰，iau⁵⁵iau⁵⁵a⁰xuo¹³xuo¹³ia⁰]

千啦斤啦重哎嗨哟。[tɕʰien⁵⁵la⁰tɕin⁵⁵la⁰tsoŋ³⁵ai⁰xai⁰io⁰]哎嗨哟：衬词

嗨呀呲吆喝喝呀，[xai⁰ia⁰ie⁰iau⁵⁵xuo¹³xuo¹³ia⁰]嗨呀呲吆喝喝：衬词

吆呲吆呲喝，喝呀喝喝吆。[iau⁵⁵ie⁰iau⁵⁵ie⁰xuo⁰，xuo¹³ia⁰xuo¹³xuo¹³iau⁵⁵]吆呲吆呲喝：衬词。喝呀喝喝吆：衬词

打四硪呀吆呲喝，[ta⁴²sʅ³⁵uo¹³ia⁰iau⁵⁵ie⁰xuo⁰]吆呲喝：衬词

伊呀哦吙伊哟呲，哦呀哦吙哦吙呲。[i⁵⁵ia⁰uo⁴²xuo⁴²i⁵⁵io⁰ie⁰，uo⁴²ia⁰uo⁴²xuo⁴²uo⁴²xuo⁴²ie⁰]

一硪下去千斤重啊哦呀哦吙呲。[i¹³uo¹³ɕia³⁵tɕʰy³⁵tɕʰien⁵⁵tɕin⁵⁵tsoŋ³⁵a⁰uo⁴²ia⁰uo⁴²xuo⁴²ie⁰]

意译：太阳一出满天霞，满天霞，满天霞。一硪打下去，千斤重。打四硪，一硪打下去，千斤重（衬词略）。

二 规定故事

0021 牛郎和织女

牛郎和织女。[iəu¹³lan¹³xuo¹³tsʅ¹³ly⁴²]

古时候啊，有个小伙子，[ku⁴²sʅ¹³xəu³⁵a⁰，iəu⁴²kɤ³⁵ɕiau⁴²xuo⁴²tsʅ⁰]

他的爹妈死得早。[tʰa⁵⁵ti⁰tie⁵⁵ma⁵⁵sʅ⁴²tɤ⁰tsau⁴²]爹妈：父母

屋的哩只有一头老牛跟他为伴，[u¹³ti⁰li⁰tsʅ⁵⁵iəu⁴²i¹³tʰəu¹³lau⁴²iəu¹³kən⁵⁵tʰa⁵⁵uei¹³pan³⁵]屋的：家里

孤苦伶仃的。[ku⁵⁵kʰu⁴²lin¹³tin⁵⁵ti⁰]

大家哩都叫他牛郎，[ta³⁵tɕia⁵⁵li⁰təu⁵⁵tɕiau³⁵tʰa⁵⁵iəu¹³lan¹³]

因为他只有一头老牛跟他做伴。[in⁵⁵ uei¹³ tʰa⁵⁵ tsʅ⁵⁵ iəu⁴² i¹³ tʰəu¹³ lau⁴² iəu¹³ kən⁵⁵ tʰa⁵⁵ tsəu³⁵ pan³⁵]

平时哩牛郎就靠牛耕田为生。[pʰin¹³ sʅ¹³ li⁰ iəu¹³ lan¹³ tɕiəu³⁵ kʰau³⁵ iəu¹³ kən⁵⁵ tʰien¹³ uei¹³ sən⁵⁵]

实际上哩,[sʅ¹³ tɕi³⁵ san³⁵ li⁰]

这头牛哩就是天上的金牛星变的。[tsɤ³⁵ tʰəu¹³ iəu¹³ li⁰ tɕiəu³⁵ sʅ³⁵ tʰien⁵⁵ san³⁵ ti⁰ tɕin⁵⁵ iəu¹³ ɕin⁵⁵ pien³⁵ ti⁰]

金牛星哩看到牛郎啦,[tɕin⁵⁵ iəu¹³ ɕin⁵⁵ li⁰ kʰan³⁵ tau⁰ iəu¹³ lan¹³ la⁰]

为人蛮老实蛮善良。[uei¹³ lən¹³ man¹³ lau⁴² sʅ¹³ man¹³ san³⁵ lian¹³] 蛮：很

总是想哩跟他成一个家。[tsoŋ⁴² sʅ³⁵ ɕian⁴² li⁰ kən⁵⁵ tʰa⁵⁵ tsʰən¹³ i¹³ kɤ³⁵ tɕia⁵⁵] 跟：给

这一天啦,[tsɤ³⁵ i¹³ tʰien⁵⁵ la⁰]

金牛星知道天上的七仙女要到他们村边啦,[tɕin⁵⁵ iəu¹³ ɕin⁵⁵ tsʅ⁵⁵ tau⁰ tʰien⁵⁵ san³⁵ ti⁰ tɕʰi¹³ ɕien⁵⁵ ly⁴² iau³⁵ tau³⁵ tʰa⁵⁵ mən⁰ tsʰuən⁵⁵ pien⁵⁵ la⁰]

旁边一个湖的哩来洗澡。[pan¹³ pien⁵⁵ i¹³ kɤ³⁵ xu¹³ ti⁰ li¹³ lai¹³ ɕi⁴² tsau⁴²]

他马上就托梦给牛郎。[tʰa⁵⁵ ma⁴² san³⁵ tɕiəu³⁵ tʰuo¹³ moŋ³⁵ kɤ⁴² iəu¹³ lan¹³]

要他到河边下去,[iau³⁵ tʰa⁵⁵ tau³⁵ xuo¹³ pien⁵⁵ xa⁰ kʰɯ³⁵]

拿起一件仙女们的一件衣服,[la¹³ tɕʰi⁴² i¹³ tɕien³⁵ ɕien⁵⁵ ly⁴² mən⁰ ti⁰ i¹³ tɕien³⁵ i⁵⁵ fu¹³]

就往屋里跑。[tɕiəu³⁵ uan⁴² u¹³ li⁰ pʰau⁴²]

头都不回。[tʰəu¹³ təu⁵⁵ pu¹³ xuei¹³]

冽时候哩,[lie³⁵ sʅ¹³ xəu³⁵ li⁰] 冽：这

就有一个仙女就会跟他成亲。[tɕiəu³⁵ iəu⁴² i¹³ kɤ³⁵ ɕien⁵⁵ ly⁴² tɕiəu³⁵ xuei⁴² kən⁵⁵ tʰa⁵⁵ tsʰən¹³ tɕʰin⁵⁵]

第二天早晨哩,牛郎啦半信半疑的。[ti³⁵ ɯ³⁵ tʰien⁵⁵ tsau⁴² tsʰən⁰ li⁰, iəu¹³ lan¹³ la⁰ pan³⁵ ɕin³⁵ pan³⁵ i¹³ ti⁰]

他说冽哪有冽回事哩？[tʰa⁵⁵ suo¹³ lie³⁵ la⁴² iəu⁴² lie³⁵ xuei¹³ sʅ³⁵ li⁰] 冽：这。哪：怎么

他跑到山角下一看啦,[tʰa⁵⁵ pʰau³⁵ tau³⁵ san⁵⁵ kuo¹³ ɕia³⁵ i¹³ kʰan³⁵ la⁰]

真的有七个仙女在那里洗澡,玩水。[tsən⁵⁵ ti⁰ iəu⁴² tɕʰi¹³ kɤ³⁵ ɕien⁵⁵ ly⁴² tsai³⁵ luo³⁵ ti⁰ ɕi⁴² tsau⁴², uan¹³ suei⁴²]

他跑到跟前去,[tʰa⁵⁵ pʰau³⁵ tau³⁵ kən⁵⁵ tɕʰien¹³ kʰɯ³⁵]

把一件挂在树上的粉红色的衣服拿起就跑。[pa⁴² i¹³ tɕien³⁵ kua³⁵ tsai³⁵ su³⁵ san³⁵ ti⁰ fən⁴² xoŋ¹³ sɤ¹³ ti⁰ i⁵⁵ fu¹³ la¹³ tɕʰi⁴² tɕiəu³⁵ pʰau⁴²]

头都不回地跑屋的去哒。[tʰəu¹³ təu⁵⁵ pu¹³ xuei¹³ ti⁰ pʰau⁴² u¹³ ti⁰ kʰɯ³⁵ ta⁰]

果然，到啊晚上，[kuo⁴² lan¹³，tau³⁵ a⁰ uan⁴² san³⁵] 到啊：到了

就有个七仙女去敲他的门。[tɕiəu³⁵ iəu⁴² kɤ⁰ tɕʰi¹³ ɕien⁵⁵ ly⁴² kʰɯ³⁵ kʰau⁵⁵ tʰa⁵⁵ ti⁰ mən¹³]

这个敲门的就是七仙女，[tsɤ³⁵ kɤ³⁵ kʰau⁵⁵ mən¹³ ti⁰ tɕiəu³⁵ sʅ³⁵ tɕʰi¹³ ɕien⁵⁵ ly⁴²]

当天晚上他们俩就成哒亲。[tan⁵⁵ tʰien⁵⁵ uan⁴² san³⁵ tʰa⁵⁵ mən¹³ lia⁴² tɕiəu³⁵ tsʰən¹³ ta⁰ tɕʰin⁵⁵]

一转眼哩，过去啊三年。[i¹³ tsuan⁴² ien⁴² li⁰，kuo³⁵ kʰɯ³⁵ a⁰ san⁵⁵ lien¹³]

他们生哒一个儿子，[tʰa⁵⁵ mən⁰ sən⁵⁵ ta⁰ i¹³ kɤ³⁵ ɯ¹³ tsʅ⁴²] 哒：了

生哒一个姑娘。[sən⁵⁵ ta⁰ i¹³ kɤ³⁵ ku⁵⁵ lian⁵⁵] 姑娘：女儿

日子过得蛮好，蛮幸福蛮快活。[ɯ¹³ tsʅ⁰ kuo³⁵ tɤ⁰ man¹³ xau⁴²，man¹³ ɕin³⁵ fu¹³ man¹³ kʰuai³⁵ xuo¹³]

但是哩，七仙女下凡啦，[tan³⁵ sʅ³⁵ li⁰，tɕʰi¹³ ɕien⁵⁵ ly⁴² ɕia³⁵ fan¹³ la⁰]

被玉皇大帝晓得哒。[pei³⁵ y³⁵ xuan¹³ ta³⁵ ti³⁵ ɕiau⁴² tɤ⁰ ta⁰] 晓得：知道

玉皇大帝鬼火都是冒的。[y³⁵ xuan¹³ ta³⁵ ti³⁵ kuei⁴² xuo⁴² təu⁵⁵ sʅ³⁵ mau³⁵ ti⁰] 鬼火都是冒的：非常生气

就派哒天兵天将啦去捉拿七仙女。[tɕiəu³⁵ pʰai³⁵ ta⁰ tʰien⁵⁵ pin⁵⁵ tʰien⁵⁵ tɕian³⁵ la⁰ kʰɯ³⁵ tsuo¹³ la¹³ tɕʰi¹³ ɕien⁵⁵ ly⁴²]

那一天哩，[luo³⁵ i¹³ tʰien⁵⁵ li⁰]

又是风啊又是雨呀又是雷又是闪电。[iəu³⁵ sʅ³⁵ foŋ⁵⁵ a⁰ iəu³⁵ sʅ³⁵ y⁴² a⁰ iəu³⁵ sʅ³⁵ lei¹³ iəu³⁵ sʅ³⁵ san⁴² tien³⁵]

一下儿，七仙女不见哒。[i¹³ xa⁵⁵ ɯ¹³，tɕʰi¹³ ɕien⁵⁵ ly⁴² pu¹³ tɕien³⁵ ta⁰]

两伢又哭啊又喊啦要妈。[lian⁴² a¹³ iəu³⁵ kʰu¹³ a⁰ iəu³⁵ xan⁴² la⁰ iau³⁵ ma⁵⁵] 伢：小孩

牛郎哩，急得不知道如何是好。[iəu¹³ lan¹³ li⁰，tɕi¹³ tɤ⁰ pu¹³ tsʅ⁵⁵ tau⁰ lu¹³ xuo¹³ sʅ³⁵ xau⁴²]

这时候啊，那头老牛发话哒。[tsɤ³⁵ sʅ¹³ xəu⁰ a⁰，luo³⁵ tʰəu¹³ lau⁴² iəu¹³ fa¹³ xua³⁵ ta⁰]

你赶快把我的两个牛角拿下来，[li⁴² kan⁴² kʰuai³⁵ pa⁴² uo⁴² ti⁰ lian⁴² kɤ³⁵ iəu¹³ kuo¹³ la¹³ ɕia³⁵ lai⁰]

变成两个箩筐。[pien³⁵ tsʰən¹³ lian⁴² kɤ³⁵ luo¹³ kʰuan⁵⁵]

挑着两伢儿，去追七仙女。[tʰiau⁵⁵ tsuo¹³ lian⁴² a¹³ ɯ¹³，kʰɯ³⁵ tsuei⁵⁵ tɕʰi¹³ ɕien⁵⁵ ly⁴²] 伢儿：小孩

说倒说倒那两个牛角真的掉啊地下，[suo¹³ təu⁰ suo¹³ təu⁰ luo³⁵ lian⁴² kɤ³⁵ iəu¹³ kuo¹³ tsən⁵⁵ ti⁰ tiau³⁵ a⁰ ti³⁵ ɕia³⁵] 说倒说倒：说着说着

变成啊两个箩筐。[pien³⁵ tsʰən¹³ a⁰ lian⁴² kɤ³⁵ luo¹³ kʰuan⁵⁵]

牛郎马上就把两个伢往箩筐里一装。[iəu¹³ lan¹³ ma⁴² san³⁵ tɕiəu³⁵ pa⁴² liaŋ⁴² kɤ³⁵ a¹³ uan⁴² luo¹³ kʰuan⁵⁵ li⁰ i¹³ tsuan⁵⁵]

挑起来飞快地就去追。[tʰiau⁵⁵ tɕʰi⁴² lai⁰ fei⁵⁵ kʰuai³⁵ ti⁰ tɕiəu³⁵ kʰɯ³⁵ tsuei⁵⁵]

追呀追呀，眼看到就要追上哒。[tsuei⁵⁵ ia⁰ tsuei⁵⁵ ia⁰，ien⁴² kʰan³⁵ tau⁰ tɕiəu³⁵ iau³⁵ tsuei⁵⁵ san³⁵ ta⁰]

这时候被王母娘娘看到哒。[tsɤ⁵⁵ sɿ¹³ xəu⁰ pei³⁵ uan¹³ mu⁴² lian¹³ lian⁰ kʰan³⁵ tau⁰ ta⁰]

王母娘娘连忙就从，[uan¹³ mu⁴² lian¹³ lian⁰ lien¹³ man¹³ tɕiəu³⁵ tsʰoŋ¹³]

从头上啦拔下她的金钗。[tsʰoŋ¹³ tʰəu¹³ san¹³ la⁰ pa¹³ ɕia³⁵ tʰa⁵⁵ ti⁰ tɕin⁵⁵ tsʰai⁵⁵]

从中间一划，[tsʰoŋ¹³ tsoŋ⁵⁵ kan⁵⁵ i¹³ xua³⁵]

划出啊一条天河。[xua³⁵ tsʰu¹³ a⁰ i¹³ tʰiau¹³ tʰien⁵⁵ xuo¹³]

这个天河又宽又长，[tsɤ³⁵ kɤ³⁵ tʰien⁵⁵ xuo¹³ iəu³⁵ kʰuan⁵⁵ iəu³⁵ tsʰan¹³]

望不到对岸，[uan³⁵ pu¹³ tau³⁵ tei³⁵ an³⁵]

就把他们两人隔开哒。[tɕiəu³⁵ pa⁴² tʰa⁵⁵ mən⁰ lian⁴² lən¹³ kɤ¹³ kʰai⁵⁵ ta⁰]

喜鹊哩蛮同情七仙女和牛郎。[ɕi⁴² tɕʰio¹³ li⁰ man¹³ tʰoŋ¹³ tɕʰin¹³ tɕʰi¹³ ɕien⁵⁵ lʏ⁴² xuo¹³ iəu¹³ lan¹³]

每年的七月初七呀，[mei⁴² lien¹³ ti⁰ tɕʰi¹³ ye¹³ tsʰu⁵⁵ tɕʰi¹³ ia⁰]

成千上万只喜鹊都跑天河边来。[tsʰən¹³ tɕʰien⁵⁵ san³⁵ uan³⁵ tsɿ⁵⁵ ɕi⁴² tɕʰio¹³ təu⁵⁵ pʰau⁴² tʰien⁵⁵ xuo¹³ pien⁵⁵ lai¹³]

一个含着一个的尾巴。[i¹³ kuo³⁵ xan¹³ tsuo⁰ i¹³ kuo³⁵ ti⁰ uei⁴² pa⁰]

搭起哒一座长长的鹊桥。[ta¹³ tɕʰi⁴² ta⁰ i¹³ tsuo³⁵ tsʰan¹³ tsʰan¹³ ti⁰ tɕʰio¹³ tɕʰiau¹³]

让牛郎和织女相会。[lan³⁵ iəu¹³ lan¹³ xuo¹³ tsɿ¹³ lʏ⁴² ɕiaŋ⁵⁵ xuei³⁵]

意译：牛郎和织女。古时候，有一个小伙子，他的父母去世得早。家里只有一头老牛和他相伴，孤苦伶仃的。大家都叫他牛郎，因为只有老牛与他作伴。

平时牛郎靠耕田为生。实际上这头牛是天上的金牛星变的。金牛星看到牛郎为人很善良很老实，一直想给他成一个家。这一天，金牛星得知天上的七仙女要到他们村边的一个湖里去洗澡。他马上托梦给牛郎，要他到河边去，拿起仙女的一件衣服就往家里跑，头也不能回。这时候就会有一位仙女跟他成亲。第二天早晨，牛郎半信半疑。心想怎么会有这样的事呢？他跑到山脚下一看，果真有七位仙女在那里洗澡，玩水。他跑到河边，把挂在树上的一件粉色衣服拿起来就跑。头也不回地跑回家去了。果然，到了晚上，就有一位七仙女去敲他的门。这位敲门的就是七仙女，当天晚上他们就成了亲。一转眼，过去了三年。他们生了一儿一女。日子过得很好，非常幸福非常快活。

可是，七仙女下凡的事让玉皇大帝知道了。玉皇大帝气得直冒火。于是就派了天兵天将去捉拿七仙女。那天，天上风、雨、雷、电交加。一会儿，七仙女就不见了。两个小孩哭喊着要妈妈。牛郎急得不知道如何是好。这时候，那头老牛说话了："你赶快把我的两个牛角拿下来，变成两个箩筐。挑着两个小孩，去追赶七仙女。"说着说着，那两个牛角真的掉地下变成了两个箩筐。牛郎马上就把两个小孩放进了箩筐。挑起来飞快地就去追。追呀追呀，眼看就要追上了。这时候被王母娘娘看到了。王母娘娘连忙就从头上拔下她的金钗。从中间一划，划出了一条银河。这条天河又宽又长，看不到对岸，把他们两人隔开了。

喜鹊很同情七仙女和牛郎。每年的七月初七，成千上万只喜鹊都飞到银河边。一只含着另一只的尾巴，搭起了一座长长的鹊桥，让牛郎和织女相会。

三 其他故事

0022 其他故事

今天我跟大家讲一个故事。［tɕin⁵⁵ tʰien⁵⁵ uo⁴² kən⁵⁵ ta³⁵ tɕia⁵⁵ tɕian⁴² i¹³ kɤ³⁵ ku³⁵ sʅ³⁵］

故事的名字就叫"人吓人，吓死人。"［ku³⁵ sʅ³⁵ ti⁰ min¹³ tsʅ³⁵ tɕiəu³⁵ tɕiau³⁵ lən¹³ xɤ¹³ lən¹³，xɤ¹³ sʅ⁴² lən¹³］

在我们荆州城，城南角落里，［tai³⁵ uo⁴² mən⁰ tɕin⁴⁵ tsəu⁴⁵ tsʰən¹³，tsʰən¹³ lan¹³ kuo²⁴ lau⁴² ti⁰］

有条小路。［iəu⁴² tʰiau¹³ ɕiau⁴² lu³⁵］

迺是我们荆州城了，［lie³⁵ sʅ³⁵ uo⁴² mən⁰ tɕin⁴⁵ tsəu⁴⁵ tsʰən¹³ lɤ⁰］ 迺：这

在过去必走的一条小路。［tsai³⁵ kuo³⁵ tɕʰy³⁵ pi³⁵ tsəu⁴² ti⁰ i¹³ tʰiau¹³ ɕiau⁴² lu³⁵］

从东到西，到哒西门这一块，［tsʰoŋ¹³ toŋ⁴⁵ tau³⁵ ɕi⁴⁵，tau³⁵ ta⁰ ɕi⁴⁵ mən¹³ tsɤ³⁵ i¹³ kʰuai⁴²］

两边，路两边哩就栽哒蛮多桃树。［lian⁴² pien⁴⁵，lu³⁵ lian⁴² pien⁴⁵ li⁰ tɕiəu³⁵ tsai⁴⁵ ta⁰ man¹³ tuo⁴⁵ tʰau¹³ su³⁵］ 蛮：很

过去大家都知道，［kuo³⁵ tɕʰy³⁵ ta³⁵ tɕia⁴⁵ təu⁴⁵ tsʅ⁴⁵ tau⁰］

说桃树林里出鬼。［suo¹³ tʰau¹³ su³⁵ lin¹³ li⁰ tsʰu¹³ kuei⁴²］

但是我们有几个老伙计哒，［tan³⁵ sʅ³⁵ uo⁴² mən⁰ iəu⁴² tɕi⁴² kɤ³⁵ lau⁴² xuo⁴² tɕi³⁵ ie⁰］ 老伙计：老人

他不信这个邪。［tʰa⁴⁵ pu¹³ ɕin³⁵ tsɤ³⁵ kɤ³⁵ ɕie¹³］

为什么咧？［uei¹³ sən¹³ mo⁰ lie⁰］

他每天晚上听书呃从书馆里回来，［tʰa⁴⁵ mei⁴² tʰien⁴⁵ uan⁴² san⁰ tʰin⁴⁵ su⁴⁵ ɤ⁰ tsʰoŋ¹³ su⁴⁵ kuan⁴² li⁴² xuei¹³ lai¹³］

只一个路，都要经过这条路，[tsʅ⁴²i¹³kɤ³⁵lu³⁵，təu⁴⁵iau³⁵tɕin⁴⁵kuo³⁵tsɤ³⁵tʰiau¹³lu³⁵]

他说我们都走哒这么多年哒，[tʰa⁴⁵suo¹³uo⁴²mən⁰təu⁴⁵tsəu⁴²ta⁰tsɤ³⁵mo⁰tuo⁴⁵lien¹³ta⁰]

从来没有碰到过鬼。[tsʰoŋ¹³lai¹³mei¹³iəu⁴²pʰoŋ³⁵tau³⁵kuo³⁵kuei⁴²]

但是在有天晚上天很黑，[tan³⁵sʅ³⁵tsai³⁵iəu⁴²tʰien⁴⁵uan⁴²san⁰tʰien⁴⁵xən⁴²xɤ¹³]

几个人走到树林里头。[tɕi⁴²kɤ³⁵lən¹³tsəu⁴²tau³⁵su³⁵lin¹³li⁴²tʰəu¹³]

不管怎么说，[pu¹³kuan⁴²tsən⁴²mo⁰suo¹³]

他听说这桃树林里还是出鬼的，[tʰa⁴⁵tʰin⁴⁵suo¹³tsɤ³⁵tʰau¹³su³⁵lin¹³li⁴²xai¹³sʅ³⁵tsʰu¹³kuei⁴²ti⁰]

走到这里后他们还是小心翼翼的。[tsəu⁴²tau³⁵tsɤ³⁵ti⁰xəu³⁵tʰa⁴⁵mən⁰xai¹³sʅ³⁵ɕiau⁴²ɕin⁴⁵i³⁵i⁰ti⁰]

走到前头的一个老头子，[tsəu³¹tau⁵³tɕʰien¹³tʰəu⁵⁵ti⁰i¹³kɤ³⁵lau³¹tʰəu¹³tsʅ⁰]

突然看到前头树上，[tʰu¹³lan⁴⁵kʰan³⁵tau³⁵tɕʰien¹³tʰəu⁵⁵su³⁵san⁰]

一个大黑影子往那里一垮。[i¹³kɤ³⁵ta³⁵xɤ¹³in³¹tsʅ⁰uan⁴²luo¹³ti⁰i¹³kʰua⁴²] 一垮：一吊

几个人吓哒回头就跑。[tɕi⁴²kɤ⁰lən¹³xɤ³⁵ta⁰xuei¹³tʰəu¹³tɕiəu³⁵pʰau⁴²]

我们全城都传开哒，[uo⁴²mən⁰tɕʰyen¹³tsʰən¹³təu⁴⁵tsʰuan¹³kʰai⁴⁵ta⁰]

郢都路小学这条路上哩，[in⁴²tu⁴⁵lu³⁵ɕiau⁴²ɕio¹³tsɤ³⁵tʰiau¹³lu³⁵san⁰li⁰]

桃树林里出鬼。[tʰau¹³su³⁵lin¹³li¹³tsʰu¹³kuei⁴²]

所以大家不管是白天里也好，[suo⁴²i⁴²ta³⁵ka⁰pu¹³kuan⁴²sʅ³⁵pɤ¹³tʰien⁴⁵ti⁰ie⁴²xau⁴²]

黑哒也好，[xɤ¹³ta⁰ie⁴²xau⁴²] 黑哒：晚上

都不敢从怎么走哒。[təu⁴⁵pu¹³kan⁴²tsʰoŋ¹³lən¹³m̩⁰tsəu⁴²ta⁰] 怎么：这么

过哒一段时间后哩，[kuo³⁵ta⁰i¹³tan³⁵sʅ¹³tɕien⁴⁵xəu³⁵li⁰]

迥像又没有出现什么事情。[lie³⁵tɕʰian⁴⁵iəu³⁵mei⁵⁵iəu⁴²tsʰu¹³ɕien³⁵sən¹³mo⁰sʅ³⁵tɕʰin¹³]

这几个老头子听书哩，[tsɤ³⁵tɕi⁴²kɤ³⁵lau⁴²tʰəu¹³tsʅ⁰tʰin⁴⁵su⁴⁵li⁰]

从别处回去哩又确实太远哒，[tsʰoŋ¹³pie¹³tsʰu³⁵xuei¹³kʰɯ⁰li⁰iəu³⁵tɕʰio¹³sʅ¹³tʰai³⁵yen⁴²ta⁰]

几个老头子商量哒，[tɕi⁴²kɤ³⁵lau⁴²tʰəu¹³tsʅ⁰san⁴⁵lian³⁵ta⁰]

我们还走这条路。[uo⁴²mən⁰xai¹³tsəu⁴²tsɤ³⁵tʰiau¹³lu³⁵]

但刚好那天晚上哩，[tan³⁵kaŋ⁴⁵xau⁴²luo³⁵tʰien⁴⁵uan⁴²san⁰li⁰]

又是起的风呃又是起的雨，［iəu³⁵ sɿ³⁵ tɕʰi⁴² ti⁰ foŋ⁴⁵ ɤ⁰ iəu³⁵ sɿ³⁵ tɕʰi⁴² ti⁰ y⁴²］

几个老头子哩还是从那条路回来。［tɕi⁴² kɤ³⁵ lau⁴² tʰəu¹³ tsɿ⁰ li⁰ xai¹³ sɿ³⁵ tsʰoŋ¹³ luo³⁵ tʰiau¹³ lu³⁵ xuei¹³ lai¹³］

走到树林以后，［tsəu⁴² tau³⁵ su³⁵ lin¹³ i⁴² xəu³⁵］

他们就觉得寒麻麻的竖竖神，［tʰa⁴⁵ mən⁰ tɕiəu³⁵ tɕye¹³ tɤ⁰ xan¹³ ma¹³ ma⁰ ti⁰ su³⁵ su⁰ sən⁰］寒麻麻的竖竖神：吓得汗毛都竖起来了

因为那一天哩天很黑，［in⁴⁵ uei¹³ luo³⁵ i¹³ tʰien⁴⁵ li⁰ tʰien⁴⁵ xən⁴² xɤ¹³］

又下着雨又起着风。［iəu³⁵ ɕia³⁵ tsɤ⁰ y⁴² iəu³⁵ tɕʰi⁴² tsɤ⁰ foŋ⁴⁵］

走倒走倒，跟上次一样，［tsəu⁴² tau⁰ tsəu⁴² tau⁰，kən⁴⁵ san³⁵ tsʰɿ³⁵ i¹³ ian³⁵］走倒走倒：走着走着

突然从那个桃树林里头，［tʰu¹³ lan¹³ tsʰoŋ¹³ luo³⁵ kɤ³⁵ tʰau¹³ su³⁵ lin¹³ li⁴² tʰəu¹³］

吊下来一个人。［tiau³⁵ ɕia³⁵ lai¹³ i⁰ kɤ³⁵ lən¹³］

也是吊那里哒。［ie⁴² sɿ³⁵ tiau³⁵ luo³⁵ ti⁰ ta⁰］

这时候，［tsɤ³⁵ sɿ¹³ xəu⁰］

就把前头的一个姓陈的老头子，［tɕiəu³⁵ pa⁴² tɕʰien¹³ tʰəu⁵⁵ ti⁰ i¹³ kɤ³⁵ ɕin³⁵ tsʰən¹³ ti⁰ lau⁴² tʰəu¹³ tsɿ⁰］

就吓趴那里哒。［tɕiəu³⁵ xɤ³⁵ pʰa⁴⁵ luo³⁵ ti⁰ ta⁰］

其他的几个老头子也吓狠哒。［tɕʰi¹³ tʰa⁴⁵ ti⁰ tɕi⁰ kɤ³⁵ lau⁴² tʰəu¹³ tsɿ⁰ ie⁴² xɤ¹³ xən⁴² ta⁰］狠：厉害

但他们吓跑哒，［tan³⁵ tʰa⁴⁵ mən⁰ xɤ³⁵ pʰau¹³ ta⁰］

只有这个姓陈的老头子，［tsɿ⁵⁵ iəu⁴² tsɤ³⁵ kɤ³⁵ ɕin³⁵ tsʰən¹³ ti⁰ lau⁴² tʰəu¹³ tsɿ⁰］

没有爬起来。［mei⁵⁵ iəu⁴² pʰa¹³ tɕʰi⁴² lai¹³］

第二天，这个老头子就死哒。［ti³⁵ ɯ³⁵ tʰien⁴⁵，tsɤ³⁵ kɤ³⁵ lau⁴² tʰəu¹³ tsɿ⁰ tɕiəu³⁵ sɿ⁴² ta⁰］

出哒这件事以后，［tsʰu¹³ ta⁰ tsɤ³⁵ tɕien³⁵ sɿ³⁵ i⁴² xəu³⁵］

大家从此就不敢从这个桃树林走。［ta³⁵ tɕia⁴⁵ tsʰoŋ¹³ tsʰɿ⁴² tɕiəu³⁵ pu¹³ kan⁴² tsʰoŋ¹³ tsɤ³⁵ kɤ³⁵ tʰau¹³ su³⁵ lin¹³ tsəu⁴²］

那是怎么一回事咧？［la³⁵ sɿ³⁵ tsən⁴² mo⁰ i¹³ xuei¹³ sɿ³⁵ lie⁰］

原来是一群年轻人啦搞的个恶作剧。［yen¹³ lai¹³ sɿ³⁵ i¹³ tɕʰyin¹³ lien¹³ tɕʰin⁴⁵ lən¹³ la⁰ kau⁴² ti⁰ kuo³⁵ uo⁰ tsuo³⁵ tɕy³⁵］

他们晓得这几个老头子每天都要从恁么走的，［tʰa⁴⁵ mən⁰ ɕiau⁴² tɤ⁰ tsɤ³⁵ tɕi⁴² kɤ³⁵ lau⁴² tʰəu¹³ tsɿ⁰ mei⁴² tʰien⁴⁵ təu⁴⁵ iau³⁵ tsʰoŋ¹³ lən¹³ m̩⁰ tsəu⁴² ti⁰］

他们想一想：［tʰa⁴⁵ mən⁰ ɕian⁴² i⁰ ɕian⁴²］

我们要把逈几个老头吓一下。[uo⁴² mən⁰ iau³⁵ pa⁴² lie³⁵ tɕi⁴² kɤ³⁵ lau⁴² tʰəu¹³ xɤ¹³ i¹³ xa⁰]

结果咧把逈个姓陈的老头子吓死哒。[tɕie¹³ kuo⁴² lie⁰ pa⁴² lie³⁵ kɤ³⁵ ɕin³⁵ tsʰən¹³ ti⁰ lau⁴² tʰəu¹³ tsʅ⁰ xɤ¹³ sʅ⁴² ta⁰]

意译：今天我给大家讲一个故事。故事的名字就叫"人吓人，吓死人"。在我们荆州城，城南角落里，有条小路。这是我们荆州城过去必须经过的一条小路。从东到西，到了西门这一带，路两边栽了很多桃树。过去大家都认为，桃树林里出鬼，但是有几个老人不信邪。为什么呢？他们每天晚上从书馆听书回来，只有一条路，都要经过这条路。他们认为都走了那么多年了，从来没有碰到过鬼。但是有天晚上天很黑，几个人走到树林里头。不管怎么说，他听说过桃树林里出鬼，走到这里后他们还是小心翼翼的。走在前面的一个老头子，突然看到前面树上，吊下来一个大黑影子。几个人吓得回头就跑。我们全城都传开了，郢都路小学这条路上桃树林里出鬼。所以大家不管是白天还是晚上，都不敢从那里走了。

过了一段时间后，又好像没出现什么事情。这几个老头听完书从别的地方回去确实很远，几个老头商量了还走那条路。但是刚好那天晚上又是风又是雨。几个老头还是从那条路回来。走到树林后他们觉得寒毛直竖，因为那一天天很黑，又下着雨又起着风。走着走着，跟上次一样突然从那个桃树林里吊下来一个人。也是吊在那里。这时候就把前面的一个姓陈的老头子吓趴在那儿了。另外几个老头也吓得不行。但他们都吓跑了，只有这个姓陈的老头子没有爬起来。第二天，这个老头子就死了。出了这件事以后，大家从此就不敢从这个桃树林走。

那是怎么一回事呢？原来是一群年轻人搞的一个恶作剧。他们知道这几个老头子每天都要从那儿走的，他们想把这几个老头吓一下。结果把这个姓陈的老头子吓死了。

0023 其他故事

刚才咧听朋友们大家都讲了很多有趣的生活当中的故事，[kan⁵⁵ tsʰai¹³ lie⁰ tʰin⁴⁵ pʰoŋ¹³ iəu⁴² mən⁰ ta³⁵ tɕia⁵⁵ təu⁵⁵ tɕian⁴² lɤ⁰ xən⁴² tuo⁵⁵ iəu⁴² tɕʰy³⁵ ti⁰ sən⁵⁵ xuo¹³ tan⁵⁵ tsoŋ⁵⁵ ti⁰ ku³⁵ sʅ³⁵]

今天咧我给大家讲一个我小时候的故事。[tɕin⁵⁵ tʰien⁵⁵ lie⁰ uo⁴² kei⁴² ta³⁵ tɕia⁵⁵ tɕian⁴² i¹³ kɤ³⁵ uo⁴² ɕiau⁴² sʅ¹³ xəu³⁵ ti⁰ ku³⁵ sʅ³⁵]

呃，就是在我童年的时候，[ɤ⁰ , tɕiəu³⁵ sʅ³⁵ tsai³⁵ uo⁴² tʰoŋ¹³ lien¹³ ti⁰ sʅ¹³ xəu³⁵]

我们都喜欢捉那个萤火虫。[uo⁴² mən⁰ təu⁵⁵ xi⁴² xuan⁵⁵ tsuo¹³ luo³⁵ kɤ³⁵ in¹³ xuo⁴² tsʰoŋ¹³]

就是晚上啊那个萤火虫，[tɕiəu³⁵sʅ³⁵uan⁴²san³⁵a⁰luo³⁵kɤ³⁵in¹³xuo⁴²tsʰoŋ¹³]

就跟天上的星星一样，[tɕiəu³⁵kən⁵⁵tʰien⁵⁵san³⁵ti⁰ɕin⁵⁵ɕin⁰i¹³ian³⁵]

一眨一眨的，一亮一亮的。[i¹³tsa¹³i¹³tsa¹³ti⁰，i¹³lian³⁵i¹³lian³⁵ti⁰]

当时咧我隔壁的一个小伙伴咧，[tan⁵⁵sʅ¹³lie⁰uo⁴²kɤ¹³pi¹³ti⁰i¹³kɤ³⁵ɕiau⁴²xuo⁴²pan³⁵lie⁰]

就捉啊很多很多的萤火虫，[tɕiəu³⁵tsuo¹³a⁰xən⁴²tuo⁵⁵xən⁴²tuo⁵⁵ti⁰in¹³xuo⁴²tsʰoŋ¹³]

用那个瓶子啊把它装倒在。[ioŋ³⁵luo³⁵kɤ³⁵pʰin¹³tsʅ⁰a⁰pa⁴²tʰa⁵⁵tsuan⁵⁵tau⁰tsai³⁵]
装倒：装着

这个萤火虫装到瓶子里头哩很漂亮，[tsɤ³⁵kɤ³⁵in¹³xuo⁴²tsʰoŋ¹³tsuan⁵⁵tau³⁵pʰin¹³tsʅ⁰li⁴²tʰəu⁰li⁰xən⁴²pʰiau³⁵lian³⁵]

跟天上的星一样一闪一眨的。[kən⁵⁵tʰien⁵⁵san⁰ti⁰ɕin⁵⁵i¹³ian³⁵i¹³san⁴²i¹³tsa¹³ti⁰]

结果哩我这边隔壁的，右边隔壁的哩，[tɕie¹³kuo⁴²li⁰uo⁴²tsɤ³⁵pien⁵⁵kɤ¹³pi¹³ti⁰，iəu³⁵pien⁵⁵kɤ¹³pi¹³ti⁰li⁰]

有一个咧小哥哥，[iəu⁴²i¹³kɤ³⁵lie⁰ɕiau⁴²kuo⁵⁵kuo⁰]

他也想要萤火虫，[tʰa⁵⁵ie⁴²ɕian⁴²iau³⁵in¹³xuo⁴²tsʰoŋ¹³]

但是咧他不会捉。[tan³⁵sʅ¹³lie⁰tʰa⁵⁵pu¹³xuei¹³tsuo¹³]

他咧就跟他爸爸吵。[tʰa⁵⁵lie⁰tɕiəu³⁵kən⁵⁵tʰa⁵⁵pa¹³pa⁰tsʰau⁴²] 吵：闹

他说咧："呃，这边隔壁的呀呃，[tʰa⁵⁵suo¹³lie⁰：ɤ⁰，tsɤ³⁵pien⁵⁵kɤ¹³pi¹³ti⁰ia⁰ɤ⁰]

小华都捉啊这么多萤火虫，[ɕiau⁴²xua¹³təu⁵⁵tsuo¹³a⁰tsɤ³⁵mo⁰tuo⁵⁵in¹³xuo⁴²tsʰoŋ¹³]

那你也要跟我捉萤火虫。"[luo³⁵li⁴²ie⁴²iau³⁵kən⁵⁵uo⁴²tsuo¹³in¹³xuo⁴²tsʰoŋ¹³] 跟：给

他的爸爸咧是一个近视眼，[tʰa⁵⁵ti⁰pa¹³pa⁰lie⁰sʅ³⁵i¹³kɤ³⁵tɕin³⁵sʅ³⁵ien⁴²]

眼睛哩看不到，呃，[ien⁴²tɕin⁵⁵li⁰kʰan¹³pu¹³tau¹³，ɤ⁰]

他要看的时候平时的就要戴眼镜。[tʰa⁵⁵iau³⁵kʰan¹³ti⁰sʅ³⁵xəu³⁵pʰin¹³sʅ¹³ti⁰tɕiəu³⁵iau³⁵tai³⁵ien⁴²tɕin³⁵]

但是哩到了晚上的时候哩，[tan³⁵sʅ³⁵li⁰tau³⁵lɤ⁰uan⁴²san⁰ti⁰sʅ¹³xəu³⁵li⁰]

戴那个眼镜啦看也看不清楚。[tai³⁵luo³⁵kɤ³⁵ien⁴²tɕin³⁵la⁰kʰan³⁵ie⁴²kʰan³⁵pu¹³tɕʰin⁵⁵tsʰu⁴²]

他就哪么办哩？[tʰa⁵⁵tɕiəu³⁵la⁴²mɤ⁴²pan³⁵li⁰] 哪么办：怎么办

这个萤火虫哩，[tsɤ³⁵kɤ³⁵in¹³xuo⁴²tsʰoŋ¹³li⁰]

你要是用灯去照的话，[li⁴²iau³⁵ sʅ³⁵ ioŋ³⁵ təŋ⁵⁵ kʰɯ³⁵ tsau³⁵ ti⁰ xua³⁵]

萤火虫没有闪亮你就看不到。[in¹³ xuo⁴² tsʰoŋ¹³ mei¹³ iəu⁴² san⁴² lian³⁵ li⁴² tɕiəu³⁵ kʰan³⁵ pu¹³ tau³⁵]

好，这个时候，晚上，[xau⁴², tsɤ³⁵ kɤ³⁵ sʅ¹³ xəu³⁵, uan⁴² san³⁵]

他的爸爸就说：[tʰa⁵⁵ ti⁰ pa¹³ pa⁰ tɕiəu³⁵ suo¹³]

"那今天我必须得要跟你去找啊。[luo³⁵ tɕin⁵⁵ tʰien⁵⁵ uo⁴² pi¹³ ɕy⁵⁵ tɤ¹³ iau³⁵ kən⁵⁵ li⁴² kʰɯ³⁵ tsau⁴² a⁰]

别人都有，我们，[pie¹³ lən¹³ təu⁵⁵ iəu⁴², uo⁴² mən⁰]

我的儿子不能说没得啊。"[uo⁴² ti⁰ ɯ¹³ tsʅ⁰ pu¹³ lən¹³ suo¹³ mei⁵⁵ tɤ¹³ a⁰] 没得：没有

他哩就拿，拿着电筒，[tʰa⁵⁵ li⁰ tɕiəu³⁵ la¹³, la¹³ tsɤ⁰ tien³⁵ tʰoŋ¹³]

拿哒一把扇子。[la¹³ ta⁰ i¹³ pa⁴² san³⁵ tsʅ⁰]

拿哒一个瓶子，没有拿电筒。[la¹³ ta⁰ i¹³ kɤ³⁵ pʰin¹³ tsʅ⁰, mei⁵⁵ iəu⁴² la¹³ tien³⁵ tʰoŋ¹³]

拿的个瓶子，拿哒一把扇子，[la¹³ ti⁰ kɤ³⁵ pʰin¹³ tsʅ⁰, la¹³ ta⁰ i¹³ pa⁴² san³⁵ tsʅ⁰]

就去找萤火虫。[tɕiəu³⁵ kʰɯ³⁵ tsau⁴² in¹³ xuo⁴² tsʰoŋ¹³]

那个萤火虫哩是要用扇子去拍。[luo⁵⁵ kɤ³⁵ in¹³ xuo⁴² tsʰoŋ¹³ li⁰ sʅ¹³ iau³⁵ ioŋ³⁵ san³⁵ tsʅ⁰ kʰɯ³⁵ pʰɤ¹³]

一拍哩那个萤火虫就掉下来哒，[i¹³ pʰɤ¹³ li⁰ luo⁵⁵ kɤ³⁵ in¹³ xuo⁴² tsʰoŋ¹³ tɕiəu³⁵ tiau³⁵ ɕia³⁵ lai¹³ ta⁰]

就可以用瓶子去接。[tɕiəu³⁵ kʰuo⁴² i⁴² ioŋ³⁵ pʰin¹³ tsʅ⁰ kʰɯ³⁵ tɕie¹³]

这时候哩我们对面哩就来哒一个大爷。[tsɤ³⁵ sʅ¹³ xəu³⁵ li⁰ uo⁴² mən⁰ tei³⁵ mien³⁵ li⁰ tɕiəu³⁵ lai¹³ ta⁰ i¹³ kɤ³⁵ ta³⁵ ie¹³]

他叼着一支烟，[tʰa⁵⁵ tiau⁵⁵ tsuo⁰ i¹³ tsʅ⁵⁵ ien⁵⁵]

那一支烟哩他一拔的时候哩，[lɤ³⁵ i¹³ tsʅ⁵⁵ ien⁵⁵ li⁰ tʰa⁵⁵ i¹³ pa¹³ ti⁰ sʅ¹³ xəu³⁵ li⁰] 一拔：一吸

就一闪一亮的。[tɕiəu³⁵ i¹³ san⁴² i¹³ lian³⁵ ti⁰]

但是这个近视眼的伯伯哩，[tan³⁵ sʅ³⁵ tsɤ³⁵ kɤ³⁵ tɕin³⁵ sʅ³⁵ ien⁴² ti⁰ pɤ¹³ pɤ⁰ li⁰]

他就认为这一支，[tʰa⁵⁵ tɕiəu³⁵ lən³⁵ uei¹³ tsɤ³⁵ i¹³ tsʅ⁵⁵]

这个抽烟的这个人哩叼的这支烟哩，[tsɤ³⁵ kɤ³⁵ tsʰəu⁵⁵ ien⁵⁵ ti⁰ tsɤ³⁵ kɤ³⁵ lən¹³ li⁰ tiau⁵⁵ ti⁰ tsɤ³⁵ tsʅ⁵⁵ ien⁵⁵ li⁰]

就是一只萤火虫。[tɕiəu³⁵ sʅ³⁵ i¹³ tsʅ⁵⁵ in¹³ xuo⁴² tsʰoŋ¹³]

他就拿倒扇子就一拍。[tʰa⁵⁵ tɕiəu³⁵ la¹³ tau⁰ san³⁵ tsʅ⁰ tɕiəu³⁵ i¹³ pʰɤ¹³] 拿倒：拿着

结果这个扇子没有拍到萤火虫，[tɕie¹³ kuo⁴² tsɤ³⁵ kɤ³⁵ san³⁵ tsʅ⁰ mei⁵⁵ iəu⁴² pʰɤ¹³ tau³⁵ in¹³ xuo⁴² tsʰoŋ¹³]

拍到我们对门隔壁的这个伯佰的脸上。[pʰɤ¹³ tau³⁵ uo⁴² mən⁰ tei³⁵ mən¹³ kɤ¹³ pi¹³ ti⁰ tsɤ³⁵ kɤ³⁵ pɤ¹³ pɤ⁰ ti⁰ lien⁴² san³⁵]

他说:"哎呀,你是哪么回事啊,[tʰa⁵⁵ suo¹³:ai⁵⁵ ia⁰,li⁴² sɿ³⁵ la² mo⁰ xuei¹³ sɿ³⁵ a⁰]哪么:怎么

你哪么要刷⁼我一嘴巴搞么子的呀?"[li⁴² la⁴² mo⁰ iau³⁵ sua¹³ uo⁴² i¹³ tsuei⁴² pa⁰ kau⁴² mo⁴² tsɿ⁵⁵ ti⁰ ia⁰]刷⁼:打。搞么子:干什么

他说:"我没有刷⁼你,[tʰa⁵⁵ suo¹³:uo⁴² mei⁵⁵ iəu⁴² sua¹³ li⁴²]

我在捡萤火虫。"[uo⁴² tsai³⁵ tɕien⁴² in¹³ xuo⁴² tsʰoŋ¹³]

结果哩两个人哈哈一大笑,[tɕie¹³ kuo⁴² li⁰ liaŋ⁴² kuo³⁵ lən¹³ xa⁵⁵ xa⁰ i¹³ ta³⁵ ɕiau³⁵]

"我哪里是萤火虫哩,[uo⁴² la⁴² li⁴² sɿ³⁵ in¹³ xuo¹³ tsʰoŋ¹³ li⁰]

我在抽烟。[uo⁴² tsai³⁵ tsʰəu⁵⁵ ien⁵⁵]

你把烟当成萤火虫哒。"[li⁴² pa⁴² ien⁵⁵ tan⁵⁵ tsʰən¹³ in¹³ xuo⁴² tsʰoŋ¹³ ta⁰]

好,这个故事到此结束哒。[xau⁴²,tsɤ³⁵ kɤ³⁵ ku³⁵ sɿ³⁵ tau³⁵ tsʰɿ⁴² tɕie¹³ su³⁵ ta⁰]

意译:刚才听大家都讲了很多生活当中有趣的故事,今天我给大家讲一个我小时候的故事。在我童年的时候,我们都喜欢捉萤火虫。晚上萤火虫跟天上的星星一样,一闪一闪地发光。

当时我隔壁的一个小伙伴,捉了非常多的萤火虫,用瓶子装着。萤火虫装在瓶子里很漂亮,像天上的星星一样一闪一闪的。我右边隔壁家有一个小哥哥,他也想要萤火虫,但是他不会捉。他就跟他爸爸闹。他说:"呃,这边隔壁的小华都捉了这么多萤火虫,那你也要给我捉萤火虫。"他的爸爸是一个近视眼,眼睛看不清楚。他平时要戴眼镜看东西。但是到了晚上的时候戴眼镜也看不清楚。他就怎么办呢?这个萤火虫啊,你要是用灯去照的话,萤火虫没有闪你就看不到。这天晚上他的爸爸说:"今天我必须要去给你捉萤火虫。别人都有,我的儿子不能没有啊。"

他拿着电筒,拿了一把扇子,拿了一个瓶子,没有拿电筒。拿的一个瓶子,拿了一把扇子,就去找萤火虫。萤火虫要用扇子去拍。一拍那个萤火虫就掉下来了,就可以用瓶子去接。这时候我们对面来了一位大爷。他叼着一支烟,那一支烟他一吸的时候就一闪一闪的。但是这个近视眼的伯伯他就认为这个抽烟的人叼的这支烟就是一只萤火虫。他就拿着扇子一拍。结果这个扇子没有拍到萤火虫,拍到我们对门隔壁的这个伯伯的脸上。他说:"哎呀,你是怎么回事啊,你为什么要打我一嘴巴啊?"他说:"我没有打你,我在捡萤火虫。"最后两个人哈哈大笑,"我怎么会是萤火虫呢,我在抽烟。你把烟当成萤火虫了。"好,这个故事到

此结束了。

四 自选条目

0031 自选条目

解手不带纸——想不揩。[kai⁴² səu⁴² pu¹³ tai³⁵ tsɿ⁴²——ɕian⁴² pu¹³ kʰai⁵⁵] 解手：上厕所。揩：擦

意译：上厕所不带纸——想不揩（开）。

0032 自选条目

月母子打屁——孕气。[ye¹³ mu⁴² tsɿ⁰ ta⁴² pʰi³⁵——ioŋ³⁵ tɕʰi³⁵]

意译：月母子打屁——孕（运）气。

0033 自选条目

槽里无食——猪拱猪。[tsʰau¹³ li⁰ u¹³ sɿ¹³——tsu⁵⁵ koŋ⁴² tsu⁵⁵]

意译：喂猪的食槽里要是没了食物——猪就会用嘴互相拱咬（喻经济拮据之时，容易彼此抱怨或争吵）。

0034 自选条目

碰到树㪬子都要讲两句的——话多。[pʰoŋ³⁵ tau⁰ su³⁵ tu⁵⁵ tsɿ⁰ təu⁵⁵ iau³⁵ tɕian⁴² lian⁴² tɕy³⁵ ti⁰——xua³⁵ tuo⁵⁵] 树㪬子：树桩

意译：碰到树桩也要讲两句——指人话多。

0035 自选条目

狗子咬刺脚子——无从下口。[kəu⁴² tsɿ⁰ au⁴² tsʰɿ³⁵ tɕio¹³ tsɿ⁰——u¹³ tsʰoŋ¹³ ɕia³⁵ kʰəu⁴²] 刺脚子：刺猬

意译：狗子咬刺猬——无从下口（喻做某件事情无从下手）。

0036 自选条目

蚂蚁子爬筲箕——路子多。[ma⁴² ien⁴² tsɿ⁰ pʰa¹³ sau⁵⁵ tɕi⁵⁵——lu³⁵ tsɿ⁰ tuo⁵⁵]

意译：蚂蚁爬筲箕——路子多（喻办法多，路子广）。

0037 自选条目

下雨背稻草——越背越重。[ɕia³⁵ y⁴² pei⁵⁵ tau³⁵ tsʰau⁴²——ie¹³ pei⁵⁵ ie¹³ tsoŋ³⁵]

意译：下雨背稻草——越背越重（喻负担越来越沉重）。

0038 自选条目

猪油灯盏——拨一下亮一下。[tsu⁵⁵iəu¹³tən⁵⁵tsan⁴²——po¹³i¹³xa⁰lian³⁵i¹³xa⁰]

意译：猪油灯盏——拨一下亮一下（喻做事不知变通，事事都要点拨）。

0039 自选条目

出门观天色，进门观脸色。[tsʰu¹³mən¹³kuan⁵⁵tʰien⁵⁵sɤ¹³，tɕin³⁵mən¹³kuan⁵⁵lien⁴²sɤ¹³]

意译：出门要看天色阴晴冷热变化，及时作好适应性的安排；进门要察颜观色判断情况，以便见机行事。

0040 自选条目

行客拜坐客，坐客不晓得。[ɕin¹³kʰɤ¹³pai³⁵tsuo³⁵kʰɤ¹³，tsuo³⁵kʰɤ¹³pu¹³ɕiau⁴²tɤ⁰]

意译：来客要先到所在地亲友家拜访，以示告知和看得起对方，然后所在地亲友才为之接风洗尘。如来客不去拜访，坐客装聋作哑权当不知道，更不会设宴为来客洗尘。

0041 自选条目

乡巴佬不认得矮子——老短。[ɕian⁵⁵pa⁵⁵lau⁴²pu¹³lən³⁵tɤ⁰ai⁴²tsɿ⁰——lau⁴²tuan⁴²]

意译：乡巴佬不认得个子矮的人——老短（喻人见识少）。

0042 自选条目

荷叶包鳝鱼——溜之鳅也。[xuo¹³ie¹³pau⁵⁵san³⁵y¹³——liəu⁵⁵tsɿ⁵⁵tɕʰiəu⁵⁵ie⁰]

意译：用荷叶包鳝鱼——鳝鱼太滑溜包不住（喻溜之大吉）。

0043 自选条目

癞蛤蟆子打架——钳进钳出。[lai³⁵kʰɤ¹³ma⁴²tsɿ⁰ta⁴²tɕia³⁵——tɕʰien¹³tɕin³⁵tɕʰien¹³tsʰu¹³]

意译：癞蛤蟆子打架——钳（钱）进钳（钱）出。

0044 自选条目

早霞不出门，晚霞行千里。[tsau⁴²ɕia¹³pu¹³tsʰu¹³mən¹³，uan⁴²ɕia¹³ɕin¹³tɕʰien⁵⁵li⁴²]

意译：早晨出现红霞，预示有雨，不宜出门；傍晚出现红霞，预示天晴，可以远行。

0045 自选条目

癞蛤蟆子垫床脚——硬撑。[lai³⁵kʰɤ¹³ma⁵⁵tsɿ⁰tien³⁵tsʰuan¹³tɕio¹³——ən³⁵tsʰən³⁵]

意译：癞蛤蟆垫床脚——硬撑（喻在遭受巨大压力下，死命地坚持着）。

0046 自选条目

癞子打伞——无发无天。[lai³⁵tsɿ⁰ta⁴²san⁴²——u¹³fa¹³u¹³tʰien⁵⁵]

意译：光头打伞——无发（法）无天。

0047 自选条目

茅厕里打灯笼——找屎。[mau¹³sɿ⁵⁵ti⁰ta⁴²tən⁵⁵loŋ¹³——tsau⁴²sɿ⁴²]

意译：厕所里打灯笼——找屎（死）。

0048 自选条目

晴带雨伞，饱带饥粮。[tɕʰin¹³tai³⁵y⁴²san⁴²，pau⁴²tai³⁵tɕi⁵⁵lian¹³]

意译：比喻任何时候都要有忧患意识，要做好预防准备，才不会在困难到来时落难。

0049 自选条目

蚂蚁子坐沙发——弹都不弹。[ma⁴²ien⁴²tsɿ⁰tsuo³⁵sa⁵⁵fa¹³——tʰan¹³təu⁵⁵pu¹³tʰan¹³]

意译：蚂蚁坐沙发——弹（谈）都不弹（谈），指无对话或谈判的可能。

0050 自选条目

下雨打赤脚——各滑各。[ɕia³⁵y⁴²ta⁴²tsʰɿ¹³tɕio¹³——kuo¹³xua¹³kuo¹³]

意译：下雨打赤脚——各滑各的（喻各管各）。

0051 自选条目

乡巴佬不认得豁子——差嘴。[tɕian⁵⁵ pa⁵⁵ lau⁴² pu¹³ lən¹³ tɤ⁰ xuo⁵⁵ tsɿ⁰——tsʰa⁵⁵ tsuei⁴²]

意译：乡巴佬不认得豁子——差（插）嘴，通常以此来告诫他人不要随意插嘴。

0052 自选条目

有吃饱饱胀，无吃烧火相。[iəu⁴² tɕʰi²⁴ pau⁴² pau⁰ tsan³⁵，u¹³ tɕʰi¹³ sau⁵⁵ xuo⁴² ɕian³⁵]

意译：喻只顾眼前，不顾长远。

0053 自选条目

妈的个屄也，婊子养的。[ma⁵⁵ ti⁰ kɤ⁰ pi⁵⁵ ie³¹，piau⁴² tsɿ⁰ ian⁴² ti⁰]

意译：妈的个屄，婊子生的，詈语。

0054 自选条目

通＝你屋里先大人了。[tʰoŋ⁵⁵ li⁴² u¹³ ti⁰ ɕien⁵⁵ ta³⁵ lən¹³ lɤ⁰]

意译：詈语，骂别人的祖先。

0055 自选条目

妈的个屄也，婊子养的，通＝你屋里先大人了，个臭狗日的。[ma⁵⁵ ti⁰ kɤ⁰ pi⁵⁵ ie⁰，piau⁴² tsɿ⁰ ian⁴² ti⁰，tʰoŋ⁵⁵ li⁴² u¹³ ti⁰ ɕien⁵⁵ ta³⁵ lən¹³ lɤ⁰，kɤ⁰ tsʰəu³⁵ kəu⁴² ɯ¹³ ti⁰]

意译：詈语，骂别人的祖先。

0056 自选条目

孙家庄变了样，[sən⁵⁵ tɕia⁵⁵ tsuaŋ⁵⁵ pien³⁵ lɤ⁰ iaŋ³⁵]

今年的庄稼不平常啊。[tɕin⁵⁵ lien¹³ ti⁰ tsuaŋ⁵⁵ tɕia⁵⁵ pu¹³ pʰin¹³ tsʰaŋ¹³ a⁰]

棉花白谷穗黄，[mien¹³ xua⁵⁵ pɤ¹³ ku¹³ suei³⁵ xuaŋ¹³]

五谷杂粮都堆满了仓。[u⁴² ku⁴² tsa¹³ liaŋ¹³ təu⁵⁵ tei⁵⁵ man⁴² lɤ⁰ tsʰaŋ⁵⁵]

猪也喂得肥，[tsu⁵⁵ ie⁴² uei³⁵ tɤ⁰ fei¹³]

牛也长得壮。[liəu¹³ ie⁴² tsaŋ⁴² ti⁰ tsuaŋ³⁵]

到处是鸡鸭和牛羊，[tau³⁵ tsʰu³⁵ sɿ³⁵ tɕi⁵⁵ ia¹³ xuo¹³ liəu¹³ iaŋ¹³]

上交任务是完成的好，[saŋ³⁵ tɕiau⁵⁵ lən³⁵ u³⁵ sʅ³⁵ uan¹³ tsʰən¹³ ti⁰ xau⁴²]
家家都有剩余呀粮。[tɕia⁵⁵ tɕia⁰ təu⁵⁵ iəu⁴² sən⁵³ y¹³ ia⁰ liaŋ¹³]
秋风起，天气凉。[tɕʰiəu⁵⁵ foŋ⁵⁵ tɕʰi⁴²，tʰien⁵⁵ tɕʰi³⁵ liaŋ¹³]
梧桐叶落片片黄。[u¹³ tʰoŋ¹³ ie¹³ luo¹³ pʰien³⁵ pʰien³⁵ xuaŋ¹³]
喜旺匆忙离家走。[ɕi⁴² uaŋ³⁵ tsʰoŋ⁵⁵ maŋ¹³ li¹³ tɕia⁵⁵ tsəu⁴²]
来不及与他办行装。[lai¹³ pu¹³ tɕi¹³ y⁴² tʰa⁵⁵ pan³⁵ ɕin¹³ tsuaŋ⁵⁵]
脚下布鞋早磨烂。[tɕio¹³ ɕia³⁵ pu¹³ xai¹³ tsau⁴² mo¹³ lan³⁵]
身上穿的单衣裳。[sən⁵⁵ saŋ³⁵ tsʰuan⁵⁵ ti⁰ tan⁵⁵ i⁵⁵ saŋ⁰]
光足赤脚是怎么走路？[kuaŋ⁵⁵ tsəu¹³ tsʰʅ¹³ tɕio¹³ sʅ³⁵ tsən⁴² mo⁰ tsəu⁴² ləu³⁵]
单衣薄衫是怎么遮凉啊？[tan⁵⁵ i⁵⁵ po¹³ san⁵⁵ sʅ³⁵ tsən⁴² mo⁰ tsɤ⁵⁵ liaŋ¹³ a⁰]
出门三月也不来封信啦。[tɕʰy¹³ mən¹³ san⁵⁵ ye¹³ ie⁴² pu¹³ lai¹³ foŋ⁵⁵ ɕin³⁵ la⁰]
真叫我挂肚又牵肠。[tsən⁵⁵ tɕiau⁵⁵ uo¹³ kua¹³ təu⁴² iəu³⁵ tɕʰien⁵⁵ tsʰaŋ¹³]
缝了一针又一针，[foŋ¹³ lɤ⁰ i¹³ tsən⁵⁵ iəu³⁵ i¹³ tsən⁵⁵]
纳了一行又一行。[la¹³ liau⁰ i¹³ xaŋ³⁵ iəu³⁵ i¹³ xaŋ¹³]
你穿上新鞋要往正路走，[li⁴² tsʰuan⁵⁵ saŋ³⁵ ɕin⁵⁵ xai¹³ iau³⁵ uaŋ⁴² tsən³⁵ ləu³⁵ tsəu⁴²]
穿上新衣要把新人当。[tsʰuan⁵⁵ saŋ³⁵ ɕin i⁵⁵ iau³⁵ pa⁴² ɕin⁵⁵ lən¹³ taŋ⁵⁵]
你若再是那老模样，[li⁴² io¹³ tsai³⁵ sʅ³⁵ la³⁵ lau⁴² mo¹³ iaŋ³⁵]
从今后不与你做鞋呀，[tsʰoŋ¹³ tɕin⁵⁵ xəu³⁵ pu¹³ y⁴² li⁴² tsəu³⁵ xai¹³ ia⁰] 与：给
不与你做衣裳。[pu¹³ y⁴² li⁴² tsəu³⁵ i⁵⁵ saŋ⁰]

意译：孙家庄变了样，今年的庄稼不平常。棉花白谷穗黄，五谷杂粮都堆满了仓。猪肥牛壮。到处是鸡鸭和牛羊，上交的任务完成得很好，家家都有余粮。秋风起，天气凉。梧桐树叶片片变黄、凋落。喜旺匆忙要离家。来不及替他收拾行装。脚下的布鞋早已磨烂。身上穿的也是单衣裳。光着脚怎么走路？衣衫单薄怎么御寒？出门三个月了也没来一封信。真是让我牵肠挂肚。缝衣服缝了一针又一针，纳鞋底纳了一行又一行。你穿上新鞋后要往正路上走，穿上新衣要把新人当。你如果还是那老样子，从今往后不给你做鞋，也不给你做衣裳。

0057 自选条目
瓜不连藤，不能够生长。[kua⁵⁵ pu¹³ lien¹³ tʰən¹³，pu¹³ lən¹³ kəu³⁵ sən⁵⁵ tsaŋ⁴²]
年幼的儿啊是怎么能够离开呀亲娘。[lien¹³ iəu³⁵ ti⁰ ɯ¹³ a⁰ sʅ⁵³ tsən⁴² mo⁰ lən¹³ kəu³⁵ li¹³ kʰai⁵⁵ ia⁰ tɕʰin⁵⁵ liaŋ¹³]
慢说是儿是娘的亲生女呀。[man⁵³ suo¹³ sʅ⁵³ ɯ¹³ sʅ⁵³ liaŋ¹³ ti⁰ tɕʰin⁵⁵ sən⁵⁵ y⁴² ia⁰] 慢说：不要说

就是那一块石头也被娘磨光啊。[tɕiəu³⁵ sʅ³⁵ la³⁵ i¹³ kʰuai³⁵ sʅ¹³ tʰəu¹³ ie⁴² pei³⁵ liaŋ¹³ mo¹³ kuaŋ⁵⁵ a⁰]

十三年儿在苦里生来苦里长。[sʅ¹³ san⁵⁵ lien¹³ ɯ¹³ tsai³⁵ kʰu⁴² li⁰ sən⁵⁵ lai¹³ kʰu⁴² li⁰ tsaŋ⁴²]

可怜的儿啊，跟随妈受尽了凄凉。[kʰo⁴² lien¹³ ti⁰ ɯ¹³ a⁰, kən⁴⁵ sei¹³ ma⁵⁵ səu³⁵ tɕin³⁵ liau⁰ tɕʰi⁵⁵ liaŋ¹³]

该因是爷爷年老，妈又多病哪。[kai⁵⁵ in⁵⁵ sʅ³⁵ ie¹³ ie¹³ lien¹³ lau⁴², ma⁵⁵ iəu³⁵ tuo⁵⁵ pin³⁵ la⁰]

许多事都要你兄妹呀承担。[ɕy⁴² tuo⁵⁵ sʅ³⁵ təu⁵⁵ iau³⁵ li⁴² ɕioŋ⁵⁵ mei³⁵ ia⁰ tsʰən¹³ tan⁵⁵]

儿受累呀，从未把怨言来讲。[ɯ¹³ səu⁵³ lei³⁵ ia⁰, tsʰoŋ¹³ uei³⁵ pa⁴² yen³⁵ ien¹³ lai¹³ tɕiaŋ⁴²]

儿吃苦还处处体贴为娘。[ɯ¹³ tɕʰi¹³ kʰu⁴² xai¹³ tsʰu³⁵ tsʰu⁰ tʰi⁴² tʰie¹³ uei¹³ liaŋ¹³]

似这样疼娘的儿谁不夸奖。[sʅ³⁵ tsɤ³⁵ iaŋ³⁵ tʰən¹³ liaŋ¹³ ti⁰ ɯ¹³ sei¹³ pu¹³ kʰua⁵⁵ tɕiaŋ⁴²]

倾刻间哪要离开娘怎不哇心伤啊。[tɕʰin⁵⁵ kʰɤ¹³ tɕien⁵⁵ la⁰ iau³⁵ li¹³ kʰai⁵⁵ liaŋ¹³ tsən⁴² pu¹³ ua⁰ ɕin⁵⁵ saŋ⁵⁵ a⁰]

财主家虎狼样，儿去后要堤防。[tsʰai¹³ tsu⁴² tɕia⁵⁵ xu⁴² laŋ¹³ iaŋ³⁵, ɯ¹³ tɕʰy³⁵ xəu³⁵ iau³⁵ tʰi¹³ faŋ¹³]

有泪只能往肚内淌啊。[iəu⁴² lei³⁵ tsʅ¹³ lən¹³ uaŋ⁴² təu⁴² lei¹³ tʰaŋ⁴² a⁰]

一定要熬过三年苦时光。[i¹³ tin³⁵ iau³⁵ au¹³ kuo³⁵ san⁵⁵ lien¹³ kʰu⁴² sʅ¹³ kuaŋ⁵⁵]

三年满娘再穷把办法想，[san⁵⁵ lien¹³ man⁴² liaŋ¹³ tsai³⁵ tɕʰioŋ¹³ pa⁴² pan³⁵ fa¹³ ɕiaŋ⁴²]

千方百计赎儿还乡，[tɕʰien⁵⁵ faŋ⁵⁵ pɤ¹³ tɕi³⁵ səu¹³ ɯ¹³ xuan¹³ ɕiaŋ⁵⁵]

嘱咐儿的言和语牢记心上。[tsəu¹³ fu⁰ ɯ¹³ ti⁰ ien¹³ xuo¹³ y⁴² lau¹³ tɕi³⁵ ɕin⁵⁵ saŋ³⁵]

我的儿啊，伤心话说不尽。[uo⁴² ti⁰ ɯ¹³ a⁰, saŋ⁵⁵ ɕin⁵⁵ xua³⁵ suo¹³ pu¹³ tɕin³⁵]

痛断肝肠。[tʰoŋ³⁵ tan³⁵ kan⁵⁵ tsʰaŋ¹³]

意译：瓜不连藤，不能够生长。年幼的小孩离不开亲娘。更别说是娘的亲生女儿了。就是一块石头也被母亲磨光了。十三年生活在苦难中。可怜的孩子，跟随母亲受尽凄凉。可能是因为爷爷年纪大了，母亲又身体不好，很多事情都需要你们兄妹承担。儿受累了，却从未有怨言。儿吃苦了，却还处处体贴母亲，替母亲着想。像这样心疼母亲的小孩谁都会夸奖。突然间要离开母亲了，心里难受啊。财主家像虎狼一样，儿去后要堤防。有委屈也只能埋在心里。一定要熬过三年苦时光。三年期满，就是再穷，母亲也会想办法，千方百计赎儿还乡，叮嘱儿的话要牢牢记在心里。我的儿啊，伤心的话说不完。心里早已肝肠寸断。

公　安

一　歌谣

0001 歌谣

高山顶上一呀庙的堂啊，[kau⁵⁵ san⁵⁵ tin²¹ saŋ³³ i³⁵ ia⁰ miau³³ ti⁰ tʰaŋ²⁴ a⁰]
团窝大的鼓啊，[tʰan²⁴ o⁵⁵ ta³³ ti⁰ ku²¹ a⁰]
姑嫂的二人啦，[ku⁵⁵ sau²¹ ti⁰ ɯ³³ ən²⁴ na⁰]
簸箕大的锣，[po³³ tɕi⁰ ta³³ ti⁰ nuo²⁴]
去呀烧香啊，[kʰɯ³⁵ a⁰ sau⁵⁵ ɕiaŋ⁵⁵ a⁰]
砰咚几家伙。[pʰoŋ²¹ toŋ²¹ tɕi²¹ tɕia⁵⁵ xuo²¹]　砰咚：拟声词。几家伙：几下子
嫂嫂的烧香啊，[sau²¹ sau²¹ ti⁰ sau⁵⁵ ɕiaŋ⁵⁵ a⁰]
求啊儿啊女啊，[tɕʰiəu²⁴ a⁰ ɯ²⁴ a⁰ ny²¹ a⁰]
团窝大的鼓啊，[tʰan²⁴ o⁵⁵ ta³³ ti⁰ ku²¹ a⁰]
姑儿啊烧香啊，[ku⁵⁵ ɯ²⁴ a⁰ sau⁵⁵ ɕiaŋ⁵⁵ a⁰]
簸箕大的锣，[po³³ tɕi⁰ ta³³ ti⁰ nuo²⁴]
早啊招郎啊，[tsau²¹ a⁰ tsau⁵⁵ naŋ²⁴ a⁰]
砰咚几家伙。[pʰoŋ²¹ toŋ²¹ tɕi²¹ tɕia⁵⁵ xuo²¹]

意译：高山顶上有一座庙堂，姑嫂二个人去烧香。嫂子烧香为的是求儿女，小姑子烧香为的是早日找到男朋友。

0002 歌谣

月亮粑，跟我走，[yɛ³⁵ niaŋ³³ pa⁵⁵，kən⁵⁵ o²¹ tsəu²¹]
一走走到黄金口。[i³⁵ tsəu²¹ tsəu²¹ tau³³ xuaŋ²⁴ tɕin⁵⁵ kʰəu²¹]
你砍肉，我打酒，[ni²¹ kʰan²¹ əu³⁵，o²¹ ta²¹ tɕiəu²¹]
两个吃哒挌朋友。[niaŋ²¹ kuo³³ tɕʰi³⁵ ta²¹ kuo⁵⁵ pʰoŋ²⁴ iəu²¹]　挌：交（朋友）
朋友挌得高，打把刀。[pʰoŋ²²⁴ iəu²¹ kuo⁵⁵ tɤ⁰ kau⁵⁵，ta²¹ pa²¹ tau⁵⁵]
刀又快，好切菜。[tau⁵⁵ iəu³³ kʰuai²¹，xau²¹ tɕʰiɛ³⁵ tsʰai³³]
菜油青，好点灯。[tsʰai³³ iəu²⁴ tɕʰin⁵⁵，xau²¹ tian⁵⁵ tən⁵⁵]
灯又亮，好算账。[tən⁵⁵ iəu³³ niaŋ³³，xau²¹ suan³³ tsaŋ³³]
一夜算到大天亮。[i³⁵ iɛ³³ suan³³ tau³³ ta³³ tʰian⁵⁵ niaŋ³³]
太阳巴巴喊收场。[tʰai³³ iaŋ²⁴ pa⁵⁵ pa⁰ xan²¹ səu⁵⁵ tsʰaŋ²¹]　收场：结束

意译：月亮啊，跟我走，一走走到黄金口。你买肉，我买酒，我们吃完交朋友。朋友交得好，去打把刀。刀很锋利，好切菜。菜油质量好，好点灯。灯光明亮，方便算账。一夜算到大天亮。太阳出来才结束。

二 规定故事

0021 牛郎和织女

从前有一个年轻人，[tsʰoŋ²⁴ tɕʰian²⁴ iəu²¹ i³⁵ kuo³³ nian²⁴ tɕʰin⁵⁵ ən²⁴]

他的姆妈爷爷都死哒，[tʰa⁵⁵ ni⁰ m̩²¹ ma⁰ iɛ²⁴ iɛ⁰ təu⁵⁵ sʅ²¹ ta²¹] 哒：了

那屋里就只有一头老牛，[nuo³⁵ u³⁵ ni⁰ tɕiəu³³ tsʅ³⁵ iəu²¹ i³⁵ tʰəu²⁴ nau²¹ iəu²⁴]

那里的人就都叫他牛郎，[nuo³⁵ ni⁵⁵ ni⁰ ən²⁴ tɕiəu³³ təu⁵⁵ tɕiau³³ tʰa⁵⁵ iəu²⁴ naŋ²⁴]

牛郎靠那个老牛耕田过生活，[iəu²⁴ naŋ²⁴ kʰau³³ nuo³⁵ kɤ³³ nau²¹ iəu²⁴ kən⁵⁵ tʰian²⁴ kuo³³ sən⁵⁵ xuo²⁴]

跟那个老牛相依为命。[kən⁵⁵ nuo³⁵ kuo³³ nau²¹ iəu²⁴ ɕiaŋ⁵⁵ i⁵⁵ uei²⁴ min³³]

迴个老牛其实是天上的金牛星。[niɛ³⁵ kuo³³ nau²¹ iəu²⁴ tɕʰi²⁴ sʅ²¹ sʅ³³ tʰian⁵⁵ saŋ³³ ni⁰ tɕin⁵⁵ iəu²⁴ ɕin⁵⁵] 迴：这

他蛮喜欢迴个牛郎，[tʰa⁵⁵ man²⁴ ɕi²¹ xuan⁰ niɛ³⁵ kuo³³ iəu²⁴ naŋ²⁴]

（觉得他）又勤快心又好，[iəu³³ tɕʰin²⁴ kʰuai³³ ɕin⁵⁵ iəu³³ xau²¹]

所以说呢就想帮他成个家。[suo²¹ i²¹ suo³⁵ niɛ⁰ tɕiəu³³ ɕiaŋ²¹ paŋ⁵⁵ tʰa⁵⁵ tsʰən²⁴ kɤ³³ tɕia⁵⁵]

有一天，[iəu²¹ i³⁵ tʰian⁵⁵]

金牛星听到说天上的仙女们要到那村东边的山脚下的那个湖里洗澡。[tɕin⁵⁵ iəu²⁴ ɕin⁵⁵ tʰiŋ⁵⁵ təu²¹ suo³⁵ tʰian⁵⁵ saŋ²¹ ni⁰ ɕian⁵⁵ ny²¹ mən⁰ iau³³ tau³³ nuo³⁵ tsʰuən⁵⁵ toŋ⁵⁵ pian⁵⁵ ni⁰ san⁵⁵ tɕyo³⁵ xa²¹ ni⁰ nuo³⁵ kuo³³ xu²⁴ ni⁰ ɕi²¹ tsau²¹]

他就跟牛郎托梦，[tʰa⁵⁵ tɕiəu³³ kən⁵⁵ iəu²⁴ naŋ²⁴ tʰuo³⁵ moŋ³³]

要他第二天早晨到湖边去，[iau³³ tʰa⁵⁵ ti³³ ɯ³³ tʰian⁵⁵ tsau²¹ sən²⁴ tau³³ xu²⁴ pian⁵⁵ kʰɯ³⁵]

趁仙女们洗澡的时候拿走一件仙女的衣服。[tsʰən³³ ɕian⁵⁵ ny²¹ mən⁰ ɕi²¹ tsau²¹ ni⁰ sʅ²⁴ xəu²¹ na²⁴ tsəu i³⁵ tɕian³³ ɕian⁵⁵ ny²¹ ni⁰ i⁵⁵ fu²⁴]

然后连么子跑回去，[an²⁴ xəu³³ nian²⁴ mɤ²⁴ tsʅ⁰ pʰau²⁴ xuei²⁴ kʰɯ³⁵]

迴样就会娶到一个标致的仙女做老婆。[niɛ³⁵ iaŋ³³ tɕiəu³³ xuei³³ tɕʰy²¹ təu²¹ i³⁵ kuo³³ piau⁵⁵ tsʅ³³ ni⁰ ɕian⁵⁵ ny²¹ tsuo³³ nau²¹ pʰo²⁴]

那天早晨牛郎半信半疑的就到哒那个山脚下，[nuo³⁵ tʰian⁵⁵ tsau²¹ sən²⁴ iəu²⁴ naŋ²⁴ pan³³ ɕin³³ pan³³ i²⁴ ni⁰ tɕiəu³³ tau²¹ ta²¹ nuo³⁵ kuo³³ san⁵⁵ tɕyo³⁵ xa²¹]

在朦朦胧胧当中呢,[tsai³³ moŋ²⁴ moŋ²⁴ noŋ²⁴ noŋ²⁴ taŋ⁵⁵ tsoŋ⁵⁵ niɛ⁰]

他果然看到七个美女在那湖里玩水,[tʰa⁵⁵ kuo²¹ an²⁴ kʰan³³ təu²¹ tɕʰi³⁵ kɤ³³ mei²¹ ny²¹ tsai³³ nuo³⁵ xu²⁴ ni⁰ uan²⁴ suei²¹]

他连么子跑去拿起树上一件粉红色的衣服,[tʰa⁵⁵ nian²⁴ mɤ²⁴ tsʅ⁰ pʰau²¹ kʰɯ³⁵ na²⁴ tɕʰi²¹ su³³ saŋ³³ i³⁵ tɕian³³ fən²¹ xoŋ³³ sɤ³⁵ ni⁰ i⁵⁵ fu²⁴] 连么子:赶紧

连么子跑回屋里去哒。[nian²⁴ mɤ²⁴ tsʅ⁰ pʰau²¹ xuei²⁴ u³⁵ ni⁰ kʰɯ³⁵ ta²¹]

迦个被抢走衣服的仙女就是织女,[niɛ³⁵ kɤ³³ pei³³ tɕʰiaŋ²¹ tsəu²¹ i⁵⁵ fu²⁴ ni⁰ ɕian⁵⁵ ny²¹ tɕiəu³³ sʅ³³ tsʅ³⁵ ny²¹]

那天晚上她轻轻地去敲牛郎屋里的门,[nuo³⁵ tʰian⁵⁵ uan²¹ saŋ³³ tʰa⁵⁵ tɕʰin⁵⁵ tɕʰin⁵⁵ ni⁰ kʰɯ³⁵ kʰau⁵⁵ iəu²⁴ naŋ²⁴ u³⁵ ni⁰ ti³³ mən²⁴]

两个人就做哒恩爱夫妻。[niaŋ²¹ kuo³³ ən²⁴ tɕiəu³³ tsuo³³ ta²¹ ən⁵⁵ ai³³ fu⁵⁵ tɕʰi⁵⁵]

蛮快呢三年就过去哒,[man²⁴ kʰuai³³ niɛ⁰ san⁵⁵ nian²⁴ tɕiəu³³ kuo³³ kʰɯ³⁵ ta²¹]

牛郎和织女生哒一个儿子一个姑娘两个伢儿,[iəu²⁴ naŋ²⁴ xuo²⁴ tsʅ³⁵ ny²¹ sən⁵⁵ ta²¹ i³⁵ kuo³³ ɯ²⁴ tsʅ⁰ i³⁵ kuo³³ ku⁵⁵ niaŋ⁰ niaŋ²¹ kɤ³³ a²⁴ ɯ²⁴]

一家人咧过得蛮开心。[i³⁵ tɕia⁵⁵ ən²⁴ niɛ⁰ kuo³³ tɤ⁰ man²⁴ kʰai⁵⁵ ɕin⁵⁵]

但是织女私自跑的凡间来的迦个事呢被玉皇大帝知道哒,[tan³³ sʅ³³ tsʅ³⁵ ny²¹ sʅ⁵⁵ tsʅ³³ pau²¹ tɤ⁰ fan²⁴ tɕian⁵⁵ nai²⁴ ti³³ niɛ³⁵ kɤ³³ sʅ⁰ pei³³ y³³ xuaŋ²⁴ ta³³ ti³³ tsʅ⁵⁵ tau³³ ta²¹]

有一天啦,[iəu²¹ i³⁵ tʰian⁵⁵ na⁰]

天上又是打雷又是扯闪,[tʰian⁵⁵ saŋ²¹ iəu³³ sʅ³³ ta²¹ nei²⁴ iəu³³ sʅ³³ tsʰɤ²¹ san²¹]

起蛮大的风下蛮大的雨。[tɕʰi²¹ man²⁴ ta³³ ni⁰ foŋ⁵⁵ ɕia³³ man²⁴ ta³³ ni⁰ y²¹]

迦个织女呢一下就没看倒哒。[niɛ³⁵ kɤ³³ tsʅ³⁵ ny²¹ niɛ⁰ i³⁵ xa²¹ tɕiəu³³ mei⁵⁵ kʰan³³ təu²¹ ta²¹]

两个伢儿就急得哭倒喊地要妈妈,[niaŋ²¹ kɤ³³ a²⁴ ɯ²⁴ tɕiəu³³ tɕi³⁵ tɤ³³ kʰu³⁵ təu²¹ xan²¹ ti³³ iau³³ ma⁵⁵ ma⁰]

牛郎就急得不晓那么搞才好,[iəu²⁴ naŋ²⁴ tɕiəu³³ tɕi³⁵ tɤ³³ pu³⁵ ɕiau²¹ na²¹ mən²¹ kau²¹ tsʰai²⁴ xau²¹]

迦个时候呢那头老牛哟开口说话哒,[niɛ³⁵ kɤ³³ sʅ²⁴ xəu²¹ niɛ⁰ nuo³⁵ tʰəu²⁴ nau²¹ iəu²⁴ yo⁰ kʰai⁵⁵ kʰəu²¹ suo³⁵ xua³³ ta²¹]

他说:"不要难过,[tʰa⁵⁵ suo³⁵:pu³⁵ iau³³ nan²⁴ kuo³³]

你把我的角拿下来,[ni²¹ pa²¹ o²¹ ni⁰ kuo³⁵ na²⁴ ɕia³³ nai⁰]

变成两个箩筐,[pian³³ tsʰən²⁴ niaŋ²¹ kɤ³³ nuo²⁴ tɕʰiaŋ⁰]

把迦两个伢儿装上去,[pa²¹ niɛ³⁵ niaŋ²¹ kɤ³³ a²⁴ ɯ⁰ tsuan⁵⁵ saŋ³³ kʰɯ³⁵]

就可以到天上去找织女哒。"[tɕiəu³³ kʰuo²¹ i²¹ tau³³ tʰian⁵⁵ saŋ²¹ kʰɯ³⁵ tsau²¹ tsʅ³⁵ ny²¹ ta²¹]

迥个牛郎正在那里奇怪，[niɛ³⁵ kɤ³³ iəu²⁴ naŋ²⁴ tsən³³ tsai³³ nuo³⁵ ni²¹ tɕʰi²⁴ kuai³³]

迥牛角就掉到那地上哒，[niɛ³⁵ iəu²⁴ kuo³⁵ tɕiəu³³ tiau³³ tau³³ nuo³⁵ ti³³ saŋ²¹ ta²¹]

真的变成哒两个箩筐，[tsən⁵⁵ ni⁰ pian³³ tsʰən²⁴ ta²¹ niaŋ²¹ kɤ³³ nuo³⁵ tɕʰiaŋ⁰]

牛郎就把两个伢儿放到箩筐里，[iəu²⁴ naŋ²⁴ tɕiəu³³ pa²¹ niaŋ²¹ kɤ³³ a²⁴ ɯ⁰ faŋ³³ tau³³ nuo²⁴ tɕʰiaŋ⁰ ni⁰]

就用那扁担挑起来，[tɕiəu³³ ioŋ³³ nuo³⁵ pian²¹ tan³³ tʰiau⁵⁵ tɕʰi²¹ nai⁰]

一挑起来就觉得呀一阵风就吹过来哒，[i³⁵ tʰiau⁵⁵ tɕʰi²¹ nai⁰ tɕiəu³³ tɕyo³⁵ tɤ²⁴ ia³³ i³⁵ tsən³³ foŋ⁵⁵ tɕiəu³³ tsʰuei⁵⁵ kuo³³ nai²⁴ ta²¹]

迥两个箩筐就像长哒翅膀一样的一下就飞起来哒，[niɛ³⁵ niaŋ²¹ kɤ³³ nuo²⁴ tɕʰiaŋ⁰ tɕiəu³³ tɕʰiaŋ⁵⁵ tsaŋ²¹ ta²¹ tsʅ³³ paŋ²¹ i³⁵ iaŋ³³ ni⁰ i³⁵ xa²¹ tɕiəu³³ fei⁵⁵ tɕʰi²¹ nai²⁴ ta²¹]

腾云驾雾地朝那个天上飞去哒，[tʰən²⁴ yn²⁴ tɕia³³ u⁵⁵ ti³³ tsʰau³³ nuo⁵⁵ kɤ³³ tʰian⁵⁵ saŋ²¹ fei⁵⁵ kʰɯ³⁵ ta²¹]

飞呀飞呀看倒看倒就要追到那个织女哒，[fei⁵⁵ ia³³ fei⁵⁵ ia³³ kʰan³³ təu²¹ kʰan³³ təu²¹ tɕiəu³³ iau³³ tsuei⁵⁵ təu²¹ nuo³⁵ kɤ³³ tsʅ³⁵ ny²¹ ta²¹]

一下就被王母娘娘发现哒，[i³⁵ xa²¹ tɕiəu³³ pei³³ uaŋ²⁴ mu²¹ niaŋ²⁴ niaŋ²⁴ fa³⁵ ɕian³³ ta²¹]

王母娘娘她把迥脑壳上的一根金钗拿下来，[uaŋ²⁴ mu²¹ niaŋ²⁴ niaŋ²⁴ tʰa⁵⁵ pa²¹ nau²¹ kʰuo⁰ saŋ²¹ ti³³ i³⁵ kən²⁴ tɕin⁵⁵ tsʰai⁵⁵ na²⁴ ɕia³³ nai⁰]

在牛郎和织女的中间一划，[tsai³³ iəu²⁴ naŋ²⁴ xuo²⁴ tsʅ³⁵ ny²¹ ti³³ tsoŋ⁵⁵ tɕian⁵⁵ i³⁵ xua³³]

马上就出现哒一条波涛滚滚的天河，[ma²¹ saŋ³³ tɕiəu³³ tsʰu³⁵ ɕian²⁴ ta²¹ i³⁵ tʰiau²⁴ po⁵⁵ tʰau⁵⁵ kuən²¹ kuən²¹ ti³³ tʰian³³ xuo²⁴]

宽得望不到对岸，[kʰuan⁵⁵ tɤ³³ uaŋ³³ pu³⁵ tau³³ tei³³ an³³]

把小两口就隔开哒。[pa²¹ ɕiau²¹ niaŋ²¹ kʰəu²¹ tɕiəu³³ kɤ²⁴ kʰai⁵⁵ ta²¹]

那鸦雀子呢蛮同情牛郎和织女，[nuo³⁵ ia⁵⁵ tɕʰyo³⁵ tsʅ⁰ niɛ⁰ man²⁴ tʰoŋ²⁴ tɕʰin²⁴ iəu²⁴ naŋ²⁴ xuo²⁴ tsʅ³⁵ ny²¹]

每年农历的七月初七，[mei²¹ nian²⁴ noŋ²⁴ ni³⁵ ni⁰ tɕʰi³⁵ yɛ³⁵ tsʰuo⁵⁵ tɕʰi³⁵]

蛮多蛮多的喜鹊呢就都飞到那个天河上，[man²⁴ tuo⁵⁵ man²⁴ tuo⁵⁵ ni⁰ ɕi²¹ tɕʰyo³⁵ niɛ⁰ tɕiəu³³ təu⁵⁵ fei³³ tau³³ nuo³⁵ kɤ³³ tʰian⁵⁵ xuo²⁴ saŋ³³]

一只呢就衔倒另一只的尾巴，[i³⁵ tsʅ⁵⁵ niɛ⁰ tɕiəu³³ xan²⁴ təu²¹ nin³³ i³⁵ tsʅ⁵⁵ ni⁰ uei²¹ pa⁰]

就搭一座蛮长蛮长的那个鹊桥，[tɕiəu³³ ta³⁵ i³⁵ tsuo³³ man²⁴ tsʰaŋ²⁴ man²⁴ tsʰaŋ²⁴ ni⁰ nuo³⁵ kɤ³³ tɕʰyo³⁵ tɕʰiau²⁴]

就等牛郎和织女呢就团聚哒。[tɕiəu³³ tən²¹ niəu²⁴ naŋ²⁴ xuo²⁴ tsʅ³⁵ ny²¹ niɛ⁰ tɕiəu³³ tʰan²⁴ tɕy³³ ta²¹]

意译：从前有一个年轻人，他的父母都去世了，只剩下他一个人与一头老牛相依为伴，因此村里的人都叫他"牛郎"。这个老牛其实是天上的金牛星，他因为牛郎勤劳善良所以非常喜欢牛郎，就想帮他找个媳妇成个家。

有一天，金牛星听到说天上的仙女们要到那村东边的山脚下的湖里洗澡。他就给牛郎托梦，要他第二天早晨到湖边去，趁仙女们洗澡的时候拿走一件仙女的衣服。然后赶快跑回家，这样就会娶到一个漂亮的仙女做老婆。那天早晨，牛郎半信半疑的就到了那个山脚下，朦胧之中，他果然看到七个美女在那湖里玩水，他就赶快跑去拿起树上一件粉红色的衣服，接着赶紧跑回屋里去了。

这个被抢走衣服的仙女就是织女，那天晚上她轻轻地去敲牛郎屋里的门，两个人就做了恩爱夫妻。很快三年就过去了，牛郎和织女生了一个儿子和一个姑娘，一家人过得很幸福。但是织女私自跑到凡间来的事被玉皇大帝知道了，有一天，天上又打雷又扯闪，起很大的风下很大的雨，这个织女一下子就不见了。两个小孩着急得哭着喊着要妈妈，牛郎急得不知道怎么办才好，这时候那头老牛就开口说话了，他说："不要难过，你把我的角拿下来，变成两个箩筐，把这两个小孩装上去，就可以到天上去找织女了。"牛郎正在那里奇怪，这牛角就掉到那地上了，真的变成了两个箩筐，牛郎就把两个小孩放到那箩筐里，然后用那扁担挑起来，一挑起来就觉得有一阵风吹过来了，这两个箩筐就像长了翅膀一样一下子就飞起来了，腾云驾雾地朝天上飞去，飞呀飞呀眼看着就要追到织女了，突然就被王母娘娘发现了，王母娘娘她把头上的一根金钗拿下来，在牛郎和织女的中间一划，立刻就出现了一条波涛滚滚的天河，宽得望不到对岸，把小两口隔开了。

鸦雀们非常同情牛郎和织女，每年农历的七月初七，许多许多的喜鹊就飞到天河上，一只衔着另一只的尾巴，搭起一座长长的鹊桥，让牛郎和织女团聚。

三　其他故事

0022 其他故事

张飞送油。[tsaŋ⁵⁵ fei⁵⁵ soŋ³³ iəu²⁴]

我们公安的城南有一条小河，[o²¹ mən⁰ koŋ⁵⁵ an⁵⁵ ni⁰ tsʰən²⁴ nan²⁴ iəu²¹ i³⁵ tʰiau²⁴ ɕiau²¹ xuo²⁴]

大概有三十多里，[ta³³ kʰai²¹ iəu²¹ san⁵⁵ sʅ²⁴ tuo⁵⁵ ni²¹]

河水呀蛮清亮，[xuo²⁴ suei²¹ a⁰ man²⁴ tɕʰin⁵⁵ niaŋ⁵⁵] 清亮：清澈

四季不枯。[sɿ³³ tɕi³³ pu³⁵ kʰu⁵⁵] 枯：干涸

传说在三国的时候，[tsʰuan²⁴ suo⁵⁵ tsai⁰ san⁵⁵ kuo³⁵ ni⁰ sɿ²⁴ xəu⁰]

有一年夏天，[iəu²¹ i³⁵ nian²⁴ ɕia³³ tʰian⁵⁵]

发哒蝗虫，[fa³⁵ ta²¹ xuaŋ²⁴ tsʰoŋ²⁴]

田里都减产哒。[tʰian²⁴ ni⁰ təu⁵⁵ tɕian²¹ tsʰan²¹ ta²¹]

家家户户都没得油吃哒。[tɕia⁵⁵ tɕia⁵⁵ xu³³ xu³³ təu⁵⁵ mei⁵⁵ tɤ⁰ iəu²⁴ tɕʰi³⁵ ta²¹]

迓庄稼人不吃油，[niɛ³⁵ tsuaŋ⁵⁵ tɕia⁵⁵ ən²⁴ pu³⁵ tɕʰi³⁵ iəu²⁴]

搞起事来就没得力气哒啦。[kau²¹ tɕʰi²¹ sɿ³³ nai²⁴ tɕiəu³³ mei⁵⁵ tɤ⁰ ni³⁵ tɕʰi³³ ta²¹ na⁰]

张飞当时正在我们公安屯田练兵。[tsaŋ⁵⁵ fei⁵⁵ taŋ⁵⁵ sɿ²⁴ tsən³³ tsai³³ o²¹ mən⁰ koŋ⁵⁵ an⁵⁵ tʰuən²⁴ tʰian²⁴ nian³³ pin⁵⁵]

他晓得哒迓件事，[tʰa⁵⁵ ɕiau²¹ tɤ⁰ ta²¹ niɛ³⁵ tɕian³³ sɿ³³]

就亲自装哒一船油，[tɕiəu³³ tɕʰin⁵⁵ tsɿ³³ tsuaŋ⁵⁵ ta²¹ i³⁵ tsʰuan²⁴ iəu²⁴]

跟当地的老百姓送起来。[kən⁵⁵ taŋ⁵⁵ ti³³ ni⁰ nau²¹ pɤ³⁵ ɕin³³ soŋ³³ tɕʰi²¹ nai⁰]

迓个消息呀一哈哈就传遍哒一河两岸。[niɛ³⁵ kɤ³³ ɕiau⁵⁵ ɕi³⁵ a⁰ i³⁵ xa⁵⁵ xa⁵⁵ tɕiəu³³ tsʰuan²⁴ pian³³ ta²¹ i³⁵ xuo²⁴ niaŋ²¹ an³³]

乡亲们呢奔走相告，[ɕiaŋ⁵⁵ tɕʰin⁵⁵ mən⁰ nɤ⁰ pən⁵⁵ tsəu²¹ ɕiaŋ⁵⁵ kau³³]

方圆百里的人都赶到迓河边来哒。[faŋ⁵⁵ yan²⁴ pɤ³⁵ ni²¹ ni⁰ ən²⁴ təu⁵⁵ kan²¹ tau³³ niɛ³⁵ xuo²⁴ pian⁵⁵ nai²⁴ ta²¹]

过哒一会，[kuo³³ ta²¹ i³⁵ xuei³³]

就看倒那个油船从上游来哒，[tɕiəu³³ kʰan³³ təu²¹ nɤ³⁵ kɤ³³ iəu²⁴ tsʰuan²⁴ tsʰoŋ²⁴ saŋ³³ iəu²⁴ nai²⁴ ta²¹]

越来越近哒，[yɛ³⁵ nai²⁴ yɛ³⁵ tɕin³³ ta²¹]

看倒那个张飞站的那个船头上。[kʰan³³ təu²¹ nɤ³⁵ kɤ³³ tsaŋ⁵⁵ fei⁵⁵ tsan³³ tɤ⁰ nɤ³⁵ kɤ³³ tsʰuan²⁴ tʰəu²⁴ saŋ²¹]

他一望呀，[tʰa⁵⁵ i³⁵ uaŋ³³ a⁰]

哎呀，我的天啦，[ai⁵⁵ ia⁰, uo²¹ ni⁰ tʰian⁵⁵ na⁰]

只见那个小河的两岸密密麻麻儿，[tsɿ³⁵ tɕian³³ nɤ³⁵ kɤ³³ ɕiau²¹ xuo²⁴ ni⁰ niaŋ²¹ an³³ mi³⁵ mi³⁵ ma²⁴ ma²⁴ ɤ⁰]

像蚂蚁子搬家一样的，[tɕʰiaŋ⁵⁵ ma²¹ ian²¹ tsɿ⁰ pan⁵⁵ tɕia⁵⁵ i³⁵ iaŋ³³ ni⁰]

到处人挨人，人挤人。[tau³³ tsʰu²¹ ən²⁴ ai⁵⁵ ən²⁴, ən²⁴ tɕi²¹ ən²⁴]

有的拿的瓢子，[iəu²¹ ni⁰ na²⁴ ni⁰ pʰiau²⁴ tsɿ⁰]

有的拿的桶子，[iəu²¹ ni⁰ na²⁴ ni⁰ tʰoŋ²¹ tsɿ⁰]

还有的拿的盆子。[xai²⁴ iəu²¹ ni⁰ na²⁴ ni⁰ pʰən²⁴ tsʅ⁰]

张飞一看迥个架势,[tsaŋ⁵⁵ fei⁵⁵ i³⁵ kʰan³³ niɛ³⁵ kɤ³³ tɕia³³ sʅ³³]

心里就发愁哒啦。[ɕin⁵⁵ ni⁰ tɕiəu³³ fa³⁵ tsʰəu²⁴ ta²¹ na⁰]

他说:"我只送哒一船油来哒,[tʰa⁵⁵ suo³⁵: o²¹ tsʅ³⁵ soŋ³³ ta²¹ i³⁵ tsʰuan²⁴ iəu²⁴ nai²⁴ ta²¹]

迥怎么多人哪个分法哟。"[niɛ³⁵ nin²¹ mɤ²¹ tuo⁵⁵ ən²⁴ naŋ³⁵ kuo³³ fən⁵⁵ fa³⁵ yo⁰] 怎么:这么

那旁边有一个人顺口打哇哇说:[nuo³⁵ pʰaŋ²⁴ pian⁵⁵ iəu²¹ i³⁵ kuo³³ ən²⁴ suən³³ kʰəu²¹ ta²¹ ua³³ ua³³ suo³⁵] 打哇哇:胡诌

"要是迥满河的都是油,[iau³³ sʅ³³ niɛ³⁵ man²¹ xuo²⁴ ni⁰ təu⁵⁵ sʅ³³ iəu²⁴]

那就够分哒。"[nuo³⁵ tɕiəu³³ kəu³³ fən⁵⁵ ta²¹]

他的迥一句无心的话咧,[tʰa⁵⁵ ni⁰ niɛ³⁵ i³⁵ tɕy³³ u²⁴ ɕin⁵⁵ ni⁰ xua³³ niɛ⁰]

就叫张飞呀陡然开哒窍儿。[tɕiəu³³ tɕiau³³ tsaŋ⁵⁵ fei⁵⁵ ia⁰ təu²¹ an²⁴ kʰai⁵⁵ ta²¹ tɕʰiau³³ ɤ⁰]

张飞二话不说,[tsaŋ⁵⁵ fei⁵⁵ ɯ³³ xua³³ pu³⁵ suo³⁵]

就从那个腰里就拔出那个刀,[tɕiəu³³ tsʰoŋ²⁴ nɤ³⁵ kɤ⁰ iau⁵⁵ ni⁰ tɕiəu³³ pa²⁴ tsʰu⁵⁵ nɤ³⁵ kɤ⁰ tau⁵⁵]

通通通,几下就把迥个船底捅哒几个大窟窿。[tʰoŋ⁵⁵ tʰoŋ⁵⁵ tʰoŋ⁵⁵, tɕi²¹ xa²¹ tɕiəu³³ pa²¹ niɛ³⁵ kɤ³³ tsʰuan²⁴ ti²¹ tʰoŋ⁵⁵ ta²¹ tɕi²¹ kɤ³³ ta³³ kʰu⁵⁵ noŋ²⁴]

一下下那个河水就漫进哒那个船舱。[i³⁵ xa⁵⁵ xa⁵⁵ nuo³⁵ kɤ³³ xuo²⁴ suei²¹ tɕiəu³³ man³³ tɕin³³ ta²¹ nɤ³⁵ kɤ³³ tsʰuan²⁴ tsʰaŋ⁵⁵] 一下下:一下子

迥个船呢就往水屡里沉。[niɛ³⁵ kɤ³³ tsʰuan²⁴ niɛ⁰ tɕiəu³³ uaŋ²¹ suei²¹ təu³³ ni²¹ tsʰən²⁴]

屡里:里面

迥旁边的人呢急得直跳脚也。[niɛ³⁵ pʰaŋ²⁴ pian⁵⁵ ni⁰ ən²⁴ nɤ⁰ tɕi³⁵ tɤ⁰ tsʅ³⁵ tʰiau³³ tɕyo³⁵ iɛ⁰]

说:"将军呐,尔那迥是搞的[什么]个把戏啦?"[suo³⁵, tɕiaŋ⁵⁵ tɕyn⁵⁵ nɤ⁰, n̩²¹ na³³ niɛ³⁵ sʅ³³ kau²¹ ni⁰ soŋ²¹ kuo³³ pa²¹ ɕi³³ na⁰]

迥张飞咧他还摸倒胡子哈哈大笑。[niɛ³⁵ tsaŋ⁵⁵ fei⁵⁵ niɛ⁰ tʰa⁵⁵ xai²¹ mo⁵⁵ təu²¹ xu²⁴ tsʅ⁰ xa⁵⁵ xa⁵⁵ ta³³ ɕiau³³]

他说:"把迥个船沉哒,[tʰa⁵⁵ suo³⁵: pa²¹ niɛ³⁵ kɤ³³ tsʰuan²⁴ tsʰən²⁴ ta²¹]

不就是满河都是油哒啦?"[pu³⁵ tɕiəu³³ sʅ³³ man²¹ xuo²⁴ təu⁵⁵ sʅ³³ iəu²⁴ ta²¹ na⁰]

不一下下呀,迥个船屡里的油全部都漫出来哒。[pu³⁵ i³⁵ xa⁵⁵ xa⁵⁵ ia⁰, niɛ³⁵ kɤ³³ tsʰuan²⁴ təu³³ ni²¹ ni⁰ iəu²⁴ tɕʰyan²⁴ pu³³ təu⁵⁵ man³³ tsʰu³⁵ nai²⁴ ta²¹]

迥油就庖的那个水面上，[nie³⁵ iəu²⁴ tɕiəu³³ pau²⁴ tʂ³³ mɤ³⁵ kɤ³³ suei²¹ mian³³ saŋ²¹] 庖：浮

就往那个河的下头，油就流。[tɕiəu³³ uaŋ²¹ nɤ³⁵ kɤ³³ xuo³³ ni⁰ ɕia³³ tʰəu²¹，iəu²⁴ tɕiəu³³ niəu²⁴]

迥个油啊，金黄金黄的，[nie³⁵ kɤ³³ iəu²⁴ a⁰，tɕin⁵⁵ xuaŋ²⁴ tɕin⁵⁵ xuaŋ²⁴ ni⁰]

真的，看上去就像满河流的都是油一样尔，[tsən⁵⁵ ni⁰，kʰan³³ saŋ³³ kʰɯ³⁵ tɕiəu³³ tɕʰiaŋ⁵⁵ man²¹ xuo²⁴ niəu²⁴ ni⁰ təu⁵⁵ sɿ³³ iəu²⁴ i³⁵ iaŋ³³ ɤ⁰]

那乡亲们看倒哒，[nɤ³⁵ ɕiaŋ⁵⁵ tɕʰin⁵⁵ mən⁰ kʰan³³ təu²¹ ta²¹]

就连么子跑得河边去舀，[tɕiəu³³ nian²⁴ mɤ⁰ tsɿ⁰ pʰau²¹ tɤ⁰ xuo²⁴ pian⁵⁵ kʰɯ³⁵ iau²¹] 连么子：赶紧

你一担我一担的就往屋里挑，[ni²¹ i³⁵ tan²¹ o²¹ i³⁵ tan³³ ni⁰ tɕiəu³³ uaŋ²¹ u³⁵ ni⁰ tʰiau⁵⁵]

说来也蛮怪咧，[suo³⁵ nai²⁴ iɛ²¹ man²⁴ kuai³³ niɛ⁰]

那挑回去的油尔，[nuo³⁵ tʰiau⁵⁵ xuei²⁴ kʰɯ³⁵ ni⁰ iəu³³ ɤ⁰]

又香，颜色又好。[iəu³³ ɕiaŋ⁵⁵，ian²⁴ sɤ³⁵ iəu³³ xau²¹]

那个乡亲们高兴得不晓得说[什么]个才好尔，[nɤ³⁵ kɤ³³ ɕiaŋ⁵⁵ tɕʰin⁵⁵ mən⁰ kau⁵⁵ ɕin³⁵ tɤ⁰ pu³⁵ ɕiau²¹ tɤ⁰ suo³⁵ soŋ²¹ kuo³³ tsʰai²⁴ xau²¹ ɤ⁰]

后来就在迥个岸上就修哒一座张飞庙，[xəu³³ nai²⁴ tɕiəu³³ tsai³³ nie³⁵ kɤ³³ an³³ saŋ²¹ tɕiəu³³ ɕiəu⁵⁵ ta²¹ i³⁵ tsuo³³ tsaŋ⁵⁵ fei⁵⁵ miau³³]

把张飞送油的那个地方咧就叫做油江口。[pa²¹ tsaŋ⁵⁵ fei⁵⁵ soŋ³³ iəu²⁴ ni⁰ nɤ³⁵ kɤ³³ ti³³ faŋ⁵⁵ nie⁰ tɕiəu³³ tɕiau³³ tsuo³³ iəu²⁴ tɕiaŋ⁵⁵ kʰəu²¹]

意译：我们公安的城南有一条小河，大概有30多里，河水很清澈，四季不枯。传说在三国的时候，有一年夏天，发了蝗虫，田里都减产了。家家户户都没有油吃了。庄稼人不吃油，干活就没力气。张飞当时正在我们公安屯田练兵。他知道了这件事，就亲自装了一船油，给当地的老百姓送过去。这个消息一下子就传遍了一河两岸。乡亲们奔走相告，方圆百里的人都赶到河边来了。过了一会儿，就看倒那个油船从上游来了。越来越近了。看到那个张飞站的那个船头上。他一望呀，哎呀，我的天啦，只见那个小河的两岸密密麻麻的，像蚂蚁搬家一样的，到处人挨人，人挤人。有的拿着瓢子，有的拿着桶子，还有的拿着盆子。张飞一看这个样子，心里就发了愁。他说："我只送了一船油来，这么多人可怎么分呢？"旁边有一个人随口说道："要是这满河的都是油，那就够分了。"他的这一句无心的话，让张飞突然开窍了。

张飞二话不说，就从腰里就拔出刀，通通通，几下就把船底捅了几个大窟窿。河水一下子就漫进了船舱。那个船就往水里沉。旁边的人急得直跳脚。说："将军，您这是干什么呀？"张飞却摸着胡子哈哈大笑。他说："把船沉了，不就

是满河都是油了吗?"不一会儿,船里的油全部都漫出来了。那个油就漂在水面上油就往下游流去。那个油啊,金黄金黄的。真的,看上去就像满河都是流的油一样。乡亲们看到了,都连忙跑得河边去舀。你一担我一担的就往家里挑。说来也很奇怪,挑回去的油,又香,颜色又好。

乡亲们高兴得不知道说什么才好,后来就在那个岸上修了一座张飞庙,当地人把张飞送油的那个地方就叫做油江口。

四 自选条目

0031 自选条目

麻屋子,[ma^{24} u^{35} tsʅ^{0}]

红帐子,[xoŋ^{24} tsaŋ^{33} tsʅ^{33}]

里头睡的一个白胖子。[ni^{21} tʰəu^{33} suei^{33} ni^{21} i^{35} kuo^{33} pɤ^{24} pʰaŋ^{33} tsʅ^{0}] 里头:里面

意译:麻屋子,红帐子,里面睡的一个白胖子。(谜底:花生)

0032 自选条目

上头毛,[saŋ^{33} tʰəu^{21} mau^{24}] 上头:上面

下头毛,[ɕia^{33} tʰəu^{21} mau^{24}] 下头:下面

中间一颗黑葡萄。[tsoŋ^{55} kan^{55} i^{55} kʰuo^{55} xɤ^{35} pʰu^{24} tʰau^{0}]

意译:上面是毛,下面是毛,中间一颗黑葡萄。(谜底:眼睛)

0033 自选条目

红口袋,[xoŋ^{24} kʰəu^{21} tai^{33}]

绿口袋,[nu^{35} kʰəu^{21} tai^{33}]

有人怕,[iəu^{21} ən^{24} pʰa^{33}]

有人爱。[iəu^{21} ən^{24} ai^{33}]

意译:红口袋,绿口袋,有人怕,有人爱。(谜底:辣椒)

0034 自选条目

一根树,[i^{35} kən^{55} su^{33}]

高又高,[kau^{55} iəu^{33} kau^{55}]

两边款$^=$的杀猪刀。[niaŋ^{21} pian^{55} kʰuan^{21} ni^{0} sa^{35} tsu^{55} tau^{55}] 款$^=$:挎

意译:一根树,高又高,两边挎的是杀猪刀。(谜底:刀豆)

0035 自选条目

有脸没得口，[iəu²¹ nian²¹ mei⁵⁵ tɤ⁰ kʰəu²¹] 没得：没有

有脚没得手，[iəu²¹ tɕyo³⁵ mei⁵⁵ tɤ⁰ səu²¹]

它有四只脚，[tʰa⁵⁵ iəu²¹ sʅ³³ tsʅ⁵⁵ tɕyo³⁵]

各人不会走。[kuo³⁵ ən²⁴ pu³⁵ xuei³³ tsəu²¹] 各人：自己

意译：有脸没有口，有脚没有手，它有四只脚，自己不会走。（谜底：桌子）

0036 自选条目

弟兄七八个，[ti³³ ɕioŋ⁵⁵ tɕʰi⁵⁵ pa³⁵ kuo³³]

围倒柱子坐，[uei²⁴ təu²¹ tsu³³ tsʅ⁰ tsuo³³] 倒：着

说声要分家，[suo³⁵ sən⁵⁵ iau³³ fən⁵⁵ tɕia⁵⁵]

衣服都扯破。[i⁵⁵ fu²⁴ təu⁵⁵ tsʰɤ²¹ pʰo³³]

意译：弟兄七八个，围着柱子坐，说声要分家，衣服都扯破。（谜底：大蒜）

0037 自选条目

狗子坐轿子——不受抬举。[kəu²¹ tsʅ⁰ tsuo³³ tɕiau³³ tsʅ⁰——pu³⁵ səu³³ tʰai²⁴ tɕy²¹]

意译：狗子坐轿子——不识抬举。

0038 自选条目

猴子坐跷跷板——自己充人。[xəu²⁴ tsʅ⁰ tsuo³³ tɕʰiau³³ tɕiau³³ pan²¹——tsʅ³³ tɕi²¹ tsʰoŋ⁵⁵ ən²⁴] 充人：逞能

意译：猴子坐跷跷板——自己逞能。

0039 自选条目

女儿拜寄娘——亲上加亲。[ny²¹ ɯ²⁴ pai³³ tɕi³³ niaŋ²⁴——tɕʰin⁵⁵ saŋ²¹ tɕia⁵⁵ tɕʰin⁵⁵]

拜寄：结拜干亲

意译：女儿结拜亲妈——亲上加亲。

0040 自选条目

姑嫂两人骑一匹马——共（公）鞍（安）。[ku⁵⁵ sau²¹ niaŋ²¹ ən²⁴ tɕʰi²⁴ i³⁵ pʰi²⁴ ma²¹——koŋ⁵⁵ an⁵⁵]

意译：姑嫂两人骑一匹马——共（公）鞍（安）。

0041 自选条目

瞎子跟倒癞子走——沾光。[ɕia³⁵ tsʅ³³ kən⁵⁵ təu²¹ nai³³ tsʅ³³ tsəu²¹——tsan⁵⁵ kuaŋ⁵⁵]

意译：瞎子跟着癞子走——沾光。

0042 自选条目

蚂蚁子爬到磨眼里——一千条路。[ma²¹ ian²¹ tsʅ³³ pʰa²⁴ tau³³ mo³³ an²¹ ni³³——i³⁵ tɕʰian⁵⁵ tʰiau²⁴ nu³³]

意译：蚂蚁爬到磨子孔里——一千条路。

0043 自选条目

我手把鼓捶子拿也，[uo²¹ səu²¹ pa²¹ ku²¹ tsʰuei²⁴ tsʅ⁰ na²⁴ iɛ²¹]

说的是我们公安县的话咧，[suo³⁵ ti³³ sʅ³³ uo²¹ mən⁰ koŋ⁵⁵ an⁵⁵ ɕian³³ ti³³ xua³³ niɛ⁰]

看到台下坐的观众一和下 [kʰan³³ tau³³ tʰai²⁴ ɕia³³ kuan⁵⁵ tsoŋ³³ i³⁵ xɤ²¹ xa²¹] 一和下：很多

我迓两条腿嘎浪子，[uo²¹ niɛ³⁵ niaŋ²¹ tʰiau²⁴ tʰei²¹ ka³³ naŋ⁵⁵ tsʅ⁰] 腿嘎浪子：腿

过像弹棉花也。[koŋ⁵⁵ tɕʰiaŋ⁵⁵ tʰan²⁴ mian²⁴ xua⁵⁵ iɛ²¹]

啊！迓个染黄头发的阿姨尔那问我，[a⁰！niɛ³⁵ kuo³³ an²¹ xuaŋ²⁴ tʰəu²¹ fa³⁵ ti³³ a⁵⁵ i³⁵ n̩²¹ na³³ uən³³ uo²¹] 尔那：您

迓是为[什么]个啊？[niɛ³⁵ sʅ³³ uei³³ soŋ²¹ kuo³³ a⁰]

哎哟！还不是迓人的胆子小，[ai⁵⁵ yo⁰，xai²⁴ pu³⁵ sʅ³³ niɛ³⁵ ən²¹ ti³³ tan³³ tsʅ³³ ɕiau²¹]

心里吓不过，蛮害怕啦——[ɕin⁵⁵ ni³³ xɤ³⁵ pu³⁵ kuo³³，man²⁴ xai³³ pʰa³³ na⁵⁵]

迓是怕的个[什么]个？[niɛ³⁵ sʅ³³ pʰa³³ ti³³ kɤ³³ soŋ²¹ kuo³³]

看尔那站到说话腰不疼啵？[kʰan³³ n̩²¹ na³³ tsan³³ təu²¹ suo³⁵ xua³³ iau⁵⁵ pu³⁵ tʰən²⁴ po⁵⁵]

尔那是个大人当然不害怕咧！[n̩²¹ na³³ sʅ³³ kɤ³³ ta³³ ən²⁴ taŋ⁵⁵ an²⁴ pu³⁵ xai³³ pʰa³³ niɛ⁰]

看我还是个伢子家，[kʰan³³ uo²¹ xai²⁴ sʅ³³ kɤ³⁴ a²⁴ tsʅ³³ ka³³]

不瞒尔那们说，[pu³⁵ man²⁴ n̩²¹ na³³ mən⁰ suo³⁵]

到今日怎么时候为止，[tau³³ tɕi⁵⁵ ɯ²⁴ nin²¹ mɤ³⁵ sʅ²⁴ xəu²¹ uei²¹ tsʅ²¹]

我才只满十岁搭三个月，[uo²¹ tsʰai²⁴ tsʅ³⁵ man²¹ sʅ²⁴ suei³³ ta³⁵ san⁵⁵ kuo³³ yɛ³⁵]

外带二十八天加半个小时多一滴尕，[uai³³ tai³³ ɯ³³ sʅ²¹ pa³⁵ tʰian⁵⁵ tɕia⁵⁵ pan³³ kɤ³³ ɕiau²¹ sʅ²⁴ tuo⁵⁵ i³⁵ ti⁵⁵ kʰa³³] 一滴尕：一点儿

看我从姆妈的肚子里爬出来到今日，[kʰan³³ uo²¹ tsʰoŋ²⁴ m̩¹ ma⁰ ti³³ tu²¹ tsʅ³³ ni⁰ pʰa²⁴ tsʰu³⁵ nai²⁴ tau³³ tɕi⁵⁵ ɯ⁰］

就从来没有演过节目，［tɕiəu³³ tsʰoŋ²⁴ nai²⁴ mei⁵⁵ iəu²⁴ ian²¹ kuo³³ tɕiɛ²⁴ mu³⁵］

要是我在台上磕磕巴巴地，［iau³³ sʅ³³ uo²¹ tsai³³ tʰai²⁴ saŋ²¹ kʰɤ²¹ kʰɤ²¹ pa³³ pa³³ ti⁰］

一下搞错哒，［i³⁵ xa²¹ kau²¹ tsʰuo³³ ta²¹］

我那隔壁剃光脑壳的金伢子、银伢子，［uo²¹ nuo³⁵ kɤ²⁴ pi³⁵ tʰi³³ kuaŋ⁵⁵ nau²¹ kʰuo⁰ ti⁰ tɕin⁵⁵ a²⁴ tsʅ⁰、in²⁴ a²⁴ tsʅ⁰］

还有穿开裆裤的减巴啷子和幺女伢子，［xai²⁴ iəu²¹ tsʰuan⁵⁵ kʰai⁵⁵ taŋ⁵⁵ kʰu³³ ti⁰ tɕian²¹ pa⁰ naŋ⁵⁵ tsʅ⁰ xuo²⁴ iau⁵⁵ ny²⁴ a²⁴ tsʅ⁰］ 减巴啷子：结巴

他们肯定要把我来笑话啦。［tʰa⁵⁵ mən⁰ kʰən⁰ tin³³ iau³³ pa²¹ uo²¹ nai²⁴ ɕiau³³ xua³³ na⁵⁵］

到那个时侯——［tau³³ nuo³⁵ kuo³³ sʅ²⁴ xəu²¹］

我迺两块白白净净地脸巴子哎，［uo²¹ niɛ³⁵ niaŋ²¹ kʰuai²¹ pɤ²⁴ pɤ²⁴ tɕin⁵⁵ tɕin⁵⁵ ti⁰ nian²¹ pa³³ tsʅ⁰ ai⁰］

往那位子嘎呀咧?［uaŋ²¹ na³⁵ uei³³ tsʅ⁰ ka³³ ia⁵⁵ niɛ⁰］

哎呀，管他们笑话不笑话咧。［ei³³ ia³⁵，kuan²¹ tʰa⁵⁵ mən⁰ ɕiau³³ xua³³ pu³⁵ ɕiau³³ xua³³ niɛ⁰］

只要尔那们大家高兴，［tsʅ³⁵ iau³³ n̩²¹ na³³ mən⁰ ta³³ tɕia⁵⁵ kau⁵⁵ ɕin³³］

今日我就铆起哒。［tɕi⁵⁵ ɯ²⁴ uo²¹ tɕiəu³³ mau²¹ tɕʰi²¹ ta²¹］ 铆起：斗胆

再说，哪个是天生就会演节目咧？［tsai³³ suo³⁵，na³⁵ kuo³³ sʅ³³ tʰian⁵⁵ sən⁵⁵ tɕiəu³³ xuei³³ ian²¹ tɕiɛ²⁴ mu²⁴ niɛ⁰］

就算是我今日表演失败哒，［tɕiəu³³ suan³³ sʅ³³ uo²¹ tɕi⁵⁵ ɯ²⁴ piau²¹ ian²¹ sʅ³⁵ pai³³ ta²¹］

也还有说法啦。［iɛ²¹ xai²⁴ iəu²¹ suo³⁵ fa³⁵ na⁵⁵］

［什么］说法咧?［soŋ²¹ kuo³³ suo³⁵ fa³⁵ niɛ⁰］

我们老师说啊的，失败是成功……［uo²¹ mən⁰ nau²¹ sʅ⁵⁵ suo³⁵ a²¹ ti⁰，sʅ³⁵ pai³³ sʅ³³ tsʰən²⁴ koŋ⁵⁵］

成功的姆妈啦——［tsʰən²⁴ koŋ⁵⁵ ti³³ m̩²¹ ma⁰ na⁵⁵］

啊！不对吧?［a³⁵，pu³⁵ tei³³ pa⁰］

哪门不对咧?［na²¹ mən²¹ pu³⁵ tei³³ niɛ⁰］

我们只听说失败是成功之母咧。［uo²¹ mən⁰ tsʅ³⁵ tʰin⁵⁵ suo³⁵ sʅ³⁵ pai³³ sʅ³³ tsʰən²⁴ koŋ⁵⁵ tsʅ⁵⁵ mu²¹ niɛ²¹］

哦，对哒对哒对哒。［au³³，tei³³ ta²¹ tei³³ ta²¹ tei³³ ta²¹］

失败是成功之母，成功之母。［sʅ³⁵ pai³³ sʅ³³ tsʰən²⁴ koŋ⁵⁵ tsʅ⁵⁵ mu²¹，tsʰən²⁴ koŋ⁵⁵ tsʅ⁵⁵ mu²¹］

不过，用我们公安话来讲咧。[pu³⁵ kuo³³，ioŋ³³ uo²¹ mən⁰ koŋ⁵⁵ an⁵⁵ xua³³ nai²⁴ tɕiaŋ²¹ niɛ⁵⁵]

也可以说成，失败是成功的姆妈啦——[iɛ²¹ kʰuo²¹ i²¹ suo³⁵ tsʰən²⁴，sɿ³⁵ pai³³ sɿ³³ tsʰən²⁴ koŋ⁵⁵ ti³³ m̩²¹ ma⁰ na⁵⁵]

老师说的迥句话也，[nau²¹ sɿ⁵⁵ suo³⁵ ti³³ niɛ³⁵ tɕy³³ xua³³ iɛ²¹]

真是一点也不假哟。[tsən⁵⁵ sɿ³³ i³⁵ tian²¹ iɛ²¹ pu³⁵ tɕia²¹ yo⁵⁵]

谁都不是天生就聪明，[suei²⁴ təu⁵⁵ pu³⁵ sɿ³³ tʰian⁵⁵ sən⁵⁵ tɕiəu³³ tsʰoŋ⁵⁵ min²⁴]

谁也不是天生的傻瓜，[suei²⁴ iɛ²¹ pu³⁵ sɿ³³ tʰian⁵⁵ sən⁵⁵ ti³³ sa²¹ kua⁵⁵]

只有经过挫折和失败，[tsɿ³⁵ iəu²¹ tɕin⁵⁵ kuo³³ tsʰuo³³ tsɤ³⁵ xuo³⁵ sɿ³⁵ pai³³]

才只能够积累经验和办法。[tsʰai²⁴ tsɿ³⁵ nən²⁴ kəu³³ tɕi³⁵ nei²¹ tɕin⁵⁵ ian³³ xuo²⁴ pan³³ fa³⁵] 才只：才

就像我们迥些伢子家，[tɕiəu³³ tɕʰiaŋ⁵⁵ uo²¹ mən⁰ niɛ³⁵ ɕiɛ⁵⁵ a²⁴ tsɿ⁰ ka³³]

生下来本来只有一滴尕。[sən⁵⁵ ɕia³³ nai²⁴ pən²¹ nai²⁴ tsɿ³⁵ iəu²¹ i³⁵ ti⁵⁵ kʰa³³]

只要趴在姆妈的怀里天天都吃妈也。[tsɿ³⁵ iau³³ pʰa⁵⁵ tsai³³ m̩²¹ ma³³ ti³³ xuai²⁴ ni⁰ tʰian⁵⁵ tʰian⁵⁵ təu⁵⁵ tɕʰi³⁵ ma⁵⁵ iɛ⁰]

保险一个一个都要长大。[pau²¹ ɕian²¹ i³⁵ kuo³³ i³⁵ kuo³³ təu⁵⁵ iau³³ tsʰaŋ²⁴ ta³³]

就拿马季、冯巩和姜昆老师来说，[tɕiəu³³ na²⁴ ma²¹ tɕi³³ foŋ²⁴ koŋ²¹ xuo²⁴ tɕiaŋ⁵⁵ kʰuən⁵⁵ nau²¹ sɿ⁵⁵ nai²⁴ suo³⁵]

他们肯定不是一生下来，[tʰa⁵⁵ mən⁰ kʰən²¹ tin³³ pu³⁵ sɿ³³ i³⁵ sən⁵⁵ ɕia³³ nai²⁴]

就把相声说得顶呱呱啦！[tɕiəu³³ pa²¹ ɕiaŋ³³ sən⁵⁵ suo³⁵ tɤ⁰ tin²¹ kua⁵⁵ kua⁵⁵ na⁵⁵]

还有赵本山和潘长江老师，[xai²⁴ iəu²¹ tsau³³ pən²¹ san⁵⁵ xuo²⁴ pʰan⁵⁵ tsʰaŋ²⁴ tɕiaŋ⁵⁵ nau²¹ sɿ⁵⁵]

他们肯定也不是一生下来，[tʰa⁵⁵ mən⁰ kʰən²¹ tin³³ iɛ²¹ pu³⁵ sɿ³³ i³⁵ sən⁵⁵ ɕia³³ nai²⁴]

就会演小品，唱二人转啦——[tɕiəu³³ xuei³³ ian²¹ ɕiau²¹ pʰin²¹，tsʰaŋ³³ ɯ³³ ən²⁴ tsuan³³ na⁵⁵]

他们还不是在老师的指导下耶，[tʰa⁵⁵ mən⁰ xai²⁴ pu³⁵ sɿ³³ tsai³³ nau²¹ sɿ⁵⁵ ti³³ tsɿ²¹ tau²¹ ɕia³³ iɛ⁰]

热练三伏，冷练三九，[ɤ³⁵ nian³³ san⁵⁵ fu³⁵，nən²¹ nian³³ san⁵⁵ tɕiəu²¹]

一滴尕一滴尕的学出来的撒。[i³⁵ ti⁵⁵ kʰa³³ i³⁵ ti⁵⁵ kʰa³³ ti⁰ ɕyo²⁴ tsʰu³⁵ nai²⁴ ti⁰ sa⁵⁵]

既然迥些老师都不是天生就会，[tɕi³³ an²⁴ niɛ³⁵ ɕiɛ⁵⁵ nau²¹ sɿ⁵⁵ təu⁵⁵ pu³⁵ sɿ³³ tʰian⁵⁵ sən⁵⁵ tɕiəu³³ xuei³³]

看我又不是蛮憨、蛮苕。[kʰan³³ uo²¹ iəu³³ pu³⁵ sɿ³³ man²⁴ xan⁵⁵、man²⁴ sau²⁴]

又不是个涸⁼宝，可以学撒。[iəu³³ pu³⁵ sɿ³³ kɤ³³ xɤ²⁴ pau²¹，kʰuo²¹ i²¹ ɕyo²⁴ sa⁵⁵]

我跟尔那们说一句大实话，[uo²¹ kən⁵⁵ n̩²¹ na³³ mən⁰ suo³⁵ i³⁵ tɕy³³ ta³³ sʐ²⁴ xua³³]

从我第一天拿起鼓槌子开始，[tsʰoŋ²⁴ uo²¹ ti³³ i³⁵ tʰian⁵⁵ na²⁴ tɕʰi²¹ ku²¹ tsʰuei²⁴ tsʐ⁰ kʰai⁵⁵ sʐ²¹]

我就决心当一个说鼓子表演艺术家。[uo²¹ tɕiəu³³ tɕye²⁴ ɕin⁵⁵ taŋ¹ i³⁵ kuo³³ suo³⁵ ku²¹ tsʐ³³ piau²¹ ian²¹ i³³ su³³ tɕia⁵⁵]

争取找一个机会，[tsən⁵⁵ tɕʰy²¹ tsau²¹ i³⁵ kuo³³ tɕi⁵⁵ xuei³³]

把我的公安说鼓子，[pa²¹ uo²¹ ti³³ koŋ⁵⁵ an⁵⁵ suo³⁵ ku²¹ tsʐ³³]

到中央电视台的春节联欢晚会上头去演一下。[tau³³ tsoŋ⁵⁵ iaŋ⁵⁵ tian³³ sʐ³³ tʰai²⁴ ti³³ tsʰuən⁵⁵ tɕiɛ³⁵ nian²⁴ xuan⁵⁵ uan²¹ xuei⁵⁵ saŋ³³ tʰəu³⁵ kʰɯ³⁵ ian²¹ i³⁵ xa²¹]

啊，你的口气各还蛮大咧！[a³⁵, ni²¹ ni⁰ kʰəu²¹ tɕʰi³³ koŋ⁵⁵ xai²⁴ man²⁴ ta³³ niɛ²¹]

不过咧，我迻个目标确实定的太高哒。[pu³⁵ kuo³³ niɛ⁵⁵, uo²¹ niɛ³⁵ kɤ³³ mu³⁵ piau⁵⁵ tɕʰyo³⁵ sʐ²⁴ tin³³ tɤ⁰ tʰai³³ kau⁵⁵ ta²¹]

今年能不能上中央电视台的春节联欢晚会，[tɕin⁵⁵ nian²⁴ nən²⁴ pu³⁵ nən²⁴ saŋ³³ tsoŋ⁵⁵ iaŋ⁵⁵ tian³³ sʐ³³ tʰai²⁴ ti³³ tsʰuən⁵⁵ tɕiɛ³⁵ nian²⁴ xuan⁵⁵ uan²¹ xuei³³]

我的把握也不是蛮大。[uo²¹ ti³³ pa²¹ uo³⁵ iɛ²¹ pu³⁵ sʐ³³ man²⁴ ta³³]

跟尔那们说啦，[kən⁵⁵ n̩²¹ na³³ mən⁰ suo³⁵ na⁵⁵]

要是万一上不了，[iau³³ sʐ³³ uan³³ i³⁵ saŋ³³ pu³⁵ niau²¹]

我就上湖北电视台，算哒。[uo²¹ tɕiəu³³ saŋ³³ xu²⁴ pɤ³⁵ tian³³ sʐ³³ tʰai²⁴, suan³³ ta²¹]

还算哒咧，人家湖北电视台要不要你哦？[xai²⁴ suan³³ ta²¹ niɛ²¹, ən²¹ ka³³ xu²⁴ pɤ³⁵ tian³³ sʐ³³ tʰai³³ iau³³ pu³⁵ iau³³ ni²¹ o⁰]

要是湖北电视台上不了，[iau³³ sʐ³³ xu²⁴ pɤ³⁵ tian³³ sʐ³³ tʰai³³ saŋ³³ pu³⁵ niau²¹]

我就上荆州电视台，[uo²¹ tɕiəu³³ saŋ³³ tɕin⁵⁵ tsəu⁵⁵ tian³³ sʐ³³ tʰai²⁴]

要是荆州电视台上不了，[iau³³ sʐ³³ tɕin⁵⁵ tsəu⁵⁵ tian³³ sʐ³³ tʰai³³ saŋ³³ pu³⁵ niau²¹]

我就上公安电视台，[uo²¹ tɕiəu³³ saŋ³³ koŋ⁵⁵ an⁵⁵ tian³³ sʐ³³ tʰai²⁴]

要是公安电视台上不了，[iau³³ sʐ³³ koŋ⁵⁵ an⁵⁵ tian³³ sʐ³³ tʰai²⁴ saŋ³³ pu³⁵ niau²¹]

我就上乡镇电视台，[uo²¹ tɕiəu³³ saŋ³³ ɕiaŋ⁵⁵ tsən³³ tian³³ sʐ³³ tʰai²⁴]

要是乡镇电视台都上不了，[iau³³ sʐ³³ ɕiaŋ⁵⁵ tsən³³ tian³³ sʐ³³ tʰai²⁴ təu⁵⁵ saŋ³³ pu³⁵ niau²¹]

我还可以上我们村的——高音喇叭啦——[uo²¹ xai²⁴ kʰuo²¹ i²¹ saŋ³³ uo²¹ mən⁰ tsʰən⁵⁵ ti⁰——kau⁵⁵ in⁵⁵ na²¹ pa³³ na⁵⁵]

要是你们村的高音喇叭都不要你上咧？[iau³³ sʐ³³ ni²¹ mən⁰ tsʰən⁵⁵ ti⁰ kau⁵⁵ in⁵⁵ na²¹ pa³³ təu⁵⁵ pu³⁵ iau³³ ni²¹ saŋ³³ niɛ⁵⁵]

那我还是有位子演的。[nuo³⁵ uo²¹ xai²⁴ sʐ³³ iəu²¹ uei³³ tsʐ²¹ ian²¹ ti³³]

去哪位子演喽？[kʰɯ³⁵na³⁵uei³³tsʅ²¹ian²¹nəu²¹]

我就跟我的姆妈一起回她的娘屋的也。[uo²¹tɕiəu³³kən⁵⁵uo²¹ti⁰m̩²⁴ma³³i³⁵tɕʰi²¹xuei²⁴tʰa⁵⁵ti³³niaŋ²⁴u³⁵ti³³iɛ⁰]

去慰问我的老家家呀啊。[kʰɯ³⁵uei³³uən³³uo²¹ti⁰nau²¹ka⁵⁵ka⁰ia⁵⁵a³³]

意译：（说）我手把鼓捶子拿，说的是我们公安县的话，看到台下坐的观众那么多，我这两条腿像弹棉花似的。啊！这个染黄头发的阿姨您问我，这是为什么啊？哎哟！还不是这人的胆子小，心里吓不过，很害怕啦。

（旁白）这是怕的什么？

（说）看您站到说话腰不疼吧？您是个大人当然不害怕呀，看我还是个小孩子，不瞒您说，到今天这么时候为止，我才只满十岁三个月，外带二十八天加半个小时多一点点，看我从妈妈的肚子里爬出来到今天，就从来没演过节目，要是我在台上磕磕巴巴地，一下搞错了，我那隔壁剃光脑壳的金娃子、银娃子，还有穿开裆裤的结巴娃子和幺女娃子，他们肯定要把我来笑话啦。到那个时候——

（唱）我这两块白白净净地脸，往哪里放呢？

（说）哎呀，管他笑话不笑话呢，只要你们大家高兴，今日我就不管了。再说，哪个是天生就会演节目呢？就算是我今天表演失败了，也还有说法啦。

（旁白）什么说法呢？

（说）我们老师说了的，失败是成功——成功的姆妈啦——

（旁白）啊！不对吧？

（甲）怎么不对？

（旁白）我们只听说失败是成功之母呢。

（甲）哦，对了对了对了。失败是成功之母，成功之母。不过，用我们公安话来讲呢，也可以说成，失败是成功的姆妈啦——

（唱）老师说的这句话也，真是一点也不假哟。

（说）谁都不是天生就聪明，谁也不是天生的傻瓜，只有经过挫折和失败，才只能够积累经验和办法。就像我们这些娃娃家，生下来本来只有一点点。

（唱）只要趴在妈妈的怀里天天都吃奶，保险一个一个都要长大。

（说）就拿马季、冯巩和姜昆老师来说，他们肯定不是一生下来，就把相声说得顶呱呱啦！还有赵本山和潘长江老师，他们肯定也不是一生下来，就会演小品，唱二人转啦——

（唱）他们还不是在老师的指导下，热练三伏，冷练三九，一点一点地学出来的。

（说）既然这些老师都不是天生就会，看我又不憨、不苕，又不是个傻瓜，可以学啦。我跟你们大家说一句大实话，从我第一天拿起鼓槌子开始，我就决心当一个说鼓子表演艺术家。争取找一个机会，把我的公安说鼓子，到中央电视台的春节联欢晚会上头去演一下。

（旁白）啊，你的口气还很大呢！

（说）不过咧，我这个目标确实定的太高了。今年能不能上中央电视台的春节联欢晚会。我的把握也不是很大。跟您们说，要是万一上不了，我就上湖北电视台，算了。

（旁白）还算了呢，人家湖北电视台要不要你哦？

（说）要是湖北电视台上不了，我就上荆州电视台，要是荆州电视台上不了，我就上公安电视台，要是公安电视台上不了，我就上乡镇电视台，要是乡镇电视台都上不了，我还可以上我们村的——高音喇叭啦——

（旁白）要是你们村的高音喇叭都不要你上呢？

（说）那我还是有地方演的。

（旁白）去哪里演喽？

（唱）我就跟我的妈妈一起回她的娘家，去慰问我的老外婆。

以上为说鼓子《七扯八拉》。

0044 自选条目

公安县的风光美也，[koŋ⁵⁵ an⁵⁵ ɕian³³ ti³³ foŋ⁵⁵ kuaŋ⁵⁵ mei²¹ iɛ²¹]

公安县的风水好啊，[koŋ⁵⁵ an⁵⁵ ɕian³³ ti³³ foŋ⁵⁵ suei²¹ xau²¹ a³³]

公安县的美名传天下。[koŋ⁵⁵ an⁵⁵ ɕian³³ ti³³ mei²¹ min²⁴ tsʰuan²⁴ tʰian⁵⁵ ɕia³³]

我们要特别感谢一位能干的女同胞啊。[uo²¹ mən⁰ iau³³ tʰɤ³⁵ piɛ³⁵ kan²¹ ɕiɛ³⁵ i³⁵ uei³³ nən²⁴ kan³³ ti³³ ny²¹ tʰoŋ²⁴ pau⁵⁵]

哎，你说的迩个女同胞她姓[什么]个？[ai³⁵, ni²¹ suo³⁵ ti³³ niɛ³⁵ kuo³³ ny²¹ tʰoŋ²⁴ pau⁵⁵ tʰa⁵⁵ ɕin³³ soŋ²¹ kuo³³]

姓龚吵。[ɕin³³ koŋ⁵⁵ sa⁵⁵]

姓龚啊？[ɕin³³ koŋ⁵⁵ a²¹]

对哒，一个龙字下面加一个共产党的"共"。[tei³³ ta²¹, i³⁵ kuo³³ noŋ²⁴ tsɿ³³ ɕia³³ mian³³ tɕia⁵⁵ i³⁵ kuo³³ koŋ³³ tsʰan²⁴ taŋ²¹ ni⁰ koŋ³³]

为[什么]个要感谢她咧？[uei³³ soŋ²¹ kuo³³ iau³³ kan²¹ ɕiɛ³³ tʰa⁵⁵ niɛ⁵⁵]

因为，她生伢儿水平有蛮高。[in⁵⁵ uei³³, tʰa⁵⁵ sən⁵⁵ a²⁴ ɯ²⁴ ni⁰ suei²¹ pʰin²⁴ iəu²¹ man²⁴ kau⁵⁵]

啊？迩生伢儿的水平还有低和高啊？[a³⁵? niɛ³⁵ sən⁵⁵ a²⁴ ɯ²⁴ ni⁰ suei²¹ pʰin²⁴ xai²⁴ iəu²¹ ti⁵⁵ xuo²⁴ kau⁵⁵ a²¹]

那当然啦，[nuo³⁵ taŋ⁵⁵ an²⁴ na⁵⁵]

别的姑娘家生的伢，有的乖来有的苕，有的生一个淘力宝，有的还生一个急眼宝。[piɛ²⁴ ni⁰ ku⁵⁵ niaŋ²⁴ ka³³ sən⁵⁵ ni⁰ a²⁴ ɯ²⁴，iəu²¹ ni⁰ kuai⁵⁵ nai iəu²¹ ni⁰ sau²⁴，iəu²¹ ni⁰ sən⁵⁵ i³⁵ kuo³³ tʰau²⁴ ni³⁵ pau²¹，iəu²¹ ni⁰ xai²⁴ sən⁵⁵ i³⁵ kuo³³ tɕi³⁵ ian²¹ pau²¹]

哎，迗个能干姑娘生的伢儿像哪个咧？[ai³⁵，niɛ³⁵ kuo³³ nən²⁴ kan³³ ku⁵⁵ niaŋ²⁴ sən⁵⁵ ni⁰ a²⁴ ɯ²⁴ tɕʰiaŋ³⁵ naŋ³⁵ kuo³³ niɛ⁰]

她生的伢儿一个当十个，那质量各硬是好的——呱呱叫咧。[tʰa⁵⁵ sən⁵⁵ ni⁰ a²⁴ ɯ²⁴ i³⁵ kuo³³ taŋ⁵⁵ sɿ²⁴ kuo³³，nuo³⁵ tsɿ³⁵ niaŋ³³ koŋ⁵⁵ ən³³ sɿ³³ xau²¹ ti³³——kua⁵⁵ kua⁵⁵ tɕiau⁵⁵ niɛ²¹]

哎哟，又不是蛤蟆子，还呱呱叫咧？[ei⁵⁵ yo³⁵，iəu³³ pu³⁵ sɿ³³ kʰɤ²⁴ ma²¹ tsɿ³³，xai²⁴ kua⁵⁵ kua⁵⁵ tɕiau³³ niɛ²¹] 蛤蟆子：青蛙

噢，尔那还不相信啦？[au³⁵，n̩²¹ na³³ xai²⁴ pu³⁵ ɕiaŋ⁵⁵ ɕin³³ na²¹]

她生的几个伢儿，[tʰa⁵⁵ sən⁵⁵ ni⁰ tɕi²¹ kuo³³ a²⁴ ɯ²⁴]

既聪明来又勤奋，个个读书都成绩好，[tɕi³³ tsʰoŋ³³ min²⁴ nai iəu³³ tɕʰin²⁴ fən³³，kuo³³ kuo⁰ tu²⁴ su⁵⁵ təu⁵⁵ tsʰən²⁴ tɕi³⁵ xau²¹]

引领风骚在文坛，官也做的高。[in²¹ nin²¹ foŋ⁵⁵ sau⁵⁵ tsai³³ uən²⁴ tʰan²⁴，kuan⁵⁵ iɛ²¹ tsəu³³ tɤ⁰ kau⁵⁵]

做好大的官咧？[tsəu³³ xau²¹ ta³³ ti³³ kuan⁵⁵ niɛ³³]

中央组织部管官的官。[tsoŋ⁵⁵ iaŋ⁵⁵ tsu²¹ tsɿ⁵⁵ pu³³ kuan²¹ kuan⁵⁵ ni⁰ kuan⁵⁵]

哎，迗是哪年的事哦？[ai³³，niɛ³⁵ sɿ³³ na³⁵ nian²⁴ ni⁰ sɿ³³ o²¹]

四百多年前。[sɿ³³ pɤ³⁵ tuo⁵⁵ nian²⁴ tɕʰian²⁴]

四百多年前啦？啊，迗还是明朝啦？[sɿ³³ pɤ³⁵ tuo⁵⁵ nian²⁴ tɕʰian²⁴ na³³？a³⁵，niɛ³⁵ xai²⁴ sɿ³³ min²⁴ tsʰau²⁴ na⁵⁵]

是的啦。[sɿ³³ ti³³ na⁵⁵]

迗明朝哪些有组织部咧？[niɛ³⁵ min²⁴ tsʰau²⁴ na³⁵ ɕiɛ⁵⁵ iəu²¹ tsu²¹ tsɿ⁵⁵ pu³³ niɛ³³]

哎哟，我是跟尔那打的一个比方。[ai²¹ yo³⁵，uo²¹ sɿ³³ kən⁵⁵ n̩²¹ na³³ ta²¹ ti³³ i³⁵ kɤ³³ pi²¹ faŋ³³]

明朝的组织部也就是吏部，[min²⁴ tsʰau²⁴ ni⁰ tsu²¹ tsɿ⁵⁵ pu³³ iɛ²¹ tɕiəu³³ sɿ³³ ni³³ pu³³]

迗位女同胞有两个儿子都升到了吏部当主事郎中。[niɛ³⁵ uei³³ ny²¹ tʰoŋ²⁴ pau⁵⁵ iəu²¹ niaŋ²¹ kuo²⁴ sɿ⁰ təu⁵⁵ sən⁵⁵ tau³³ niau²¹ ni³³ pu³³ tsu²¹ sɿ³³ naŋ²⁴ tsoŋ⁵⁵]

也就相当于中央组织部司长的级别怎么高。[iɛ²¹ tɕiəu³³ ɕiaŋ⁵⁵ taŋ⁵⁵ y²⁴ tsoŋ⁵⁵ iaŋ⁵⁵ tsu²¹ tsɿ⁵⁵ pu³³ sɿ³³ tsaŋ²¹ ni⁰ tɕi³⁵ piɛ³⁵ nin²¹ mə²¹ kau⁵⁵] 怎么：这么

哎，迺个女同胞，她到底是那个咧？[ai³³，niɛ³⁵ kɤ³³ ny²¹ tʰoŋ²⁴ pau⁵⁵，tʰa⁵⁵ tau³³ ti²¹ sʅ³³ na³⁵ kuo³³ niɛ³³]

她就是三袁兄弟的姆妈也，[tʰa⁵⁵ tɕiəu³³ sʅ³³ san⁵⁵ yan²⁴ ɕioŋ⁵⁵ ti³³ ni⁰ m̩²¹ ma⁰ iɛ⁰]

为我们公安生哒三个宝。[uei³³ uo²¹ mən⁰ koŋ⁵⁵ an⁵⁵ sən⁵⁵ ta²¹ san⁵⁵ kuo³³ pau²¹]

哎呀，我们真的要感谢迺个女同胞咧。[ai⁵⁵ ia⁵⁵，uo²¹ mən⁰ tsən⁵⁵ ti³³ iao³³ kan²¹ ɕiɛ³³ niɛ³⁵ kɤ³³ ny²¹ tʰoŋ²⁴ pau⁵⁵ niɛ³⁵]

是的啦，她生的迺三个伢儿，[sʅ³³ ti³³ na⁵⁵，tʰa⁵⁵ sən⁵⁵ ni⁰ niɛ³⁵ san⁵⁵ kuo³³ a²⁴ ɯ²⁴]

为我们公安县带来了四百多年的荣耀。[uei³³ koŋ⁵⁵ an⁵⁵ ɕian³³ tai³³ nai²⁴ niau²¹ sʅ³³ pɤ³⁵ tuo⁵⁵ nian²⁴ ni⁰ ioŋ²⁴ iau³³]

不过咧，那时候的妇女一般都没得名字，[pu³⁵ kuo³³ niɛ⁵⁵，nuo³⁵ sʅ²⁴ xəu⁰ ti⁰ fu³³ ny²¹ i³⁵ pan⁵⁵ təu⁵⁵ mei⁵⁵ tɤ⁰ min²⁴ tsʅ²¹]

三袁兄弟的姆妈，同样也就委屈了啦，[san⁵⁵ yan²⁴ ɕioŋ⁵⁵ ti³³ ni⁰ m̩²¹ ma⁰，tʰoŋ²⁴ iaŋ³³ iɛ²¹ tɕiəu³³ uei²¹ tɕʰy³⁵ niau²¹ na⁵⁵]

所以直到现在，龚氏，也就成了她的代号。[suo²¹ i²¹ tsʅ³⁵ tau³³ ɕian³³ tsai³³，koŋ⁵⁵ sʅ³³，iɛ²¹ tɕiəu³³ tsʰən²¹ niau²¹ tʰa⁵⁵ ni⁰ tai³³ xau³³]

尔那们不看她有姓无名字，[n̩²¹ na³³ mən⁰ pu³⁵ kʰan³³ tʰa⁵⁵ iəu²¹ ɕin³³ u²⁴ min²⁴ tsʅ²¹]

她在公安县应该值得最骄傲。[tʰa⁵⁵ tsai³³ koŋ⁵⁵ an⁵⁵ ɕian³³ in³³ kai⁵⁵ tsʅ³⁵ tɤ⁰ tsuei³³ tɕiau⁵⁵ au³³]

四百多年前，在公安县的长安村，[sʅ³³ pɤ³⁵ tuo⁵⁵ nian²⁴ tɕʰian²⁴，tsai³³ koŋ⁵⁵ an⁵⁵ ɕian³³ ti³³ tsʰaŋ²⁴ an⁵⁵ tsʰən⁵⁵]

龚氏生下了老大袁宗道，老二袁宏道，老三袁中道，[koŋ⁵⁵ sʅ³³ sən⁵⁵ ɕia³³ niau²¹ nau²¹ ta³³ yan²⁴ tsoŋ⁵⁵ tau³³，nau²¹ ɯ³³ yan²⁴ xoŋ²⁴ tau³³，nau²¹ san⁵⁵ ɕiau²¹ yan²⁴ tsoŋ⁵⁵ tau³³]

啊，不对吧？[a³⁵，pu³⁵ tei³³ pa³³]

哪门不对咧？[na²¹ mən²¹ pu³⁵ tei³³ niɛ³³]

迺老大和老三的名字哪门相同的咧？[niɛ³⁵ nau²¹ ta³³ xuo²⁴ nau²¹ san³³ ni⁰ min²⁴ tsʅ²¹ na²¹ mən²¹ ɕiaŋ⁵⁵ tʰoŋ²⁴ ti³³ niɛ³³]

哎哟，他们是音同字不同。[ai³³ yo³⁵，tʰa⁵⁵ mən⁰ sʅ³³ in⁵⁵ tʰoŋ²⁴ tsʅ³³ pu³⁵ tʰoŋ²⁴]

音同字不同啊？[in⁵⁵ tʰoŋ²⁴ tsʅ³³ pu³⁵ tʰoŋ²⁴ a³³]

是的，老大袁宗道是祖宗的"宗"。[sʅ³³ ti³³，nau²¹ ta³³ yan²⁴ tsoŋ⁵⁵ tau³³ sʅ³³ tsu²¹ tsoŋ⁵⁵ ni⁰ tsoŋ⁵⁵]

那框头下面加一个表示的"示"。[nuo³⁵ kʰuaŋ²¹ tʰəu²⁴ ɕia³³ mian³³ tɕia⁵⁵ i³⁵ kuo³³ piau²¹ sʅ³³ ti³³ sʅ³³]

老三袁中道咧，是中国的"中"，[nau²¹ san⁵⁵ yan²⁴ tsoŋ⁵⁵ tau³³ niɛ³⁵，sʅ³³ tsoŋ⁵⁵ kuo³⁵ni⁰tsoŋ⁵⁵]

假是用普通话来讲，[tɕia²¹sʅ³³ioŋ³³pʰu²¹tʰoŋ⁵⁵xua³³nai²⁴tɕiaŋ²¹]

老大是袁宗道，[nau²¹ta³³sʅ³³yan²⁴tsoŋ⁵⁵tau³³]

老三是袁中道，[nau²¹san⁵⁵sʅ³³yan²⁴tsoŋ⁵⁵tau³³]

嘴巴念的时候，那舌头还要转一个弯的，[tsuei²¹pa⁰nian³³ni⁰sʅ²⁴xəu²¹，nuo³⁵sɤ²⁴tʰəu²⁴xai²⁴iau³³tsuan²¹i³⁵kɤ³³uan⁵⁵ti³³]

哦，迺还差不多。[o³⁵，niɛ³⁵xai²⁴tsʰa⁵⁵pu³⁵tuo⁵⁵]

迺下您那该晓得了吧？[niɛ³⁵xa²¹n̩²¹na³³kai⁵⁵ɕiau²¹tɤ⁰niau²¹pa³³]

晓得哒，晓得哒——[ɕiau²¹tən⁰ta²¹，ɕiau²¹tən⁰ta²¹]

正是因为有了迺位女同胞，[tsən³³sʅ³³in⁵⁵uei³³iəu²¹niau²¹niɛ³⁵uei³³ny²¹tʰoŋ²⁴pau⁵⁵]

中国明朝末年的文坛，[tsoŋ⁵⁵kuo³⁵min²⁴tsʰau²⁴mo³⁵nian²⁴ni⁰uən²⁴tʰan²⁴]

才只有了闻名中外的公安派也，[tsʰai²⁴tsʅ³⁵iəu²¹niau²¹uən²⁴min²⁴tsoŋ⁵⁵uai³³ti³³koŋ⁵⁵an⁵⁵pʰai³³iɛ⁰]

才只吹响了独抒性灵的进军号啊咧。[tsʰai²⁴tsʅ³⁵tsʰuei⁵⁵ɕiaŋ²¹niau²¹tu²⁴su⁵⁵ɕin³³nin²⁴ti³³tɕin³³tɕyn⁵⁵xau³³a⁰niɛ⁰]

哎！[什么]个叫独抒性灵啰？[ai³⁵！soŋ²¹kuo³³tɕiau³³tu²⁴su⁵⁵ɕin³³nin²⁴nuo³⁵]

哎，迺位同志问的好，[ai³⁵，niɛ³⁵uei³³tʰoŋ²⁴tsʅ²¹uən³³tɤ⁰xau²¹]

独抒性灵，就是独特地抒发自己的性情和灵感。[tu²⁴su⁵⁵ɕin³³nin²⁴，tɕiəu³³sʅ³³tu²⁴tʰɤ³⁵ni⁰su⁵⁵fa³⁵tsʅ³³tɕi²¹ni⁰ɕin³³tɕʰin²⁴xuo²⁴nin²⁴kan²¹]

写诗作文，不学老八股，不拘格套。[ɕiɛ²¹sʅ⁵⁵tsuo³⁵uən²⁴，pu³⁵ɕyo²⁴nau²¹pa³⁵ku²¹，pu³⁵tɕy⁵⁵kɤ³⁵tʰau³³]

正是因为公安派提出了迺崭新的文学口号，[tsən³³sʅ³³in⁵⁵uei³³koŋ⁵⁵pai³³tʰi²⁴tsʰu³⁵niau²¹niɛ³⁵tsan²¹ɕin⁵⁵ni⁰uən²⁴ɕyo²⁴kʰəu²¹xau³³]

明朝末年文坛的复古之风才只没有形成气候，[min²⁴tsʰau²⁴mo³⁵nian²⁴uən²⁴tʰan²⁴ni⁰fu³⁵ku²¹tsʅ⁵⁵foŋ⁵⁵tsʰai²⁴tsʅ³⁵mei⁵⁵iəu⁰ɕin³³tsʰən²⁴tɕʰi²⁴xəu³³]

才只有了直抒胸臆的诗歌文章，似青青芳草。[tsʰai²⁴tsʅ³⁵iəu²¹niau²¹tsʅ²⁴su⁵⁵ɕioŋ⁵⁵i³³ni⁰sʅ⁵⁵kuo⁵⁵uən²⁴tsaŋ⁵⁵，sʅ³³tɕʰin⁵⁵tɕʰin⁵⁵faŋ⁵⁵tsʰau²¹]

正是因为有了三袁兄弟的巨大成就，[tsən³³sʅ³³in⁵⁵uei³³iəu²¹niau²¹san⁵⁵yan²⁴ɕioŋ⁵⁵ti³³ni⁰tɕy³³ta³³tsʰən²⁴tɕiəu³³]

公安县才只有了一母三进士，南北两天官的骄傲。[koŋ⁵⁵an⁵⁵ɕian³³tsʰai²⁴tsʅ³⁵iəu²¹niau²¹i³⁵mu²¹san⁵⁵tɕin³³sʅ³³，nan²⁴pɤ³⁵nian²¹tʰian⁵⁵kuan⁵⁵ni⁰tɕiau⁵⁵au³³]

迺正是：[niɛ³⁵tsən³³sʅ³³]

公安县就是一块宝，[koŋ⁵⁵ an⁵⁵ ɕian³³ tɕiəu³³ ʂʅ³³ i³⁵ kʰuai²¹ pau²¹]
地灵人杰风水好。[ti³³ nin²⁴ ən²⁴ tɕiɛ³⁵ foŋ⁵⁵ suei²¹ xau²¹]
世世代代多俊杰，[ʂʅ³³ ʂʅ³³ tai³³ tai³³ tuo⁵⁵ tɕyn³³ tɕiɛ³⁵]
古往今来多英豪！[ku²¹ uaŋ²¹ tɕin⁵⁵ nai²⁴ tuo⁵⁵ in⁵⁵ xau²⁴]
古往今来多英豪啊！[ku²¹ uaŋ²¹ tɕin⁵⁵ nai²⁴ tuo⁵⁵ in⁵⁵ xau²⁴ a³³]

意译：（唱）公安县的风光美也，公安县的风水好啊，公安县的美名传天下，我们要特别感谢一位能干的女同胞。

（乙）哎，你说的这个女同胞，她姓什么？

（甲）姓龚撒。

（乙）姓龚啊？

（甲）对了，一个龙字下面加一个共产党的"共"。

（乙）为什么要感谢她呢？

（甲）因为，她生孩子的水平高。

（乙）啊！这生孩子的水平还有低和高啊？

（甲）那当然啦！

唱：别的姑娘家生的伢儿，有的乖来有的苕，有的生一个调皮佬，有的还生一个急眼宝。

（乙）哎，这个能干姑娘生的孩子怎样呢？

（甲）她生的孩子，一个当十个，质量那是非常好的——呱呱叫呢。

（乙）哎哟，又不是蛤蟆，还呱呱叫呢？

（甲）哦，您还不相信啦？她生的几个孩子，是既聪明来又勤奋，个个读书都成绩好，引领风骚在文坛，官也做的高。

（乙）做好大的官呢？

（甲）中央组织部管官的"官"。

（乙）哎！这是哪一年的事呢？

（甲）四百多年前呢！

（乙）啊，四百多年前啦……哎哎哎，四百多年前，那还是明朝啦。

（甲）是的啦！

（乙）哎，这明朝哪里有组织部呢？

（甲）我是打的一个比方。明朝的组织部就是吏部，这位女同胞有两个儿子，都升到了吏部当主事郎中，也就相当于现在，中央组织部司长的级别这么高。

（乙）哎，这个女同胞，她到底是哪个呢？

（唱）她就是三袁兄弟的妈妈啊，为我们公安生了三个宝。

（乙）哎呀，我们真的要感谢这个女同胞呢。

（甲）是的啦，她生的这三个孩子，为我们公安县带来了四百多年的荣耀，不过呢，那时候的妇女一般都没有名字，三袁兄弟的母亲，同样也就委屈了啦。所以直到现在，龚氏，也就成了她的代号。

（唱）您们不看她有姓无名字，她在公安县应该值得最骄傲。

（甲）四百多年前，在公安县的长安村，龚氏生下了老大袁宗道，老二袁宏道，老三袁中道。

（乙）哎哎，不对吧？

（甲）怎么不对呢？

（乙）这老大和老三名字怎么相同呢？

（甲）哎哟，他们是音同字不同。

（乙）啊！音同字不同啊？

（甲）对了，老大袁宗道是祖宗的"宗"，框头下面加一个表示的"示"，老三袁中道呢，是中国的"中"，如果用普通话来念呢，老大是袁宗道，老三是袁中道，嘴巴念的时候，那舌头都还要转一个弯的。

（乙）哦，这还差不多。

（甲）这下您们该知道了吧？

（乙）知道了，知道了——

（甲）正是因为我们公安县，有了这位能干的母亲，中国明朝末年的文坛，

（唱）才只有了闻名中外的公安派，才只吹响了独抒性灵的进军号！

（乙）哎！什么叫独抒性灵？

（甲）哎，这位同志问的好，独抒性灵，就是独特地抒发自己的性情和灵感，写诗作文，不学老八股，不拘格套，正是因为公安派，提出了这崭新的文学口号，明朝末年文坛的复古之风才没有形成气候，才有了直抒胸臆的诗歌文章似青青芳草，正是因为有了三袁兄弟的巨大成就，公安县才有了"一母三进士、南北两天官"的骄傲。这正是：

（唱）公安县就是一块宝，地灵人杰的风水好，世世代代多俊杰，古往今来出英豪。

以上为说鼓子《一个姆妈三个宝》。

监 利

一 歌谣

0001 歌谣

新姑娘，咚咚锵。[ɕin⁴⁴ ku⁴⁴ niaŋ⁰, toŋ²¹ toŋ²¹ tɕʰiaŋ⁰] 新姑娘：新娘子

新姑娘，咚咚锵。[ɕin⁴⁴ ku⁴⁴ niaŋ⁰, toŋ²¹ toŋ²¹ tɕʰiaŋ⁰]

咚的河里喝米汤。[toŋ²¹ ti⁰ xo¹³ ti⁰ xo²⁵ mi²¹ tʰaŋ⁰]

米汤喝多哒，[mi²¹ tʰaŋ⁰ xo²⁵ to⁴⁴ ta⁰]

养滴儿子肥噜哒。[iaŋ²¹ ti⁰ ɯ¹³ tsɿ⁰ fei¹³ nu⁵⁵ ta⁰] 噜：表示程度很深

米汤喝足哒，[mi²¹ tʰaŋ⁰ xo²⁵ tsou⁵⁵ ta⁰]

养滴儿子白噜哒。[iaŋ²¹ ti⁰ ɯ¹³ tsɿ⁰ pʰɤ⁵⁵ nou⁵⁵ ta⁰]

意译：新姑娘，咚咚锵。接新娘啊，敲锣打鼓咚咚锵，接到那河里喝米汤。米汤喝多了，养的儿子胖嘟嘟。米汤喝够了，养的儿子白乎乎。

0002 歌谣

马马嘟，上荆州。[ma²¹ ma²¹ tou⁴⁴, saŋ³³ tɕin⁴⁴ tsou⁴⁴]

马马嘟，上荆州。[ma²¹ ma²¹ tou⁴⁴, saŋ³³ tɕin⁴⁴ tsou⁴⁴]

荆州府，吃萝卜。[tɕin⁴⁴ tsou⁴⁴ fu²¹, tɕʰi⁵⁵ no¹³ pu⁰]

萝卜辣，吃烧瓜。[no¹³ pu⁰ na⁵⁵, tɕʰi⁵⁵ sau⁴⁴ kua⁴⁴]

烧瓜甜，要搁盐。[sau⁴⁴ kua⁴⁴ tʰiɛn¹³, iau³³ ko⁵⁵ iɛn¹³] 搁：放

盐又咸，要搁糖。[iɛn¹³ iou³³ xan¹³, iau³³ ko⁵⁵ xan¹³]

糖又甜，留到五月过端阳。[xan¹³ iou³³ tʰiɛn¹³, niou¹³ tau³³ u²¹ ɥɛ⁵⁵ ko³³ tɛn⁴⁴ iaŋ¹³]

端阳：端午

意译：马马嘟，上荆州。骑马嘟嘟上荆州，荆州府里吃萝卜。萝卜辣，吃烧瓜。烧瓜甜，要放盐。盐又咸，要放糖。糖又甜，把它留到五月过端午。

0003 歌谣

摇摆手。[iau¹³ pai²¹ sou²¹]

摇摆手，家家里走。[iau¹³ pai²¹ sou²¹, ka⁴⁴ ka⁰ ti⁰ tsou²¹] 家家：外婆

搭洋船，下汉口。[ta⁵⁵ iaŋ¹³ tsʰuɛn¹³, ɕia³³ xan²⁵ kʰou²¹] 洋船：轮船

买枣子，结朋友。[mai²¹ tsau²¹ tsɿ⁰, tɕiɛ⁵⁵ pʰoŋ¹³ iou²¹]

吃哒喝哒还不走。[tɕʰi⁵⁵ ta⁰ xo⁵⁵ ta⁰ xai¹³ pu⁵⁵ tsou²¹] 哒：了

意译：摇摆手。娃娃挥挥手，去外婆家里走一走。坐上那轮船，顺流到汉口。买了枣吃，又交了朋友，吃饱喝足还不往回走。

0004 歌谣

小皮球。[ɕiau²¹ pʰi¹³ tɕʰiou¹³]

小皮球，两百个。[ɕiau²¹ pʰi¹³ tɕʰiou¹³, niaŋ²¹ po⁵⁵ ko³³]

马兰花开二十一。[ma²¹ nan¹³ xua⁴⁴ kʰai⁴⁴ ɯ³³ sʅ¹³ i⁵⁵]

二五六，二五七，[ɯ³³ u²¹ nou⁵⁵, ɯ³³ u²¹ tɕʰi⁵⁵]

二八二九三十一。[ɯ³³ pa⁵⁵ ɯ³³ tɕiou²¹ san⁴⁴ sʅ¹³ i⁵⁵]

三五六，三五七，[san⁴⁴ u²¹ nou⁵⁵, san⁴⁴ u²¹ tɕʰi⁵⁵]

三八三九四十一。[san⁴⁴ pa⁵⁵ san⁴⁴ tɕiou²¹ sʅ³³ sʅ¹³ i⁵⁵]

四五六，四五七，[sʅ³³ u²¹ nou⁵⁵, sʅ³³ u²¹ tɕʰi⁵⁵]

四八四九五十一。[sʅ³³ pa⁵⁵ sʅ³³ tɕiou²¹ u²¹ sʅ¹³ i⁵⁵]

五五六，五五七，[u²¹ u²¹ nou⁵⁵, u²¹ u²¹ tɕʰi⁵⁵]

五八五九六十一。[u²¹ pa⁵⁵ u²¹ tɕiou²¹ nou⁵⁵ sʅ¹³ i⁵⁵]

六五六，六五七，[nou⁵⁵ u²¹ nou⁵⁵, nou⁵⁵ u²¹ tɕʰi⁵⁵]

六八六九七十一。[nou⁵⁵ pa⁵⁵ nou⁵⁵ tɕiou²¹ tɕʰi⁵⁵ sʅ¹³ i⁵⁵]

七五六，七五七，[tɕʰi⁵⁵ u²¹ nou⁵⁵, tɕʰi⁵⁵ u²¹ tɕʰi⁵⁵]

七八七九八十一。[tɕʰi⁵⁵ pa⁵⁵ tɕʰi⁵⁵ tɕiou²¹ pa⁵⁵ sʅ¹³ i⁵⁵]

八五六，八五七，[pa⁵⁵ u²¹ nou⁵⁵, pa⁵⁵ u²¹ tɕʰi⁵⁵]

八八八九九十一。[pa⁵⁵ pa⁵⁵ pa⁵⁵ tɕiou²¹ tɕiou²¹ sʅ¹³ i⁵⁵]

九五六，九五七，[tɕiou²¹ u²¹ nou⁵⁵, tɕiou²¹ u²¹ tɕʰi⁵⁵]

九八九九一百一。[tɕiou²¹ pa⁵⁵ tɕiou²¹ tɕiou²¹ i⁵⁵ po⁵⁵ i⁵⁵]

意译：小皮球。小皮球，两百个。马兰花开二十一。二五六，二五七，二八二九三十一。三五六，三五七，三八三九四十一。四五六，四五七，四八四九五十一。五五六，五五七，五八五九六十一。六五六，六五七，六八六九七十一。七五六，七五七，七八七九八十一。八五六，八五七，八八八九九十一。九五六，九五七，九八九九一百一。（用来数数的儿歌）

0005 歌谣

癞子。[nai³³ tsʅ⁰]

癞子癞成槽，[nai³³ tsʅ⁰ nai³³ tsʰən¹³ tsʰau¹³]

挼倒花树摇。[tsʰən²¹ tau²¹ xua⁴⁴ su³³ iau¹³] 挼：按住，抓住

心里想插花，[ɕin⁴⁴ ti⁰ ɕiaŋ²¹ tsʰa⁵⁵ xua⁴⁴]

脑壳高下没得头发。[nau²¹ kʰo⁰ kau⁴⁴ xa⁰ mei³³ tɤ⁰ tʰou¹³ fa⁵⁵] 脑壳：脑袋。高下：上面。没得：没有

意译：癞子。癞子癞成槽，抓住那花树摇。心里想插朵花，可脑袋上没有头发。

0006 歌谣

豌豆泵果。[uan⁴⁴ tou³³ pa⁴⁴ ko²¹] 泵果：指豆荚

豌豆泵果，[uan⁴⁴ tou³³ pa⁴⁴ ko²¹]

爹爹烧火，[tia⁴⁴ tia⁴⁴ sau⁴⁴ xo²¹] 烧火：生火

妣妣炒菜，[pa³³ pa³³ tsʰau²¹ tsʰai³³] 妣妣：婆婆

炒出尿来。[tsʰau²¹ tsʰu⁴⁴ iau³³ nai¹³]

好吃好吃，[xau²¹ tɕʰi⁵⁵ xau²¹ tɕʰi⁵⁵]

明年再来。[mən¹³ niɛn¹³ tsai³³ nai¹³]

意译：豌豆泵果。摘了豌豆荚，爹爹去生火，婆婆来炒菜，炒出了尿来。好吃好吃，明年再来。

0007 歌谣

麻雀儿。[ma¹³ tɕʰio⁵⁵ ɯ¹³]

麻雀儿，墙眼里住，[ma¹³ tɕʰio⁵⁵ ɯ¹³, tɕʰiaŋ¹³ an²¹ ti⁰ tsu³³]

叽哩咕哩骂哪个？[tɕi⁴⁴ ti⁰ ku²¹ ti⁰ ma³³ na²¹ ko⁰]

骂那个抹牌的，[ma³³ no⁴⁴ ko⁰ ma⁵⁵ pʰai¹³ ti⁰]

骂那个赌博的。[ma³³ no⁴⁴ ko⁰ tou²¹ po⁵⁵ ti⁰]

先卖田，后卖屋，[ɕiɛn⁴⁴ mai³³ tʰiɛn¹³, xou³³ mai³³ u⁵⁵]

伢儿大人扯倒哭。[a¹³ ɯ¹³ xa³³ ən¹³ tsʰɤ²¹ tau⁰ kʰu⁵⁵] 伢儿：孩子。扯倒哭：放开嗓子哭

伢儿伢儿你不哭，[a¹³ ɯ¹³ a¹³ ɯ¹³ ni²¹ pu²⁵ kʰu⁵⁵]

我跟你做一个好新屋。[uo²¹ kən⁴⁴ ni²¹ tsou³³ i⁵⁵ ko⁰ xau²¹ ɕin⁴⁴ u⁵⁵] 跟：给

伢儿伢儿你不吵，[a¹² ɯ¹³ a¹³ ɯ¹³ ni²¹ pu⁵⁵ tsʰau²¹]

我跟你做一个好花袄。[uo²¹ kən⁴⁴ ni²¹ tsou³³ i⁵⁵ ko⁰ xau²¹ xua⁴⁴ au²¹]

意译：麻雀儿。麻雀儿，在墙洞里住。你在叽叽咕咕骂谁呀？我在骂那个打牌的，我在骂那个赌博的。他先卖了田，又卖了屋，孩子大人放声哭。孩子孩子你不哭，我给你盖一座好新屋。孩子孩子你不吵，我给你做一件好花袄。

0008 歌谣

推个磨，摇个磨。[xei⁴⁴ ko⁰ mo³³，iau¹³ ko⁰ mo³³]
推个磨，摇个磨，[xei⁴⁴ ko⁰ mo³³，iau¹³ ko⁰ mo³³]
推的粉子细不过，[xei⁴⁴ ti⁰ fən²¹ tsʅ⁰ ɕi³³ pu⁵⁵ ko⁰] 细不过：很细，没有更细的
做的粑子甜不过。[tsou²⁵ ti⁰ pa⁴⁴ tsʅ⁰ tʰiɛn¹³ pu⁵⁵ ko⁰] 甜不过：很甜，没有更甜的
推磨的多吃一个，[xei⁴⁴ mo³³ ti⁰ to⁴⁴ tɕʰi⁵⁵ i⁵⁵ ko⁰]
喂磨的少吃一个。[uei²⁵ mo³³ ti⁰ sau²¹ tɕʰi⁵⁵ i⁵⁵ ko⁰] 喂磨：往磨眼里放谷物，以便磨碎
吃哒心里磨不过，[tɕʰi⁵⁵ ta⁰ ɕin⁴⁴ ti⁰ mo¹³ pu⁵⁵ ko⁰] 磨：指因消化不畅而难受
半夜起来摸茶喝，[puɛn²⁵ iɛ²¹ tɕʰi²¹ nai¹³ mo⁴⁴ tsʰa¹³ xo⁵⁵]
门栓子碰到后脑壳，[mən¹³ suan⁴⁴ tsʅ⁰ pʰaŋ²¹ tau⁰ xou³³ nau²¹ kʰo⁰] 后脑壳：后脑勺
哎哟哎哟疼不过。[ai³³ io⁰ ai³³ io⁰ xən¹³ pu⁵⁵ ko⁰]
接医生，医生不诊，[tɕiɛ⁵⁵ i⁴⁴ sən⁴⁴，i⁴⁴ sən⁴⁴ pu⁵⁵ tsən²¹] 诊：治病
请菩萨，菩萨也不来，[tɕʰin²¹ pʰu¹³ sa⁰，pʰu¹³ sa⁰ iɛ²¹ pu⁵⁵ nai¹³]
等你的后脑壳烂一个眼。[tən²¹ ni²¹ ti⁰ xou³³ nau²¹ kʰo⁰ nan³³ i²⁵ ko⁰ an²¹]
深滴挖，浅滴埋，[sən⁴⁴ ti⁵⁵ ua⁴⁴，tɕʰiɛn²¹ ti⁵⁵ mai¹³] 滴：一点
不等你个老鬼爬起来。[pu⁵⁵ tən²¹ ni²¹ ko⁰ nau²¹ kuei²¹ pʰa¹³ tɕʰi²¹ nai¹³] 等：让，使

意译：推个磨，摇个磨。推了一回磨，摇了一回磨。推出的米粉细细的，做出的粑粑甜甜的。推磨的人多吃一个，喂磨的人少吃一个。吃了心里不好受，半夜起来找茶喝，门栓却碰到了后脑勺，哎哟哎哟好疼啰。请医生，医生不来看；求菩萨，菩萨也不来，就让你的后脑壳烂一个眼。深点挖，浅点埋，不让你这个老鬼爬起来。

0009 歌谣

彩龙船。[tsʰai²¹ noŋ¹³ tsʰuan¹³]
彩龙船啦嘛哟哟，[tsʰai²¹ noŋ¹³ tsʰuan¹³ na⁰ ma⁰ io⁴⁴ io⁰]
划得慢啦嘛呀嚯嘿，[xua¹³ tɤ⁰ man³³ na⁰ ma⁰ ia⁰ xo⁰ xei⁰]
迎接那个新年嘛哟喂子哟，[in¹³ tɕiɛ⁵⁵ na³³ kɤ⁰ ɕin⁴⁴ niɛn¹³ io²⁵ uei tsʅ⁰ io⁰]
喜洋洋啦嘛划着。[ɕi²¹ iaŋ¹³ iaŋ¹³ na⁰ mo⁰ xua¹³ tso⁰]
哟哟，呀嚯嘿，[io⁴⁴ io⁴⁴，ia²¹ xo⁰ xei⁰]
喜洋洋啦嘛过新年啦嘛嚯嘿。[ɕi²¹ iaŋ¹³ iaŋ¹³ na⁰ mo⁰ ko³³ ɕin⁴⁴ niɛn¹³ na⁰ ma⁰ xo⁰ xei⁰]

意译：彩龙船。彩龙船哟，慢慢划哟。迎新年啰，喜洋洋哦。哟喂哟，喜洋

洋哦，过新年啰（衬词略）。

0010 歌谣

小女婿。[ɕiau²¹ y²¹ ɕi³³]
鸦雀子叫几叫喂呃，[ia⁴⁴ tɕʰy²¹ tsʅ⁰ tɕiau³³ tɕi²¹ tɕiau³³ uei³³ ɤ⁰] 鸦雀子：喜鹊
老鸹子哇几哇耶。[nau²¹ ua³³ tsʅ⁰ ua³³ tɕi²¹ ua³³ iɛ⁰] 老鸹子：乌鸦
人家的女婿那么子大呀，[ən¹³ ka⁰ ti⁰ ny²¹ ɕi³³ no²⁵ mo⁰ tsʅ⁰ ta³³ ia⁰]
我的妈妈子吵，[uo²¹ ti⁰ ma⁴⁴ ma⁰ tsʅ⁰ tsʰɤ⁰]
我的女婿一滴尕耶！[uo²¹ ti⁰ y²¹ ɕi³³ i²⁵ ti⁵⁵ kʰa⁴⁴ iɛ⁰] 一滴尕：一丁点，很小
说起那一滴尕耶，[suo⁵⁵ tɕʰi²¹ na⁰ i²⁵ ti⁵⁵ kʰa⁴⁴ iɛ⁰]
他心思多么子大耶。[tʰa⁴⁴ ɕin⁴⁴ sʅ³³ to⁴⁴ mo⁰ tsʅ⁰ ta³³ iɛ⁰]
我与那旁人说闲话呀，[uo²¹ y²¹ na³³ pʰaŋ¹³ ən¹³ suo⁵⁵ ɕiɛn¹³ xua³³ ia⁰]
我的妈妈子吵，[uo²¹ ti⁰ ma⁴⁴ ma⁰ tsʅ⁰ tsʰɤ⁰]
他横睛鼓眼煞耶。[tʰa⁴⁴ xuən¹³ tɕin³³ ku²¹ an²¹ sa⁵⁵ iɛ⁰] 煞：斜眼看人以示不满
隔壁的王大妈耶，[kɤ¹³ pi⁵⁵ ti⁰ uaŋ¹³ ta³³ ma⁴⁴ iɛ⁰]
老和他说么家耶，[nau²¹ xo¹³ tʰa⁴⁴ suo⁵⁵ mo⁰ tɕia⁴⁴ iɛ⁰]
他一年小来两年大耶，[tʰa⁴⁴ i²⁵ niɛn¹³ ɕiau²¹ nai¹³ niaŋ²¹ niɛn¹³ ta³³ iɛ⁰]
我的妈妈子吵，[uo²¹ ti⁰ ma⁴⁴ ma⁰ tsʅ⁰ tsʰɤ⁰]
我好拐都不说他耶。[uo²¹ xau²¹ kuai²¹ tou⁴⁴ pu²⁵ suo²⁵ tʰa⁴⁴ iɛ⁰] 拐：坏
站在那踏板上嘞，[tsan³³ tsai³³ na³³ tʰa⁵⁵ pan²¹ saŋ³³ nɤ⁰]
他冇得两尺长呃。[tʰa⁴⁴ mau³³ tɤ⁰ niaŋ²¹ tsʰʅ²⁵ tsʰaŋ¹³ ɤ⁰] 冇得：没有
我把他背出去喂财狼啊，[uo²¹ pa²¹ tʰa⁴⁴ pei⁴⁴ tsʰu²⁵ tɕʰy³³ uei³³ tsʰai¹³ naŋ¹³ a⁰]
我的妈妈子吵，[uo²¹ ti⁰ ma⁴⁴ ma⁰ tsʅ⁰ tsʰɤ⁰]
他吓得像鬼汪呃。[tʰa⁴⁴ xɤ²⁵ ti⁰ ɕiaŋ⁴⁴ kuei²¹ aŋ⁴⁴ ɤ⁰] 汪：叫，喊
睡到那鸡子叫呃，[suei³³ tau³³ na⁰ tɕi⁴⁴ tsʅ³³ tɕiau³³ ɤ⁰]
他扯起来一泡尿呃，[tʰa⁴⁴ tsʰɤ²¹ tɕʰi²¹ nai¹³ i²⁵ pʰa⁴⁴ niau³³ ɤ⁰] 扯起来：突然，猛地
把我的花卧单屙湿了啊，[pa²¹ uo²¹ ti⁰ xua⁴⁴ uo³³ tan²¹ uo⁴⁴ sʅ²⁵ niau⁰ a⁰] 卧单：床单
我的妈妈子吵，[uo²¹ ti⁰ ma⁴⁴ ma⁰ tsʅ⁰ tsʰɤ⁰]
是他妈个急着宝喂呃。[sʅ³³ tʰa⁴⁴ ma⁴⁴ kɤ³³ tɕi⁵⁵ tsuo¹³ pau²¹ uei⁰ ɤ⁰] 急着宝：缺德鬼

意译：小女婿。喜鹊叫呀叫，乌鸦呱啊呱，人家的女婿那么大呀，妈呀，我的女婿才丁点大！说他一丁点，他心思却很大。我和那旁人说闲话呀，他横眉鼓眼把我瞪啊。隔壁的王大妈，怪我总数落他，说他一年小来两年就会长大。妈呀，好坏我都不再去说他。站在那踏板上，他没有两尺长，我说把他背出去喂财

狼啊，妈呀，他吓得像鬼一样嚷。睡到那公鸡叫，他猛撒一泡尿，把我的花床单尿湿了啊，妈呀，这真是个缺德鬼啊。

0011 歌谣

螃蟹歌。[pʰaŋ¹³xai²¹ko⁴⁴]

正月里思想螃蟹子歌，[tsən⁴⁴yɛ⁵⁵ni⁰sʅ⁴⁴ɕiaŋ²¹pʰaŋ¹³xai²¹tsʅ⁰ko⁴⁴] 思想：想念

我问那个螃蟹脚有几多？[uo²¹uən³³na³³kɤ⁰pʰaŋ¹³xai²¹tɕio²⁵iou²¹tɕi²¹to⁴⁴]

一个那个螃蟹八呀八只脚，[i²⁵kɤ⁰na³³kɤ⁰pʰaŋ¹³xai²¹pa⁵⁵ia⁰pa⁵⁵tsʅ⁵⁵tɕio²⁵]

两个金夹一个向阳壳。[niaŋ²¹kɤ⁰tɕin⁴⁴tɕia⁵⁵i²⁵kɤ⁰ɕiaŋ³³iaŋ¹³kʰo²⁵] 金夹：指蟹螯，大钳子。向阳壳：指蟹壳

绫罗子包，包呀包绫罗哦，[nin¹³no¹³tsʅ⁰pau⁴⁴，pau⁴⁴ia⁰pau⁴⁴nin¹³no¹³o⁰]

绫罗的头上两盏灯，[nin¹³no¹³ti⁰tʰou¹³saŋ³³niaŋ²¹tsan²¹tən⁴⁴]

两个和尚来结婚。[niaŋ²¹kɤ⁰xo¹³saŋ⁰nai¹³tɕiɛ²⁵xuən⁴⁴]

嗦哩么子啷当，[so⁰ni⁰ma⁰tsʅ⁰naŋ⁰taŋ⁰]

嗦哩么子啷当，[so⁰ni⁰ma⁰tsʅ⁰naŋ⁰taŋ⁰]

嗦哩么子嗦哩么子哟哟哦，[so⁰ni⁰ma⁰tsʅ⁰so⁰ni⁰ma⁰tsʅ⁰io⁰io⁰o⁰]

绫罗开花情郎哥哥呀，[nin¹³no⁴⁴kʰai⁴⁴xua⁴⁴tɕʰin¹³naŋ¹³ko⁴⁴ko⁰ia⁰]

绫罗开花情郎哥哥耶。[nin¹³no⁴⁴kʰai⁴⁴xua⁴⁴tɕʰin¹³naŋ¹³ko⁴⁴ko⁰iɛ⁰]

正月里思想螃蟹子歌，[tsən⁴⁴yɛ²⁵ni⁰sʅ⁴⁴ɕiaŋ²¹pʰaŋ¹³xai²¹tsʅ⁰ko⁴⁴]

我问那个螃蟹脚有几多？[uo²¹uən³³na³³kɤ⁰pʰaŋ¹³xai²¹tɕio²⁵iou²¹tɕi²¹to⁴⁴]

两个那个螃蟹十呀六只脚，[niaŋ²¹kɤ⁰na³³kɤ⁰pʰaŋ¹³xai²¹sʅ³³ia⁰niou²⁵tsʅ⁰tɕio²⁵]

四个金夹两个向阳壳。[sʅ³³kɤ⁰tɕin⁴⁴tɕia⁵⁵niaŋ²¹kɤ⁰ɕiaŋ³³iaŋ¹³kʰo²⁵]

绫罗子包，包呀包绫罗哦，[nin¹³no¹³tsʅ⁰pau⁴⁴，pau⁴⁴ia⁰pau⁴⁴nin¹³no¹³o⁰]

绫罗的头上四盏灯，[nin¹³no¹³ti⁰tʰou¹³saŋ³³sʅ³³tsan²¹tən⁴⁴]

四个和尚来结婚。[sʅ³³kɤ⁰xo¹³saŋ⁰nai¹³tɕiɛ²⁵xuən⁴⁴]

嗦哩么子啷当，[so⁰ni⁰ma⁰tsʅ⁰naŋ⁰taŋ⁰]

嗦哩么子啷当，[so⁰ni⁰ma⁰tsʅ⁰naŋ⁰taŋ⁰]

嗦哩么子嗦哩么子哟哟哦，[so⁰ni⁰ma⁰tsʅ⁰so⁰ni⁰ma⁰tsʅ⁰io⁰io⁰o⁰]

绫罗开花情郎哥哥呀，[nin¹³no¹³kʰai⁴⁴xua⁴⁴tɕʰin¹³naŋ¹³ko⁴⁴ko⁰ia⁰]

绫罗开花情郎哥哥耶。[nin¹³no¹³kʰai⁴⁴xua⁴⁴tɕʰin¹³naŋ¹³ko⁴⁴ko⁰iɛ⁰]

正月里思想螃蟹子歌，[tsən⁴⁴yɛ²⁵ni⁰sʅ⁴⁴ɕiaŋ²¹pʰaŋ¹³xai²¹tsʅ⁰ko⁴⁴]

我问那个螃蟹脚有几多？[uo²¹uən³³na⁴⁴kɤ⁰pʰaŋ¹³xai²¹tɕio²⁵iou²¹tɕi²¹to⁴⁴]

三个那个螃蟹二十四只脚，[san⁴⁴kɤ⁰na³³kɤ⁰pʰaŋ¹³xai²¹ɯ³³sʅ¹³sʅ³³tsʅ⁴⁴tɕio²⁵]

六个金夹三个向阳壳。[niou²⁵ kɤ⁰ tɕin⁴⁴ tɕia⁵⁵ san⁴⁴ ko⁰ ɕiaŋ³³ ia¹³ kʰo²⁵]

绫罗子包，包呀包绫罗哦，[nin¹³ no¹³ tsɿ⁰ pau⁴⁴，pau⁴⁴ ia⁰ pau⁴⁴ nin¹³ no¹³ o⁰]

绫罗的头上六盏灯，[nin¹³ no¹³ ti⁰ tʰou¹³ saŋ⁰ nou²⁵ tsan²¹ tən⁴⁴]

六个和尚来结婚。[nou²⁵ ko⁰ xo¹³ saŋ⁰ nai¹³ tɕiɛ²⁵ xuən⁴⁴]

嗦哩么子哐当，[so⁰ ni⁰ ma⁰ tsɿ⁰ naŋ⁰ taŋ⁰]

嗦哩么子哐当，[so⁰ ni⁰ ma⁰ tsɿ⁰ naŋ⁰ taŋ⁰]

嗦哩么子嗦哩么子哟哟哦，[so⁰ ni⁰ ma⁰ tsɿ⁰ so⁰ ni⁰ ma⁰ tsɿ⁰ io⁰ io⁰ o⁰]

绫罗开花情郎哥哥呀，[nin¹³ no¹³ kʰai⁴⁴ xua⁴⁴ tɕʰin¹³ naŋ¹³ ko⁴⁴ ko⁰ ia⁰]

绫罗开花情郎哥哥耶。[nin¹³ no¹³ kʰai⁴⁴ xua⁴⁴ tɕʰin¹³ naŋ¹³ ko⁴⁴ ko⁰ iɛ⁰]

意译：螃蟹歌。正月里想唱螃蟹歌，我问螃蟹的脚有几个？一个螃蟹八只脚，两个蟹螯一个大硬壳，用绫罗般的花纹包呀包上绫罗，绫罗的头上眼睛像两盏灯，两个和尚来结婚。嗦哩么子哐当，嗦哩么子哐当，嗦哩么子嗦哩么子哟哟，绫罗开花情郎哥哥呀，绫罗开花情郎哥哥耶。正月里想唱螃蟹歌，我问螃蟹脚有几个？两个螃蟹十六只脚，四个蟹螯两个大硬壳，用绫罗般的花纹包呀包上绫罗，绫罗的头上眼睛像四盏灯，四个和尚来结婚。嗦哩么子哐当，嗦哩么子哐当，嗦哩么子嗦哩么子哟哟，绫罗开花情郎哥哥呀，绫罗开花情郎哥哥耶。正月里想唱螃蟹歌，我问螃蟹的脚有几个？三个螃蟹二十四只脚，六个蟹螯三个大硬壳，用绫罗般的花纹包呀包上绫罗，绫罗的头上眼睛像六盏灯，六个和尚来结婚。嗦哩么子哐当，嗦哩么子哐当，嗦哩么子嗦哩么子哟哟，绫罗开花情郎哥哥呀，绫罗开花情郎哥哥耶。

二 规定故事

0021 牛郎和织女

啊，下面呢，[a²¹，ɕia³³ miɛn³³ mɤ⁴⁴]

我来跟大家讲一个牛郎织女的故事。[ŋo²¹ nai¹³ kən⁴⁴ ta³³ tɕia⁴⁴ tɕiaŋ²¹ i²⁵ ko⁰ niou¹³ naŋ¹³ tsɿ⁵⁵ ʮ²¹ ti⁰ ku³³ sɿ³³]

说呃，在那个古时候呃，[suɤ⁵⁵ ɤ⁰，tsai³³ mɤ³³ kɤ⁰ ku²¹ sɿ¹³ xou⁰ ɤ⁰]

有一个小伙子哩，[iou²¹ i²⁵ ko⁰ ɕiau²¹ xo⁰ tsɿ²¹ ni⁰]

他屋里蛮造孽。[tʰa⁴⁴ u⁵⁵ ti⁰ man¹³ tsau³³ iɛ⁵⁵] 屋：家。蛮：很。造孽：可怜

他的那个父母亲哩也去世哒，[tʰa⁴⁴ ti⁰ mɤ⁴⁴ kɤ⁰ fu³³ mu²¹ tɕʰin⁴⁴ ni⁰ iɛ²¹ kʰɯ⁵⁵ sɿ²⁵ ta⁰]

啊，也就死亡哒。[a⁰，iɛ²¹ tsou³³ sɿ²¹ u³³ ta⁰]

屋里哩，只有一个老牛，[u⁵⁵ ti⁰ ni⁰，tsɿ⁵⁵ iou²¹ i⁵⁵ ko⁰ nau²¹ niou¹³]

跟两个哩，在相依为命。［kən⁴⁴ niaŋ²¹ ko⁰ ni⁰，tsai³³ ɕiaŋ⁴⁴ i⁴⁴ uei¹³ min³³］跟：和

那个老牛哩，就帮他耕田，［na³³ kɤ³³ nau²¹ niou¹³ ni⁰，tɕiou³³ paŋ⁴⁴ tʰa⁴⁴ kən⁴⁴ tʰiɛn¹³］

搞么子都是，叨那个老牛的光，［kau²¹ mo²¹ tsʅ⁰ tou⁴⁴ sʅ³³，xau⁴⁴ na³³ kɤ³³ nau²¹ iou¹³ ti⁰ kuaŋ⁴⁴］

跟它两个哩，啊，一起在过日子。［kən⁴⁴ tʰa⁴⁴ niaŋ²¹ ko⁰ ni⁰，a⁰，i⁵⁵ tɕʰi²¹ tsai³³ ko³³ ʅ⁵⁵ tsʅ⁰］

其实啊，那个老牛哩，［tɕʰi¹³ sʅ⁴⁴ a⁰，na³³ kɤ³³ nau²¹ niou¹³ ni⁰］

是天上的那个金牛星下凡。［sʅ³³ xiɛn⁴⁴ saŋ³³ ti⁰ na³³ kɤ³³ tɕin⁴⁴ niou¹³ ɕin⁴⁴ ɕia³³ fan¹³］

为么什哩，因为呃，［uei³³ mo⁰ sʅ³³ ni⁰，in⁴⁴ uei¹³ ɤ⁰］

他们都是一些好心人，［tʰa⁴⁴ mən¹³ tou⁴⁴ sʅ³³ i⁵⁵ ɕiɛ⁴⁴ xau²¹ ɕin⁴⁴ ən¹³］

看到这个小伙子啊蛮造孽，［kʰan³³ tau³³ tsɤ⁴⁴ kɤ³³ ɕiau⁰ xo²¹ tsʅ⁰ a⁰ man¹³ tsau³³ iɛ⁵⁵］

就有心地下来哩，来帮助他。［tɕiou³³ iou²¹ ɕin⁴⁴ i⁰ ɕia³³ nai¹³ ni⁰，nai¹³ paŋ⁴⁴ tsou³³ tʰa⁴⁴］

就是哩，我们民间纯粹是这个样子，［tɕiou³³ sʅ³³ ni⁰，ŋo²¹ mən¹³ min¹³ tɕiɛn⁴⁴ tsʰuan¹³ tsʰuei³³ sʅ³³ ɤ²⁵ ko⁰ iaŋ³³ tsʅ³³］

就说哩，帮他，还想帮他哩，［tɕiou³³ suɤ⁵⁵ ni⁰，paŋ⁴⁴ tʰa⁴⁴，xai¹³ ɕiaŋ²¹ paŋ⁴⁴ tʰa⁴⁴ ni⁰］

成个家，找个媳妇。［tsʰən¹³ ko⁰ tɕia⁴⁴，tsau²¹ ko⁰ ɕi⁵⁵ fu⁰］

在有一天哩，［tsai³³ iou²¹ i²⁵ tʰiɛn⁴⁴ ni⁰］

那个老牛啊就托个梦到那个牛郎听。［na³³ kɤ⁰ nau²¹ niou¹³ a⁰ tɕiou³³ xo⁴⁴ kɤ⁰ moŋ³³ tau⁰ na³³ kɤ⁰ niou¹³ naŋ¹³ tʰin⁴⁴］

它说明日呃，天上有七个仙女，［tʰa⁴⁴ suɤ⁵⁵ mei¹³ ɯ³³ ɤ⁰，tʰiɛn⁴⁴ saŋ³³ iou²¹ tɕʰi⁵⁵ ko⁰ ɕiɛn⁴⁴ ɳ²¹］

啊，到你们那个呃，［a⁰，tau³³ ni²¹ mən¹³ na³³ kɤ⁰ ɤ⁰］

村子的旁边那个湖里呃，［tsʰən⁴⁴ tsʅ⁰ ti⁰ pʰaŋ¹³ piɛn⁴⁴ na³³ kɤ⁰ xu¹³ ti⁰ ɤ⁰］

来，玩水的。［nai¹³，uan¹³ suei²¹ ti⁰］

她们哩都把那个衣服脱了挂在个树，［tʰa⁴⁴ mən¹³ ni⁰ tou⁴⁴ pa²¹ na⁴⁴ kɤ⁰ i⁴⁴ fu¹³ xo⁵⁵ m̩⁰ kua³³ tsai³³ kɤ⁰ sʅ³³］

旁边那个树林子里。［pʰaŋ¹³ piɛn⁴⁴ na³³ kɤ⁰ sʅ³³ nin¹³ tsʅ⁰ ti⁰］

你［明日］早晨去啊，［ni²¹ mei¹³ tsau²¹ sən¹³ kʰɯ³³ a⁰］

你跟，你跑起去啊，［ni²¹ kən⁴⁴，ni²¹ pʰau²¹ tɕʰi²¹ kʰɯ⁴⁴ a⁰］跑起去：跑过去，跑去

声也不做，话也不说，［sən⁴⁴ iɛ²¹ pu⁵⁵ tsou²⁵，xua³³ iɛ²¹ pu⁵⁵ suɤ⁵⁵］

你拿了衣服哩，呃，你就跑。[ni²¹ na¹³ mɤ⁰ i⁴⁴ fu¹³ ni⁰，ɤ⁰，ni²¹ tɕiou³³ pʰau²¹]

就跑的屋里来。[tɕiou³³ pʰau²¹ ti⁰ u⁵⁵ ti⁰ nai¹³]

迡样哩，估计啊，[niɛ²⁵ an¹³ ni⁰，ku⁴⁴ tɕi³³ a⁰] 迡：这

那个没得衣服穿的仙女啊，[na⁴⁴ kɤ⁰ mei³³ tɤ¹³ i⁴⁴ fu¹³ tsʰɥɛn⁴⁴ ti⁰ xiɛn⁴⁴ ʯ²¹ a⁰]

就跟你两个啊哩，成亲，做夫妻。[tɕiau³³ kən⁴⁴ ni²¹ niaŋ²¹ ko⁰ a⁰ ni⁰，tsʰən¹³ tɕʰin⁴⁴，tsou³³ fu⁴⁴ tɕʰi⁴⁴]

说完了以后哩，[suɤ⁵⁵ uan¹³ niau²¹ i²¹ xou³³ ni⁰]

那个第二天哩，这牛郎啊，[na³³ kɤ³³ ti³³ ɯ³³ tʰiɛn⁴⁴ ni⁰，ɤ³³ niou¹³ naŋ¹³ a⁰]

总觉得哩，[tsoŋ²¹ tɕio⁵⁵ tɤ⁰ ni⁰]

像去也不好，不去也不好，[tɕʰiaŋ⁴⁴ kʰɯ⁴⁴ iɛ²¹ pu⁵⁵ xau²¹，pu⁵⁵ kʰɯ³³ iɛ²¹ pu⁵⁵ xau²¹]

就半信半疑，唦。[tɕiou³³ puɛn²⁵ ɕin³³ puɛn³³ i¹³，sa⁰]

再一个哩他还是去哒，[tsai³³ i⁵⁵ ko⁰ ni⁰ xa⁴⁴ xai¹³ sʅ³³ kʰɯ⁴⁴ ta⁰]

一早晨就跑起去哒。[i⁵⁵ tsau²¹ sən⁰ tɕiou³³ pʰau²¹ tɕʰi²¹ kʰɯ⁴⁴ ta⁰]

一去哩，躲在那个树林子里一看啦，[i⁵⁵ kʰɯ³³ ni⁰，to²¹ tsai³³ na³³ kɤ⁰ sʅ³³ nin¹³ tsʅ⁰ ti⁰ i⁵⁵ kʰan³³ na⁰]

诶，河里还是有一些仙女在，[ei⁴⁴，xo¹³ ti⁰ xai¹³ sʅ³³ iou²¹ i⁵⁵ ɕiɛ⁴⁴ ɕiɛn⁴⁴ ʯ²¹ tsai³³]

一些女的在那洗澡啊，[i⁵⁵ ɕiɛ⁴⁴ ʯ²¹ ti⁰ tsai³³ no³³ ɕi²¹ tsau²¹ a⁰]

他又看那个湖边上哩，[tʰa⁴⁴ iou³³ kʰan⁴⁴ na⁴⁴ kɤ⁰ xu¹³ piɛn⁴⁴ saŋ⁰ ni⁰]

搁的几个衣服。[ko⁵⁵ ti⁰ tɕi²¹ ko⁰ i⁴⁴ fu¹³]

他就跑拢去哩，[tʰa⁴⁴ tɕiou³³ pʰau²¹ noŋ²¹ kʰɯ³³ ni⁰]

就把衣，拿了衣服哩，[tɕiou³³ pa²¹ i⁴⁴，na¹³ mɤ⁰ i⁴⁴ fu¹³ ni⁰]

就跑，就回来哒。[tɕiou³³ pʰau²¹，tɕiou³³ xuei¹³ nai¹³ ta⁰]

回来哒以后哩，[xuei¹³ nai¹³ ta⁰ i²¹ xou³³ ni⁰]

就不晓得这个事情是真的是假的。[tɕiou³³ pu⁵⁵ ɕiau²¹ tɤ⁰ tsɤ⁴⁴ kɤ⁰ sʅ³³ tɕʰin¹³ sʅ³³ tsən⁴⁴ ti⁰ sʅ³³ tɕia²¹ ti⁰]

结果哩，睡到那个半夜上哩，[tɕiɛ⁵⁵ ko²¹ ni⁰，suei³³ tau³³ na³³ kɤ⁰ puɛn²⁵ iɛ³³ saŋ³³ ni⁰]

真的，就发现敲门的声，[tsən⁴⁴ ti⁰，tɕiou³³ fa⁵⁵ ɕiɛn³³ kʰau⁴⁴ mən¹³ ti⁰ sən⁴⁴]

最后哩，呃，他就把门打开，[tsuei³³ xou³³ ni⁰，ɤ⁰，tʰa⁴⁴ tɕiou³³ pa²¹ mən¹³ ta²¹ kʰai⁴⁴]

一个仙女，站在他门口，[i⁵⁵ ko⁰ ɕiɛn⁴⁴ ʯ²¹，tsan³³ tsai³³ tʰa⁴⁴ mən¹³ kʰou²¹]

这个仙女们些＝哩，[tsɤ³³ kɤ⁰ ɕiɛn⁴⁴ ʯ²¹ mən¹³ sou⁰ ni⁰] 们些＝：表复数

就是天上的织女。[tɕiou³³ sʅ³³ xiɛn⁴⁴ saŋ⁰ ti⁰ tsʅ⁵⁵ ʯ²¹]

最后哩，他们两个哩就成家哒。[tsuei³³xou³³ni⁰，tʰa⁴⁴mən¹³niaŋ²¹ko⁰ni⁰tɕiou³³ tsʰən¹³tɕia⁴⁴ta⁰]

成家哒以后哩，[tsʰən¹³tɕia⁴⁴ta⁰i²¹xou³³ni⁰]

我说的呀，[uo²¹suɤ⁵⁵ti⁰ia⁰]

屋里有个女人就有生活的气息哒呢，[u⁵⁵ti⁰iou²⁵ko⁰ʅ²¹ən¹³tɕiou³³iou²¹sən⁴⁴xuo¹³ ti⁰tɕʰi⁵⁵ɕi⁵⁵ta⁰mɤ⁴⁴]

所以两个人就恩恩爱爱，互敬互爱。[suo²¹i²¹niaŋ²¹ko⁰ən¹³tɕiou³³ən⁴⁴ən⁴⁴ai³³ ai³³，xu³³tɕin³³xu³³ai³³]

田也种的好，他种田，啊，[tʰiɛn¹³iɛ²¹tsoŋ³³ti⁰xau²¹，xa⁴⁴tsoŋ³³tʰiɛn¹³，a⁰]

老牛帮他耕田，[nau²¹niou¹³paŋ⁴⁴tʰa⁴⁴kən⁴⁴tʰiɛn¹³]

那个织女哩，就织布，[na³³kɤ⁰tsʅ⁵⁵ʅ²¹ni⁰，tɕiou³³tsʅ⁵⁵pu³³]

那个日子哩就越过越好。[na³³ɤ⁰ʅ⁵⁵tsʅ⁰ni⁰tɕiou³³ʯɛ⁵⁵ko⁰ʯɛ⁵⁵xau²¹]

不久哩，他们两个又生了一儿一女，[pu⁵⁵tɕiou²¹ni⁰，tʰa⁴⁴mən¹³niaŋ²¹ko⁰iou³³ sən⁴⁴mɤ⁰i⁵⁵ɯ¹³i⁵⁵ʅ²¹]

日子哩过得相当好。[ʅ⁵⁵tsʅ²¹ni⁰ko³³ti⁰ɕiaŋ⁴⁴taŋ⁴⁴xau²¹]

但是哩，时间一长哩，[tan³³sʅ³³ni⁰，sʅ¹³tɕiɛn⁴⁴i⁵⁵tsʰaŋ¹³ni⁰]

那个老牛啊就快要死哒。[na³³kɤ⁰nau²¹niou¹³a⁰tɕiou³³kʰuai³³iau³³sʅ²¹ta⁰]

在死之前哩，[tsai³³sʅ²¹tsʅ⁴⁴tɕʰiɛn¹³ni⁰]

它却哩，陡下地一下开了口。[xa⁴⁴tɕʰio²⁵ni⁰，tou⁴⁴kʰaŋ³³ti⁰i⁵⁵xa⁰kʰai⁴⁴niau²¹ kʰou²¹] 陡下：陡然，突然

突然开了口，跟牛郎说，[xou⁵⁵an¹³kʰai⁴⁴niau⁰kʰou²¹，kən⁴⁴niou¹³naŋ¹³suɤ⁵⁵]

它说啊，我，我要死哒，[tʰa⁴⁴suɤ⁵⁵a⁰，ŋo²¹，ŋo²¹iau³³sʅ²¹ta⁰]

我死哒以后啊，[ŋo²¹sʅ²¹ta⁰i²¹xou³³a⁰]

你把我的皮剥哒，啊，[ni²¹pa²¹ŋo²¹ti⁰pʰi¹³po⁵⁵ta⁰，a³³]

挂的屋里，[kua³³ti⁰u⁵⁵ti⁰]

明日哩，有么什啊，[mei¹³ʅ³³ni⁰，iou²¹mo²¹sʅ³³a⁰]

你就披上我那个，[ni²¹tɕiou³³pʰi⁴⁴saŋ³³ŋo²¹mɤ³³kɤ⁰]

披上我那个皮哒以后啊，[pʰi⁴⁴saŋ³³ŋo²¹mɤ³³kɤ⁰pʰi¹³ta⁰i²¹xou³³a⁰]

绝对对你有帮助。[tɕye⁵⁵tuei⁴⁴tuei⁴⁴ni²¹iou²¹paŋ⁴⁴tsʰou³³]

又跟他说了个实话，[iou³³kən⁴⁴tʰa⁴⁴suɤ⁵⁵mɤ⁰kɤ⁰sʅ⁵⁵xua³³]

它说哩，那个织女啊是天上的一个仙女，啊，[tʰa⁴⁴suɤ⁵⁵ni⁰，mɤ³³kɤ⁰tsʅ⁵⁵ʅ²¹a⁰ sʅ³³xiɛn⁴⁴saŋ³³ti⁰i⁵⁵kɤ⁰ɕiɛn⁴⁴ʅ²¹，a⁰]

以后哩，玉皇大帝王母娘娘发现她哒，[i²¹xou³³ni⁰，ʯ⁵⁵xuaŋ¹³ta³³ti³³uaŋ¹³mu²¹

niaŋ¹³ niaŋ¹³ fa⁵⁵ ɕiɛn³³ tʰa⁴⁴ ta⁰]

肯定要把她捉起去。[kʰən²¹ tin³³ iau³³ pa²¹ tʰa⁴⁴ tsuo⁵⁵ tɕi²¹ kʰɯ³³]

说哒以后哩，那个，牛郎啊，[suɤ⁵⁵ ta⁰ i²¹ xou³³ ni⁰，nɤ³³ kɤ⁰，niou¹³ naŋ¹³ a⁰]

看到那个老牛呃，说的话啊，[kʰan³³ tau⁰ nɤ³³ kɤ⁰ nau²¹ niou¹³ ɤ⁰，suɤ⁵⁵ ti⁰ xua³³ a⁰]

都哩，兑现哒，所以的话哩，[tou⁴⁴ ni⁰，tei³³ ɕiɛn³³ ta⁰，suo²¹ i²¹ ti⁰ xua³³ ni⁰]

就忍痛哩，把那个皮哩就剐，[tɕiou³³ ən²¹ tʰoŋ³³ ni⁰，pa²¹ nɤ³³ kɤ⁰ pʰi¹³ ni⁰ tɕiou³³ kua²¹]

牛皮呀把它剐下来，[niou¹³ pʰi¹³ ia⁰ pa²¹ tʰa⁴⁴ kua²¹ ɕia³³ nai¹³]

以后就挂的屋里[高头]。[i²¹ xou³³ tɕiou³³ kua³³ ti⁰ u⁵⁵ ti⁰ ka⁰]

时间一长哩，那个，[sɿ¹³ tɕiɛn⁴⁴ i⁵⁵ tsʰaŋ¹³ ni⁰，nɤ³³ kɤ⁰]

玉皇大帝呀还是知道了那个，[y⁵⁵ xuaŋ¹³ ta³³ ti³³ xai¹³ sɿ³³ tsɿ⁴⁴ tau³³ nɤ⁰ nɤ³³ kɤ⁰]

织女的那个下凡，私自下凡，[tsɿ⁵⁵ y²¹ ti⁰ nɤ³³ kɤ⁰ ɕia³³ fan¹³，sɿ⁴⁴ tsɿ³³ ɕia³³ fan¹³]

啊，到凡间与人成了婚。[a⁰，tau³³ fan¹³ tɕiɛn⁴⁴ y²¹ ən¹³ tsʰən¹³ nɤ⁰ xuən⁴⁴]

就哩，派天兵天将，[tɕiou³³ ni⁰，pʰai³³ xiɛn⁴⁴ pin⁴⁴ xiɛn⁴⁴ tɕiaŋ³³]

去把哩，她捉获。[kʰɯ³³ pa²¹ ni⁰，xa⁴⁴ tsuo⁵⁵ xuo³³]

有一次哩，牛郎去田里去哒，[iou²¹ i⁵⁵ tsʰɿ³³ ni⁰，niou¹³ naŋ¹³ kʰɯ³³ tʰiɛn¹³ ti⁰ kʰɯ⁴⁴ ta⁰]

天上的天兵天将哩，[tʰiɛn⁴⁴ saŋ³³ ti⁰ xiɛn⁴⁴ pin⁴⁴ xiɛn⁴⁴ tɕiaŋ²⁵ ni⁰]

就一哈下来就把织女啊，[tɕiou³³ i⁵⁵ xa⁰ ɕia³³ na i¹³ tɕiou³³ pa²¹ tsɿ⁵⁵ y²¹ a⁰]

天上捉起去哒。[tʰiɛn⁴⁴ saŋ²¹ tsuo⁵⁵ tɕi²¹ kʰɯ⁴⁴ ta⁰]

牛郎，人家一些老，[niou¹³ naŋ¹³，ən¹³ ka⁰ i²⁵ ɕiɛ⁴⁴ nau²¹]

村里一些老百姓啊，[tsʰən⁴⁴ ti⁰ i⁵⁵ ɕiɛ⁴⁴ nau²¹ po⁵⁵ ɕin³³ na⁰]

告诉牛郎了以后哩，[kau²⁵ sou³³ niou¹³ naŋ¹³ nɤ⁰ i²¹ xou³³ ni⁰]

牛郎哩就赶紧跑回来。[niou¹³ naŋ¹³ ni⁰ tɕiou³³ kan²¹ tɕin²¹ pʰau²¹ xuei¹³ nai¹³]

看到两个伢儿哩在地下哭，[kʰan³³ tau⁰ niaŋ²¹ kɤ⁰ a¹³ ɯ¹³ ni⁰ tsai²¹ ti³³ xa⁰ kʰu⁵⁵]

迥时候哩他就想起老牛啊，[niɛ²⁵ sɿ¹³ xou⁰ ni⁰ tʰa⁴⁴ tɕiou³³ ɕiaŋ²¹ tɕʰi²¹ nau²¹ niou¹³ a⁰]

临死之前跟他说的话。[nin¹³ sɿ²¹ tsɿ⁴⁴ tɕʰiɛn¹³ kən⁴⁴ tʰa⁴⁴ suɤ⁵⁵ ti⁰ xua³³]

他就赶紧把个牛皮呀往身上一披，[tʰa⁴⁴ tɕiou³³ kan²¹ tɕin²¹ pa²¹ kɤ⁰ iou¹³ pʰi¹³ ia⁰ uaŋ²¹ sən⁴⁴ saŋ²¹ i⁵⁵ pʰei⁴⁴]

搞个扁担，搞两个箩筐哩，[kau²⁵ ko⁰ piɛn²¹ tan³³，kau²¹ niaŋ²¹ ko⁰ no¹³ kʰuaŋ⁴⁴ ni⁰]

就把那个伢儿啊一装，一头一个。[tɕiou³³ pa²¹ nɤ³³ kɤ⁰ a¹³ ɯ¹³ a⁰ i⁵⁵ tsuaŋ⁴⁴，i⁵⁵ tʰou¹³ i⁵⁵ ko⁰]

等他把那个，肩膀一挑起来以后呃，[tən²¹ tʰa⁴⁴ pa²¹ nɤ³³ kɤ⁰，iɛn⁴⁴ paŋ²¹ i²⁵ tʰiau⁴⁴ tɕʰi²¹ nai¹³ i²¹ xou³³ ɤ⁰〕

这个牛皮呃就像那个长了翅膀地,〔tsɤ³³ kɤ⁰ niou¹³ pʰi¹³ ɤ⁰ tɕiou³³ ɕiaŋ⁴⁴ nɤ³³ kɤ⁰ tsaŋ²¹ mɤ⁰ tsʅ³³ paŋ²¹ ti⁰〕

真的把他带到往天上飞,〔tsən⁴⁴ ti⁰ pa²¹ tʰa⁴⁴ tai³³ tau⁰ uaŋ²¹ xiɛn⁴⁴ saŋ²¹ fei⁴⁴〕

追那个织女。〔tsuei⁴⁴ nɤ³³ kɤ⁰ tsʅ⁵⁵ ʯ²¹〕

眼看哩, 就要追到了哩,〔iɛn²¹ kʰan³³ ni⁰, tɕiou³³ iau³³ tsuei⁴⁴ tau⁰ nɤ⁰ ni⁰〕

这时候呃, 这个, 王母娘娘也来哒。〔tsɤ³³ sʅ¹³ xou⁰ ɤ⁰, tsɤ³³ kɤ⁰, uaŋ¹³ mu²¹ niaŋ¹³ niaŋ¹³ iɛ²¹ nai¹³ ta⁰〕

王母娘娘有法啦,〔uaŋ¹³ mu²¹ niaŋ¹³ niaŋ¹³ iou²¹ fa⁵⁵ na⁰〕

她就把那个手呃往他们两个中间一划,〔tʰa⁴⁴ tɕiou³³ pa²¹ nɤ³³ kɤ⁰ sou²¹ ɤ⁰ uaŋ²¹ tʰa⁴⁴ mən¹³ niaŋ²¹ kɤ⁰ tsoŋ⁴⁴ tɕiɛn⁴⁴ i⁵⁵ xua³³〕

结果哩, 就出现了一条很宽很大的河。〔tɕiɛ¹³ ko²¹ ni⁰, tɕiou³³ tsʰʯ⁵⁵ ɕiɛn³³ nɤ⁰ i⁵⁵ tʰiau¹³ xən²¹ kʰuɛn⁴⁴ xən²¹ xai⁴⁴ ti⁰ xo¹³〕

这个, 迥样哩,〔tsɤ³³ kɤ⁰, niɛ²⁵ iaŋ³³ ni⁰〕

牛郎哩就过不去哒。〔niou¹³ naŋ¹³ ni⁰ tɕiou³³ ko²⁵ pu⁵⁵ kʰɯ⁴⁴ ta⁰〕

所以哩, 织女哩, 也过不来哒。〔suo²¹ i²¹ ni⁰, tsʅ⁵⁵ ʯ²¹ ni⁰, iɛ²¹ ko²⁵ pu⁵⁵ nai¹³ ta⁰〕

最后哩, 织女, 也说哩,〔tsuei³³ xou³³ ni⁰, tsʅ⁵⁵ ʯ²¹, iɛ²¹ suɤ⁵⁵ ni⁰〕

跟那个喊, 对倒河说一句话,〔kən⁴⁴ nɤ³³ kɤ⁰ xan²¹, tei³³ tau⁰ xo¹³ suɤ⁵⁵ i²⁵ tɕy³³ xua³³〕

你要有心的话,〔ni²¹ iau³³ iou²¹ ɕin⁴⁴ ti⁰ xua⁰〕

你每年的农历七月初七, 啊,〔ni²¹ mei²¹ niɛn¹³ ti⁰ noŋ¹³ ni⁵⁵ tɕʰi⁵⁵ ʯɛ⁵⁵ tsʰou⁴⁴ tɕʰi⁵⁵, a⁰〕

你到, 你再披倒牛皮把两个伢带哈来。〔ni²¹ tau³³, ni²¹ tsai³³ pʰei⁴⁴ tau⁰ niou¹³ pʰi¹³ pa²¹ niaŋ²¹ ko⁰ a¹³ tai²⁵ xa⁰ nai¹³〕

说完以后哩, 那个织女哩,〔suɤ⁵⁵ uan¹³ i²¹ xou³³ ni⁰, nɤ³³ kɤ⁰ tsʅ⁵⁵ ʯ²¹ ni⁰〕

就被天兵天将就带走哒。〔tɕiou³³ pei³³ xiɛn⁴⁴ pin⁴⁴ xiɛn⁴⁴ tɕiaŋ³³ tɕiou³³ tai²⁵ tsou⁰ ta⁰〕

牛郎哩, 就又回来哒。〔niou¹³ naŋ¹³ ni⁰, tɕiou³³ iou³³ xuei¹³ nai¹³ ta⁰〕

迥个事情啦,〔niɛ²⁵ kɤ⁰ sʅ³³ tɕʰin¹³ na⁰〕

就我们说的人畜一悲。〔tɕiou³³ ŋo²¹ mən¹³ suɤ⁵⁵ ti⁰ ən¹³ tsʰou³³ i⁵⁵ pei⁴⁴〕

不知怎么搞,〔pu⁵⁵ tsʅ⁴⁴ tsən²¹ mo⁰ kau²¹〕

天上的喜鹊晓得了这个事了,〔xiɛn⁴⁴ saŋ³³ ti⁰ ɕi²¹ tɕʰio⁵⁵ ɕiau²¹ tɤ⁰ ta⁰ tsɤ²⁵ kɤ⁰ sʅ³³ na⁰〕

所以哩, 以后每年的七月七,〔suo²¹ i²¹ ni⁰, i²¹ xou³³ mei²¹ niɛn¹³ ti⁰ tɕʰi⁵⁵ ʯɛ⁵⁵ tɕʰi⁵⁵〕

那些喜鹊们啦，[nɛ²⁵ ɕiɛ⁴⁴ ɕi²¹ tɕʰio⁵⁵ mən¹³ na⁰]

就哩，跑那个天河来，[tɕiou³³ ni⁰, pʰau²¹ mɤ³³ kɤ⁰ xiɛn⁴⁴ xo¹³ nai¹³]

就哩，一个喜鹊咬倒另一个喜鹊的那个尾巴，[tɕiou³³ ni⁰, i⁵⁵ kɤ⁰ ɕi²¹ tɕʰio⁵⁵ ŋau²¹ tau⁰ nin³³ i⁵⁵ kɤ⁰ ɕi²¹ tɕʰio⁵⁵ ti⁰ i²¹ pa⁰]

最后哩，就好像那个天河上呃架着一座桥，[tsuei³³ xou³³ ni⁰, tɕiou³³ xau²¹ ɕiaŋ⁴⁴ mɤ³³ kɤ⁰ xiɛn⁴⁴ xo¹³ saŋ³³ ɤ⁰ tɕia³³ tso⁰ i²⁵ tso³³ tɕʰiau¹³]

所以我们喊的把叫鹊桥。[suo²¹ i²¹ ŋo²¹ mən¹³ xan²¹ ti⁰ pa⁰ tɕiau⁰ tɕʰio⁵⁵ tɕʰiau¹³]

最后哩，牛郎织女在那个鹊桥上面呢，[tsuei³³ xou³³ ni⁰, niou¹³ naŋ¹³ tsɿ⁵⁵ ɥ²¹ tsai³³ mɤ³³ kɤ⁰ tɕʰio⁵⁵ tɕʰiau¹³ saŋ³³ miɛn³³ mɤ⁰]

两个就相会哒。[niaŋ²¹ kɤ⁰ tsou³³ ɕiaŋ⁴⁴ xuei³³ ta⁰]

所以说哩，我们迿说的，[suo²¹ i²¹ suɤ⁵⁵ ni⁰, ŋo²¹ mən¹³ niɛ¹³ suo⁵⁵ ti⁰]

七月七呃，牛郎织女会夫妻过鹊桥。[tɕʰi⁵⁵ ɥɛ⁵⁵ tɕʰi⁵⁵ ɤ⁰, niou¹³ naŋ¹³ tsɿ⁵⁵ ɥ²¹ xuei³³ fu⁴⁴ tɕʰi⁴⁴ ko³³ tɕʰio⁵⁵ tɕʰiau¹³]

所以我们现在哩，[suo²¹ i²¹ ŋo²¹ mən¹³ ɕiɛn³³ tsai³³ ni⁰]

把结婚，搞么什，哎呀做好事啊，[pa²¹ tɕiɛ⁵⁵ xuən⁴⁴, kau²¹ mo⁰ sɿ³³, ai³³ ia⁰ tsou³³ xau²¹ sɿ³³ a⁰]

你去，啊，有人帮你架鹊桥的。[ni²¹ kʰɯ³³, a⁰, iou²¹ ən¹³ paŋ⁴⁴ ni²¹ tɕia³³ tɕʰio⁵⁵ tɕʰiau¹³ ti⁰]

迿是我们迿里流传的那个牛郎织女的故事，[niɛ³³ sɿ³³ ŋo²¹ mən¹³ niɛ³³ ni⁰ niou¹³ tsʰɥɛn¹³ ti⁰ mɤ³³ kɤ⁰ niou¹³ naŋ¹³ tsɿ⁵⁵ ɥ²¹ ti⁰ ku²⁵ sɿ³³]

大概哩，和有的位置的版本呐还不一样，[ta³³ kai³³ ni⁰, xo¹³ iou²¹ ti⁰ uei³³ tsɿ³³ ti⁰ pan²¹ pən⁰ na⁰ xai¹³ pu⁵⁵ i⁵⁵ iaŋ³³]

我的话完哒。[ŋo²¹ ti⁰ xua³³ uɛn¹³ ta⁰]

意译：下面我来给大家讲一个牛郎织女的故事。说在那个古时候，有一个小伙子，他家里特别穷。他的父母也去世了，死亡了，屋里只有一头老牛，和他两人相依为命。那头老牛帮他耕田，他干什么事都是依靠老牛，和老牛两个一起过日子。其实那头老牛是天上的金牛星下凡。为什么下凡？因为他们都是一些好心人，看到这个小伙子很可怜，就有心下来帮助他。我们民间纯粹是这个样子，就说哩，还想帮他成个家找个媳妇。

有一天，那头老牛就托个梦给牛郎听。它说，明天，天上会有七个仙女，到你们那个村子旁边的湖里来玩水，她们都把那个衣服脱了，挂在旁边那个树林子里。你明天早晨去啊，你跑去，你不做声不说话，你拿了衣服你就跑，跑到屋里来。这样呢，估计那个没衣服穿的仙女就会和你两人成亲做夫妻。说完了以后，第二天，这牛郎总觉得，好像去也不好，不去也不好，半信半疑，但他还是去了，一大早就跑去了。一去呢，牛郎躲在那个树林子里一看，啊，河里还真有一些仙女在那洗澡啊。他又看那个湖边上搁了几件衣服，他就跑过去，拿了衣服就跑回来了。回来以后哩，他不知道这个事情是真的是假的。结果睡到半夜上，真的就发现敲门声，他就把门打开，只见一个仙女站在他门口，这个仙女就是天上的织女。最后，他们两个就成家了。成家了以后，我说呀，屋里有个女人就有生活的气息了。所以两个人就恩恩爱爱，互敬互爱，田也种的好，他种田，老牛帮他耕田，织女就织布，日子就越过越好。不久，他们两个又生了一儿一女，日子过得相当好。

但是时间一长，那个老牛就快要死了。在死之前，老牛却突然一下开了口。它跟牛郎说，我要死了，我死了以后啊，你把我的皮剥了，挂在家里，以后有什么事，你就披上我那张皮，以后绝对对你有帮助。又跟牛郎说了个实话：那个织女是天上的一个仙女，以后玉皇大帝王母娘娘发现她了，肯定要把她捉回去。说完以后，牛郎看到那个老牛说的话都兑现了，所以就忍痛把老牛的皮剥下来，挂在家里。时间一长，玉皇大帝还是知道了织女私自下凡与人成婚的事，就派天兵天将把她捉回去。有一次，牛郎去田里去了，天上的天兵天将就一起下来把织女捉走了。村里一些老百姓告诉了牛郎，牛郎赶紧跑回来，看到两个娃儿在地上哭。这时候他就想起老牛临死之前跟他说的话。他就赶紧把牛皮往身上一披，拿个扁担，拿两个箩筐把那娃儿一头一个。等他把箩筐一挑起来以后，牛皮就像长了翅膀的，真的把他带着往天上飞，追那个织女。眼看就要追到了，这时候王母娘娘也来了。王母娘娘有仙法，她就用手啊往他们两个中间一划，结果就出现了一条很宽很大的河。这样，牛郎就过不去了，织女也过不来了。最后织女对着河说了一句话：你要有心的话，你每年的农历七月初七，你再披上牛皮把两个娃儿带来。说完以后，织女就被天兵天将带走了，牛郎就又回来了。这个事情，就像我们说的人畜同悲一样。不知怎么回事，天上的喜鹊知道这个事了，所以以后每年的七月七，那些喜鹊们就跑到天河来，一个喜鹊咬住另一个喜鹊的那个尾巴，就好像天河上架着一座桥，所以我们称它为鹊桥。最后，牛郎织女在鹊桥上面就相会了。

所以我们现在说的，七月七，牛郎织女会夫妻过鹊桥。所以我们现在谈结婚做好事时会说，你去，有人帮你架鹊桥的。这是我们这里流传的牛郎织女的故事，大概和有的地方的版本还不一样，我的故事讲完了。

三 其他故事

0022 其他故事

呃，我来讲一下我们那个监利县那个，[ɤ⁰，ŋo²¹ nai¹³ tɕiaŋ²¹ i²⁵ xa⁰ ŋo²¹ mən¹³ tɕien²⁵ ni²¹ ɕien³³ nɤ³³ kɤ⁰]

流传比较广的那个民间的故事啊。[niou¹³ tsʰʯɛn¹³ pi²¹ tɕiau²¹ kuaŋ²¹ ti⁰ nɤ³³ kɤ⁰ min¹³ tɕien⁴⁴ ti⁰ ku²⁵ sʅ³³ a⁰]

迡个民间故事哩其实跟一个人有关系。[niɛ³³ kɤ⁰ min¹³ tɕien⁴⁴ ku²⁵ sʅ³³ ni⁰ tɕʰi¹³ sʅ¹³ kən⁴⁴ i⁵⁵ kɤ⁰ ən¹³ iou²¹ kuɛn⁴⁴ ɕi³³] 迡：这

我们那里有个人哩，叫，[ŋo²¹ mən¹³ nɤ³³ ni⁰ iou²¹ kɤ⁰ ən¹³ ni⁰，tɕiau³³]

姓平叫平子奇。[ɕin³³ pʰin¹³ tɕiau³³ pʰin¹³ tsʅ²¹ tɕʰi¹³]

大概是清末明初的时候，[ta³³ kʰai³³ sʅ³³ tɕʰin⁴⁴ mo²⁵ min¹³ tsʰou⁴⁴ ti⁰ sʅ¹³ xou³³]

当时哩，他那个人呢是读哒书出来的，[taŋ⁴⁴ sʅ¹³ ni⁰，tʰa⁴⁴ nɤ³³ kɤ⁰ ən¹³ ni⁰ sʅ³³ xou¹³ ta⁰ sʯ⁴⁴ tsʰʯ⁵⁵ nai¹³ ti⁰]

但是哩，我们把他哩，[tan³³ sʅ³³ ni⁰，ŋo²¹ mən¹³ pa²¹ tʰa⁴⁴ ni⁰]

老百姓啦都把他称为官棍。[nau²¹ po⁵⁵ ɕin³³ na⁰ tou⁴⁴ pa²¹ tʰa⁴⁴ tsʰən⁴⁴ uei¹³ kuɛn⁴⁴ kuən³³]

那个官棍哩，[nɤ³³ kɤ⁰ kuɛn⁴⁴ kuən³³ ni⁰]

在浙江那边叫师爷。[tsai³³ tsɤ⁵⁵ tɕiaŋ⁴⁴ nɤ⁴⁴ pien⁴⁴ ni⁰ tɕiau³³ sʅ⁴⁴ iɛ¹³]

按我们现在的话来说哩，[an³³ ŋo²¹ mən¹³ ɕien³³ tsai³³ ti⁰ xua³³ nai¹³ suɤ⁵⁵ ni⁰]

它还叫律师。[tʰa⁴⁴ xai¹³ tɕiau³³ ni⁵⁵ sʅ⁴⁴]

他就是么什哩，他专帮人打官司，[tʰa⁴⁴ tɕiou³³ sʅ³³ mo²¹ sʅ³³ ni⁰，tʰa⁴⁴ tsʯɛn⁴⁴ paŋ⁴⁴ ən¹³ ta²¹ kuɛn⁴⁴ sʅ⁴⁴]

再又专帮人写状词。[tsai³³ iou³³ tsʯɛn⁴⁴ paŋ⁴⁴ ən¹³ ɕiɛ²¹ tsʰaŋ³³ tsʰʅ¹³]

但是他那个人啦，是亦正亦邪。[tan³³ sʅ³³ tʰa⁴⁴ nɤ³³ kɤ⁰ ən¹³ na⁰，sʅ³³ i³³ tsən³³ i³³ ɕiɛ¹³]

就我们老百姓的话来说哩，[tɕiou³³ ŋo²¹ mən¹³ nau²¹ po⁵⁵ ɕin³³ ti⁰ xua³³ suɤ⁵⁵ ni⁰]

有时候好，有时候坏，[iou²¹ sʅ¹³ xou⁰ xau²¹，iou²¹ sʅ¹³ xou⁰ xuai³³]

就凭他的性子来。[tɕiou³³ pʰin¹³ tʰa⁴⁴ ti⁰ ɕin²⁵ tsʅ⁰ nai¹³]

我哩说他的几个故事啊。[ŋo²¹ ni⁰ suɤ⁵⁵ tʰa⁴⁴ ti⁰ tɕi²¹ kɤ⁰ ku²⁵ sʅ³³ a⁰]

第一下我来说一个，[tʰi³³ i⁵⁵ xa²¹ ŋo²¹ nai¹³ suɤ⁵⁵ i⁵⁵ kɤ⁰]

他救一个寡妇的事。[tʰa⁴⁴ tɕiou²⁵ i⁵⁵ kɤ⁰ kua²¹ fu³³ ti⁰ sʅ³³]

因为哩，我们那个位置啊，[in⁴⁴uei¹³ni⁰，ŋo²¹mən¹³ nɤ³³kɤ⁰uei³³tsʅ³³a⁰]

在民间呢，旧社会的时候哩，[tsai³³min¹³tɕiɛn⁴⁴ni⁰，tɕiou³³sʅ³³xuei³³ti⁰sʅ¹³xou³³ni⁰]

寡妇是不能改嫁的，对不对呀，[kua²¹fu³³sʅ³³pu⁵⁵nən¹³kai²¹tɕia³³ti⁰，tuei³³pu⁵⁵tei³³ia⁰]

寡妇改嫁哩是有伤风化的。[kua²¹fu³³kai²¹tɕia²⁵ni⁰sʅ³³iou²¹saŋ⁴⁴foŋ⁴⁴xua³³ti⁰]

但是哩那个寡妇又年轻，[tan³³sʅ³³ni⁰nɤ³³kɤ⁰kua²¹fu³³iou³³iɛn¹³tɕʰin⁴⁴]

又长得还蛮好看，[iou³³tsaŋ²¹ti⁰xai¹³man¹³xau²¹kʰan²⁵] 蛮：很

所以街上的一些二流子啊，[suo²¹i²¹kai⁴⁴saŋ³³ti⁰i⁵⁵ɕiɛ⁴⁴ɯ¹³niou¹³tsʅ⁰a⁰]

一些地痞流氓啊，[i⁵⁵ɕiɛ⁴⁴ti³³pʰi²¹niou¹³maŋ¹³a⁰]

就老打她的那个主意。[tɕiou³³nau²¹ta²¹tʰa⁴⁴ti⁰nɤ³³kɤ⁰tsʅ²¹i³³]

但是哩，那个寡妇哩坚决不从，[tan³³sʅ³³ni⁰，nɤ³³kɤ⁰kua²¹fu³³ni⁰tɕiɛn⁴⁴tɕyɛ⁵⁵pu⁵⁵tsʰoŋ¹³]

呃，规规矩矩地守贞节。[ɤ⁰，kuei⁴⁴kuei⁴⁴tsʅ²¹tsʅ²¹ti⁰sou²¹tsən⁴⁴tɕiɛ⁵⁵]

那是规规矩矩的一个，[nɤ³³sʅ³³kuei⁴⁴kuei⁴⁴tsʅ²¹tsʅ²¹ti⁰i⁵⁵kɤ³³]

按照现在的话说哩是个好女的。[an³³tsau³³ɕiɛn³³tsai³³ti⁰xua³³suɤ⁵⁵ni⁰sʅ³³kɤ⁰xau²¹ny²¹ti⁰]

但是哩，那些地痞流赖哩，无赖，啊，[tan³³sʅ³³ni⁰，nɤ³³ɕiɛ⁴⁴ti³³pʰi²¹niou¹³nai³³ni⁰，u¹³nai³³，a⁰]

他又没得办法之后就想一个毒主意。[tʰa⁴⁴iou³³mei³³tɤ¹³pʰan³³fa⁵⁵tsʅ⁴⁴xou³³tɕiou³³ɕiaŋ²¹i⁵⁵kɤ⁰xou⁵⁵tsʅ²¹i³³]

就么子毒主意哩，[tɕiou³³mo²¹tsʅ⁰xou⁵⁵tsʅ²¹i³³ni⁰]

就把街上的一个流浪的呀，[tɕiou³³pa²¹kai⁴⁴saŋ²¹ti⁰i⁵⁵kɤ⁰niou¹³naŋ³³ti⁰ia⁰]

一个告花子，一下弄死哒，[i⁵⁵kɤ⁰kau²⁵xua⁴⁴tsʅ⁰，i⁵⁵xa⁰noŋ³³sʅ²¹ta⁰] 告花子：叫花子，乞丐

弄死哒以后哩，[noŋ³³sʅ²¹ta⁰i²¹xou³³ni⁰]

就放到那个寡妇的门前。[tɕiou³³faŋ²⁵tau³³nɤ³³kɤ⁰kua²¹fu³³ti⁰mən¹³tɕʰiɛn¹³]

对不对啊，这等于说出哒人命哒，[tuei³³pu⁵⁵tuei³³a⁰，tsɤ³³tən²¹y¹³suɤ⁵⁵tsʰʅ⁵⁵ta⁰ən¹³min³³ta⁰]

出哒人命以后哩，[tsʰʅ⁵⁵ta⁰ən¹³min³³i²¹xou³³ni⁰]

那肯定要拉倒见官呐，[no³³kʰən²¹tin³³iau³³na⁴⁴tau⁰tɕiɛn³³kuan⁴⁴na⁰]

按照旧社会来说哩，[an³³tsau³³tɕʰiou³³sʅ³³xuei³³nai¹³suɤ⁵⁵ni⁰]

一命抵一命呐。[i⁵⁵min³³ti²¹i⁵⁵min³³na⁰]

那啊那肯定，你死哒你的门口，［na³³a⁰na³³kʰən²¹tin³³，ni²¹sʅ²¹ta⁰ni²¹ti⁰mən¹³kʰou²¹］

那不是你的事，［nɤ³³pu⁵⁵sʅ³³ni²¹ti⁰sʅ³³］

还不是你的事啊对不对啊？［xai¹³pu⁵⁵sʅ³³ni²¹ti⁰sʅ³³a⁰tuei³³pu⁵⁵tuei³³a⁰］

迿个时候哩，一些，［niɛ²⁵kɤ⁰sʅ¹³xou³³ni⁰，i⁵⁵ɕiɛ⁴⁴］

附近的老百姓哩，［fu²⁵tɕin³³ti⁰nau²¹po⁵⁵ɕin³³ni⁰］

隔壁左右的，当然不相信，［kɤ⁵⁵pi¹³tso²¹iou³³ti⁰，tan⁴⁴an¹³pu⁵⁵ɕiaŋ⁴⁴ɕin³³］

那个女的吵，［nɤ³³kɤ⁰ʮ²¹ti⁰sa⁰］

是她，还是，打死那个男的啊，［sʅ³³xa⁴⁴，xai¹³sʅ³³，ta²¹sʅ²¹nɤ³³kɤ⁰nan¹³ti⁰a⁰］

那个女的呀，能够把男的打死？［nɤ³³kɤ⁰ʮ²¹ti⁰ia⁰，nən¹³kou³³pa²¹nan¹³ti⁰ta²¹sʅ²¹］

但是哩，又提不出证，［tan³³sʅ³³ni⁰，iou³³tʰi¹³pu⁵⁵tsʰʯ⁵⁵tsən²⁵］

按现在的话来说哩，［an³³ɕiɛn³³tsai³³ti⁰xua³³nai¹³suɤ⁵⁵ni⁰］

又说不出，提不出证据来。［iou³³suɤ⁵⁵pu⁵⁵tsʰʯ⁵⁵，tʰi¹³pu⁵⁵tsʰʯ⁵⁵tsən²⁵tsʯ³³nai¹³］

最后哩，他们就出了个主意，［tsei²⁵xou³³ni⁰，tʰa⁴⁴mən¹³tɕiou³³tsʰʯ⁵⁵nɤ⁰kɤ³³tsʯ²¹i³³］

就说你去找平子奇老爷去，［tɕiou³³suɤ⁵⁵ni²¹kʰɯ³³tsau²¹pʰin¹³tsʅ²¹tɕʰi¹³nau²¹iɛ¹³kʰɯ³³］

他可能有办法，［xa⁴⁴kʰo²¹nən¹³iou²¹pʰan³³fa⁵⁵］

因为他很喜欢帮人打官司，［in⁴⁴uei¹³xa⁴⁴xən²¹ɕi²¹xuan⁴⁴paŋ⁴⁴ən¹³ta²¹kuɛn⁴⁴sʅ⁴⁴］

就说很喜欢告状。［tɕiou³³suɤ⁵⁵xən²¹ɕi²¹xuɛn³³kau³³tsʰaŋ³³］

好，这样哩那个寡妇就哭哭啼啼地去找平，［xau²¹，tsɤ²⁵iaŋ¹³ni⁰nɤ³³kɤ⁰kua²¹fu³³tɕiou³³kʰu⁵⁵kʰu⁵⁵tʰi⁵⁵tʰi⁵⁵ti⁰kʰɯ³³tsau²¹pʰin¹³］

平子奇老爷去，就一膝跪下去，［pʰin¹³tsʅ²¹tɕʰi¹³nau²¹iɛ¹³kʰɯ³³，tɕiou³³i⁵⁵ɕi⁵⁵kʰuei²¹ɕia³³kʰɯ³³］

就把那个颈沟一拴，［tɕiou³³pa²¹nɤ³³kɤ⁰tɕin⁵⁵kou⁴⁴i⁵⁵suɛn⁴⁴］颈沟：脖子

说，尔郎随么什都要救我的。［suɤ⁵⁵，n̩²¹na⁰sei¹³mo²¹sʅ³³tou⁴⁴iau³³tɕiou³³uo²¹ti⁰］

尔郎：您。随么什：无论什么，无论怎样

我本来就死哒男人就造孽，对不对，［ŋo²¹pən²¹nai¹³tɕiou³³sʅ²¹ta⁰nan¹³ən¹³tɕiou³³tsau³³iɛ⁵⁵，tuei³³pu⁵⁵tei³³］造孽：可怜

你还要出人命官司，［ni²¹xai¹³iau³³tsʰʯ⁵⁵ən¹³min³³kuɛn⁴⁴sʅ⁴⁴］

那怎么得了哩。［nɤ³³tsən²¹mo⁰tɤ¹³niau²¹ni⁰］

最后平子奇说，［tsuei³³xou³³pʰin¹³tsʅ²¹tɕʰi¹³suɤ⁵⁵］

迩，你先起来着，[niɛ²⁵，ni²¹ ɕiɛn⁴⁴ tɕʰi²¹ nai⁰ tso⁰]

那个寡，我说，[nɤ³³ kɤ⁰ kua²¹，ŋo²¹ suɤ⁵⁵]

尔郎不答应我哩我不起来。[n̩²¹ naº pu⁵⁵ ta⁵⁵ in⁴⁴ ŋo²¹ niº ŋo²¹ pu⁵⁵ tɕʰi²¹ nai¹³]

平子奇说，好，我答应你，[pʰin¹³ tsɿ²¹ tɕʰi¹³ suɤ⁵⁵，xau²¹，ŋo²¹ ta⁵⁵ in⁴⁴ ni²¹]

但是一条，你要承认你杀哒人，[tan³³ sɿ⁵⁵ iº tʰiau¹³，ni²¹ iau³³ tsʰən¹³ ən³³ ni²¹ sa⁵⁵ taº ən¹³]

我就帮，帮你的忙。[ŋo²¹ tɕiou³³ paŋ⁴⁴，paŋ⁴⁴ ni²¹ tiº maŋ¹³]

迩下哩，寡妇听哒就更加哭，[niɛ²⁵ xaº niº，kua²¹ fu³³ tʰin⁴⁴ taº tɕiou³³ kən²⁵ tɕia⁴⁴ kʰu⁵⁵]

那些那旁边看热闹的人也说，[no²⁵ ɕiɛ⁴⁴ na³³ pʰaŋ¹³ piɛn⁴⁴ kʰan³³ ɣɛ⁵⁵ nau³³ tiº ən¹³ iɛ²¹ suɤ⁵⁵]

你也是的，你老帮人家做好事，[ni²¹ iɛ²¹ sɿ³³ tiº，ni²⁵ nau²¹ paŋ⁴⁴ ən¹³ tsou³³ xau²¹ sɿ³³]

迩回哪么会，人家找你的目的，[niɛ²⁵ xuei³³ na²¹ moº xuei³³，ən¹³ kaº tsau²¹ ni²¹ tiº mu⁵⁵ ti³³]

就是说，她没有杀人，[tɕʰiou³³ sɿ³³ suɤ⁵⁵，xa⁴⁴ mei³³ iou²¹ sa⁵⁵ ən¹³]

你要承认她杀人的话，[ni²¹ iau³³ tsən¹³ ən³³ xa⁴⁴ sa⁵⁵ ən¹³ tiº xua³³]

找你来搞么家伙哩？[tsau²¹ ni²¹ nai¹³ kau¹³ mo²¹ tɕia⁴⁴ xo²¹ niº]

平子奇说，反正一条，[pʰin¹³ tsɿ²¹ tɕʰi¹³ suɤ⁵⁵，fan²¹ tsən³³ iº tʰiau¹³]

你承认那个人是你杀的，[ni²¹ tsʰən¹³ ən³³ nɤ³³ kɤ⁰ ən¹³ sɿ³³ ni²¹ sa⁵⁵ tiº]

我就真能救你的命。[ŋo²¹ tɕiou³³ tsən⁴⁴ nən¹³ tɕiou³³ ni²¹ tiº min³³]

像怎么说起来哩，[tɕʰiaŋ⁴⁴ nin²⁵ moº suɤ⁵⁵ tɕʰi²¹ nai¹³ niº]

那些围观的呀，村民啦，[no³³ ɕiɛ⁴⁴ uei¹³ kuɛn⁴⁴ tiº iaº，tsʰən⁴⁴ min¹³ naº]

就劝那寡妇说哩，[tɕiou³³ tsʰʮɛn²⁵ nɤ³³ kua²¹ fu³³ suɤ⁵⁵ niº]

既然惩郎答应哒，[tɕi²⁵ an¹³ tʰa⁴⁴ naº ta⁵⁵ in³³ taº] 惩郎：他（敬称）

你就承认是你杀的呐。[ni²¹ tɕiou³³ tsʰən¹³ ən³³ sɿ³³ ni²¹ sa⁵⁵ tiº naº]

好，最后哩，他说好，[xau²¹，tsuei³³ xou³³ niº，xa⁴⁴ suɤ⁵⁵ xau²¹]

我跟你写八个字，[ŋo²¹ kən⁴⁴ ni²¹ ɕiɛ²¹ pa⁵⁵ koº tsʰɿ³³]

最后他就拿笔跟她写八个字。[tsei³³ xou³³ xa⁴⁴ tɕiou³³ na¹³ pi⁵⁵ kən⁴⁴ xa⁴⁴ ɕiɛ²¹ pa⁵⁵ koº tsʰɿ³³]

他说，你明日县官来提你，[xa⁴⁴ suɤ⁵⁵，ni²¹ mei¹³ ɯ³³ ɕiɛn³³ kuɛn⁴⁴ nai¹³ tsuo⁵⁵ ni²¹]

你就把那八个字说出来，[ni²¹ tɕiou³³ pa²¹ nɤ³³ pa⁵⁵ kɤʰ tsʰɿ³³ suɤ⁵⁵ tsʰʮ⁵⁵ nai¹³]

保证你的命是好的。[pau²¹ tsən³³ ni²¹ tiº min³³ sɿ³³ xau²¹ tiº]

最后哩，他写哪八个字哩？[tsei³³ xou³³ ni⁰，xa⁴⁴ ɕiɛ²¹ na²¹ pa⁵⁵ kɤ⁰ tsʅ³³ ni⁰]

就写的一个：不杀不烈，不贞不杀。[tɕiou³³ ɕiɛ²¹ ti⁰ i⁵⁵ ko⁰，pu⁵⁵ sa⁵⁵ pu⁵⁵ niɛ⁵⁵，pu⁵⁵ tsən⁴⁴ pu⁵⁵ sa⁵⁵]

烈就是烈女的烈，[niɛ⁵⁵ tɕiou⁵⁵ sʅ³³ niɛ⁵⁵ ɥ²¹ ti⁰ niɛ⁵⁵]

贞就是贞节的贞。[tsən⁴⁴ tɕiou⁵⁵ sʅ³³ tsən⁴⁴ tɕiɛ⁵⁵ ti⁰ tsən⁴⁴]

因为旧社会呀，烈女为大，[in⁴⁴ uei¹³ tɕʰiou³³ sɤ³³ xuei³³ a⁰，niɛ⁵⁵ ɥ²¹ uei¹³ xa³³]

贞节为高，对不对。[tsən⁴⁴ tɕiɛ⁵⁵ uei¹³ kau⁴⁴，tei³³ pu⁵⁵ tei³³]

他的个意思就是说哩，[xa⁴⁴ tɤ⁰ kɤ⁰ i²⁵ sʅ³³ tɕiou³³ sʅ³³ suɤ⁵⁵ ni⁰]

我是个烈女，是个贞妇，对不对呀，[ŋo²¹ sʅ³³ kɤ⁰ niɛ⁵⁵ ɥ²¹，sʅ³³ kɤ⁰ tsən⁴⁴ fu³³，tei³³ pu⁵⁵ tei³³ ia⁰]

我为了保证我的清白，[ŋo²¹ uei¹³ mɤ⁰ pau²¹ tsən³³ ŋo²¹ ti⁰ tɕʰin⁴⁴ pʰɤ⁵⁵]

他上门可能是来侮辱我，[xa⁴⁴ saŋ³³ mən¹³ kʰɤ²¹ nən¹³ sʅ³³ nai¹³ u²¹ ou⁵⁵ ŋo²¹]

来强奸我的，我为了保证我的贞节，[nai¹³ tɕʰiaŋ¹³ tɕiɛn⁴⁴ ŋo²¹ ti⁰，ŋo²¹ uei³³ mɤ⁰ pau²¹ tsən³³ ŋo²¹ ti⁰ tsən⁴⁴ tɕiɛ⁵⁵]

保证，说明我是一个贞妇，[pau²¹ tsən³³，suɤ⁵⁵ min¹³ ŋo²¹ sʅ³³ i⁵⁵ kɤ⁰ tsən⁴⁴ fu³³]

所以我只有把他杀了着。[suo²¹ i²¹ ŋo²¹ tsʅ⁵⁵ iou²¹ pa²¹ xa⁴⁴ sa⁵⁵ ɤ⁰ tso³³]

最后哩，县官看哒这个字啊，[tsei³³ xou³³ ni⁰，ɕiɛn³³ kuɛn⁴⁴ kʰan³³ ta⁰ tsɤ³³ kɤ⁰ tsʅ³³ a⁰]

把桌子一拍，好，[pa²¹ tso⁵⁵ tsʅ²¹ i⁵⁵ pʰɤ⁵⁵，xau²¹]

你没得罪，你可以回去哒。[ni²¹ mei³³ tɤ⁰ tsʰei³³，ni²¹ kʰo²¹ i²¹ xuei¹³ kʰu³³ ta⁰]

意译：我来讲一下我们监利县流传比较广的民间故事。这个民间故事其实跟一个人有关系。我们那里有个人姓平叫平子奇。大概是明末清初的时候，当时他那个人是读了书出来的，但是我们老百姓都把他称为官棍。官棍在浙江那边叫师爷，按我们现在的话来说它还叫律师。他干什么呢，他专帮人打官司，又专帮人写状词。他这个人是亦正亦邪，就我们老百姓的话来说，就是有时候好，有时候坏，就凭他的性子来。

我说他的几个故事，第一个我来说他救一个寡妇的事。因为在我们那地方，在民间，旧社会寡妇是不能改嫁的，寡妇改嫁是有伤风化的。但是那个寡妇又年轻，长得还很好看，所以街上的一些二流子，一些地痞流氓，就老打她的那个主意。但是那个寡妇坚决不从，规规矩矩地守贞节。那是规规矩矩的一个，按照现在的话说是个好女人。但是那些地痞无赖，在没有办法之后，就想出一个毒主意。什么毒主意呢，就把街上的一个流浪的，一个叫花子弄死了，然后就放到寡妇的门前。这就等于是出人命案了，出人命案之后，那肯定要拉到衙门见官。按照旧社会来说，要一命抵一命，那是肯定的。人死在你的门口，即使不是你的事，也是你的事，对不对。这个时候，一些附近的老百姓，隔壁左右的，当然不相信这个女人能打死那个男的。那个女的能够把男的打死吗？但是又提不出证据来。最后他们就出了个主意，说你去找平子奇老爷去，他可能有办法，因为他很喜欢帮人打官司，很喜欢告状。

就这样，那个寡妇就哭哭啼啼地去找平子奇，一膝跪下去，把颈脖子一系，说，您无论什么事都要救我，我本来就死了男人很可怜，现在还要出人命官司，那怎么得了？平子奇说，你先起来。寡妇说，您不答应我，我不起来。平子奇说，好，我答应你，但是有一条，你要承认你杀了人，我就帮你的忙。这下寡妇听了就哭得更厉害。那些旁边看热闹的人也说，你也是，你经常帮人家做好事，这回怎么会这样呢？人家找你的目的，就是要证明她没有杀人，你要她承认杀人的话，那还找你干什么呢？平子奇说，反正一条，你承认那个人是你杀的，我就能真的救你的命。像这样说的话，那些围观的村民就劝那寡妇说，既然他已经答应了，你就承认是你杀的吧。然后平子奇就说，我跟你写八个字，最后他就拿笔跟她写了八个字。他说，明天县官来捉你，你就把那八个字说出来，保证你的命是好的。最后他写了哪八个字呢？他写的是：不杀不烈，不贞不杀。"烈"就是"烈女"的"烈"，"贞"就是"贞节"的"贞"。因为旧社会，烈女为大，贞节为高。这句话意思就是说，我是个烈女，是个贞妇，对不对，我为了保证我的清白，他上门是想来侮辱我的，我为了保证我的贞节，说明我是一个贞妇，我只有把他杀了。最后，县官看了这个字，把桌子一拍说，好，你没有罪，你可以回家去了。

0023 其他故事

好，我再接倒说一个也是平子奇的故事啊。[xau²¹，ŋo²¹tsai³³tɕiɛ⁵⁵tau⁰suɤ⁵⁵i⁵⁵kɤ⁰iɛ²¹sʅ³³pʰin¹³tsʅ²¹tɕʰi¹³ti⁰ku²⁵sʅ³³a⁰]接倒：接着

说有一次这个平子奇啊，[suɤ⁵⁵iou²¹i⁵⁵tsʅ⁵³tsɤ³³kɤ⁰pʰin¹³tsʅ²¹tɕʰi¹³a⁰]

出外去游玩去，[tsʰʅ⁵⁵uai³³kʰu⁴⁴iou¹³uan¹³kʰu⁴⁴]

跑哒好多的位置啊，[pʰau²¹ta⁰xau²¹to⁴⁴ti⁰uei¹³tsʅ³³a⁰]

最后哩从岳阳又到武汉去玩去。[tsuei²⁵xou³³ni⁰tsʰoŋ¹³io⁵⁵iaŋ¹³iou³³tau³³u²¹xan³³kʰu⁴⁴uan¹³kʰu⁴⁴]

到武汉去了以后哩，[tau³³u²¹xan³³kʰu⁴⁴nɤ⁰i²¹xou³³ni⁰]

他有一次到，就有一天啦，[xa⁴⁴iou²¹i⁵⁵tsʅ³³tau³³，tɕiou³³iou²¹i⁵⁵xiɛn⁴⁴na⁰]

在那珞珈山，啊，[tsai³³no³³no⁴⁴tɕia⁴⁴san⁴⁴，a⁰]

跑的珞珈山去玩去。[pʰau²¹ ti⁰ no⁴⁴ tɕia⁴⁴ san⁴⁴ kʰɯ³³ uan¹³ kʰɯ⁴⁴]

结果哩看到一个农村的一个汉子，[tɕiɛ⁵⁵ ko²¹ ni⁰, kʰan³³ tau³³ i⁵⁵ kɤ⁰ noŋ¹³ tsʰən⁴⁴ ti⁰ xan²⁵ tsʅ²¹]

大概呃，三四十岁，[ta³³ kai³³ ɤ⁰, san⁴⁴ sʅ³³ sʅ¹³ sei²⁵]

就跪在一个坟墓里在那哭。[tɕiou³³ kʰuei¹³ tsai¹⁵⁵ kɤ⁰ fən¹³ mu³³ ni⁰ tsai²¹ mɤ³³ kʰu⁵⁵]

他就，而且哭地还蛮伤心。[xa⁴⁴ tɕiou³³, ɯ¹³ tɕʰiɛ²¹ kʰu⁵⁵ ti⁰ xai¹³ man¹³ saŋ⁴⁴ ɕin⁴⁴]

而且一家人都在的哭，在的，[ɯ¹³ tɕʰiɛ²¹ i⁵⁵ tɕia⁴⁴ ən¹³ tou⁴⁴ tsai²¹ ti⁰ kʰu⁵⁵, tsai²¹ ti⁰]

旁边的还有人在议论。[pʰaŋ¹³ piɛn⁴⁴ ti⁰ xai¹³ iou²¹ ən¹³ tsai²¹ i²¹ nən³³]

他的好奇心么也还蛮强。[xa⁴⁴ ti⁰ xau³³ tɕʰi¹³ ɕin⁴⁴ mɤ⁰ iɛ²¹ xai¹³ man¹³ tɕʰiaŋ¹³]

就跑上去问去，是么回事。[tɕiou³³ pʰau²¹ saŋ³³ kʰɯ⁴⁴ uən³³ kʰɯ⁴⁴, sʅ³³ mo²¹ xuei¹³ sʅ³³]

这个哩，老百姓就跟他说，[tsɤ²⁵ kɤ⁰ ni⁰, nau²¹ po⁵⁵ ɕin³³ tɕiou³³ kən⁴⁴ tʰa⁴⁴ sux⁵⁵]

呃说是，么回事啊，是么回事哩，[ɤ⁰ sux⁵⁵ sʅ³³, mo²¹ xuei¹³ sʅ³³ a⁰, sʅ³³ mo²¹ xuei¹³ sʅ³³ ni⁰]

就是，湖北省那时有一个知府，[tɕiou³³ sʅ³³, xu¹³ po⁵⁵ sən²¹ nɤ³³ sʅ¹³ iou²¹ kɤ⁰ tsʅ⁴⁴ fu²¹]

相当于知府[像那样]的官。[ɕiaŋ⁴⁴ taŋ⁴⁴ ʮ¹³ tsʅ⁴⁴ fu²¹ kʰɤ³³ iaŋ³³ ti⁰ kuɛn⁴⁴]

看他的母亲死哒，[kʰan³³ xa⁴⁴ ti⁰ mu²¹ tɕʰin⁴⁴ sʅ²¹ ta⁰]

但是哩，看中了迥块地，[tan³³ sʅ¹³ ni⁰, kʰan²⁵ tsoŋ⁴⁴ mɤ⁰ niɛ²⁵ kʰuai²¹ tʰi³³]

就说迥个位置啊，蛮好，[tɕiou³³ sux⁵⁵ niɛ²⁵ kɤ⁰ uei³³ tsʅ⁴⁴ a⁰, man¹³ xau²¹]

就想把他的母亲哩葬的这个位置。[tɕiou³³ ɕiaŋ²¹ pa²¹ xa⁴⁴ ti⁰ mu²¹ tɕʰin⁴⁴ ni⁰ tsaŋ²⁵ ti⁰ tsɤ²⁵ kɤ⁰ uei²⁵ tsʅ³³]

但是哩，人家的母亲先葬了这个位置哒，[tan³³ sʅ³³ ni⁰, ən¹³ ka⁰ ti⁰ mu²¹ tɕʰin⁴⁴ ɕiɛn⁴⁴ tsaŋ²⁵ mɤ⁰ tsɤ²⁵ kɤ⁰ uei²⁵ tsʅ³³ ta⁰]

他哩，用他的权力啊，[xa⁴⁴ ni⁰, ni³³ ioŋ³³ xa⁴⁴ ti⁰ tsʰʮan¹³ ni⁵⁵ a⁰]

就哩，非要人家哩，迥个孝子哩，[tɕiou³³ ni⁰, fei³³ iau³³ ən¹³ ka⁰ ni⁰, niɛ²⁵ kɤ⁰ ɕiau²⁵ tsʅ²¹ ni⁰]

把他的母亲的坟挖出来，[pa²¹ xa⁴⁴ ti⁰ mu²¹ tɕʰin⁴⁴ ti⁰ fən¹³ ua⁵⁵ tsʰʮ⁵⁵ nai¹³]

起出来，要给的他。[tɕʰi²¹ tsʰʮ⁵⁵ nai¹³, iau³³ kɤ²¹ ti⁰ xa⁴⁴]

但是哩，像迥个情况，人家说，[tan³³ sʅ³³ ni⁰, tɕʰiaŋ⁴⁴ niɛ²⁵ kɤ⁰ tɕʰin¹³ kʰuaŋ³³, ən¹³ ka⁰ sux⁵⁵]

旧社会来说吧，你挖祖坟，[tɕʰiou³³ sɤ³³ xuei³³ nai¹³ sux⁵⁵ pa⁰, ni²¹ ua⁵⁵ tsou²¹ fən¹³]

说像挖我的祖坟，对不对，[sux⁵⁵ tɕʰiaŋ⁴⁴ ua⁵⁵ ŋo²¹ ti⁰ tsou²¹ fən¹³, tei³³ pu⁵⁵ tei³³]

人家坚决不同意。[ən¹³ ka⁰ tɕiɛn⁴⁴ tɕye¹³ pu⁵⁵ tʰoŋ¹³ i³³]

但是哩又搞不赢他，是不的？[tan³³ sʅ³³ ni⁰ iou³³ kau²¹ pu⁵⁵ in¹³ tʰa⁴⁴，sʅ³³ pu⁵⁵ ti⁰]

他又当官，他又有权又有势。[xa⁴⁴ iou³³ taŋ⁴⁴ kuɛn⁴⁴，xa⁴⁴ iou³³ iou²¹ tsʰʮɛn¹³ iou³³ iou²¹ sʅ³³]

而且哩，这个知府走之前还说了一句话，[ɯ¹³ tɕʰiɛ²¹ ni⁰，tsɤ⁴⁴ kɤ⁰ tsʅ⁴⁴ fu²¹ tsou²¹ tsʅ⁴⁴ tɕʰiɛn¹³ xai¹³ suɤ⁵⁵ mɤ⁰ i²⁵ tsʮ³³ xua³³]

你三天跟我把坟迁走，[ni²¹ san⁴⁴ xiɛn⁴⁴ kən⁴⁴ ŋo²¹ pa²¹ fən¹³ tɕʰiɛn⁴⁴ tsou²¹]

不迁走哩，我的，我的老妈子啊，[pu⁵⁵ tɕʰiɛn⁴⁴ tsou²¹ ni⁰，ŋo²¹ ti⁰，ŋo²¹ ti⁰ nau²¹ ma⁴⁴ tsʅ²¹ a⁰]

我的姆妈三天就来下葬的。[ŋo²¹ ti⁰ m̩²¹ ma⁰ san⁴⁴ xiɛn⁴⁴ tɕiou³³ nai¹³ ɕia²⁵ tsaŋ²⁵ ti⁰]

迩说的就是这个事，[niɛ³³ suɤ⁵⁵ ti⁰ tɕiou³³ sʅ³³ tsɤ³³ kɤ⁰ sʅ³³]

就，引起了人家围观。[tɕiou³³，in²¹ tɕʰi²¹ mɤ⁰ ən¹³ tɕia⁰ uei¹³ kuɛn⁴⁴]

但是哩，人家搞不赢那个势力。[tan³³ sʅ³³ ni⁰，ən¹³ tɕia⁴⁴ kau²¹ pu⁵⁵ in¹³ mɤ³³ kɤ⁰ sʅ²⁵ ni⁵⁵]

迩个时候哩，平子奇听到以后啊，[niɛ²⁵ kɤ⁰ sʅ¹³ xou⁰ ni⁰，pʰin¹³ tsʅ²¹ tɕʰi¹³ tʰin⁴⁴ tau⁰ i²¹ xou³³ a⁰]

他说，你起来你起来。[xa⁴⁴ suɤ⁵⁵，ni²¹ tɕʰi²¹ nai¹³ ni²¹ tɕʰi²¹ nai¹³]

他说我帮你出个主意，[xa⁴⁴ suɤ⁵⁵ ŋo²¹ paŋ⁴⁴ ni²¹ tsʰʮ⁵⁵ kɤ⁰ tsʰʮ²¹ i³³]

你们那哪里有笔有纸没得啊，[ni²¹ mən¹³ mɤ³³ na²¹ ti⁰ iou²¹ pi⁵⁵ iou²¹ tsʅ²¹ mei³³ tɤ⁰ a⁰]

我帮你写个状词。[ŋo²¹ paŋ⁴⁴ ni²¹ ɕiɛ²¹ kɤ⁰ tsʰaŋ³³ tsʰʅ¹³]

最后哩，他们说迩里没得，[tsei³³ xou³³ ni⁰，xa⁴⁴ mən¹³ suɤ⁵⁵ niɛ²⁵ ni⁰ mei³³ tɤ⁰]

就去那个孝子的屋里去啊，[tɕiou³³ kʰu³³ mɤ³³ kɤ⁰ ɕiau²⁵ tsʅ²¹ ti⁰ u⁵⁵ ti⁰ kʰu⁴⁴ a⁰]

他就写了一个四篇八句，[xa⁴⁴ tɕiou³³ ɕiɛ²¹ mɤ⁰ i⁵⁵ kɤ⁰ sʅ³³ pʰiɛn⁴⁴ pa⁵⁵ tsʮ³³]

写哒几句话，他写的么子哩？[ɕiɛ²¹ ta⁰ tɕi²¹ tsʮ³³ xua³³，xa⁴⁴ ɕiɛ²¹ ti⁰ mo²¹ tsʅ³³ ni⁰]

他写的说：此处好风水，[xa⁴⁴ ɕiɛ²¹ ti⁰ suɤ⁵⁵，tsʰʅ²¹ tsʰʮ³³ xau²¹ foŋ⁴⁴ suei²¹]

葬哒出皇帝，[tsaŋ²⁵ ta⁰ tsʰʮ⁵⁵ xuaŋ¹³ ti³³]

知府好眼力，[tsʅ⁴⁴ fu²¹ xau²¹ iɛn²¹ ni⁵⁵]

谋位先谋地。[mou¹³ uei³³ ɕiɛn⁴⁴ mou¹³ ti³³]

这是个么意思哩？[tsɤ³³ sʅ³³ kɤ⁰ mo²¹ i²⁵ sʅ³³ ni⁰]

就说迩位置啊风水好，[tɕiou³³ suɤ⁵⁵ niɛ²⁵ uei³³ tsʮ³³ a⁰ foŋ⁴⁴ suei²¹ xau²¹]

你葬了以后哩，[ni²¹ tsaŋ²⁵ mɤ⁰ i²¹ xou³³ ni⁰]

你子孙后代肯定要出皇帝的。[ni²¹ tsʮ²¹ sən⁴⁴ xou³³ tai³³ kʰən²¹ tin³³ iau³³ tsʰʮ⁵⁵ xuaŋ¹³ ti³³ ti⁰]

对不对，就说这个知府啊他的眼力真好，[tei³³ pu⁵⁵ tei³³，tɕiou³³ suɤ⁵⁵ tsɤ³³ kɤ⁰ tsŋ⁴⁴ fu²¹ a⁰ xa⁴⁴ ti⁰ iɛn²¹ ni⁵⁵ tsən⁴⁴ xau²¹]

看到这个风水宝地，[kʰan³³ tau⁰ tsɿ³³ kɤ⁰ foŋ⁴⁴ suei²¹ pau²¹ ti³³]

他谋位哩先谋地，[xa⁴⁴ mou¹³ uei³³ ni⁰ ɕiɛn⁴⁴ mou¹³ tʰi³³]

是不哩，把个位置占到后，[sŋ³³ pu⁵⁵ ni⁰，pa²¹ ɤ⁰ uei³³ tsŋ³³ tsan²⁵ tau⁰ xou³³]

我的子孙后代肯定要出皇帝。[ŋo²¹ ti⁰ tsŋ²¹ sən⁴⁴ xou³³ tai³³ kʰən²¹ tin³³ iau³³ tsʰu⁵⁵ xuaŋ¹³ ti³³]

但是他迴么一写呢，[tan³³ sŋ³³ xa⁴⁴ niɛ²⁵ mo⁰ i⁵⁵ ɕiɛ²¹ ni⁰]

迴个话就很明了哒。[niɛ²⁵ kɤ⁰ xua³³ tɕiou³³ xən²¹ min¹³ niau²¹ ta⁰]

就说，知府好眼力啊，[tɕiou³³ suɤ⁵⁵，tsŋ⁴⁴ fu²¹ xau²¹ iɛn²¹ ni⁵⁵ a⁰]

谋位先谋地。[mou¹³ uei³³ ɕiɛn⁴⁴ mou¹³ ti³³]

你说你想当皇帝位不是死罪？[ni²¹ suɤ²⁵ ni²¹ ɕiaŋ²¹ taŋ⁴⁴ xuaŋ¹³ ti³³ uei³³ pu⁵⁵ sŋ³³ sŋ²¹ tsʰei³³]

对不对？所以哩，他说，[tei³³ pu⁵⁵ tei³³，suo²¹ i²¹ ni⁰，xa⁴⁴ suɤ⁵⁵]

"你跟我把迴个帖子啊，[ni²¹ kən⁴⁴ ŋo²¹ pa²¹ niɛ³³ ɤ⁰ tʰiɛ⁵⁵ tsŋ³³ a⁰]

满街跟我贴，[mən²¹ kai⁴⁴ kən⁴⁴ ŋo²¹ tʰiɛ⁵⁵]

把那知府贴，而且上督军啊，[pa²¹ nɤ³³ tsŋ⁴⁴ fu²¹ tʰiɛ⁵⁵，ɯ¹³ tɕʰiɛ²¹ saŋ³³ tou⁴⁴ tsyən⁴⁴ a⁰]

总督屋里也贴。[tsoŋ²¹ tou⁴⁴ u⁵⁵ ti⁰ iɛ²¹ xiɛ⁵⁵]

跟我贴到就是要家喻户晓，人人皆知。"[kən⁴⁴ ŋo²¹ tʰiɛ⁵⁵ tau⁰ tɕiou³³ sŋ³³ iau³³ tɕia⁴⁴ ɥ³³ xu³³ ɕiau²¹，ən¹³ ən¹³ kai⁴⁴ tsŋ⁴⁴]

果然不错，那个孝子哩，[ko²¹ an¹³ pu²⁵ tsʰo³³，nɤ³³ kɤ⁰ ɕiau²⁵ tsŋ²¹ ni⁰]

就把那个他写的状词啊，[tɕiou³³ pa²¹ nɤ³³ kɤ⁰ xa⁴⁴ ɕiɛ²¹ ti⁰ tsʰaŋ³³ tsʰŋ¹³ a⁰]

抄哒好多份数，[tsʰau⁴⁴ ta⁰ xau²¹ to⁴⁴ fən³³ sou³³]

满武汉，啊，汉口，[mən²¹ u²¹ xan³³，a⁰，xan²⁵ kʰou²¹]

那时叫汉口，满汉口晓得哒。[nɤ³³ sŋ¹³ tɕiau³³ xan²⁵ kʰou²¹，mən²¹ xan²⁵ kʰou²¹ ɕiau²¹ tɤ⁰ ta⁰]

迴人哩，一看恁个情况，[niɛ²⁵ ən¹³ ni⁰，i⁵⁵ kʰan³³ niɛ²⁵ kɤ⁰ tɕʰin¹³ kʰuaŋ³³]

知府也害怕哒。[tsŋ⁴⁴ fu²¹ iɛ²¹ xai²¹ pʰa²⁵ ta⁰]

迴个哩督军也晓得哒，[niɛ²⁵ kɤ⁰ ni⁰ tou⁴⁴ tsyən⁴⁴ iɛ²¹ ɕiau²¹ tɤ⁰ ta⁰]

就把他喊哈来：你自己哪么说？[tɕiou³³ pa²¹ xa⁴⁴ xan²¹ xa⁰ nai¹³：ni²¹ tsʰŋ³³ tɕi²¹ nɤ²¹ mo⁰ suɤ⁵⁵]

他说，你这事如果说传到皇帝去，[xa⁴⁴ suɤ⁵⁵，ni²¹ tsɤ³³ sŋ³³ ɥ¹³ ko²¹ suɤ⁵⁵ tsʰɥɛn¹³ tau⁰ xuaŋ¹³ ti³³ kʰɯ³³]

你这真的是满门抄宰的事。[ni²¹ tsʮ³³ tsən⁴⁴ ti⁰ sʅ³³ mɛn²¹ mən¹³ tsʰau¹³ tsai²¹ ti⁰ sʅ³³]

他说，迥个是天大的事，[xa⁴⁴ suʮ⁵⁵，niɛ²⁵ kɤ³³ sʅ³³ xiɛn⁴⁴ ta³³ ti⁰ sʅ³³]

我都救不了你。[ŋo²¹ tou⁴⁴ tɕiou²⁵ pu⁵⁵ niau²¹ ni²¹]

最后哩那个知府老爷啊，[tsei²⁵ xou³³ ni⁰ nɤ³³ kɤ⁰ tsʅ⁴⁴ fu²¹ nau¹ iɛ¹³ a⁰]

只有灰溜溜地回他的原籍去哒。[tsʅ²⁵ iou²¹ xuei⁴⁴ niou⁴⁴ niou⁴⁴ ti⁰ xuei¹³ xa⁴⁴ ti⁰ yan¹³ tɕi¹³ kʰɯ³³ ta⁰]

这个事哩才只那么了结，[tsɤ³³ kɤ⁰ sʅ³³ ni⁰ tsʰai¹³ tsʅ⁵⁵ nɤ³³ mo⁰ niau²¹ tɕiɛ⁵⁵]

他也不要位哒，也不要官哒，[xa⁴⁴ iɛ²¹ pu⁵⁵ iau³³ uei³³ ta⁰，iɛ²¹ pu⁵⁵ iau³³ kuɛn⁴⁴ ta⁰]

最后哩，就自己那么回去哒。[tsei²⁵ xou³³ ni⁰，tɕʰiou³³ tsʰʅ³³ tɕi²¹ nɤ³³ mo⁰ xuei¹³ kʰɯ⁴⁴ ta⁰]

这个故事完哒。[tsɤ³³ kɤ⁰ ku³³ sʅ³³ uɛn¹³ ta⁰]

意译：我再接着说一个也是平子奇的故事。说有一次平子奇出外去游玩，跑了很多的地方，最后又从岳阳到武汉去玩。到武汉去了以后，他有一次，有一天去到珞珈山去玩。结果看到一个农村汉子，大概三四十岁，跪在一个坟墓那里哭，哭得还很伤心，而且一家人也都在哭，旁边还有人在议论。他的好奇心也还很强，就跑上去问是什么回事。老百姓就跟他说，湖北省那时有个相当于知府那样的官，他的母亲死了，但他看中了这块地，就是这个地方很好，就想把他的母亲葬在这个位置。但是人家的母亲先葬了这个位置，知府就用他的权力，非要那个孝子把母亲的坟挖出来，让给他。但是像这个情况，在旧社会来说，你在挖祖坟。说来像挖我的祖坟，对不对。所以人家坚决不同意。但是又斗不过这个知府，是不是。因为他当官，又有权又有势。而且这个知府在走之前还说了一句话，你要三天给我把坟迁走，不迁走的话，我的母亲三天就来下葬的。大家议论的就是这个事，这引起了大家的围观。但是大家搞不赢那个势力。

这时候，平子奇听到以后就对孝子说，你先起来，我帮你出个主意，你那有笔纸没有，我帮你写个状词。他们说这里没，就随即到孝子家里去，平子奇就写了一个四篇八句，写了几句话，他写的什么？他写的是：此处好风水，葬了出皇帝，知府好眼力，谋位先谋地。这是什么意思？就说这个位置风水好，你葬了以后呢，你子孙后代肯定要出皇帝的。就说这个知府的眼力真好，看到这个风水宝地，他谋位先谋地，是不是？我把这位置占到后，我的子孙后代肯定要出皇帝。但是他这么一写呢，意思就很清楚了：你知府眼力好，你想谋位便先谋地。想当皇帝那不是死罪吗，对不对？所以，平子奇说，你给我把这个帖子满大街去贴，贴到知府那儿，而且上督军、总督那里也贴，一直贴到家喻户晓，人人皆知。

果然，那个孝子就把他写的状词抄了好多份数，满武汉、汉口贴，满汉口的人都知道了。这个知府一看这个情况，也害怕了。督军也知道了，就把知府喊来，说，你准备怎么办，这事如果说传到皇帝那里去，那真是要满门抄斩的！督军说，这是天大的事，我救不了你。最后知府老爷只有灰溜溜地回他的原籍去了，这个事才这么了结。知府也不要坟位了，也不要官职了，最后就自己那么回去了。这个故事讲完了。

0024 其他故事

我再讲一个平子奇的故事啊。[ŋo²¹ tsai²⁵ tɕiaŋ²¹ i²⁵ ko⁰ pʰin¹³ tsʅ²¹ tɕʰi¹³ ti⁰ ku²⁵ sʅ³³ a⁰]

因为平子奇的故事在我们那里流传的比较多，[in⁴⁴ uei³³ pʰin¹³ tsʅ²¹ tɕʰi¹³ ti⁰ ku³³ sʅ³³ tsai³³ ŋo²¹ mən⁰ no³³ ni²¹ niou¹³ tsʰɥen¹³ ti⁰ pi²¹ tɕiau³³ to⁴⁴]

而且哩，特别是他做的好事哩，[uɯ¹³ tɕʰiɛ²¹ ni⁰, tʰɤ⁵⁵ pʰiɛ⁵⁵ sʅ³³ tʰa⁴⁴ tsou³³ ti⁰ xau²¹ sʅ³³ ni⁰]

在我们那个民间呐流传的蛮多。[tsʰai³³ ŋo²¹ mən⁰ nɤ²⁵ kɤ⁰ min¹³ tɕiɛn⁴⁴ nɤ⁰ niou¹³ tsʰɥen¹³ ti⁰ man¹³ to⁴⁴]

迥次呃，我说的是么子哩，[mɤ²⁵ tsʰʅ³³ ɤ⁰, ŋo²¹ suɤ⁵⁵ ti⁰ sʅ³³ mo²¹ tsʅ³³ ni⁰]

是个发洪水的事情啦。[sʅ³³ kɤ⁰ fa⁵⁵ xoŋ¹³ suei²¹ ti⁰ sʅ³³ tɕʰin¹³ na⁰]

也不是哪一处的年数哩，[iɛ²¹ pu⁵⁵ sʅ³³ na²¹ i⁰ tsʰu³³ ti⁰ niɛn¹³ sou³³ ni⁰]

我们肯定搞不清楚，[ŋo²¹ mən⁰ kʰən⁰ tin³³ kau²¹ pu⁵⁵ tɕʰin⁴⁴ tsʰou²¹]

就说，因为我们监利啊紧挨倒长江在，[tɕiou³³ suɤ⁵⁵, in⁴⁴ uei³³ uo²¹ mən⁰ tɕiɛn²⁵ ni³³ ia⁰ tɕin²¹ ai⁴⁴ tau²¹ tsʰaŋ¹³ tɕiaŋ⁴⁴ tsai²¹] 挨倒：挨着

是的呀，每，[sʅ³³ ti⁰ ia⁰, mei²¹]

有时候长江一发大水哩，[iou²¹ sʅ¹³ xou⁰ tsʰaŋ¹³ tɕiaŋ⁴⁴ i⁵⁵ fa⁵⁵ xa³³ suei²¹ ni⁰]

我们那里有的也淹水。[ŋo²¹ mən⁰ nɤ³³ ni⁰ iou²¹ ti⁰ iɛ²¹ ŋan⁴⁴ suei²¹]

就呃倒堤，倒长江堤，[tɕiou³³ ɤ⁰ tau²¹ tʰi¹³, tau²¹ tsʰaŋ¹³ tɕiaŋ⁴⁴ tʰi¹³]

那时候倒那个干堤。[na⁴⁴ sʅ¹³ xou⁰ tau²¹ nɤ²⁵ kɤ⁰ kan²⁵ tʰi¹³]

呃，有一年哩发大水，[ɤ⁰, iou²¹ i⁵⁵ niɛn¹³ ni⁰ fa⁵⁵ xa³³ suei²¹]

可能是荆江大堤吧，[kʰo²¹ nən²¹ sʅ³³ tɕin⁴⁴ tɕiaŋ⁴⁴ ta³³ tʰi¹³ pa⁰]

我们那里也叫荆江大堤，[ŋo²¹ mən⁰ nɤ³³ ni⁰ iɛ²¹ tɕiau³³ tɕin⁴⁴ tɕiaŋ⁴⁴ xa³³ tʰi¹³]

个长江干堤的余外有个弓，[kɤ³³ tsʰaŋ¹³ tɕiaŋ⁴⁴ kan²⁵ tʰi¹³ ti⁰ ɥ¹³ uai³³ iou²¹ kɤ⁰ koŋ⁴⁴]

弓：堤；余外：外边

一个坝子，[i⁵⁵ kɤ⁰ pa²⁵ tsʅ⁰]

那位置哩叫呃，朱三弓。[nɤ⁴⁴uei³³tsʅ⁰ni⁰tɕiau³³ɤ⁰, tsʅ⁴⁴san⁴⁴koŋ⁴⁴]

但是哩那个管，那个堤防的啊，[tan³³sʅ³³ni⁰nɤ²⁵kɤ⁰kuɛn²¹, nɤ⁴⁴kɤ⁰tʰi¹³faŋ¹³ti⁰a⁰]

他们说哩，[tʰa⁴⁴mən⁰suɤ⁵⁵ni⁰]

还是平子奇的么子亲戚。[xai¹³sʅ³³pʰin¹³tsʅ²¹tɕʰi¹³ti⁰mo²¹tsʅ⁰tɕʰin⁴⁴tɕʰi³³] 么子：什么

他准备修堤防的时候哩，[tʰa⁴⁴tsʅən²¹pei³³ɕiou⁴⁴tʰi¹³faŋ¹³ti⁰sʅ¹³xou²¹ni⁰]

就偷，按现在的话说就是偷工减料。[tɕiou³³xou⁴⁴, ŋan³³ɕiɛn³³tsai³³ti⁰xua³³suɤ⁵⁵tɕiou³³sʅ³³xou⁴⁴koŋ⁴⁴tɕiɛn²¹niau³³]

啊，派劳力偷工减料，[a⁰, pʰai²⁵nau¹³ni⁵⁵xou⁴⁴koŋ⁴⁴tɕiɛn²¹niau³³]

最后哩等，一是哩，[tsei²⁵xou³³ni⁰tən²¹, i⁵⁵sʅ³³ni⁰]

等反正到下面去，[tən²¹fan²¹tsən³³tau³³ɕia³³miɛn³³kʰɯ⁵⁵]

收款收劳力都已经收哒，[sou⁴⁴kʰuɛn²¹sou⁴⁴nau¹³ni⁵⁵tou⁴⁴i²¹tɕin⁴⁴sou⁴⁴ta⁰]

但是哩他偷工减料把钱贪污哒。[tan³³sʅ³³ni⁰tʰa⁴⁴xou⁴⁴koŋ⁴⁴tɕiɛn²¹niau³³pa²¹tɕʰiɛn¹³xan⁴⁴u⁴⁴ta⁰]

最后哩等到有一年发大水哩，[tsei²⁵xou³³ni⁰tən²¹tau³³iou²¹i⁵⁵niɛn¹³fa⁵⁵xa³³suei²¹ni⁰]

就把那个堤呃冲垮哒。[tɕʰiou³³pa²¹nɤ²⁵kɤ⁰tʰi¹³ɤ⁰tsʰoŋ⁴⁴kʰua²¹ta⁰]

呃，淹死，汤死了好多人啦，[ɤ⁰, iɛn⁴⁴sʅ²¹, u⁵⁵sʅ²¹na⁰xau²¹to⁴⁴zən¹³na⁰] 汤：淹

好多人无家可回了，[xau²¹to⁴⁴zən¹³u¹³tɕia⁴⁴kʰɤ²¹xuei¹³nɤ⁰]

很凄惨，那个景象。[xən²¹tɕʰi⁴⁴tsʰan²¹, nɤ⁵⁵kɤ⁰tɕin²¹ɕiaŋ³³]

最后传去传来哩，[tsei²⁵xou³³tsʰuɛn¹³kʰɯ⁴⁴tsʰuɛn¹³nai¹³ni⁰]

就也传到平子奇，那个，[tɕʰiou³³iɛ²¹tsʰuɛn¹³tau³³pʰin¹³tsʅ²¹tɕʰi¹³, nɤ²⁵kɤ⁰]

耳朵里去哒。[ɤ²¹tʰoŋ⁰ti⁰kʰɯ³³ta⁰]

他一去看去现场去哒，[tʰa⁴⁴i⁵⁵kʰɯ³³kʰan²⁵kʰɯ³³ɕiɛn³³tsʰaŋ²¹kʰɯ³³ta⁰]

他觉得哩，[tʰa⁴⁴tɕio⁵⁵tɤ⁰ni⁰]

迾稳定是这个呃亲戚的那个，[niɛ³³uən²¹tin³³sʅ³³tsɤ³³kɤ⁰ɤ⁰tɕʰin⁴⁴tɕʰi³³ti⁰nɤ²⁵kɤ⁰] 稳定：肯定

呃啊，是他犯的罪。[ɤ⁰a⁰, sʅ³³tʰa⁴⁴fan³³ti⁰tsʰei³³]

但是哩，他那个亲戚晓得他来了，[tan³³sʅ³³ni⁰, tʰa⁴⁴nɤ²⁵kɤ⁰tɕʰin⁴⁴tɕʰi³³ɕiau²¹tɤ⁰tʰa⁴⁴nai¹³ta⁰]

就跟他说好话，请他吃。[tɕiou³³kən⁴⁴tʰa⁴⁴suɤ⁵⁵xau²¹xua³³, tɕʰin²¹tʰa⁵⁵tɕʰi⁵⁵]

就说哩，迾个事你就不出头好不好哒，[tɕiou³³suɤ⁵⁵ni⁰, niɛ²⁵ɤ⁰sʅ³³ni²¹tɕiou³³

pu⁵⁵ tsʰʅ⁵⁵ tʰou¹³ xau²¹ pu²⁵ xau²¹ ta⁰〕

不管哪么说么我们还是个亲戚。〔pu⁵⁵ kuɛn²¹ na²¹ mo²¹ suɤ⁵⁵ mo⁰ ŋo²¹ mən⁰ xai¹³ sʅ³³ ko⁰ tɕʰin⁴⁴ tɕi³³〕

我也承认我啊犯哒罪，〔ŋo²¹ iɛ²¹ tsʰən¹³ zən³³ ŋo²¹ a⁰ fan³³ ta⁰ tsʰei³³〕

如果说现在上面在追究迿个事，〔ʅ¹³ ko²¹ suɤ⁵⁵ ɕiɛn³³ tsai³³ saŋ³³ miɛn³³ tsai²¹ tsuei⁴⁴ tɕiou⁴⁴ nɤ⁴⁴ kɤ⁰ sʅ³³〕

对不对，你还夹的空里迿么一搞，〔tei²⁵ pu⁰ tei³³，ni²¹ xai¹³ ka⁵⁵ ti⁰ kʰoŋ³³ ti⁰ nɤ³³ nɤ⁰ i⁵⁵ kau²¹〕

那我只有死得成哒！〔no³³ ŋo²¹ tsʅ⁵⁵ iou²¹ sʅ²¹ tɤ⁰ tsʰən¹³ ta⁰〕

但是哩平子奇哩，〔tan³³ sʅ³³ ni⁰ pʰin¹³ tsʅ²¹ tɕʰi¹³ ni⁰〕

还是为老百姓知晓，〔xai¹³ sʅ³³ uei¹³ nau²¹ po⁵⁵ ɕin³³ tsʅ⁴⁴ ɕiau²¹〕

硬是主持正义。〔ŋən³³ sʅ³³ tsʅ²¹ tsʰʅ¹³ tsən²⁵ i³³〕

饭是吃了的，〔fan³³ sʅ³³ tɕʰi⁵⁵ ɤ⁰ ti⁰〕

但是我独独吃哒饭，〔tan³³ sʅ³³ ŋo²¹ tu¹³ tu¹³ tɕʰi⁵⁵ ta⁰ fan³³〕

但是我就，人走了我暂时不说你。〔tan³³ sʅ³³ ŋo²¹ tɕiou³³，zən¹³ tsou²¹ nɤ⁰ ŋo²¹ tsʰan³³ sʅ¹³ pu⁵⁵ suɤ⁵⁵ ni²¹〕

但是以后哩，等到省里面啦，〔tan³³ sʅ³³ i²¹ xou³³ ni⁰，tən²¹ tau³³ sən²¹ ni²¹ miɛn³³ na⁰〕

按照现在说，荆州知府啊，〔ŋan³³ tsau³³ ɕiɛn³³ tsai³³ suɤ⁵⁵，tɕin⁴⁴ tsou⁴⁴ tsʅ³³ fu²¹ a⁰〕

来人调查时候哩，〔nai¹³ zən¹³ tiau²⁵ tsʰa¹³ sʅ¹³ xou²¹ ni⁰〕

他写哒两句话。〔tʰa⁴⁴ ɕiɛ²¹ ta⁰ niaŋ²¹ tsʅ³³ xua³³〕

哪两句话哩，〔na²¹ niaŋ²¹ tsʅ³³ xua³³ ni⁰〕

他说写的么什啊？〔tʰa⁴⁴ suɤ⁵⁵ ɕiɛ²¹ ti⁰ mo²¹ sʅ³³ a⁰〕

半堤水，悠悠风，〔puɛn²⁵ tʰi¹³ suei²¹，iou⁴⁴ iou⁴⁴ foŋ⁴⁴〕

太阳晒倒朱三弓。〔xai²⁵ iaŋ¹³ sai³³ tau²¹ tsʅ⁴⁴ san⁴⁴ koŋ⁴⁴〕

结果哩，上面来查的人啦，〔tɕiɛ⁵⁵ ko²¹ ni⁰，saŋ³³ miɛn³³ nai¹³ tsʰa¹³ ti⁰ zən¹³ na⁰〕

看了迿两句话以后，〔kʰan²⁵ nɤ⁰ niɛ²⁵ niaŋ²¹ tsʅ³³ xua³³ i²¹ xou³³〕

立即把那个堤防杀头哒。〔ni⁵⁵ tɕi²⁵ pa²¹ nɤ⁴⁴ kɤ⁰ tʰi¹³ faŋ¹³ sa⁵⁵ tʰou¹³ ta⁰〕

那是个么子话哩？〔nɤ²⁵ sʅ³³ kɤ⁰ mo²¹ tsʅ⁰ xua³³ ni⁰〕

他那说的是从反话来说的。〔tʰa⁴⁴ nɤ³³ suɤ⁵⁵ ti⁰ sʅ³³ tsʰoŋ¹³ fan²¹ xua³³ nai¹³ suɤ⁵⁵ ti⁰〕

他那是说叫平子奇叫官棍，〔tʰa⁴⁴ nɤ³³ sʅ³³ suɤ⁵⁵ tɕiau³³ pʰin¹³ tsʅ²¹ tɕʰi¹³ tɕiau³³ kuan⁴⁴ kuən³³〕

他就是会写状词。〔tʰa⁴⁴ tɕiou³³ sʅ³³ xuei³³ ɕiɛ²¹ tsʰaŋ³³ tsʅ¹³〕

大家一听就明白哒呐：〔ta³³ tɕia⁴⁴ i⁵⁵ tʰin⁴⁴ tɕiou³³ min¹³ po¹³ ta⁰ nɤ⁰〕

只有半堤水，[tsɿ⁵⁵ iou²¹ puɛn²⁵ tʰi¹³ suei²¹]

还只有悠悠风，[xai¹³ tsɿ⁵⁵ iou²¹ iou⁴⁴ iou⁴⁴ foŋ⁴⁴]

悠悠风就是我们那说的一滴尕风，[iou⁴⁴ iou⁴⁴ foŋ⁴⁴ tɕiou³³ sɿ³³ ŋo²¹ mən⁰ no³³ suɤ⁵⁵ ti⁰ i⁵⁵ ti⁵⁵ kʰa⁵⁵ foŋ⁴⁴]一滴尕：一丁点，很小

那个堤它怎么倒哒，怎么垮哒哩，[nɤ⁴⁵ kɤ⁰ xi¹³ tʰa⁴⁵ tsən²¹ mə⁰ tau²¹ ta⁰，tsən²¹ mɤ⁰ kʰua²¹ ta⁰ ni⁰]

汤死那么多人哩？[u⁵⁵ sɿ²¹ nɤ³³ mo⁰ to⁴⁵ zən¹³ ni⁰]

那个堤太阳晒倒的。[nɤ⁴⁴ kɤ⁰ xi¹³ tʰai²⁵ iaŋ¹³ sai³³ tau²¹ ti⁰]

那说明呐像那么反过来说哩，[nə³³ suɤ⁵⁵ min¹³ na⁰ tɕʰiaŋ⁴⁴ nɤ²⁵ mɤ⁰ fan²¹ ko³³ nai¹³ suɤ⁵⁵ ni⁰]

正话反说以后啊，[tsən²⁵ xua³³ fan²¹ suɤ⁵⁵ i²¹ xou³³ a⁰]

就送哒那个堤防的命。[tɕiou³³ soŋ²⁵ ta⁰ mɤ²⁵ kɤ⁰ tʰi¹³ faŋ¹³ ti⁰ min³³]

意译：我再讲一个平子奇的故事。因为平子奇的故事在我们那里流传的比较多，而且，特别是关于他做的好事，在我们民间流传的很多。这次我说的是什么事？我说个发洪水的故事。

故事也不知是哪一年，我们肯定也不清楚。因为我们监利紧邻着长江，有时候长江一发大水，我们那里有的地方也会淹水，就是倒长江堤，长江干堤。有一年发大水，可能是在荆江大堤，我们那里也叫荆江大堤。这个长江干堤的外面另有一个堤，一个坝子，那个地方叫朱三弓。但是管理这处堤防的，他们说还是平子奇的某个亲戚。他在准备修堤防时，按现在的话说就是偷工减料，比如派劳力偷工减料，反正下面该收的款项、劳动力都收齐了，但都被他贪污了。最后有一年发大水，把那个堤冲垮了。淹死了很多人，很多人无家可归，景象很凄惨。

这件事传到了平子奇耳朵里。平子奇到现场一看，觉得这肯定是亲戚犯下的罪。但他的亲戚知道他来了，就跟他说好话，请他吃饭，就说这个事情你就不要出头了，好不好？不管怎么说，我们还是亲戚，我也承认我犯了罪，如果现在上级追究这个事故，你还在这里面一掺和，那我死定了。但平子奇还是为老百姓考虑，坚持主持正义。他说，我是吃了你的饭，但我仅是吃了饭而已，我先走了，我现在暂时不说你。但是后来等省里，按现在来说，荆州知府来人调查的时候，平子奇就写了两句话。哪两句话，他写的什么？半堤水，悠悠风，太阳晒倒朱三弓。结果，上级检查的人看了这两句话后，立即将那位堤防官杀了头。这是个什么话呢？他这是从反话来说的。这是说，叫平子奇官棍，是因为他会写状词。大家一听就明白了：只有半堤水，还只有悠悠的风，悠悠风就是一点点微风，那这个堤却怎么倒了，还淹死那么多人呢？那个堤还是太阳晒倒的！这说明那两句是

反过来说的。正话反说以后，就送了那个堤防官的命。

四　自选条目

0031 自选条目

湿手袱子抹鼓，揩（开）皮。[ʂʅ⁵⁵ sou²¹ fu¹³ tsʅ³³ ma⁵⁵ ku²¹, kʰai⁴⁴ pʰi¹³] 手袱子：手巾

意译：用湿手巾擦鼓，揩拭鼓皮。"揩皮"谐音"开皮"，意指骂人、指责他人。

0032 自选条目

瞎子妣妣得孙儿，冇得眼睛看。[xa⁵⁵ tsʅ³³ pa³³ pa³³ tɤ¹³ sɤ⁴⁴ ɯ¹³, mau³³ tɤ¹³ an²¹ tɕin³³ kʰan³³] 妣妣：婆婆。冇得：没有

意译：瞎子婆婆得了孙儿，却看不到。意指有福却享受不了。

0033 自选条目

正月十五贴对子，迟哒半个月。[tsən⁴⁴ ɥɛ⁵⁵ ʂʅ¹³ u²¹ tʰiɛ⁵⁵ tei²⁵ tsʅ³³, tsʰʅ¹³ ta⁰ puɛn²⁵ kɤ⁰ ɥɛ⁵⁵]

意译：正月十五贴对联，晚了半个月。意指事情虽好，但是办晚了。

0034 自选条目

月母子吃鸡子，拿命换来的。[ɥɛ⁵⁵ mu²¹ tsʅ³³ tɕʰi⁵⁵ tɕi⁴⁴ tsʅ³³, na¹³ min³³ xuɛn³³ nai¹³ ti⁰]

意译：坐月子吃鸡，是用一条新生命换来的。意指代价很大。

0035 自选条目

告花子吃现饭，自讨的。[kau³³ xua⁴⁴ tsʅ³³ tɕʰi⁵⁵ ɕiɛn³³ fan³³, tsʰʅ³³ xau²¹ ti⁰] 告花子：叫花子，乞丐

意译：叫花子吃剩饭，这是自己讨来的。意指自讨苦吃，怨不得别人。

0036 自选条目

寡妇死儿子，冇得指望哒。[kua²¹ fu³³ sʅ²¹ ɯ¹³ tsʅ²¹, mau³³ tɤ⁰ tsʅ²¹ uaŋ³³ ta⁰] 冇得：没有

意译：寡妇死了儿子，没有指望了。意指连最后的希望也没有了。

0037 自选条目

两个哑巴一头睡，冇得话说。[niaŋ²¹kɤ⁰a²¹pa³³i⁵⁵xou¹³suei³³, mau³³tɤ⁰xua³³suɤ⁵⁵]

意译：两个哑巴睡在一头，也无话可说。意指无法交流或用不着交流。

0038 自选条目

强盗偷石磙，加劳力换钱。[tɕʰiaŋ¹³tʰouᵗʰou⁴⁴sʅ⁵⁵kuən²¹, tɕia⁴⁴nau¹³ni⁵⁵xuɛn³³tɕʰiɛn¹³] 石磙：用来碾压稻谷使之脱粒的石头轱辘

意译：强盗偷石磙，还要花力气背去换钱。意指自讨苦吃。

0039 自选条目

懒散木匠的锯子，不锉（错）。[nan²¹sen¹³mu⁵⁵tɕiaŋ²¹ti⁰tsʅ²⁵tsʅ⁰, pu⁵⁵tsʰo²⁵]

意译：懒惰木匠的锯子，从不锉磨。"不锉"谐音"不错"，意指事情还行。

0040 自选条目

强盗打官司，场场输。[tɕʰiaŋ¹³tʰou⁰ta²¹kuɛn⁴⁴sʅ⁴⁴, tsʰaŋ²¹tsʰaŋ²¹sʅ⁴⁴]

意译：强盗打官司，每次都输。意指经常失败。

0041 自选条目

坟茔顶上刷陀螺，尖碰尖。[fən¹³uaŋ¹³tin²¹saŋ³³sua⁵⁵tɤ⁵⁵no¹³, tɕiɛn⁴⁴pʰaŋ²¹tɕiɛn⁴⁴] 坟茔：坟墓

意译：坟墓顶上刷陀螺，坟尖碰陀螺尖。意指硬碰硬。

0042 自选条目

茅厕板子[高头]开铺，离屎（死）不远。[mau¹³tsʰʅ³³pan²¹tsʅ³³kau⁴⁴kʰai⁴⁴pʰu³³, ni¹³sʅ²¹pu⁵⁵yan²¹] 茅厕：厕所

意译：厕所板子上面放铺盖，离屎（死）不远。谐音，意指离死不远。

0043 自选条目

茅厕里开沟，流（牛）屎。[mau¹³tsʰʅ³³ti⁰kʰai⁴⁴kou⁴⁴, niou¹³sʅ²¹]

意译：厕所里开水沟，让屎流动。"流屎"谐音"牛屎"，意指无用、无能。

0044 自选条目

孔夫子搬家，只有书（输）。[kʰoŋ²¹ fu⁴⁴ tsʅ²¹ puɛn⁴⁴ tɕia⁴⁴，tsʅ⁵⁵ iou²¹ sʅ⁴⁴]

意译：孔夫子搬家，只有书（输）。谐音，意指只有失败。

0045 自选条目

鸭子死哒，嘴壳子硬。[ŋa⁵⁵ tsʅ³³ sʅ²¹ ta⁰，tɕi²¹ kʰo¹³ tsʅ³³ ŋən³³]

意译：鸭子死了，嘴壳还是硬的。意指犯错之后还死不承认。

0046 自选条目

狗子赶鸭子，呱呱叫。[kou²¹ tsʅ³³ kan²¹ ŋa⁵⁵ tsʅ³³，kua⁴⁴ kua⁴⁴ tɕiau²⁵]

意译：狗子赶鸭子，鸭子吓得呱呱叫。"呱呱叫"语义双关，指称赞某人或某事很好。

0047 自选条目

瞎子放鞭，冇得眼（引）。[xa⁵⁵ tsʅ³³ faŋ³³ piɛn⁴⁴，mau³³ tɤ⁰ iɛn²¹]

意译：瞎子放鞭，没眼看引线。"眼"谐音"引"，喻指事情不知从何入手。

0048 自选条目

瞎子打老婆，哈⁼倒一次是一次。[xa⁵⁵ tsʅ³³ ta²¹ nau²¹ pʰo¹³，xa⁴⁴ tau⁴⁴ i⁵⁵ tsʰʅ³³ sʅ³³ i⁵⁵ tsʰʅ³³]

意译：瞎子打老婆，抓住一次是一次。意指机会难得，抓住一次便不放过。

0049 自选条目

周瑜打黄盖，一个愿打，一个愿挨。[tsou⁴⁴ ʯ¹³ ta²¹ xuaŋ¹³ kai²⁵，i⁵⁵ kɤ⁰ yan³³ ta²¹ i⁵⁵ kɤ⁰ yan³³ ai¹³]

意译：周瑜打黄盖，一个愿打，一个愿挨。意指双方都心甘情愿。

0050 自选条目

瞎子点灯，白费蜡。[xa⁴⁴ tsʅ³³ tiɛn²¹ tən⁴⁴，pʰɤ⁵⁵ fei³³ na⁵⁵]

意译：瞎子点灯，白费蜡。意指白费力气。

0051 自选条目

哑巴吃汤圆子，心中有数。[a²¹ pa³³ tɕʰi⁵⁵ tʰaŋ⁴⁴ yan¹³ tsʅ³³，ɕin⁴⁴ tsoŋ⁴⁴ iou²¹ sou²⁵]

意译：哑巴吃汤圆，嘴里说不出，但心中有数。意指对情况一清二楚。

0052 自选条目

茅厕板子[高头]架桨，撬屎（死）。[mau¹³tsʰʅ³³pan²¹tsʅ³³kau⁰tɕia²⁵tɕiaŋ²¹,tɕʰiau⁴⁴sʅ²¹]

意译：茅厕板子上面架桨，撬动屎。"撬屎"谐音"翘死"，"翘死"意为找死。

0053 自选条目

狗子长角，装羊（佯）。[kou²¹tsʅ³³tsaŋ²¹ko⁵⁵, tsuaŋ⁴⁴iaŋ¹³]

意译：狗子头上长角，假装成羊。"羊"谐音"佯"，"装佯"意指装模作样。

0054 自选条目

狗子吃粽子，无解。[kou²¹tsʅ³³tɕʰi⁵⁵tsoŋ²⁵tsʅ³³, u¹³kai²¹]

意译：狗子吃粽子，可是无法解开。意指没有办法或不用再想其他办法。

0055 自选条目

大姑娘养伢儿，吃亏不讨好。[xa³³ku⁴⁴niaŋ¹³iaŋ²¹a¹³ɯ¹³, tɕʰi⁵⁵kʰuei⁴⁴pu⁵⁵tʰau²¹xau²¹]

意译：大姑娘养孩子，吃了亏反而被人说闲话。意指费力不讨好。

0056 自选条目

屙屎打喷嚏，两头折本。[ɤ⁴⁴sʅ²¹ta²¹fən⁴⁴tɕʰio⁰, niaŋ²¹tʰou¹³sɤ⁵⁵pən²¹]

意译：屙屎又打喷嚏，两头折本。意指坏事接连而来或指两头不讨好。

0057 自选条目

老鼠爬秤杆，自称自。[nau²¹sʅ²¹pʰa¹³tsʰən²⁵kan²¹, tsʅ³³tsʰən⁴⁴tsʅ³³]

意译：老鼠爬到秤钩上，自己称自己的体重。"自称自"语义双关，意指自我吹嘘。

0058 自选条目

哑巴喊门，拍板。[a²¹pa³³xan²¹mən¹³, pʰɤ⁵⁵pan²¹]

意译：哑巴叫门，只能拍门板。"拍板"语义双关，意指做决定。

0059 自选条目

豆鸡子打屁，稀奇。[xou³³ tɕi⁴⁴ tsɿ³³ ta²¹ pʰi³³ ，ɕi⁴⁴ tɕʰi¹³]

意译：豆鸡子打屁，稀奇之事。意指某事很少见。

0060 自选条目

新姑娘上轿，头一回。[ɕin⁴⁴ ku⁴⁴ niaŋ¹³ saŋ³³ tɕiau³³，tʰou¹³ i⁵⁵ xuei¹³]

意译：新娘子上花轿只能是第一次，意指第一次做某事。

0061 自选条目

吃哒五月粽，寒衣不可送。[tɕʰi⁵⁵ ta⁰ u²¹ ɣɛ⁵⁵ tsoŋ²⁵，xan¹³ i⁴⁴ pu⁵⁵ kʰo²¹ soŋ³³]

意译：吃了五月粽，这时节还不能把寒衣拿开。意指即使到五月，也会有很冷的天气。

0062 自选条目

二月二十五，冻死老寡妇。[ɯ³³ ɣɛ⁵⁵ ɯ³³ sɿ⁵⁵ u²¹，toŋ²⁵ sɿ²¹ nau²¹ kua²¹ fu³³]

意译：二月二十五，冻死老寡妇。意指二月之时，天气仍会很冷。

0063 自选条目

三月三，九月九，[san⁴⁴ ɣɛ⁵⁵ san⁴⁴，tɕiou²¹ ɣɛ⁵⁵ tɕiou²¹]

无事不到江边走。[u¹³ sɿ³³ pu⁵⁵ tau³³ tɕiaŋ⁴⁴ piɛn⁴⁴ tsou²¹]

意译：三月三，九月九，没事不要到江边走。指三月三和九月九之时，经常会有大风，在江边行走容易失足。

0064 自选条目

闰七不闰八，闰八该刀杀。[ɣən³³ tɕʰi⁵⁵ pu⁵⁵ ɣən³³ pa⁵⁵，ɣən³³ pa⁵⁵ kai⁴⁴ tau⁴⁴ sa⁵⁵]

意译：可以闰七月但不可以闰八月，闰八月会有刀光之灾。旧时迷信说法。

0065 自选条目

七九河开，八九雁来。[tɕʰi⁵⁵ tɕiou²¹ xo¹³ kʰai⁴⁴，pa⁵⁵ tɕiou²¹ ŋan³³ nai¹³]

意译：七九冰河解冻，八九大雁从南方飞来，气候逐渐变暖了。

0066 自选条目
月亮长毛,大雨滔滔。[ɣɛ⁵⁵niaŋ³³tsaŋ²¹mau¹³, xa³³ɿ²¹xau¹³xau¹³]
意译:出现月晕,就会有大雨下。

0067 自选条目
三月三,冻死老单身汉。[san⁴⁴ɣɛ⁵⁵san⁴⁴, toŋ²⁵sɿ²¹nau²¹tan⁴⁴sən⁴⁴xan³³]
意译:三月三,天气仍会很冷,会冻死老单身汉。

0068 自选条目
早上发霞,等水烧茶;[tsau²¹saŋ³³fa⁵⁵ɕia¹³, tən²¹suei²¹sau⁴⁴tsʰa¹³]
晚上发霞,干死蛤蟆。[uan²¹saŋ³³fa⁵⁵ɕia¹³, kan⁴⁴sɿ²¹kʰɤ¹³ma⁰]
意译:早上发霞,会有大雨,烧茶的水都不用自己去接;晚上发霞,会是大晴天,连蛤蟆都要干死。

0069 自选条目
早起三早带一工,[tsau²¹tɕʰi²¹san⁴⁴tsau²¹tai³³i⁵⁵koŋ⁴⁴]
免得求人落下风。[miɛn²¹tɤ⁰tɕʰiou¹³ən¹³no⁵⁵ɕia³³foŋ⁴⁴]
意译:连起三个早上,就相当于多了一个工时,如此勤劳就不会落人下风。

0070 自选条目
你不给我的磨刀雨,[ni²¹pu⁵⁵kɤ²¹ŋo²¹ti⁰mo¹³tau⁴⁴ɿ²¹]
我就不等你晒龙衣。[ŋo²¹tɕiou³³pu⁵⁵tən²¹ni²¹sai³³noŋ¹³i⁴⁴]
意译:传说每年五月三十神仙要磨刀,六月初六龙王要晒衣。你龙王不下雨让我磨刀,我就不出太阳让你龙王晒衣。用于气象农谚,意指如果五月三十不下雨的话,六月初六一定不会出太阳。也可表示要礼尚往来,你不给人家方便,人家也不给你方便。

0071 自选条目
通你的姆妈。[tʰoŋ⁴⁴ni²¹ti⁰m̩²¹ma⁰]
意译:詈语,相当于"日你妈的"。

0072 自选条目
你个浪打沙埋的。[ni²¹kɤ⁰naŋ³³ta²¹sa⁴⁴mai¹³ti⁰]

意译：你这个要遭浪打死、被沙埋掉的东西。詈语，相当于"你个不得好死的"。

0073 自选条目
你个姨婆子养的。[ni²¹ kɤ⁰ i¹³ pʰo¹³ tsʅ⁰ iaŋ²¹ ti⁰]
意译：詈语，相当于"你这个私生子"。

0074 自选条目
把你姆妈一卤呃。[pa²¹ ni²¹ m̩²¹ ma⁰ i⁵⁵ nou²¹ ɤ⁰]
意译：詈语，相当于"去你妈的"。

0075 自选条目
这个臭婊子养的。[tsɤ³³ kɤ⁰ tsʰou³³ piau²¹ tsʅ²¹ iaŋ²¹ ti⁰]
意译：詈语，即"你这个婊子养的"。

0076 自选条目
人老血气衰，[ən¹³ nau²¹ ɕyɛ⁵⁵ tɕʰi³³ suai⁴⁴]
屙尿打湿鞋。[uo⁴⁴ iau³³ ta²¹ sʅ⁵⁵ xai¹³]
迎风就流泪，[in¹³ foŋ⁴⁴ tɕʰiou³³ niou¹³ nei³³]
一咳屁出来。[i⁵⁵ kʰən²¹ pʰi³³ tsʰʅ⁵⁵ nai¹³]
意译：人老血气开始衰减，屙尿会打湿鞋子，迎风就会流泪，咳嗽屁会出来。意指人老之后血气变衰，各种功能开始变弱。

0077 自选条目
你们只看到强盗吃肉，[ni²¹ mən¹³ tsʅ⁵⁵ kʰan³³ tau⁰ tɕʰiaŋ¹³ tʰou⁰ tɕʰi⁵⁵ zou⁵⁵]
冇看到强盗吃家伙。[mau³³ kʰan³³ tau⁰ tɕʰiaŋ¹³ tʰou⁰ tɕʰi⁵⁵ tɕia⁴⁴ xo⁰] 吃家伙：挨棍棒，挨打
意译：只看到强盗吃肉，没看到强盗被打。意指只羡慕别人享受的一面，却不了解别人辛苦的一面。

0078 自选条目
有借有还，[iou²¹ tɕiɛ³³ iou²¹ xuan¹³]
再借不难。[tsai³³ tɕiɛ³³ pu⁵⁵ nan¹³]

如若不还,［ʅ¹³ io⁵⁵ pu⁵⁵ xuan¹³］
全家死光。［tsʰɥɛn¹³ tɕia⁴⁴ sʅ²¹ kuaŋ⁴⁴］
意译:借东西按时归还,再借就不难。假如借了不还,会被人诅咒。

0079 自选条目
二十一,［ɯ³³ sʅ⁵⁵ i⁵⁵］
买纸笔。［mai²¹ tsʅ²¹ pi⁵⁵］
二十二,［ɯ³³ sʅ⁵⁵ ɯ³³］
写对子。［ɕiɛ²¹ ti²⁵ tsʅ⁰］
二十三,［ɯ³³ sʅ⁵⁵ san⁴⁴］
煨灶汤。［uei⁴⁴ tsau²⁵ xaŋ⁴⁴］
二十四,［ɯ³³ sʅ⁵⁵ sʅ²⁵］
过小年。［ko³³ ɕiau²¹ iɛn¹³］
二十五,［ɯ³³ sʅ⁵⁵ u²¹］
打豆腐。［ta²¹ xou³³ fu²¹］
二十六,［ɯ³³ sʅ⁵⁵ nou⁵⁵］
蒸腊肉。［tsən⁴⁴ na⁵⁵ ʐou⁵⁵］
二十七,［ɯ³³ sʅ⁵⁵ tɕʰi⁵⁵］
扫屋脊。［sau²¹ u⁵⁵ tɕi⁵⁵］
二十八,［ɯ³³ sʅ⁵⁵ pa⁵⁵］
赶鸡杀。［kan²¹ tɕi⁴⁴ sa⁵⁵］
二十九,［ɯ³³ sʅ⁵⁵ tɕiou²¹］
倒着数。［tau²⁵ tau⁰ sou²¹］
三十初一喝甜酒。［san⁴⁴ sʅ¹³ tsʰou⁴⁴ i⁵⁵ xo⁵⁵ tʰiɛn¹³ tɕiou²¹］

意译:腊月二十一,买好纸和笔。腊月二十二,写副对联子。腊月二十三,灶里煨好汤。腊月二十四,欢喜过小年。腊月二十五,磨好新豆腐。腊月二十六,蒸好香腊肉。腊月二十七,迎新扫屋脊。腊月二十八,赶紧把鸡杀。腊月二十九,时间倒着数。三十初一喝甜酒。

0080 自选条目
舍得八分钱,［sɤ²¹ tɤ⁰ pa⁵⁵ fən⁴⁴ tɕʰiɛn¹³］
够你拖半年。［kou³³ ni²¹ xo⁵⁵ puɛn³³ niɛn¹³］
舍得一角六,［sɤ²¹ tɤ⁰ i⁵⁵ tɕio⁵⁵ nou⁵⁵］

不把你搞走，[pu⁵⁵ pa²¹ ni²¹ kau²¹ tsou²¹]
也把你搞臭。[iɛ²¹ pa²¹ ni²¹ kau²¹ tsʰou³³]

意译：舍得八分钱，够你拖半年。舍得一角六，不把你搞走，也把你搞臭。（"八分钱"指花八分钱的邮票去寄一封举报信，上级调查问题会折腾你半年；"一角六"指寄两封举报信，不把你轰走也要把你名声搞臭。）

0081 自选条目

地米子菜，蒸蒸菜，[xi³³ mi²¹ tsʅ⁰ tsʰai³³，tsən⁴⁴ tsən⁴⁴ tsʰai³³]
好吃婆娘拿碗来。[xau²⁵ tɕʰi⁵⁵ pʰo¹³ nian¹³ na²¹ uɛn²¹ nai¹³] 好吃：馋嘴
吃一碗，添一碗。[tɕʰi⁵⁵ i⁵⁵ uɛn²¹，tʰiɛn⁴⁴ i⁵⁵ uɛn²¹]
冇得哒，[mau³³ tɤ⁵⁵ ta⁰] 冇得：没有
到厨房里打连滚。[tau³³ tsʰʅ¹³ faŋ¹³ ti⁰ ta²¹ niɛn²⁵ kuən²¹]

意译：地米菜，蒸蒸菜，馋嘴的婆娘赶紧拿碗来。吃了一碗，又添一碗。等到菜没有了，就在厨房里急得连打滚。

0082 自选条目

缺牙齿，收猪屎。[tsʰɥɛ⁵⁵ a¹³ tsʰʅ²¹，sou⁴⁴ tsʅ⁴⁴ sʅ²¹]
一收一袖子，[i⁵⁵ sou⁴⁴ i⁵⁵ ɕiou³³ tsʅ³³]
回去接舅子。[xuei¹³ kʰɯ³³ tɕiɛ⁵⁵ tɕʰiou³³ tsʅ³³]
一收一箩筐，[i⁵⁵ sou⁴⁴ i⁵⁵ no¹³ kʰuaŋ⁴⁴]
回去接婆娘。[xuei¹³ kʰɯ³³ tɕiɛ⁵⁵ pʰo¹³ nian¹³]

意译：缺牙齿，收猪屎。一收一袖子，回去接舅子。一收一箩筐，回去接婆娘（"缺牙齿"指牙齿掉一两颗后，看上去像个可以拾粪的耙子）。

0083 自选条目

小伢儿见到娘，[ɕiau²¹ a¹³ u¹³ tɕiɛn³³ tau⁰ iaŋ¹³] 小伢儿：小孩子
无事要哭一场。[u¹³ sʅ³³ iau³³ kʰu⁵⁵ i⁵⁵ tsʰaŋ²¹]

意译：小孩子见了娘，没事也要哭一场。意指小孩子爱在母亲前撒娇。

0084 自选条目

心好不用斋，[ɕin⁴⁴ xau²¹ pu⁵⁵ ioŋ³³ tsai⁴⁴]
人老不用乖。[ən¹³ nau²¹ pu⁵⁵ ioŋ³³ kuai⁴⁴]
杀猪佬他要朝南海啊，[sa⁵⁵ tsʅ⁴⁴ nau²¹ xa⁴⁴ iau³³ tsʰau¹³ nan¹³ xai²¹ a⁰]

菩萨爹爹把他送回来。[pʰu¹³sa³³tia⁴⁴tia⁰pa²¹xa⁴⁴soŋ³³xuei¹³nai¹³]

意译：心好就用不着吃斋，人老就用不着取悦他人。杀猪的屠户即便想要去拜南海观音，菩萨老爷也要把他赶回来。意指与其装饰外表，不如修整内心。

0085 自选条目

千里水域不产粮，打一监利地名。（荒湖）[tɕʰien⁴⁴ni²¹suei²¹ʯ²⁵pu⁵⁵tsʰan²¹niaŋ¹³，ta²¹i⁵⁵tɕien²⁵ni³³ti³³min¹³。xuaŋ⁴⁴xu¹³]

意译：千里水域不产粮，打一监利地名。荒湖。

0086 自选条目

小伢儿七天长胡子，打一监利地名。（周老）[ɕiau²¹a¹³ɯ¹³tɕʰi⁵⁵tʰien⁴⁴tsaŋ²¹xu¹³tsʅ⁰，ta²¹i⁵⁵tɕien²⁵ni³³ti³³min¹³。tsou⁴⁴nau²¹]

意译：小孩子七天长胡子，打一监利地名。周老。

0087 自选条目

司机不肯走直路，打一监利地名。（上车湾）[sʅ⁴⁴tɕi⁴⁴pu⁵⁵kʰən²¹tsou²¹tsʰʅ⁵⁵nou³³，ta²¹i⁵⁵tɕien²⁵ni³³ti³³min¹³。saŋ³³tsʰɤ⁴⁴uan⁴⁴]

意译：司机不肯走直路，打一监利地名。上车湾。

0088 自选条目

四四方方一块洲，[sʅ²⁵sʅ³³faŋ⁴⁴faŋ⁴⁴i⁵⁵kʰuai²¹tsou⁴⁴]

打锣打鼓闹春秋。[ta²¹no¹³ta²¹ku²¹nau³³tsʰuən⁴⁴tɕʰiou⁴⁴]

亲生的姊妹不同娘，[tɕʰin⁴⁴sən⁴⁴ti⁰tsʅ²¹mei³³pu⁵⁵tʰoŋ¹³niaŋ¹³]

亲爱的夫妻不同床。[tɕʰin⁴⁴ai³³ti⁰fu⁴⁴tɕʰi⁴⁴pu⁵⁵tʰoŋ¹³tsʰaŋ¹³]

打一文艺形式。[ta²¹i⁵⁵uən¹³i³³ɕin¹³sʅ³³]

（演戏）[ien²¹ɕi²⁵]

意译：四四方方一块洲，打锣打鼓闹春秋。亲生的姊妹不同娘，亲爱的夫妻不同床。打一文艺形式。演戏。

0089 自选条目

唐诗，枫桥夜泊。[xan¹³sʅ⁴⁴foŋ⁴⁴tɕʰiau¹³ie³³pʰɤ⁵⁵]

作者，张继。[tso⁵⁵tsɤ²¹tsaŋ⁴⁴tɕi²⁵]

月落乌啼霜满天，[yɛ⁵⁵no³³u⁴⁴tʰi¹³suaŋ⁴⁴man²¹tʰien⁴⁴]

江枫渔火对愁眠。[tɕiaŋ⁴⁴ foŋ⁴⁴ y¹³ xo²¹ tei²⁵ tsʰou¹³ miɛn¹³]
姑苏城外寒山寺，[ku⁴⁴ sou⁴⁴ tsʰən¹³ uai³³ xan¹³ san⁴⁴ sɿ³³]
夜半钟声到客船。[iɛ³³ pan³³ tsoŋ⁴⁴ sən⁴⁴ tau³³ kʰɤ⁵⁵ tsʰuan¹³]

意译：唐诗《枫桥夜泊》。作者，张继。月落乌啼霜满天，江枫渔火对愁眠。姑苏城外寒山寺，夜半钟声到客船。

0090 自选条目

唐诗《黄鹤楼》，作者崔颢。[xan¹³ sɿ⁴⁴ xuaŋ¹³ xo⁵⁵ nou¹³，tso⁵⁵ tsɤ²¹ tsʰei⁴⁴ xau³³]
昔人已乘黄鹤去，[ɕi⁵⁵ zən¹³ i²¹ tsʰən¹³ xuaŋ¹³ xo⁵⁵ tɕʰy²⁵]
此地空余黄鹤楼。[tsʰɿ²¹ ti³³ kʰoŋ⁴⁴ ɥ¹³ xuaŋ¹³ xo⁵⁵ nou¹³]
黄鹤一去不复返，[xuaŋ¹³ xo⁵⁵ i⁵⁵ tɕʰy³³ pu⁵⁵ fu³³ fan²¹]
白云千载空悠悠。[pʰɤ⁵⁵ ɥən¹³ tɕʰiɛn⁴⁴ tsai²¹ kʰoŋ⁴⁴ iou⁴⁴ iou⁰]
晴川历历汉阳树，[tɕʰin¹³ tsʰuɛn⁴⁴ ni⁵⁵ ni⁰ xan²⁵ iaŋ¹³ sɿ³³]
芳草萋萋鹦鹉洲。[faŋ⁴⁴ tsʰau²¹ tɕʰi⁴⁴ tɕʰi⁴⁴ in⁴⁴ u²¹ tsou⁴⁴]
日暮乡关何处是，[ʐɿ⁵⁵ mu³³ ɕiaŋ⁴⁴ kuan⁴⁴ xo¹³ tsʰɿ³³ sɿ³³]
烟波江上使人愁。[iɛn⁴⁴ po⁴⁴ tɕiaŋ⁴⁴ saŋ³³ sɿ²¹ zən¹³ tsʰou¹³]

意译：唐诗《黄鹤楼》，作者崔颢。昔人已乘黄鹤去，此地空余黄鹤楼。黄鹤一去不复返，白云千载空悠悠。晴川历历汉阳树，芳草萋萋鹦鹉洲。日暮乡关何处是？烟波江上使人愁。

«
仙 桃 市

仙 桃

一 歌谣

0001 歌谣

鸦鹊子喳几喳呀呃，[ia⁴⁵ tɕʰyo⁰ tsʅ⁰ tɕia⁵³ tɕi³¹ tɕia⁵³ ia⁰ ɤ⁰] 鸦鹊子：喜鹊。喳几喳：喜鹊的叫声

老鸹啦哇几哇。[lau³¹ ua⁴⁵ la⁰ ua⁵³ tɕi³¹ ua⁵³] 老鸹：乌鸦。哇几哇：乌鸦的叫声

人家的女婿多么大呀，[ən¹³ tɕia⁴⁵ ti⁰ y³¹ ɕy⁵³ tuo⁴⁵ mo⁰ ta⁵³ ia⁰] 人家：别人。女婿：丈夫

我的女婿一滴尕呀，[uo³¹ ti⁰ y³¹ ɕy⁵³ i²⁴ ti⁴⁵ kʰa⁴⁵ ia⁰] 一滴尕：很小

我的妈妈子啥。[uo³¹ ti⁰ ma⁴⁵ ma⁰ tsʅ⁰ sa⁰] 我的妈妈子啥：衬词

站在那踏板上啊，[tsan⁵³ tsai⁵³ la⁵³ tʰa¹³ pan³¹ saŋ⁵³ a⁰] 踏板：旧时卧房床前放鞋的木板

冇得那两尺长啊，[mau⁵³ tɤ²⁴ la⁵³ liaŋ³¹ tsʰʅ²⁴ tsʰaŋ¹³ a⁰] 冇得：没有

我的妈妈子哟。[uo³¹ ti⁰ ma⁴⁵ ma⁰ tsʅ⁰ yo⁰] 我的妈妈子哟：衬词

意译：喜鹊叽叽喳喳，乌鸦"哇哇"叫。别人的丈夫很大，我的丈夫很小。站在踏板上，没有两尺长。

0002 歌谣

洪湖水呀浪呀嘛浪打浪啊。[xoŋ¹³ xu¹³ suei³¹ ia⁰ laŋ⁵³ ia⁰ ma⁰ laŋ⁵³ ta³¹ laŋ⁵³ a⁰]

洪湖岸边是呀嘛是家乡啊。[xoŋ¹³ xu¹³ an⁵³ piɛn⁴⁵ sʅ⁵³ ia⁰ ma⁰ sʅ⁵³ tɕia⁴⁵ ɕiaŋ⁴⁵ a⁰]

清早船儿去呀去撒网。[tɕʰin⁴⁵ tsau³¹ tsʰuan¹³ ɯ¹³ tɕʰy⁵³ ia⁰ tɕʰy⁵³ sa³¹ uaŋ³¹]

晚上回来鱼满仓。[uan³¹ saŋ⁵³ xuei¹³ lai¹³ y¹³ man³¹ tsʰaŋ⁴⁵]

啊，四，四处野鸭和莲藕。[a⁰, sʅ⁵³, sʅ⁵³ tsʰu⁵³ iɛ³¹ ia⁴⁵ xuo¹³ lin¹³ əu³¹]

秋收满怀稻谷香。[tɕʰiəu⁴⁵ səu⁴⁵ man³¹ xuai¹³ tau⁵³ ku²⁴ ɕiaŋ⁴⁵]

人人都说天堂美，[ən¹³ ən¹³ təu⁴⁵ suo²⁴ tʰiɛn⁴⁵ tʰaŋ¹³ mei³¹]

怎比我洪湖鱼米香，啊。[tsən³¹ pi³¹ uo³¹ xoŋ¹³ xu¹³ y¹³ mi³¹ ɕiaŋ⁴⁵，a⁰]

意译：洪湖水浪打浪。洪湖岸边是家乡。早上渔船去撒网。晚上回来捕了一满仓鱼。啊，到处都是野鸭和莲藕。秋天大丰收。人们都说天堂美，哪比得上洪湖的鱼米乡，啊。

二　规定故事

0021 牛郎和织女

古时候哩，[ku³¹ sʅ¹³ xəu⁰ li⁰]

有个小伙子，[iəu³¹ kɤ⁵³ ɕiau³¹ xuo³¹ tsʅ⁰]

他的爷姆妈哩都过世哒，[tʰa⁴⁵ ti⁰ ie¹³ m̩³¹ ma⁰ li⁰ təu⁴⁵ kuo⁵³ sʅ⁵³ ta⁰] 爷：父亲。姆妈：妈妈

家里面哩，[tɕia⁴⁵ li³¹ miɛn⁵³ li⁰]

就只有一头老牛和他相依为命。[tɕiəu⁵³ tsʅ²⁴ iəu¹³ i²⁴ tʰəu¹³ lau³¹ iəu¹³ xuo¹³ tʰa⁴⁵ ɕiaŋ⁴⁵ i⁴⁵ uei¹³ min⁵³]

这个老牛哩，[tsʅ⁴⁵ kɤ⁵³ lau³¹ iəu¹³ li⁰]

它其实是这个天上的这个金牛星下凡。[tʰa⁴⁵ tɕʰi¹³ sʅ¹³ sʅ⁵³ tsɤ⁴⁵ kuo⁵³ tʰiɛn⁴⁵ saŋ⁰ ti⁰ tsɤ⁴⁵ kuo⁵³ tɕin⁴⁵ iəu¹³ ɕin⁴⁵ ɕia⁵³ fan¹³]

老牛它非常喜欢这个小伙子的这个勤劳善良，[lau³¹ iəu¹³ tʰa⁴⁵ fei⁴⁵ tsʰaŋ¹³ ɕi³¹ xuan⁴⁵ tsɤ⁴⁵ kɤ⁵³ ɕiau³¹ xuo³¹ tsʅ⁰ ti⁰ tsɤ⁴⁵ kɤ⁵³ tɕʰin¹³ lau¹³ san⁵³ liaŋ¹³]

就想帮这个小伙子成一个家，[tɕiəu⁵³ ɕiaŋ³¹ paŋ⁴⁵ tsɤ⁴⁵ kɤ⁵³ ɕiau³¹ xuo³¹ tsʅ⁰ tsʰən¹³ i²⁴ kɤ⁵³ tɕia⁴⁵]

跟他找个媳妇。[kən⁴⁵ tʰa⁴⁵ tsau³¹ kɤ⁵³ ɕi²⁴ fu⁰] 跟：给。媳妇：妻子

有一天哩，[iəu³¹ i²⁴ tʰiɛn⁴⁵ li⁰]

这个老牛它得知这个天上的这个七仙女要下凡来洗澡。[tsʅ⁴⁵ kɤ⁵³ lau³¹ iəu¹³ tʰa⁴⁵ tɤ²⁴ tsʅ⁴⁵ tsɤ⁴⁵ kɤ⁵³ tʰiɛn⁴⁵ saŋ⁰ ti⁰ tsɤ⁴⁵ kɤ⁵³ tɕʰi²⁴ ɕiɛn⁴⁵ ly³¹ iau⁵³ ɕia⁵³ fan¹³ lai¹³ ɕi³¹ tsau³¹]

就哩托梦给这个牛郎，[tɕiəu⁵³ li⁰ tʰuo²⁴ moŋ⁵³ kɤ³¹ tsɤ⁴⁵ kɤ⁵³ iəu¹³ laŋ¹³]

告诉这个牛郎哩说，[kau⁵³ su⁵³ tsɤ⁴⁵ kɤ⁵³ iəu¹³ laŋ¹³ li⁰ suo²⁴]

要他第二天早上去这个东边的这个山脚下的这个湖豗里去。[iau⁵³ tʰa⁴⁵ ti⁵³ ɯ⁵³ tʰiɛn⁴⁵ tsau³¹ saŋ⁰ kʰɯ⁵³ tsɤ⁴⁵ kɤ⁵³ toŋ⁴⁵ piɛn⁴⁵ ti⁰ tsɤ⁴⁵ kɤ⁵³ san⁴⁵ tɕyo²⁴ ɕia⁵³ ti⁰ tsɤ⁴⁵ kɤ⁵³ xu¹³ təu²⁴ ti⁰ kʰɯ⁵³] 豗里：里面

河那边去，[xuo¹³ luo⁴⁵ piɛn⁴⁵ kʰɯ⁵³]

那里面哩，[luo⁴⁵ li³¹ miɛn⁵³ li⁰]

就会有七个女的来这边洗澡。[tɕiəu⁵³ xuei⁵³ iəu³¹ tɕʰi²⁴ kɤ⁵³ ly³¹ ti⁰ lai¹³ tsɤ⁴⁵ piɛn⁴⁵ ɕi³¹ tsau³¹]

要他这边哩偷一件衣裳，[iau⁵³ tʰa⁴⁵ tsɤ⁴⁵ piɛn⁴⁵ li⁰ tʰəu⁴⁵ i²⁴ tɕiɛn⁵³ i⁴⁵ saŋ⁰]

然后哩头也不回地就往屋里跑。[an¹³ xəu⁵³ li⁰ tʰəu¹³ ie³¹ pu²⁴ xuei¹³ ti⁰ tsəu⁵³ uaŋ³¹ u²⁴ li⁰ pʰau³¹]

等到这个第二天的时候，[tən³¹ tau⁵³ tsɤ⁴⁵ kɤ⁵³ ti⁵³ ɯ⁵³ tʰiɛn⁴⁵ ti⁰ sɿ¹³ xəu⁰]

这个牛郎哩就将信将疑的，[tsɤ⁴⁵ kɤ⁵³ iəu¹³ laŋ¹³ li⁰ tsəu⁵³ tɕiaŋ⁴⁵ ɕin⁵³ tɕiaŋ⁴⁵ i¹³ ti⁰]

就跑到了这个山东边的这个河边下，[tɕiəu⁵³ pʰau³¹ tau⁵³ lɤ⁰ tsɤ⁴⁵ kɤ⁵³ san⁴⁵ toŋ⁴⁵ piɛn⁴⁵ ti⁰ tsɤ⁴⁵ kɤ⁵³ xuo¹³ piɛn⁴⁵ xa⁰]

果不其然了，[kuo³¹ pu²⁴ tɕʰi¹³ an¹³ lɤ⁰]

他果然看到有七个美女在这个湖里面洗澡。[tʰa⁴⁵ kuo³¹ an¹³ kʰan⁵³ tau⁵³ iəu³¹ tɕʰi²⁴ kɤ⁵³ mei³¹ ly³¹ tsai⁵³ tsɤ⁴⁵ kɤ⁵³ xu¹³ li³¹ miɛn⁵³ ɕi³¹ tsau³¹]

他呃，他就把这个呃，[tʰa⁴⁵ ie³¹，tʰa⁴⁵ tɕiəu⁵³ pa³¹ tsɤ⁴⁵ kɤ⁵³ ie³¹]

树上挂的一个粉红色的这个衣裳就拿到哒，[su⁵³ saŋ⁰ kua⁵³ ti⁰ i²⁴ kɤ⁵³ fən³¹ foŋ¹³ sɤ²⁴ ti⁰ tsɤ⁴⁵ kɤ⁵³ i⁴⁵ saŋ⁰ tɕiəu⁵³ la⁵³ tau⁵³ ta⁰]

头也不回地就往屋里跑。[tʰəu¹³ ie³¹ pu²⁴ xuei¹³ ti⁰ tɕiəu⁵³ uaŋ³¹ u²⁴ ti⁰ pʰau³¹] 屋里：家里

果然，等到天黑的时候，[kuo³¹ an¹³，tən³¹ tau⁵³ tʰiɛn⁴⁵ xɤ²⁴ ti⁰ sɿ¹³ xəu⁰]

这个呃，仙女就跑到这个呃，[tsɤ⁴⁵ kɤ⁵³ ie³¹，ɕiɛn⁴⁵ ly³¹ tsəu⁵³ pʰau³¹ tau⁵³ tsɤ⁴⁵ kɤ⁵³ ie³¹]

牛郎的屋里来哒。[iəu¹³ laŋ¹³ ti⁰ u²⁴ ti⁰ lai¹³ ta⁰]

这个仙女哩，[tsɤ⁴⁵ kɤ⁵³ ɕiɛn⁴⁵ ly³¹ li⁰]

她正是这个天上的这个织女。[tʰa⁴⁵ tsən⁵³ sɿ⁵³ tsɤ⁴⁵ kɤ⁵³ tʰiɛn⁴⁵ saŋ⁰ ti⁰ tsɤ⁴⁵ kɤ⁵³ tsɿ²⁴ ly³¹]

牛郎哩和织女这样在一起哩，[liəu¹³ laŋ¹³ li⁰ xuo¹³ tsɿ²⁴ ly³¹ tsɤ⁴⁵ iaŋ⁵³ tsai⁵³ i²⁴ tɕʰi³¹ li⁰]

就过了三年。[tsəu⁵³ kuo⁵³ lɤ⁰ san⁴⁵ liɛn¹³]

然后哩，这个日子过得非常幸福，[an¹³ xəu⁵³ li⁰，tsɤ⁴⁵ kɤ⁵³ ɯ²⁴ tsɿ³¹ kuo⁵³ ti⁰ fei⁴⁵ tsʰaŋ¹³ ɕin⁵³ fu²⁴]

生哒一个儿子啊，[sən⁴⁵ ta⁰ i²⁴ kɤ⁵³ ɯ¹³ tsɿ³¹ a⁰]

生哒一个姑娘。[sən⁴⁵ ta⁰ i²⁴ kɤ⁵³ ku⁴⁵ liaŋ¹³] 姑娘：女儿

然而天有不测风云了，[an¹³ ɯ¹³ tʰiɛn⁴⁵ iəu³¹ pu²⁴ tsʰɤ²⁴ foŋ⁴⁵ yən¹³ lɤ⁰]

这个呃，[tsɤ⁴⁵ kɤ⁵³ ie³¹]

织女私自下凡的这个事情了被天上的这个咑，［tsʅ²⁴ly³¹ sʅ⁴⁵ tsʅ⁵³ ɕia⁵³ fan¹³ tiº tsɤ⁴⁵ kɤ⁵³ sʅ⁵³ tɕʰin¹³ lɤº peiº tʰiɛn⁴⁵ saŋº tiº tsɤ⁴⁵ kɤ⁵³ iɛ³¹］

玉皇大帝晓得哒。［y²⁴ xuaŋ¹³ ta⁵³ ti⁵³ ɕiau³¹ tɤº taº］晓得：知道

玉皇大帝哩就想把这个咑，［y²⁴ xuaŋ¹³ ta⁵³ ti⁵³ liº tɕiəu⁵³ ɕiaŋ³¹ pa³¹ tsɤ⁴⁵ kɤ⁵³ iɛ³¹］

织女哩就捉回去。［tsʅ²⁴ly³¹ liº tɕiəu⁵³ tsuo²⁴ xuei¹³ kʰɯ⁵³］捉：抓

有一天夜里，［iəu³¹ i²⁴ tʰiɛn⁴⁵ iɛ⁵³ li³¹］

这个咑，风雨雷电啦，［tsɤ⁴⁵ kɤ⁵³ iɛ³¹，foŋ⁴⁵ y³¹ lei¹³ tiɛn⁵³ laº］

电闪雷鸣地风雨大作。［tiɛn⁵³ san³¹ lei¹³ min¹³ tiº foŋ⁴⁵ y³¹ ta⁵³ tsuo²⁴］

然后哩这个织女就不见哒。［an¹³ xəu⁵³ liº tsɤ⁴⁵ kɤ⁵³ tsʅ²⁴ ly³¹ tɕiəu⁵³ pu²⁴ tɕiɛn⁵³ taº］

这个咑，两个伢儿哩就哭倒喊妈妈。［tsɤ⁴⁵ kɤ⁵³ iɛ³¹，liaŋ³¹ kɤ⁵³ a¹³ ɯ¹³ liº tɕiəu⁵³ kʰu²⁴ tauº xan³¹ ma⁴⁵ maº］伢儿：小孩。哭倒：哭着

这个牛郎哩，这个咑，急得不得了。［tsɤ⁴⁵ kɤ⁵³ liəu¹³ laŋ¹³ liº，tsɤ⁴⁵ kɤ⁵³ iɛ³¹，tɕi²⁴ tɤº pu²⁴ tɤº liau³¹］

最后哩这个老牛就说：［tsuei⁵³ xəu⁵³ liº tsɤ⁴⁵ kɤ⁵³ lau³¹ liəu¹³ tɕiəu⁵³ suo²⁴］

"你不要急。［li³¹ pu²⁴ iau²⁴ tɕi²⁴］

你把我的这个咑角取下来，［li³¹ pa³¹ uoº tiº tsɤ⁴⁵ kɤ⁵³ iɛº kuo²⁴ tɕʰy³¹ ɕia⁵³ lai¹³］

然后哩就可以变成两个筐子，［an¹³ xəu⁵³ liº tɕiəu⁵³ kʰuo³¹ i³¹ piɛn⁵³ tsʰən¹³ liaŋ³¹ kɤ⁵³ kʰuaŋ⁴⁵ tsʅº］

就可以去上天上去哒。"［tɕiəu⁵³ kʰuo³¹ i³¹ kʰɯ⁵³ saŋ⁵³ tʰiɛn⁴⁵ saŋº kʰɯ⁵³ taº］

这个话还没有说完啦，［tsɤ⁴⁵ kɤ⁵³ xua⁵³ xai¹³ mei¹³ iəu¹³ suo²⁴ uan¹³ laº］

这个角就落地地下来哒，［tsɤ⁴⁵ kɤ⁵³ kuo²⁴ tɕiəu⁵³ luo²⁴ tiº ti⁵³ xaº lai¹³ taº］落：掉

果然变成哒两个箩筐。［kuo³¹ an¹³ piɛn⁵³ tsʰən¹³ taº liaŋ³¹ kɤ⁵³ luo¹³ kʰuaŋ⁴⁵］

这个牛郎哩，［tsɤ⁴⁵ kɤ⁵³ liəu¹³ laŋ¹³ liº］

就把姑娘啊和他的伢儿啊这个，［tɕiəu⁵³ pa³¹ ku⁴⁵ liaŋ¹³ aº xuo¹³ tʰa⁴⁵ tiº a¹³ ɯ¹³ aº tsɤ⁴⁵ kɤ⁵³］

一个就放地筐子㒿里去哒。［i²⁴ kɤ⁵³ tsəu⁵³ faŋ⁵³ tiº kʰuaŋ⁴⁵ tsʅº təu²⁴ liº kʰɯ⁵³ taº］㒿里：里面

然后拿个扁担就往天上飞起去哒。［an¹³ xəu⁵³ la¹³ kɤ⁵³ piɛn³¹ tan⁵³ tɕiəu⁵³ uaŋ³¹ tʰiɛn⁴⁵ saŋº fei⁴⁵ tɕʰi³¹ kʰɯ⁵³ taº］

正准备赶到这个织女的时候，［tsən⁵³ tsuan³¹ pei⁵³ kan³¹ tau⁵³ tsɤ⁴⁵ kɤ⁵³ tsʅ²⁴ ly³¹ tiº sʅ¹³ xəuº］

结果哩被这个王母娘娘晓得哒。［tɕie²⁴ kuo³¹ liº pei⁵³ tsɤ⁴⁵ kɤ⁵³ uaŋ¹³ mu³¹ liaŋ¹³ liaŋº ɕiau³¹ tɤº taº］

王母娘娘哩就把这个头上的这个金簪子一取呀，[uaŋ¹³ mu³¹ liaŋ¹³ liaŋ⁰ li⁰ tɕiəu⁵³ pa³¹ tsɤ⁴⁵ kɤ⁵³ tʰəu¹³ saŋ⁰ ti⁰ tsɤ⁴⁵ kɤ⁵³ tɕin⁴⁵ tsan⁴⁵ tsʅ⁰ i²⁴ tɕʰy¹³ ia⁰]

在天上一划，[tai³¹ tʰiɛn⁴⁵ saŋ⁰ i²⁴ xua⁵³]

就变成哒一个哒，[tɕiəu⁵³ piɛn⁵³ tsʰən¹³ ta⁰ i²⁴ kuo⁵³ ie⁰]

波涛汹涌啊又宽又广的银河，[po⁴⁵ tʰau⁴⁵ ɕyoŋ⁴⁵ yoŋ³¹ a⁰ iəu⁵³ kʰuan⁴⁵ iəu⁵³ kuaŋ³¹ ti⁰ in¹³ xuo¹³]

就把这个牛郎和这个织女哒，它，[tɕiəu⁵³ pa³¹ tsɤ⁴⁵ kɤ⁵³ liəu¹³ laŋ¹³ xuo¹³ tsɤ⁴⁵ kɤ⁵³ tsʅ²⁴ ly³¹ ie³¹，tʰa⁴⁵]

分开哒。[fən⁴⁵ kʰai⁴⁵ ta⁰]

这个哒，喜鹊哩，[tsɤ⁴⁵ kɤ⁵³ ie³¹，ɕi³¹ tɕʰyo⁵⁵ li⁰]

他晓得哒这个牛郎和织女的故事哩就很感动，[tʰa⁴⁵ ɕiau³¹ tɤ⁰ ta⁰ tsɤ⁴⁵ kɤ⁵³ liəu¹³ laŋ¹³ xuo¹³ tsʅ²⁴ ly³¹ ti⁰ ku⁵³ sʅ⁵³ li⁰ tɕiəu⁵³ xən³¹ kan¹³ toŋ⁵³]

每年这个哒，[mei³¹ lien¹³ tsɤ⁴⁵ kɤ⁵³ ie³¹]

农历哒七月初七的时候，[loŋ¹³ li²⁴ ie³¹ tɕʰi²⁴ ye²⁴ tsʰəu⁴⁵ tɕʰi²⁴ ti⁰ sʅ¹³ xəu⁰]

这个哒，成千上万个那个喜鹊，[tsɤ⁴⁵ kɤ⁵³ ie³¹，tsʰən¹³ tɕʰiɛn⁴⁵ saŋ⁰ uan⁵³ kɤ⁵³ la⁴⁵ kɤ⁵³ ɕi³¹ tɕʰyo²⁴]

他们了这个头含着尾哒，[tʰa⁴⁵ mən¹³ lɤ⁰ tsɤ⁴⁵ kɤ⁵³ tʰəu¹³ xan¹³ tsɤ⁰ uei³¹ ie³¹]

就搭成哒一个哒鹊桥。[tɕiəu⁵³ ta²⁴ tsʰən¹³ ta⁰ i²⁴ kɤ⁵³ ie³¹ tɕʰyo²⁴ tɕʰiau¹³]

这样子哩就，[tsɤ⁴⁵ iaŋ⁵³ tsʅ⁰ li⁰ tɕiəu⁵³]

这样子哩就能够让这个牛郎和这个织女哒，相会。[tsɤ⁴⁵ iaŋ⁵³ tsʅ⁰ li⁰ tɕiəu⁵³ lən¹³ kəu⁵³ aŋ⁵³ tsɤ⁴⁵ kɤ⁵³ liəu¹³ laŋ¹³ xuo¹³ tsɤ⁴⁵ kɤ⁵³ tsʅ²⁴ ly³¹ ie³¹，ɕiaŋ⁴⁵ xuei⁵³]

这就是我们的这个哒，[tsɤ⁵³ tɕiəu⁵³ sʅ⁵³ uo³¹ mən¹³ ti⁰ tsɤ⁴⁵ kɤ⁵³ ie³¹]

牛郎和织女的这个故事。[liəu¹³ laŋ¹³ xuo¹³ tsʅ²⁴ ly³¹ ti⁰ tsɤ⁴⁵ kɤ⁵³ ku⁵³ sʅ⁵³]

意译：古时候，有一个小伙子，他的父母都去世了，家里只有一头老牛和他相依为命。老牛实际上是天上的金牛星下凡。老牛非常喜欢小伙子的勤劳善良，想帮小伙子成一个家，帮他娶个老婆。

有一天，老牛得知天上的七仙女要下凡来洗澡。就给牛郎托梦告诉牛郎，让他第二天早上去村东边山脚下的湖里去。那边河里，会有七个女人去洗澡。要他偷一件衣服，然后头也不回地往家里跑。等到第二天，牛郎将信将疑就跑到了山东边的河边，他果然看到七个美女在湖里洗澡。他拿到了树上挂着的一件粉红色的衣服，头也不回地就往家里跑。果然，等到天黑的时候，这个仙女跑到了牛郎家。这个仙女正是天上的织女。

牛郎和织女在一起过了三年，他们过着幸福的日子，生了一儿一女。天有不测风云，织女私自下凡的事情被玉皇大帝知道了。玉皇大帝想把织女抓回去。一天晚上，风雨交加，电闪雷鸣，风雨大作之后，织女就消失了。两个小孩哭着喊妈妈，牛郎急得不得了。最后老牛说："你别急。你把我的角取下来，就可以变成两个筐子，就可以去天上了。"话还没说完，牛角就掉到地下了，果然变成了两个箩筐。牛郎把儿女放进了筐子里，然后用扁担挑着飞上了天空。快追上织女时，结果被王母娘娘知道了。王母娘娘取下头上的金钗，在天上一划，就变成了一条波涛汹涌、又宽又广的银河，把牛郎和织女分开了。

喜鹊知道牛郎和织女的故事后，很感动。每年七月初七的时候，成千上万的喜鹊，他们一只衔着一只的尾巴，搭成了一座鹊桥，这样好让牛郎和织女相会。这就是牛郎和织女的故事。

三 其他故事

0022 其他故事

往回有一个农夫，[uaŋ³¹ xuei¹³ iəu³¹ i²⁴ kɤ⁵³ loŋ¹³ fu⁴⁵] 往回：从前

耕田的时候，[kən⁴⁵ tʰiɛn¹³ ti⁰ sŋ¹³ xəu⁰]

在寒冷的冬天，[tsai⁵³ xan¹³ lən³¹ ti⁰ toŋ⁴⁵ tʰiɛn⁴⁵]

他到地里耕田了。[tʰa⁴⁵ tau⁵³ ti⁵³ ti⁰ kən⁴⁵ tʰiɛn¹³ lɤ⁰]

耕着耕着，[kən⁴⁵ tsuo⁰ kən⁴⁵ tsuo⁰]

看见一个呃蛇呃，[kʰan⁵³ tɕiɛn⁵³ i²⁴ kuo⁵³ ɤ⁰ sɤ¹³ ɤ⁰]

安至⁼冻死呃。[an⁴⁵ tsŋ⁵³ toŋ⁵³ sŋ³¹ ɤ⁰] 安至⁼：快要

他就呃可怜它，[tʰa⁴⁵ tɕiəu⁵³ ɤ⁰ kʰuo³¹ liɛn¹³ tʰa⁴⁵]

用他的双手呃，[yoŋ⁵³ tʰa⁴⁵ ti⁰ suaŋ⁴⁵ səu³¹ ɤ⁰]

把那个蛇呃抱起来，[pa³¹ lɤ⁴⁵ kɤ⁵³ sɤ¹³ ɤ⁰ pau⁵³ tɕʰi³¹ lai¹³]

放到自己的吔，衣服屡的。[faŋ⁵³ tau⁵³ tsŋ⁵³ tɕi³¹ ti⁰ iɛ³¹，i⁴⁵ fu¹³ təu²⁴ ti⁰] 屡的：里面

自己呃，就是自己呃，身上蛮热乎。[tsŋ⁵³ tɕi³¹ ɤ⁰，tsəu⁵³ sŋ⁵³ tsŋ⁵³ tɕi³¹ ɤ⁰，sən⁴⁵ saŋ⁰ man¹³ ɤ²⁴ xu⁰] 蛮：很。热乎：暖和

要把它包地自己热乎的位处。[iau⁵³ pa³¹ tʰa⁴⁵ pau⁴⁵ ti⁰ tsŋ⁵³ tɕi³¹ ɤ²⁴ xu⁰ ti⁰ uei⁵³ tsʰu⁰] 位处：地方

后来吔，就呃，[xəu⁵³ lai¹³ ie⁰，tsəu⁵³ ɤ⁰]

这个蛇吔，到他身上得到哒热乎，[tsɤ⁴⁵ kɤ⁵³ sɤ¹³ ie³¹，tau⁵³ tʰa⁴⁵ sən⁴⁵ saŋ⁰ tɤ²⁴ tau⁵³ ta⁰ ɤ²⁴ xu⁰]

就呃，慢慢地活哒。[tɕiəu⁵³ ɤ⁰，man⁵³ man⁵³ ti⁰ xuo¹³ ta⁰]

活哒之后哩，它就呃，这是呃，[xuo¹³ta⁰tsʅ⁴⁵xəu⁵³li⁰，tʰa⁴⁵tɕiəu⁵³ɤ⁰，tsɤ⁵³sʅ⁵³ɤ⁰]

找不倒好歹。[tsau³¹pu²⁴tau³¹xau³¹tai³¹] 找不倒：不知道

他把这个蛇哒，这个蛇哒，[tʰa⁴⁵pa³¹tsɤ⁴⁵kɤ⁵³sɤ¹³ie³¹，tsɤ⁴⁵kɤ⁵³sɤ¹³ie³¹]

就把这个农夫呃咬哒一口，[tɕiəu⁵³pa³¹tsɤ⁴⁵kɤ⁵³loŋ¹³fu⁴⁵ɤ⁰au¹³ta⁰i²⁴kʰəu³¹]

后来这个农夫呃被这个蛇咬伤哒。[xəu⁵³lai¹³tsɤ⁴⁵kɤ⁵³loŋ¹³fu⁴⁵ɤ⁰pei⁵³tsɤ⁴⁵kɤ⁵³sɤ¹³au³¹saŋ⁴⁵ta⁰]

渐渐地呃，这，那人，那个，[tɕien⁵³tɕien⁵³ti⁰ɤ⁰，tsɤ⁴⁵，lɤ⁴⁵ən¹³，lɤ⁴⁵kɤ⁵³]

被这个农夫，[pei⁵³tsɤ⁴⁵kɤ⁵³loŋ¹³fu⁴⁵]

被蛇咬的那个人了身上就呃，[pei⁵³sɤ¹³au³¹ti⁰lɤ⁴⁵kɤ⁵³ən¹³lɤ⁰sən⁴⁵saŋ⁰tsəu⁵³ɤ⁰]

慢滴尕慢滴尕就呃来的坏死，[man⁵³ti⁴⁵kʰa⁴⁵man⁴⁵ti⁴⁵kʰa⁴⁵tsəu⁵³ɤ⁰lai⁰ti⁰xuai⁵³sʅ³¹] 慢滴尕：慢点儿

连肠子、肚子都坏啊的。[liɛn¹³tsʰaŋ¹³tsʅ⁰、təu³¹tsʅ⁰təu⁴⁵xuai⁵³a⁰ti⁰]

后来呃死去啊。[xəu⁵³lai¹³ɤ⁰sʅ³¹tɕʰy⁵³a⁰]

就像这方被呃这个呃毒蛇就咬死哒。[tɕiəu⁵³tɕʰiaŋ⁴⁵tsɤ⁴⁵faŋ⁴⁵pei⁵³ɤ⁰tsɤ⁴⁵kɤ⁵³ɤ⁰təu¹³sɤ¹³tsəu au³¹sʅ³¹ta⁰]

就说这个人，这个人了做好事呃，[tɕiəu⁵³suo²⁴tsɤ⁴⁵kɤ⁵³ən¹³，tsɤ⁴⁵kɤ⁵³ən¹³lɤ⁰tsəu⁵³xau³¹sʅ⁵³ɤ⁰]

不要怜悯蛇哒。[pu²⁴iau⁵³liɛn¹³min³¹sɤ¹³ie³¹]

做好事就没得好事报呃。[tsəu⁵³xau³¹sʅ⁵³tɕiəu⁵³mei⁴⁵tɤ²⁴xau³¹sʅ⁵³pau⁵³ɤ⁰]

这是，这是往回哒，这是说的故事。[tsɤ⁵³sʅ⁵³，tsɤ⁵³sʅ⁵³uaŋ³¹xuei¹³ie³¹，tsɤ⁵³sʅ⁵³suo²⁴ti⁰ku⁵³sʅ⁵³]

意译：从前，有一个农夫，耕田的时候，在寒冷的冬天，他在地里耕田。耕着耕着，看见了一条蛇，快要冻死了。他可怜它，用他的双手，抱起了那条蛇，放在自己的衣服里面。自己身上很暖和。要把它包在自己身上暖和的地方。后来这条蛇在他身上取了暖，就慢慢活了。活了以后它就不知道好歹。这条蛇把农夫咬了一口，后来这个农夫被这条蛇咬伤了。这个农夫被咬后身上慢慢坏死，连肠子、肚子都坏了。后来死了。就这样被毒蛇咬死了。人做好事，不要怜悯蛇。做好事没好报。这是过去的一个故事。

0023 其他故事

老虎拔牙的故事。[lau³¹xu³¹pa¹³ia¹³ti⁰ku⁵³sʅ⁵³]

在大森林里面呢，嗯，[tai³¹ta⁵³sən⁴⁵lin¹³li³¹miɛn⁵³lɤ⁰，ən⁰]

在大森林里大家都晓得，[tai³¹ta⁵³sən⁴⁵lin¹³li³¹ta⁵³tɕia⁴⁵təu⁴⁵ɕiau³¹tɤ⁰] 晓得：知道
老虎的牙齿，[lau³¹xu³¹ti⁰a¹³tsʰɿ³¹]
特别厉害。[tʰɤ²⁴pie¹³li⁵³xai⁵³]
所以说，小动物们呢，[suo³¹i³¹suo²⁴，ɕiau³¹toŋ⁵³u²⁴mən⁰lɤ⁰]
都很害怕老虎。[təu⁴⁵xən³¹xai⁵³pʰa⁵³lau³¹xu³¹]
但是狐狸却说：[tan⁵³sɿ⁵³xu¹³li³¹tɕʰyo⁵³suo²⁴]
"我就不怕它，[uo³¹tɕiəu⁵³pu²⁴pʰa⁵³tʰa⁴⁵]
我还能在它牙齿屎的，[uo³¹xai¹³lən¹³tsai⁵³tʰa⁴⁵a¹³tsʰɿ³¹təu²⁴ti⁰] 屎的：里面
在它嘴巴屎的拔颗牙齿出来。"[tsai⁵³tʰa⁴⁵tsei³¹pa⁰təu³¹ti⁰pa¹³kʰuo⁴⁵ia¹³tsʰɿ³¹tsʰu²⁴lai¹³]
大家都呃哄堂大笑。[ta⁵³tɕia⁴⁵təu⁴⁵ɤ⁰xoŋ⁴⁵tʰaŋ¹³ta⁵³ɕiau⁵³]
觉得老虎呃在吹牛呃。[tɕyo²⁴tɤ²⁴lau³¹xu³¹ɤ tsai³¹tsʰuei⁴⁵iəu¹³ɤ⁰] 吹牛：说大话
但第二天呢狐狸真的提啊一袋子礼物，[tan⁵³ti⁵³ɯ⁵³tʰiɛn⁴⁵lɤ⁰xu¹³li³¹tsən⁴⁵ti⁰tʰi¹³a⁰i²⁴tʰai⁵³tsɿ⁰li³¹u²⁴]
啊，跑地老虎屋里。[a⁰，pʰau³¹ti⁰lau³¹xu³¹u²⁴ti⁰]
它说："啊，尊敬的大王啊，[tʰa⁴⁵suo²⁴：a⁰，tsən⁴⁵tɕin⁵³ti⁰ta⁵³uaŋ¹³a⁰]
我跟你带哒世界上，[uo³¹kən⁴⁵li³¹tai⁵³ta⁰sɿ⁵³tɕie⁵³saŋ⁵³] 跟：给。哒：了
我跟你带哒世界上，[uo³¹kən⁴⁵li³¹tai⁵³ta⁰sɿ⁵³kai⁵³saŋ⁵³]
最好吃的东西来哒，糖呃。"[tsuei⁵³xau³¹tɕʰi²⁴ti⁰toŋ⁴⁵ɕi⁰lai¹³ta⁰，tʰaŋ¹³ɤ⁰]
老虎心里逞⁼倒：[lau³¹xu³¹ɕin⁴⁵ti⁰tsʰən³¹tau³¹] 逞⁼倒：暗想
糖我没有见过啊，[tʰaŋ¹³uo³¹mei¹³iəu³¹tɕiɛn⁵³kuo⁵³a⁰]
是么好东西啊？[sɿ⁵³mo³¹xau³¹toŋ⁴⁵ɕi⁰a⁰] 么：什么
拨一颗吃看看。[po²⁴i²⁴kʰuo⁴⁵tɕʰi²⁴kʰan⁵³kʰan⁰]
于是哩它就拨哒颗奶糖吃哒。[y¹³sɿ⁵³li⁰tʰa⁴⁵tɕiəu⁵³po²⁴ta⁰kʰuo⁴⁵lai³¹tʰaŋ¹³tɕʰi²⁴ta⁰]
又酥又软又甜。[iəu⁵³su⁴⁵iəu⁵³zuan³¹iəu⁵³tʰiɛn¹³]
所以说从此哩，[suo³¹i³¹suo²⁴tsʰoŋ¹³tsʰɿ³¹li⁰]
这个老虎就爱上哒吃糖。[tsɤ⁴⁵kɤ⁵³lau³¹xu³¹tɕiəu⁵³ai⁵³saŋ⁵³ta⁰tɕʰi²⁴tʰaŋ¹³]
它就白天吃，日的吃黑哒吃，[tʰa⁴⁵tɕiəu⁵³po¹³tʰiɛn⁴⁵tɕʰi⁰，ɯ²⁴ti⁰tɕʰi²⁴xɤ²⁴ta⁰tɕʰi²⁴] 日的：白天。黑哒：晚上
睡觉的时候都还吃。[suei⁵³tɕiau⁵³ti⁰sɿ¹³xəu⁰təu⁴⁵xai¹³tɕʰi²⁴]
有一天老虎的最好玩的，[iəu³¹i²⁴tʰiɛn⁴⁵lau³¹xu³¹ti⁰tsuei⁵³xau³¹uan³¹ti⁰]
最好的朋友呃狮子过来说：[tsuei⁵³xau³¹ti⁰pʰoŋ¹³iəu³¹ɤ⁰sɿ⁴⁵tsɿ⁰kuo⁵³lai¹³suo²⁴]

"你吧像啊天天吃糖啊？[li³¹ ie³¹ tɕʰiaŋ⁴⁵ a⁰ tʰiɛn⁴⁵ tʰiɛn⁴⁵ tɕʰi²⁴ tʰaŋ¹³ a⁰]像啊：怎么不把牙齿吃坏哒了。[pu²⁴ pa³¹ a¹³ tsʅ³¹ tɕʰi²⁴ xuai⁵³ ta⁰ lɤ⁰]

吃个虫牙了。"[tɕʰi²⁴ kɤ⁵³ tsʰoŋ¹³ a¹³ lɤ⁰]

老虎哩心里想：是的。[lau³¹ xu³¹ li⁰ ɕin⁴⁵ ti⁰ ɕiaŋ³¹：sʅ⁵³ ti⁰]

所以就去刷牙。[suo³¹ i³¹ tɕiəu⁵³ kʰɯ⁵³ sua²⁴ ia¹³]

恰好它刷牙的这时候哩，[tɕʰia²⁴ xau³¹ tʰa⁴⁵ sua²⁴ ia¹³ ti⁰ tsɤ⁴⁵ sʅ¹³ xəu⁰ li⁰]

狐狸到它屋里来哒。[xu¹³ li³¹ tau⁵³ tʰa⁴⁵ u²⁴ ti⁰ lai¹³ ta⁰]屋里：家里

狐狸说："你这满嘴的甜甜的糖，[xu¹³ li³¹ suo²⁴：li³¹ tsɤ⁴⁵ man³¹ tsuei³¹ ti⁰ tʰiɛn¹³ tʰiɛn¹³ ti⁰ tʰaŋ¹³]

你刷哒是不太可惜哒啊？"[li³¹ sua²⁴ ta⁰ sʅ⁵³ pu²⁴ tʰai⁵³ kʰuo³¹ ɕi²⁴ ta⁰ a⁰]

老虎就说：[lau³¹ xu³¹ tɕiəu⁵³ suo²⁴]

"刚一门狮子跟我讲的，[kaŋ⁴⁵ i²⁴ mən¹³ sʅ⁴⁵ tsʅ⁰ kən⁴⁵ uo³¹ tɕiaŋ³¹ ti⁰]刚一门：刚才

吃呀这得虫牙，牙齿疼的。"[tɕʰi²⁴ ia⁰ tsɤ⁵³ tɤ²⁴ tsʰoŋ¹³ ia¹³，a¹³ tsʅ³¹ tʰən¹³ ti⁰]

于是哩狐狸就想哒一个谋子，[y¹³ sʅ⁵³ li⁰ xu¹³ li³¹ tɕiəu⁵³ ɕiaŋ³¹ ta⁰ i²⁴ kɤ⁵³ mo³¹ tsʅ⁰]谋子：办法

就说："这你怕隐＝家啊？[tɕiəu⁵³ suo²⁴：tsɤ⁵³ li³¹ pʰa⁵³ in³¹ tɕia⁴⁵ a⁰]隐＝家：什么

哎呀，别个怕吃糖么，那是真的，[ai⁰ ia⁰，pie¹³ kuo⁵³ pʰa⁵³ tɕʰi²⁴ tʰaŋ¹³ mo⁰，luo⁵³ sʅ⁵³ tsən⁴⁵ ti⁰]

你大老虎这厉害还怕吃糖啊。[li³¹ ta⁵³ lau³¹ xu³¹ tsɤ⁵³ li⁵³ xai⁵³ xai¹³ pʰa⁵³ tɕʰi²⁴ tʰaŋ¹³ a⁰]

你的牙齿呃连铁都能咬得断，[li³¹ ti⁰ a¹³ tsʅ³¹ ɤ⁰ liɛn¹³ tʰie²⁴ təu⁴⁵ lən¹³ au³¹ ti⁰ tan⁵³]

连这都怕啊。"[liɛn¹³ tsɤ⁵³ təu⁴⁵ pʰa⁵³ a⁰]

说："尽管吃。"[suo²⁴：tɕin⁵³ kuan³¹ tɕʰi²⁴]

于是哩老虎就呃放心大胆地依旧像以前一样的，[y¹³ sʅ⁵³ li⁰ lau³¹ xu³¹ tɕiəu⁵³ ɤ⁰ faŋ⁵³ ɕin⁴⁵ ta⁵³ tan³¹ ti⁰ i⁴⁵ tɕiəu⁵³ tɕʰiaŋ⁴⁵ i³¹ tɕʰiɛn¹³ i²⁴ iaŋ¹³ ti⁰]

日的吃啊黑哒吃啊，[ɯ²⁴ ti⁰ tɕʰi²⁴ a⁰ xɤ²⁴ ta⁰ tɕʰi²⁴ a⁰]

睡觉都抱倒糖来吃。[suei⁵³ tɕiau⁵³ təu⁴⁵ pʰau⁵³ tau⁰ tʰaŋ¹³ lai¹³ tɕʰi²⁴]抱倒：抱着

终于有一天事情来哒，[tsoŋ⁴⁵ y¹³ iəu³¹ i²⁴ tʰiɛn⁴⁵ sʅ⁵³ tɕʰin¹³ lai¹³ ta⁰]

老虎的牙齿疼得活汪乱叫。[lau³¹ xu³¹ ti⁰ a¹³ tsʅ³¹ tʰən¹³ ti⁰ xuo¹³ uaŋ⁴⁵ lan⁵³ tɕiau⁵³]汪：叫

所以哩它就到处找医生，哨。[suo³¹ i³¹ li⁰ tʰa⁴⁵ tɕiəu⁵³ tau⁵³ tsʰu⁵³ tsau³¹ i⁴⁵ sən⁴⁵，sa⁰]

这半天它就去找到啊马大夫，[tsɤ⁴⁵ pan⁵³ tʰiɛn⁴⁵ tʰa⁴⁵ tɕiəu⁵³ kʰɯ⁵³ tsau³¹ tau⁵³ a⁰ ma⁴² tai⁵³ fu⁴⁵]

马大夫吓得门都不敢打开。[ma⁴² tai⁵³ fu⁴⁵ xɤ²⁴ ti⁰ mən¹³ təu⁴⁵ pu²⁴ kan³¹ ta³¹ kʰai⁴⁵]

然后哩它又跑起去找牛大夫，[an¹³ xəu⁵³ li⁰ tʰa⁴⁵ iəu⁵³ pʰau³¹ tɕʰi³¹ kʰɯ⁵³ tsau³¹ liəu¹³ tai⁵³ fu⁴⁵]

牛大夫直接吓得跑哒。[liəu¹³ tai⁵³ fu⁴⁵ tsʅ²⁴ tɕie²⁴ xɤ²⁴ ti⁰ pʰau³¹ ta⁰]

哪个敢跟它去看牙齿拔牙哩。[la³¹ kɤ⁵³ kan³¹ kən⁴⁵ tʰa⁴⁵ kʰɯ⁵³ kʰan⁵³ a¹³ tsʅ³¹ pa¹³ ia¹³ li⁰]

只有拔牙才只能够把它看好。[tsʅ³¹ iəu³¹ pa¹³ ia¹³ tsʰai¹³ tsʅ²⁴ lən¹³ kəu⁵³ pa³¹ tʰa⁴⁵ kʰan⁵³ xau³¹]

所以哩老虎就放话咃，像这说：[suo³¹ i³¹ li⁰ lau³¹ xu³¹ tɕiəu⁵³ faŋ⁵³ xua⁵³ ie⁰，tɕʰiaŋ⁴⁵ tsɤ⁵³ suo²⁴]

"哪个要是能够把我的牙齿拔下来的话，[la³¹ kɤ⁵³ iau⁵³ sʅ⁵³ lən¹³ kəu⁵³ pa³¹ uo³¹ ti⁰ a¹³ tsʅ³¹ pa¹³ ɕia⁵³ lai¹³ ti⁰ xua⁵³]

我就叫它去当大王去。"[uo³¹ tɕiəu⁵³ tɕiau⁵³ tʰa⁴⁵ kʰɯ⁵³ taŋ⁴⁵ tai⁵³ uaŋ¹³ kʰɯ⁵³]

这个时候狐狸不慌不忙地，[tsɤ⁴⁵ kɤ⁵³ sʅ¹³ xəu⁰ xu¹³ li³¹ pu²⁴ xuaŋ⁴⁵ pu²⁴ maŋ¹³ ti⁰]

穿着一件白大褂，[tsʰuan⁴⁵ tsɤ⁰ i²⁴ tɕien⁵³ po¹³ ta⁵³ kua⁵³]

走到啊老虎屋里说，[tsəu³¹ tau⁵³ a⁰ lau³¹ xu³¹ u²⁴ ti⁰ suo²⁴]

说："大王啊，我来帮尔郎拔。[suo²⁴：ta⁵³ uaŋ¹³ a⁰，uo³¹ lai¹³ paŋ⁴⁵ n̩³¹ laŋ⁰ pa¹³]

尔郎：您

保证尔郎呃这牙齿以后就不疼哒。"[pau³¹ tsən⁵³ n̩³¹ laŋ⁰ ɤ⁰ tsɤ⁴⁵ a¹³ tsʅ³¹ i³¹ xəu⁵³ tɕiəu⁵³ pu²⁴ tʰən¹³ ta⁰]

于是呃这个老虎就把牙齿张开，[y¹³ sʅ⁵³ ɤ⁰ tsɤ⁴⁵ kɤ⁵³ lau³¹ xu³¹ tɕiəu⁵³ pa³¹ ia¹³ tsʅ³¹ tsaŋ⁴⁵ kʰai⁴⁵]

拔一颗哩就哇哇地叫一下，[pa¹³ i²⁴ kʰuo⁴⁵ li⁰ tɕiəu⁵³ ua⁴⁵ ua⁴⁵ ti⁰ tɕiau⁵³ i²⁴ xa⁰]

拔一颗哇哇叫一下。[pa¹³ i²⁴ kʰuo⁴⁵ ua⁴⁵ ua⁴⁵ tɕiau⁵³ i²⁴ xa⁰]

没得好大下儿，[mei⁵³ tɤ²⁴ xau³¹ ta⁵³ xa⁴⁵ ɯ¹³]

满嘴的牙齿都被拔光哒。[man³¹ tsei³¹ ti⁰ a¹³ tsʰʅ³¹ təu⁴⁵ pei⁵³ pa¹³ kuaŋ⁴⁵ ta⁰]

这个时候老虎就成哒一个瘪嘴大老虎哒。[tsɤ⁴⁵ kɤ⁵³ sʅ¹³ xəu⁰ lau³¹ xu³¹ tɕiəu⁵³ tsʰən¹³ ta⁰ i²⁴ kuo⁵³ pie³¹ tsei³¹ ta⁵³ lau³¹ xu³¹ ta⁰]

真是好笑，[tsən⁴⁵ sʅ⁵³ xau³¹ ɕiau⁵³]

这个老虎呃居然还当着大家的面了，[tsɤ⁴⁵ kɤ⁵³ lau³¹ xu³¹ ɤ⁰ tɕy⁴⁵ an¹³ xai¹³ taŋ⁴⁵ tsɤ⁰ ta⁵³ tɕia⁴⁵ ti⁰ miɛn⁵³ lɤ⁰]

夸奖呃这个狐狸说：[kʰua⁴⁵ tɕiaŋ³¹ ɤ⁰ tsɤ⁴⁵ kɤ⁵³ xu¹³ li³¹ suo²⁴]

"诶呀，还是我的狐狸兄弟最好的。[ei⁵³ ia⁰，xai¹³ sʅ⁵³ uo³¹ ti⁰ xu¹³ li³¹ ɕyoŋ⁴⁵ ti⁵³ tsuei⁵³xau³¹ti⁰]

它不仅把糖给我吃呀，[tʰa⁴⁵pu²⁴tɕin³¹pa³¹tʰaŋ¹³kɤ¹³uo³¹tɕʰi²⁴ia⁰] 把：给

还帮我拔牙呃[xai¹³paŋ⁴⁵uo³¹pa¹³ia¹³ie³¹]

我谢谢它。"[uo³¹ɕie⁵³ɕie⁵³tʰa⁴⁵]

意译：老虎拔牙的故事。在大森林里面，在大森林里大家都知道，老虎的牙齿，特别厉害。所以说，小动物们，都很害怕老虎。但是狐狸却说："我就不怕它，我还能在它牙齿里面，在它嘴巴里面拔颗牙齿出来。"大家都哄堂大笑。觉得老虎（口误，应是"狐狸"）在吹牛。

但第二天狐狸果真提了一袋子礼物，跑到老虎家里。它说："尊敬的大王，我给你带了世界上，我给你带了世界上最好吃的东西——糖来了。"老虎心里想：糖我没有见过，是什么好东西？拨一颗吃吃看。于是它就拨了一颗奶糖吃了。又酥又软又甜。从此这个老虎就爱上了吃糖。他白天吃晚上吃，睡觉的时候还在吃。有一天老虎最好的朋友狮子过来说："你怎么天天吃糖？别把牙齿吃坏了。吃成虫牙。"老虎心里想：是的。所以就去刷牙。正在它刷牙的时候，狐狸到它家里来了。狐狸说："你这满嘴甜甜的糖，刷了是不是太可惜了？"老虎就说："刚刚狮子跟我说的，吃了这会长虫牙，牙齿会疼的。"于是狐狸就想了个办法，就说："这你怕什么？别人怕吃糖，那是真的，你大老虎这厉害还怕吃糖啊。你的牙齿连铁都能咬得断，连这都怕啊。"说："尽管吃。"于是老虎就放心大胆地，依旧像以前一样，白天吃晚上吃，睡觉都抱着糖在吃。

终于有一天老虎的牙齿疼得大叫。所以它就到处找医生。这时候它就去找到了马大夫，马大夫吓得门都不敢打开。然后它又跑去找牛大夫，牛大夫吓得跑了。谁敢给它去看牙齿拔牙呢。只有拔牙才能够把它治好。所以老虎就放话说，"谁如果能够把我的牙齿拔下来的话，我就让它去当大王去。"这时候狐狸不慌不忙地，穿着一件白大褂，走到了老虎家里说，"大王啊，我来帮您拔。保证您这牙齿以后就不疼了。"于是这个老虎就把嘴张开，拔一颗就哇哇地叫一下，拔一颗哇哇叫一下。没多大会儿满嘴的牙齿都被拔光了。这时候老虎就成了一个瘪嘴大老虎了。真是好笑，这个老虎居然还当着大家的面，夸奖这个狐狸说："还是我的狐狸兄弟最好。它不仅给糖我吃，还帮我拔牙。我谢谢它。"

0024 其他故事

就呃，就，我的就读五年级，[tsəu⁵³ɤ⁰, tsəu⁵³, uo³¹ti⁰tsəu⁵³tʰəu¹³u³¹liɛn¹³tɕi²⁴]

就屋里哩就呃，呃，要，安至⁼要，[tsəu⁵³u²⁴ti⁰li⁰tsəu⁵³ɤ⁰, ɤ⁰, iau⁵³, an⁴⁵tsɿ⁵³iau⁵³] 安至⁼：快要

我要升初中了，［uo³¹ iau⁵³ sən⁴⁵ tsʰəu⁴⁵ tsoŋ⁴⁵ lɤ⁰］

刚好哩我的姐姐要嫁吔。［kaŋ²⁴ xau³¹ li⁰ uo³¹ ti⁰ tɕie³¹ tɕie⁰ iau⁵³ tɕia⁵³ ie³¹］

这是呃，我的姐姐要嫁呃，这呃，就呃，［tsɤ⁵³ sʅ⁵³ ɤ⁰，uo³¹ ti⁰ tɕie³¹ tɕie⁰ iau⁵³ tɕia⁵³ ɤ⁰，tsɤ⁵³ ɤ⁰，tsəu⁵³ ɤ⁰］

我的就不能读书哒。［uo³¹ ti⁰ tsəu⁵³ pu²⁴ lən¹³ təu¹³ su⁴⁵ ta⁰］

不能读书哩，姐姐嫁呀，［pu²⁴ lən¹³ təu¹³ su⁴⁵ li⁰，tɕie³¹ tɕie⁰ tɕia⁵³ ia⁰］

刚好姐姐那年嫁呀，［kaŋ⁴⁵ xau³¹ tɕie³¹ tɕie⁰ luo⁴⁵ liɛn¹³ tɕia⁵³ ia⁰］

第二年我的吔老头子呃又去世哒，［ti⁵³ ɯ⁵³ liɛn¹³ uo³¹ ti⁰ ie⁵³ lau³¹ tʰəu¹³ tsʅ⁰ ɤ⁰ iəu⁵³ tɕʰy⁵³ sʅ⁵³ ta⁰］

又死哒。［iəu⁵³ sʅ³¹ ta⁰］

一死哒啵我啊，我的就呃我的呃，［i²⁴ sʅ³¹ ta⁰ pɤ⁰ uo³¹ a⁰，uo³¹ ti⁰ tsəu⁵³ ɤ⁰ uo³¹ ti⁰ ɤ⁰］

哥哥嫂子啊，有三个哥哥都结婚哒。［kuo⁴⁵ kuo⁰ sau³¹ tsʅ⁰ a⁰，iəu³¹ san⁴⁵ kɤ⁵³ kuo⁴⁵ kuo⁰ təu⁴⁵ tɕie²⁴ xuən⁴⁵ ta⁰］

他们都是他们的一个家哒，［tʰa⁴⁵ mən⁰ təu⁴⁵ sʅ⁵³ tʰa⁴⁵ mən⁰ ti⁰ i²⁴ kɤ⁵³ tɕia⁴⁵ ta⁰］

就跟他们各过各。［tɕiəu⁵³ kən⁴⁵ tʰa⁴⁵ mən⁰ kuo²⁴ kuo⁵³ kuo²⁴］

这是哩，还有个姐姐嫁哒哩，［tsɤ⁵³ sʅ⁵³ li⁰，xai¹³ iəu³¹ kɤ⁵³ tɕie³¹ tɕie⁰ tɕia⁵³ ta⁰ li⁰］

她也不那古＝，也不管我哒。［tʰa⁴⁵ ie³¹ pu²⁴ lɤ⁵³ ku³¹，ie³¹ pu²⁴ kuan³¹ uo³¹ ta⁰］

我的就呃，我呀我的姆妈，［uo³¹ ti⁰ tsəu⁵³ ɤ⁰，uo³¹ ia⁰ uo³¹ ti⁰ m̩³¹ ma⁰］姆妈：妈妈

我还有个兄弟，［uo³¹ xai¹³ iəu³¹ kɤ⁵³ ɕyoŋ⁴⁵ ti⁵³］

就呃一起吔三个人了过日子。［tsəu⁵³ ɤ⁰ i²⁴ tɕʰi³¹ ie³¹ san⁴⁵ kɤ⁵³ ən¹³ lɤ⁰ kuo⁵³ ɯ²⁴ tsʅ⁰］

过么就过啊就是呃，［kuo⁵³ mɤ⁰ tɕiəu⁵³ kuo⁵³ a⁰ tsəu⁵³ sʅ⁵³ ɤ⁰］

我哩就大些，［uo³¹ li⁰ tsəu⁵³ ta⁵³ ɕie⁴⁵］

我兄弟就小些。［uo³¹ ɕyoŋ⁴⁵ ti⁵³ tsəu⁵³ ɕiau³¹ ɕie⁴⁵］

我的姆妈越怕，［uo³¹ ti⁰ m̩³¹ ma⁰ ie²⁴ pʰa⁵³］越怕：更加

往回的人了，［uaŋ³¹ xuei¹³ ti⁰ ən¹³ lɤ⁰］往回：过去

随隐＝家都搞不倒。［sei¹³ in³¹ tɕia⁴⁵ təu⁴⁵ kau³¹ pu²⁴ tau⁰］随隐＝家：随便什么。搞不倒：不会做

她又一个字都不认得。［tʰa⁴⁵ iəu⁵³ i²⁴ kuo⁵³ tsʅ⁵³ təu⁴⁵ pu²⁴ ən⁵³ tɤ⁰］

买也买不倒哩卖也卖不倒。［mai³¹ ie³¹ mai³¹ pu²⁴ tau⁰ li⁰ mai⁵³ ie³¹ mai⁵³ pu²⁴ tau⁰］买不倒：不会买。卖不倒：不会卖

只奈何到田里去做事，［tsʅ²⁴ lai⁵³ xuo¹³ tau⁵³ tʰiɛn¹³ ti⁰ kʰɯ⁵³ tsəu⁵³ sʅ⁵³］奈何：有能力

到队里挑啊驮啊。［tau⁵³ tei⁵³ ti⁰ tʰiau⁴⁵ a⁰ tʰuo¹³ a⁰］

挑泥巴呀，这就是她做的事。［tʰiau⁴⁵ li¹³ pa⁰ ia⁰，tsɤ⁵³ tsəu⁵³ sʅ⁵³ tʰa⁴⁵ tsəu⁵³ ti⁰ sʅ⁵³

那屋里就买呀卖呀，[luo⁴⁵u²⁴ti⁰tsəu⁵³mai³¹ia⁰mai⁵³ia⁰] 屋里：家里

就买菜呀卖，[tsəu⁵³mai³¹tsʰai⁵³ia⁰mai⁵³]

卖东西呀就下是要我去卖。[mai⁵³toŋ⁴⁵ɕi⁰ia⁰tsəu⁵³xa⁵³sʅ⁵³iau⁵³uo³¹kʰɯ⁵³mai⁵³] 下：全都

她随隐⁼家都搞不倒。[tʰa⁴⁵sei¹³in³¹tɕia⁴⁵təu⁴⁵kau³¹pu²⁴tau⁰]

后来哩我就，我记得，[xəu⁵³lai¹³li⁰uo³¹tsəu⁵³，uo³¹tɕi⁵³tɤ⁰]

我的姆妈㖸她哪门了，蛮行了。[uo³¹ti⁰m̩³¹ma⁰ie³¹tʰa⁴⁵la³¹mən⁰lɤ⁰，man¹³ɕin¹³lɤ⁰] 哪门：怎么。蛮：很。行：能干

种菜园子哩种得，[tsoŋ⁵³tsʰai⁵³yɛn¹³tsʅ⁰li⁰tsoŋ⁵³ti⁰]

种那菜嘎，种得蛮好。[tsoŋ⁵³luo⁴⁵tsʰai⁵³ka⁰，tsoŋ⁵³ti⁰man¹³xau³¹] 嘎：语气词

就呃，种的大椒啊油瓜呀冬瓜呀南瓜呀。[tsəu⁵³ɤ⁰，tsoŋ⁵³ti⁰ta⁵³tɕiau⁴⁵a⁰iəu¹³kua⁴⁵ia⁰toŋ⁴⁵kua⁴⁵ia⁰laŋ¹³kua⁴⁵ia⁰]

她就要我挑起去卖㖸。[tʰa⁴⁵tsəu⁵³iau⁵³uo³¹tʰiau⁴⁵tɕʰi³¹kʰɯ⁵³mai⁵³ie³¹]

往回又没得车㖸。[uaŋ³¹xuei¹³iəu⁵³mei¹³tɤ²⁴tsʰɤ⁴⁵ie³¹]

我记得我㖸这是呃，架隐⁼家子去卖哩？[uo³¹tɕi⁵³tɤ⁰uo³¹ie³¹tsɤ⁵³sʅ⁵³ɤ⁰，ka⁵³in³¹tɕia⁴⁵tsʅ⁰kʰɯ⁵³mai⁵³li⁰] 架：用。隐⁼家子：什么

就呃挑两个箢子。[tsəu⁵³ɤ⁰tʰiau⁴⁵liaŋ³¹kɤ⁵³yɛn⁴⁵tsʅ⁰]

挑两个烂箢子，[tʰiau⁴⁵liaŋ³¹kɤ⁵³lan⁵³yɛn⁴⁵tsʅ⁰]

架那箢子把菜放地那箢子的，[ka⁵³luo⁴⁵yɛn⁴⁵tsʅ⁰pa³¹tsʰai⁵³faŋ⁵³ti⁰luo⁴⁵yɛn⁴⁵tsʅ⁰ti⁰]

就架扁担勾子挑地街的去卖㖸。[tsəu⁵³ka⁵³piɛn³¹tʰan⁵³kəu⁴⁵tsʅ⁰tʰiau⁴⁵ti⁰kai⁴⁵ti⁰kʰɯ⁵³mai⁵³ie³¹]

连鞋子都没得穿的。[liɛn¹³xai¹³tsʅ⁰təu⁴⁵mei¹³tɤ²⁴tsʰuan⁴⁵ti⁰] 没得：没有

这是有回㖸，我记得我卖油瓜。[tsɤ⁵³sʅ⁵³iəu³¹xuei¹³ie³¹，uo³¹tɕi⁵³tɤ⁰uo³¹mai⁵³iəu¹³kua⁴⁵]

队里㖸，还㖸，[tei⁵³ti⁰ie³¹，xai¹³ie³¹]

队里㖸分哒的呀，屋里也种哒的。[tei⁵³ti⁰ie³¹fən⁴⁵ta⁰ti⁰ia⁰，u²⁴ti⁰ie³¹tsoŋ⁵³ta⁰ti⁰]

那油瓜又多㖸。[luo⁴⁵iəu¹³kua⁴⁵iəu⁵³tuo⁴⁵ie³¹]

我就呃，架那箢子呃挑了两箢子，[uo³¹tsəu⁵³ɤ⁰，ka⁵³luo⁴⁵yɛn⁴⁵tsʅ⁰ɤ⁰tʰiau⁴⁵liau⁰liaŋ³¹yɛn⁴⁵tsʅ⁰]

挑都挑不起。[tʰiau⁴⁵təu⁴⁵tʰiau⁴⁵pu²⁴tɕʰi³¹]

还打的个赤脚。[xai¹³ta³¹ti⁰kɤ⁵³tsʰʅ¹³tɕyo²⁴]

我们往，我们往回这街的呃，[uo³¹ mən⁰ uaŋ³¹，uo³¹ mən³¹ uaŋ³¹ xuei¹³ tsɤ⁴⁵ kai⁴⁵ ti⁰ ie³¹]

就只一条汉沙公路。[tsəu⁵³ tsʅ⁴⁵ i²⁴ tʰiau¹³ xan⁵³ sa⁴⁵ koŋ⁴⁵ ləu⁵³]

那汉沙公路呃是柏油呃，[luo⁴⁵ xan⁵³ sa⁴⁵ koŋ⁴⁵ ləu⁵³ ɤ⁰ sʅ⁵³ po²⁴ iəu¹³ ɤ⁰]

那是柏油呃做的。[luo⁵³ sʅ⁵³ po²⁴ iəu¹³ ɤ⁰ tsəu⁵³ ti⁰]

那柏油呃硬是呃，[luo⁴⁵ po²⁴ iəu¹³ ɤ⁰ ən⁵³ sʅ⁵³ ɤ⁰]

打地个赤脚呃去，去街的去走呃，[ta³¹ ti⁰ kɤ⁰ tsʰʅ¹³ tɕyo²⁴ ɤ⁰ kʰɯ⁵³，kʰɯ⁵³ kai⁴⁵ ti⁰ kʰɯ⁵³ tsəu³¹ ɤ⁰]

那脚呃糊得跳跳神，[luo⁴⁵ tɕyo²⁴ ie³¹ xu¹³ ti⁰ tʰiau⁵³ tʰiau⁵³ sən⁰] 糊：烫。跳跳神：直跳脚

恨不得糊得粘地那公路高下。[xən⁵³ pu²⁴ tɤ⁰ xu¹³ ti⁰ tsan⁴⁵ ti⁰ luo⁴⁵ koŋ⁴⁵ ləu⁵³ ka⁴⁵ xa⁰] 高下：上面

我呃去卖油瓜呃，[uo³¹ ɤ⁰ kʰɯ⁵³ mai⁵³ iəu¹³ kua⁴⁵ ɤ⁰]

这往回我们街的还有个老车站那些。[tsɤ⁵³ uaŋ³¹ xuei¹³ uo³¹ mən⁰ kai⁴⁵ ti⁰ xai¹³ iəu³¹ kɤ⁵³ lau⁵³ tsʰɤ⁴⁵ tsan⁵³ luo⁴⁵ ɕie⁴⁵] 那些：那里

那个老车站了现在变哒。[lɤ⁴⁵ kɤ⁵³ lau³¹ tsʰɤ⁴⁵ tsan⁵³ lɤ⁰ ɕiɛn⁵³ tsai⁵³ piɛn⁵³ ta⁰]

往回呃那些的人多些，是车站，[uaŋ³¹ xuei¹³ ie³¹ luo⁴⁵ ɕie⁴⁵ ti⁰ ən¹³ tuo⁴⁵ ɕie⁴⁵，sʅ⁵³ tsʰɤ⁴⁵ tsan⁵³] 那些：那里

这是呃，我就挑那些去卖。[tsɤ⁵³ sʅ⁵³ ɤ⁰，uo³¹ tsəu⁵³ tʰiau⁴⁵ luo⁴⁵ ɕie⁴⁵ kʰɯ⁵³ mai⁵³]

卖哩，我还会，这是呃算账也还行。[mai⁵³ li⁰，uo³¹ xai¹³ xuei¹³，tsɤ⁵³ sʅ⁵³ ɤ⁰ san⁵³ tsaŋ⁵³ ie³¹ xai¹³ ɕin¹³]

卖呃还是卖的了钱。[mai⁵³ ie³¹ xai¹³ sʅ⁵³ mai⁵³ ti⁰ liau⁰ tɕʰiɛn¹³]

三分钱一斤。[san⁴⁵ fən⁴⁵ tɕʰiɛn¹³ i²⁴ tɕin⁴⁵]

就挑起去呃一下下就卖哒[tsəu⁵³ tʰiau⁴⁵ tɕʰi³¹ kʰɯ⁵³ ɤ⁰ i³ xa²⁴ xa⁰ tɕiəu⁵³ mai⁵³ ta⁰] 一下下：一会儿

就呃，我的，我就呃，[tsəu⁵³ ɤ⁰，uo³¹ ti⁰，uo³¹ tsəu⁵³ ɤ⁰]

我的呃姆妈哩就呃还喜欢我。[uo³¹ ti⁰ ie³¹ m̩³¹ ma⁰ li⁰ tsəu⁵³ ɤ⁰ xai¹³ ɕi³¹ xuan⁴⁵ uo³¹]

说地嘎，你卖菜也行，[suo²⁴ ti⁰ ka⁰，li³¹ mai⁵³ tsʰai⁵³ ie³¹ ɕin¹³]

只有老种菜。[tsʅ³¹ iəu³¹ lau³¹ tsoŋ⁵³ tsʰai⁵³]

这就一是大椒啊南瓜呀。[tsɤ⁵³ tsəu⁵³ i²⁴ sʅ⁵³ ta⁵³ tɕiau⁴⁵ a⁰ laŋ¹³ kua⁴⁵ ia⁰]

有，有回呃我记得我卖大椒，[iəu³¹，iəu³¹ xuei¹³ ɤ⁰ uo³¹ tɕi⁵³ tɤ⁰ uo³¹ mai⁵³ ta⁵³ tɕiau⁴⁵]

起早床，天，四五点钟，[tɕʰi³¹ tsau³¹ tsʰuaŋ¹³，tʰiɛn⁴⁵，sʅ⁵³ u³¹ tiɛn³¹ tsoŋ⁴⁵]

我的呃，不是四五点钟，两三点钟，[uo³¹ ti⁰ ie³¹，pu²⁴ sʅ⁵³ sʅ⁵³ u³¹ tiɛn³¹ tsoŋ⁴⁵，liaŋ³¹ san⁴⁵ tiɛn³¹ tsoŋ⁴⁵]

我的姆妈呃，找不倒钟呃，[uo³¹ ti³¹ m̩³¹ ma⁰ ie³¹, tsau³¹ pu²⁴ tau⁰ tsoŋ⁴⁵ ɤ⁰] 找不倒钟：不知道时间

她就把我两点钟就喊的街的去哒。[tʰa⁴⁵ tsəu⁵³ pa³¹ uo³¹ liaŋ³¹ tiɛn³¹ tsoŋ⁴⁵ tsəu⁵³ xan³¹ ti⁰ kai⁴⁵ ti⁰ kʰɯ⁵³ ta⁰]

我一个呃背个棉花篓子，[uo³¹ i²⁴ kuo⁵³ ɤ⁰ pei⁴⁵ kɤ⁵³ miɛn¹³ xua⁴⁵ ləu³¹ tsʅ⁰]

把那辣椒背地街的去卖呃。[pa³¹ luo⁴⁵ la²⁴ tɕiau⁴⁵ pei⁴⁵ ti⁰ kai⁴⁵ ti⁰ kʰɯ⁵³ mai⁵³ ɤ⁰]

不晓得去街的个人都没得。[pu²⁴ ɕiau³¹ tɤ⁰ kʰɯ⁵³ kai⁴⁵ ti⁰ kuo⁵³ ən¹³ təu⁴⁵ mei¹³ tɤ⁰] 个人：一个人。没得：没有

我呃一个在那街的站了，[uo³¹ ɤ⁰ i²⁴ kuo⁵³ tai³¹ luo⁴⁵ kai⁴⁵ ti⁰ tsan⁵³ lɤ⁰]

一直站，站的早晨。[i²⁴ tsʅ¹³ tsan⁵³, tsan⁵³ ti⁰ tsau³¹ sən⁰] 站的：站到

我说今日啥紧都不亮哩。[uo³¹ suo²⁴ tɕi⁴⁵ ɯ⁵³ sa⁰ tɕin³¹ təu⁴⁵ pu²⁴ liaŋ⁵³ li⁰] 啥：为什么，怎么。紧：一直

我一想，我说呃，这是呃，[uo³¹ i²⁴ ɕiaŋ³¹, uo³¹ suo²⁴ ɤ⁰, tsɤ⁵³ sʅ⁵³ ɤ⁰]

别个街的人都没得走的。[pie¹³ kɤ⁵³ kai⁴⁵ ti⁰ ən¹³ təu⁴⁵ mei¹³ tɤ⁰ tsəu³¹ ti⁰]

我去哒呀我又不想得回来。[uo³¹ kʰɯ⁵³ ta⁰ ia⁰ uo³¹ iəu⁵³ pu²⁴ ɕiaŋ³¹ tɤ⁰ xuei¹³ lai¹³] 不想得：不知道

还是在街的一，一站天啊亮呃。[xai¹³ sʅ⁵³ tai³¹ kai⁴⁵ ti⁰ i²⁴, i²⁴ tsan⁵³ tʰiɛn⁴⁵ a⁰ liaŋ⁵³ ɤ⁰]

末了还，机会还好。[mo²⁴ liau³¹ xai¹³, tɕi⁴⁵ xuei⁵³ xai¹³ xau³¹]

一篓子大椒呃，[i²⁴ ləu³¹ tsʅ⁰ ta⁵³ tɕiau⁴⁵ ɤ⁰] 大椒：辣椒

别个说："这伢儿的这，这，[pie¹³ kɤ⁵³ suo²⁴: tsɤ⁴⁵ a¹³ ɯ⁰ ti⁰ tsɤ⁵³, tsɤ⁵³] 别个：别人。伢儿：小孩

她这大椒蛮好呃。[tʰa⁴⁵ tsɤ⁴⁵ ta⁵³ tɕiau⁴⁵ man¹³ xau³¹ ɤ⁰] 蛮：很

我们都买她这菜。"[uo³¹ mən⁰ təu⁴⁵ mai³¹ tʰa⁴⁵ tsɤ⁴⁵ tsʰai⁵³]

就一篓子大椒下下就卖哒。[tsəu⁵³ i²⁴ ləu³¹ tsʅ⁰ ta⁵³ tɕiau⁴⁵ xa¹³ xa⁴⁵ tɕiəu⁵³ mai⁵³ ta⁰] 下下：一下子

往回都只几分钱一斤。[uaŋ³¹ xuei¹³ təu⁴⁵ tsʅ³¹ tɕi³¹ fən⁴⁵ tɕʰiɛn¹³ i²⁴ tɕin⁴⁵]

卖哒滴尕钱哩。[mai⁵³ ta⁰ ti⁴⁵ kʰa⁰ tɕʰiɛn¹³ li⁰] 滴尕：一点儿

卖啊就卖哒，就调面，[mai⁵³ a⁰ tsəu⁵³ mai⁵³ ta⁰, tsəu⁵³ tʰiau³¹ miɛn⁵³] 调：换

买面啦买苕吃。[mai³¹ miɛn⁵³ la⁰ mai³¹ sau¹³ tɕʰi²⁴] 苕：红薯

买吔，往回说呃，说我往回呃，[mai³¹ ie³¹, uaŋ³¹ xuei¹³ suo²⁴ ɤ⁰, suo²⁴ uo³¹ uaŋ³¹ xuei¹³ ɤ⁰]

还记得好像说穷的话，[xai¹³ tɕi⁵³ tɤ⁰ xau³¹ tɕʰiaŋ⁴⁵ suo²⁴ tɕʰyoŋ¹³ ti⁰ xua⁵³]

往回吔，买那角钱斤的细清粉了，[uaŋ³¹ xuei¹³ ie³¹, mai³¹ luo⁴⁵ tɕyo²⁴ tɕʰiɛn¹³ tɕin⁴⁵ ti⁰ ɕi⁵³ tɕʰin⁴⁵ fən³¹ lɤ⁰] 角钱斤：一角钱一斤

买回来呃，糊地吃。[mai³¹ xuei¹³ lai¹³ ie³¹，xu⁵³ ti⁰ tɕʰi²⁴]

这是我呃，两⁼我姆妈呃，[tsɤ⁵³ sɿ⁵³ uo³¹ ɤ⁰，liaŋ³¹ uo³¹ m̩³¹ ma⁰ ɤ⁰] 两⁼：和，跟

在一起过日子的时候。[tai³¹ i²⁴ tɕʰi³¹ kuo⁵³ ɯ²⁴ tsɿ⁰ ti⁰ sɿ¹³ xəu⁰]

买清粉啦买苕呃，[mai³¹ tɕʰin⁴⁵ fən³¹ la⁰ mai³¹ sau¹³ ɤ⁰] 苕：红薯

就没得吃的。[tsəu⁵³ mei¹³ tɤ⁰ tɕʰi²⁴ ti⁰]

还把那呃，那芥菜呃，[xai¹³ pa³¹ luo⁴⁵ ie³¹，luo⁴⁵ ka⁴⁵ tsʰai⁵³ ie³¹] 芥菜：一种青菜

到屋里切哒煮粥吃。[tau⁵³ u²⁴ ti⁰ tɕʰie²⁴ ta⁰ tsu³¹ tsəu²⁴ tɕʰi²⁴]

这是我小的时候。[tsɤ⁵³ sɿ⁵³ uo³¹ ɕiau³¹ ti⁰ sɿ¹³ xəu⁰]

一直两⁼我的姆妈呃过到哒 23 岁。[i²⁴ tsɿ¹³ liaŋ³¹ uo³¹ ti⁰ m̩³¹ ma⁰ ie³¹ kuo⁵³ tau⁵³ ta⁰ ɯ⁵³ sɿ¹³ san⁴⁵ sei⁵³]

意译：我读五年级的时候，我要升初中了，刚好姐姐要嫁人了。姐姐要嫁人了，所以我不能读书了。第二年我的父亲去世了。我有三个哥哥，都已经成家了，他们各自有家，我和他们各过各的。我还有一个姐姐，她嫁人了不管我了。我和我妈妈、弟弟，三个人一起过生活。我比我兄弟大些。我妈什么都不会。她一个字也不认识。既不会买，也不会卖。只会在地里做事，在生产队挑挑驮驮。挑泥巴，这就是她做的事。家里买菜卖菜，卖东西，都是要我去卖。她什么都不会。

我妈很能干，种菜种得非常好。种了辣椒、油瓜、冬瓜、南瓜。她让我挑去卖。过去没有车。我用什么去卖呢？挑了两个篓子。挑了两个烂篓子，把菜放进篓子里，用扁担挑到街上去卖。连鞋子都没有穿的。记得有一回我卖油瓜。队里分了，家里也种了。油瓜非常多。我用篓子挑了两篓子，重得挑都挑不起来。还光着脚。以前街上只有一条汉沙公路。那条汉沙公路是柏油做的。光着脚在街上走，脚烫得不行，快要黏在柏油路上了。我去卖油瓜。当时街上有个老车站，那个老车站现在变了。以前车站那儿人很多，我就把菜挑到那儿去卖。我算账还行。还是能卖到钱。三分钱一斤。我妈喜欢我，说我卖菜行，就一直种菜。有时种辣椒，有时种南瓜。记得有一回我卖辣椒，凌晨两点钟，我就被我妈叫起来去街上了。我一个人用棉花篓子把辣椒背到街上去卖。没想到街上一个人也没有。我一个人在街上站到早上。我说今天怎么一直天不亮，我想着街上都没人走。我去了街上又不知道怎么回去。还是在街上站到了天亮。最后机会还好。别人说："这小孩的辣椒非常好。我们都买她的菜。"一篓子辣椒一会儿就卖了。以前都只需要几分钱一斤。卖了一点钱。卖了菜后就换面、换红薯吃。还记得过去穷的时候，买那一角钱一斤的清粉糊了吃。这是我和我妈在一起过生活的日子。没有东

西吃的时候,就买清粉和红薯。还用野菜煮粥吃。

这就是我小时候的故事。一直和我妈生活到23岁。

四　自选条目

0031 自选条目

矮子上楼梯——步步高升。[ai³¹tsʅ⁰saŋ⁵³ləu¹³tʰi⁴⁵——pu⁵³pu⁰kau⁴⁵sən⁴⁵]

意译:小个子登楼梯——一步比一步高(喻境况、生活等一天比一天好,或地位、职位不断提高)。

0032 自选条目

脱裤子打屁——费二道手续。[tʰuo²⁴kʰu⁵³tsʅ⁰ta³¹pʰi⁵³——fei⁵³ɯ⁵³tau⁵³səu³¹səu²⁴]

意译:脱了裤子放屁——费二道手续(喻多此一举)。

0033 自选条目

跛子上街——七颠(点)八颠(点)。[po³¹tsʅ⁰saŋ⁵³kai⁴⁵——tɕʰi²⁴tiɛn³¹pa²⁴tiɛn³¹]

意译:跛子上街走路——七颠(点)八颠(点),指七、八点钟。

0034 自选条目

坛子里捉乌龟——手到擒拿。[tʰan¹³tsʅ⁰ti⁰tsuo²⁴u⁴⁵kuei⁴⁵——səu³¹tau⁵³tɕʰin¹³la¹³]

意译:坛子里捉乌龟——手到擒拿。

0035 自选条目

城墙上的麻雀——吓大哒胆。[tsʰən¹³tɕʰiaŋ¹³saŋ⁰ti⁰ma¹³tɕʰyo⁵⁵——xɤ²⁴ta⁵³ta⁰tan³¹]

意译:城墙上的麻雀——吓大了胆(喻经历的险境多、胆子大)。

0036 自选条目

飞机高吊茶瓶——高水瓶(平)。[xuei⁴⁵tɕi⁴⁵kau⁰tiau⁵³tsʰa¹³pʰin¹³——kau⁴⁵suei³¹pʰin¹³]高:上

意译：飞机上吊的茶瓶——高水瓶（平）。

0037 自选条目

揣子瞄鸡窝——不拣（简）蛋（单）。[tsʰua⁵³ tsɿ⁰ miau⁴⁵ tɕi⁴⁵ uo⁴⁵——pu²⁴ tɕiɛn³¹ tan⁵³] 揣子：手有残疾的人

意译：手有残疾的人看着鸡窝——不拣（简）蛋（单）。

0038 自选条目

跛子赶强徒——越赶越远。[po³¹ tsɿ⁰ kan³¹ tɕʰiaŋ¹³ tʰəu⁰——ye²⁴ kan³¹ ye²⁴ yɛn³¹]

意译：跛子追赶小偷——越追赶离得越远（喻离目标越来越远）。

0039 自选条目

揣子赶情——拿不出手。[tsʰua⁵³ tsɿ⁰ kan³¹ tɕʰin¹³——la¹³ pu²⁴ tsʰu²⁴ səu³¹] 揣子：手有残疾的人。赶情：送礼

意译：手有残疾的人去送礼——不方便用手拿出礼金（喻礼金太少，拿不出手）。

0040 自选条目

干鱼屎的寻胆——治（迟）哒。[kan⁴⁵ y¹³ təu²⁴ ti⁰ ɕin¹³ tan³¹——tsʰɿ¹³ ta⁰] 寻：找。屎的：肚子里

意译：干鱼肚子里找鱼胆——治（迟）了。

0041 自选条目

蚂蚁子晒太阳——冇得影子。[ma³¹ iɛn³¹ tsɿ⁰ sai⁵³ tʰai⁵³ iaŋ⁰——moŋ²⁴ tɤ⁰ in³¹ tsɿ⁰] 冇得：没有

意译：蚂蚁晒太阳——没有影子（喻某事离成功还很远）。

0042 自选条目

水上按葫芦——按这个，跑那个。[suei³¹ saŋ⁰ an⁵³ xu¹³ ləu¹³——an⁵³ tsɤ⁴⁵ kɤ⁵³, pʰau³¹ luo⁴⁵ kuo⁵³]

意译：水上按葫芦——按住了这个，那个又跑了（喻难以说服所有人）。

0043 自选条目

屋脊上的葫芦——随风飘。[u²⁴ tɕi⁴⁵ saŋ⁵³ ti⁰ xu¹³ ləu¹³——suei¹³ foŋ⁴⁵ pʰiau⁴⁵]

0044 自选条目

天上有得云，不下雨。[tʰien⁴⁵ saŋ⁰ mau⁵³ tɤ¹³ yən¹³，pu²⁴ ɕia⁵³ y⁴²] 冇得：没有

地下没得媒人，不能成亲。[ti⁵³ xa⁰ mei⁵³ tɤ²⁴ mei¹³ ən¹³，pu²⁴ lən¹³ tsʰən¹³ tɕʰin⁴⁵] 没得：没有

意译：天上没有云，不下雨。地上没有媒人，不能成亲。在封建社会，男女婚姻大事，需依父母之命，媒妁之言。

0045 自选条目

猪八戒照镜子——里外不是人。[tsu⁴⁵ pa²⁴ kai⁵³ tsau⁵³ tɕin⁵³ tsʅ⁰——li⁴² uai⁵³ pu²⁴ sʅ⁵³ ən¹³]

意译：猪八戒照镜子——里外不是人。

0046 自选条目

娘有爷有，赶不到自己有。[liaŋ¹³ iəu³¹ ie¹³ iəu³¹，kan³¹ pu²⁴ tau⁰ tsʅ⁵³ tɕi³¹ iəu³¹] 娘：母亲。爷：父亲。赶不到：比不上

意译：父母再有钱，也不如自己有能力有钱。

0047 自选条目

人老不值钱，[ən¹³ lau³¹ pu²⁴ tsʅ¹³ tɕʰiɛn¹³]

牛老不耕田。[iəu¹³ lau³¹ pu²⁴ kən⁴⁵ tʰiɛn¹³]

意译：人老了就没用了。

0048 自选条目

家有一老，如有一宝。[tɕia⁴⁵ iəu³¹ i¹³ lau³¹，y¹³ iəu³¹ i¹³ pau³¹]

意译：家里有老人，如同家里有宝贝。

0049 自选条目

摘手不打笑脸人。[tsʰʅ⁴⁵ səu³¹ pu¹³ ta³¹ ɕiau⁵³ liɛn³¹ ən¹³] 摘手：伸手

意译：伸手不打笑脸人。

0050 自选条目

狗子咬雾露——望天哼。[kəu³¹ tsʅ⁰ au³¹ u³¹ ləu⁵³——maŋ⁵³ tʰiɛn⁴⁵ kʰua²⁴] 哼：狗叫声

意译：狗对着雾霾叫——望天吠（喻有的人随口胡说）。

0051 自选条目

狗拿耗子——多管闲事。[kəu³¹ la¹³ xau⁵³ tsʅ⁰——tuo⁴⁵ kuan³¹ ɕiɛn¹³ sʅ⁵³]

意译：狗捉老鼠——多管闲事。

0052 自选条目

成事不足，败事有余。[tsʰən¹³ sʅ⁵³ pu¹³ tsəu²⁴，pai⁵³ sʅ⁵³ iəu³¹ y¹³]

意译：成事不足，败事有余。

0053 自选条目

蚂蚁子坐沙发——弹（谈）都不弹（谈）。[ma³¹ iɛn³¹ tsʅ⁰ tsuo⁵³ sa⁴⁵ fa²⁴——tʰan¹³ təu⁴⁵ pu²⁴ tʰan¹³]

意译：蚂蚁坐沙发——弹（谈）都不弹（谈），指没有对话或谈判的可能。

0054 自选条目

晴带雨伞，饱带饥粮。[tɕʰin¹³ tai⁵³ y³¹ san³¹，pau³¹ tai⁵³ tɕi⁴⁵ liaŋ¹³]

意译：天晴时上路，也得带上防雨的伞；吃饱后出门，也得带上充饥的粮。

0055 自选条目

家家爹爹死儿子——无舅（救）。[ka⁴⁵ ka⁰ tiɛ⁴⁵ tiɛ⁰ sʅ³¹ ɯ¹³ tsʅ³¹——u¹³ tɕiəu⁵³] 家家爹爹：外公

意译：外公死儿子——无舅（救）。

0056 自选条目

外甥打灯笼——照舅（旧）。[uai⁵³ sən⁴⁵ ta³¹ tən⁴⁵ loŋ¹³——tsau⁵³ tɕiəu⁵³]

意译：外甥打灯笼——照舅（旧）。

0057 自选条目

龙生龙，凤生凤，老鼠子下的儿会打洞。[loŋ¹³ sən⁴⁵ loŋ¹³，foŋ⁵³ sən⁴⁵ foŋ⁵³，lau³¹ su³¹ tsʅ⁰ ɕia⁵³ ti⁰ ɯ¹³ xuei⁵³ ta³¹ toŋ⁵³]

意译：喻什么样的父母生出什么样的孩子，强调遗传基因的重要性。

0058 自选条目

癞蛤蟆打呵欠——胃口不小。[lai⁵³ kʰɤ¹³ ma³¹ ta³¹ xuo⁴⁵ ɕiɛn⁵³——uei⁵³ kʰəu³¹ pu²⁴ ɕiau³¹]

意译：癞蛤蟆打呵欠——胃口不小（喻不自量力）。

0059 自选条目

六月雨，隔牛背。[ləu²⁴ ye²⁴ y³¹, kɤ²⁴ iəu¹³ pei⁵³]

意译：热天的雨，这边有雨，而那边却滴雨不下。

0060 自选条目

早上发霞，[tsau³¹ saŋ⁵³ fa²⁴ ɕia¹³]

等水烧茶；[tən³¹ suei³¹ sau⁴⁵ tsʰa¹³]

晚上发霞，[uan³¹ saŋ⁵³ fa²⁴ ɕia¹³]

烧死蛤蟆。[sau⁴⁵ sɿ³¹ kʰɤ¹³ ma³¹] 蛤蟆：青蛙

意译：早上有霞光，就会下雨；晚上有霞光，就会烧死青蛙（极言干旱）。

0061 自选条目

荷叶包钉子——个个想出头。[xuo¹³ ie²⁴ pau⁴⁵ tin⁴⁵ tsɿ⁰——kuo⁵³ kuo⁰ ɕiaŋ³¹ tsʰu²⁴ tʰəu¹³]

意译：荷叶包钉子——个个想出头。指人人都想出风头。

0062 自选条目

行客拜坐客，坐客不晓得。[ɕin¹³ kʰɤ²⁴ pai⁵³ tsuo⁵³ kʰɤ²⁴, tsuo⁵³ kʰɤ²⁴ pu²⁴ ɕiau³¹ tɤ²⁴]

意译：出行的人要主动拜访主家之外的亲友，不然的话亲友可以假装不知道。

0063 自选条目

出门观天色，进门观颜色。[tsʰu²⁴ mən¹³ kuan⁴⁵ tʰien⁴⁵ sɤ²⁴, tɕin⁵³ mən¹³ kuan⁴⁵ ien¹³ sɤ²⁴]

意译：出门看天色，进门看脸色。出门要看天色阴晴冷热变化，及时作好适应性的安排；进门要察颜观色判断情况，以便见机行事。

0064 自选条目

额包打伞——无发（法）无天。[ɤ²⁴pau⁴⁵ta³¹san³¹——u¹³fa²⁴u¹³tʰien⁴⁵] 额包：头上长癞痢无头发的人

意译：长癞痢的人打伞——无发（法）无天。

0065 自选条目

桐油灯盏——拨一下亮一下。[tʰoŋ¹³iəu¹³tən⁴⁵tsan³¹——po²⁴i²⁴xa⁰liaŋ⁵³i²⁴xa⁰]

意译：桐油灯盏——拨一下亮一下（喻做事不知变通，需要人点拨）。

0066 自选条目

脚踩西瓜皮——滑到哪是哪。[tɕyo²⁴tsʰai³¹ɕi⁴⁵kua⁴⁵pʰi¹³——xua¹³tau⁵³la³¹sʅ⁵³la³¹]

意译：脚踩西瓜皮——滑到哪是哪（喻走一步看一步，做事比较消极）。

0067 自选条目

嫁出去的姑娘，泼出去的水。[tɕia⁵³tsʰu²⁴kʰɯ⁵³ti⁰ku⁴⁵liaŋ¹³，pʰo²⁴tsʰu²⁴kʰɯ⁵³ti⁰suei³¹]

意译：姑娘一出嫁，就像泼出去的水一样，娘家就不得过问了。

0068 自选条目

肉包子打狗子——有去无回。[əu²⁴pau⁴⁵tsʅ⁰ta³¹kəu³¹tsʅ⁰——iəu³¹kʰɯ⁵³u¹³xuei¹³]

意译：肉包子打狗——有去无回。

0069 自选条目

泥菩萨过河——自身难保。[li¹³pʰu¹³sa⁰kuo⁵³xuo¹³——tsʅ⁵³sən⁴⁵lan¹³pau³¹]

意译：泥菩萨过河——自身难保。

0070 自选条目

丑媳妇是无价之宝，[tsʰəu³¹ɕi²⁴fu³¹sʅ⁵³u¹³tɕia⁵³tsʅ⁴⁵pau³¹]

好看的姑娘是惹祸的根苗。[xau³¹kʰan⁵³tɤ⁰ku⁴⁵liaŋ¹³sʅ⁵³ɤ³¹xuo⁵³tɤ⁰kən⁴⁵miau¹³]

意译：妻子长得丑不会去招蜂引蝶，有丑妻在家，丈夫可以放心外出赚钱，

丑妻是无价之宝，美女是惹祸的根苗。

0071 自选条目
是刀不是铁，试哒过牛劫。[sŋ⁵³ tau⁴⁵ pu¹³ sŋ⁵³ tʰie²⁴, sŋ⁵³ ta⁰ kuo⁵³ iəu¹³ tɕie²⁴] 过牛劫：危及性命的大劫难

意译：刀不能随便试，试了后果不堪设想。

0072 自选条目
花园里选花，越选越差。[xua⁴⁵ yɛn¹³ li⁰ ɕyɛn³¹ xua⁴⁵, ye²⁴ ɕyɛn³¹ ye²⁴ tsʰa⁴⁵]

意译：可选的太多，反而会越选越差。

0073 自选条目
你蚯鳝出来管龙呃。[li³¹ tɕʰiəu²⁴ san³¹ tsʰu²⁴ lai¹³ kuan³¹ loŋ¹³ ɤ⁰]

意译：讽刺小人物对大人物指手划脚。

0074 自选条目
月亮哥，跟我走。[ye²⁴ liaŋ⁵³ kuo⁴⁵, kən⁴⁵ uo³¹ tsəu³¹]
走到南山换巴篓。[tsəu³¹ tau⁵³ lan¹³ san⁴⁵ xuan⁵³ pa⁴⁵ ləu³¹]
巴篓巴，换琵琶。[pa⁴⁵ ləu³¹ pa⁴⁵, xuan⁵³ pʰi¹³ pa⁰]
琵琶软，换竹片。[pʰi¹³ pa⁰ yɛn³¹, xuan⁵³ tsəu²⁴ pʰiɛn⁴²]
竹片尖，杵上天。[tsəu²⁴ pʰiɛn⁴² tɕiɛn⁴⁵, tsʰu⁴⁵ saŋ⁵³ tʰiɛn⁴⁵] 杵：插
天又高，好打刀。[tʰiɛn⁴⁵ iəu⁵³ kau⁴⁵, xau³¹ ta³¹ tau⁴⁵]
刀又快，好切菜。[tau⁴⁵ iəu⁵³ kʰuai⁵³, xau³¹ tɕʰie²⁴ tsʰai⁵³]
菜又甜，好过年。[tsʰai⁵³ iəu⁵³ tʰiɛn¹³, xau³¹ kuo⁵³ liɛn¹³]

意译：月亮哥，跟我走。走到南山换巴篓。巴篓巴，换琵琶。琵琶软，换竹片。竹片尖，插上天。天又高，好打刀，刀又快，好切菜。菜又甜，好过年。

0075 自选条目
狗子坐轿——不受人抬。[kəu³¹ tsŋ⁰ tsuo⁵³ tɕiau⁵³——pu²⁴ səu⁵³ ən¹³ tʰai¹³]

意译：狗坐在轿子里——不受人抬。不懂得别人的好意，不识抬举。

0076 自选条目
心急吃不了热豆腐。[ɕin⁴⁵ tɕi²⁴ tɕʰi²⁴ pu²⁴ liau⁰ ɤ²⁴ təu⁵³ fu⁰]

意译：心急吃不了热豆腐。

0077 自选条目

心慌吃不了滚粥。[ɕin⁴⁵ xuaŋ⁴⁵ tɕʰi²⁴ pu²⁴ liau⁰ kuən³¹ tsəu²⁴] 滚：热

意译：心急吃不了热粥。

0078 自选条目

一人有福，拖哒一满屋。[i²⁴ ən¹³ iəu³¹ fu²⁴, tʰuo⁴⁵ ta⁰ i²⁴ man³¹ u²⁴]

意译：一人有福，拖带满屋（喻一个人有福运，全家或亲近的人都得到好处）。

0079 自选条目

老鼠过街——人人喊打。[lau³¹ su³¹ kuo⁵³ kai⁴⁵——ən¹³ ən¹³ xan³¹ ta³¹]

意译：老鼠从街上经过——人人都喊打。

0080 自选条目

是福不是祸，是祸躲不过。[sɿ⁵³ fu²⁴ pu²⁴ sɿ⁵³ xuo⁵³, sɿ⁵³ xuo⁵³ tuo³¹ pu²⁴ kuo⁵³]

意译：指该遭的灾祸躲避不掉。

0081 自选条目

养儿不祭祖，犹如养猪狗。[iaŋ³¹ ɯ¹³ pu²⁴ tɕi⁵³ tsəu³¹, iəu¹³ y¹³ iaŋ³¹ tsu⁴⁵ kəu³¹]

意译：后人要祭奠祖先。

0082 自选条目

人到屋檐下，谁敢不低头。[ən¹³ tau⁵³ u²⁴ iɛn¹³ ɕia⁵³, suei¹³ kan³¹ pu²⁴ ti⁴⁵ tʰəu¹³]

意译：人走在屋檐下，要低着头走路，防止走路时碰到头（喻人在寄人篱下或者实力不如他人之时，不得不低头退让）。

0083 自选条目

人往河边走，哪有不湿鞋。[ən¹³ uaŋ³¹ xuo¹³ piɛn⁴⁵ tsəu³¹, la³¹ iəu¹³ pu²⁴ sɿ²⁴ xai¹³]

意译：长期干危险的营生，免不了要出事情。

0084 自选条目

鸭筏子装石磙——稳沉。[ia²⁴ fa¹³ tsɿ⁰ tsuaŋ⁴⁵ sɿ¹³ kuən³¹——uən³¹ tsʰən¹³] 石磙：用

来碾压稻谷使之脱粒的石头轱辘

意译：竹筏装石磙——竹筏一定会沉下去（喻人性格稳沉）。

0085 自选条目

茅厕里荡桨——撬屎（死）。[mau¹³ sʅ⁰ li⁰ tʰaŋ⁵³ tɕiaŋ³¹——tɕʰiau⁴⁵ sʅ³¹]

意译：厕所里荡桨——撬屎（死），找死。

0086 自选条目

茅厕里点灯，照（躁）屎（死）。[mau¹³ sʅ⁰ ti⁰ tiɛn³¹ tən⁴⁵——tsau⁵³ sʅ³¹]

意译：厕所里点灯——照（躁）屎（死），使人心烦。

0087 自选条目

饭后百步走，活到九十九。[fan⁵³ xəu⁵³ po²⁴ pu⁵³ tsəu³¹，xuo¹³ tau⁵³ tɕiəu³¹ sʅ¹³ tɕiəu³¹]

意译：指饭后多走动，利于健康。

0088 自选条目

男人的田边，女人的鞋边。[lan¹³ ən¹³ ti⁰ tʰiɛn¹³ piɛn⁴⁵，y³¹ ən¹³ ti⁰ xai¹³ piɛn⁴⁵]

意译：男主外，女主内。

0089 自选条目

好马不吃回头草，好女不嫁二夫。[xau³¹ ma³¹ pu²⁴ tɕʰi²⁴ xuei¹³ tʰəu¹³ tsʰau³¹，xau³¹ y³¹ pu²⁴ tɕia⁵³ ɯ⁵³ xu⁴⁵]

意译：在恋爱和婚姻的抉择中，已经放弃的人或已经失去的感情，就不要再回头去寻找。

0090 自选条目

饭后一支烟，赛过活神仙。[fan⁵³ xəu⁵³ i²⁴ tsʅ⁴⁵ iɛn⁴⁵，sai⁵³ kuo⁵³ xuo¹³ sən¹³ ɕiɛn⁴⁵]

意译：吸烟的人经常说的。饭后吸烟，尼古丁迅速地被吸收到血液，使人处于兴奋状态，脑袋飘飘然，出现"神仙"一样的感觉。

0091 自选条目

木对木，叉对叉，大字底下架手抓。[moŋ²⁴ tei⁵³ moŋ²⁴，tsʰa⁴⁵ tei⁵³ tsʰa⁴⁵，ta⁵³ tsɿ⁵³ ti³¹ xa⁰ ka⁵³ səu³¹ tsua⁴⁵] 架：用

意译：字谜，谜底是"攀"。

0092 自选条目

树大分桠，人大分家。[su⁵³ ta⁵³ fən⁴⁵ ia⁴⁵，ən¹³ ta⁵³ fən⁴⁵ tɕia⁴⁵] 桠：树枝

意译：树长大了，自然要分杈；人长大了，自然要分家（指兄弟长大成人，各自独立门户是顺理成章的事）。

0093 自选条目

女大十八变，越变越好看。[y³¹ ta⁵³ sɿ¹³ pa²⁴ piɛn⁵³，yɛ²⁴ piɛn⁵³ yɛ²⁴ xau³¹ kʰan⁵³]

意译：指女孩从小到大容貌的巨大变化。

0094 自选条目

你这个䘟匣壳的。[li³¹ tsɤ⁴⁵ kɤ⁵³ tsəu²⁴ ɕia¹³ kʰuo²⁴ ti⁰] 䘟：塞。匣壳：棺材

意译：你这个进棺材的（诅咒之语）。

0095 自选条目

你这个小屄壳子。[li³¹ tsɤ⁴⁵ kɤ⁰ ɕiau³¹ pi⁴⁵ kʰuo²⁴ tsɿ⁰]

意译：骂人话。